OLYMPIA 1875–2000

125 Jahre Deutsche Ausgrabungen

Deutsches Archäologisches Institut

OLYMPIA 1875–2000

125 Jahre Deutsche Ausgrabungen

Internationales Symposion, Berlin 9.–11. November 2000

Herausgegeben von Helmut Kyrieleis

2002

VERLAG PHILIPP VON ZABERN · MAINZ AM RHEIN

376 Seiten mit 117 Farb-, 182 Schwarzweißabbildungen und ein Faltplan
Gestaltung: FIVE FOR YOU – 54U Multimedia-Agentur, Frankfurt a.M.

Bibliografische Information der Deutschen Bibliothek

Die Deutsche Bibliothek verzeichnet diese Publikation
in der Deutschen Nationalbibliografie; detaillierte bibliografische Daten
sind im Internet über *<http://dnb.ddb.de>* abrufbar.

© 2002 by Verlag Philipp von Zabern, Mainz am Rhein
ISBN 3-8053-2989-X
Alle Rechte, insbesondere das der Übersetzung in fremde Sprachen, vorbehalten.
Ohne ausdrückliche Genehmigung des Verlages ist es auch nicht gestattet, dieses Buch
oder Teile daraus auf photomechanischem Wege (Photokopie, Mikrokopie) zu
vervielfältigen oder unter Verwendung elektronischer Systeme zu verarbeiten und zu verbreiten.
Printed in Germany by Philipp von Zabern
Printed on fade resistant and archival quality paper (PH 7 neutral) · tcf

Inhaltsverzeichnis

Vorwort des Herausgebers 7

Rüdiger vom Bruch 9
    Internationale Forschung, Staatsinteresse und Parteipolitik

Thanassis Kalpaxis 19
    Die Vorgeschichte und die Nachwirkungen des Olympia-Vertrages aus griechischer Sicht

Lutz Klinkhammer 31
    Großgrabung und große Politik

Bernd Sösemann 49
    Olympia als publizistisches National-Denkmal

Wolf-Dieter Heilmeyer 85
    Olympia und die Entdeckung der geometrischen Plastik

Nikolaus Himmelmann 91
    Frühe Weihgeschenke in Olympia

Klaus Herrmann 109
    Bauforscher und Bauforschung in Olympia

Wolf Koenigs 131
    Der Zeustempel im 19. und 20. Jahrhundert

Suzanne Marchand 147
    Adolf Furtwängler in Olympia

Adolf H. Borbein 163
    Olympia als Experimentierfeld archäologischer Methoden

Jörg Rambach 177
    Olympia. 2500 Jahre Vorgeschichte vor der Gründung des eisenzeitlichen griechischen Heiligtums

Helmut Kyrieleis 213
    Zu den Anfängen des Heiligtums von Olympia

Elizabeth R. Gebhard 221
    The Beginnings of Panhellenic Games at the Isthmus

Stephen G. Miller 239
    The Shrine of Opheltes and the Earliest Stadium of Nemea

Catherine Morgan 251
    The Origins of the Isthmian Festival

Claude Rolley 273
    Delphes de 1500 à 575 av. J.-C. Nouvelles données sur le problème »ruptures et continuité«

Ismene Trianti 281
    Neue technische Beobachtungen an den Skulpturen des Zeustempels von Olympia

Aliki Moustaka 301
    Zeus und Hera im Heiligtum von Olympia

Xeni Arapojanni 317
    Neue archäologische Entdeckungen in der weiteren Umgebung von Olympia

Tonio Hölscher 331
    Rituelle Räume und politische Denkmäler im Heiligtum von Olympia

Nikolaos Yalouris 347
    Elis, die Wiege der Olympischen Spiele, im Lichte neuer Ausgrabungsergebnisse

Peter Siewert 359
    Die wissenschaftsgeschichtliche Bedeutung der Bronze-Urkunden aus Olympia

Ulrich Sinn 371
    Olympias Spätgeschichte im Spiegel des Demeterkults

Übersichtsplan von Olympia. Aktualisierte Fassung von 2002 .... Faltplan

Vorwort des Herausgebers

In diesem Band legt das Deutsche Archäologische Institut die Beiträge des Internationalen Symposions vor, das vom 9. bis 11. November 2000 in Berlin aus Anlaß des 125-jährigen Jubiläums der deutschen Ausgrabungen in Olympia stattgefunden hat. Die Veröffentlichung vermittelt, so ist zu hoffen, auch über den Tag hinaus die anregende Vielfalt von Aspekten und Forschungsansätzen, die der Veranstaltung in der Staatsbibliothek Unter den Linden zu Berlin das besondere Gepräge gab. Um die Bedeutung des alten Forschungsunternehmens Olympia aus heutiger Sicht und von verschiedenen Seiten zu beleuchten, hatten wir einen internationalen Kreis von Kollegen eingeladen, die in ihren Vorträgen vor einem zahlreichen und interessierten Auditorium eine eindrucksvolle Vorstellung davon vermittelten, wie sehr Olympia auch nach 125 Jahren eingehender Forschungsarbeit weiterhin im Mittelpunkt der Archäologie und Geschichtswissenschaft steht.

Als 1875 die großen Ausgrabungen in Olympia begannen, war dies nicht nur der Beginn einer ungemein erfolgreichen Forschungsunternehmung, sondern in vieler Hinsicht auch ein Epocheneinschnitt in der klassischen Archäologie. Zu ihrer Zeit war die Olympia-Grabung ein bahnbrechendes Unternehmen, das nicht nur für Olympia selbst, sondern auch für die gesamte Entwicklung unserer Wissenschaft von weittragender Bedeutung gewesen ist. Worin diese Bedeutung liegt, lässt sich nicht in zwei Sätzen zusammenfassen; doch war diese Frage unter anderem auch ein Thema dieser Tagung, bei der wir uns nicht damit begnügen wollten, aus der aktuellen Forschung in Olympia zu berichten, sondern wenigstens ausschnitthaft darüber reflektieren wollten, welche Wirkungen und Impulse im Laufe seiner 125-jährigen Geschichte von diesem Forschungsunternehmen auf die allgemeine Altertumswissenschaft ausgegangen sind.

So wie Olympia im Altertum ein religiöses und kulturelles Kommunikations- und Interaktionszentrum der griechischen Welt bildete, kann auch seine archäologische Erforschung nicht für sich betrachtet werden, sondern muss immer im Kontext der Forschung an anderen Orten Griechenlands gesehen werden. Dem wollten wir bei diesem Symposion insofern Rechnung tragen, als auch Beiträge über Forschungen in der Umgebung von Olympia und – im Zusammenhang mit neuen Forschungen zur Frühgeschichte Olympias – zu den großen Heiligtümern panhellenischer Spiele, Delphi, Isthmia und Nemea, einen Schwerpunkt des Programms darstellten.

Die Ausgrabung in Olympia hatte aber nicht nur wissenschaftliche Bedeutung. Sie war, wie manche andere Unternehmung auf archäologischem Gebiet des 19. Jahrhunderts auch, eine Angelegenheit der Politik. Der richtungsweisende Grabungsvertrag von Olympia, der zum ersten Mal den Verbleib aller ausgegrabenen Funde im Ursprungsland regelte, ist das Ergebnis diplomatischer Verhandlungen auf höchster politischer Ebene. Die Ausgrabung in Olympia ist seinerzeit die erste kulturpolitische Initiative des neugegründeten Deutschen Reiches im Ausland gewesen. Rein äußerlich kam das beispielsweise darin zum Ausdruck, dass in dem dreiköpfigen Direktorium, das von Berlin aus die Ausgrabungen in Olympia leitete, neben Ernst Curtius und Friedrich Adler als Altertumswissenschaftlern auch Legationsrat Dr. Busch vom Auswärtigen Amt als dritter Partner mitwirkte. Die politischen und wissenschaftshistorischen Aspekte der Olympia-Grabung bilden ebenfalls einen Themenkomplex dieser Tagung und stehen nicht ohne Bedacht am Anfang derselben. In Würdigung der historischen Verbindungen zur Auswärtigen Politik hatte der Bundesminister des Auswärtigen, Herr Joschka Fischer, die Absicht, bei der Eröffnung des Symposions mit einem Grußwort anwesend zu sein. Zu seinem Bedauern war er dann jedoch durch das politische Tagesgeschäft verhindert, ließ aber die besten Wünsche für das Gelingen des Symposions übermitteln.

Die engen und dauerhaften historischen Verbindungen mit Griechenland, die sich gerade auch in der Geschichte der Olympia-Grabung manifestieren, kamen, wiederum auf diplomatischer Ebene, bei der Eröffnungsveranstaltung dadurch zum Ausdruck, dass der Botschafter Griechenlands, Herr Dimitrios Nezeritis, die Teilnehmer in einer freundschaftlichen Ansprache begrüßte.

Nach Berlin hatten wir eingeladen, weil es zu dieser Stadt und ihrer Wissenschaftsgeschichte eine tiefe historische Verbindung gibt. In Berlin wurde die Unternehmung geplant, von hier aus wurde sie im 19. Jahrhundert geleitet, und als großzügiges Geschenk der griechischen Regierung sind seinerzeit bedeutende Kunstwerke aus den Ausgrabungen nach Berlin gelangt. Dieser Verbindung Berlin – Olympia galt auch das Grußwort, das der Staatssekretär der Senatsverwaltung für Kultur und Wissenschaft, Herr Dr. Hinze, an die Teilnehmer richtete.

Damit das Olympia-Jubiläum aber nicht nur im Kreise der Wissenschaftler begangen würde, sondern auch die breitere Öffentlichkeit erreichte, hatte die Berliner Antikensammlung aus diesem Anlaß eine Ausstellung im Pergamon-Museum vorbereitet. Für diese Initiative und die gute Zusammenarbeit mit dem Deutschen Archäologischen Institut sei Herrn Professor Heilmeyer und seinen Mitarbeitern an dieser Stelle gedankt. Zum Gelingen des Symposions trug nicht zuletzt Antje Krug bei, die für die Vorbereitung und Organisation verantwortlich war; auch ihr ist für den Einsatz zu danken.

Dafür, dass die Akten dieser Tagung im zweiten Jahr nach dem Olympia-Jubiläum erscheinen können, gebührt ein besonderer Dank den Vortragenden dieses Symposions, die trotz vielfältiger anderer Verpflichtungen die Mühe auf sich genommen haben, ihr Wissen und ihre Forschungen in den Dienst dieser gemeinsamen Veranstaltung zu stellen und auch die Manuskripte ihrer Beiträge zum vereinbarten Termin druckfertig zu machen. Für die redaktionelle Betreuung der Publikation ist Florian Seiler und vor allem Rita Amedick (Frankfurt a. M.) zu danken.

Helmut Kyrieleis

Rüdiger vom Bruch

Internationale Forschung, Staatsinteresse und Parteipolitik

Die Olympia-Ausgrabungen als frühe Phase deutscher auswärtiger Kulturpolitik

Ein Jahr nach der Errichtung des Deutschen Reiches begründete der nationalliberale Abgeordnete Dr. Friedrich Kapp im Reichstag am 17. Mai 1872 einen Antrag der Budgetkommission, der auf die Erweiterung der Römischen Abteilung des Deutschen Archäologischen Instituts und die Gründung einer Zweiganstalt in Athen abzielte. Noch im Hauptquartier zu Versailles – der Krieg gegen das nunmehr republikanisch–revolutionäre Frankreich war soeben beendet – hatte der preußische König und nunmehrige Kaiser Wilhelm I. am 2. März 1871 die Übernahme des privaten »Instituts für archäologische Korrespondenz« in Rom in den ordentlichen Etat Preußens verfügt. Schon ein Jahr später leitete im Reichstag die Budgetkommission für 1874 die Umwandlung in eine Reichsanstalt ein[1], und eben vor diesem Hintergrund ist die Rede von Kapp zu sehen, in der es hieß: »Deutschland als politische Macht hat bisher jetzt zur Förderung der klassischen Alterthumskunde so gut wie gar nichts gethan. Die Franzosen und Engländer sind uns auf dem griechischen Boden in dieser Beziehung weit vor, und namentlich haben sie zuerst die Erforschung der griechischen Denkmäler begründet.«[2]

Die Rede lässt aufhorchen. Ein Vertreter der zu dieser Zeit maßgeblichen Regierungspartei fordert das junge Reich als »politische Macht« zu einer wissenschaftspolitischen Finanzierung auf mit dem Hinweis auf eine fachwissenschaftliche internationale Konkurrenzsituation. Der Redner erinnert dann daran, dass die Engländer und Franzosen »mehr den Erwerb von Kunstschätzen ins Auge fassten«, während »die eigentliche wissenschaftliche Arbeit von den deutschen Gelehrten besorgt worden« sei. »Es ist die alte Geschichte, die sich auch hier wiederholt: Der Franzose und Engländer arbeitet für den Glanz und den Ruhm seines Volkes so zu sagen aus dem Ganzen und Vollen heraus; der deutsche Gelehrte dagegen verrichtet, weniger blendend aber tiefer, die solide Hausarbeit und bereitet, selbst das geringste wissenschaftliche Material gewissenhaft ausbeutend, den Boden vor, auf dem sich ein kräftiger Bau später errichten läßt.«[3] Vordergründiges Prestigedenken der anderen wird gegen strenge wissenschaftliche Arbeit um ihrer selbst willen als Ausweis der deutschen Kulturnation aufgerechnet, doch mit den Inschriften auf den antiken Denkmälern als neu entdeckter Quelle bedürfe es nun planmäßiger Arbeit vor Ort, Athen sei das natürliche Zentrum, nicht nur für Gelehrte. »Generalstab und Marine könnten Hand in Hand mit Gelehrten und Künstlern gehen.«[4]

Im Kern finden wir fast alles versammelt, was uns in diesem Vortrag zu beschäftigen hat. Wohl nirgends sonst verschränkten sich zu dieser Zeit internationale Wissenschaftsbeziehungen derart dicht mit einem kulturell definierten Prestigebedürfnis der führenden europäischen Nationalstaaten wie auf dem Gebiet archäologischer Sammlungen und Grabungen. Damit figuriert staatliche Wissenschaftspolitik nicht zuletzt als ein Instrument auswärtiger Kulturpolitik. Zugleich gelangt ein spezifisch deutsches Wissenschaftsethos ins Spiel, das dann in den kontroversen Beurteilungen des deutsch-griechischen Grabungsvertrags eine wichtige Rolle spielen wird: bezeichnet forschende Erkenntnis um ihrer selbst willen eine spätestens seit Wilhelm von Humboldt verankerte autonome Dynamik? Wieweit hat man aus der Not eine Tugend dort gemacht, wo der welt- und kolonialpolitische Vorsprung der großen westeuropäischen Nationen für die Deutschen nur eine wissenschaftliche Analyse des ohnehin Zugänglichen beließ? Konnte nicht das eine mit dem anderen eine ungemein fruchtbare Verbindung eingehen, wie es jüngst für den Fall der international ausstrahlenden deutschen Indologie gezeigt wird[5] und auch für die Archäologie zu diskutieren ist? Setzte andererseits die deutsche Reichsgründung ein neuartiges außenkulturpolitisches Prestigedenken frei, das sich mit jenen Traditionen rieb? Und schließlich werden in groben Umrissen die Akteure sichtbar, mit denen wir uns zu beschäftigen haben.

Der Reichstag als Entscheidungsforum verweist auf wandlungsfähige parteipolitische Konstellationen. Wir haben das zu beachten, wenn wir später die Jahre 1878 und 1880 mustern. Vom König und Kaiser als einem Verfassungsorgan war bereits die Rede, der sich gemäß dem reichsdeutschen Konstitutionalismus vor allem mit dem von ihm ernannten, aber dem Reichstag verantwortlichen Reichskanzler abzustimmen hatte, also mit Otto von Bismarck, und der zugleich als Chef des Hohenzollernhauses auf familiäre Bindungen achtete und ein beträchtliches Privatvermögen in die Waagschale zu werfen vermochte. Schließlich tauchen bislang eher im Hintergrund Gelehrte wie der Archäologe Ernst Curtius auf: *spiritus rector* der Olympia-Grabungen, einflussreicher Berater von Kaiser und Kronprinz und gewissermaßen 'ghost-writer' der Rede von Friedrich Kapp im Reichstag 1872.

Mit der Umwandlung des Archäologischen Instituts in eine preußische und dann Reichsanstalt, mit der Errichtung einer Außenstelle in Athen und mit den 1875 mit Reichsmitteln einsetzenden Grabungen in Olympia aufgrund eines Staatsvertrages mit Griechenland, welche Ernst Curtius erstmals 1880 und später wieder als »das erste Friedenswerk des deutschen Reiches« bezeichnen wird[6], scheint eine neue Ära gesamtstaatlicher deutscher Wissenschaftspolitik angebrochen, und damit zugleich eine gezielte auswärtige Kulturpolitik betrieben worden zu sein. Doch bevor wir uns den Vorgängen 1875–1880 zuwenden, lohnt ein genauerer Blick auf die soeben eingeführten Termini.

Beide sind Neuschöpfungen des 20. Jahrhunderts, was zunächst nicht gegen das damit Bezeichnete schon lange zuvor spricht. Den Begriff »Wissenschaftspolitik« führte offenbar erstmals Karl Griewank 1927 in seiner Studie über »Staat und Wissenschaft im Deutschen Reich« ein: »Wissenschaftspolitik ist nicht nur Betätigung des Staates im Dienste der Wissenschaft, sondern zugleich Betätigung der Wissenschaft im Dienste des Staates als des Trägers der Nation.«[7] Beides trifft für das frühe Kaiserreich in gewisser Weise zu, sowohl innerhalb des Staates wie auch in den internationalen Wissenschaftsbeziehungen, doch sprach Griewank mit gutem Grund im Untertitel von »Geschichte und Organisation der Wissenschaftspflege in Deutschland«. Gelehrte und staatspolitische Interessen fanden, wichtig genug, doch eher punktuell zueinander, ein zielstrebiges Konzept lässt sich noch nicht erkennen, wie es in der wilhelminischen Zeit Friedrich Althoff mit seinem »System« national wie international entwickelte und umsetzte[8]. Wohl hatte es im 19. Jahrhundert deutsche wissenschaftliche Institute im Ausland gegeben, beginnend 1829 mit dem in Rom privat initiierten »Institut für archäologische Korrespondenz,« das sein späterer Präsident Gerhart Rodenwaldt 1932 als »erste große Organisation internationaler Zusammenarbeit im modernen Sinn« charakterisierte[9]. Doch »bewußte Versuche, das internationale Prestige der deutschen Wissenschaft und Kultur zur Förderung der deutschen Stellung in der Welt auszunutzen, lassen sich ... erst seit der Wende zum 20. Jahrhundert nachweisen.«[10] Nun erst wurde Wissenschaftspflege in Wissenschaftspolitik überführt.

Dies gilt in ähnlicher Weise für 'auswärtige Kulturpolitik', aber auch hier lohnt es, ein wenig genauer nachzusehen. Die Karriere des Begriffs setzt 1909 ein und ist eng verknüpft mit dem Leipziger Kulturhistoriker Karl Lamprecht, der in der Öffentlichkeit und im persönlichen Austausch mit seinem früheren Pfortenser Mitschüler, dem nunmehrigen Reichskanzler Theobald von Bethmann Hollweg, auf die außenkulturpolitischen Vorsprünge Englands und Frankreichs hinwies und vorwiegend wissenschaftspolitisch flankierende Maßnahmen zur Stärkung der deutschen Weltpolitik einforderte[11]. Der Kanzler bestätigte in einem sogleich in der Presse lancierten Schreiben an Lamprecht 1913 die »Notwendigkeit einer auswärtigen Kulturpolitik« und bezeichnete in einem internen Schreiben an die zuständigen Reichsstaatssekretäre »es für eine wichtige Aufgabe der inneren Verwaltung wie der äußeren Politik, deutsche Kulturarbeit im Auslande zu fördern.«[12]

Band Lamprecht Ideen einer internationalen Verständigung und machtpolitische Expansionsziele in einer bemerkenswerten Verknüpfung von Wissenschaftspolitik und auswärtiger Kulturarbeit zusammen, so hatte der Kanzler vor allem eine Unterstützung wirtschaftlicher Interessen in den informellen Einflussgebieten Ostasiens im Sinn, und zielte er auf das organisierte Deutschtum im Ausland. Beides ist nicht weiter erstaunlich, zeigt aber deutlich andere Akzente als die Olympiaausgrabungen. Rüstungs- und Wirtschaftskonkurrenz der weltpolitisch rivalisierenden Mächte hatten um 1900 eine neuartige und vorwiegend aggressiv gestimmte Qualität erlangt. Unter breiter Zustimmung von der politischen Mitte bis zu den Alldeutschen formulierte es der einflussreiche Publizist Paul Rohrbach 1912 so: »unter Verzicht auf die kriegerische Unterwerfung fremder Länder und Völker einstweilen (!) die uns zugänglichen Gebiete der Welt mit dem kulturellen Gehalt unseres Volksgedankens zu durchtränken.«[13] Eine derartige Vorstellung war Ernst Curtius und seinen Mitstreitern ebenso fremd gewesen wie den Staatsmännern und Parlamentariern, welche seinerzeit gewaltige Mittel für die Grabungen bewilligt hatten.

Wir werden also von auswärtiger Kulturpolitik in Kenntnis des begriffsgeschichtlichen Ausgangsmilieus nur mit Vorsicht sprechen können. Hinzu kommt, dass die Lamprecht–Bethmann–Initiative rasch versandete, dass das Reich vor und nach dem Ersten Weltkrieg sich vor allem auf die Auslandsvereine und die deutschen Schulen im Ausland als Hauptdomäne seiner auswärtigen Kulturpolitik konzentrierte[14]. Weiten wir den Blick zeitlich aus, dann ist festzuhalten, dass die Geschichte staatlich geförderter internationaler Wissenschaftsbeziehungen weitestgehend unabhängig von der Kulturarbeit des Auswärtigen Amtes geschrieben werden muss. Bis tief in die Bundesrepublik hinein besaß zudem das Urteil des zeitweilig zuständigen Staatssekretärs Ralf Dahrendorf von 1978 seine Berechtigung: »In der Bundesrepublik ist die kulturelle Außenpolitik ein esoterisches Thema, unbestritten und zugleich von einem Dunstkreis des Desinteresses überlagert.«[15]

Erst mit dem 1978 publizierten Peisert-Gutachten[16] wurden Grundstrukturen außenkulturpolitischer Ziele entwickelt, nämlich »Selbstdarstellung«, »Information«, »Austausch und Zusammenarbeit« sowie »einseitige Übertragung der eigenen Kultur«, wobei in der Praxis immer ein Konglomerat anzutreffen sei. In einem kundigen frühen Kommentar hieß es: »Es gibt keinen Staat, der auswärtige Kulturpolitik lediglich als Kulturpropaganda betreibt, noch einen, der ausschließlich auf Austausch und Zusammenarbeit abstellt. Das erstere gestatten häufig die politischen Verhältnisse im Ausland nicht, das zweite verbietet das eigene Interesse.«[17] Fragen wir nun, inwieweit jene Aussage als Richtschnur auch für die vom Deutschen Reich geförderten Olympia-Ausgrabungen dienen kann, welche vor einer systematisch inszenierten Wissenschaftspolitik und lange vor einer vom Auswärtigen Amt verwalteten auswärtigen Kulturpolitik gelehrten Forscherdrang, kulturnational gestimmten Patriotismus, humanistisches Bildungsethos, wechselnde parteipolitische Konstellationen, staatspolitische Bedenken, monarchisches Mäzenatentum und intrigierende Ranküne in einer schwierigen Gemengelage zusammenführten.

Wissenschaftsimmanente Motive und nicht Gesichtspunkte auswärtiger Kulturpolitik hatten, ich erwähnte dies schon, 1829 zur Gründung des 1871 von Preußen und 1874 vom Reich übernommenen Archäologischen Instituts in Rom geführt, das zum Vorbild für die in Rom errichteten archäologischen Institute anderer Nationen geworden war. Auch dem von Preußen 1888 in Rom gegründeten Historischen Institut lagen mit der Öffnung der Vatikanischen Archive 1881 historische Forschungsinteressen zugrunde. Das gleiche galt für die jeweils einige Jahre nach der Gründung einsetzenden, regelmäßigen Subventionen des Reiches für die 1874 in Neapel mit privaten Mitteln gegründete, Wissenschaftlern aller Nationen offenstehende Zoologische Station, für das zunächst von einem privaten Verein Mitte der 1890er Jahre geschaffene Kunsthistorische Institut in Florenz, für das nach Vorstufen 1907 gegründete Deutsche Institut für ägyptische Altertumskunde, um nur einige Beispiele zu nennen[18].

Auch an internationalen wissenschaftlichen Institutionen und Unternehmungen beteiligte sich das Reich, maßgeblich an dem Internationalen Mess- und Gewichtsbüro in Paris und an der Internationalen Erdmessung, zumal der militärisch gestimmte Kaiser Wilhelm I. bereits in den sechziger Jahren die vorangehende und von Preußen initiierte mitteleuropäische Gradmessung gefördert hatte und nun die internationale Ausdehnung mit besonderer Anteilnahme begleitete. Diese Arabeske mag das weit verbreitete Bild von dem »alten Herrn« als einem schlichten soldatischen Gemüt bestätigen, der sich im übrigen trotz mancherlei Aufbegehren dem Willen seines genialen und literarisch hochbegabten Kanzlers fügte, doch dieses Bild wird brüchig, wenn wir auf weitere wissenschaftliche Staats- und Reichseinrichtungen und -unternehmungen schauen.

Eine genaue Auflistung weist bereits für die wenigen Jahre des Norddeutschen Bundes seit 1867 zwölf Einrichtungen aus, etwa hundert dann für die Zeit des Kaiserreichs, wobei die vielfach nicht recht einsichtige und kontingent anmutende Ressortzuordnung vom Reichskanzleramt über das etwa die Hälfte aller Einrichtungen finanzierende Reichsamt des Innern bis zum Auswärtigen Amt und zur Marineverwaltung reichte[19]. In dieser bunten Mischung schälen sich zwei Hauptgruppen heraus: Einrichtungen mit einem eher spezifisch fachwissenschaftlichen Erkenntnisinteresse, und wissenschaftliche Einrichtungen zur Unterstützung staatlicher Ordnungsaufgaben. Angesichts zentralstaatlicher Normierungs- und Gestaltungsbedürfnisse schnellte die zweite Gruppe vor allem in den 1870er Jahren dramatisch hoch. Bereits im Norddeutschen Bund waren u. a. die Normaleichungskommission und das Statistische Reichsamt errichtet worden.

Allerdings hatte der Norddeutsche Bund auch schon für das Germanische Museum Nürnberg, für die Monumenta Germaniae Historica und für das Römisch-Germanische Museum in Mainz die finanzielle Zuständigkeit übernommen. Dabei gibt eine Beobachtung zu denken. In allen drei Fällen sind keinerlei kontroverse Debatten im Norddeutschen Reichstag zu verzeichnen, vielmehr unterstützten die bereits hier dominanten Nationalliberalen zentralstaatliche kulturpolitische Initiativen. Ernste Verhakungen traten bei dem Nürnberger Museum in den preußischen Fachministerien sowie in den föderalen Verhandlungen mit den beteiligten Einzelstaaten auf. Wer sich mit der Entstehungsgeschichte dieser Einrichtungen beschäftigt, wird daher nicht in den Reichstagsprotokollen, sondern in der staatlichen Aktenüberlieferung fündig – ein Sachverhalt, dem wir auch bei den Olympia-Ausgrabungen begegnen werden[20]. Vor allem war es der Kanzler, der mit hinhaltendem Taktieren und bissiger Häme die historisch-antiquarischen Unternehmungen als Bundesangelegenheit zu hintertreiben suchte. Otto von Bismarck dachte in machtpolitischen Kategorien, ihm lag an einer im Staatsinteresse nützlichen Forschung, und so engagierte er sich für die deutsche Seewarte und für das Statistische Reichsamt, 1876 dann für das Reichsgesundheitsamt; streng wissenschaftlichen Interessen stand er skeptisch gegenüber[21]. Es war der Monarch selbst, König Wilhelm I., der in dieser Situation energisch eingriff und gegen Bismarcks Widerstände die zentralstaatliche Förderung der Monumenta und mehr noch des Nürnberger Museums auf den Weg brachte[22]. Auch er war wie sein bekannt kunstsinniger Bruder und Vorgänger Friedrich Wilhelm IV. durch das wissenschaftlich-künstlerische Pathos des frühen 19. Jahrhunderts geprägt worden, in dem klassischer Humanismus und nationale Spurensuche zu einem eigentümlichen Gemisch verschmolzen.

Wenden wir uns nun mit dem Rüstzeug eines breiteren historischen Kontextwissens den vom Deutschen Reich geförderten Olympia-Ausgrabungen im Schnittfeld politischer Interessen und forschungsstrategischer Optionen zu. Zwangsläufig gelangt damit zunächst jener Mann in den Blick, der mit zäher Energie diese Ausgrabungen betrieben, in populärer Agitation und dank exzellenter persönlicher Beziehungen vorbereitet, in einem ungewöhnlichen Staatsvertrag verankert und die Ergebnisse gegenüber spektakulären Funden und Erwerbungen wie in Pergamon gerechtfertigt hat, Ernst Curtius also. Das derzeitige archäologische Fachgedächtnis billigt ihm allenfalls eine Randbemerkung zu, wie etwa die maßgebliche Darstellung von Sichtermann zeigt[23]. Schon 1974 vermerkte Gerald Heres: »Ernst Curtius wird selten als Archäologe, häufiger als Historiker und Topograph genannt«, und er will »zum Verständnis einer faszinierenden Persönlichkeit beitragen, in der sich Erbe der Goethezeit und historischer Geist des neunzehnten Jahrhunderts wundersam durchdringen.«[24] Sicher war Curtius eher Historiker und Topograph denn Archäologe, doch hat ihn das archäologische Gedächtnis über Gebühr zurückgedrängt.

Einschneidende und zugleich zeittypische Bruchzonen wurden im Denken von Curtius beobachtet, dessen berühmter Olympia-Vortrag in der Berliner Singakademie 1852 noch dem Kunstsinn eines Winckelmann verpflichtet war, wenn er emphatisch ausrief: »so bleibt doch auch für uns Olympia ein heiliger Boden und wir sollen in unsere, von reinerem Licht erleuchtete Welt herübernehmen den Schwung der Begeisterung, die aufopfernde Vaterlandsliebe, die Weihe der Kunst und die Kraft der alle Mühsale des Lebens überdauernde Freude«, und der dann 24 Jahre später 1876 die »Erforschung griechischer Denkmalgruppen in ihrem ursprünglichen Zusammenhang« als Hauptaufgabe bezeichnet, nicht mehr von Winckelmann spricht, vielmehr die experimentelle Naturforschung als Vorbild preist, insofern die Altertumswissenschaft im Stande sein müsse, »die Quellen der Erkenntniss selbstthätig zu vermehren; sie muß sich von zufälligen Entdeckungen ... unabhängig zu machen suchen.«[25] Das war gewiss gegen Heinrich Schliemann gerichtet, der mit den trojanischen Grabungen Aufsehen erregt und Anfang der 1870er Jahre dem griechischen Königreich Grabungen in Olympia auf eigene Kosten angeboten hatte. Gleichzeitig konstruierte der glänzende und als Berliner Universitätsrektor 1881/82 mehrfach hervortretende Redner bedenkliche Verknüpfungen zwischen Vergangenheit und Gegenwart[26]. »Ernst Curtius ist der wohl wirkungsträchtigste öffentliche Sprecher seines Faches«, so formulierte es Christiane Zintzen, welche zudem eine Brücke schlägt zu dem alldeutschen Wilhelministen Gustav Roethe, der 1905 ausführte, »Rom und Hellas bergen den Schlüssel zur nationalen Selbsterkenntnis«, daher müsse »der geistige Generalstab durch die Schule von Hellas und Rom gebildet werden.«[27]

Das Bild von Ernst Curtius schwankt in der Fachgeschichte. Feinsinnig hat Karl Christ gezeigt, wie aus dem bürgerstolzen Hanseaten ein Monarchist aus Überzeugung wurde, und er vermerkt, dass Curtius in der Altertumswissenschaft allenfalls noch als der erfolgreiche Initiator der Ausgrabungen von Olympia weiterwirke, um anzufügen: »Es wurde üblich, Curtius pauschal romantischen Idealismus und Klassizismus vorzuwerfen – ohne ihm damit allein gerecht zu werden.«[28] In einer wenige Jahre zuvor publizierten Studie über Ernst Curtius und Jacob Burckhardt merkte Christ an: »Man muß heute wohl an die ein wenig vergessene Tatsache erinnern, dass dieser (sc. 1874 mit dem Königreich Griechenland) entworfene Vertrag in vorbildlicher Weise den Verbleib der bei den Grabungen geborgenen Kunstdenkmäler in Griechenland vorsah, eine Bestimmung, die vor allem in jenem Augenblick auf stärkste Kritik stieß, als Humanns Schätze aus Pergamon in Berlin ausgestellt wurden.«[29] Wie eben dieser Vertrag Curtius' Gegenspieler Bismarck in die Hände spielen sollte, wie andererseits Bismarcks Widerstände gegen eine abschließende Zahlung vom preußischen Monarchen persönlich überwunden wurden, was Curtius selbst in einer öffentlichen Universitätsrede vom 22. März 1880 publik gemacht hatte, das ist nun zu beleuchten[30].

Seit seiner begeisternden Akropolis-Rede im Februar 1844 in der Berliner Singakademie stand Curtius, damals noch Privatdozent, in enger Beziehung zum Hohenzollernhaus. Zwischen 1844 und 1850 wirkte er im Haus des Kronprinzen als Erzieher des späteren Kaisers Friedrich III. Der Olympia-Vortrag 1852 hatte dann erstmals das Grabungsprojekt vorgestellt und den anwesenden König Friedrich Wilhelm IV. zu einer spontanen Sammlung veranlasst, freilich mit magerem Ergebnis. Unter den neuen politischen Verhältnissen nach der Reichsgründung warb Curtius 1872 in den einflussreichen Preußischen Jahrbüchern für die Grabungen. »Die Zeit ist günstig. Im ganzen Orient ... erwartet man, dass Preußen seine neue Machtstellung bewähre, indem es die Interessen von Kunst und Wissenschaft auf klassischem Boden würdig und recht vertrete.«[31] Eine Griechenlandreise des nunmehrigen Kronprinzen und vormaligen Curtius-Schülers Friedrich Wilhelm hatte zuvor den Boden für jenen Vertrag mit Griechenland vorbereitet, den Curtius entwarf und der zeitgleich mit der Übernahme des Archäologischen Instituts durch das Reich ohne jegliche Diskussion den Reichstag passierte.

Damit gelangen die hier versammelten Parteien in den Blick, und diese unterstützten durchweg die Übernahme des DAI, den Staatsvertrag und die vom Auswärtigen Amt zu finanzierenden Grabungen in Olympia. Ohne jegliche Diskussion, ohne Einwand wurden die Anträge des Berichterstatters der Budgetkommission, Kapp, angenommen, ebenso die nachfolgend jährlich zu bewilligenden Ratenzahlungen für Olympia. Dieses Ergebnis einer Durchsicht der Stenographischen Berichte[32] ist auch dann bemerkenswert, wenn wir die in diesen Jahren überragende Regierungsmehrheit von Nationalliberalen und Freikonservativen bedenken sowie die intern übliche parlamentarische Aushandlung vor einer Einbringung ins Plenum. So hatte der Zentrumspolitiker Ludwig Windthorst 1871 erbost zum Zivilehegesetz ausgerufen: »Der Antrag, wie er hier vorliegt, *war* angenommen in dem Moment, als er in das Haus gebracht wurde.«[33] Auf der anderen Seite wurden Anfang der 70er Jahre keineswegs alle Kulturvorhaben im Ausland vom Reichstag akzeptiert[34]. Die Archäologie befand sich in kräftigem Aufwind.

Getrübt wurde das einmütige Bild erst im März 1878, als Berichterstatter Kapp um die Zustimmung für 150.000 Mark als vierter Rate der für Olympia insgesamt bewilligten Position bat. Nun monierte der Kölner Zentrumsabgeordnete August Reichensperger, der große alte Mann des deutschen politischen Katholizismus, man erfahre mit keinem Wort, »was denn mit diesem Gelde geschieht, welche Erfolge man erzielt.« Man könne nicht zehn Jahre lang jährlich eine so hohe Summe bewilligen, »ohne zu wissen, dass etwas dafür zu Tage gefördert wird. ... Wir werden uns im nächsten Jahr die Sache etwas näher anzusehen haben, und zwar umsomehr, als wir doch im Grund ein herzlich schlechtes Geschäft in dieser Sache machen ... alle Ausgaben werden vom Deutschen Reich bestritten, während die ausgegrabenen Originale, die zum Theil von sehr großem Geldwerth sein mögen, alle nach Athen ins dortige Museum wandern.«[35]

Verwies diese Bemerkung auf einen politischen Schwenk? War es eher die spontane Verärgerung eines durch den langjährigen Kulturkampf bis aufs Blut gereizten Zentrumspolitikers? Wir wissen es nicht. Wohl aber wurde eine sogleich vom Präsidenten des Reichskanzleramtes zugesagte Denkschrift nicht erst 1879 vorgelegt, wo die Position für Olympia wieder ohne jeden Einwand den Reichstag passierte, sondern noch im gleichen März 1878 – freilich nicht dem Abgeordneten Reichensperger, sondern dem Reichskanzler, der sich darüber nicht wenig wunderte: »Wie kommt diese Sache in einen roten Kasten?«[36] Insgesamt scheinen, von jener einen Kritik abgesehen, die Mittel für Olympia aus dem Parteienstreit herausgehalten worden zu sein. Ein Antrag auf Sondermittel im Jahre 1880, wovon gleich noch die Rede ist, gelangte gar nicht erst in die Budgetkommission, da sie vom Monarchen persönlich nach einer heftigen Auseinandersetzung mit Bismarck übernommen wurden. Auch der Abschluss des Unternehmens brachte keine Dissonanzen. Im Februar 1882 griff der Berichterstatter Robert Gerwig, ein nationalliberaler Baudirektor aus Karlsruhe, kommentarlos eine Erklärung des Vertreters des Bundesrats auf: solange die Grabungen im Ausland stattfanden, war die Autorität des Reiches und damit die Anbindung an das Auswärtige Amt geboten. Nun sei die Aufgabe erfolgreich erfüllt, eine Bewertung der gewonnenen Ergebnisse durch die Wissenschaft und deren Finanzierung »falle in das den einzelnen Bundesstaaten vorbehaltene Gebiet der Pflege von Kunst und Wissenschaft.«[37]

Nach den Quellen sind Widerstände nicht bei den Parteien, sondern allein bei Otto von Bismarck anzutreffen. Ihn mochte schon bei dem Staatsvertrag eine mögliche Verwicklung in innergriechische Konflikte gestört haben, ansonsten zeigte er Desinteresse, da er keinen staatspolitischen Nutzen erwartete, ihm die Grabungen aber angesichts der so positiven öffentlichen Stimmung auch nicht wichtig waren. So wie er sich 1878 über die Denkschrift im »roten Kasten« wunderte, so notierte er etwa zur gleichen Zeit zu einem Telegramm aus Olympia mit der Meldung neuer Funde: »Wozu darüber ein Telegramm?«[38]

Zum offenen und bereits 1927 von Theodor Wiegand aus den Akten referierten Konflikt[39] kam es 1880, als die Grabungsleiter Curtius und Adler einen Ergänzungsbetrag von 90.000 Mark für abschließende Arbeiten in Olympia erbaten, und wir haben zu fragen, warum gerade jetzt Bismarcks Desinteresse in Abwehr umschlug. Wie so oft kamen bei ihm wohl mehrere Erwägungen zusammen, wählte er zudem einen ihm günstig erscheinenden Zeitpunkt zum Losschlagen. Als nun die nach Berlin verbrachten Originalfunde aus Pergamon für Aufsehen sorgten, registrierte Bismarck einen Stimmungswandel gegenüber dem für das Reich kostspieligen, aber als ungünstig eingeschätzten Staatsvertrag mit Griechenland, der seinem eigenen Denken entsprach. Keine Originale, bloß Abgüsse, und dies mit ungeheurem Finanzaufwand. Zum zweiten witterte der Kanzler eine günstige Gelegenheit, seinen Intimfeind, den Kronprinzen, *spiritus rector* des Staatsvertrages und Curtius-Freund, der bereits auf einen Repräsentationsposten bei den Museen abgeschoben worden war, auf seinem eigensten Gebiet zu brüskieren[40]. Drittens hatte sich die politische Gesamtkonstellation nach dem Sozialistengesetz 1878 und vor allem mit dem 1879 von einer konservativ-katholischen Mehrheit beschlossenen Schutzzollgesetz einschneidend verändert[41]. Sollte der Streitfall nun in den Reichstag gelangen, dann würde sich dort eine kontroverse Debatte wohl inszenieren lassen.

Auf die Anfrage des Auswärtigen Amtes wegen der beantragten Zusatzmittel reagierte Bismarck am 19. Januar von Varzin aus mit taktischem Geschick; da ihm die Akten nicht vorlägen, sei der Unterstaatssekretär Scholz im Reichsschatzamt zu befragen, womit Bismarck seinen engsten Vertrauten in der inneren Reichsverwaltung ins Spiel brachte, der dann auch sogleich den Antrag auf Ergänzungskredit zurückziehen ließ. Lapidar vermerkte Bismarck in seinem Schreiben: »Die Ausgrabungen von Olympia, auf Grund eines für Deutschland äußerst ungünstigen Vertrages lediglich im Interesse der Wissenschaft unternommen, sind genügend weit vorgeschritten, um eine allseitige wissenschaftliche Beurteilung des Werthes der Resultate zu gestatten. Es wird sich also, wenn es im Interesse der Wissenschaft liegt, gewiß ein anderes, vielleicht ein reicheres Staatswesen bewogen fühlen, die bisher von Deutschland bezahlten Arbeiten jetzt, nachdem wir die Möglichkeit des Mißerfolgs beseitigt haben, seinerseits weiterzuführen.«[42]

Der Vorstoß schien abgeblockt, doch nun schaltete sich Wilhelm I. persönlich ein, bestand auf einer Vorlage im Parlament, betonte, er sei »den brillanten Erfolgen mit großer Aufmerksamkeit gefolgt«. Es wäre »für die Kunst und Wissenschaft eine Versündigung (...) ein so merkwürdiges Werk halben Wegs aufzugeben.«[43] In zwei weiteren Berichten an den Kaiser vom Februar 1880 präzisiert Bismarck seine Kritik mit sorgfältig überarbeiteten Argumenten und rät auch von dem Ausweg ab, an Stelle einer Vorlage im Parlament den Allerhöchsten Dispositionsfonds heranzuziehen, sei dieser doch, wie Bismarck mit scharfem Hieb gegen seinen Herrn vermerkt, zur Unterstützung von Kriegsinvaliden gedacht.

Die Sache geht noch etwas hin und her, bis schließlich am 5. März der Kaiser mit Gegenzeichnung Bismarcks nicht 90.000, sondern 80.000 Mark – eine Geste gegenüber dem Kanzler – aus seinem Dispositionsfonds bewilligt. Details sind nicht weiter von Belang, aber zwei Bemerkungen Wilhelms I. erscheinen doch mitteilenswert. So hält er dem Kanzler entgegen: »Dass wir nur die Abgüsse besitzen, kann doch unmöglich getadelt werden, da ich glaube, dass jeder Staat, u. vor allem wir, wenn *uns* durch das Ausland eine solche Ausbeute bei *uns* in Aussicht gestellt würde, wir dies auch nur unter der Bedingung täten, die Funde selbst behalten u. nur Copien davon dem Unternehmen gestatten würden.«[44] Und zu einem weiteren Bericht Bismarcks vermerkt er: »Das verrät wenigstens kein Interesse für Geschichte und Kunst.«[45]

Der Titel dieses Beitrags wird also um das Stichwort monarchisches Mäzenatentum zu ergänzen und zugleich das bekannte Bild Wilhelms I. zu korrigieren sein, der sich auch bei den Gemäldesammlungen der Museen in einer bislang unbekannten Weise persönlich engagiert hat[46]. Einmal noch greift der Kanzler, dem in der Olympia-Frage deutlich seine Grenzen gezeigt wurden, ein, als 1882 Curtius die Publikationskosten einfordert. Nun notiert Bismarck: »Nachdem jedoch das eigentliche Ausgrabungswerk auf fremden Boden seinen definitiven Abschluß gefunden hat, ist meines Erachtens diejenige Aufgabe, deren Übernahme durch das Reich sich rechtfertigen ließ, als erfüllt zu betrachten, da neben dem universalen Interesse an der Sache ein besonderes deutsches Interesse nicht mehr besteht.«[47] Völlig zu Recht verweist er auf die Zuständigkeit Preußens, nach einigem Sträuben stimmt Kultusminister von Goßler dieser Ausgabe zu[48]. Das ganze Unternehmen endet versöhnlich, als es dem deutschen Gesandten in Athen von Radowitz 1887 gelingt, zahlreiche Dubletten für Deutschland zu erhalten, deren Transportkosten Bismarck bereitwillig übernimmt[49].

Wir erinnern uns an die Formulierung von 1972: »Es gibt keinen Staat, der auswärtige Kulturpolitik lediglich als Kulturpropaganda betreibt, noch einen, der ausschließlich auf Austausch und Zusammenarbeit abstellt.« Dem ist nicht zu widersprechen; es kommt aber auf das mehr oder weniger, auf die jeweiligen konkreten Umstände an. Unser Beispiel zeigt, wie ein weniger auf Prestige denn auf Forschung bedachtes deutsches Wissenschaftsethos in einer günstigen parlamentarischen Situation, mit öffentlichem Rückhalt und durch massive Unterstützung eines begeisterungsfähigen Monarchen sogar gegen den Zweckrationalismus eines politischen Titanen wie Bismarck gesamtstaatliche Förderung erfahren konnte. Freilich, ein solch glückliches Zusammentreffen, ein solcher *kairós* ist nur selten gegeben.

[1] Vgl. A. Michaelis, Geschichte des deutschen Archäologischen Instituts 1829–1879, hrsg. von der Centraldirection (1879) 162. Am 9.7.1873 genehmigte der Reichstag die Umwandlung des archäologischen Instituts in eine Reichsanstalt, die Genehmigung durch Kaiser Wilhelm I. erfolgte am 18.5.1874.

[2] Stenographische Berichte des Reichstags, 1. Leg.-Per., 24. Sitzung vom 17.5.1872, 443 f.

[3] Ebenda.

[4] Ebenda.

[5] Zur deutschen Indologie befindet sich eine Dissertation von D.T. McGetchin in Vorbereitung.

[6] Vgl. Ein Rückblick auf Olympia. Festrede vom 22.3.1880, in: E. Curtius, Alterthum und Gegenwart. Gesammelte Reden und Vorträge (1886) 196; vgl. ferner ein gedrucktes Dankschreiben zum 80. Geburtstag von Curtius an Theodor Mommsen, SBPK, Nachlass Mommsen, Kasten 18.

[7] K. Griewank, Staat und Wissenschaft im Deutschen Reich. Zur Geschichte und Organisation der Wissenschaftspflege in Deutschland (1927) 9. Vgl. dazu auch G. A. Ritter, Internationale Wissenschaftsbeziehungen und auswärtige Kulturpolitik im deutschen Kaiserreich, in: Zeitschrift für Kulturaustausch 31, 1981, 5–16.

[8] Vgl. B. vom Brocke (Hrsg.), Wissenschaftsgeschichte und Wissenschaftspolitik im Industriezeitalter. Das »System Althoff« in historischer Perspektive (1991).

[9] G. Rodenwaldt, Archäologie als nationale und internationale Wissenschaft in: H. Konen – J. P. Steffes (Hrsg.), Volkstum und Kulturpolitik. Eine Sammlung von Aufsätzen. Gewidmet Georg Schreiber zum fünfzigsten Geburtstage (1932) 92.

[10] Ritter a. O. 5.

[11] Dazu eingehend mit Quellenanhang R. vom Bruch, Weltpolitik als Kulturmission. Auswärtige Kulturpolitik und Bildungsbürgertum in Deutschland am Vorabend des Ersten Weltkrieges (1982).

[12] Brief an Lamprecht vom 21.6.1913, Schreiben an die Staatssekretäre vom 5.8.1913 abgedruckt ebenda 149–153.

[13] P. Rohrbach, Der deutsche Gedanke in der Welt (1912) 175.

[14] Vgl. K. Düwell, Deutschlands auswärtige Kulturpolitik 1918 1932. Grundlinien und Dokumente (1976).

[15] R. Dahrendorf, Vorwort zu H. Peisert, Die auswärtige Kulturpolitik der Bundesrepublik. Sozialwissenschaftliche Analysen und Planungsmodelle (1978) 13.

[16] Vgl. Anm. 15. Die Publikation des bereits 1971 vorgelegten Gutachtens hatte sich mehrfach verzögert, vgl. zu den Hintergründen eine in Nr. 24 vom 8.6.1979 von D. E. Zimmer eingeleitete Artikelserie der Wochenzeitung DIE ZEIT.

[17] W. Rudolf, Probleme der auswärtigen Kulturverwaltung: Demokratie und Verwaltung. 25 Jahre Hochschule für Verwaltungswissenschaften (1972) 645 f.

[18] Vgl. G. A. Ritter a. O. (Anm. 7) 5 f.

[19] Vgl. F. R. Pfetsch, Zur Entwicklung der Wissenschaftspolitik in Deutschland (1974) mit Listen der wissenschaftlichen Institutionen und Einrichtungen auf Reichsebene 91–93, auf der Ebene der Einzelstaaten 94–99.

[20] Vgl. K. Griewank, Wissenschaft und Kunst in der Politik Kaiser Wilhelms I. und Bismarcks in: Archiv für Kulturgeschichte 34, 1952, 288–307. Da Griewank auf frühere Exzerpte von nach 1945 verschollenen oder unzugänglichen Akten zurückgreifen konnte, kommt seiner Darstellung ein hoher Informationswert zu.

[21] Vgl. Griewank a. O. 296 ff.

[22] Vgl. ebenda.

[23] H. Sichtermann, Kulturgeschichte der klassischen Archäologie (1996).

[24] G. Heres, FuB 16, 129.

[25] A. H. Borbein, Klassische Archäologie in Berlin vom 18. zum 20. Jahrhundert in: W. Arenhövel und Ch. Schreiber (Hrsg.), Berlin und die Antike (1979) 138.

[26] Vgl. Borbein a. O. 140, S. L. Marchand, Down from Olympus. Archaeology and Phihellenism in Germany, 1750–1970 (1996) 81 ff.

[27] Ch. Zintzen, Von Pompeji nach Troja. Archäologie, Literatur und Öffentlichkeit im 19. Jahrhundert (1998) 155. 150.

[28] K. Christ, Hellas. Griechische Geschichte und deutsche Geschichtswissenschaft (1999) 42.

[29] K. Christ, Griechische Geschichte und Wissenschaftsgeschichte (1996) 128.

[30] Ebenda 128 f.

[31] Preußische Jahrbücher 29, 1872, 71.

[32] Ich danke Herrn Dr. Olaf Matthes für seine Sichtung der Protokolle, für seine Archivrecherchen und seine weiteren Hilfestellungen zu diesem Vortrag.

[33] Zitiert nach M. Stürmer, Regierung und Reichstag im Bismarckstaat 1871 – 1880 (1974) 53.

[34] So scheiterte etwa der beantragte Ankauf der Villa Zuccari in Rom.

[35] Sten. Berichte des Reichstages, 2. Leg.-Per, 4. Session 1976, 24. Sitzung vom 28.3.1878, S. 586 f.

[36] Vgl. Griewank a O. (Anm. 20) 303.

[37] Sten. Berichte, 5. Leg. Per. II. Session 1882/83, 46 Sitzung vom 5.2.1883.

[38] Vgl. Griewank a. O. (Anm. 20) 303.

[39] Th. Wiegand, Zur Geschichte der Ausgrabungen von Olympia in: Sitzungsberichte der Akademie der Wissenschaften Berlin, Phil.-Hist. Klasse, Gesamtsitzung vom 18. Februar 1926, 14–22.

[40] Vgl. Heres a. O. (Anm. 24) 144. Sogar in Museumsangelegenheiten verfügte der Kronprinz nur über geringen Einfluss, da hier die letzte Entscheidung bei seinem Vater lag, vgl. T. von Stockhausen, Gemäldegalerie Berlin. Die Geschichte ihrer Erwerbungspolitik (2000) 45.

[41] Vgl. dazu Stürmer a. O. 278 ff.

[42] Nach Wiegand a. O. 15, vgl. zu der Auseinandersetzung auch Griewank a. O. (Anm. 20) 302 ff.

[43] Wiegand a. O. 15.

[44] Zitiert nach Griewank a. O. (Anm. 20) 305.

[45] Ebenda 306.

[46] Vgl. Stockhausen a. O. 44.

[47] Zitiert nach Wiegand a. O. 19.

[48] Ebenda 19 ff.

[49] Ebenda 21.

Thanassis Kalpaxis

Die Vorgeschichte und die Nachwirkungen des Olympia-Vertrages aus griechischer Sicht*

Einführend sei uns gestattet, folgende Bemerkung in eigener Sache vorauszuschicken. Wir haben häufiger die Erfahrung gemacht, dass es nicht besonders vorteilhaft ist, als Grieche zu Themen Stellung zu beziehen, die mit der Präsenz und den Aktivitäten von ausländischen Archäologen und archäologischen Institutionen in Griechenland in Zusammenhang stehen. Wenn man es dennoch tut und dabei sogar die von diesen Institutionen als gültig akzeptierte Version der Vorgänge ganz oder teilweise in Zweifel zieht, sieht man sich fast automatisch dem Vorwurf ausgesetzt, sich dem jeweilgen Problem in nicht objektiver Weise angenähert zu haben. Noch konkreter gesagt, was man vorträgt, wird, weil angeblich nationalistisch gefärbt, allzu voreilig als den Tatsachen nicht entsprechend abgetan. Wir möchten hier keineswegs bestreiten, dass dieser Vorwurf gegenüber manchen Untersuchungen mit Recht erhoben werden kann. Dabei handelt es sich allerdings in der Regel um Untersuchungen von eher populärwissenschaftlichem Charakter, deren Ergebnisse sich auf der Ebene politisch-moralischer Beurteilungen bewegen, was u. E. ohnehin ein Oxymoron darstellt. Unsere Absichten sind nicht von solcher Natur, d. h. wir haben nicht vor über Gut und Böse zu urteilen. Unser Interesse ist vollkommen anders gelagert und betrifft einzig und allein Fragen, welche in erster Linie die Methodik der Geschichtsschreibung berühren.

Wir gehen davon aus, die Zustimmung des Lesers sofort zu erhalten, wenn wir, im Grunde Selbstverständliches behauptend, sagen, dass zur Erreichung des notwendigen Maßes an relativer Objektivität, welche bei jeder nach wissenschaftlichen Regeln entworfenen Darstellung eines geschichtlichen Vorganges gefordert wird, *alle* teilhabenden Akteure befragt und *alle* sonst einwirkenden Faktoren untersucht werden müssen. Zu welchen Fehlurteilen und zu welcher Verfälschung von Tatsachen die Missachtung dieses einfachen Grundprinzips führen kann, erkennt man sehr deutlich z. B. an älteren Werken zur Geschichte von Kolonialgebieten, welche alles an den Bedürfnissen und Erfahrungen der Kolonialmächte messen und ausschließlich aus diesen heraus zu erklären versuchen[1].

Die bisher vorgelegten Darstellungen der Geschichte der Ausgrabungen von Olympia weisen ganz eindeutig ähnliche Lücken auf der Ebene der Methodik auf. Ob es sich um den ausführlichen Bericht Richard Weils handelt, der im ersten Band des großen Olympiawerkes abgedruckt wurde, oder um das ansonsten bestens dokumentierte Buch von Joachim Gerstenberg[2] bzw. um den Aufsatz von Alfred Mallwitz zu dem einhundertjährigen Jubiläum der Ausgrabung[3], Hinweise auf die griechische Perspektive, ohne die das entworfene Bild zwangsläufig fragmentarisch und in seiner Gültigkeit sehr eingeschränkt bleiben muss, fehlen fast vollständig. Dasselbe gilt, ohne Ausnahme, für die zahlreichen Kurzfassungen der Geschichte dieser Augrabung, die im Laufe der vergangenen 125 Jahre veröffentlicht wurden. Sogar in dem erst vor vier Jahren erschienenen und gerade wegen der guten Dokumentation hochinteressanten Buch von Suzanne Marchand[4], findet man in Zusammenhang mit Olympia kaum einen einzigen Beleg, der aus griechischen Archiven stammt.

Selbst dem aufmerksamen Leser dieser Werke wird somit der Eindruck vermittelt, als wäre diese Unternehmung in einem geographischen Raum realisiert worden, in dem es, bis vielleicht auf den dort herrschenden König, kaum eine ernstzunehmende Autorität gab und der somit, gleichzeitig, kaum Strukturen aufwies, welche ihm die Eigenschaft eines souveränen Staates zu verleihen in der Lage wären. Die folgenden Bemerkungen sollen dazu dienen, diesen Eindruck auf seinen Wahrheitsgehalt zumindest teilweise zu überdenken.

Beginnen wir mit einer nicht in Zweifel zu ziehenden Feststellung. Die große Olympiagrabung in den siebziger Jahren des neunzehnten Jahrhunderts war, nach der Präambel des unterzeichneten Vertrages[5], eine gemeinsame deutsch-griechische Unternehmung. Ihr 125stes Jubiläum wird aber nur von Deutschland gefeiert. Weshalb ist das so? Wir behaupten, weil, weitestgehend unbeabsichtigt und auch nicht nur von einer Seite, Regeln verletzt worden sind, die nach neugriechischer Vorstellung den Umgang mit der griechischen Antike bestimmen sollten.

Versuchen wir nun diesen Standpunkt zu erklären. Am antiken Olympia haftet seit der Gründung des griechischen Nationalstaates in den zwanziger Jahren des neunzehnten Jahrhunderts eine eindeutig politische Dimension. Eine solche Entwicklung war zwangsläufig vorgezeichnet und unumgehbar, da die Gründung dieses Staates durch die direkte Verbindung mit der klassischen Vergangenheit überhaupt ermöglicht wurde. Die idealisierte klassische Vergangenheit, in ihrer Funktion als die eigene Vergangenheit, erhielt somit im Rahmen der griechischen Politik die Qualität eines besonders starken Argumentes zur Unterstützung und Durchsetzung der aktuellen Staatsinteressen. Dieses Argument konnte jedoch nur dann Gültigkeit besitzen, wenn Griechenland, mittels des konkret bezeugten Respekts zur klassischen Antike, seinen Anspruch als Alleinerbe zu untermauern und gleichzeitig den Nachweis zu erbringen in der Lage war, dass es der aufgeklärten europäischen Welt angehörte. Gerade deshalb entstand auch sofort ein ziemlich heftiger politischer Konflikt im Staate, als das erste Gouvernement des Landes, jenes unter Ioan. Kapodistrias, sich unter dem Druck der damaligen Ereignisse gezwungen sah, von dieser Grundregel Abstand zu nehmen.

Es ist allen Olympiakennern hinreichend bekannt, dass im Jahre 1829 die wissenschaftliche Expedition, welche, in napoleonischer Manier, einem französischen Armeekorps auf der Peloponnes folgte, die Gegend von Olympia erreichte und dort Ausgrabungen ausführte, deren bedeutendstes Ergebnis die Aufdeckung des Zeustempels und eines Teiles seiner architektonischen Skulpturen war. Weniger bekannt ist vielleicht, dass zur selben Zeit die Zukunft Griechenlands auf dem Spiel stand. Das Armeekorps war von den Großmächten gesandt worden, um den nach der Seeschlacht von Navarino vereinbarten Waffenstillstand zu sichern und die übermächtige ägyptische Armee unter Ibrahim Pasha aus ihren Stellungen zu vertreiben. Das griechische Hoheitsgebiet sollte, nach den Vorstellungen der Garantiemacht England, sich ausschließlich auf die Peloponnes beschränken. Frankreich war eher bereit, über eine wesentlich größere Ausdehnung zu verhandeln, d.h. das südliche griechische Festland in das Hoheitsgebiet zu integrieren, vor allem in Hinblick darauf, dadurch die englische Hoheit über die strategisch wichtigen ionischen Inseln zukünftig durch Griechenland in Frage stellen zu lassen[6]. Darüberhinaus hatte die Regierung gerade zu jener Zeit einen Kredit zum Aufbau des Landes bei Frankreich beantragt. In diesem Kontext war es für Kapodistrias klar, dass er die an ihn gestellte Forderung der französischen Armee nach Überlassung der olympischen Funde als Geschenk für Frankreich nicht negativ beantworten konnte, wenn er vermeiden wollte, dass Griechenland ein nicht lebensfähiger Zwergstaat blieb.

Eine positive Zusage war jedoch nicht ohne weiteres möglich. Die dritte griechische Nationalversammlung hatte nämlich 1827 beschlossen und in die damals verabschiedete Verfassung des Landes integriert, dass die Ausfuhr von Antiken verboten sei. Diese Schutzmaßnahme war getroffen worden, um den bereits erwähnten Anspruch auf eine sehr konkrete nationale Identität zu unterstreichen, ohne die es kaum möglich gewesen wäre, aus dem damals in Griechenland lebenden, verschiedenen Sprachen und Religionen angehörenden Völkergemisch eine Nation zu bilden. Kapodistrias war also im Rahmen der aktuellen politischen Lage gezwungen, wegen der Funde von Olympia eine Art Verfassungsänderung zu bewirken, welche von dieser grundlegenden ideologischen Position Abstand nahm. Tatsächlich wurde nach seinem Antrag in der Nationalversammlung von Argos im August 1829 der entsprechende Artikel geändert und der Regierung freigestellt, die Ausfuhr von Ausgrabungsfunden zu genehmigen »wenn sie von einer wissenschaflichen Institution irgendeines Landes erbeten wurde«[7].

Es ist hier nicht der Ort, um auf die Folgen dieser politischen Entscheidung ausführlich einzugehen. Soviel sei nur gesagt, dass der von der internen Opposition und von den mit seiner Politik nicht einverstandenen Großmächten gegen Kapodistrias erhobene Vorwurf, er sei ein Gegner der Aufklärung und folglich ein Despot, durch diese 'Verfassungsänderung' nicht gerade abgeschwächt wurde. Wichtiger erscheint mir zu vermerken, dass dieses Kapitel in den Darstellungen der Geschichte der Ausgrabungen von Olympia ohne Hinweis auf seine politisch-ideologische Dimension dargestellt wird. Stattdessen wird gelegentlich, so bei Adolf Boetticher[8] und später bei Gerstenberg[9], eine nicht zu dokumentierende Anekdote erzählt, wonach angeblich ein braver griechischer Patriot Kapodistrias überzeugt hätte, den Franzosen die Weiterführung der Arbeit nicht zu gestatten. Das ganze Problem wird also auf das verletzte Nationalgefühl eines Mannes bzw. auf den simplen Satz reduziert, so bei R.Weil, »die Fundstücke wurden den Alpheios hinuntergeschafft und bilden heute eine Zierde des Louvre«. Um die Aussagekraft dieser Behauptungen richtig bewerten zu können, sei nebenbei nur erwähnt, dass in Wirklichkeit die Fundstücke garnicht auf dem Wasser, sondern auf dem Landweg zum Ausfuhrhafen gebracht worden waren[10].

Tatsache ist, dass die Erfahrung mit der französischen Expedition die griechischen Behörden mobilisiert und zu ersten die antiken Reste betreffenden Schutzmaßnahmen geführt hat, natürlich im Rahmen der damals bestehenden Möglichkeiten. Im September 1829 erscheint die erste Nachricht über die Gründung eines Zentralmuseums auf Aegina. Und bereits im Oktober 1829, wenige Monate also nach Abzug des französischen Armeekorps, erlässt der Sonderkommissar für Elis, um weiteren Forderungen der noch anwesenden französischen Expedition zuvorzukommen, ein diesbezügliches Dekret mit elf Artikeln, dessen Inhalt in einigen Punkten fast wie ein Vorläufer des nur fünf Jahre später erlassenen ersten griechischen Antikengesetzes anmutet[11].

Als folglich 1836 Fürst Pückler-Muskau seine absurd abenteuerliche Idee vorstellte, die vorsah, dass ihm die griechische Regierung die Ebene von Elis schenkte, um dann auf eigene Kosten eine Ausgrabung durchzuführen und ein Museum zu gründen[12], stand das Gebiet von Olympia bereits, wie wir heute sagen würden, unter Denkmalschutz. Die erste uns bekannte Maßnahme war, wie wir aus dem peinlich genau geführten Archiv des, in seiner Funktion als Generalephor, Mitunterzeichners des späteren Olympiavertrages Panagiotis Eustratiadis erfahren, der 1839 erfolgte Ankauf und der Abriss einer auf den Ruinen der Hadrianstermen – so die damalige Interpretation der Baureste – stehenden Wassermühle zum Preis von 9.000 Drachmen, die aus der königlichen Kasse stammten. 1841 wird in einem Schreiben des Wirtschaftsministeriums an das Erziehungsministerium festgestellt, dass dieses Gebiet, obwohl mit königlichem Geld erworben, Staatseigentum sei. 1855 wird eine Umleitung des Flussbettes des Kladeos geplant, um die Ruinen zu schützen und ein entsprechender Kanalisationsplan von einem Geodäten namens Fogo de Dupents erstellt. 1860 wird jedoch die Mühle, wenn auch ein Stückchen weiter, von der Witwe des ursprünglichen Besitzers wieder errichtet und zwei Jahre später, nach einem langen bürokratischen hin und her, wieder abgerissen[13].

Die getroffenen Maßnahmen zum Schutze der olympischen Ruinen und deren Durchführung muten im nachhinein sicher genauso dilettantisch an, wie der im Jahre 1838 von einer Nachbargemeinde Olympias erfolglos unternommene Versuch, die olympischen Spiele wieder zum Leben zu erwecken [14]. Sie belegen jedoch gleichzeitig, und zwar in eindeutiger Weise, dass der in der ersten Generation seines Bestehens nach einer Identität suchende junge griechische Staat ein Bewusstsein entwickelt hatte, das ihn verpflichtete, die materielle Hinterlassenschaft der Antike mit allen ihm zur Verfügung stehenden Mitteln zu schützen, wenn er weiterhin daran ideologische und politische Ansprüche knüpfen wollte. Die Schaffung eines archäologischen Dienstes und eines archäologischen Gestzes, die Gründung der Archäologischen Gesellschaft und die Herausgabe der Archäologischen Zeitung, die Einstellung von Antikenwächtern, u. a. auch für Olympia [15], all das geschah um die Mitte der dreißiger Jahre, bereits also im ersten Jahrzehnt nach der Befreiung des Landes. Dadurch sollte, so meinte man, ein für alle deutliches Zeichen gesetzt werden, dass die Verwaltung des antiken Erbes nunmehr konkreten Regeln unterworfen sei. Ist aber einmal ein Bewusstsein geschaffen, so spielt es, wie man weiß, für die Denkweise keine Rolle mehr, ob die Realität des Alltags den Ansprüchen gewachsen ist, was selbstverständlich auch in Grierchenland gilt.

Und diese Realität war im konkreten Fall bekanntlich alles andere als erfreulich. Einem Unterfangen von kolossalem Volumen, wie es der Schutz aller antiken Stätten war, stand ein archäologischer Dienst gegenüber, der insgesamt höchstens vier, zeitweise sogar nur einen einzigen Beamten hatte. Die archäologische Gesellschaft versank bis 1862 in die Bedeutungslosigkeit, die wenigen Archäologen bekämpften sich dazu häufig bis zur gegenseitigen Erniedrigung und Ausschaltung. Es erscheint nachträglich fast wie ein Wunder, dass diese wenigen Fachleute den Umfang der archäologischen Aktivitäten im Lande dennoch auf einem relativ zufriedenstellenden Niveau halten konnten, insbesondere nach der Reorganisation der Archäologischen Gesellschaft 1862 unter dem Sekretariat von St. Koumanoudis. 1874 wird dennoch die Archäologische Zeitung eingestellt, nicht wegen Geldmangels sondern wegen Mangels an Fachkräften, die wissenschafliche Beiträge hätten zusteuern können, denn, so heißt es in einem damaligen Bericht, »diese Wissenschaft kann bei uns – also in Griechenland – ihre Diener nicht gebührend entlohnen« [16].

Es bedarf keiner besonderen Phantasie, um zu begreifen, dass der vom Deutschen Reich 1873 gestellte Antrag auf Ausgrabungen in Olympia nicht nur die Entscheidungskraft der Archäologen sondern auch die der politischen Instanzen des Landes völlig überforderte. Griechenland befand sich in jenen Jahren in einer Phase der durch äußere Gegebenheiten aufgezwungenen Umorientierung seiner Aussenpolitik. Nachdem Frankreich 1867 seine Unterstützung im Falle des kretischen Unabhängigkeitskampfes zurückgenommen hatte, war das traditionell enge Verhältnis zwischen beiden Ländern getrübt. Noch mehr kühlte es ab, als zu Beginn der siebziger Jahre ein wirtschaftlicher Konflikt zwischen der griechischen Regierung und einem italienisch-französischen Konsortium ausbrach, wegen der Ausnützung der Silberminen von Laurion, den Frankreich unter Androhung von Gewalt zu Gunsten des Konsortiums zu entscheiden versuchte [17]. Parallel dazu erkannte die griechische Regierung unter Epam. Deligiorgis als ihr wichtigstes außenpolitisches Problem die Expansionsversuche der Südslawen, zu denen, wie man meinte, ein Gegengewicht nur das sog. Dreikaiserbündnis zwischen Österreich-Ungarn, Russland und dem Deutschen Reich bilden konnte. Insofern standen die Zeichen günstig, um mit dem siegreich und außerordentlich gestärkt aus dem deutsch-französischen Krieg von 1870/71 hervorgetretenen Deutschen Reich zu kooperieren. Und dennoch hielt sich die Bereitschaft dazu in Grenzen. Der griechische König Georg I. hegte keine besonderen Sympathien zur deutschen Politik, sei es weil sein Herkunftsland Dänemark unter der Reichseinigung hatte leiden müssen, sei es weil sein besonderes Verhältnis zu England bei ihm solche Sympathien nicht zuließ. Und die griechischen Politiker, aber auch die griechische Öffenlichkeit, scheuten sich vor einem weitergehenden Bruch der Beziehungen zu Frankreich.

Dass der Antrag ausgerechnet Olympia betraf, machte die Sache besonders heikel, nicht so sehr weil man sich durchaus noch an den Skandal unter Kapodistrias erinnerte, sondern hauptsächlich weil Frankreich, das einzige Land, das bis dahin eine Archäologische Schule in Griechenland eingerichtet hatte, dieses Objekt als eines betrachtete, auf das es Sonderrechte besaß, obwohl entsprechende Pläne zur Weiterführung der Grabung in den fünfziger Jahren nicht realisiert worden waren [18]. Jene Pläne waren jedoch kaum zufälligerweise zur Sprache gebracht worden, kurz nachdem zum ersten Mal, im Jahr 1853/54, von seiten Preussens Verhandlungen mit Griechenland wegen einer Ausgrabung in Olympia aufgenommen worden waren. Hätte man also einem solchen Antrag zustimmen können, ohne Frankreich eine Gegengabe machen zu müssen? Die ungerechtfertigten Vorwürfe, die ausgerechnet der französiche Minister Waddington, ein den griechischen Interessen keineswegs abgeneigter Politiker, bald nach Unterzeichnung des Vertrages gegen Griechenland hinsichtlich der Handhabung archäologischer Angelegenheiten erhob [19], zeigen, dass man guten Grund hatte, sich in Athen mit solchen Gedanken zu beschäftigen.

Die Vorverhandlungen zu Olympia begannen im Jahr 1869, beim Besuch des preußischen Kronprinzen beim griechischen König. Die Antwort des letzteren auf den ihm unterbreiteten Vorschlag war grundsätzlich positiv, sie machte aber gleichzeitig klar, so ergibt sich aus einem späteren Schreiben, dass das Unternehmen nicht in der ursprünglich geplanten Form durchführbar sei. Diese sah u. a. vor, dass die Grabung als gemeinsames Unternehmen deklariert, jedoch ausschließlich von preußischer Seite und mit nach Griechenland gesandten preußischen Soldaten realisiert werden sollte. Die Funde würden, wenigstens zum größten Teil, nach Abschluss der Arbeiten von Preußen abgekauft werden [20]. König Georg scheint der ganzen Angelegenheit kein besonderes Gewicht beigemessen zu haben, was sich daraus ergibt, dass er keine der zuständigen Instanzen darüber informierte. Vielleicht meinte er, dass seine Zurückhaltung zu wesentlichen Punkten das Projekt für Preußen uninteressant gemacht hatte.

Die griechischen Behörden erfahren erstmals etwas davon im Frühjahr 1873, als von deutscher Seite ein Entwurf vorgelegt wird, in dem, so steht im Protokoll der Sitzung der Archäologischen Gesellschaft am 21.5.1873 [21], von »irgendeiner Ausgrabung in Olympia« die Rede sei. Die Gesellschaft, die damals mangels eines funktionierenden Antikendienstes mit der Verwaltung der Altertümer betreut war, beschließt deshalb, eine Kommission zu bilden, bestehend aus Koumanoudis, Eustratiadis und Ioannou, die sich der Sache annehmen und beim damaligen Sekretär der deutschen Botschaft Informationen über Einzelheiten holen soll. Der unterbreitete Vorschlag war in der Tat sehr allgemein gehalten. Es hieß, aus Anlass der Unterredung, die der preußische Kronprinz mit dem griechischen König 1869 hatte, und der zustimmenden Haltung, die letzterer zeigte, beschloss man, Ausgrabungen in Olympia unter den bereits angesprochenen Bedingungen durchzuführen. Man hätte jedoch diesen Plan nochmals überdacht, und da man das *griechische Nationalgefühl* nicht verletzen wolle, beantrage man nunmehr ein gemeinsames Unternehmen mit Griechenland, wobei *der größte Teil* der Funde dem griechischen Volk überlassen werden soll [22]. Die Gründe für das Überdenken sind leicht zu erraten. In Berlin hatte man erkannt, dass keine Aussicht auf Erfolg bestanden hätte, wenn die Forderungen die bestehenden Gesetze auf grobe Weise verletzen würden. So schreibt der damalige Kultusminister Falk: »Das selbständige Unternehmen Preußens müsste aufgegeben und in ein mit der griechischen Regierung gemeinsam auszuführendes umgewandelt werden. Freilich würden wir dabei den größeren materiellen Vorteil an Griechenland überlassen und uns mit Abgüssen der Originalfunde begnügen müssen« [23]. Man kommt nicht umhin, darauf hinzuweisen, dass das benützte Modalverb jeweils *müssen* und nicht *wollen* heißt, was den später so intensiv kultivierten Mythos des freiwilligen Verzichtes auf Vorteile bereits in Frage stellt.

Aus dem Protokoll der nächsten Sitzung der Gesellschaft, die nur fünf Tage später stattfand (26.5.1873), erfahren wir, dass der Sekretär O. Lüders alle von der Kommission vorgeschlagenen Änderungen an dem Entwurfstext akzeptiert habe, bis auf die Verweigerung zur Überlassung selbst eines einzelnen Fundstückes. Er bat sich aus, sich darüber mit Berlin in Verbindung zu setzen, um diesbezüglich Instruktionen zu erhalten.

Diese Haltung beunruhigt die Archäologische Gesellschaft, die ihrerseits deshalb versucht, ein neues Gesetz zur Regelung des staatlichen Landeigentums zu bewirken, um auf diesen Weg die Sache zu blockieren.

Mit dem Inhalt des im August 1873 der Gesellschaft vom Ministerium vorgelegten neuen Vertragsentwurfs – er beinhaltet zunächst nur acht und nicht wie in seiner endgültigen Fassung elf Artikel –, konterte Berlin auf sehr geschickte Weise und versuchte die Verhandlungen auf andere Punkte zu verlagern. In seinem ersten Artikel sah dieser Entwurf z.B. folgendes vor: »Die Regierungen von Deutschland und Griechenland verbinden sich zu gemeinsamen Ausgrabungen auf griechischem Boden, wobei *zunächst, doch nicht ausschließlich*[24], Olympia und Umgebung ins Auge gefasst wird« (Abb. 1 a–c)[25]. Dies, zumal staatsvertraglich abgesichert, käme einem Blankoscheck gleich für zukünftige deutsche Initiativen in Griechenland. Und einen entsprechenden Blankoscheck würde alsbald Frankreich sicher ebenfalls verlangen, denn von Anbeginn war die deutsche Aktion von Frankreich, wie aus mehreren Dokumenten, aber auch aus den Berichten in der Presse hervorgeht, als der erste Schritt zu einer Expansion des Reiches nach Osten bewertet worden, dem man entgegentreten müsste. Und auch Russland empfand offenbar entsprechend, wie eine nach Berlin abgeschickte Protestnote des Prinzen Gortschakof belegt[26]. Dass solche Befürchtungen nicht ganz so unberechtigt waren, wie preußische Zeitungen jener Zeit glaubhaft machen wollen, ergibt sich im Übrigen recht deutlich aus der bekannten Stellungnahme Bismarcks, wonach die Finanzierung des Unternehmens vor Vollendung der Arbeiten eingestellt werden sollte, da die Ausgrabung, wie er behauptete, inzwischen nur noch wissenschaftlichen Zwecken diene[27].

Die Archäologische Gesellschaft erkennt die möglichen negativen Auswirkungen dieser Formulierung und versucht deshalb, nur über den ersten Vertragsentwurf zu verhandeln, erfährt jedoch von der deutschen Botschaft, dass diese nunmehr nur den zweiten Entwurf zur Diskussion stellt[28]. In die Enge getrieben, versucht man die Öffentlichkeit ins Spiel zu bringen, erhält jedoch von der Regierung keine Genehmigung zur Veröffentlichung des Vertragsentwurfs[29].

Die Regierung Deligiorgis, die bei den Verhandlungen auf Zeitgewinn setzte und die Verantwortung mehr oder weniger der Archäologischen Gesellschaft überließ, sah sich 1873 vor ein weiteres Problem gestellt. H. Schliemann beantragte im Juni diesen Jahres ebenfalls eine Ausgrabungsgenehmigung für Olympia, wobei er nicht nur auf Überlassung von Funden völlig verzichtete, sondern sogar auf eigene Kosten ein Museum für diese Funde *und* für seine trojanische Sammlung errichten wollte. Die Regierung lehnte das Gesuch ab, gestattete aber Schliemann, die Ausgrabung in Mykenae durchzuführen, um die öffentliche Meinung zu beruhigen, und erkannte gleichzeitig, dass sie den Vorgang beschleunigen musste, um ähnliche Zwischenfälle zu vermeiden.

Dies war allerdings nicht so einfach, wie es sich die Deutsche Regierung, aber auch der ihre Position annehmende und ständig Druck auf Athen ausübende griechische Botschafter in Berlin vorstellten. So war z. B. nach damaligem griechischen Recht die Expropriation der auszugrabenden Flächen, sofern sie in Privatbesitz waren, eine Sache, die nicht durch Regierungsbeschluss zu regeln war, sondern nur durch gerichtliche Entscheidungen.

Zu Beginn des Jahres 1874 wurde das Kabinett Deligiorgis von einem neuen unter Ministerpräsident Vulgaris abgelöst. Es war ein Minderheitskabinett, das bereits in den ersten zwei Monaten nach seiner Einsetzung durch den König zweimal zurücktreten musste. Und auch nach der Wiederholungswahl im Sommer 1874 gelang es ihm nicht, die parlamentarische Mehrheit zu bekommen. Als seine einzige Möglichkeit, sich an der Macht zu halten, sah Vulgaris die Beeinflussung des Volkes durch Maßnahmen, die einen vom griechischen Bankkapital unabhängigen materiellen Wohlstand herbeiführen würden und dazu gehörte auch die zur Sprache gekommene Summe für die Ausgrabungen. Das griechische Großbürgertum lehnte jedoch diese Regierung ab, deren Klientel von der ihm nahestehenden Presse als »Mob nach Herkunft und Sitte« bezeichnet wird. Vulgaris, der erkannte, dass er von keiner Seite Unterstützung erwarten konnte, versuchte seine Politik autoritär durchzusetzen.

Im November 1874 waren bereits eineinhalb Jahre vergangen seit Aufnahme der Verhandlungen um den Olympiavertrag. Man hatte sich auf einen Entwurf geeinigt, doch über Einzelheiten wurde immer noch debattiert. Am 8. November wurde aber in einer Sitzung der Archäologischen Gesellschaft das Ganze erneut in Frage gestellt. Der Sekretär schlug vor, dass Griechenland gar keinen Vertrag unterzeichnen, sondern dem Deutschen Reich allein das Recht zugestehen soll, in Olympia nach den geltenden Gesetzen auszugraben, ohne dass sich Griechenland dabei finanziell beteiligt. Obwohl die meisten der Anwesenden meinten, dass dieser Vorschlag nicht realistisch sei, wurde er mit großer Stimmenmehrheit verabschiedet[30].

Woran hat dieser plötzliche Sinneswandel gelegen? Ich denke, dass es weniger an dem Einfluss gelegen hat,

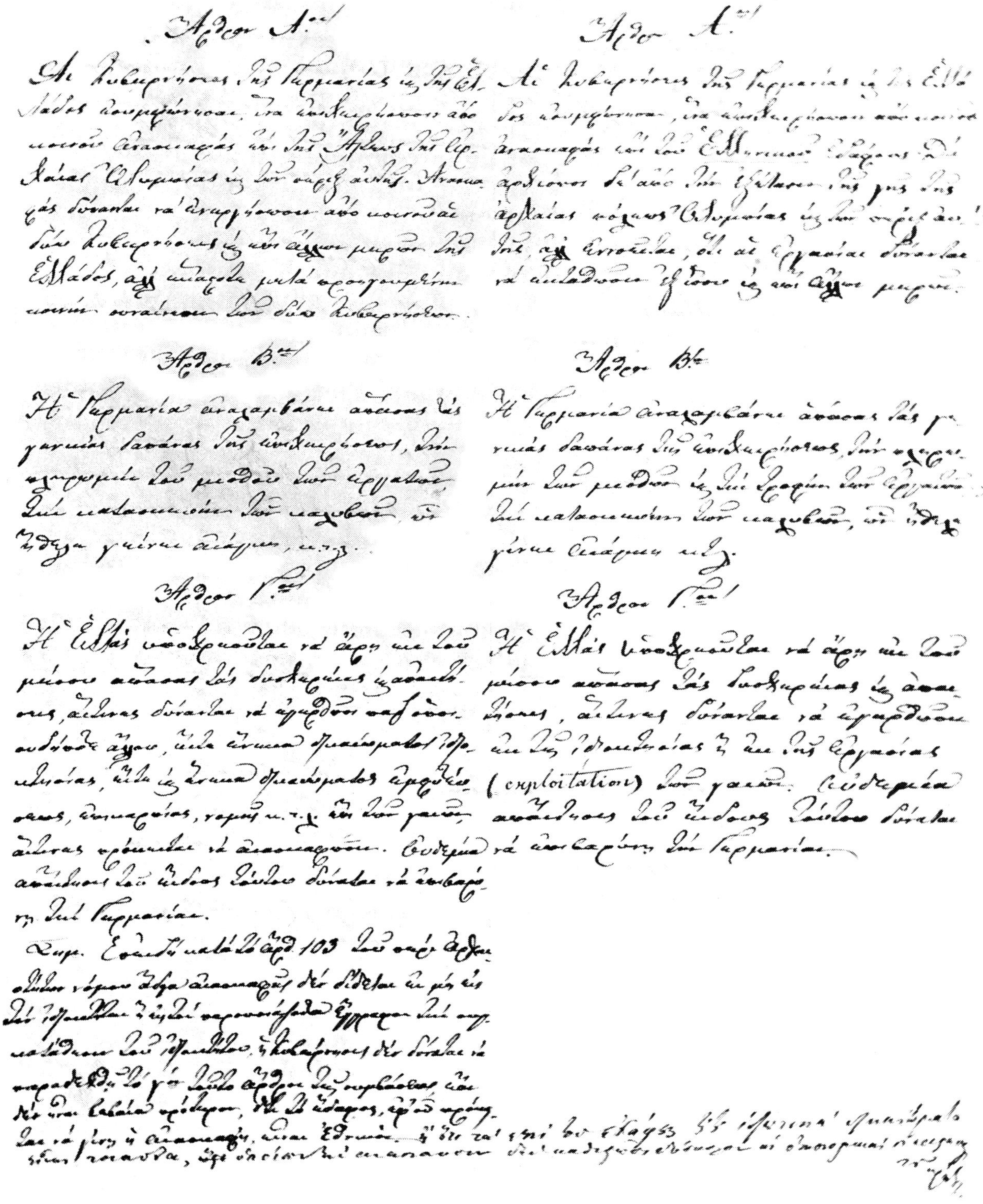

Die Vorgeschichte und die Nachwirkungen des Olympia-Vertrages

[Handwritten document in Greek, largely illegible cursive script, arranged in two columns with sections labeled Ἄρθρον Αʹ, Ἄρθρον Βʹ, Ἄρθρον Γʹ]

Abb. 1a

den die griechische Presse ausübte. Mit ganz wenigen Ausnahmen hatten sich die Tageszeitungen gegen die Unterzeichnung des Vertrages ausgesprochen. Entgegen dem Wunsch der Regierung hatten sie sogar den Text des Vertrages, den sie, schlecht informiert, seit April 1874 für bereits unterschrieben hielten, abgedruckt. Sie wollten u. a. beweisen, dass Berichte in der deutschen Presse, in denen in diesem Zusammenhang das Bild verbreitet wurde, der Grieche sei nichts anderes als ein schlauer Verkäufer, der einen ungerechtfertigt hohen Preis in die Tasche steckt und dabei heuchlerisch das Gesicht verzieht, damit der Käufer überzeugt wird, er hätte einen guten Handel gemacht, die Tatsachen geradezu auf den Kopf stellten[31]. Die vorgetragenen Argumente für die Nicht-Unterzeichnung des Vertrages jedoch, dass nämlich dadurch das Antikengesetz unterminiert werden würde und dass die Existenz eines Antikendienstes kaum mehr Sinn hätte, waren der Archäologischen Gesellschaft nicht unbekannt und wurden in ihren Reihen mehrfach diskutiert. Eine größere Rolle hat u. E. gespielt, dass die für die Verhandlungen zuständige archäologische Kommission sich von der Regierung überrumpelt fühlte. Schon im September 1874 hatte man in Griechenland erfahren, dass Bismarck vom Parlament einen Kredit über 57.000 Taler für die Ausgrabung hatte genehmigen lassen. Und selbst die regierungsfreundlichste Zeitung in Athen musste pikiert bemerken, »es sei zumindest merkwürdig, dass Bismarck um den genannten Kredit gebeten hat, bevor das griechische Parlament über den Vertrag abgestimmt hatte«[32]. Die Vermutung, dass die Regierung Vulgaris der deutschen Seite insgeheim Zusagen gemacht hatte, wurde bei den Archäologen noch mehr bestärkt, als plötzlich Mitte November und bevor man eine endgültige Stellungnahme der Archäologischen Gesellschaft erhalten hatte, der Vertrag dem Parlament zur ersten Lesung eingereicht wurde. Man beschloss deshalb am 18. 11., sich aus der Verantwortung zu ziehen, indem man dem die diversen Probleme aufzeigenden Gutachten einen Zusatz hinzufügte, der mit dem vielsagenden Satz begann »da die Regierung aber anders beschlossen hat«[33].

Dass man nicht zu Unrecht so dachte, zeigt die Haltung der Regierung während der Parlamentsdebatte, als sie sich weigerte, das Gutachten und den damit zusammenhängenden Schriftverkehr mit den Ministerien den Abgeordneten mitzuteilen. Die Archäologische Gesellschaft, die sich inzwischen nur noch für eine Minimalforderung einsetzte, nämlich für die Präsenz eines griechischen Kommissars bei der Grabung[34], ließ daraufhin auf eigene Kosten das Gutachten drucken, verteilte es an die Abgeordneten und gab es der Presse zur Veröffentlichung[35].

Das Spiel war dennoch endgültig verloren. Am allerdeutlichsten zeigt es sich an der Stellungnahme des wenig später für seine Verdienste um die Unterzeichnung des Vertrags vom Kaiser dekorierten Kultusministers Deligiannis während der Parlamentsdebatte, der u. a. sagte: »Ich wiederhole, dass die Bemerkungen der Archäologischen Gesellschaft bedeutungslos sind. Denken sie daran, dass die Nicht-Akzeptierung des Vertrages einen großen Schaden herbeiführen kann«[36]. Es nützte nichts, dass im Parlament die Diskussion um den Vertrag noch drei ganze Monate anhielt. Der Grund dafür war vor allem, dass die Beratungen gesetzwidrig begonnen hatten, denn bei der Vorlage hatten sich die Abgeordneten der Opposition aus dem Saal entfernt, wodurch dem Beschluss zur Weiterbehandlung des Themas die von der Verfassung vorgesehene Mehrheit fehlte. Wieder ohne Mehrheit wurde im März 1875 das Gesetz verabschiedet, das dem Vertrag Gültigkeit verlieh, weshalb die Presse vom König intensivst verlangte, es nicht zu ratifizieren.

Im Monat darauf wird die Regierung Vulgaris wegen solcher Machenschaften gestürzt. Neuer Ministerpräsident wird Ch. Trikupis, eine der bedeutendsten politischen Persönlichkeiten Griechenlands im 19. Jahrhundert. Trikupis, im Ausland manchmal als radikaler Demokrat verschrieen, war ein ausgesprochener Realpolitiker. Er überschaute sofort die Grenzen seiner Bewegungsfreiheit und während er fast alle Gesetze annulierte, die von der Regierung Vulgaris ohne parlamentarische Mehrheit verabschiedet worden waren, erkannte er, »die Not zur Tugend machend«, wie eine Zeitung damals schrieb, die Gültigkeit des Olympiavertrags an. Und um ein Gleichgewicht zu schaffen, sollte er wenige Jahre später Verhandlungen mit Frankreich über die Ausgrabung von Delphi aufnehmen, die zu einem ähnlichen Vertrag führten.

Die ganze Affäre um den Olympiavertrag hinterließ, vor allem in den damaligen griechischen Archäologenkreisen, einen bitteren Beigeschmack. Man hatte auf sehr direkte Weise erfahren, dass die politische

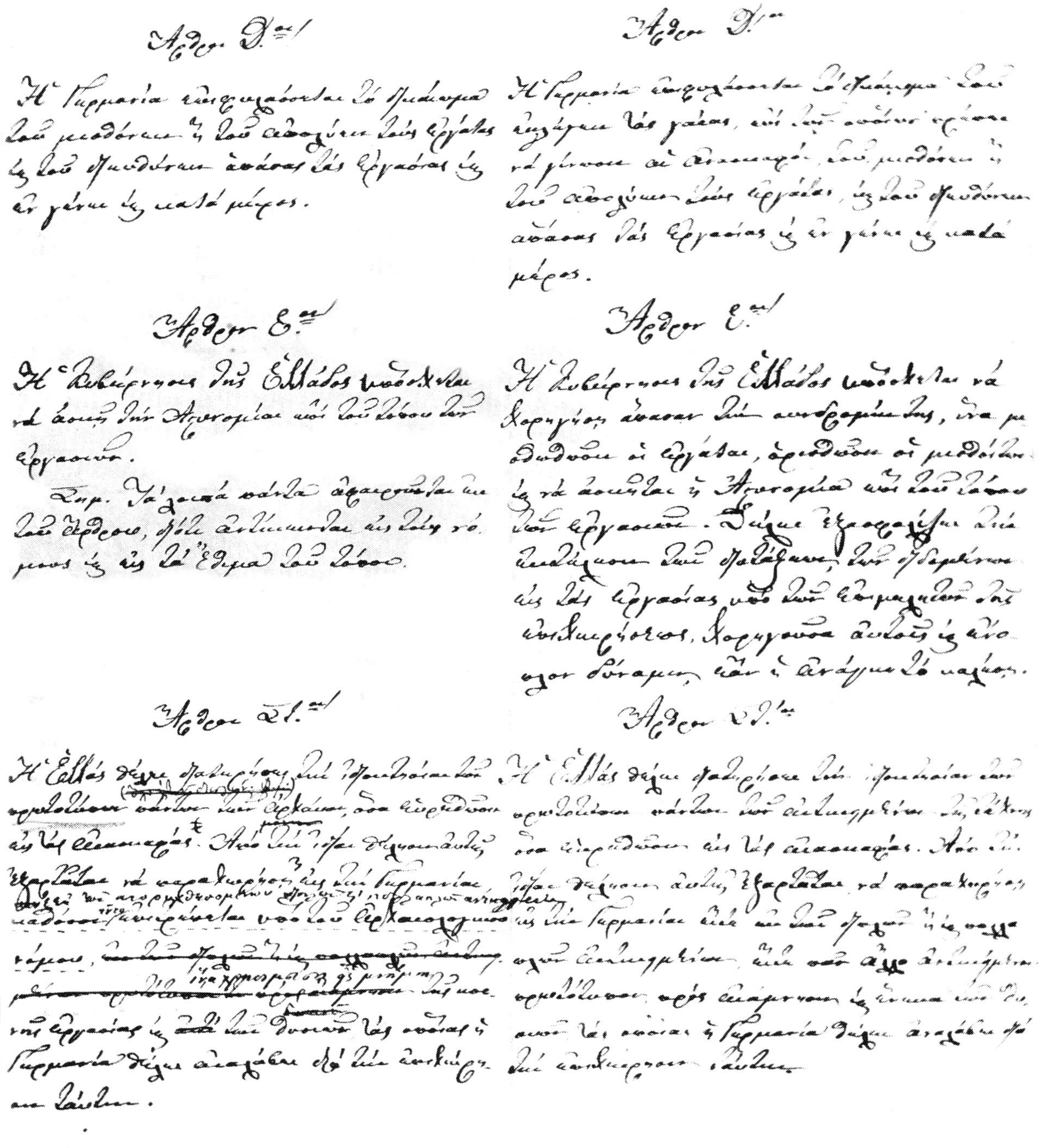

Abb. 1b

Realität jederzeit Regeln umstoßen kann, die man als unumstößlich ansah. Man hat akzeptieren müssen, dass das Gesetz, welches die Grundlage für das Wirken der Archäologen damals bildete, für Aktivitäten, mit denen man nicht einverstanden war, durch einen Vertrag außer Kraft gesetzt werden konnte. Man hat akzeptieren müssen, dass die Rolle des Grabungskommissars als Vertreters der Interessen des Landes, in dessen Hoheitsgebiet die Ausgrabung lag, *ad absurdum* geführt war, ab dem Moment, wo ihm ein Kommissar gleichberechtigt zur Seite gestellt war, der ein Land vertrat, welches keine Hoheitsrechte auf das Gebiet hatte. Man hat akzeptieren müssen, doch einige Funde abzugeben, insgesamt 876 Stück von etwa 2200 geforderten, wie es im Bericht steht, der 1881 dem griechischen Parlament vorgelegt wurde. Man hat akzeptieren müssen, dass Griechenland schließlich doch durchaus nennenswerte Geldsummen zu einem Unternehmen beisteuerte, die in den Vorverhandlungen garnicht zur Sprache gekommen waren, und dass gleichzeitig im Vertrag Deutschland als die einzige opferbringende Nation hervorgehoben wird.

Dabei war man nicht verärgert wegen der Aktionen der Gegenpartei und schon garnicht wegen der Haltung des besonders hochgeschätzten E. Curtius, sondern enttäuscht über die eigene Schwäche und Unzulänglichkeit. In der Presse wird von wichtigen Vertretern der einheimischen Intelligenz pathetisch von Selbstverleugnung des Griechentums gesprochen. Eine zu erwartende Reaktion, in der Zeit der aufkeimenden Großen Idee. Die Enttäuschung drückte sich unter den Archäologen in indirekter Manier aus. Zwar beteiligte man sich am Unternehmen in der im Vertrag vorgesehenen Form, doch ansonsten verhielt man sich ganz passiv. Im selbstverfassten Lebenslauf eines der griechischen Hauptakteure ist bezeichnenderweise folgendes zu lesen: »Ich besuchte Olympia 1880 ... ich war traurig, dass ich nicht sofort nach Beginn der Grabung hingekommen bin ... Meine Trauer wurde aber gemildert, denn ich war nicht der einzige unter meinen Kollegen. Auch *alle anderen* hatten keine Kenntnis von dem, was in Olympia geschehen war«[37]. Öffentlich zu Wort meldete man sich nur, wenn die Schmerzgrenze überschritten wurde, so z. B. als irgendwelche Bauteile in Olympia von den Ausgräbern als slawisch interpretiert wurden[38] oder als in Frankreich und England geäußerte Vorwürfe gegen Griechenlands Haltung zum Olympiavertrag bekannt wurden[39].

Olympia war also schon lange keine deutsch-griechische Ausgrabung mehr, wie es der Vertrag ausdrückte, sondern eine rein deutsche. Das Ministerium rief deshalb seinen Kommissar zur Ordnung, als er es 1876 wagte, in den Zeitungen über neue Funde zu berichten[40]. Nach Beendigung der Ausgrabung blieb man zwar vor Ort, doch man setzte die Arbeiten nicht fort, bis auf Untersuchungen von sehr geringem Umfang, denn – so die Begründung im Protokoll der Sitzung der Archäologischen Gesellschaft von 1882 – »das gehöre sich nicht«. Und selbst als noch ein Jahr später die Frage aufkam, ob man die Grabung fortsetzen sollte, kam man zum Ergebnis, dass es besser sei, noch eine Zeit lang zu warten, und dass man auf jeden Fall vorher die Genehmigung des Parlaments einholen sollte. Diese passive Haltung passte im Übrigen durchaus in das politische Umfeld, das zu jener Zeit vom Berliner Kongress und der Haltung Bismarcks zur Thessalienfrage geprägt wurde, folglich also von Griechenland ein möglichst ungetrübtes Verhältnis zu Deutschland verlangte.

Wir hoffen verständlich gemacht zu haben, weshalb die 125 Jahre seit Beginn der Olympiagrabung nur in Deutschland gefeiert werden. Es sei allerdings erlaubt zu bemerken, dass wir damit nicht einverstanden sind. Es ist für uns nicht besonders interessant, ob diese Grabung tatsächlich das propagierte grosse Friedenswerk des Reiches war, oder ob politischer Eigennutz dahinter steckte, der manchen Vorwurf rechtfertigt, ob Menschen und Institutionen in kritischen Momenten wegen ihrer Unzulänglichkeit versagt haben, oder ob dieses Versagen durch die äußeren Bedingungen vorgezeichnet war. Diese Grabung ist und bleibt, soviel steht eindeutig fest, ein Höhepunkt der Archäologie, sie hat unsere Wissenschaft für lange Zeit direkt geprägt. Wir meinen, dass beide beteiligten Länder jeden Grund haben, sie als solchen, allerdings nur als solchen, zu feiern, denn beide haben dazu nach ihren Kräften beigetragen. Voraussetzung dafür ist jedoch, dass man sie als geschichtlichen Vorgang und nicht als nationalen Erfolg bzw. Misserfolg, nicht als nationalen Sieg bzw. Niederlage begreift. Dieser Berliner Kongress öffnet den Weg in dieser Richtung, indem er vier Vorträge zu diesem Thema in sein Programm aufgenommen hat. Vielleicht ist das der erste wichtige Schritt, der erlauben wird, die 150 Jahre der Olympiagrabung in beiden Ländern gemeinsam zu feiern.

Die Vorgeschichte und die Nachwirkungen des Olympia-Vertrages 29

* Dieser Text hat ein ausführliches Manuskript zur selben Thematik zur Grundlage, welches in enger Zusammenarbeit mit Dr. Thanassis Bochotis verfasst wurde und in nächster Zeit veröffentlicht wird. Mehrere der hier vorgetragenen Einzelaspekte sind das Ergebnis seiner Recherchen in griechischen und französischen Archiven.

1 B. G. Trigger, A History of Archaeological Thought (1989) 110 ff.
2 R. Weil in: Olympia I (1897) 101 ff.; J. Gerstenberg, Die Wiedergewinnung Olympias als Stätte und Idee (1948).
3 A. Mallwitz, Ein Jahrhundert deutsche Ausgrabungen in Olympia, AM 92, 1977, 1 ff.
4 S. L. Marchand, Down from Olympus. Archaeology and Philhellenism in Germany, 1750–1970 (1996) bes. 77 ff.
5 »Die Kaiserlich deutsche und die Königlich griechische Regierung haben, von dem Wunsche geleitet, auf dem Gebiete des alten Olympia in Griechenland gemeinschaftlich archäologische Ausgrabungen vorzunehmen, beschlossen...«
6 S. Markezinis, Πολιτική ιστορία της νεωτέρας Ελλάδος 1828–1964 d. 1 (1966) 62 f. und A. Despotopoulos in: Ιστορία του ελληνικού έθνους 12 (1975) 512 f.
7 A. Kalogeropoulou – M. Prouni-Philip, AEphem Index 1837–1874, 1 (1973) ξζ´ f.
8 A. Boetticher, Olympia. Das Fest und seine Stätte (1886) 60.
9 a. O. 55.
10 S. Loukatos, Πρώτες επιστημονικές ανασκαφές και ευρήματα στην Αρχαία Ολυμπία (1929). Πρακτικά του Β' τοπικού συνεδρίου Ηλειακών σπουδών, Αμαλιάς 13–15.11.1987 (1989) 317 f.
11 Kalogeropoulou – Prouni-Philip a. O. o f.
12 Gerstenberg a. O. 57 ff.
13 Archäologische Gesellschaft Athen, Archiv P. Eustratiades, handschr. Bericht S. 1–2.
14 P. Manitakis, 100 χρόνια νεοελληνικού αθλητισμού 1830–1930 (1962), 12.
15 F. W. Hamdorf, Klenzes Initiativen für die Denkmäler Griechenlands in: Ein griechischer Traum. Leo von Klenze der Archäologe (Ausst. München 6.12.1985 – 9.2.1986) 163.
16 Kalogeropoulou – Prouni-Philip a. O. ρξστ'
17 S. Markezinis, Πολιτική ιστορία της νεωτέρας Ελλάδος 1828–1964 Bd. 2 (1966) 35 ff. und Ev. Kofos in: Ιστορία του ελληνικού έθνους 13 (1977) 312 ff.
18 R. Weil in: Olympia I (1897) 104.
19 S. A. Koumanoudis, Αθήναιον 4, 1875, 466 ff.
20 Griechische Übersetzung eines Schreibens (des deutschen Botschafters an den Kanzler?) vom 1.5.1873. Aus den Archiv der Archäologischen Gesellschaft, nicht protokolliert.
21 Protokolle der Sitzungen des Verwaltungsrates, Band 2. Archiv der Archäologischen Gesellschaft.
22 Aus dem in Anm. 20 zitierten Schreiben.
23 Weil a. O. 109.
24 Ebenda.
25 Griechische Übersetzung des Vertragsentwurfs (rechts) und erste Verbesserungsvorschläge der Archäologischen Gesellschaft (links). Aus dem Archiv der Archäologischen Gesellschaft, nicht protokolliert, Akte 1874.
26 Tageszeitung Μέλλον 11.6.1874 und Πρωϊνός Κήρυξ 6.6.1874.
27 Th. Wiegand, Zur Geschichte der Ausgrabungen von Olympia in: Sitzungsberichte der Preußischen Akademie der Wissenschaften, Phil.-hist. Klasse, 14 ff.
28 Protokoll der Sitzung vom 20.8.1873.
29 Protokoll der Sitzung vom 9.9.1874.
30 Protokoll der Sitzung vom 8.11.1874.
31 Παλιγγενεσία 25.7.1874
32 Πρωϊνός Κήρυξ 11.9.1874.
33 Protokoll des Sitzung vom 18.11.1874.
34 Protokoll der Sitzung vom 24.11.1874.
35 Protokoll der Sitzung vom 3.1.1875.
36 Εφημερίς 23.3.1875.
37 ΕΛΙΑ, Archiv E. Kastorchis, handschr. Lebenslauf 1881, 30 f.
38 S. A. Koumanoudis, Αθήναιον 7, 1878, 487 ff.
39 S. A. Koumanoudis, Αθήναιον 4, 1875, 466 ff., E. Kastorchis, Αθήναιον 5, 1976, 68 ff., ders., Αθήναιον 9, 1880, 167 ff.
40 Archäologische Gesellschaft Athen, Archiv P. Eustratiades, handschr. Bericht S. 15.

Abbildungsnachweis

Abb. 1 a–c: Archiv der Archäologischen Gesellschaft, nicht protokolliert, Akte 1874.

Lutz Klinkhammer

Großgrabung und große Politik

Der Olympia-Vertrag als Epochenwende

I. Die Bedeutung archäologischer Errungenschaften für die politische Selbstdarstellung

Als 1886 das einhundertste Jubiläum der Berliner Kunstakademie begangen wurde, zeigte sich, welch hoher Stellenwert den archäologischen Großgrabungen der vorausgegangenen Jahre beigemessen wurde: von den drei ausgestellten Schau-Architekturen zeigte die erste ein Diorama-Gebäude im ägyptischen Stil mit Momenten der Lepsius'schen Afrika-Expedition[1]. Des weiteren war die Front des Zeustempels von Olympia konstruiert worden, die mit nachgebildeten Friesen des Pergamon-Altars versehen war, während ein großformatiges Panorama-Bild eine rekonstruierte Akropolis von Pergamon präsentierte. Die Nachbildung des Obelisken von der Pariser Place de la Concorde war zwar eine klare Reminiszenz an Napoleons Ägyptenexpedition, doch die daran angebrachten Reliefs von Kaiser Wilhelm und dem preußischen Adler waren ein Hinweis auf den deutschen Sieg von 1870 über Frankreich und damit ein Verweis auf eine Art von kultureller *translatio* im Wissenschaftsbereich: das Deutsche Reich, so die Botschaft, habe Frankreich im Bereich der spektakulären Forschungs- und Grabungsprojekte den Rang abgelaufen[2].

Ägyptenexpedition, die Ausgrabungen in Olympia und die Funde von Pergamon – das war die Trias der wissenschaftlichen Errungenschaften, in denen sich 1886 das kulturpolitische Selbstverständnis des kaiserlichen Deutschland spiegelte. Doch konnte darüber leicht vergessen werden, dass die Initiativen zu den Grabungen ursprünglich von Einzelpersonen ausgegangen und die Preußische bzw. Reichsregierung erst relativ spät eingeschaltet worden waren. Während in einer ersten Phase der Grabungsinitiativen die 'Große Politik' geradezu ein Hindernis für deren Realisierung dargestellt hatte, so kam es vor allem in den Jahren nach der Reichsgründung zu einer Verzahnung von Großgrabung und Politik, wobei sich kulturelle, wirtschaftliche und machtstaatliche Interessen miteinander eng verbanden.

1886 paßte vor allem Pergamon weit besser noch als Ägypten oder Olympia zum gefestigten kaiserlichen Selbstverständnis des Deutschen Reiches: schließlich richtete sich mit Pergamon »der Blick der deutschen Archäologie auf eine Epoche griechischer Geschichte, in der mächtige Territorialstaaten die zahlreichen, unabhängigen griechischen Poleis« abgelöst und die Attaliden von Pergamon die griechische »Kleinstaaterei« überwunden hatten[3]. Demgegenüber spiegelte die Olympia-Grabung ein völlig anderes Ideal der griechischen Geschichte wider: Sie war stärker mit dem vormärzlichen, philhellenischen Bild der Antike verbunden, in dem sich das Maßhalten, der Wettkampf und das Nationalbewusstsein zu einer idealisierten Mischung verbanden[4]. Noch 1844 hatte einer der wichtigsten Inspiratoren des Grabungsprojekts, der Lübecker Stadtbürger Ernst Curtius, anlässlich eines vielbejubelten Berliner Vortrags über die Akropolis sein Republikanertum hervorgehoben[5]. 1856 hatte er den griechischen Wettkampf gelobt, der vor einer Überschätzung des Besitzes bewahrt und »im Gegensatz zu dem Genußleben des Orients« gestanden habe. In der Funktion, die Delphi innehatte, sah Curtius die Idee des hellenischen Nationalbewusstseins verankert. Delphi und Olympia waren ihm in den 1850er Jahren zu zentralen Symbolen des antiken Griechentums geronnen[6].

Die mit Olympia verbundene nationale Idee, wie die des Wettkampfs, ließen sich auch nach 1870 in die veränderte politische und gesellschaftliche Situation einpassen. Angesichts der neuen politischen Verhältnisse hatte nämlich Curtius' Sicht des Griechentums eine Wandlung durchlaufen. Dank seiner engen Kontakte zum preußischen Königshaus hatte er sich in einen Anhänger der Monarchie verwandelt. Durch die Erfahrung der Revolution von 1848 dürfte er eine Abneigung gegen jede Form der Massendemokratie entwickelt haben. Karl Christ sieht in Curtius' »Griechischer Geschichte« denn auch eine entsprechend stark idealisierte Zeichnung des homerischen Königtums und Perikles' Stellung werde einem Königtum angenähert[7]. Curtius, der seit 1871 auf die wissenschaftliche Kulturmission des Reiches gepocht hatte und dessen Werk in den siebziger Jahren des 19. Jahrhunderts einen großen Publikumserfolg errungen und zahlreiche Übersetzungen ins Englische, Französische und Italienische erfahren hatte, geriet gegen Ende der achtziger Jahre mit seinen Vorstellungen zur griechischen Demokratie, die nicht mehr in die politische Landschaft der neuen wilhelminischen Epoche zu passen schienen, in die Kritik[8]. Doch als das Grabungsprojekt in Olympia 1875 realisiert wurde, hatte Curtius' Popularität sicher gerade ihren Zenith erreicht.

Warum jedoch wurde erst 1875 der Weg frei für ein Projekt, das gut 100 Jahre früher von Winckelmann lanciert und schon in den achtzehnhundertzwanziger wie -dreißiger Jahren intensiv diskutiert worden war? Kurz vor Ausbruch des griechischen Aufstands, im März 1821, hatte Leo von Klenze in einer damals mehr als aktuellen Vorlesung mit dem Thema »Über das Hinwegführen von Antiken aus Griechenland« auf den Plan einer Ausgrabung in Olympia hingewiesen, wie ihn ein deutscher Archäologe namens Sickler aus Hildburghausen vorgestellt habe. Mit einer deutschen Ausgrabung in Olympia würde man, so Klenze, nicht nur eine Lieblingsidee Winckelmanns erfüllen, sondern auch »reiche Schätze der Plastik heben« können. »Mit freudiger Erwartung«, so Klenze euphorisch, »sehen wir schon dem Augenblicke entgegen, wo teutsche Forscher diese Entdeckungsfahrt nach dem geheiligten Boden Olympia's antreten, ... So werden die Kunstgebilde des Phidias und Myron willig aus ihrem feuchten Grab erstehen und zu uns herüberwandern....«.[9] Womöglich war es die Entdeckung der Aphrodite von Milo, die 1821 an den Louvre ging, die Klenze so elektrisiert hatte. Da schon frühere Expeditionen mit Zufallsfunden aus Olympia hatten aufwarten können, sollte nun eine umfangreichere Grabung stattfinden. Eine Reihe von philhellenisch Inspirierten fing schon an, Geld für die Grabung zu sammeln. Parallel dazu wurde eine staatliche Unterstützung und die Förderung durch den bayerischen König selbst angestrebt. Die Olympia-Idee – von dem wirklichkeitsfremden romantizistischen, letztlich dem Ruinenideal verhafteten Vorschlag Fürst Pückler-Muskaus von 1836 einmal abgesehen – besaß in den dreißiger Jahren des 19. Jahrhunderts breite Zustimmung, nicht zuletzt weil Ausgrabungen einen ebenso schnellen wie spektakulären Erfolg zu versprechen schienen. Schließlich hatten verschiedene Expeditionstrupps schon mit bloßem Auge antike Bausubstanz rekonstruieren können. Ein genauerer Grabungsplan wurde jedoch erst 1853 von Ernst Curtius vorgeschlagen und noch weitere 20 Jahre sollte es dauern, bis dieser in seine Realisierungsphase eintreten konnte. Die Welt der Gelehrten und Antikenbegeisterten war 1853 nicht in der Lage, ein größeres Grabungsprojekt zu finanzieren: Die schon von Thiersch, Klenze und anderen 1821 propagierte Lotterie brachte ebensowenig die notwendigen Gelder ein wie die von Ludwig Ross 1853 verkündete Subskription. Private Spendentätigkeit war weit eher für wohltätige Zwecke als für wissenschaftliche Ausgrabungen zu mobilisieren[10].

So wurde das Olympia-Projekt schließlich zu einem Zeitpunkt realisiert, als das Kaiserreich sich von der vormärzlichen Idealisierung des Griechentums und von Olympia als dessen Symbol schon relativ weit entfernt hatte. Sollten mit der Olympia-Grabung nun etwa doch Theodor Mommsens Worte im Preußischen Abgeordnetenhaus Lügen gestraft werden, mit denen der Wissenschaftler vor einer zentralistischen Erwerbspolitik und vor einer internationalen Wissenschaftskonkurrenz gewarnt hatte? »Denken wir doch nicht, daß wir jemals im Stande sein werden, den Bestand der alten Sammlungen anderer Länder irgendwie zu erreichen um mit ihnen wetteifern zu können ... Wir können höchstens bei den neuen Erwerbungen [hier bezog sich Mommsen v.a. auf orientalische Handschriften und Vasen] Schritt halten mit den gleichberechtigten Nationen ... Aber in Gemälden, in Statuen zu wetteifern mit Paris, Rom, London – das wird für alle Zeiten eine Unmöglichkeit bleiben«. Mommsen hatte stattdessen nach Geld als dem entscheidenden »Betriebskapital« der modernen Wissenschaft verlangt und unter Hinweis auf die Notwendigkeiten der Armee die preußischen Abgeordneten fordernd aufgerufen: »geben Sie uns *unsere* Zündnadeln, geben Sie uns eine gute Bibliothek, die Bilder und die Statuen können wir uns auch auswärts ansehen...«[11]

Doch diese noble Haltung eines Verzichts auf Originale sollte sich rasch ändern – nicht zuletzt aufgrund der sensationellen Funde aus Pergamon, die ein Jahr lang geheimgehalten worden waren, um im Jahre 1880 der Öffentlichkeit effektvoll präsentiert zu werden. Entsprach doch diese Ausstellung – sowohl nach der Art der Fundstücke, nämlich monumentaler Reliefs, als auch angesichts der Tatsache, dass die Objekte in Berlin verbleiben konnten – weit mehr dem Geist der Zeit als die über 7000 Bronzen, die 2000 Terrakotta-Funde, die 3000 Münzen und die 1300 Steinskulpturen[12], die in vierjährigen Grabungsarbeiten bis 1879 im fernen Olympia zu Tage gefördert worden waren. Während die archäologische Forschung durch die Pergamon-Funde so in Spannung versetzt wurde, dass Jacob Burckhardt in einem Brief von 1882 gar meinte, den Archäologen seien »ihre Systeme sauber durcheinandergeworfen« und dabei die halbe Ästhetik zu Boden gerüttelt worden[13], so konnte Mommsen wenige Jahre später den deutschen Mangel an musealer Ebenbürtigkeit für überwunden erklären, da die anderen Nationen »theils in unwilligem Neide, theils in aufrichtiger Bewunderung von den Berliner Museen reden«.[14] In Mommsens Reden wird deutlich, welche kunst- und kulturpolitische Rivalität zwischen den »gleichberechtigten Nationen« in diesen Jahrzehnten bestand. Sie ist für das wissenschaftliche wie politische Engagement der Herrschenden von zentraler Bedeutung: Erst in dem elektrisierten Klima der siebziger Jahre konnten Regierung und Herrscherhaus dazu bewegt werden, die Grabungsidee politisch zu flankieren und finanziell wie logistisch zu fördern. Curtius gelang dies im Fall der seit Jahrzehnten angestrebten Olympia-Grabung, Alexander Conze für die von Humann vorbereiteten Pergamon-Grabungen.

Diese Vorbemerkungen lassen ermessen, dass die Geschichte der Olympia-Grabung wie kaum eine andere von den Fährnissen der politischen Verhältnisse beeinflusst wurde: 1821, 1836, 1853, 1868 und 1870 scheiterten die konkreten Ansätze zu Grabungen an kriegerischen Auseinandersetzungen oder innenpolitischen Krisen. In den ersten 30 Jahren nach der griechischen Unabhängigkeit trafen Ausgrabungsvorschläge größeren Stils stets auf ungünstige politische Gegebenheiten: die zahlreichen Kriege und die jahrzehntelangen unstabilen politischen Verhältnisse, die durch die Befreiungskriege, das Brigantenunwesen, die Verfassungskrise, den Krimkrieg, den griechischen Aufstand und den nachfolgenden Herrscherwechsel gekennzeichnet waren, ließen die ausländischen wissenschaftlichen Unternehmungen nicht zur Realisierung kommen[15]. Die Kretakrise führte nach 1866 zwar erneut zu einer Phase der Instabilität, doch gelang es den Großmächten nach den schlimmen Erfahrungen des Krimkriegs, den Ausbruch eines neuen europäischen Kriegs zu verhindern[16]. Die prekäre politische Lage ließ jahrzehntelang eine Grabung nur in Form einer Expedition (nach napoleonischem oder Lepsius'schem Vorbild) möglich erscheinen. Nachdem der Krimkrieg dem Curtius'schen Grabungsprojekt von 1853 ein vorläufiges Ende gesetzt hatte, kam es erst 1868 zu einem erneuten Konzept: doch auch dieses Grabungsprojekt war noch in Form einer Expedition geplant[17], eine Kompanie Pioniere auf einem Kriegsschiff sollte die Ausgräber begleiten. Mit dem Ausbruch des deutsch-französischen Kriegs stockten die politischen Beratungen und damit das Projekt ein weiteres Mal.

Es kann hier nicht darum gehen, die Geschichte des Grabungsprojekts in Olympia in ihren Details darzustellen. Die Umstände sind weitgehend bekannt. Rudolf Weil hat sie schon 1897 aus den preußischen Akten dargestellt, Theodor Wiegand die Blockadehaltung Bismarcks aufgedeckt[18]. Suzanne Marchand hat die Grabungsgeschichte unter Heranziehung der archivalischen Überlieferung scharfsinnig analysiert[19]. Es mag noch an einer Analyse des Niederschlags der Olympia-Verhandlungen in den Berichten anderer ausländischer Mächte fehlen, v. a. Frankreichs, Englands, der USA und Italiens. Doch soll dieser Weg hier nicht beschritten werden, sondern stattdessen einigen Grundzügen des Verhältnisses von Ausgrabung und politischen Gegebenheiten nachgespürt und diese in den Kontext der Vertragsgestaltungen anderer Großgrabungen der Epoche eingeordnet werden.

Dabei wird sich erweisen, dass auf innenpolitischem Gebiet die Staatsbildung und insbesondere die Konstitutionalisierung Griechenlands, die mit der Vertreibung des Wittelsbachers Otto und der von Großbritannien dominierten Wahl eines dänischen Prinzen 1863 einen weiteren Auftrieb erfahren hatte, erheblich dazu beitrugen, dass der Abschluss von für Griechenland unvorteilhaften Ausgrabungsverträgen erschwert, wenn nicht gar unmöglich gemacht worden war. Dass die politischen Instanzen am Grabungsprojekt beteiligt werden sollten, und zwar sowohl auf deutschem Boden wie in Griechenland, war einer der Grundzüge der Olympia-Grabungsidee seit 1821. Jede Instabilität der politischen Verhältnisse stellte damit auch das Grabungsprojekt als solches in Frage. Scheiterten die Grabungsvorschläge in den ersten Jahrzehnten nach der griechischen Unabhängigkeit an der schwierigen außenpolitischen Lage, so verzögerten sie sich in den siebziger Jahren, da sie für die griechische Innenpolitik instrumentalisiert wurden. Deutscherseits bemühte man sich dabei stets um ein diplomatisches oder vertragliches Einverständnis mit der griechischen Regierung. Dies war keineswegs selbstverständlich, wenn man – wie die Zeitgenossen – mitansah, wie Anfang der 1870er Jahre, zeitgleich zu den Verhandlungen um Olympia, Heinrich Schliemann seine privaten Großgrabungskampagnen durchführte: die wichtigen Grabungen in Troja wie in Mykene hat der erfolgreiche Kaufmann ohne Erlaubnis der türkischen bzw. der griechischen Regierung begonnen. Das seit 1853 nicht aufgegebene deutsche Bemühen um einen Vertrag mit der griechischen Regierung brachte eine völlig andere Ausgangslage für die Grabungen mit sich als sie der Erwerb eines türkischen Fermans für kurze Grabungskampagnen auf dem Boden des Osmanischen Reiches bedeutete. Der Ferman hatte zwar auch Vertragscharakter, er musste aber kein Parlament und keine national sensibilisierte Öffentlichkeit passieren.

Dass Griechenlands Nationalstaatsbildung während des ganzen 19. Jahrhunderts fortgesetzt wurde, beeinflusste den Abschluss der angestrebten Großgrabungsverträge. Griechenland war auch 50 Jahre nach der Gründung eines griechischen Staatskerns ein noch unvollendeter Nationalstaat: ohne Thessalien, Epirus, Makedonien, Kreta und die Inseln des Dodekanes. Obwohl in Griechenland weit früher als in Italien oder Deutschland ein eigener Nationalstaat gebildet wurde, so schafften es die beiden »verspäteten Nationen«, Griechenland im Prozess der Nationalstaatsbildung rasch zu überholen[20]. Hinzukam, dass die griechischen Regierungen, vor allem unter Ministerpräsident Trikupis, die Verhandlungen über Ausgrabungskonzessionen als Instrument ihrer Außenwirtschaftspolitik – und damit als Instrument nationalgriechischer Machtpolitik – nutzten. Dass der Olympiavertrag – im Vergleich zum französischen Vertrag für Delphi – so rasch und mit (für Deutschland) vorteilhafteren Konditionen abgeschlossen werden konnte, hing auch mit der schwächeren griechischen Position in den frühen siebziger Jahren des 19. Jahrhunderts zusammen. Nicht von ungefähr wurde der Olympia-Vertrag daher von der griechischen Parlamentsopposition kritisiert, weil man darin die Möglichkeit einer Preisgabe von nationalen Positionen sah: schließlich war ja ein eventueller Transfer von Originalskulpturen – sofern es sich um Dubletten handelte – vorgesehen und Deutschland zudem die vertraglich formulierte Aussicht auf weitere Grabungsplätze eingeräumt worden.

Zudem hatte die Einführung des europäischen Staatsmodells im griechischen Königreich nach 1830 erhebliche Folgen auf dessen Umgang mit antiken Denkmälern. Ein gesetzlich verankertes Exportverbot für antike Objekte wurde frühzeitig festgeschrieben – wobei es allerdings eine Machtfrage war, ob dieser Norm auch Geltung verschafft werden konnte. Das Antikengesetz von 1834[21] schuf eine Grundlage, die alle späteren Grabungsverträge präjudizierte. Dies wird besonders deutlich, wenn man zum Vergleich die Situation in jenen Regionen des Osmanischen Reiches heranzieht, die einige Jahrzehnte später ebenfalls Gegenstand von Ausgrabungsprojekten wurden: Troja, Pergamon, Samothrake oder Kreta. Vom »Export« der Venus von Milo im Jahre 1820 ganz zu schweigen. Ein osmanisches Antikengesetz wurde erst 1883 erlassen. Doch damit war der Export von antiken Objekten nicht ganz verboten, sondern nur erschwert worden. Die Schwäche der osmanischen Zentralregierung tat ein übriges, um die Aushöhlung dieser gesetzlichen Norm zu ermöglichen. Schließlich besaß der Sultan oft nur die nominelle Oberhoheit in seinem Reich, während die »Zonen verdünnter Herrschaft« überwogen: tributäre Staatsgebilde, lokale Autonomien, regionale Herrschaften unbotmäßiger Paschas, Aufstandsgebiete – alles Regionen, die der osmanischen Zentralgewalt praktisch entzogen waren. Jede Krise der Pforte zu den Großmächten zog im Laufe des Jahrhunderts eine Staatsbildung nach der anderen nach sich, die weitgehend dem europäischen Staatsmodell verpflichtet waren. Aus solch einem Konflikt war auch der griechische »Staatskern« 1830 entstanden[22].

Die Herauslösung eines Teils von Griechenland aus dem Osmanischen Reich brachte dem neuen Staat einen erheblichen Modernisierungsschub. Zu der Einführung des bayerischen Verwaltungssystems, das nicht unbeträchtlich auf dem Modell des napoleonischen Frankreich basierte[23], kam ein modernes Schutzgesetz für Altertümer. 1834 wurden die Überreste der antiken Denkmäler per Gesetz zum Nationalgut der Hellenen erklärt. Damit war der Verbringung von Funden ins Ausland zumindest theoretisch ein Riegel vorgeschoben worden. Dass der griechische Staat über Jahrzehnte hinweg de facto eine eingeschränkte Souveränität besaß, die weitgehend vom Willen der europäischen Garantiemächte abhing, war zwar die andere Seite der Medaille[24]. Doch von einer Ausraubung Griechenlands, wie sie Bracken für die Zeit der osmanischen Herrschaft über Kerngriechenland vor 1830 festgestellt hat[25], konnte schon unter dem Wittelsbacherprinzen kaum noch die Rede sein – und noch viel weniger für die Zeit nach 1863. Kaum ein anderer Staat der Zeit versuchte so intensiv, seine antiken Überreste zu schützen. Bezeichnenderweise fanden Erwerbungen von Skulpturen wie die der Nike von Samothrake auf Inseln statt, die noch nicht dem nationalgriechischen Königreich zugehörten.

Herrschte anfänglich noch die Vorstellung vor, die Grabung in Form einer Expedition durchzuführen, unter militärischer Bewachung und mit erheblicher politischer Demonstrationswirkung – es sei nur daran erinnert, dass Lepsius den preußischen Adler auf der Cheopspyramide gehisst hatte[26] – so veränderte sich die Expeditionsidee mit der zunehmenden Stabilisierung der inneren Lage Griechenlands zur stationären und damit potentiell längerfristigen Grabung. Mit der Dauerhaftigkeit war aber auch die Kostenfrage eng verknüpft. Die politischen Verhandlungen um Olympia markierten daher den Beginn einer wissenschaftlich fruchtbaren wie dauerhaften Epoche der Großgrabungen auf griechischem Boden, die den Einsatz beträchtlicher finanzieller Mittel voraussetzte.

Erst aufgrund der Vermischung von kulturellen, außenpolitischen und wirtschaftspolitischen Interessen entstand in der Epoche seit 1870 eine Konkurrenzsituation, die bewirkte, dass die Diplomaten mehrerer Länder um die Gewährung von Ausgrabungskonzessionen in Griechenland rangen. Dieses Tauziehen um die exklusivste Grabungskonzession lässt sich besonders deutlich am Beispiel der Grabungen in Delphi zeigen, dem französischen Konkurrenzprojekt zur deutschen Olympia-Grabung. Etwa zeitgleich zu Delphi begannen auch die amerikanischen Ausgrabungen am Heraion von Argos (1892–1895)[27]. Dass die Grabungsgenehmigungen in Griechenland von einem völlig anderen außen- wie innenpolitischen Rahmen geprägt waren als auf dem Boden des Osmanischen Reiches, wird später an einem Vergleich mit den Vorgängen in Pergamon und Troja aufgezeigt werden.

Auch der Einfluss wichtiger Persönlichkeiten auf den Gang der Ereignisse ist nicht zu unterschätzen: dass eine Grabung in Olympia, wie sie Winckelmann erträumt und Ernst Curtius 1852 vorgetragen hatte, seit 1875 realisiert werden konnte, lag in entscheidendem Maße an dem Einsatz des Königshauses. Anfänglich war es Friedrich Wilhelm IV., der eine Expedition wie jene nach Ägypten im Sinne hatte, dann vor allem der Kronprinz Friedrich ('Fritz'), dessen Einwirkung auf Kaiser Wilhelm dazu führte, dass seit 1869 ein direktes herrscherliches Interesse an dem Grabungsprojekt bestand, das nicht nur zur monarchischen Intervention bei den beteiligten Herrscherhäusern führen, sondern auch den von Bismarck 1880 ventilierten Abbruch der Grabung verhindern konnte.

Erst die Verbindung dieser Faktoren führte dazu, dass die archäologischen Grabungsunternehmen in den konkreten politischen Entscheidungsprozess eintraten, im Rahmen dessen es zur Bereitstellung außerordentlicher Finanzmittel von seiten der Nationalparlamente und zum Abschluss entsprechender Verträge zwischen den beteiligten Staaten kam: diese Verhandlungen waren ihrerseits von konkreten handelspolitischen und allgemeineren machtpolitischen Interessen geprägt und standen angesichts der bewilligten Geldmittel unter innenpolitischem Erfolgszwang.

II. Grabungen unter Erfolgszwang

Erst durch die Bindung an die Politik, durch das Einschalten politischer Instanzen – der Regierungen wie der Herrscherhäuser – wurde es möglich, Großgrabungen zu realisieren. Es gab nur *ein* anderes, sehr erfolgreiches, wenn auch höchst umstrittenenes Alternativmodell: die Privatgrabungskampagnen Heinrich Schliemanns, der die gleichen Summen in seine Troja-Grabungen steckte wie das Deutsche Reich für die Olympia-Grabungen aufwandte. Im Vergleich war der Weg über die große Politik bei weitem schwerfälliger und führte zu beträchtlichen Fristen für die Realisierung von Grabungsprojekten: Der Delphi-Vertrag benötigte 11 Jahre bis zur Ratifizierung. Die Bindung an die Politik führte aber auch zu Abhängigkeiten, vor allem zu dem Zwang, rasche und sichtbare Erfolge zu präsentieren – ein Zwang, der in merkwürdigem Widerspruch zu der Zähigkeit der außenpolitischen Vertragsgestaltungen stand. So hatte Carl Humann in Pergamon 1878 eine Finanzierung, die nur für eine dreimonatige Probegrabung ausreichte. Nachdem er jedoch bereits nach 3 Tagen elf Platten der Hochreliefs freigelegt hatte, stellte der Kronprinz daraufhin 50.000 Mark aus seinem Dispositionsfonds zur Verfügung. Die Diskrepanz zwischen dem schnellen Erfolg der Ausgräber und der systematischen Erforschung des Ganzen dürfte beträchtlich gewesen sein.

Dem zeitgenössischen Wunsch nach einem Transfer der entdeckten Skulpturen in die heimischen Antikensammlungen, wie es noch Klenze vorgeschwebt hatte, stellten sich im Falle Griechenlands die gesetzlichen Verbote in den Weg. Die Grabungskonzepte für Olympia, die von Fürst Pückler-Muskau 1836 und von Ludwig Ross 1853 gemacht wurden, trugen dem griechischen Antikengesetz von 1834 insofern Rechnung, als sie von einem Verbleib der Fundstücke im Land ausgingen. In Curtius', Ritters und Bötticher Projekt von 1853 sollte Griechenland hingegen lediglich die Hälfte der Funde behalten dürfen. Obwohl König Otto mit einer solchen Lösung einverstanden war[28], kam ein förmlicher Ausgrabungsvertrag nicht mehr zustande. Es war der preußische Kronprinz, der erstmals auf Curtius' Vorstellung von einer Teilung der Funde verzichtete. Friedrich hatte das Grabungsprojekt im Herbst 1869 zur Sprache gebracht, als er auf der Durchreise zur Einweihung des Suezkanals in Athen zu Gesprächen mit König Georg Station gemacht hatte. Auf diese Gespräche sollte man zwei Jahre später, als die konkreten Verhandlungen in Gang kamen[29], zurückgreifen, weil dort die Grundlinien der Vertragsgestaltung besprochen worden waren. Der Kronprinz hatte nämlich zum Ausdruck gebracht, »daß die beiderseitigen Regierungen sich zu gemeinsamen Unternehmungen für eine Belebung griechischen Altertums namentlich durch Ausgrabungen vereinigen möchten«, wobei »selbstverständlich nach den dortigen Landesgesetzen verfahren werden müsse, so daß die gefundenen Kunstwerke griechisches Staatseigentum würden. Preußen werde die Mittel für die Ausgrabungen liefern und erhielte das Recht der Abformung und wissenschaftlichen Benutzung im weitesten Sinne...«[30] Damit waren die Grundzüge eines Abkommens umrissen, das sechs Jahre später, zum Jahresende 1875, nach seiner Umformung durch die preußische Diplomatie, in Kraft treten konnte.

Die ebenso weitsichtige wie großzügige Haltung des Kronprinzen, der angesichts des Ruhms eines solchen Grabungsprojektes nicht nach dem unmittelbaren materiellen Nutzen zu fragen gedachte[31], war angesichts des Klimas der siebziger und achtziger Jahre ungewöhnlich. Denn die Schatzsucherstimmung, die mit den Funden in Troja 1872/73, mit denen in Mykene 1874/76 und mit denen in Pergamon 1878/80 eher noch verstärkt worden war, ließ sehr wohl die Frage nach der materiellen Ausbeute in Originalen aufkommen. War es denn zu rechtfertigen, riesige Summen in Ausgrabungsprojekte zu investieren, ohne dass die eigenen Sammlungen einen unmittelbaren Nutzen davon hatten? Wo es zudem Privatleute gab, die dem Reich ihre Sammlungen als Geschenk überließen, wie Humann 1871 und Schliemann 1881?

Als das Reichskanzleramt im April 1873 die Olympia-Verhandlungen übernahm, versuchte der diplomatische Stab denn auch sofort, den Erwerb eines Teils der Originale für das Reich in die Verhandlungen einzubringen. Dies sollte zwar keine Bedingung werden, doch angesichts der hohen Kosten sei eine solche Kompensation kaum abzuweisen[32]. Die Denkmalbehörden in Athen stellten sich vehement gegen dieses Verlangen. Während die preußische Diplomatie auf den deutschen Vorteil schaute, unterbreitete noch im Juli 1873 Heinrich Schliemann der griechischen Regierung sein privates Angebot, im Gegenzug für die Gewährung der Grabungserlaubnis in Mykene und Olympia seine Funde und Sammlungen Griechenland in einem Schliemann-Museum zu vermachen. Schliemanns Konkurrenz-Angebot war nicht der Ehre Griechenlands, sondern ganz offensichtlich dem eigenen Ruhm verpflichtet[33]. Athen war zu diesem Zeitpunkt nicht nur zu einem Zentrum der Forschung, sondern auch zum Fluchtpunkt und Sammelort für Ausgräber geworden, die im Osmanischen Reich agierten. Einen Monat vor seinem großzügigen Vorschlag war Schliemann nämlich mit dem 'Schatz des Priamos' in Athen angekommen, den er gegen die bestehenden vertraglichen Vereinbarungen aus dem Osmanischen Reich herausgeschmuggelt hatte. Schliemanns Ruf war auch deshalb so umstritten, weil er sich über vertragliche Vereinbarungen in Bezug auf Fundteilungen zu oft hinweggesetzt hatte[34]. Als bekannt wurde, dass Schliemann seinen Goldfund 1873 erneut nach Athen geschmuggelt hatte, ohne die Teilungsvereinbarung mit der Hohen Pforte zu beachten, strengten die türkischen Behörden einen Prozess gegen ihn an. Schliemann deponierte jedoch den Goldschatz in der École française d'Athènes und behauptete unverfroren, er habe das Gold nicht. Er wurde schließlich zur Zahlung einer geringfügigen Entschädigung verurteilt. Darauf gab er bereitwillig die fünffache Summe und schickte einige der Fundstücke aus Troja in den nächsten Jahren an das Museum in Konstantinopel. Die osmanische Regierung machte zwar keine weiteren Ansprüche an Schliemann geltend, gab ihm aber auch keine Grabungserlaubnis mehr. Doch nach drei Jahren zäher Verhandlungen erhielt Schliemann 1878 erneut einen Ferman für Grabungen in Troja. Dieser enthielt für ihn ungünstigere Auflagen: so durfte Schliemann nur noch ein Drittel der Funde behalten (ein Drittel ging an die Regierung, das dritte Drittel an Grundstückseigentümer).[35]

In der Zwischenzeit hatte Schliemann jedoch angefangen, in Mykene Probegrabungen vorzunehmen – wiederum ohne eine Genehmigung zu besitzen. Sein Angebot an die griechische Regierung hatte er vorgelegt, doch war dieses in puncto Olympia abschlägig beschieden worden. Solange die Klage der türkischen Regierung lief und Schliemanns Besitzansprüche auf das Gold aus Troja strittig waren, hatte die griechische Regierung seinem Museumsangebot skeptisch gegenübergestanden, sodass er auch keine Grabungslizenz für Mykene erhalten hatte, die ihm erst 1876 gewährt wurde.[36] Sein quasi-religiöser Glaube an die Richtigkeit der Angaben bei den antiken Autoren führte auch im Fall Mykenes zum Erfolg und zum Fund des Goldschatzes in den Königsgräbern.[37]

Neben dem staatlichen Vertrags- und dem Schliemann'schen Privatgrabungsmodell bestand noch eine dritte Möglichkeit, um Grabungsexpeditionen als Instrument der Mehrung des eigenen Ruhms und einer (in diesem Fall auf das Mittelalter gerichteten) 'archäologischen' Vergangenheitspolitik[38] zu benutzen. Als Beispiel sei hier die Expedition des bayerischen Historikers Johann Nepomuk Sepp nach Tyros 1874 erwähnt, die auf Kosten des Reichskanzleramts durchgeführt wurde. Die Ziele seiner Reise publizierte Sepp 1879 in einem Band, der den aussagekräftigen Titel »Meerfahrt nach Tyros zur Ausgrabung der Kathedrale mit Barbarossa's Grab« trug. Der Historiker kehrte zwar ohne die erhofften Gebeine des ertrunkenen Barbarossa zurück, die der Legende nach in einer Kreuzfahrerkirche beigesetzt worden sein sollten, welche Sepp ausgraben ließ. Doch ging es bei dem Unternehmen weit mehr um die mythische Unterfütterung der Reichsgründung von 1871: »Während die Zurückführung der Leiche Napoleons von St. Helena für Frankreich verhängnisvoll wurde, bildet die Wiederkehr Barbarossas in den Augen der [deutschen] Nation ein erhebendes Ereignis zur Sanktion der wiederbegründeten Herrlichkeit des Reichs.« Mit einem Team von 67 Arbeitern wurden 1874 die Ausgrabungen begonnen. Statt der erhofften Reichsreliquie, deren Fund die Archäologie »als Hohepriesterin deutscher Nationalreligion profiliert« hätte[39], fanden sich immerhin Skulpturen, die die heimischen Museen bereichern konnten. Sepp sah in der Expedition aber noch ganz andere Vorzüge: »Der Natur- und Geschichtsforscher, Sprach- und Altertumskenner bereitet allenthalben dem Kolonisten den Weg« heißt es in einem Unterkapitel des Bandes mit dem bezeichnenden Titel »Die Sehnsucht der Tyrier nach einer deutschen Kolonie«. Die Expedition erwies sich als »demonstrativer Akt deutscher Präsenz an der internationalen archäologischen Front«: dem – nach Sepp – »autorisierten Auftreten von Deutschen neben Franzosen, Briten und Nordamerikanern.«[40]

Bis in die achtzehnhundertundsiebziger Jahre wirkte das Modell der napoleonischen Großexpedition, die den Erkenntniszielen einer ganzen Reihe von wissenschaftlichen Disziplinen dienen sollte, weiterhin nach[41]. Erst in der Gründerzeit wurden diese temporären, militärisch flankierten Expeditionen von der noch kostspieligeren, aber wissenschaftlich ertragreicheren stationären Großgrabung abgelöst. Die Olympia-Grabung markiert auch hier den Beginn einer neuen Epoche von Großgrabungen, deren Hochphase bis zum Ersten Weltkrieg reichen sollte und die durch eine Konkurrenz vor allem zwischen Deutschland und Frankreich charakterisiert war. Von den Großforschungsexpeditionen der ersten Jahrhunderthälfte führte der Weg zur Institutionalisierung und Professionalisierung der wissenschaftlichen Erforschung des östlichen Mittelmeerraums – ein Prozess, der sich in der Einrichtung ständiger Forschungsstationen in Athen äußerte[42]. Doch erst eine relative Stabilität sei es in Europa, sei es in Griechenland selbst, ermöglichte diesen Institutionalisierungsprozess, der in eine Wissenschaftskonkurrenz mündete[43]. Kulturelle Erfolge und wissenschaftliches Prestige wurden als nationale Überlegenheit über andere Nationen und patriotische Tat zugleich gelesen[44]: »pour la science, pour la Patrie«, wie das Motto einer Medaille lautete, die 1898 zum fünfzigjährigen Bestehen der französischen École d'Athènes geprägt wurde[45].

Unter den in Griechenland eingerichteten Forschungsinstituten war das deutsche archäologische Institut in Athen praktisch das erste, das seit 1874 größere Grabungsaktivitäten zu entfalten begann. Ihm folgte 1882 das amerikanische Institut, 1885 das britische, 1898 das österreichische, die entsprechende Scuola italiana wurde gar erst 1909 gegründet wurde. Allerdings gingen diesem späten institutionalisierten Engagement der Italiener Grabungen auf Kreta voraus, die Federigo Halbherr, österreichischer Staatsbürger aus dem Trentino, für Italien seit 1885 dort vornahm[46]. Die älteste Einrichtung, die französische École d'Athènes, bestand zwar seit 1846, war aber ursprünglich als kulturpolitisches Instrument der französischen Außenpolitik und des Gesandten Piscatory in Athen geschaffen worden, um den frankophilen Kreis um den griechischen Politiker Coletti zu stärken: Die École sollte, so die Vision des französischen Gesandten, die griechische Elite an Frankreich binden, in erster Linie über die Verbreitung und Förderung der französischen Sprache. Einige der ersten Mitglieder der École mokierten sich mit sarkastischen Formulierungen über dieses Konzept[47]. Erst ab den siebziger Jahren trat die École française d'Athènes in ihre wissenschaftliche Phase ein[48].

Unter den Archäologen setzte in diesen Jahren ein Wettlauf um die aussichtsreichsten Grabungsplätze ein. Von großer Bedeutung war die Kleinasienreise, die Curtius 1871 durchführte und auf der er mit Schliemann und Humann in Kontakt kam. Schliemann hatte seine erste Grabung in Hissarlik im April 1870 begonnen, und zwar ohne Genehmigung. Er hatte schon nach 9 Tagen wegen des Protests der Grundeigentümer die Grabung abbrechen müssen. In der Augsburger 'Allgemeinen Zeitung' erschien sein erster Bericht kaum einen Monat nach Abschluss der ersten Grabungskampagne. Als er 1871 die Grabungen Schliemanns in Hissarlik besichtigte, war Curtius mehr als skeptisch. Doch als Schliemann 1872 neben seinen zahlreichen Grabungsberichten und Abdrücken griechischer Inschriften auch Photos vom Fund der Helios-Metope an Curtius sandte, horchte der Archäologe auf, bat Schliemann um einen Gipsabguss der Metope und ließ diesen wissen: »Die Aussicht auf ähnliche Funde würde wohl geeignet sein, unsere Regierung zu veranlassen, Ihre Ausgrabungen aufzunehmen.«[49]

Die Aussicht auf spektakuläre Funde war es mithin, die Curtius für geeignet ansah, ein finanzielles Engagement der Reichs- oder der preußischen Regierung anzustreben. Doch Schliemann war seinerseits nicht bereit, die Funde an andere abzutreten und forderte Curtius vielmehr auf, sich für eine Großgrabung einzusetzen, die den antiken Gesamtkomplex freilegen sollte. Schliemann stellte gar die Bedingung, dass die preußische Regierung das Ziel einer Gesamtfreilegung verfolgen müsse und »die zu findenden Kunstschätze nur ganz als Nebensache« zu betrachten seien[50]. Das Argument einer großflächigen Grabung scheint von Schliemann vor allem dann lanciert worden zu sein, wenn es darum ging, Konkurrenten aufzuhalten und dem schnellen Fund-Erfolg ein Hindernis in den Weg zu legen[51].

Bei seiner Kleinasienreise traf Curtius in Konstantinopel auch auf Carl Humann, den Straßenbauingenieur, der im Auftrag der türkischen Regierung seit 1864 Landesvermessungen in Palästina und auf dem Balkan durchführte und der sein Hauptquartier in Pergamon aufgeschlagen hatte. 1869 hatte Humann ein Hochrelief der Gigantomachie entdeckt. Bei dem Gespräch mit Curtius in Konstantinopel schlug er diesem vor, sich einen Ferman für Grabungen von der Hohen Pforte zu besorgen. Gleichzeitig gab Humann seine Privatsammlung antiker Fundstücke kostenlos an Curtius' Berliner Antiquarium ab[52]. Unmittelbar nach Rückkehr von seiner Erkundungsreise appellierte Curtius im Dezember 1871 in einem Berliner Winckelmanns-Vortrag an Deutschlands Mission im Ausland, auch wenn ein solches Engagement nicht in imperialistische oder militärische, sondern in kulturell-idealistische Bahnen gelenkt werden sollte[53]. Humann war demgegenüber 1864 in Pergamon noch von einer ganz anderen Motivation beseelt gewesen: »Traurig stand ich da und sah die herrlichen, fast manneshohen korinthischen Kapitelle, die reichen Basen und andere Bauglieder, alles um- und überwuchert von Gestrüpp und wilden Feigen; daneben rauchte der Kalkofen, in den jeder Marmorblock, welcher dem schweren Hammer nachgab, zerkleinert wanderte ... den Kalkbrennern aber war nach 14 Tagen ihr Handwerk gelegt.«[54] Der Curtius des Jahres 1871 – sicher ganz unter dem Eindruck der Reichsgründung stehend – war hingegen überzeugt von der neuen Mission des Reichs und versuchte daher, ein größeres staatliches Engagement in die Wege zu leiten. Mit dem neuen Konzept der Großwissenschaft, das Curtius wie Theodor Mommsen betonten, ging die Phase der Pioniere zu Ende, die in den sechziger Jahren den östlichen Mittelmeerraum erschlossen hatten.

III. Der Olympia-Vertrag und seine Folgen: Die Epoche der Großgrabungen zwischen Schatzsuche und internationaler Wissenschaftskonkurrenz

Die Ratifizierung des Olympia-Vertrags im Jahre 1875 zeigte, dass Griechenland so weit an Souveränität gewonnen hatte, dass es seine nationalen Interessen zu vertreten wusste und dass die zukunftweisende Gesetzgebung im Bereich des Denkmälerschutzes 40 Jahre später ihre Geltung entfalten konnte. Allerdings hatte das griechische Parlament – nicht nur wegen der außenpolitischen Implikationen der Grabungskonzessionen, sondern besonders aufgrund innenpolitischer Spannungen – etliche Monate gebraucht, um der Ratifizierung des Vertrags, der den Reichstag ohne die geringsten Probleme am 5. 12. 1874 passiert hatte, zuzustimmen. Eine erste Ratifizierung gelang am 3. 4. 1875, doch die Opposition bestritt die Beschlussfähigkeit des Parlaments.[55] Nach dem Regierungswechsel erkannte Trikupis den Vertragsabschluss an, doch wenige Monate später kam es erneut zu einem Regierungswechsel. Anfang November wurden zahlreiche Beschlüsse der früheren Kammer, darunter auch der Olympia-Vertrag, annulliert, um zwei Wochen später, am 18. November 1875, erneut und nunmehr definitiv ratifiziert zu werden.

Mit der Olympia-Grabung war – nach Coulson und Leventi[56] – der Wettkampf zwischen den verschiedenen nationalen Wissenschaftseinrichtungen eröffnet worden. Die italienischen Altertumswissenschaftler schauten mit gewissem Neid auf den Olympia-Vertrag: bereits 1875 hieß es in der fachwissenschaftlichen Literatur, dass die Olympia-Grabung auf Kosten der deutschen Regierung durchgeführt werde und »una ricca messe di novelle cognizioni archeologiche« verspreche.[57] Ein »edler Wettstreit unter den Gelehrten« verspreche nunmehr »Siege auf dem Feld der Altertumswissenschaften«.[58] Die italienischen Wissenschaftler sahen sich abgedrängt, betrachteten mit eifersüchtiger Bewunderung die Entwicklung der Archäologie in Frankreich und Deutschland. Nun wurde in Italien zu einer Bildungsoffensive geblasen, um den Rückstand in den humanistischen Fächern aufzuholen. Die Jugend könne zu wenig Griechisch, wurde allenthalben beklagt, nachdem in einer Reihe von italienischen Städten Enquêtes zur Situation des Schulunterrichts durchgeführt worden waren.[59] Das italienische Bildungsprojekt, das vorsah, an den Gymnasien klassische Philologie zusammen mit Archäologie zu unterrichten, führte zu unmittelbaren Stellungnahmen von Ernest Renan, Michel Bréal und Theodor Mommsen. In der Archäologischen Zeitung wurde das Projekt von E. Hübner mit der Bemerkung quittiert, die italienischen Studenten sollten doch zum Studium der Archäologie nach Deutschland kommen. Deutschland, so Hübner abschließend, habe inzwischen eine Bedeutung, wie sie Griechenland und Asien für die Kulturmenschen des Altertums gehabt habe.[60] Sowohl Renan wie auch Mommsen wiesen die italienischen Wissenschaftler darauf hin, dass sie sich wohl besser mit der heimischen römischen statt mit der griechischen Geschichte beschäftigen würden. Und am besten, so Mommsen 1873, solle sich die italienische Jugend an der »starken Epoche« der Konsuln der römischen Republik orientieren, nicht an der degenerierten der kaiserlichen Legaten.[61] Dass es bei der ganzen Debatte um kulturelle Hegemonie durch Wissenschaft ging, wird mehr als deutlich.

Der Olympia-Vertrag brachte auch die französische Diplomatie auf den Plan. Besorgnis herrschte vor allem wegen des Passus, dass weitere Ausgrabungen des Reiches in Griechenland in Erwägung gezogen würden. Der französische Gesandte in Athen, Marquis de Gabriac, berichtete Außenminister Duc Decazes im Juni 1874 von seiner Audienz bei König Georg. Der König habe ihm versichert, dass die deutsche Ausgrabungskonzession strikt auf Olympia beschränkt worden sei und dass das Deutsche Reich keinerlei Monopol auf die Ausgrabungen in Griechenland erhalten habe. Der griechische Außenminister sagte seinerseits den französischen Diplomaten in Athen zu, dass Frankreich die gleichen Vertragskonditionen erhalten würde, wenn es ebenfalls eine Ausgrabungskonvention für eine andere antike Stätte in Griechenland unterzeichnen würde.[62] Dies waren Sätze, an die sich die griechische Diplomatie wenige Jahre später so nicht mehr gebunden fühlte.

Als das nach Olympia meistversprechende Grabungsprojekt galt das Apollo-Heiligtum in Delphi, auf dessen Gelände sich der neuzeitliche Ort Kastri entfaltet hatte. Als Paul Foucart, der schon 1860 Delphi bereist, Ruinen beschrieben und Inschriften kopiert hatte, 1878 Direktor der École française wurde, schlug er seiner Regierung umfangreiche Grabungen im Bereich des Apollo-Tempels vor. Ähnlich wie Curtius versuchte auch Foucart, seine Regierung für eine staatliche Finanzierung in Höhe von 100.000 Francs zu gewinnen. Obwohl noch kein Abkommen vorlag, konnte die École schon mit Vorgrabungen beginnen, da die griechische Archäologische Gesellschaft ein Grundstück in Delphi erwarb und es den französischen Archäologen zur Verfügung stellte. Das Vertragsprojekt wurde sicherlich beschleunigt durch die Pergamon-Ausstellung in Berlin 1880 und die Schliemannsche Schenkung des trojanischen Goldes an das Reich 1881; denn noch im gleichen Jahr wurden die französisch-griechischen Regierungsverhandlungen aufgenommen, ein erstes Abkommen konnte 1882 unterzeichnet werden, wobei der Olympia-Vertrag zum Teil als Muster diente. Doch 1882 änderte der griechische Ministerpräsident seine Strategie: er versuchte, ein Kompensationsgeschäft zu erzielen. Trikupis verband die Frage der Ausgrabungskonzession nun mit dem Abschluss eines bilateralen Handelsabkommens. Insbesondere wollte er den griechischen Rosinenexport nach Frankreich erhöhen und verlangte als Kompensation für die Grabungskonzession eine Senkung der französischen Importzölle auf griechische Korinthen. Zusätzlich wollte Trikupis noch bessere Konditionen als mit Berlin herausschlagen. Da der Ort Kastri auf dem Gebiet des antiken Delphi angelegt worden war, sollte Frankreich auch eine Entschädigung für die Enteignung und das Geld für die Umsiedlung der Einwohner aufbringen.

Um die Wirtschaftsverhandlungen zu beschleunigen, wollte Trikupis den Delphi-Vertrag nur gleichzeitig mit dem bilateralen Handelsabkommen, um das sich die griechische Regierung seit 1874 bemühte, unterzeichnen. Das Handelsabkommen war 1877 zwar paraphiert worden, doch von Decazes nicht dem Parlament vorgelegt worden. In Paris wollte man nämlich vorher den Kern der Wirtschaftsverhandlungen kennen, die gleichfalls seit drei Jahren zwischen Italien und Griechenland geführt wurden.[63] 1881 versuchte Trikupis nun, mit dem Druckmittel des Delphi-Abkommens, den gestrandeten Handelsvertrag wieder flottzumachen – und zwar im Sinne einer griechischen Maximallösung: Frankreich sollte erstens für die Verlagerung von Kastri bezahlen und zweitens die französischen Einfuhrzölle auf griechische Korinthen deutlich senken. Das diplomatische Tauziehen zog sich bis 1887 hin, als schließlich der Text eines modifizierten zweiten Abkommens ausgehandelt und unterzeichnet wurde. Doch auch dieses Abkommen wurde vom französischen Parlament nicht ratifiziert, da die Abgeordneten einem für Griechenland vorteilhaften Handelsvertrag nicht zuzustimmen bereit waren. Während Frankreich seinerseits seine Champagnerproduktion ins Deutsche Reich abzusetzen gedachte und die deutsche Schutzzolldebatte von 1876 im Reichstag um die Abwehr des französischen Schaumweins kreiste,[64] versuchte sich Frankreich seinerseits vor einer Rosinenschwemme aus Griechenland – dem zur damaligen Zeit größten Rosinenexporteur in Europa – zu schützen. Ministerpräsident Trikupis, der auch als Bismarck Griechenlands bezeichnet wurde, versuchte nun – um die Verhandlungen wieder flottzumachen – die USA und Frankreich gegeneinander auszuspielen. Der Direktor des seit 1886 in Athen bestehenden amerikanischen Instituts unterbreitete ein Angebot, um die Konzession für die Grabung in Delphi zu erhalten und stellte in Aussicht, dass die griechischen Vertragsforderungen vollständig erfüllt werden würden. Doch gleichzeitig wurde von griechischer Seite auch den Deutschen angetragen, einen Vorschlag für Delphi zu unterbreiten. Zu diesem Zweck scheint kolportiert worden zu sein, die griechische Seite sei mit den französischen Grabungen in Delos weniger zufrieden als mit den deutschen in Olympia. Doch die deutsche Seite soll auf solche Verhandlungen nicht eingegangen sein.[65] Durch die griechische Diplomatie unter Druck gesetzt unterzeichnete Paris schließlich 1891 ein Abkommen, um die Konzession nicht zu verlieren: die Gelder für den Ort Kastri wurden genehmigt, während der Handelsvertrag nur das vage Versprechen besserer Bedingungen für den Import griechischer Produkte enthielt. Nicht zuletzt aus außenpolitischen Gründen erhielt Frankreich die Grabungskonzession. Doch musste Frankreich für Delphi auf den Erwerb von Doubletten verzichten, eine Vertragsoption, die ja schon im Falle des Olympia-Vertrags von der griechischen Parlamentsopposition massiv kritisiert worden war.

In der Forschung ist der Grabungsvertrag zwischen Frankreich und Griechenland als mustergültig bezeichnet worden, da er über die Bedingungen des Olympia-Vertrags noch hinausgegangen sei. Denn im Falle Olympias seien ja schließlich doch noch Fundobjekte aus Griechenland entfernt worden, während für Delphi ausdrücklich vereinbart worden sei, dass alle Fundstücke im Land zu verbleiben hatten.[66] Dennoch dürfte diesem und anderen Verträgen nicht gerade ein kulturschützerischer Impetus zugrundegelegen haben. Es war den beteiligten Staaten schlicht nicht gelungen, bessere Vertragskonditionen für sich auszuhandeln. Olympia hatte einen Präzedenzfall geschaffen, hinter den nicht mehr zurückgeschritten werden konnte. Mit der griechischen Regierung mussten eben reguläre Verträge ausgehandelt werden, die das Parlament zu passieren hatten, und keine Abmachungen, wie sie gegenüber dem Osmanischen Reich möglich waren – auch wenn es viele Beteiligte vermutlich gern getan hätten. Das griechische Parlament und eine moderne Antikengesetzgebung setzten hier ebenso einen Riegel vor wie die nationalgriechische Machtpolitik, die Trikupis betrieb, die aber auch Georg I. und letztlich schon Otto verfolgt hatten.

Spektakuläre Funde waren nur noch aus dem Machtbereich des Osmanischen Reiches in die Museen der Großmächte zu transferieren – wie die Nike von Samothrake in den siebziger Jahren oder die Reliefs des Heroons von Gjölbaschi-Trysa, die mit den beiden von Otto Benndorf geleiteten Lykien-Expeditionen von 1881/82 nach Österreich verbracht wurden[67].

Dass mit einem türkischen Großwesir oder gar mit den Provinzgouverneuren des Sultans ganz anders verhandelt werden konnte als mit einem europäischen Verfassungsstaat, das wird am Beispiel der Pergamongrabungen ganz besonders deutlich. Innerhalb kürzester Zeit war Humanns Team dort im Sommer 1878 fündig geworden. Binnen einer Woche lagen elf Reliefs auf Rasen, innerhalb von zwei Wochen war die Zahl auf 17 gestiegen. ... Nach drei Wochen waren 23 Gruppen der Gigantomachie gefunden worden, in drei Monaten stieg die Zahl gar auf 39 an[68]. Humann schrieb nun an die deutsche Botschaft in Konstantinopel und reiste schon nach zwei Grabungswochen nach Smyrna, um eine vorläufige Teilung der Funde durchzusetzen[69]. Unterdessen hatte Graf Hatzfeld, der Kaiserliche Botschafter, mit welchen Mitteln auch immer, die Zustimmung der Großwesirs Saffet Pascha erhalten, dass das Deutsche Reich nicht nur die Hälfte, sondern gar zwei Drittel der Funde zugesprochen bekomme. Humann nahm darauf in Pergamon die Teilung vor, ließ sie sich in Smyrna genehmigen und die nötigen Zollpapiere ausstellen. Trotz der sprichwörtlichen »Pazienza« [sic] der osmanischen Verwaltung waren schon im Februar 1879 die beiden Drittel in Berlin angekommen[70]. Gleichzeitig gingen jedoch die Verhandlungen mit der Hohen Pforte weiter, denn die Reichsdiplomaten bemühten sich erfolgreich darum, auch das restliche Drittel der Funde der osmanischen Seite abzukaufen. Kaiser Wilhelm dankte dem Sultan eigens für die Genehmigung des getroffenen Abkommens. Parallel dazu war Alexander Conze im April 1879 in Pergamon eingetroffen, um die Ausgrabungen in Augenschein zu nehmen. Er bat den preußischen Kultusminister Falk, sich für eine Verlängerung der Grabungserlaubnis einzusetzen: nahezu fristgerecht traf der Ferman in Pergamon ein, mit dem die Grabungsgenehmigung um weitere vier Monate verlängert wurde. Bis Anfang November 1879 waren alle Transporte aus der ersten Grabungskampagne nach Berlin abgegangen. Erst jetzt wurde dieser Coup der deutschen Öffentlichkeit präsentiert. Curtius resümierte: »Man schwelgt in dieser Masse von Originalen und fühlt sich London ebenbürtig«.[71] An Originale aus *Olympia* war hingegen zu dieser Zeit nicht zu denken. Erst acht Jahre später konnte Graf Radowitz im Auftrage Bismarcks darüber verhandeln. Im Fall Pergamons zeigt sich, dass nicht zuletzt das politische Engagement entscheidend für die Durchsetzung der Wünsche nach einem Transfer der Skulpturen war.

Es ist bezeichnend, dass an einer Schnittstelle des staatlichen wie gesellschaftlichen Wandels, nämlich dem Beginn der Epoche des Hochimperialismus der achtziger Jahre, die Olympia-Grabung gerade kein Beispiel eines ausgreifenden imperialistischen Engagements repräsentiert. Nicht umsonst war Bismarck davon überzeugt, dass der deutsch-griechische Ausgrabungsvertrag für das Reich unvorteilhaft und »lediglich im Interesse der Wissenschaft unternommen« worden sei. So Bismarcks Äußerung im Januar 1880, die sicher unter dem Eindruck der Pergamonfunde stand. Reines Interesse der Wissenschaft rechtfertigte für den Reichskanzler keine weiteren Staatsausgaben mehr. Er setzte vielmehr auf das ältere Modell des Skulpturentransfers und versuchte die Olympia-Grabung zu torpedieren: In Mykene – so Bismarck wenig später an Kaiser Wilhelm unter Bezug auf Schliemann – habe »wenigstens ein deutscher Untertan, in Pergamon aber Ew. M[ajestät] Regierung die reichen Funde in den Originalien behalten können, während wir in Olympia nur die aller Welt zugänglichen Photographien erhalten und Gipsabgüsse zu nehmen berechtigt sind. Sogar die gefundenen Doubletten hat uns die griechische Regierung verweigern dürfen«.[72] In einem ausgleichenden Vertrag mit Griechenland, ohne Funde für das Reich einzunehmen, sah Bismarck demnach wenig Sinn. »Reiche Schätze der Plastik heben« zu können, wie Klenze 1821 geschwärmt hatte, darin lag auch für den Eisernen Kanzler das Ziel. Doch nicht nur den deutschen Diplomaten, auch Curtius schwebte um 1872/73 noch das Ideal abtransportierbarer Funde vor Augen. Gegenüber dem selbstbewussten griechischen Nationalstaat war ein solcher Ausverkauf von Kunstwerken nach 1870 – anders als auf der noch osmanischen Insel Kreta, in Pergamon oder in Troja – nicht mehr zu realisieren.

Im Wissen um seine wertvollen Dienste und als Dank für die Schenkung des trojanischen Goldes[73] erwartete Schliemann vom Reich einen entsprechenden Flankenschutz für seine Grabungspolitik und die tatkräftige Einwirkung der Reichsdiplomatie, um die erwünschten Genehmigungen für seine weiteren Grabungskampagnen zu erhalten. Für den Sommer 1882 hatte er die dritte Grabung in Troja angesetzt. Bei Bismarck beschwerte sich Schliemann über die eingeschränkte osmanische Grabungserlaubnis daher wie folgt: »Euer Hoheit hatte ich die Ehre am 13. Okt. ab Konstantinopel zu melden, dass der Vertreter des Deutschen Reichs, Herr von Hirschfeld, eine vezirielle Erlaubnis zur Exploration der ganzen Troas für mich erwirkt hatte. Leider aber müssen nachher wieder Schwierigkeiten entstanden sein, denn der mir gewordene Ferman beschränkt mich abermals auf Hissarlik und enthält kein Wort von einer Erlaubnis, außerhalb dieser, den Schloßplatz in Berlin an Größe nicht übertreffenden Baustelle auch nur ein Loch graben zu dürfen. Da Euer Hoheit einen Ferman für die ganze Troas nachsuchten und ein solcher zuerst auch von der Pforte zugesagt wurde, so ist es sehr peinlich und kränkend, auch diesmals wieder von letzterer gemißhandelt zu werden, zumal dieselbe dem British Museum einen Ferman für ganz Mesopotamien erteilt hat und dies Institut, anstatt wie ich zu tun gezwungen bin, alle Kunstschätze mit der Türkei zu teilen, alles für sich behält...«[74] Diese Ausführungen entsprachen zwar nicht ganz den Tatsachen[75]. Doch ging es schließlich darum, Bismarck zum Eingreifen zu bewegen. Und so trug Schliemann eben etwas stärker auf, wenn er schrieb: »Während der langen Jahre, wo mir Deutschland den Rücken zudrehte, fand ich stets beim englischen Gesandten in Konstantinopel ... den allerkräftigsten Schutz und Beistand, ja, ich habe beim Ausgraben der Heldengräber an einem Tage manchmal 2 oder 3 Mal an ihn telegraphieren müssen, um dem grauenhaften Treiben von seiten der Lokalbehörden ein Ende zu machen. (...) Wie Sie wissen, arbeite ich in Hissarlik in der Mitte der pestilenziellen Moräste, ... bin dabei in steter Lebensgefahr vor Krankheit oder Räubern, habe täglich 400 Mark Kosten; aber aus Liebe zur Wissenschaft ertrage ich gerne alle Drangsale und finde meine große Wonne in dem Gedanken, daß ich für Deutschlands Ruhm arbeite und daß die von mir aufgedeckten Kunstschätze die Freude und Bewunderung der gegenwärtigen und aller zukünftigen Geschlechter des Vaterlandes sein werden. Da ich mich aber fürs Vaterland opfere, so müßte mir doch auch das Vaterland energisch beistehen, daß ich nicht auf so schmähliche Weise von den Türken behandelt werde. Bei Euer Hoheit weisen Politik ist Deutschland ja in Konstantinopel allmächtig geworden...«[76]

Die weise Politik Bismarcks, auf die sich Schliemann bezog, hatte in den Jahren der Orientkrise vor dem Berliner Kongress (1875–1878) bekanntlich gerade *nicht* darin bestanden, der Friedensbringer und Mittler zu sein, als den er sich selbst ausgab. Vielmehr war Bismarck, um ein Urteil Winfried Baumgarts aufzugreifen, der »unehrliche Makler, der hinter den Kulissen ins Krisen- und Kriegsfeuer blies.«[77] Reibungsflächen erhalten oder sie schaffen, das war das Ziel. So empfahl er mehrfach während der Krise eine Aufteilung der Türkei und des Balkans in eine österreichische und eine russische Interessensphäre: England solle Ägypten, Kreta, Zypern und Syrien erhalten, Frankreich Tunesien, Italien Tripolis. Einen »kleinen Krieg« sah er nicht als schädlich an.[78]

Der Olympia-Vertrag war für eine solche Politik unbrauchbar. Dies ist sicher – abgesehen von den daraus herrührenden archäologischen Funden und Erkenntnissen – ein guter Grund, ihn auch heute noch als herausragendes Ereignis und grabungspolitische Epochenwende zu würdigen.

[1] Zur Expedition s. F.-G. Maier, Von Winckelmann zu Schliemann. Archäologie als Eroberungswissenschaft (1992) 25. König Friedrich Wilhelm hatte 1842 eine preußische Expedition ausgestattet, die bis 1845 in Ägypten, im Sudan, in Äthiopien und auf der Sinai-Halbinsel umfangreiche Forschungen anstellen, Abbildungen für eine auf königliche Kosten herauszugebende prunkvolle Publikation beschaffen und wertvolle Stücke für die ägyptische Sammlung des Neuen Museums in Berlin mitbringen sollte; E. Roth, Preußens Gloria im Heiligen Land (1973) 66. Auch das naturwissenschaftliche Interesse hatte durch die Ägyptenexpeditionen seit Napoleon einen Anschub erhalten: so war das Stuttgarter Naturkundemuseum schon zwischen 1817 und 1834 mit exotischen Tierkadavern, Pflanzenpräparaten, Mineralien u.a.m. bedacht worden, dazu: I. Cleve, Dem Fortschritt entgegen. Ausstellungen und Museen im Modernisierungsprozeß des Königreichs Württemberg (1806–1918), in: Jahrbuch für Wirtschaftsgeschichte 2000, 149ff., hier 155. Vgl. auch A. Daum, Wissenschaftspopularisierung im 19. Jahrhundert. Bürgerliche Kultur, naturwissenschaftliche Bildung und die deutsche Öffentlichkeit 1848–1914 (1998).

[2] M. Kunze, Carl Humann – Vom Ruhm und Nachruhm eines deutschen Ausgräbers, FuB 31, 1991, 154 und 157; s. auch M. Kunze, FuB 26, 1986, 57–74.

[3] Kunze, Humann a. O. 154. Auch Droysen zog eine zeithistorische Parallele, als er 1877 die Parallele zwischen der Einigung Griechenlands durch Makedonien und jener Deutschlands durch Preußen hervorhob (dazu K. Christ, Hellas: griechische Geschichte und deutsche Geschichtswissenschaft [1999] 20).

[4] Zur Philhellenenbewegung: G. Heydemann, Deutscher und Britischer Philhellenismus. Ein Vergleich, in: K. Christ – A. Momigliano (Hrsg.), Die Antike im 19. Jahrhundert in Italien und Deutschland (1988) (Jahrbuch des italienisch-deutschen historischen Instituts in Trient, Beiträge Bd. 2) 361–396; R. Quack–Eusthadiades, Der deutsche Philhellenismus während des griechischen Freiheitskampfes 1821–1827 (1984); s. auch die innenpolitische Stoßrichtung gegen die Zensur der Philhellenen: K.-M. Sprenger, Friedrich Lehne und die Griechenbegeisterung in Mainz zu Beginn des 19. Jahrhunderts, Mainzer Geschichtsblätter. Mainz und Rheinhessen in der Revolution von 1848/49 (1999) 170–190. Religiöse Motive hatten durchaus einen Anteil an Grabungs- und Niederlassungsinteressen. Fragen der staatlichen Repräsentation und des staatlichen Einsatzes hingen auch mit religiösem Engagement zusammen. Bei der Philhellenenbewegung spielte die Befreiung der griechischen Christenbrüder vom heidnischen osmanischen Joch keine geringe Rolle (s. Heydemann a. O.).

[5] Zum Berliner Vortrag s. A. Borbein, Klassische Archäologie in Berlin, in: W. Arenhövel u. Ch. Schreiber (Hrsg.), Berlin und die Antike (1979) 99–150, hier: 128f. Zu Curtius auch G. Heres, Ernst Curtius als Archäologe, FuB 16, 1974, 129–148, hier 135f.; Christ a. O. 42; Christ/Momigliano a. O. 229. Curtius konnte zwischen 1837 und 1840 die Peloponnes und zweimal Olympia bereisen, da er als Hauslehrer der Kinder des Bonner Philosophieprofessors Brandis fungierte, den König Otto nach Athen berufen hatte (dazu Heres, a. O.).

[6] Zu Curtius Deutung der griechischen Geschichte s. Christ a. O., hier S. 37 und 41 sowie K. Christ, Ernst Curtius und Jacob Burckhardt. Zur deutschen Rezeption der griechischen Geschichte im 19. Jahrhundert, in: Christ/Momigliano a. O. 221–248; zum griechischen Wettkampf: ebenda 239 f.

[7] Christ a. O. 42.

[8] Sehr bezeichnend ist Robert von Pöhlmanns Kritik an Curtius' Geschichtsschreibung, in der dem Lübecker eine Art vormärzlicher Politisierung der Antike vorgeworfen wird: »Das begeisternde Bild des perikleischen Zeitalters, ... erweckte überall den Eindruck, als sei die phänomenale Entwicklung der athenischen Kultur das unmittelbare Ergebnis der fortschreitenden Demokratisierung des Staates gewesen ... Dadurch hat die 'Griechische Geschichte' von Curtius sehr viel zu der doktrinären Überschätzung des Kulturwertes der Demokratie und des gleichen Stimmrechts beigetragen, die in den Kreisen der Gebildeten heute noch nicht überwunden ist« (R. v. Pöhlmann, Handbuch [1889] zitiert nach Christ a. O., Curtius und Burckhardt, 224). Curtius' Werk wurde 1870 ins Englische übersetzt, 1876 ins Italienische, 1880 ins Französische.

[9] Zitiert nach R. Wünsche, Antiken aus Griechenland, in: R. Heydenreuter (Hrsg.), Die erträumte Nation. Griechenlands Wiedergeburt im 19. Jahrhundert (1993) 35f.

[10] Ludwig Ross, ehemaliger Konservator der Altertümer in Athen und Professor der Archäologie an der dortigen Universität wurde nach seiner Rückkehr aus Griechenland Professor in Halle. Am 4.5.1853 publizierte er einen Aufruf: »Ausgrabung von Olympia. Ein Vorschlag« (erschienen als Beilage zu Ross' Schrift Pnyx und Pelasgikon). Die Subskription erbrachte dürftige 262 Taler (=787 Mark, so die Angabe bei A. Michaelis, Die archäologischen Entdeckungen des 19. Jahrhunderts [1906] 121). Die von Bunsen damals angeregte Jerusalemkollekte erbrachte eine nicht unbeträchtliche Finanzierung von 46.000 Talern. Ross' Olympia-Kollekte hingegen ergab mit 260 Talern weniger als 1 Prozent der Spenden fürs Heilige Land. Bei der Jerusalemkollekte ging es allerdings nicht nur um die wohltätige Errichtung eines Preußischen Johanniter-Hospizes, sondern um die Stellung Preußens in Palästina. – Ein Porträt des bayerischen Politikers Friedrich Thiersch findet sich in Ev. Konstantinou (Hrsg.), Die Rezeption der Antike und der europäische Philhellenismus (1998).

[11] Th. Mommsen, Reden und Aufsätze (1912) 216. Zur Einordnung der vielzitierten Passage s. K. Christ, Aspekte der Antike-Rezeption in der deutschen Altertumswissenschaft des 19. Jahrhunderts (Einführung – 2. Teil), in: Christ/Momigliano a. O. 21–37, hier 29.

[12] S. L. Marchand, Down from Olympus. Archaeology and philhellenism in Germany 1750–1950, (1996) 87.

[13] Brief Jacob Burckhardts vom 17. 8. 1882, zitiert nach M. Kunze, FuB 31, 1991, 153.

[14] Th. Mommsen, Reden und Aufsätze (1912) 163.

[15] Zu den historischen Vorgängen s. A. v. Prokesch-Osten, Geschichte des Abfalls der Griechen vom Türkischen Reich im Jahr 1812 und der Gründung des Hellenistischen Königreiches, Wien NDr. 1970; I. Wilharm, Die Anfänge des griechischen Nationalstaates 1833–1843 (1973); E. Schütz, Die europäische Allianzpolitik Alexanders I. und der griechische Unabhängigkeitskampf 1820–1830, Wiesbaden 1975. Nachdem König Otto bei seiner Politik der Erweiterung des griechischen Staats gescheitert war, brachten die sechziger Jahre – mit dem Vorbild der erfolgreichen Einigung Italiens – einen erheblichen Auftrieb der griechischen Nationalbewegung. Man hoffte, Italien folgen zu können, knüpfte auch Verhandlungen mit Garibaldi und König Viktor Emanuel an, weil eine Intervention Garibaldis im Epirus erhofft wurde, von der man sich ähnliche Folgen

wie mit der 'Spedizione dei Mille' erwartete. Zur Krise von 1862 und zu den politischen Verhältnissen in Griechenland s. A. Stern, Geschichte Europas von 1848 bis 1871, Dritter Band (1923) hier 202.

16 M. Kröger, Stützen oder Stürzen. Die europäischen Mächte und das Osmanische Reich in der Kretakrise 1866/67, in: J. Dülffer – M. Kröger – R.-H. Wippich, Vermiedene Kriege. Deeskalation von Konflikten der Großmächte zwischen Krimkrieg und Erstem Weltkrieg 1865–1914 (1997) 129–140.

17 R. Weil in: Olympia I (1897)108. Anläßlich seiner Verhandlungen wegen Übernahme einer Berliner Professur rief Curtius im Januar 1868 dem Kronprinzen erneut seinen Grabungsvorschlag in Erinnerung. Doch die Kreta-Krise ließ den Zeitpunkt erneut als ungünstig erscheinen. König Wilhelm selbst ließ im Juli 1869 eine interministerielle Kommission einsetzen, zu der Curtius, Bötticher, Baurat Strack und ein Vertreter des Generalstabs traten.

18 Weil a. O. 101 ff.; Th. Wiegand, Zur Geschichte der Ausgrabungen von Olympia, in: Sitzungsberichte der Preußischen Akademie der Wissenschaften, Phil.-hist. Klasse, 1926, 14–22. Grabungsgeschichte auch bei Michaelis a. O. 43 ff., 121.

19 Marchand a. O. 77–91.

20 Erst 1863 kamen die Ionischen Inseln zu Griechenland, 1881 Thessalien und Teile des Epirus, Kreta erst 1908.

21 Dazu R. Heydenreuter (Hrsg.), Die erträumte Nation. Griechenlands Wiedergeburt im 19. Jahrhundert (1993) unter Verweis auf W. Otto, Handbuch der Archäologie I (1939) 121.

22 M. Bernath, Das Osmanische Reich und Südosteuropa 1789–1878, in: Th. Schieder (Hrsg.), Handbuch der Europäischen Geschichte Bd. 5. Von der französischen Revolution zu den nationalen Bewegungen des 19. Jahrhunderts (1981) 994.

23 Nicht alle Autoren haben die Einführung des bayerischen Verwaltungssystems so negativ kommentiert wie Otto von Corvin, Geschichte der Neuzeit, 1848–1871, Bd. 1 (1882) 520 ff. Zur probayerischen Sicht vgl. Heydenreuter a. O. Zur Problematik einer Staatsgründung mittels Import eines Herrschers s. H. Gollwitzer, Das griechische Königtum der Wittelsbacher im Rahmen der dynastischen Politik seiner Epoche. Familieninteresse und Staatsräson in den osmanischen Nachfolgestaaten, in: D. Albrecht (Hrsg.), Europa im Umbruch 1750–1850 (1995) 85–102.

24 Schon Ministerpräsident Capodistrias hatte seit 1829 versucht, den Denkmälerbesitz vor unautorisierten Zugriffen zu schützen (Dubois/Blouet); er hatte Ausgrabungen in Delphi angeordnet, die unter Edmund Laurent, einem deutschen Archäologen in griechischen Diensten, auch durchgeführt wurden und die den Meleagersarkophag zum Vorschein brachten. Capodistria ließ ferner ein archäologisches Museum in Ägina, das vor 1835 als griechische Hauptstadt fungierte, einrichten. Ludwig Ross, Hauptverantwortlicher des Archäologischen Dienstes, erstellte 1832 ein Inventar dieses Museums und sorgte dafür, dass die Ausgrabungen an der Akropolis gestoppt wurden und Laurent eine Orientierungsreise in Griechenland zur Begutachtung von Ausgrabungsobjekten und Altertümern vornahm. Schon 1838 wurde erwogen, in Delphi zu graben und dafür den darüberliegenden Ort Kastri zu verlegen. Briganten, die unwillige Bevölkerung und Geldmangel verhinderten über Jahrzehnte ein solches Projekt. Auch in Athen, so Ross später, war Anfang der 1830er Jahre »an eigentliche Ausgrabungen nicht zu denken. Doch förderten gelegentlich Nachgrabungen zum Behuf von Neubauten, Gartenanlagen usw. in der Stadt und Umgebung Einzelnes zu Tage«. Hinzu kamen lokale Widerstände, unfähige Verwaltungen, mangelnde finanzielle Mittel. Paradigmatisch ist hierfür das Grabungsprojekt in Delphi, wo es der griechischen Verwaltung fast 50 Jahre lang nicht gelang, die auf den Altertümern lebende Bevölkerung zu enteignen und umzusiedeln (s. den entsprechenden Beitrag von E. Pentazos in: La redécouverte de Delphe [1992] 55–60).

25 C. P. Bracken, Antiquities Acquired. The Spoliation of Greece (1975).

26 Die entsprechende Abbildung bei S. L. Marchand, Down from Olympus. Archaeology and philhellenism in Germany 1750–1950, (1996).

27 Auf die Pionierleistung der Conze'schen Grabungen in Samothrake 1873 und 1875, bei denen erstmals die Photographie als Instrument der Wissenschaftler zum Einsatz kam, kann hier nur hingewiesen werden. Dazu: M. Barbanera, L'archeologia degli italiani. Storia, metodi e orientamenti dell'archeologia classica in Italia (1998) 54, sowie BCH 120, 1996, 479 f.

28 König Otto in Athen war dem preußischen Vorschlag durchaus geneigt, sodass Außenminister von Manteuffel sich Ende 1853 von König Friedrich Wilhelm IV. die Genehmigung erbat, in Athen einen förmlichen Ausgrabungsvertrag abschließen zu dürfen (R. Weil in: Olympia I [1897] 108).

29 Ende 1871 setzte ein privates Schreiben des Kronprinzen an Georg I. die konkreten Vertragsunterhandlungen in Gang (Weil a. O. 109).

30 Brief des Kronprinzen an den Kaiserlichen Gesandten in Athen, 18.10.1872 (nach Weil a. O. 109).

31 »Volk und Regierung Griechenlands, beide müssen den Eindruck haben, daß sie sich mit der europäischen Großmacht, die über so viel größere Mittel gebietet, zu einem gemeinsamen, ruhmbringenden Wirken verbinden zum Besten einer höheren menschheitlichen Entwickelung. (...) Wenn durch ein solches Zusammenwirken der Welt nach und nach ein Schatz rein griechischer Kunstwerke gewonnen würde, wie wir ihn in römisch-griechischen besitzen, so fiele beiden Staaten das Verdienst, aber allein Preußen der Ruhm dieses Erfolges zu. So großen Resultaten gegenüber würde auch niemand mehr fragen, welcher von beiden Staaten materiell am meisten Nutzen dabei gehabt hätte.« (zitiert nach Weil a. O. 109).

32 Weil a. O. 110; dort das Schreiben v. Bülows an den Kronprinzen vom Juni 1873.

33 Zu Schliemanns Leben, seinen Funden und seinem Nachleben s. die pointierte Überblicksdarstellung von J. Cobet, Heinrich Schliemann. Archäologe und Abenteurer (1997).

34 So im Fall der Helios-Metope, die er während der Sommerkampagne 1872 fand und die er nach Athen schmuggelte, ohne Frank Calvert, dem als Grundstücksbesitzer die Hälfte zugestanden hätte, zu beteiligen. Bei der anschließend verabredeten finanziellen Ablösung wurde Calvert übervorteilt.

35 Zu Schliemanns Vorgehen ausführlich: B. Brandau, Troia (1997) 38 ff.

36 Brandau a. O. 43.

37 F. G. Maier hat die These vertreten, dass Schliemanns gläubiges Vertrauen in die Historizität Homers vergleichbar sei mit dem

³⁸ Interesse, über Forschungen in Palästina die Richtigkeit der Bibel belegen zu können.

³⁸ Zur Verbindung von Altertum und moderner Nationalstaatsidee s., neben K. Christ – A. Momigliano (Hrsg.), Die Antike im 19. Jahrhundert in Italien und Deutschland (1988), auch: W. Rüegg, Die Antike als Begründung des deutschen Nationalbewußtseins, in: W. Schuller (Hrsg.), Antike in der Moderne (1985) 267–283.

³⁹ So das Urteil von Ch. Zintzen, Von Pompeji nach Troja. Archäologie, Literatur und Öffentlichkeit im 19. Jahrhundert (1998) 184.

⁴⁰ Zintzen a. O. 184. Ein zeitgenössischer Kritiker hingegen vermutete schon damals, dass Sepp von Bismarck mit der Expeditionsausstattung dafür belohnt worden sei, dass er 1870 in der zweiten bayerischen Kammer lebhaft für den Krieg gegen Frankreich gestimmt und verkündet hatte, dass der Staat, der Deutschland Elsaß-Lothringen wiedergäbe, auch dessen Führung innehaben sollte. Zur Expedition Sepps s. a. D. Albrecht, König Ludwig II. von Bayern und Bismarck, in: HZ 270 (2000) 39 f. sowie F.-G. Maier, Von Winckelmann zu Schliemann. Archäologie als Eroberungswissenschaft (1992) 27; W. Schuller a. O. 321 f.

⁴¹ Die französische Expedition de Morée, die mit den Truppen von Général Maison die Peloponnes 1828/29 erforschte, aber auch die preußische Ägyptenexpedition 1842–45, hatten dieses so erfolgreiche Modell noch vor Augen. Noch 1842 folgte eine englische Expedition nach Lykien, 1861 eine französische nach Makedonien.

⁴² Zum zeittypischen Zurücktreten der Figur des dilettierenden Diplomaten oder Offiziers s. Maier a. O. 26.

⁴³ Nach Vittorio Bracco bestätigt der Institutionalisierungsprozeß »quale potente incentivo per il prestigio nazionale fosse divenuta l'archeologia come piano elaborato ed organico di ricerca« (V. Bracco, L'archeologia classica nella cultura occidentale [1979] 214). Und aus französischer Sicht kommt man heute zum gleichen Ergebnis: »Sous la pression de la concurrence, car les missions étrangères se multiplièrent en Grèce, s'établit une répartition des grands chantiers. La compétition fut parfois vive. Elle reflétait les oppositions entre nations à la recherche d'un prestige culturel qui servait leurs intérêts politiques.« (R. Etienne, L'École française d'Athènes 1846–1896, BCH 120, 1996, 3–22, hier 11 über »l'époque des grandes fouilles 1873–1922«).

⁴⁴ Zur Interaktion von Archäologie und Politik s. Maier a. O. 27. Ob dies schon als hegemoniale Herrschaftsstrategie gesehen werden kann, an der die Archäologie als »Instanz zur Aneignung von Geschichte« (Zintzen) mitwirkt, und zwar in »scheinbar unvermittelter Authentizität ohne Zwischenträger« (Cobet), scheint mir fraglich. Vielleicht steckt in den Interpretationsmodellen von Hellenismus und Griechentum nicht so sehr eine Etikettierung, die zur Legitimierung zentraleuropäischer Hegemonie (im Sinne von Lowenthal, Bernal oder Ian Morris) dienen sollte, als vielmehr die Vorstellung einer kulturellen *translatio*, die spezifisch deutschen innenpolitischen Bedürfnissen diente? Zur archäologischen Etikettierung, die als Deutungsmonopol fungiert haben soll, vgl. D. Lowenthal, The past is a foreign country (1988); I. Morris (Hrsg.), Classical Greece (1994); M. Bernal, Black Athena. The afroasiatic roots of classical civilization I. The fabrication of classical Greece (1987); B. Trigger, A history of archaelogical thought (1990); Zintzen a. O. 179f.

⁴⁵ R. Etienne, L'École française d'Athènes, BCH 1996, 11.

⁴⁶ Zu Halbherr: J. D. S. Pendlebury, The Archeology of Crete (1939); M. Barbanera, L'archeologia degli italiani. Storia, metodi e orientamenti dell'archeologia classica in Italia (1998) 78 ff.; V. La Rosa, La scuola italiana di archeologia (1995). Schon 1847 wurde auch eine belgische Sektion innerhalb der französischen École d'Athènes eingerichtet, die jedoch erst ab 1900 erstmals eine konkrete Bedeutung haben sollte (BCH 1996, 7 sowie 173 ff.). Zur British School H. Waterhouse, The British School at Athens. The First 100 years (1986).

⁴⁷ »C'est que nous pensions venir en Grèce dans un but littéraire, tandis que les lettres n'étaient que le prétexte de notre voyage, et un moyen de réussite pour notre politique. Nous nous (en) sommes bien aperçus, sans en rien dire, du moment que nous y avons mis les pieds, et l'on nous avoue maintenant ce que l'on ne saurait nous cacher. M. Piscatory nous a dit nettement ce qu'il voulait trouver en nous des instrumens de sa politique. Mais … il ne s'agit pas pour nous de prendre le mousquet contre Grisiotis ou Papacostas, comme les Philhellènes de la Restauration le prirent contre les Turcs. (…) Maintenant, la Grèce studieuse, mais pauvre, demande des maîtres qui (lui) donnent leur enseignement et ne (le) lui vendent pas. Quelle occasion de lui inculquer, avec notre langue et notre littérature, nos idées et nos sentiments! (…) Si dans quelque coin du Péloponnèse, un soldat ou un bourgeois se trouvait savoir le français, nous le voyions aussitôt accourir, affecter de s'entretenir avec nous, et traduire ensuite fièrement notre entretien à tout le village qui nous entourait. Si quelque chose pouvait donner de la reconnaissance à un Grec, ce serait de lui servir de maître, en sorte qu'ici, plus que partout ailleurs, la communauté de langage constitue l'affinité la plus étroite et la plus forte. Ce sera un des traits de la politique de M. Piscatory de n'avoir pas négligé ce moyen modeste et pacifique d'étendre notre influence.« (Les débuts de l'École française d'Athènes. Correspondance d'Emmanuel Roux 1847–1849, hrsg. von G. Radet [1898] 29). Der Herausgeber der Roux'schen Erinnerungen, Radet, urteilte 1898 dazu: »L'École d'Athènes fut créée, non pas dans un but scientifique, mais en vue de soutenir les intérêts de la politique française en Grèce.« (Radet a. O. 11).

⁴⁸ So auch die Meinung der französischen Forschung (BCH 120, 1996, 8); zu den Ursprüngen der französischen Schule auch E. Thouvenel, La Grèce du roi Othon (1890).

⁴⁹ Schliemann reagierte sofort und ließ binnen 10 Tagen einen Gipsabguß nach Berlin schicken. Brief von Curtius an Schliemann vom 17.9.1872, zitiert nach: H. Döhl, Heinrich Schliemann. Mythos und Ärgernis (1981) 25 f.

⁵⁰ Döhl a. O. 27.

⁵¹ Bezeichnenderweise forderte Schliemann, dem die griechische Regierung die Genehmigung für die Olympia-Grabung verweigerte, auch im Jahre 1874 Curtius auf, in Olympia einen umfassenderen Grabungsplan durchzuführen (Döhl a. O. unter Heranziehung des Aufsatzes von Schliemann in The Antiquity).

⁵² Zu Curtius Besuch bei Humann und dessen Aktivitäten s. K. F. Dörner – E. Dörner, Von Pergamon zum Nemrud Dag. Die archäologischen Entdeckungen Carl Humanns (1989) 18. 24. 36. Die Abgabe der Sammlung erfolgte am 19.12.1871.

53 »Im ganzen Orient, so weit gebildete Menschen wohnen, erwartet man, daß Preussen seine neue Machtstellung bewähre, indem es die Interessen von Kunst und Wissenschaft auf klassischem Boden würdig und kräftig vertrete ... Möchte man doch erkennen, was sich erreichen läßt, wenn die vorhandenen Kräfte sich in rechter Weise verbinden, die Dampfkraft der Marine, die Technik des Generalstabs, die Sachkenntnis der Archäologen und Architekten«. (Ernst Curtius, in: Preußische Jahrbücher 29, 1872, zitiert nach K. Christ in: K. Christ – A. Momigliano [Hrsg.], Die Antike im 19. Jahrhundert in Italien und Deutschland [1988] 228).

54 Dörner a. O. 20. Im Sommer 1866 waren die Kalkbrenner erneut aktiv: nun sei deren Treiben für immer ein Ende gemacht, schrieb Humann, und zwar direkt durch den Großwesir (Dörner a. O. 22).

55 Schulthess' Europäischer Geschichtskalender 1875 (1876), 514 f.

56 W. Coulson – I. Leventi, BCH 1996, 497 ff. über die Beziehungen zwischen der École française d'Athènes und der amerikanischen archäologischen Station.

57 Rezension von Ernst Curtius Schrift von 1974 über Wappengebrauch und Wappenstil im griechischen Alterthum in der Rivista di filologia e d'istruzione classica 3, 1875, 423 f.

58 Laudatio auf den Sprachwissenschaftler Giorgio Curtius in der Rivista di filologia e d'istruzione classica 3, 1875.

59 G. M. Bertini, Questione urgente sull'istruzione classica, Rivista di filologia e d'istruzione classica 3, 1875, 268–295, hier 271.

60 E. Hübner, Ancora dell'insegnamento dell'archeologia in Italia, Rivista di filologia e d'istruzione classica 2, 1874, 324–329, hier 329.

61 Th. Mommsen, Sull'insegnamento della scienza dell'antichità in Italia. Lettera a Gian Carlo Conestabile, Rivista di filologia e d'istruzione classica 2, 1874, 74–79, hier 76. Zur Debatte auch M. Barbanera, L'archeologia degli italiani. Storia, metodi e orientamenti dell'archeologia classica in Italia (1998) 57 f. – Zu den gleichzeitigen französischen Ausgrabungen in Rom s. M. A. Tomei, Scavi francesi sul Palatino. Le indagini di Pietro Rosa per Napoleone III (1861–1870) (2000). Allgemein: G. Gherardini, L'archeologia nel primo cinquantennio della nuova Italia (1912).

62 Dazu der ausführliche Beitrag von A. Amandry, in: École française d'Athènes (Hrsg.), La redécouverte de Delphe, 1992, 75–128, hier 79.

63 Zu den diplomatischen Verhandlungen s. Amandry a. O. 95 ff.

64 Verhandlungen des Reichstags: Stenographische Berichte, Legislaturperiode 1.1871/73 – 11.1903/06, Berlin 1871–1939, Zolltarifdebatten von 1876 und von 1879, s. Bd. 45 (1876), Bd. 58 (1879) und Bd. 81 (1883).

65 Zu den Verhandlungen s. die präzisen Beobachtungen von K. Fittschen in BCH 1996, 491. Die Vorgänge wurden von Radet 1901 bestätigt, auch wenn bislang keine griechischen Quellen dazu vorgelegt worden sind.

66 Vgl. Fittschen a. O. 495.

67 W. Oberleitner, Die Neuaufstellung des Heroons von Trysa. Geschichte in Wien und Wiener G'schichten, AW 24, 1993, 133–147.

68 Humann beschrieb seine Methode des Mauerabtrags so: »Jedes Steinchen mußte mit Keilen und schweren Hämmern einzeln gelöst werden, jeder zutage tretende Marmor wurde in gewissem Abstand umgangen und, wenn er ganz frei lag, mit der Winde langsam gelöst.« (K. F. Dörner – E. Dörner, Von Pergamon zum Nemrud Dag. Die archäologischen Entdeckungen Carl Humanns [1989] 61, Angaben für den 18.9.1878, den 24.9.1878, sowie für Ende Dezember 1878).

69 Der dortige Generalgouverneur brauchte jedoch eine Erlaubnis aus Konstantinopel. Als diese telegraphisch vorlag, ernannte der Gouverneur seinen Ersten Sekretär zum Teilungskommissar und bat den aus Göttingen stammenden Direktor der Ottomanischen Bank als unparteiischen Beobachter hinzu.

70 Dörner a. O. 62.

71 Unverzüglich wurde die zweite Grabungskampagne für Pergamon diplomatisch flankiert vorbereitet: Ein Ausgrabungsferman für ein weiteres Jahr wurde beantragt und vom Konsulat in Smyrna rasch beschafft, nach 6 Monaten Grabungen verhandelte die Kaiserliche Botschaft in Konstantinopel erneut, um »die gesamten Funde wieder dem Königlichen Museum... zu sichern«, in Ergänzung der bisherigen Sammlung, wie es unterkühlt hieß. Zwar wurde nun eine türkische Kommission direkt nach Pergamon entsandt, die für etwas Unruhe sorgte, doch konnte die Botschaft auch diese Erwerbungsverhandlungen erfolgreich abschließen. Noch vor Ablauf der Grabungsgenehmigung lag im August 1881 der Ferman für den Abtransport der Funde vor (Dörner a. O. 70).

72 Nach Th. Wiegand, Zur Geschichte der Ausgrabungen von Olympia, in: Sitzungsberichte der Preußischen Akademie der Wissenschaften, Phil.-hist. Klasse, 1926. Laut Wiegand verwechselte Bismarck hier Mykene mit Troja (zudem irrte er sich in der Staatsangehörigkeit Schliemanns). Der Kaiser, hinter dem wohl das Einwirken des Kronprinzen zu vermuten sein dürfte, replizierte daraufhin: »Ein solches Unternehmen vor seinen möglichsten Erfolgen zu sistieren, wäre für die Kunst und Wissenschaft eine Versündigung ...« (Wilhelm I. an Bismarck, 11.2.1880).

73 Im Dezember 1880 schaffte es Virchow, von Schliemann den Schatz des Priamos als Schenkung für das Reich zu erhalten. Im Januar 1881 nahm Kaiser Wilhelm den Schatz entgegen (B. Brandau, Troia [1997] 47).

74 W. Richter, Heinrich Schliemann. Dokumente seines Lebens (1992) 338. Brief Schliemanns aus Athen an Fürst Bismarck vom 29.1.1882.

75 Wer alles für sich behielt, war Schliemann selbst: Seine 7. Grabungskampagne in Troja im Sommer 1890 führte zum Fund von Schatz L, den er ebenfalls aus dem osmanischen Herrschaftsgebiet wegschmuggelte – wiederum gegen die vertraglichen Abmachungen. Obwohl das Istanbuler Museum bereits fertiggestellt und 1883 ein Antikengesetz erlassen worden war, gab Schliemann vor, den Schatz »für die Wissenschaft gerettet« zu haben. Auch er gelangte in die Berliner Sammlungen (Brandau a. O. 52).

76 Richter a. O. 338.

77 W. Baumgart, Europäisches Konzert und nationale Bewegung. Internationale Beziehungen 1830–1878 (1999) 418.

78 Baumgart a. O. 417.

Bernd Sösemann

Olympia als publizistisches National-Denkmal

Ein Beitrag zur Praxis und Methode der Wissenschaftspopularisierung im Deutschen Kaiserreich

Die Idee der Wissenschaftspopularisierung, ihre sachlichen und kommunikationshistorischen Voraussetzungen

Spricht man über Publizistik[1], Tagesberichterstattung oder Öffentlichkeitsarbeit[2] im zeitlichen Umfeld der ersten sechs Grabungskampagnen in Olympia (1875–1881), darf von Dreierlei ausgegangen werden: Das Klischee von dem jenseits der Öffentlichkeit in Einsamkeit studierenden Archäologen oder des in idyllischer Abgeschiedenheit tätigen Ausgräbers hatte in den Tagen des Telegraphens, der Unterseekabel[3], international arbeitenden Nachrichtenagenturen mit mehr als fünftausend deutschen Presseorganen mit der Wirklichkeit wenig gemein[4]. Seit dem Anfang des 19. Jahrhunderts finden sich in der Tagespublizistik gelegentlich auch Artikel über archäologische Erkundungen und Ausgrabungen. Verglichen damit stellte die Olympia-Berichterstattung in der zweiten Hälfte der siebziger Jahre eine qualitative Steigerung dar. Zweitens ist bekannt: Die 'Direction für die Ausgrabungen zu Olympia'[5] in Berlin, den ordentlichen Mitgliedern der 'Centraldirection' des 'Kaiserlich Deutschen Archäologischen Instituts' (DAI) unterstellt[6], wollte ihre Grabungen nicht allein den Kollegen und dem Fachpublikum publizistisch vorstellen. Denn diese »Perle« sollte, so wollten es die Verantwortlichen, »in allen Schichten des deutschen Volkes« Anklang finden. Bei keiner früheren Unternehmung sei, wie sie selbstbewusst verkündeten, jemals eine derartige Fülle offizieller und populärer Berichte, Bücher, Photographien und Zeichnungen so rasch veröffentlicht worden[7]. Die 'Direction' hatte zu diesem Zweck neben der internen traditionellen Informationsebene, den offiziellen Berichten von der Ausgrabung[8], eine zweite für die breitere Öffentlichkeit eingerichtet. »Denn nicht für die gelehrte Archäologie graben wir Olympia aus«, erklärte man zugespitzt, »sondern für Alle, welche offenen Sinn haben, um Kunstwerke des Alterthums und große Zeiten der Völkergeschichte zu würdigen«.[9] Eine amtliche Pressestelle, die diese publizistische Begleitung hätte professionell übernehmen können, oder gar eine institutionalisierte 'Öffentlichkeitsarbeit' gab es damals noch nicht – nicht einmal auf der höchsten politischen Ebene bei der Reichsregierung. Und schließlich waren in Fachkreisen die zwei wichtigsten Veröffentlichungsorte bekannt: die fachwissenschaftliche 'Archäologische Zeitung' (AZ) und der sogenannte Reichsanzeiger in Berlin[10]. Einzelheiten eines publizistischen Konzepts und Informationen über die Entstehung der Texte waren jedoch bislang ebenso unbekannt geblieben, wie die Methoden der Selbstdarstellung des 'Kaiserlich Deutschen Archäologischen Instituts', die Zahl und Inhalte der Artikel im 'Deutschen Reichs-Anzeiger und Königlich Preußischen Staats-Anzeiger' sowie ihre redaktionellen Bearbeitungen in dem gut halben Jahrzehnt nach dem ersten Spatenstich in Olympia. Ungeklärt musste deshalb bis heute auch der Umfang jener Publizistik bleiben, die Formen und Umstände ihrer Verbreitung sowie die Wirkungen dieser frühen Formen von 'Wissenschaftsjournalismus' und 'Öffentlichkeitsarbeit' in einer staatlichen Institution.

Es mussten deshalb zuerst alle Berichte zusammengestellt werden, die von den Archäologen in Olympia oder ihrer Zentrale in Berlin geschrieben, redigiert und im 'Reichs-Anzeiger' publiziert worden waren, in einer aufwendigen zweiten Recherche wurden möglichst viele der relevanten Zeitschriften, Tages- und Wochenzeitungen, Jahrbücher und Rundschauen in Berlin und von außerhalb beschafft und für die zweite Hälfte der siebziger und das erste Drittel der achtziger Jahre zum Stichwort 'Olympia' durchgesehen. Im Erfolgsfall konnte geprüft werden, ob diese verstreuten Meldungen, Essays oder Kommentare auf die Artikel der Ausgräber zurückzuführen waren. Die 'Olympia'-Artikel des 'Deutschen Reichs-Anzeigers und Königlich Preußischen Staats-Anzeigers' sind in einem 'Anhang' vollständig erfasst und inhaltlich mit der 'Archäologischen Zeitung' verglichen worden.

Im letzten Drittel des 19. Jahrhunderts befand sich die Archäologie in einem lebhaften, aber eng begrenzten öffentlichen 'Dialog'. Sie kommunizierte ebenso wie die übrigen Geisteswissenschaften[11] im deutschsprachigen Raum nahezu ausschließlich in dem traditionellen Fachkreis oder auf ähnlich vertrauten Ebenen und damit vor einem relativ kleinen Publikum. Sie nutzte dabei die bewährten Mittel und Medien: Gelehrtenkorrespondenz, Verein und Gesellschaft, Symposion und Kongress, Rezension und Aufsatz in der Fachzeitschrift sowie Bücher. Eine Beteiligung an populär gehaltenen Ausstellungen gehörte bereits zu den Besonderheiten. Für Tageszeitungen schrieb ein Wissenschaftler ebensowenig einen Artikel wie für Familienzeitschriften. Eine allgemein akzeptierte Hinwendung zur Zeitung zeigte sich zwar erst am Ende des 19. Jahrhunderts, doch nach der Reichsgründung und der Verabschiedung eines Reichspressegesetzes (1874)[12] sind die stärkeren Bemühungen der einzelnen Fachwissenschaften zu erkennen, für ihre Arbeit ein öffentliches Interesse zu wecken und zu erhalten. Eine kulturelle und mediale Zäsur deutet sich an. Die von den Enzyklopädisten in Frankreich und in Deutschland und von den Autoren der Moralischen Wochenschriften begründeten populärwissenschaftlichen Traditionen wurden in den siebziger Jahren durch neue Vermittlungs-, Darstellungs- und Kommunikationsformen wiederbelebt[13]. Doch die Archäologen hielten sich vorerst zurück und näherten sich selbst den seriöseren Zeitschriftentypen, den Rundschauen[14], oder den längst eingeführten Kunst- und Kulturzeitschriften nur zögerlich und vereinzelt. Ein Engagement für den uneingeschränkten Dialog mit der Öffentlichkeit galt in der Archäologie als dem wissenschaftlichen Ruf abträglich. Dagegen verfassten Literaturwissenschaftler, Philologen und Historiker der Neueren und Neuesten Geschichte in jener Zeit bereits für Zeitschriften- und für überregionale Zeitungsredaktionen gelehrte und sogar feuilletonistisch oder literarisch gestaltete Essays. Sie erschlossen ihrer Fachdisziplin damit relativ früh eine breitere bürgerliche Öffentlichkeit[15].

Curtius war die Zurückhaltung seiner engeren Fachkollegen fremd. Bereits in der Anfangsphase der Olympia-Planung, zu Beginn der fünfziger Jahre, hatte er für sein Grabungsvorhaben in Olympia nach einer breiten öffentlichen Unterstützung gesucht. Es braucht hier nicht näher ausgeführt zu werden, wie er den Kronprinzen und späteren Kaiser Friedrich III., seinen ehemaligen Schüler, den kunstsinnigen Kaiser Wilhelm I. (1797–1888), und die Öffentlichkeit gewann, wie geschickt er Situationen herbeiführte, Vortragsverpflichtungen zur Popularisierung seiner Ideen nutzte und auf welchen Wegen er hochmögende Unterstützer interessieren konnte, in Olympia »die Schätze des klassischen Alterthums« zu Ehre und Ruhm des jungen Reiches zu heben[16]. Er überzeugte mit einer begeisternden Rhetorik und farbenprächtigen Bildern die Öffentlichkeit und den Hof von seinem Plan, an geweihter Stätte nach den im Flusssand bewahrten Schätzen erstmals systematisch zu suchen. Olympia stilisierte er 1852 in der Singakademie zum »Mittelpunkt des hellenistischen Nationallebens und Bewußtseins« und »des nationalen Zusammenschlusses«. Dabei bot er seinem Publikum gleichzeitig den aktuellen Transfer an, an dem es ebenso wie der Redner interessiert war. Er rückte sich und seine Zuhörer – die 'Vossische Zeitung' vergaß nicht, die Anwesenheit des Monarchen und des Hofes »von Anfang bis zu Ende« zu erwähnen[17] – in die alle erhebende und begeisternde Position des »Erben und Besitzer[s] der auf dem klassischen Alterthum ruhenden Wissenschaft und Kunst«.[18] »Die wahrhaft Gebildeten sind lebhaft ergriffen worden«, schrieb er damals seinem Bruder[19]. Der König soll anschließend gesagt haben, er werde »mit einer Sparbüchse umhergehen und für die Ausgrabungen sammeln«.[20]

In jenen Tagen stand für Curtius auch der Entschluss fest, die Öffentlichkeit nicht vordergründig zu instrumentalisieren und nur taktisch geschickt einzusetzen, sondern sie über das gesamte Vorhaben seriös und kontinuierlich zu informieren. Der vormals in Athen und seit 1843 in Halle lehrende Archäologe Ludwig Ross (1806–1859) hatte zwar mit seinem zu frühen und mit der Fachwelt nicht abgestimmten Aufruf zu einer nationalen Spendenaktion zur Ausgrabung von Olympia Curtius' Pläne wegen einer viel zu niedrigen Kostenkalkulation gestört, doch er hat das philhellenische Denken neu zu beleben vermocht und Curtius in seinen eigenen Vorstellungen über 'Öffentlichkeitsarbeit' bestärkt. Ross wollte die »summarischen Ergebnisse der Ausgrabung« regelmäßig in der 'Allgemeinen Monatsschrift für Literatur und Wissenschaft' veröffentlichen und das Geld unter Privatleuten sammeln[21]. Curtius beschritt den längeren, finanziell und publizistisch aber sichereren Weg[22]. Vorerst verzögerten jedoch militärische und politische Ereignisse in Griechenland und Deutschland, hauptsächlich jedoch der Krimkrieg und die deutsche Einigung den Beginn wiederholt. Anderthalb Jahrzehnte vergingen, Curtius nahm einen auswärtigen Ruf an, kehrte aber nach Berlin zurück und gab dabei seinen großen Traum nicht auf. Hatte Curtius im Juni 1869 dem Staatsministerium hoffnungsvoll mitteilen können, sein König habe ihn »in letzterer Zeit mehrfach [...] aus eigenem Antriebe auf meine alten Pläne« angesprochen und die von ihm, Boetticher und Ritter am 8. August 1853 eingereichte Denkschrift mit einem Exposee zu den seitdem veränderten Umständen erbeten[23], so vermochte doch erst der Kronprinz Friedrich Wilhelm, als 'Protector der Königlichen Museen', die Angelegenheit entscheidend zu befördern. Er erklärte am 29. Januar 1873, es sei nach der Gründung des Deutschen Reiches nötig, die Gesamtform zu ändern, das »selbständige Unternehmen Preussens müsste aufgegeben und in ein mit der Griechischen Regierung gemeinsam auszuführendes verwandelt werden«. Deshalb sandte er dem zuständigen 'Ministerium der geistlichen Angelegenheiten' einen neuen Vertragsentwurf[24] und nutzte etwas später seinen Besuch in Athen, dem griechischen König seine Vorstellungen persönlich zu erläutern. Für ihn habe die zu erzielende Übereinstimmung mit der griechischen Regierung Priorität, das Deutsche Reich werde die Ausgrabungskosten tragen, Griechenland die originalen Funde behalten dürfen und Berlin werde über die Berücksichtigung seiner Interessen das Notwendige noch auszuhandeln haben[25].

Das 1871 von einem preußischen zum 'Reichsinstitut' erweiterte DAI informierte bereits im Vorfeld der Grabungskampagnen den 'Reichs-Anzeiger' über die bilateralen Verhandlungen, die seit den französischen Grabungen ein Ziel vieler Gelehrten waren[26]. Die Zeitungsleser erfuhren in einer mit dem autorisierenden Zusatz »Athen, 10. April, Wochenblatt 'Neu-Hellas'« versehenen Meldung vom Aufenthalt des 'Specialbevollmächtigten' des Deutschen Reiches, Ernst Curtius in der griechischen Hauptstadt. Er habe zusammen mit dem deutschen Gesandten in Athen König Georg I. (1845–1913) besucht, ihm einen Brief des Kronprinzen überbracht und handle mit dem Auftrag, den Abschluss der Übereinkunft über die Ausgrabungen herbeizuführen[27]. Wenige Tage später konnte der zumeist als vorbildlich erachtete, zu beiderseitigem Nutzen ausgehandelte Vertrag unterzeichnet werden: die Originale verblieben demnach in einem griechischen Museum [28]; das Deutsche Reich durfte lediglich 'Doubletten' ausführen, aber von allen Funden Abgüsse nehmen.

Umfang und Qualität der Text- und Bildberichterstattung über die Ausgrabungen von Olympia in den zeitgenössischen Medien

Das 'Directorium' war sich darin einig, so früh wie möglich mit Meldungen, Berichten und Kommentaren, mit Plänen, Zeichnungen und Photographien an die Öffentlichkeit zu gehen – jedoch nicht mit allen Informationen und auch nicht über alle Medien. Die Gesamtverantwortung für alle öffentlichen Bekundungen und Verwertungen lag bei der dreiköpfigen Leitung, also bei Curtius, Busch und Adler [29]. Ernst Curtius (1814–1896) hatte bereits während seiner ersten beiden Griechenland-Aufenthalte an Ausgrabungen in Olympia gedacht und sich als Klassischer Philologe, Althistoriker und Archäologe mit einer zweibändigen Geschichte der Peloponnes (1851/52) und dreibändigen Griechenlands (1857–61) in Wissenschaft und Öffentlichkeit einen Namen gemacht. Außerdem war er weithin bekannt als Leiter des Alten Museums und des Antiquariums, eines Museums für antike Kleinkunst in Berlin. Die Fachwelt schätzte ihn als Vorsitzenden der 'Archäologischen Gesellschaft' und Sekretär der philologisch-historischen Klasse der 'Königlich Preußischen Akademie der Wissenschaften'. 1874, wenige Monate vor dem Anlaufen der Grabungen in Olympia, gründete er zur Ergänzung der parallelen deutschen Einrichtung in Rom auch in Athen ein Archäologisches Institut.

Friedrich Adler (1827–1908) war ein Schüler des Archäologen und Architekten Karl Boetticher (1806–1889) [30], des Baumeisters Friedrich August Stüler (1800–1865) und des Architekten und Geheimen Oberhofbaurats Johann Heinrich Strack (1805–1880). Er hatte seit 1863 eine Professur für Baugeschichte an der 'Bauakademie' in Berlin inne, errichtete die Christus- und Thomaskirche und leitete von 1877 bis 1900 im 'Ministerium für öffentliche Arbeiten' das Dezernat für den Kirchenbau.

Die am Vorhaben 'Olympia' beteiligten Archäologen und Architekten beschritten mit der 'Öffentlichkeitsarbeit' neue Wege in der Archäologie, indem sie konsequent und systematisch eine Wissenschaftspopularisierung anstrebten. Sie mussten deshalb zusätzlich, also neben den regelmäßigen internen Grabungsberichten und gelegentlichen Telegrammen, verständliche Artikel für die in ihrer größeren Mehrheit fachlich nicht informierten Journalisten verfassen oder sich mit ihren Beschreibungen unmittelbar über das ungewohnte Medium direkt an das Publikum wenden [31]. Das 'Directorium' erstrebte Kontinuität, hielt aber keinen festen Rhythmus ein, sondern machte die Veröffentlichungssequenz pragmatisch von der Qualität der erzielten Resultate in Olympia und von der Lageeinschätzung in Berlin abhängig. Es empfing aus Olympia die einzelnen 'Berichte' [32], Briefe und Telegramme der Ausgräber und verfasste daraus einen resümierenden Zeitungsartikel [33] oder gab die in Olympia für die Zeitung geschriebenen Texte direkt an den abends erscheinenden amtlichen 'Deutschen Reichs-

Ausgrabungs-'Bericht' Derartige 'Berichte' verfassten die Ausgräber in Olympia (Druva) und sandten sie regelmäßig an das 'Directorium für die Ausgrabungen zu Olympia' in Berlin. Dies ist ein Auszug aus der 'Nr. 1' vom 17. Oktober 1879, die zusammen mit 4 weiteren Nummern den V. Bericht bildet, der am 7. November 1879 abgeschlossen wurde. Er bildete eine der Grundlagen, auf die die vom 'Directorium' verantwortete 'XXXVIII.' Veröffentlichung in deutschen Zeitungen und Zeitschriften zurückzuführen ist. Die römische Zählung der Grabungs-'Berichte' stimmt also mit der ebenfalls laufenden römischen Zählung der Zeitungs-'Artikel' nicht überein.

Erstveröffentlichung Der 'Deutsche Reichs-Anzeiger und Königlich Preußische Staats-Anzeiger' war das Regierungsorgan für amtliche Bekanntmachungen, Richtigstellungen, Personalnachrichten und für Rechtstexte unterschiedlicher Art. Er veröffentlichte alle 47 Artikel zu den Grabungen in Olympia (fortlaufend römisch gezählt) vollständig im nichtamtlichen Teil seiner Abend-Ausgaben, der traditionell weitgehend für redaktionelle Meldungen, Nachrichten, Berichte und die Dokumentation von Reden genutzt wurde. Die Auflage dieser Tageszeitung dürfte um 1880 rund 5.500 Exemplare betragen haben (geschätzt).

Anzeiger und Königlich Preußischen Staats-Anzeiger'[34]. Dabei fügte es gelegentlich sachliche, personelle oder bibliographische Hinweise am Schluss an[35]. Spektakuläre Funde teilten die Archäologen ihrer Zentrale in Berlin selbstverständlich sogleich per Telegraph mit, und diese gab sie häufig umgehend als Einzelmeldung oder sogar im originären Telegrammtext der Zeitung weiter[36]. Trafen noch in letzter Stunde Überraschungen von Wichtigkeit ein, so fügte das 'Directorium' diese Funde ausdrücklich als 'Nachschrift' hinzu[37]. An Hand der in Olympia datierten Artikel und dem Veröffentlichungsdatum im 'Deutschen Reichs-Anzeiger und Königlich Preußischen Staats-Anzeiger' kann auf eine Übermittlungsdauer von mindestens vierzehn bis höchstens fünfundzwanzig Tage geschlossen werden.

In der Praxis traten häufiger Schwierigkeiten und Irrtümer auf, denn die Post- und Telegraphenwege waren nicht nur langsam, sondern außerordentlich störanfällig. Telegramme aus der Station Pyrgos trafen in Berlin oftmals nur verstümmelt ein. Nicht immer rekonstruierte und interpolierte das kritisch prüfende 'Directorium' richtig. Aus der ursprünglich korrekten Beschreibung »Kentaur Weib raubend, nicht vollständig, Ost Pferdeköpfe« entstand für die Zeitung die Verschlimmbesserung »Kentaur Weib raubend, mit vollständigstem Pferdekörper«. Dieser Fehler verleitete das 'Directorium' in seinem Artikel für den 'Reichs-Anzeiger' zu einem begeisterten Resümee. Hierdurch sei, hieß es dort, »ein besonders werthvoller Doppelfund verbürgt«, und wieder einmal eine »stets festgehaltene Hoffnung [...] durch so glänzende Funde ihrer Erfüllung« entgegengeführt worden[38].

Die Entscheidung, dem 'Deutschen Reichs-Anzeiger und Königlich Preußischen Staats-Anzeiger' in der Regel die Erstveröffentlichung zuzugestehen, dürfte hauptsächlich in dessen offizieller Stellung begründet liegen und somit aus seinem amtlichen Charakter heraus zu erklären sein. An der Spitze der in rund 5.000 Exemplaren vertriebenen Tageszeitung stand ein vom Staatsministerium bestellter Kurator, der Redakteur war beamtet, und im amtlichen Teil erschienen alle Bekanntmachungen und Rechtstexte in der Verantwortlichkeit des jeweiligen Regierungsressorts. Außerdem lag der Gedanke an diese Verbindung sachlich-institutionell nahe, nachdem das 'Archäologische Institut' ebenfalls zu einem 'Reichsinstitut' aufgestiegen war, die Ausgrabungen aus dem Reichshaushalt finanziert wurden[39] und das 'Directorium' sich mehrheitlich stärker staatstragend-konservativen Vorstellungen verbunden gesehen haben dürfte.

Im 'Reichs-Anzeiger' erschienen deshalb vom 5. Januar 1876 bis zum 22. Februar 1881 fortlaufend, aber nicht regelmäßig 47 in römischen Ziffern durchgezählte Artikel[40]. Im nichtamtlichen Teil der Abendausgaben fanden sie die Leser unter dem ständigen Titel »Die Ausgrabungen zu Olympia«[41] an prominenter und auffälliger Stelle.[42] Der Umfang reichte von 46 Zeilen im Mai 1877 bis zu dem Extremfall einer Zusammenfassung der Ausgrabungsergebnisse im März 1878 durch Adler auf 326 Zeilen[43]. Jede dieser Erstveröffentlichungen bildete die direkte Vorlage für weitere, zumeist gekürzte Wieder- oder Teildrucke oder die freie Grundlage für andere Artikel und Meldungen, denn das 'Directorium' hatte dem 'Reichs-Anzeiger' den zeitlichen Vorrang, aber kein Exklusivrecht zugebilligt. Aus Korrespondenzen und Berichten geht hervor, wie großzügig Curtius in der Pressearbeit verfuhr. Wandte sich eine Zeitungsredaktion oder ein Redakteur mit Fragen oder Bitten um Texte direkt an ihn, so kam er diesem Informationsbedürfnis unverzüglich und großzügig nach, denn er wollte die »Redseligkeit der Journalisten [...] nicht einzuschränken.«[44]

Ausführlich und über den ganzen Zeitraum hinweg, wenn auch nicht immer in dem gleichen Umfang wie der 'Reichs-Anzeiger', berichteten die 'Germania', das in Berlin erscheinende Zentralblatt des parteipolitischen Katholizismus im Deutschen Reich[45], die entschieden konservative 'Neue Preußische Zeitung' – weithin bekannter unter dem Namen 'Kreuz-Zeitung', die gemäßigt konservative 'Kölnische Zeitung' und die konservative 'National-Zeitung' in Berlin[46].

Doch ihre Artikel erschienen nicht zeitgleich, sondern bis zu fünf, sechs Tage nach der Erstveröffentlichung im 'Reichs-Anzeiger'[47]. Dabei konnte sich das Informationsvolumen von Blatt zu Blatt vermehren. Je später eine Tageszeitung den Artikel über Olympia veröffentlichte, um so zahlreicher und vielfältiger wurden die Erweiterungen, die sich auf Meldungen aus den vorangegangenen Blättern stützten. Die 'Kreuz-Zeitung' entnahm z. B. der 'Kölnischen Zeitung' die außerhalb Kölns unbekannt gebliebenen Rechercheergebnisse des Lokalblatts: Der Kaiser habe sich am zweiten Weihnachtstag über die Ausgrabungsfunde persönlich Bericht erstatten lassen, die telegraphische Technik solle verbessert werden, die Zusammenarbeit auf offizieller Ebene zwischen Griechen und Deutschen sei sehr gut, die Ausgräber seien mit dem Zustand des Geländes und den Arbeitskräften höchst zufrieden[48].

Es informierten über die Ausgrabungen in unterschiedlicher Form, aber überdurchschnittlichem Umfang die offiziöse 'Norddeutsche Allgemeine Zeitung'[49], die rechtsliberale 'Königlich Privilegirte Berlinische Zeitung' ('Vossische Zeitung') und die liberale Augsburger 'Allgemeine Zeitung'. Die 'Vossische' begann am 6. Januar 1876, als Berliner Blatt nur einen Tag nach dem 'Reichs-Anzeiger', mit demselben kompletten ersten Artikel, den das 'Directorium' dem Blatt für die Erstausgabe zur Verfügung gestellt hatte[50], und setzte ihre Berichterstattung in den folgenden Jahren regelmäßig fort. Sie gehörte zu den Tageszeitungen, in denen die Fachtermini und historischen Zusammenhänge den Lesern konsequent erläutert wurden.

In den überregional weit verbreiteten rechts- und linksliberalen Blättern, wie dem 'Berliner Tageblatt', der 'Frankfurter Zeitung', der 'Illustrirten Zeitung' aus Leipzig[51] oder der 'Königsberger Hartung'schen Zeitung', fanden sich zu Beginn der Grabungen auf den Titelseiten gut platzierte und besonders ausführliche Beiträge. Die Artikel des 'Reichs-Anzeigers' druckten diese Redaktionen selten vollständig, jedoch bis zu zwei Dritteln nach. Im Verlauf der Jahre verloren sie den Wert des Aktuellen, erschienen mit zwei- bis dreiwöchiger Verzögerung und schrumpften inhaltlich im allgemeinen; sie standen zumeist neben kürzeren Meldungen aus »Kunst, Wissenschaft und Literatur«, in dieser Rubrik herrschten Bewertungen, Floskeln und

Allgemeinplätze vor, von denen der 'Reichs-Anzeiger' weitgehend frei war: Die Funde nährten die schönsten Erwartungen; die Bildwerke des Zeustempels seien »von dem größten Interesse für die Kunstgeschichte, da sie aus der Zeit der höchsten Blüthe der griechischen Skulptur stammen. Sehr groß und wichtig [scheine] die Bereicherung an völlig erhaltenen merkwürdigen Inschriften zu sein, welche das höchste Interesse der Philologen« erweckten; oder die Figuren der Giebelfenster zeigten nicht die gleiche Schönheit wie am Parthenon, weil es in der Zeit des Peloponnesischen Krieges an ausreichenden finanziellen Mitteln gemangelt habe.[52]

Andere Tageszeitungen und Zeitschriften, wie die 'Karlsruher Zeitung', die 'Schlesische Zeitung' in Breslau, die 'Elberfelder Zeitung'[53] oder die 'Weser-Zeitung' in Bremen, populäre Zeitschriften, Monatshefte oder Revuen publizierten wiederholt kürzere Artikel über Olympia. Ihre Verbreitung soll beeindruckend gewesen sein. Besonders die Beiträge in Zeitschriften sollen bis zu 70% des damaligen Publikums erreicht und insgesamt auf Grund der spezifischen Lese- und Rezeptionshaltung über eine größere publizistische Tiefenwirkung verfügt haben als Tageszeitungen[54]. Genaue Angaben über die Auflagenhöhe eines Publikationsorgans liegen selten vor. Zumeist wird nicht einmal zwischen Druck- und Verkaufszahlen unterschieden. Große Tageszeitungen erschienen damals in Auflagenhöhen zwischen 25.000 und 70.000, die 'Illustrirte Zeitung' hatte rund 10.000, Zeitungen und Rundschauen lagen zwischen 1.500 und 8.000, und allein Familienzeitschriften erreichten bis zu 80.000. 'Die Gartenlaube' bildete mit ihren 382.000 Exemplaren (1875) eine Ausnahme, denn erst die spätere Generalanzeiger- und Massenpresse sollte im Wilhelminismus zwischen 150.000 und 400.000 Exemplare verkaufen[55]. Den meisten Lokal- und kleineren Regionalblättern blieb lediglich Raum für eine knappe Ankündigung, eine begleitende Notiz oder einen Bericht eher summarischen Zuschnitts. Die international bedeutsame archäologische Leistung büßte dadurch sachlich und sprachlich ihren wissenschaftlichen Charakter zu Gunsten eines in gestelzten Worten beschriebenen Provinzwettbewerbs ein, in dem ein nationalistischer Unterton nicht fehlte: »Von Mitte December an wurde ohne Aufhören gefunden«, heißt es zum Abschluss der ersten Grabungsperiode auf der Titelseite der 'Weser-Zeitung', »und es galt nicht mehr zu suchen, sondern nur zu heben und zu bergen. Der große Erfolg, welchen die mit den Ausgrabungen betrauten Beamten [Curtius und Adler] erzielt haben, ist zum nicht geringen Theil den vortrefflichen Dispositionen zu danken, welche die beiden oben erwähnten Gelehrten auf Grund der auf ihren Forschungsreisen gesammelten Erfahrungen getroffen hatten. Die Franzosen, welche bekanntlich vor Jahrzehnten bereits Ausgrabungen in Olympia versuchten, mussten von der Fortsetzung der Arbeiten absehen, da sie durchaus keine werthvollen Alterthümer zu finden vermochten.«[56] Doch gerade die 'Weser-Zeitung' gehörte andererseits zu den Zeitungen, die von diesem Stil und diesem Verfahren abwichen. Sie versprach vielmehr ihren Lesern nicht nur eine fortlaufende Unterrichtung über jenes »Vermächtnis Winckelmann's«[57] auf der Titelseite, sondern auch Reise- und Ausgrabungsberichte für »das wißbegierige Publikum« über jene »verheißungsvolle Stelle zwischen Alpheios und Kladeos«, auf die sich »die Sehnsucht der Gelehrten« seit Jahrzehnten gerichtet habe[58].

Im Kreis der Journalisten[59] stößt man ebenfalls auf Ausgräber und Architekten. Curtius publizierte in den Zeitschriften 'Im neuen Reich' und 'Unsere Zeit'. Ihr Programm entsprach seinen nationalliberalen bis konservativen Vorstellungen weitgehend[60]. Herausgegeben wurde das 'Neue Reich' im renommierten Verlag Hirzel—später Brockhaus—, trug den Untertitel 'Wochenschrift für das Leben des deutschen Volkes in Staat, Wissenschaft und Kunst' und war von dem Schriftsteller und Journalisten Gustav Freytag (1816–1895) und dem Historiker Alfred Dove (1844–1916) 1871 gegründet worden. Curtius antwortete 'Im neuen Reich' 1876 auf Adolf Michaelis' (1835–1910) Kritik am Ausgrabungs- und Publikationskonzept; in dem Blatt 'Unsere Zeit' erschien 1880 sein Rückblick auf die fünfte Grabungskampagne als universitäre Festrede zum Geburtstag des Monarchen. Der Dank an Wilhelm I. stand im Mittelpunkt der damaligen Feierstunde, die Freude über die Fortführung der Grabungen und das Lob auf den »königlichen Sinn«, auf die »deutsche Ausdauer«, die dazu geführt habe, »daß die Masse des Gefundenen unsere kühnsten Hoffnungen übersteigt«[61].

Furtwängler schrieb in der 'Literarischen Beilage' der liberalen 'Karlsruher Zeitung' unter dem Titel »Aus der Umgebung Olympias« einen lebendigen, anschaulichen und von vielen persönlichen Eindrücken bestimmten Essay in mehreren Folgen [62]. Boetticher publizierte in dem von ihm und dem Architekten Peter Walle (1845–1904) herausgegebenen 'Wochenblatt für Architekten und Ingenieure' über die Ausgrabungen in Griechenland. Hirschfeld berichtete in Julius Rodenbergs (1831–1914) 'Deutscher Rundschau', einer der am besten gelungenen Journalgründungen [63], im Oktober 1877 auf 39 Druckseiten über die ersten beiden Ausgrabungskampagnen [64]. Er richtete sich wie die Zeitungsredakteure an den uninformierten Leser, erläuterte die Vorgeschichte, die rechtlichen und sachlichen Grundlagen und entwickelte Schritt für Schritt ein farbiges Porträt des Ortes und seiner Funde, der Ausgräber und ihrer Methoden. Den Westgiebel des Zeustempels stellte er in einer großzügigen Zeichnung dar. Der Vortragende Rat für Kunstangelegenheiten im preußischen Kunstministerium Richard Schöne (1840–1922) war habilitierter Archäologe und von 1880 an Direktor der Königlichen Museen in Berlin. Er verfasste in der Beilage der Augsburger 'Allgemeinen Zeitung' ausführliche, sich über vier, fünf Spalten hinziehende zusammenfassende Beiträge zu Olympia. Sie orientierten sich zwar an den einzelnen Kampagnen, stützten sich aber bewusst nicht auf die Einzelberichte in der 'Archäologischen Zeitschrift', sondern auf die von Curtius, Adler und Hirschfeld publizierten, in prachtvoll illustrierten Folio-Bänden vorgelegten Jahresberichte der Ausgrabungsarbeiten. Grabungsmethoden, Funde und ihre öffentliche Präsentation lobte Schöne wegen ihrer Sorgfalt, Übersichtlichkeit und Informationsfülle als »schöne Kulturarbeit« [65]. Die von der Redaktion der 'Augsburger' zu verantwortenden Beiträge finden sich ebenfalls in der 'Beilage'. Die Verantwortlichen setzten mit einem Curtius' Verhandlungsgeschick beim Abschluss der Olympia-Konvention lobenden Artikel ein – »ein glänzender Triumph der deutschen Wissenschaft und insbesondere der deutschen Alterthumskunde« [66] –, publizierten auf der anschließenden Zeitungsseite den I. Bericht des 'Directoriums' vollständig und behielten ihre positive Anteilnahme und Bewertung der Ausgrabungen bei, indem sie wiederholt neue Funde wie den Hermes mit dem Dionysos-Knaben als »eine für alle Kreise hocherfreuliche Kunde« einführten [67].

Die 'Vossische' und 'Schlesische Zeitung' gehörten zu den Tageszeitungen, die einem Schriftsteller eine Reise nach Olympia finanzierten und anschließend die Artikel in ihren Feuilletons abdruckten. Darüber hinaus erschienen zahlreiche weitere Einzelveröffentlichungen und Broschüren unterschiedlicher fachwissenschaftlicher und literarischer Qualität, deren Autoren nicht nur Olympia, sondern sogar die laufenden Ausgrabungen schilderten. Dazu gehörten die »Reisebriefe« des Feuilletonisten und Zeichners Ludwig Pietsch (1824–1911) aus dem Jahr 1879 unter dem uns heute leicht irreführenden barocken und religiös-poetisch garnierten Titel »Wallfahrt nach Olympia im ersten Frühling der Ausgrabungen (April und Mai 1876) nebst einem Bericht über die Resultate der beiden folgenden Ausgrabungs-Campagnen« [68]. Sie stellten eine Zweitverwertung der genannten Feuilleton-Artikel dar. Pietsch verfügte über lange Zeitungserfahrung in der 'Spenerschen', in der 'Berliner Allgemeinen' und in der 'Vossischen Zeitung' [69]. Mindestens ebenso bekannt wie Pietschs Artikel wurden die zum Preis von 50 Pfennigen vom Leipziger Verlag Edwin Schloemp vertriebenen Beiträge zu Thema 'Olympia' von Fritz Wernick (1823–1891). Der Autor, Sohn eines Elbinger Hutmachers, schrieb seit 1876 über »Olympia und seine Alterthümer«, publizierte über »Eine Osterfahrt in den Peloponnes« und wandte sich so erfolgreich im Verlauf seiner Schilderungen den »Ausgrabungen« auf einundvierzig Druckseiten zu, dass er nach der nächsten Kampagne unter dem gleichen verkaufsfördernden Titel einen »Nachtrag« veröffentlichte. Er trug den sachbuchmäßigen Untertitel »Die Ergebnisse des letzten Arbeitswinters nach offiziellen Berichten zusammengestellt«. Wernick änderte darin seine literarische Konzeption nicht unwesentlich, indem er auf die allerneuesten Grabungsergebnisse verwies. Zeitungen wie die 'Kölnische' lobten ihn als »Meister in der Darlegung der deutschen Arbeiten in Olympia« [70]; ähnlich positive Urteile finden sich in der 'Schlesischen Zeitung' [71], der Wiener 'Neuen freien Presse' [72], und in 'Westermann's Illustrierten Monatsheften'. Die 'Königsberger (Hartung'sche) Zeitung' begeisterte sich an Wernicks Freude über Olympia und Verehrung »für das schöne Griechenthum« und schwärmte zusätzlich von dessen wahrlich erstaunlicher Fähigkeit, »nicht nur mit den Augen, sondern auch mit dem Herzen« zu schauen[73]. 'Die Gartenlaube' – mit einer Auflage von knapp 400.000 Exemplaren die größte Familienzeitung des Deutschen Reiches – gewann Wernick für das staatstragende Thema »Olympische Funde. Ein Blick auf die bisherigen Ergebnisse eines deutschen National-Unternehmens«[74]. Für Gustav Freytags Zeitschrift 'Im neuen Reich' fuhr ihr Herausgeber der Jahre von 1879–1881, Wilhelm Lang (1832–1915), vormals Mitarbeiter der Augsburger 'Allgemeinen Zeitung', 'Preußischen Jahrbücher' und 'Deutschen Rundschau' sowie 1866 Mitbegründer der 'Deutschen Partei', nach Olympia. Er pries einen »Anblick ohne Gleichen«, kritisierte in seiner Begeisterung die allzu lakonisch geratenen Berichte im 'Reichs-Anzeiger', berauschte sich an dem »malerische[n] Durcheinander einzelner Partieen« und kam zu einem ähnlichen Schluss wie offensichtlich die meisten der national denkenden Zeitgenossen: Der Ort und die Tat legten Zeugnis dafür ab, »daß durch die Aufrichtung des Reiches unserem Volke erst die Möglichkeit eröffnet wurde, auch Friedenswerke und Unternehmungen der Wissenschaft, anderen Völkern gleich, im großen Stile anzufassen«[75].

Auf hohem Niveau lagen Beiträge in Zeitschriften und Jahrbüchern wie der Leipziger 'Illustrirten Zeitung', den 'Illustrirten Deutschen Monatsheften', herausgegeben von Friedrich Spielhagen, den 'Grenzboten' oder 'Im neuen Reich' und 'Unsere Zeit'. Sie reichen an die Texte der Ausgräber heran, in den 'Monatsheften' veröffentlichte Johannes Overbeck (1826–1895) 1879 einen ausführlichen Bericht über den Nike-Fund, 1880 der Architekt Friedrich Ritter von Thiersch (1852–1921) einen 24-seitigen zweispaltigen Aufsatz »Die Ausgrabungen von Olympia«. Er hatte kurz zuvor Italien und Griechenland bereist, lehrte seit 1879 an der Kunstakademie und Technischen Hochschule in München und näherte sich den Grabungen kritisch, bedachte praktische Einzelheiten – er schlägt u. a. Rollbahnen statt Schub- oder Pferdekarren zum Abtransport der Erdmassen vor –, erwies sich als kenntnisreich in Topographie und beurteilte mit Sachverstand die Rekonstruktionsbemühungen. Er publizierte den Grundriss des Zeustempels und zeichnete selbst eine Rekonstruktion des gesamten Areals vom Gymnasion bis zum Stadion, von der Exedra bis zum Theater. Abschließend gab Thiersch zu bedenken, allzu häufige Berichte seien dem »allgemeinen Interesse für solche Unternehmungen nicht förderlich«[77]. Diese negative Einschätzung der Publikationsfreudigkeit der Ausgräber findet sich bei keinem weiteren zeitgenössischen Autor.

Diese und zahlreiche weitere Schriften ähnlichen Charakters trugen neben den Zeitungen, Zeitschriften und der nicht zu überschauenden Zahl der Rezensionen zur Popularisierung der Forschungen in Olympia bei. Den Texten ist unschwer zu entnehmen, in welchem hohen Maß sie von den faktenreichen Sachartikeln des 'Deutschen Reichs-Anzeigers und Königlich Preußischen Staats-Anzeigers' zehren. Selbstverständlich hatte das 'Directorium' auf diese Medien und ihre Publizistik keinen direkten Einfluss. Da die Autoren sich in der Sache relativ eng an den Text des 'Reichs-Anzeigers' hielten und der hoch gestimmte Ton der nationalen oder literarisch-feuilletonistischen Begeisterung allgemein goutiert wurde, wussten die Fachleute nichts Erhebliches einzuwenden, als gelegentlich die verbreitete Neigung zu phantasievollen Ausschmückungen über die Fundsituationen und die Grabungsverhältnisse zu monieren.

Es überrascht nicht, dass die offiziöse 'Norddeutsche Allgemeine Zeitung' die Artikel des 'Deutschen Reichs-Anzeigers und Königlich Preußischen Staats-Anzeigers' ebenfalls vollständig nachdruckte[78] und zusätzlich noch weitere ausführliche Berichte aufnahm, denen Beiträge anderer Tageszeitungen zu Grunde lagen[79]. Dagegen ließ sich im Feuilleton der 'Deutschen Roman-Zeitung', einem Unikum unter den damaligen Publikationsorganen, eine unverhoffte Entdeckung machen. Denn dort liegt von 1874 bis 1880 eine dichte Folge von Artikeln über die Planungen, den Ablauf der Grabungen in Olympia und über ihre Bedeutung vor. Ihr Umfang schwankt zwischen 5 und 65 Zeilen. Dieses heute wenig bekannte Publikationsorgan entspricht eher dem Medium 'Zeitschrift', erschien in wöchentlichen Lieferungen, von denen dreizehn einen Band ergaben. Begründet als 'Deutsche Wochenschrift' (1862)[80] und inhaltlich geprägt von einem der erfolgreichsten Romanschriftsteller und Publizisten, Friedrich Spielhagen (1829–1911), veröffentlichte die 'Deutsche Roman-Zeitung' Hunderte von Erst- und Neudrucken zeitgenössischer Erzählungen, Novellen und in zwei, drei Fortsetzungen sogar über zweihundert Romane. Ein relativ schmaler Feuilleton-Anhang vermischte Nachrichten und pflegte neben sonstigen Personalia auch eine »Todtenschau«[81]. Zur Rubrik »Literatur, Kunst und Theater« zählten die Meldungen über Olympia, Pompeji, Pergamon und andere Orte. Die Berichterstattung setzte übrigens schon 1874 mit den griechischen Vorschlägen zum Staatsvertrag ein[82].

Ungleich näher lag dagegen ein anderer Publikationsort, die 1843 gegründete 'Archäologische Zeitung', die Curtius 1875 zusammen mit Schöne herausgab[83]. Das 'Directorium' bedachte sie mit Artikeln, weil sie in Berlin das bevorzugte Organ des 'Reichsinstituts' war, ihr Verleger, Georg Reimer (1804–1885), sich in den vorangegangenen 33 Jahren hohe moralische Verdienste bei geringem finanziellen Gewinn erworben habe, wie Curtius lobend und sich gegenüber Michaelis, dem kritisierenden Kollegen in der 'Centraldirection'[84], rechtfertigend hervorhob. Außerdem verfüge die Zeitschrift über alle Vorteile großstädtischer Kunstanstalten und sei ungleich weiter verbreitet als die kürzlich erst begründeten zweisprachigen 'Mittheilungen des Kaiserlich Deutschen Archäologischen Instituts' mit ihrer 'Athenischen Abtheilung'. Curtius hatte sich sogleich dafür eingesetzt, alle Inschriften und in Olympia gefertigten Abbildungen in der 'Archäologischen Zeitung' exklusiv zu publizieren[85]. Dagegen entsprach der Inhalt ihrer Artikel über die Ausgrabungsergebnisse zwar weitgehend, aber nicht in allen Einzelheiten denen des 'Reichs-Anzeigers'[86]. Ausschließlich im 'Reichs-Anzeiger' finden sich wertende, rechtfertigende oder erläuternde Schlussbemerkungen wie im ersten Artikel: »Bei der alle Erwartungen übersteigenden Ergiebigkeit der Funde ist die Zeit und Arbeitskraft der beiden in Olympia angestellten Beamten natürlich so in Anspruch genommen, daß sie außer Stande waren, jeden einzelnen Fund genau zu beschreiben und zu würdigen. Photographien und Abgüsse werden möglichst bald an die Direktion eingesendet werden.«

Knapp die Hälfte aller Artikel im 'Deutschen Reichs-Anzeiger und Königlich Preußischen Staats-Anzeiger' erschien zwar anonym, doch ließen sich etliche Verfasserangaben erschließen[87]; bei fünfzehn muss jedoch die Vermutung gelten, dass sie in der Zentrale geschrieben wurden. Aus gelegentlichen Bemerkungen und der Perspektive der Darstellung lassen sich Indizien dafür gewinnen, in welchem Umfang und wie intensiv das 'Directorium' auf die Gestaltung dieser Texte Einfluss genommen haben könnte. Bis zum XVIII. Artikel vom 23. Mai 1877 liegen nur vier namentlich gezeichnete Zeitungsartikel vor; unter den folgenden 29 Artikeln taucht dagegen nur noch einmal ein anonymer Text auf. Seit der dritten Kampagne (1.X.1877–1.VI.1878) lassen sich die Zeitungsveröffentlichungen namentlich zuordnen. Mit dem XIX. Artikel vom 24. November 1877 wurde ein Novum eingeführt: Der Text verwies mit Anführungszeichen auf den Umstand, dass der von dem Archäologen, Direktorialassistenten und späteren Professor an der TH Dresden, Georg Treu (1843–1921), in Olympia geschriebene 'Bericht' vollständig und unredigiert vom 'Directorium'

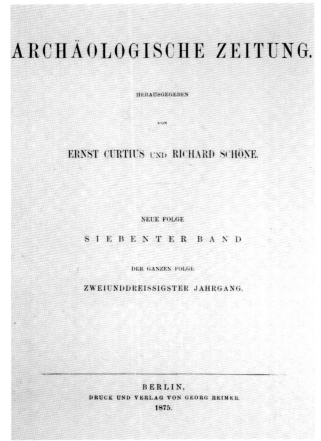

Fachzeitschrift Die 'Archäologische Zeitung' erschien im Verlag von Georg Reimer, Berlin, wurde von Ernst Curtius und Richard Schöne als 'Organ des deutschen Reichsinstituts' (DAI) herausgegeben und veröffentlichte zwar die Berichte des 'Reichs-Anzeigers' nicht lückenlos, war aber für die Fachwelt allein schon wegen der schnell, zuverlässig und nahezu vollständig publizierten Inschriften und der ersten wissenschaftlichen Arbeiten über die Funde von großem Wert.

übernommen worden war[88]. Die Zentrale behielt sich zwar weiterhin die Schlussredaktion vor, verlagerte aber nunmehr die Texterstellung auf die Archäologen und Architekten vor Ort, ohne jedoch bei der Veröffentlichung mit der graphischen Auszeichnung konsequent und genau zu verfahren und die Texte durchgängig in Anführungszeichen zu setzen.

Ernst Curtius verfasste zwei Artikel – einen dieser beiden zusammen mit dem Architekten Friedrich Adler, der für zwei spätere allein verantwortlich zeichnete. Dem Bauforscher Wilhelm Dörpfeld (1853–1940) sind sechs zuzuschreiben. Ihn hatte Adler erst 1877 und ein Jahr später in leitender Funktion in die Gruppe der Ausgräber geholt[89]. Gustav Hirschfeld (1847–1895), später Professor für Archäologie in Königsberg, verantwortete zusammen mit dem Baumeister Bötticher einen Artikel, der Archäologe und junge Direktorialassistent, spätere Professor und Direktor der Antikensammlungen in München, Adolf Furtwängler (1853–1907), zwei; der Stipendiat des DAI, Rudolf Weil (1848–1914), schrieb einen Artikel in Vertretung des erkrankten Hirschfeld, drei Briefe von ihm liegen einem weiteren des 'Directoriums' zu Grunde; Georg Treu sandte die meisten, nämlich insgesamt achtzehn Artikel an die Zentrale.

Die inhaltlichen Beziehungen zwischen den Grabungsfunden in Olympia, dem Ausgrabungstagebuch, den Grabungs-'Berichten' an das 'Directorium für die Ausgrabungen zu Olympia' und den Artikeln für den 'Deutschen Reichs-Anzeiger und Königlich Preußischen Staats-Anzeiger', lassen sich an einem Ereignis aus der Kampagne 1879/80 gut demonstrieren. Im Mittelpunkt stand damals der Fund des Kopfes der Nike von Paionios. Am 3. November 1879 mittags wurde der Kopf gefunden, bis zum 4. genauer untersucht, am 5. von Treu ein erstes Telegramm nach Berlin gesandt, am 6. von ihm der Artikel für den 'Reichs-Anzeiger' geschrieben, am 7. die Nr. 5 des V. Ausgrabungsberichts an das Direktorium – begonnen mit der Nr. 1 am 17. Oktober – ebenfalls von Treu verfasst. Am 7. November publizierten Berliner Zeitungen das Telegramm oder eine eigene Meldung auf der Basis des Telegrammtextes, wie es in der 'Vossischen Zeitung' geschah. Der 'Reichs-Anzeiger' veröffentlichte den von Treu verfassten Artikel zwanzig Tage später, am 26. November; in der 'Archäologischen Zeitung' erschien er im Jahrgang 34. Der 140 Zeilen lange Artikel

Tageszeitung Zeitungen wie die 'Germania', Berlin (Auflagenhöhe um 1880: etwa 25.000) – noch vor der 'Kölnischen Volks-Zeitung' (Auflagenhöhe: 7.500) das wichtigste Organ des politischen Katholizismus – druckten in dichter Folge wenigstens umfangreiche Auszüge aus fast allen Artikeln des 'Reichs-Anzeigers' nach und ergänzten sie gelegentlich um eigene Texte.

des 'Reichs-Anzeigers' füllt etwas mehr als eine Zeitungsspalte und zeigt damit die übliche Länge. Er setzt mit den erklärenden Worten ein: »Bereits ist der Telegraph diesen Zeilen mit der Kunde vorausgeeilt, dass der langgesuchte Kopf von der Nike des Paionios gefunden ist, leider ohne deren Gesicht. Im Folgenden sollen die Umstände dargelegt werden, welche den immerhin überaus erfreulichen Fund herbeiführten.« Der von Treu verfasste Zeitungsartikel beschreibt die Fundsituation so genau, dass der Ausgrabungsbericht Mitteilungen darüber bewusst ausspart und nachdrücklich auf ihn verweist:

»Hier nun war es, wo am Mittag des 3. November die Hacke des Arbeiters kaum handbreit unter der Oberfläche ein großes Marmorstück fand, das sich bald als ein Kopf zu erkennen gab. Nachdem derselbe vorsichtig aus den ihn umgebenden Steinen einer späten

Mauer herausgelöst und gewaschen war, zeigte sich leider sofort, daß das ganze Gesicht fehlte. Im ersten Augenblick vergaßen wir diesen Verlust fast über der Freude, nun wirklich den langgesuchten Kopf dieser Nike in den Händen zu halten, mit deren Auffindung die Ausgrabungen in Olympia vor nun 4 Jahren ihren verheißungsvollen Anfang nahmen. Daß dies in der That das Haupt der Nike des Paionios sei, daran ließen den Unterzeichneten Größe und Marmorart, Haaranordnung und Styl, gewisse technische Eigentümlichkeiten in der Behandlung der Oberfläche und schließlich auch der Fundort kaum zweifeln; hatten uns doch auf dem fast 100 m weiten Wege von der Nikebasis bis hierher Fragmente von Gliedmaßen, Gewandfalten und Flügeln, die der Nike angehörten, als Wegweiser gedient. Ein Versuch, das Haupt auf den Rumpf aufzupassen, ergab bei starker Zersplitterung des Halses zwar keine absolut sicher passenden Brüche, die man als rein äußerlichen Beweis der Zusammengehörigkeit verwenden könnte, wohl aber eine genaue Übereinstimmung in Umriß und Umfang des Halses. [...] Und wenn uns das Wichtigste, worauf wir am meisten gespannt sein dürften, die Züge des Gesichts, noch immer vorenthalten bleiben, so brauchen wir darum noch keineswegs zu verzagen. Die jahrelangen Erfahrungen der olympischen Ausgrabungen lehren uns im Gegenteil, daß wir mit größter Wahrscheinlichkeit darauf rechnen können, auch dieses noch zu erlangen; haben sich hier doch schon Dutzende von Köpfen aus kleinen Splittern zusammengefunden. Der olympische Boden hat seine Marmorwerke bisher in einer in der Geschichte der Antikenfunde kaum dagewesenen Vollständigkeit wiedergegeben. Wir werden daher auch vertrauen dürfen, daß ausdauernde Beharrlichkeit uns nicht nur das Gesicht der Nike und die fehlenden Glieder des Hermes, sondern auch den größten Teil der Metopen und die noch vermißten Giebelköpfe wiederschenken werde.«

Darüber hinaus verbreiteten öffentliche Vorträge und Ausstellungen die Ausgrabungs- und Fundgeschichte von Olympia. Ein großes Interesse fanden sie während der laufenden Kampagnen und in den achtziger Jahren. Curtius redete in der Akademie der Wissenschaften, im 'Wissenschaftlichen Verein' und in der Singakademie, in der Universität, in Gesellschaften, Vereinen und bei öffentlichen Veranstaltungen verschiedenster Art über die Tempelgiebel, archaische Bronzen, Altäre, Schatzhäuser, Köpfe oder Statuen von Olympia. Adler, Boetticher, Hirschfeld oder Treu, Gräber, Michaelis, Overbeck[90] oder Thiersch sprachen ebenfalls wiederholt über einzelne Phasen der Geschichte Olympias, Inschriften, Statuen oder über spezielle architektonische Fragen, den Kult oder die Wasserversorgung – sei es in Berlin oder Leipzig, München oder Frankfurt. Sie publizierten etliche ihrer Ausführungen in Broschüren, in den Abhandlungen der Akademie, in Vereinszeitschriften und Veröffentlichungen einiger Gesellschaften[91], in Fachblättern oder populären Zeitschriften wie 'Nord und Süd'[92], 'Unsere Zeit'[93], den 'Preußischen Jahrbüchern'[94] oder in dem von Boetticher herausgegebenen 'Wochenblatt für Architekten und Ingenieure'[95]. Boetticher kündigte 1884 in der 'Humboldt-Akademie'[96] einen zehn Abende umfassenden Zyklus an, der die Geschichte und Bedeutung Olympias, die Grabungen und die Funde, die Bauwerke und Wasserleitungen, an Hand zahlreicher Photographien, Zeichnungen und Modelle illustrierte. Die prächtigsten Abbildungen fanden sich in Adlers vier ausführlichen Beiträgen in der Leipziger 'Illustrirten Zeitung'. Dem Autor dürfte es damit gelungen sein, die »warme und nachhaltige Theilnahme für Olympia bis in die untern Schichten«, von der er sprach, mit einem Plan und den Illustrationen der Landschaft, der Arbeitsmethoden und der Funde zu festigen oder sogar noch zu steigern. Sie umfaßten eine halbe oder ganze Seite der großformatigen Zeitung, waren detailliert erläutert und mit der im Text geschilderten Grabungsgeschichte gut verknüpft[97].

Die 'Deutsche Roman-Zeitung' formulierte ihre knappen Meldungen selbst, eigenwillig in der Auswahl, doch dabei immer auf die Besonderheiten und das eher Sensationelle bedacht. So berichtete sie über die Photographie der Statue des Hermes von Praxiteles und erklärte ihren Lesern souverän, »ein Blick darauf« genüge, »um jeden Gedanken an eine Nachbildung zu beseitigen«[98], begeisterte sich am großen Marmorstier mit der Weihinschrift[99], führte mitunter auch nur reine Aufzählungen, Statistiken, Tabellen an und erwähnte den günstigen Fortgang der Arbeiten[100]. Der Höhepunkt der Berichterstattung lag im Jahr 1877/78 und berücksichtigte mit den ausführlichen Artikeln die Ergebnisse der zweiten und dritten Ausgrabungskampagne, inhaltlich folgte der Redakteur dem 'Deutschen Reichs-Anzeiger und Königlich Preußischen Staats-Anzeiger', auf den er gelegentlich sogar verweist. Er kürzt mit Sachverstand, keine Besonderheit entgeht ihm, Kleinigkeiten fallen weg – es sei denn, er nutzt Hinweise auf das schlechte Wetter, auf prominente Besucher und hohe Arbeitsmoral, um den Ausführungen etwas stärkeres Kolorit zu verschaffen[101]. Besonders die kurzen, also die stark selbst gestalteten Artikel sind durchgehend in überschwänglicher Begeisterung über die herrlichen Kunstschätze und in großer Erwartung auf weitere prächtige Erwerbungen verfasst. Die längeren Berichte bestehen größtenteils aus wörtlichen Zitaten, die den offiziösen Artikeln entnommen und mit einführenden und verbindenden Sätzen oder auch nur Satzteilen geschickt eingeführt oder umschrieben sind. Andere Zusammenfassungen schließen mit deutlich positiven Wertungen und Beurteilungen, wie es Anfang 1877 geschah, als es hieß, die Ausgrabungen hätten »neue und höchst werthvolle Resultate ergeben« und es würden »die Aussichten auf eine gesicherte Reconstruction der gesamten Giebelcomposition immer günstiger«[102]. Curtius wird wiederholt bewundernd genannt und als »der eigentliche Urheber des fruchtbaren Unternehmens der deutschen Ausgrabungen« vorgestellt. Ihm dürften diese und ähnliche Feststellungen über »wieder sehr ergebnißreich« abgelaufene Grabungen, auch dienstlich willkommen gewesen sein[103]. Einheitliche Auswahlkriterien lassen sich den DRZ-Artikeln nicht entnehmen. Offensichtlich folgte der Feuilleton-Redakteur eigenen Interessen und Vorlieben. Zu dem Abschluss der dritten Grabungskampagne am 1. Juni 1878 ging er auf die erste Hälfte des XXVII. Artikels im 'Reichs-Anzeiger' nicht ein, der die Funde zum Umfeld des Zeus-Tempels, Metroon und Heraion, zur byzantinischen Kirche und Exedra des Herodes Atticus vorstellte, sondern konzentrierte sich auf die Aufdeckung der Altis, die Bronzen, bemalte Architekturteile aus gebranntem Ton und die Giebelkomposition des Zeus-Tempels, auf Inschriften und Münzen[104]. Literaturhinweise fielen in der DRZ grundsätzlich weg; ebenso Berichte über Vor- und Aufräumungsarbeiten, grabungstechnische oder verwaltungsorganisatorische Einzelheiten. Dagegen ließ sie ihre Leser mit ausführlichen Zitaten an den Deutungsversuchen und Interpretationen der Ausgräber detailliert teilhaben, für deren Verständnis sie offensichtlich in ihrem Publikum die nötigen Kenntnisse voraussetzen durfte. Die Texte von antiken Schriftstellern wie Pausanias gehörten dazu und das gesamte Hauptpersonal der griechische Mythologie. Über die Figur der Athene auf einer Metopentafel heißt es:

»Zu welcher Kunstdarstellung unter den Herakles-Thaten dieses werthvolle, auch durch gute Erhaltung ausgezeichnete Bruchstück gehörte, ist noch zweifelhaft. Möglicherweise gehörte es zur Reinigung der Ställe des Augeias, welche That Pausanias gleich nach der der Hesperidenäpfel nennt, auch vielleicht zu der von ihm nicht erwähnten That der Heraufbringung des Kerberos. Für die letzte Auffassung spricht der örtliche Befund, sowie die Thatsache, dass bei dem Abschlusse der ersten Campagne ganz in der Nähe eine große Anzahl kleinerer Metopenfragmente, darunter ein

'Deutsche Roman-Zeitung' Sie zählt zu den Publikationsorganen, die trotz ihres eindeutig literarischen Charakters kontinuierlich und kenntnisreich über die Grabungen in Olympia berichteten und damit die geisteswissenschaftlichen Nachbarfächer sowie eine literarisch-kulturelle Leserschaft erreichten.

Hundekopf, gefunden worden ist, der zu solcher Composition sehr gut passen würde«[105].

Förmliche Wendungen, pathetische Hervorhebungen[106] und untertänigst formulierte Passagen finden sich ausschließlich im 'Reichs-Anzeiger' und am häufigsten, wenn mit den Artikeln der griechischen Regierung, den örtlichen Verwaltungsbehörden und dem Kaiser Dank, Hochachtung und Verehrung ausgedrückt werden sollen[107]. Alle Publikationsorgane vermitteln eine optimistische Grundstimmung. Hoffnungen und Erwartungen ließen sich auf diese Weise steigern; die Einmaligkeit eines Fundes und die Ergiebigkeit der Grabungen konnten stärker betont werden[108]. Treu schlug bei diesem Thema dem 'Directorium' die Beachtung eines nützlichen inhaltlichen Aspekts und taktischen Zuges vor. Er tat es selbstverständlich vertraulich, also nur im internen Ausgrabungsbericht, und regte dort an, die Fülle der wertvollen Funde stärker hervorzuheben: »Sicher kann diese ansehnliche Erndte die Vorstellung die man von den Resultaten unserer Expedition haben darf nur steigern«[109]. Im Herbst 1879 formulierte er noch direkter[110]: man nutze den Fund des Nike-Hauptes, »das leider mehr Haube als Haupt ist [...., um] durch diesen glücklich-unglücklichen Fund das Interesse für die Ausgrabungen im Publikum neu anzufachen. Scheint es sich doch namentlich neuerdings wieder durch die großen Hallenfunde im SW. immer mehr herauszustellen, dass die in Olympia zu bewältigenden Aufgaben unmöglich in einer Campagne genügend zu lösen sind.«

Im unmittelbaren Anschluss an die erste Grabung zeigte Curtius 1876 in der Rotunde des 'Alten Museums' eine erste Sammlung der Funde. Die Schätze der folgenden Jahre hätten sich an jenem Ort jedoch nicht einmal dann ausstellen lassen, wenn man die angrenzenden Räumlichkeiten hätte hinzunehmen können. Curtius musste deshalb auf eine Wiederholung verzichten, obwohl es ihn schmerzte, gegen sein Prinzip zu verstoßen, möglichst schnell und umfassend öffentlich zu berichten, zu präsentieren und zu deuten. Als sich im übernächsten Jahr dann doch die Möglichkeit ergab, eine zweite, sogar noch deutlich größere 'Olympia-Ausstellung' auf der Dombaustätte ('Campo Santo') aufzubauen, nutzten Curtius und Adler sie exzessiv. Vom 26. Oktober 1878 an präsentierten sie den Berlinern und ihren Besuchern die wichtigsten Funde ihrer bislang drei jeweils achtmonatigen Ausgrabungskampagnen. Die Zeitungen und Zeitschriften druckten die Erfolgsstatistik so ausführlich, wie sonst nur die Teilnehmerlisten für internationale Regatten oder die Einläufe bei Rennwetten: 904 Marmorstücke gebe es zu sehen, hieß es, und 3.734 aus Bronze, des weiteren 904 Terrakotten, 429 Inschriften, 1.270 Münzen – ganz zu schweigen von den Marmorstatuen der römischen Zeit, dem architektonischen Material und den vielfältigen Aufschlüssen »über die Anlage des ganzen Raumes, der Altis«[111].

Die Sammlung zeigte zuerst auf einem »Situationsplan« den Stand der Ausgrabungen am 1. Juni 1878, die elische Landschaft Pisatis rund um Alpheios und Kladeos und die Abhänge des Olympos- und Kronoshügels im Maßstab 1:166,66. Im Mittelpunkt stand der Zeus-Tempel mit seinen Funden als Ausgangspunkt der Grabung und als Zentrum des gesamten Festraums.[112] Die Aufstellung sah man als ersten Versuch der Rekonstruktion, denn alles Bemühen zielte auf die Wiederherstellung der Giebelgruppen. Dazu wählten Curtius und Adler eine geschickte, den Betrachter ausdrücklich ansprechende, ihn in die Arbeit mit hineinziehende Form, wie der Journalist der 'Norddeutschen' begeistert berichtete: »Um dem Publikum die Möglichkeit eines eigenen Urtheils zu verschaffen, ist eine doppelte Aufstellung der Giebelwerke vorgenommen; denn die untere Reihe gestattet Jedem, die Figuren sowohl wie ihre Basen von allen Seiten in der Nähe zu betrachten. Die obere Aufstellung erreicht freilich noch lange nicht die wirkliche Höhe des Tempelgiebels, in welchem die Statuen beinahe viermal so hoch über dem Erdboden gestanden haben, – aber sie giebt doch eine annähernde Anschauung von der architektonischen Verwendung und davon, für welchen Standpunkt die Skulpturen berechnet sind.« In ihrem gedruckt vorgelegten Ausstellungsführer verweisen Curtius und Adler stolz auf die Besonderheit der Präsentation, die fachliche Kooperation mit dem Louvre, fern aller nationalistischer Anwandlungen. Sie ermöglichte es ihnen, die Funde aus der französischen Ausgrabung von 1829 in die deutsche zu integrieren. Erfüllt von nationalem Pathos und in militaristisch gefärbter Rhetorik schrieb ein Anonymus im Feuilleton derselben Zeitung am Tag nach der Ausstellungseröffnung zur Ehre des Kronprinzen und des »Denker[s] dieses geistigen Feldzuges« – er meinte damit Curtius: es sei »eine Ruhmeshalle deutschen Strebens und deutscher Wissenschaft« entstanden[113].

1880 glänzte die Berliner Kunstausstellung mit dem Entwurf eines Olympia-Museums von Adler, das in Griechenland errichtet werden sollte[114]. Die allgemeine Magazin- und Ausstellungssituation in Berlin hatte sich nur vorübergehend etwas entspannt. Im Sommer 1883 sah sich das Kultusministerium genötigt, zu einem Ideen-Wettbewerb aufzurufen, der einen von zwei zu planenden glasgedeckten Höfen und zusätzlich noch einen großen Oberlichtsaal ausschließlich für die Olympia-Abgüsse forderte. 1884 und 1887 änderte man die Ausschreibung; 1891 unternahm das Ministerium zwar einen neuen Vorstoß, doch der Finanzminister bewilligte schließlich nur ein provisorisches 'Pergamon-Museum'. Die Präsentation in der Berliner Sammlung von Gipsabgüssen in der Dombaustätte verbesserte sich 1893, als sie in einem Magazin-Neubau untergebracht wurde, der hinter der Nationalgalerie errichtet worden war. Erst im Mai 1921 fanden sie in einem 1913 genehmigten Anbau eines Westflügels an das Universitätsgebäude ihren Platz. Sie waren damit ein Teil der universitären Sammlungen geworden. Die großen Skulpturen des Zeus-Tempels standen in einem der Mittelräume, die Einzelstatuen in den Seitenkabinetten in chronologischer Folge und die Kleinfunde in Vitrinen[115]. Die noch während der Grabungskampagnen eingeleitete Präsentation verstärkte nachhaltig die aus der Tagespresse und den Buchveröffentlichungen gewonnenen Eindrücke und ermöglichte es den Kunstfreunden, Abgüsse zu kaufen. Die lebhafte Nachfrage erzwang schließlich sogar die Auslagerung und den Ausbau der Gipsformerei[116]. Ein aufmerksamer anonymer Berichterstatter der Olympia-Ausstellung von 1878 gab sich bereits vor dem Abschluss der Grabungen den gleichen Gedanken wie Curtius hin, wenn er feststellte, mancher der Beschauer sei von den ausgestellten Funden sicher zu der Hoffnung angeregt worden, »daß mit der Förderung und Popularisierung dieser Ausgrabungen eine neue Epoche für unsere Kunst und eine Förderung des Schönheitssinnes für weite Kreise unseres Volkes verbunden sein möge«[117].

Überlegungen zu Form, Stil und Wirkung der Präsentation wissenschaftlicher Arbeitsergebnisse in der Öffentlichkeit

An einigen Beispielen der wissenschaftspopularisierenden Berichterstattung über Olympia und ihrer intendierten Wirkungen demonstriere ich die inhaltlichen Zusammenhänge, thematische Besonderheiten und ihre Bedeutungen. Der Zeitungsbeitrag im 'Reichs-Anzeiger' ist als »streifender Rückblick« auf die geleisteten Arbeiten in einem Berichtzeitraum gedacht, der eine Woche, aber auch bis zu zweieinhalb Monate umfassen konnte. Jeder Artikel verwies auf den vorangehenden, begann mit einem inhaltlich-thematisch orientierenden Satz und fuhr nur dann mit einigen Bemerkungen zur klimatischen, personellen, handwerklichen, arbeitstechnischen oder organisatorischen Lage fort, wenn sie bedeutsam waren[118]. Die Artikel gliederte meistens eine Kombination von Chronologie, Fundorten und verschiedenen Darstellungsformen. Zwischen fachlichem Nachrichtenwert und Leserinteresse wurde klar unterschieden. Die zentrale Botschaft und das bedeutende Ereignis wurden unprätentiös vorgestellt. Redundanzen vermieden die Autoren, umgingen unnötige Details oder trugen sie später kurz nach, wenn sie sich in anderen Zusammenhängen als nötig oder vielmehr als grundsätzlich bedeutsam erwiesen hatten. Mitunter entstanden vor den Augen der Leser Rekonstruktionen aus den gefundenen Fragmenten, setzten sich nach und nach Gruppen des Tempelfrieses zusammen, hofften Ausgräber und Leser gemeinsam auf das noch Fehlende. Nur manchmal gestattete sich ein Autor Ironie und Sarkasmus[119] oder erlaubte sich eine gewisse verbale oder formale Dramaturgie, indem er die Fundgeschichte detailliert schilderte und personalisierte. Eine genaue Beschreibung oder sogar die systematische Analyse eines Einzelstücks, die Interpretation einer Folge oder einer zusammengehörigen Gruppe finden sich gelegentlich, doch bilden sie die Ausnahme.

Aber auch die anonymen, die 'directorialen' Artikel sind verständlich, bilderreich und anschaulich, wenn sie »eine reichliche Inschriftenernte«, »ein ganzes Nest von Skulpturenresten« oder auch »nur einzelne Brosamen vom Tisch des Alterthums« vorstellen[120]. Die Texte sind zwar zumeist knapp gehalten, verzichten aber nicht durchgängig auf Atmosphärisches und Kolorit, auf Emotionen und Dynamik, wenn ein wertvoller Fund aufgetaucht ist. Gelegentlich wird er dann wie in einem filmischen Drehbuch präsentiert:

»Der im Getümmel des Kampfes herbeigeeilte Kentaur benutzt den günstigsten Augenblick, wo er gegnerfrei ist, um das im eiligen Laufe niedergesunkene Lapithenweib mit rascher und energischer Schwenkung zu sich auf den Rücken zu heben und dann mit der schönen Beute fortzujagen. Zu diesem Behufe kniet er nach rechtshin auf den Vorderbeinen, packt bei halber Rückwärtswendung mit der linken Hand den linken Fuß des Weibes dicht über dem Knöchel und umschlingt mit dem vornüber – quer über den Gürtel – gelegten rechten Arm die Hüfte, um im nächsten Augenblicke mit Anspannung aller Kräfte jene kühne Doppelbewegung auszuführen. Die Frau ist in entgegengesetzter Richtung nach linkshin geflüchtet; auf das rechte Knie sinkend, wird sie von den Kentauren gepackt; bei dem eiligen Laufe hat sich ihr Obergewand gelöst und ist herabgeglitten, so daß die schöne Brust zur Hälfte sichtbar wird. Trotz des Strauchelns sucht sie sich mit beiden Händen von der Umschlingung des frechen Barbaren frei zu machen; der Kopf muß, nach dem Halsansatz beurtheilt, flehend nach oben gerichtet sein, sei es, um göttliche Hülfe anzurufen, sei es, um das Mitleid des Räubers zu erwecken. Sieht man daher in der leicht ergänzbaren Stellung des Kentauren die volle Energie des von thierischer Wildheit getragenen Angriffs verkörpert, so ergreift auf der anderen Seite die leidenschaftliche Angst, welche die schwache Kraft des Weibes zum kurzen, aber aussichtslosen Widerstande ermuthigt.«[121]

Zum Auftakt der Artikelserie im 'Deutschen Reichs-Anzeiger und Königlich Preußischen Staats-Anzeiger' hatten Curtius und Adler dem Leser erklärt, die vorgesehenen Veröffentlichungen über »Die Ausgrabungen zu Olympia« verfolgten »zunächst [vorrangig] den Zweck, das lebhafte Interesse, welches auch in weiteren Kreisen für das Unternehmen sich kund giebt, durch Mittheilungen über den Stand desselben zu befriedigen«[122]. Mit den »weiteren Kreisen« dachten die beiden Autoren an Rezipienten außerhalb des Kreises der Archäologen, außerhalb der Akademien und Universitäten. Adler nennt den avisierten Kreis »Freunde unseres Unternehmens«[123]. Die gedachten Personen stehen dem Projekt prinzipiell geneigt gegenüber, zeigen sich engagiert, wohlwollend gesinnt und bereits in großen Zügen informiert. Sie muss man nicht erst gewinnen, sondern lediglich in ihrer Haltung bestärken. Trotz wiederholter gegensätzlicher Bekräftigungen waren die Artikel im 'Reichs-Anzeiger' nicht für »das Volk«, für die Bildungswelt unterhalb von geschichtlichen und humanistischen Minimalkenntnissen konzipiert, denn die Zeitungstexte setzten die Vertrautheit des Lesers mit Pausanias, der griechischen Götterwelt und Mythologie voraus. Sie boten keine Erläuterung von »Metope« oder »Triglyphe«, keine Aufklärung über »Cellamauer« oder »Chiton«, keinen Hinweis auf die Chronologie, Einzelheiten des Kultes oder auf die Biographie von Personen. Sie führten auch nicht in die Besonderheiten des Forschungsvorhabens ein, die geographisch-geologischen Gegebenheiten der Ausgrabungsstätte, und deuteten nur gelegentlich die Haupterwägungen an, die das Vorgehen der Ausgräber oder des Direktoriums bestimmt haben. Die Archäologen und Architekten verzichteten auf graphische Anschaulichkeit und unterließen es auch, mit Zeichnungen und Karten die Ausgangslage, den Fortgang der Grabungen oder Einzelheiten zu demonstrieren.

Curtius und Adler hoben sogleich in ihrem I. Artikel den fulminanten Auftakt der Grabungen mit den Worten hervor, man habe »das erste urkundlich bezeugte Bildwerk eines griechischen Meisters des fünften Jahrhunderts« zu finden vermocht. Treu stand ihnen nicht nach und präsentierte das »letzte olympische Ausgrabungsjahr [...] mit einem ebenso überraschenden wie wichtigen Funde [...], eine[m] schönen und würdigen Abschluß«, dem lebensgroßen Bronzekopf eines olympischen Siegers[124]. Die 'Direction' hat Urteile dieser Art und Vergleiche mit anderen Ausgrabungen gern genutzt, um die Bedeutung des Materials aus Olympia bilanzieren und somit weitere Finanzierungen erreichen zu können[125]. Im XXXIV. Artikel stellt Curtius daher nicht nur fest, Olympia biete Einmaliges »für das Studium der Kopfbildung in der Plastik der Alten«, sondern auch, die »Planbildung eines antiken Rathauses« und »eine solche Verwendung der elliptischen Grundrissform« seien bisher »völlig unbekannt« und »für die Geschichte der griechischen Baukunst von einschneidender Bedeutung«[126]. An anderer Stelle möchte Dörpfeld mit den ergiebigen Ausgrabungen in Pergamon wenigstens gleichziehen und belehrt seine Leser im 'Deutschen Reichs-Anzeiger und Königlich Preußischen Staats-Anzeiger': »Hier [in Olympia] haben wir die ersten Anfänge jener unausgesetzten Bemühungen vor uns, welche die griechische Kunst einst zu vollendeten Leistungen hinaufführen sollten, die wir jetzt am Gigantenaltare von Pergamon bewundern. Und es steigert den Werth dieses merkwürdigen historischen Denkmals nicht wenig, daß wir die Zeit und Schule mit hoher Wahrscheinlichkeit anzugeben wissen, der es entstammt«[127]. Diese Einstellung und Darstellungsmethode bestimmen in wechselnder Intensität zwar alle Artikel, doch geschieht es in denen von Dörpfeld oder Treu am deutlichsten. Dennoch zeigen die Texte des 'Reichs-Anzeigers' im Unterschied zur 'Archäologischen Zeitung', wenn sie stolz Funde reihenweise auflisten, selten Monotonie in Form und Sprache.

Die Beschreibung und Bewertung der Grabungsarbeit erfolgte in wechselnder Perspektive. Einmal trat eher eine architektonische hervor, dann eher eine archäologische, numismatische, bildungsgeschichtliche oder kulturhistorische. Hinzu kamen moralische Aspekte, die ebenfalls für Metaphernreichtum und publizistische Variation sorgten. Sie prägten Beschreibung und Interpretation der weiblichen Fundstücke, ob Kopf oder Körper, besonders deutlich, weil hier die Vorstellungen der Archäologen von der Geschlechterrolle im öffentlichen Leben, von Sittlichkeit und Tugend, die Interpretation einer Haltung oder Gebärde bestimmten[128], in einem einzigen Fall herrschte Einigkeit. Als ein liebliches Mädchen-»Köpfchen« auftauchte, schwärmten sie übereinstimmend, es bilde mit dem Körper »ein höchst anmuthiges Ganze[s], in dem alles ruhiges, naives Zuschauen ist«[129]. Treu beschreibt den Fund eines kleinen weiblichen Kopfes aus parischem Marmor mit zerstoßenen Augenknochen, ohne Nase und Hinterhaupt, also ungeachtet dieser sehr schweren Beschädigungen, mit den Worten:

»[...] wohl das Bild einer *Aphrodite*. Daher der schmachtend-sehnsüchtige, wie in weite Ferne gerichtete Blick, der feinfühlige Zug um den leicht geöffneten kleinen Mund, das Grübchen im Kinn. An die knidische Aphrodite im Besonderen mahnt der feine Umriß der blühenden Wangen, das Ebenmaß der Stirn, um die sich die weiblichen Haarwellen in einfachster Anordnung schmiegen; auch wohl die Augenform, obgleich das untere Lid hier viel stärker heraufgezogen ist, als die Köpfe der Knidierin dies für gewöhnlich zeigen. [...] Und auch die Ausführung des Einzelnen entspricht der praxitelischen Epoche: dieselbe zarte, duftige Behandlung der Augen und der Hautoberfläche, wie z. B. beim Kopfe des Bacchuskindleins aus der Hermesgruppe, – Vergoldung oder Bemalung, auf welche auch die Rauheit der Hautoberfläche hindeutet, mag eine feinere Durchführung unnütz gemacht haben. Ebenso ähnlich ist das Stückungsverfahren; der jetzt fehlende Hinterkopf war vermittelst einer noch vorhandenen Kittlage angeklebt«[130].

Der ideale Mann tritt in ihren Berichten wie ein Gott oder sogar als Gott auf, »mit pathetischer Vorwärtsbewegung des Körpers«[131]: »die Nase setzt gerade an die Stirn an, das Auge blickt frei und stolz nach vorn, die leise gefurchte Stirn zeigt ein vorgerücktes Alter, ebenso die kleinen Fältchen, welche vom Auge nach der Schläfe gehen«[132].

Die einzelnen Artikel dürften den Leser auch durch ihre stilistischen Eigenheiten interessiert haben. Treu bezog stärker als die Kollegen das Publikum mit in seinen Gedankengang ein und sprach den Leser direkt an[133]; er verzichtete nicht auf den Superlativ und das Pathos, wenn er »das Meisterwerk eines griechischen Meißels« beschrieb, das jedoch »zu elend verstümmelt« sei, wie er selbst anmerkte, als dass man mehr über die Statue sagen könne[134]. Baurat Adler notierte unterkühlt-sachlich, prüfte und bilanzierte bürokratisch, resümierte, lobte und benotete mit Adjektiven wie »gut«, »umsichtig«, »thatkräftig.«[135]. Curtius bezog den Leser gern ins Geschehen und sogar bereits mit in die Anreise nach Griechenland ein, formulierte gelegentlich Suggestivfragen und begeisterte sich immer wieder an der Qualität und Fülle der Funde. »Nachdem ich die ganze Woche wie ein Freibeuter die griechischen Meere im Osten und im Westen vor Hellas durchkreuzt habe, bin ich Sonnabend Abend in Druva eingezogen und bewohne das an den Speiseraum grenzende neue Zimmer, mit übergroßen Ehren bewillkommt, Tag für Tag vorzüglich verpflegt und in einem friedlichen Kreise freundschaftlich verbundener Landsleute wohl untergebracht [...].«[136] Wie Treu und Dörpfeld zitierte Curtius gern antike Quellen, so dass sich der kenntnisreiche Leser wegen der Hochschätzung der literarischen Überlieferung vermutlich an Heinrich

Schliemanns (1822–1890) Erkundungsgänge mit dem Homer in der Hand erinnert gefühlt haben dürfte. Der vermögende Großkaufmann war als genialer Autodidakt, aber gewaltsamer Ausgräber längst eine Person der Zeitgeschichte geworden. Die Ausgräber folgten in Olympia ihrem Plinius, Lucian und Pausanias ähnlich engagiert, aber weniger dogmatisch[137], wenn sie ihre Orientierungsgräben nach den literarischen Vorlagen planten und durchs Gelände zogen[138]. Sie beobachteten, rekonstruierten und deuteten mit den Texten in der Hand und zitierten begeistert aus ihnen[139], in nicht wenigen Fällen enttäuschte sie Pausanias, denn trotz seiner ausführlichen Beschreibungen ließen sich nicht alle Fundstücke identifizieren, und ihnen blieb zuletzt nur die Vermutung, Pausanias sei für ihr Objekt zu spät oder zu früh gekommen[140].

Die Auseinandersetzungen zwischen der Autorität Curtius' und dem jungen Furtwängler über das Alter des olympischen Heiligtums blieben den Augen des Zeitungslesers verborgen. Der Assistent engagierte sich für das Prinzip, das interpretatorische Übergewicht den eindeutigen Bodenfunden vor der zumeist weniger eindeutigen antiken Literatur zuzubilligen, und datierte keinen der Bronzefunde in die Zeit vor der Dorischen Wanderung, in den Monaten, in denen Furtwängler mit seinem Aufsatz über die Bronzefunde weithin Anerkennung fand[141], schrieb er den XXIX. und XXX. Artikel. Er erwähnt dort Bronzefunde, nennt sie auch primitive, archaische oder asiatische und unterläßt dabei jedoch eine genaue Datierung über das siebte Jahrhundert hinaus. Es ist müßig, darüber zu spekulieren, ob ein kurzer, sprachlich leicht auftrumpfender Absatz von der 'Direction' oder Curtius persönlich nachträglich in Furtwänglers Artikel hineinredigiert worden ist[142]. Es fällt jedoch auf, mit welchem Nachdruck Treu in seinen Artikeln offensichtlich Curtius unterstützt, wenn er die Bronze-Funde zwar in allgemeiner gehaltenen Wendungen, aber doch hinreichend deutlich auf ein hohes Alter hin einordnet. Er nennt die Schicht, in der sie lagen, »eine Fundschicht, die für uns die ältesten Epochen griechischer Kultur repräsentiert« oder verweist auf ihren »primitiv alterthümlichen Styl«, auf »die älteste Periode« oder die »ältesten Zeiten«[143].

Die Öffentlichkeit dürfte der Berichterstattung im 'Deutschen Reichs-Anzeiger und Königlich Preußischen Staats-Anzeiger' allein schon wegen der fachlichen Qualifikation der Autoren einen hohen Wert zugemessen haben. Hinzu kamen das institutionelle Renommee von 'Reichsinstitut', 'Centraldirektion' und 'Directorium', der offizielle bzw. amtsbetonte Charakter der Veröffentlichungen und die zurückhaltende Form der redaktionellen und graphischen Aufmachung. Nicht zuletzt die wiederholt vorgenommenen Korrekturen und die offene Haltung gegenüber kritischen Stimmen aus dem In- und Ausland steigern den Eindruck von Souveränität, Kompetenz und Seriosität[144], in einem Fall fügte Adler in der Zeitung sogar eine wissenschaftlich orientierte Fußnote zu dem von Dörpfeld verfassten XXXXVI. Artikel ein. Er verweist in ihr auf eine korrigierende Mitteilung des Berliner Klassischen Philologen Adolf Kirchhoff (1826–1908) an die 'Direction', »um Irrtümern vorzubeugen«[145]. Zum kritischen Prinzip gehörte auch die Selbstkritik, wie ein von Treu vorgebrachter Fall zeigt. »Ich hoffe«, schrieb dieser nach Berlin, »bei dem Gedanken auf die Zustimmung des h. Directoriums, daß die Ergänzungen des Westgiebels, wie die richtige Apollohand u. dergl. mehr, zu wichtig u. folgenreich sind um sie dem Publicum allzulange vorzuenthalten; außerdem wäre es mir persönlich zu fatal, die Versehen, die ich beim Aufbau des Westgiebels begangen, noch länger unberichtet stehen zu lassen. Ebenso scheinen mir die Metopen-Reconstructionen sicher interessant genug um, zunächst wenigstens so weit sich das mit Worten thun läßt, bekannt gegeben zu werden.«[146]

Die 'Olympia'-Artikel als Beitrag der populärwissenschaftlichen Publizistik zur Wissenschaftsgeschichte der Archäologie

I

Die Artikel im 'Deutschen Reichs-Anzeiger und Königlich Preußischen Staats-Anzeiger', ihre Nachdrucke in Tageszeitungen und Zeitschriften bieten eine hohe Informationsdichte. Die heutige Historiographie könnte von der Direktheit, Farbigkeit, der Spontanität und Anschaulichkeit der Beschreibungen sowie von den enthaltenen spontanen Vermutungen, den richtigen oder später wieder verworfenen Zuordnungen profitieren. Die Interpretationssituation und die Atmosphäre des öffentlichen Umfelds der Ersten Stunde scheinen in ihnen auf. Das Pathos der Olympia-Rede von Curtius (1852) hat hier in einem mehrstimmigen Echo seinen Platz; in der späteren wissenschaftlichen Publikation der Grabungsergebnisse musste es fehlen. Es geht in diesen Zeitungsberichten keineswegs ausschließlich um fachliche Details oder lediglich um das Atmosphärische. Ihre Nachrichten ergänzen in Einzelfällen die offiziellen Grabungsinformationen an das 'Directorium'. Treu verweist in einem seiner offiziellen Berichte ausdrücklich auf den beigelegten Zeitungsartikel für den 'Reichs-Anzeiger'; die Zentrale müsse ihn zur Vervollständigung seiner Informationen über den Fund des Nike-Hauptes mit heranziehen[147]. Damit wird auf die engen inhaltlichen Zusammenhänge verwiesen, in denen Ausgrabungsnotizen, Grabungs-'Berichte' und Zeitungsartikel stehen und interpretiert werden müssten.

II

Die Feuilletons einiger Zeitungen, die Zeitschriften und Broschüren überboten die Fassung des 'Reichs-Anzeigers' im Bereich des Atmosphärischen und der Landeskunde, wenn ihre Mitarbeiter aus eigener Kenntnis des Landes oder vom Besuch der Ausgrabung erzählten. Ergänzende kürzere Texte fanden sich gelegentlich in Tageszeitungen. Sie informieren über die Publikumsreaktionen in den Tagen nach der offiziellen Erstveröffentlichung, über Stellungnahmen des Hofes oder eine Äußerung des Monarchen. Die Zeitungen platzierten diese Sätze meistens direkt vor dem Wiederabdruck des Artikels aus dem 'Reichs-Anzeiger'. Diese frühen rezeptionsgeschichtlichen Quellen fanden ihre Ergänzung in der sich anschließenden öffentlichen Diskussion, in der sich fachwissenschaftliche und populäre Beiträge mischten[148]. Denn die Orte Olympia, Pergamon, Pompeji, Troja, Mykene, Delphi und die Ausgräberbiographien hatten ein schnell wachsendes Interesse an archäologischen Fundberichten und Interpretationen, an Abgüssen und Bildern, Plänen und Photographien geweckt.

III

In der Tagespublizistik fanden sich wiederholt längere Berichte, Kurzinformationen und Meldungen über Heinrich Schliemann[149], zu seinen öffentlichen Auftrit-

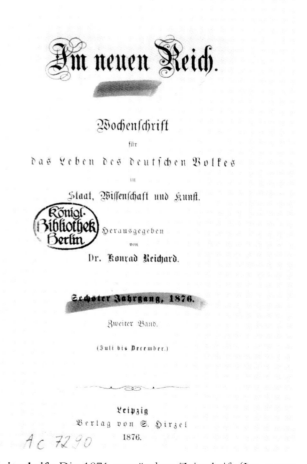

Zeitschrift Die 1871 gegründete Zeitschrift 'Im neuen Reich' beanspruchte in diesem publizistischen Genre und unter den Rundschauen einen besonderen Platz. Sie verstand sich als das anspruchsvolle intellektuelle und politisch-kulturelle Hauptorgan des jungen deutschen Nationalstaats.

ten und Grabungen[150]. Schliemanns Außenseitertum, die anfängliche Ablehnung seiner Grabungsmethoden durch prominente Wissenschaftler und seine auf Affekte bedachte Berichterstattung mussten in den Redaktionen ein starkes und anhaltendes Interesse hervorrufen. Da die zweite Ausgrabungsperiode in Troja zeitlich parallel zu der in Olympia[151] ablief, erleichterte Schliemanns außerordentliche Medienpräsenz den Olympia-Berichterstattern ihr ungewohntes journalistisches Handwerk. Die Artikel und Zeichnungen zu Troja und Mykene, zu Pergamon und Olympia vermittelten selbst den unteren Bevölkerungsschichten erstmals Eindrücke über den Ablauf und die Bedeutung archäologischen Forschens und schufen in den Mittelschichten solide Grundkenntnisse. Diese Feststellungen gelten auch für mindestens drei andere zeitgleiche Großvorhaben, für die deutschen Ausgrabungen im böotischen Tanagra, für die österreichischen Erkundungen auf Samothrake[152] – der Bonner Ordinarius für Archäologie, Reinhard Kekulé von Stradonitz (1839–1911), grub dort –, und für Cypern, wo die Amerikaner erfolgreich forschten[153]. Doch allein die Erfolge der deutschen Grabungen in Pergamon und ihr wachsender Finanzbedarf hätten in den ersten vier Jahren nach dem Auftakt in Olympia beinahe zu dessen Abbruch geführt. Die vom Osmanischen Reich genehmigte Ausfuhr der Funde nach Berlin machte Sensation, weil niemand mit dieser Möglichkeit gerechnet hatte[154]. »Man schwelgt in dieser unabsehlichen Masse von Originalen«, schrieb Curtius an seinen Bruder, »und fühlt sich auf einmal London ebenbürtig«[155]. Außerdem beeindruckten die Erfolge der Engländer in Ephesus, in der angespannten Situation versuchte das Königliche Museum in Berlin, die hohen Ausgrabungskosten mit einer Steigerung des Verkaufs von Abgüssen an private und öffentliche Sammler zu mindern[156]. Diese aus der Not geborene Aktivität verschaffte dem Olympia-Projekt zwar bei weitem nicht die benötigten Summen, jedoch eine hoch willkommene zusätzlich Aufmerksamkeit im Publikum. Im gleichen positiven Sinn wirkte sich die Olympia-Ausstellung im Herbst 1878 aus[157].

Kalender Diese im Verlag der weitverbreiteten humoristischen Zeitschrift 'Kladderadatsch' (Auflage in den siebziger Jahren über 50.000) beheimatete Publikation dokumentiert exemplarisch das nicht geringe öffentliche Interesse an den Ausgrabungen der Archäologen und besonders am Thema 'Olympia' in den unteren Bevölkerungsschichten. Der 'Volks-Kalender' gehörte zu den wenigen unterhaltenden Blättern, die wegen ihrer Illustrierung, des humoristisch-satirischen Zuschnitts und ihrer stärkeren 'politischen' Haltung schneller an Popularität gewonnen hatten als andere Organe dieser Art.

IV

Bei den 'Berichten aus Olympia' im 'Deutschen Reichs-Anzeiger und Königlich Preußischen Staats-Anzeiger' handelt es sich in historischer und sachlicher Hinsicht um einen Journalismus spezieller Art. Die Wissenschaftler im 'Directorium' oder in Olympia leisteten 'Übersetzungsschritte' für ein ihnen wenig vertrautes Medium. Zusammen mit den ergänzenden Beiträgen, den Reiseberichten über Olympia und Griechenland erhielten die Leser im Feuilleton der Tagespublizistik kurzweilig vereint, was in jener Zeit selten zueinander fand: Abenteuer und Wissenschaft. Die in den Artikeln für den 'Reichs-Anzeiger' praktizierte Form der Wissenschaftspopularisierung mutierte in den durch Reiseeindrücke angereicherten Tageszeitungen zu einer spezifischen Form des Journalismus, die man 'Wissenschaftsbelletristik' nennen sollte. Das 'Directorium' trat mit seinen Artikeln als 'Öffentlichkeitsarbeiter' und 'Wissenschaftsredakteur' auf. Die Nachteile dieses vielschichtigen und nicht unkomplizierten Verfahrens konnten sie nicht gänzlich vermeiden. Sie haben bis heute nicht an Aktualität verloren und seien hier skizziert: Der beteiligte Wissenschaftler neigt grundsätzlich dazu, seine Leistungen überzubewerten und zu instrumentalisieren; er besitzt ungenügende Vorstellungen von den unterschiedlichen Publikationsorganen und dem jeweiligen Publikum; er hat sich auf einer ihm gar nicht oder zumindest weniger vertrauten Darstellungs-, Stil- und Sprachebene zu bewegen; für sein Publikum ist er ein Interessenvertreter. Doch es zeigten sich auch die Vorteile dieses Verfahrens: Der Wissenschaftler als Autor kennt den Forschungsstand und die Desiderate am besten; er kann die Relevanz und Bedeutung der aktuellen Ergebnisse klar und überzeugend bestimmen; er hat den unmittelbaren Zugriff auf alle Quellen; er kann souverän vereinfachen und nicht so leicht in die Gefahr geraten, etwas zu verzerren wie ein Journalist.

Zur Mentalität des Wissenschaftlers und zur Form seiner Publizistik im letzten Drittel des 19. Jahrhunderts ist noch ein Hinweis nötig. Grundsätzlich schrieb der Wissenschaftler aus einer anderen inneren Einstellung heraus als sein heutiger Kollege. Damals klärte der Forscher in einem einseitig gerichteten Vorgang das Publikum über seine Funde und Erkenntnisse auf ('Ein-Weg-Kommunikation'), heute sind daraus in vielen Wissenschaftszweigen bereits die Anfänge eines Dialoges geworden. Eine kritische Öffentlichkeit wird zunehmend in den Wissenschaftsprozess mit einbezogen – besonders deutlich geschieht es seit kurzem in den Naturwissenschaften, intensiver als am Ende des 19. Jahrhunderts spricht die Gesellschaft auch zur Wissenschaft. Erst auf dieser Ebene vermag der Leser im Idealfall die Inhalte und Schlussfolgerungen professionell gestalteter Artikel, die Nachrichten und Kommentare in den Rubriken oder Beilagen zu 'Wissenschaft und Forschung' kritisch nachzuvollziehen. Unter dieser Voraussetzung können sich ein Interessenkonsens und eine gesellschaftliche Verbundenheit aufbauen.[158] Den Olympia-Artikeln lässt sich entnehmen, wie ernst die Ausgräber und das 'Directorium' im allgemeinen die Interessen der Leserschaft und wie

'Frauen-Zeitung' Die Porträtzeichnung von Sophia Schliemann auf der Titelseite der 'Illustrirten Frauen-Zeitung', Berlin, einer der damals neuen Unterhaltungs- und Mode-Organe, die wie die 'Illustrirte Zeitung', Leipzig, schnell reüssierten, das Thema 'Ausgrabungen' ebenfalls wahrnahmen.

hoch sie ihre Verpflichtung zu einer verantwortungsbewussten und korrekten Berichterstattung nahmen. Irrtümer korrigierten die Wissenschaftler möglichst umgehend, Unsicherheiten der zeitlichen und sachlichen Zuschreibung verhehlten sie nicht, eine schnelle Vorstellung der Funde war für sie ebenso eine Selbstverständlichkeit wie der Verzicht auf eine tendenziöse Information.

V

Konnten die für den 'Deutschen Reichs-Anzeiger und Königlich Preußischen Staats-Anzeiger' verfassten Olympia-Artikel die Kluft zwischen Wissenschaft und Öffentlichkeit überbrücken? Haben sie das Interesse im Publikum nicht nur anzufachen, sondern auch zu erhalten vermocht? Ein mediales Gesamtkonzept für die publizistischen Auftritte lässt sich nur in Ansätzen er-

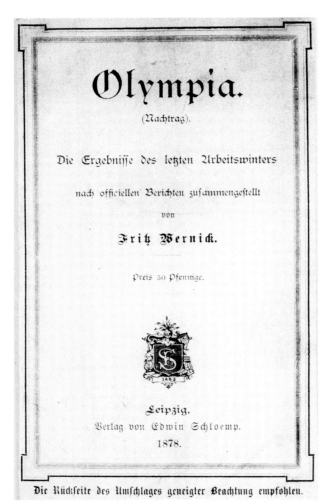

Broschüre Wernick war einer der erfolgreichen zeitgenössischen Schriftsteller. Er trug nicht nur mit Artikeln in Zeitungen und Zeitschriften außerordentlich stark zur Popularisierung des Themas 'Olympia' bei, sondern auch mit der nach kurzer Zeit bereits wiederaufgelegten kleinen Schrift 'Olympia'. Von dieser Art gab es viele – oftmals lagen ihnen Reiseberichte oder Feuilleton-Serien der Zeitungen zu Grunde –, aber die meisten sind von den Bibliotheken nicht gesammelt worden und jetzt Rara.

kennen. Weder das 'Directorium' noch die Ausgräber planten und gestalteten ihre Artikel aus der Perspektive einer Zeitung oder populären Zeitschrift. Sie verfassten ihre Texte für den 'Reichs-Anzeiger' nicht konsequent nach dem Grundsatz voraussetzungsloser Allgemeinverständlichkeit, dessen strikte Einhaltung sich empfiehlt, wenn man eine Zeitungsöffentlichkeit erreichen möchte. Dagegen haben Zeitschriften und Tageszeitungen wie die 'Weser-', 'Vossische' und die 'Deutsche Roman-Zeitung' oder Zeitschriften wie 'Im neuen Reich' oder die 'Gartenlaube' ihre redaktionell gestalteten Texte für den weitgehend uninformierten und nur mäßig gebildeten Leser konzipiert. Ihre eigenen Artikel vermitteln den Lesern in professioneller journalistisch-feuilletonistischer Art den insgesamt korrekten Eindruck, dass den Arbeiten in Olympia ein neues Forschungskonzept zu Grunde lag und die Verantwortlichen eine zeitlich und räumlich umfassende Ausgrabung anstrebten, die darauf hinzielte, das Heiligtum mit allen Bauten und sämtlichen Bodenfunden systematischer und intensiver als bisher geschehen zu erkunden.

Auf die zweite Frage ist eine kurze Antwort nicht möglich. Der Publizistikwissenschaft fällt es nicht einmal nach jahrzehntelangen Bemühungen leicht, zuverlässige Aussagen über Rezeption und Wirkung unserer aktuellen Wissenschaftsvermittlung zu formulieren. Um wieviel zurückhaltender hat man also bei historischen Vorgängen zu urteilen, für die es zu wenig aussagekräftige Quellen gibt. Dennoch kann die begründete Vermutung gewagt werden, die Olympia-Berichterstattung habe das von ihr hoch angesetzte Ziel für die gebildeten Kreise erreicht und darüber hinaus sogar noch weit in die bürgerliche Alltäglichkeit hinein gereicht. Bereits im ersten Grabungsfrühjahr waren Künstler und Touristen, Journalisten, Schriftsteller und Gelehrte trotz der Beschwernisse nach Olympia gereist[159]. Das öffentliche Interesse dokumentierte sich darüber hinaus in dem schnellen und großen Absatz der wissenschaftlichen Publikationen. Die Subskriptionslisten zu der prachtvoll gestalteten fünfbändigen Darstellung 'Olympia' in den achtziger Jahren verweisen neben den Namen von Wissenschaftlern auf Ärzte als Käufer, auf Anwälte, Kaufleute, Unternehmer, Bankiers und Landwirte. Die intensive und weitgestreute Berichterstattung schuf also zusammen mit dem bibliophilen Werk nicht nur im Bewusstsein interessierter Zeitgenossen, sondern grundsätzlich eine Art virtuelles Museum. Es bildete den Ersatz für ein Olympia-Museum in Berlin. Auf dem Papier der Tageszeitungen, Zeitschriften und Bücher war es in virtueller Form nun aber ebenso sichtbar wie in den zahlreichen Abbildungen und Abgüssen. Jedermann konnte es immer erneut lesend erfahren und seine Vorstellungen an den ausgestellten Objekten überprüfen.

VI

Die in und um Olympia praktizierte Wissenschaftspopularisierung, die Wissenschaftsbelletristik und die 'Öffentlichkeitsarbeit' gründeten sich auf verschiedene

Voraussetzungen und Gegebenheiten. Die meisten der beteiligten Wissenschaftler erkannten die Notwendigkeit der Wissenvermittlung; sie suchten und nutzten die Möglichkeit, sich vorrangig des schnellsten und am weitesten verbreiteten Mediums, der Tageszeitung, zu bedienen. Sie trafen eine Auswahl aus den Zeitungen, Zeitschriften und Jahrbüchern und orientierten sich dabei offensichtlich an der Fachspezifik, Seriosität, Staatsnähe, Zielgruppenbestimmtheit und der publizistischen Leistungsfähigkeit. Dreierlei ist hervorzuheben:

- Die Ausgräber berichteten weitgehend kontinuierlich und interessant, obwohl die Quantität, Bedeutung und Attraktivität der Funde naturgemäß ungleichmäßig sein und dieser Absicht eigentlich entgegenstehen musste.
- Die für ein fachlich nicht oder wenig informiertes Publikum verfassten Artikel zeigten trotz der dabei notwendigen Reduktion von Komplexität im 'Reichs-Anzeiger' durchgehend eine hohe Informationsdichte, Sach- und Problemgerechtigkeit.
- Die Ausgräber erzielten eine Wissenschaftspopularisierung auf einem überdurchschnittlichen publizistischen Niveau, doch dürfte ihre Übersetzungsleistung am wirkungsvollsten ('adressatengerecht') in der bildungsbürgerlichen Zielgruppe gewesen sein, da sie über das höchste Orientierungswissen verfügte.

Dabei büßten die in Konkurrenzblättern und anderen Medien ähnlich oder verändert nochmals abgedruckten Informationen des 'Deutschen Reichs-Anzeigers und Königlich Preußischen Staats-Anzeigers' weder an Sinn noch Informationswert ein. Die niemals bestrittene Qualifikation der Wissenschaftler und das Ansehen der Institution gaben den Verfassern Autorität und sicherten ihnen in der Leserschaft einen hohen Vertrauensvorschuss. Der Medienverbund – Zeitung, Zeitschriften, Broschüren, Bücher, Pläne, Photographien und Abgüsse – verstärkte nicht nur die aktuellen Wirkungen, sondern sorgte für eine größere Nachhaltigkeit. Die öffentlichen Vorträge der Ausgräber und weiterer Wissenschaftler verlängerten sie nochmals. Die intensive Olympia-Berichterstattung erhält damit nicht nur eine hohe Bedeutung für die Geschichte der Wissenschaftspopularisierung und des 'Wissenschaftsjournalismus' in Deutschland, sondern auch einen bisher nicht erkannten Wert für die Publizistik- und Kommunikationsgeschichte.

VII

Die 'Reichs-Grabung Olympia' wurde vor allem von Curtius und Dörpfeld in einem originellen Sinn als 'National-Denkmal' verstanden. Sie zählten sie zu dem Kreis der literarischen, wissenschafts-, kultur- und bildungspolitischen Unternehmungen nach der Reichsgründung, die legitimierend, traditionsbildend und integrationspolitisch wirken sollten, in der Antike lagen für die Ausgräber die Normen für die Gegenwart und Zukunft[160]. Curtius betrachtete sein Vorhaben nicht nur unter wissenschaftlichen Gesichtspunkten als etwas »Außergewöhnliches«, sondern schmückte es für die Öffentlichkeit wortreich und bildkräftig aus. Er nannte in seinen Briefen, Vorträgen und Berichten »das große Werk, an dem wir gemeinsam arbeiten«, »das nationale Werk, an welchem vom Kaiserhause bis zum Bauernhofe alle guten Deutschen frohen Anteil nehmen«, ein »ächtes Friedenswerk«[161], »ein nationales Unternehmen«[162] und ein Symbol der wirtschaftlichen und wissenschaftlichen Leistungsfähigkeit des erst jüngst proklamierten Deutschen Reiches[163]. Seine Kollegen und Mitarbeiter übernahmen diese Schlüsselbegriffe[164], denn auch sie ahnten zumindest, dass der Erfolg eines Forschungsvorhabens dieses Ausmaßes sich nicht ausschließlich aus akademischen Kriterien und kognitiven Leistungen ableiten und mit ihnen auf Dauer sichern lässt[165].

VII

Die Ausgrabung galt deshalb bereits früh als Ausdruck der wissenschaftlichen Leistungsfähigkeit der 1871 geeinten Nation. Sie sollte mit der Besinnung auf eine überzeitliche Normativität, die anerkannt große Kultur und Geschichte der Griechen, dazu beitragen, die bürgerlich-liberale Idee der Kulturnation zu stärken[166]. Diese Botschaft bestimmte nicht allein die zeitgenössische Publizistik, sondern das Zeitgespräch bis in den Reichstag hinein[167]. »Verlangt doch jedes bewußte Leben einen *zwiefachen* Punkt, nachdem das Auge sich richte«, sagte Curtius in einem Vortrag am 29. Januar 1880. »Denn nur aus dem Verständniß des Geschehenen ergiebt sich die Sicherheit der ferneren Ziele[168].«

Olympia konnte deshalb nicht nur als ein hervorragendes Exempel für die anhaltend gültige Tradition abendländischer Werte angesehen werden, sondern auch als Beitrag zur nationalen Integration und Identitätssuche der einzelnen deutschen Stämme ins Reich[169]. Das Kaiserreich musste mehr und Bedeutenderes bieten als der 'Deutsche Bund' in den Jahrzehnten zuvor. Es durfte sich nicht lediglich als ein 'Groß-Preußen' darstellen oder ein gemeinsames Militär- und Polizeiregiment. Diese Überlegungen bildeten das Leitthema der von Curtius betriebenen 'Öffentlichkeitsarbeit': »Was dort in der dunklen Tiefe liegt, ist Leben von unserm Leben.« Dem »heilige[n] Boden« Olympias entströme ununterbrochen eine »aufopfernde Vaterlandsliebe«, »die Weihe der Kunst und die Kraft der alle Mühsale des Lebens überdauernden Freude«. Dem griechischen Staatenverbund habe das »Reich deutscher Nation« entsprochen, in ihm sei dem »Hohenzollernstaate ein Beruf [erwachsen], welcher über die Grenzen der Mark weit hinaus ging, ein Beruf, der nicht amtlich übertragen, sondern geschichtlich geworden ist, und welcher mit dem der Athener in Griechenland eine unverkennbare Aehnlichkeit hat. [...] Unter ähnlichen Verhältnissen wie Athen ist unser Staat dem kleinstaatlichen Dasein entwachsen. [...] Athen ist auf geistige Erfolge beschränkt geblieben und hat den Untergang des Vaterlandes nicht aufhalten können. Uns ist ein besseres Loos gefallen. [...] Nun ist der Baum erwachsen, zu dem die großen Ahnen unseres Kaisers den Keim gelegt haben.«[170] Die dergestalt von Curtius eingestimmte Öffentlichkeit erblickte deshalb mit ihm in dem Fund der Nike nicht nur ein archäologisches Glanzstück, sondern ein gutes Omen für das deutsch-griechische Verhältnis und Bismarcks Politik in Europa.

IX

Olympia wirkte nicht als Monument in Bronze oder Stein, sondern als permanent publizistisch vorgestellte wissenschaftliche Leistung. Weil sie sachlich glaubwürdig, bildungsgeschichtlich fundiert und öffentlich durchgängig präsent war, konnte sie als eine »Quelle nationaler Großthat« angesehen werden. Sie bildete einen politischen und gesellschaftlichen Integrationsfaktor ersten Ranges, weil sie neben den kognitiven auch die emotionale Dimensionen ansprach und in der Gesellschaft nicht umstritten war. Denkmal und öffentliches Denkmalbewusstsein waren weitgehend deckungsgleich[171]. Ein 'National-Denkmal' wissenschaftlicher Provenienz konnte dem Deutschen Reich, Bismarcks reiner Machtschöpfung von oben, einen Beitrag für die fehlende Staatsidee liefern. Von einem nicht eng nationalistisch verstandenen Monument mussten positive, werbende Impulse auf die europäische Staatenwelt ausgehen. Curtius erkannte diese Zusammenhänge und verbesserte seine (wissenschafts-) politische Situation durch seine 'Öffentlichkeitsarbeit' in der Tagespublizistik. Er wollte dem Staat zu einem öffentlichen Bekenntnis zu Wissenschaft und Kunst in dem Sinn verhelfen, der in beiden »nicht einen Luxus sieht, welcher nach Befriedigung der eigentlichen Staatsbedürfnisse auch einige Berücksichtigung verdiene, sondern die edelste Seite des Volkslebens, welche ohne Schaden nicht verabsäumt werden dürfe, einen Quell unerschöpflicher Lebenskraft und das unentbehrliche Gegengewicht gegen das ruhelose Jagen nach Besitz und Genuß.«[172]

X

Die publizistische Präsentation durch Curtius, durch das 'Directorium' und die Ausgräber zielte darauf, Olympia national zu überhöhen, zu einem Symbol der nationalen Sammlung und Konzentration[173] in einer »langen Reihe geschichtlicher Hergänge«[174] werden zu lassen: landsmannschaftlich vereinigend, die Mainlinie und die Parteigrenzen überwindend, aus der antiken Geschichte abgeleitet, den im Bildungs-, Besitz- und Wirtschaftsbürgertum gepflegten Werten verpflichtet[175], philhellenische Traditionen im vom Winkelmann idealisierten Bild aufnehmend und an die »sittliche Substanz des Staates«[176] anknüpfend. Die Berichterstattung über die Ausgrabungen in Olympia verlieh der jüngsten europäischen Nation zusätzliche Legitimität und Authentizität im Konzert der europäischen Mächte[177]. Eine nationalistische Komponente erwuchs der Unternehmung aus der lokal zwar nicht gegebenen, aber (wissenschafts-) politisch empfundenen Konkurrenzsituation mit Frankreich. Seit 1846 hatten französische Architekturstipendiaten in dem Französischen Archäologischen Institut in Athen ('École Française d'Athènes') eine Heimstatt gefunden und – obwohl Ausgrabungen ursprünglich nicht zu den Aufgaben des Instituts gezählt hatten – waren von ihm dennoch erste archäologische Erkundungen vorgenommen worden. Die Situation änderte sich in den siebziger Jahren entscheidend, denn seitdem zählte die archäologische Feldarbeit zu den Hauptaufgaben des französischen Instituts[178].

Das 'Directorium für die Ausgrabungen in Olympia' nutzte für seine Wissenschaftspopularisierungen die traditionelle Bewunderung für die Antike, das normativistische Geschichtsbewusstsein der Zeit und das durch die Sensationsberichte um Schliemann gewachsene Interesse an Ausgrabungen. Der längerfristige Erfolg lässt sich an einer aussagekräftigen Quelle aus späteren Jahren zeigen. Lexika wie das von Meyer zeigen auf ihren Bildtafeln, wenn es galt, Zeugnisse der griechischen Kunst zu präsentieren, in erster Linie Beispiele aus Olympia[179]. Curtius wollte mit seinem Olympia-Verständnis den jungen Nationalstaat stärken und die Zukunft gewinnen. Zu diesem Zweck näherte er Wissenschaft, Publizistik und Öffentlichkeit einander an. Er und seine Mitverantwortlichen verknüpften ihre Ausgrabung mit der Situation des jungen Kaiserreichs, dessen ideelles Defizit sie erkannt hatten und das sie mit einem publizistisch und literarisch zum »Ehrendenkmal des Vaterlandes«[180] stilisierten Olympia zu verringern suchten[181]. Mit der »nationalen Tat«, die nach der äußeren Einigung zur inneren führen sollte[182], verband Curtius erfolgreich eine weitere. Parallel dazu verfolgte er das Ziel, das 'Kaiserlich Deutsche Archäologische Institut' im Bild Olympias öffentlich möglichst wirkungsvoll positiv darzustellen.

Ausstellung Während die Grabungen in Olympia noch liefen, orientierte sich die junge Hauptstadt Berlin in ihrer wissenschaftlichen und kulturellen Selbstdarstellung zunehmend an Olympia. Um 1880 präsentierten mehrere Ausstellungen die bedeutendsten Funde. Die Jubiläumsausstellung der 1786 gegründeten 'Akademie der Künste' bot einen Höhepunkt: In dem zentralen Pavillon verwies man stolz auf die beiden erfolgreichsten Ausgrabungen des Deutschen Reiches, auf Olympia und Pergamon, indem die Veranstalter auf eine Kopie des Pergamon-Altarfrieses die rekonstruierte Ostfront des Zeustempels aus Olympia setzen ließen.

1 Erweiterte Fassung meines Vortrags auf dem internationalen Symposion Olympia 1875–2000 in Berlin aus Anlass des 125jährigen Jubiläums der Ausgrabungen am 9. November 2000. – Meinen studentischen Mitarbeitern und meinem Doktoranden, Herrn Christoph Ziegler M. A., danke ich für die Mithilfe bei der zeitraubenden Suche in Berliner Zeitungsarchiven und Bibliotheken.

2 Ich orientiere mich mit der modernen Begriffswahl nicht vorrangig an Institutionen und Formen der Organisation von 'Öffentlichkeitsarbeit', sondern gehe von konkreten Leistungen, Absichten und Zielen des 'Directoriums für die Ausgrabungen zu Olympia' im 'Kaiserlich Deutschen Archäologischen Institut', Berlin, aus; zum allgemeinen und historischen Verständnis des Begriffs s. Seeling, Interessen, 68 f.

3 Ein Unterseekabel wurde erstmals 1850 von Dover nach Calais verlegt; bis zum letzten Jahrzehnt des 19. Jahrhunderts war das Unterseekabelnetz weitgehend in britischem Besitz.

4 s. dazu Wilke, Medien- und Kommunikationsgeschichte, 252–291.

5 Die Oberleitung der Grabung lag bei Ernst Curtius, Friedrich Adler und Busch; in Olympia leiteten Gustav Hirschfeld ('archäologischer Dirigent'), seit 1877 Georg Treu und Adolf Bötticher ('technischer Dirigent'), später Richard Bohn.

6 Nach dem offiziellen Mitgliederverzeichnis ('Archäologische Zeitschrift' [im folgenden: AZ] 40, 1882, 408) waren es Ernst Curtius, Heinrich Kiepert, Adolf Kirchhoff, Theodor Mommsen, Friedrich Krüger, Richard Schöne (alle Berlin), Heinrich von Brunn (München), Reinhard Kekulé (Bonn), Adolf Michaelis (Straßburg) und Johannes Overbeck (Leipzig).

7 Curtius, Michaelis, 212–216; hier S. 212. 214f.

8 Die Grabungsnotizen und Tagebücher sind im DAI überliefert.

9 Curtius, Michaelis, 212–216; hier S. 215.

10 Hinter der Kurzbezeichnung verbirgt sich der *Deutsche Reichs-Anzeiger und Königlich Preußische Staats-Anzeiger* (RAPA); 1819 als 'Allgemeine Preußische Staats-Zeitung' gegründet, seit 1851 als 'Preußischer Staats-Anzeiger' erscheinend, erhielt er 1871 seinen vollen Namen (zu Einzelheiten s. jetzt Stöber, Pressepolitik, 37 f.).

11 Die Situation in den Naturwissenschaften erweist sich davon als grundverschieden, wenn man die akribisch auf einer beeindruckenden Quellenbasis erarbeiteten Ergebnisse heranzieht, die Andreas W. Daum in seiner Habilitationsschrift gewonnen hat: Wissenschaftspopularisierung im 19. Jahrhundert. Bürgerliche Kultur, naturwissenschaftliche Bildung und die deutsche Öffentlichkeit 1848–1914, München 1998.

12 Im Deutschen Reich galten im Pressewesen erstmals die gleichen Hauptgrundsätze; Postdebit, Konzessionen und Stempelsteuer entfielen; die Zensur wurde ausdrücklich verboten (Sösemann, Pressepolitik, passim).

13 Strauch, Kommunikation, 66–69.

14 Syndram, Kulturpublizistik, 18–20.

15 Karl Hillebrand, Historiker und Literaturwissenschaftler, publizierte im ersten Jahrzehnt der 'Deutschen Rundschau' nahezu in jedem Heft. Zu den ständigen Mitarbeitern gehören Heinrich von Sybel, Reinhold Koser, Gustav Schmoller, Johann Gustav Droysen, Theodor Mommsen.

16 Einzelheiten sind den Archivalien des Geheimen Staatsarchivs Preußischer Kulturbesitz zu entnehmen: I. HA Rep 76 Ve Sect 15 Abt VI Nr. 19 Bd. I (im folgenden: Geheimes Staatsarchiv Rep 76 mit Angabe der Foliierung).

17 'Vossische Zeitung' (im folgenden: VZ) 9, 11.I.1852: Bericht über den zweiten Vortrag in dem Zyklus des 'Wissenschaftlichen Vereins' zu Berlin im Saal der Singakademie unter dem Titel »Über Olympia und die Olympischen Spiele«. – Der Text wurde wiederholt gedruckt; hier wird er zitiert nach E. Curtius, Olympia. Ein Vortrag im Wissenschaftlichen Vereine zu Berlin. Mit zwei lithographischen Tafeln. Berlin 1852..

18 Er wurde durch ein Wandbild unterstützt, das Johann Heinrich Strack (1805–1880) zu jenem Anlass von der Ostfront des Zeustempels gezeichnet hatte (Lennartz, Kenntnisse, 175); s. auch die Schilderung in dem Aufsatz 'Olympia' von Jakob Philipp Fallmerayer von 1853, in: ders., Gesammelte Werke, hrsg. von Georg Martin Thomas, Leipzig 1861, Bd. 2, 419–440.

19 Curtius, Lebensbilder, 451 (17.I.1852).

20 Ebenda 450 (11.I.1852).

21 Mitgeteilt von Robert Prutz im 'Deutschen Museum' und skeptisch diskutiert, weil er in Deutschland nicht die entsprechenden Privatvermögen wie im Vergleichsfall England sah (Jg. 1853, Bd. 2, H. 29, S. 112 f.; hier S. 113).

22 Am 28. Juli 1853 informierte Niebuhr den Staatsminister Raumer – hier und im folgenden nach: Geheimes Staatsarchiv Rep 76, fol.1 –, der König habe befohlen, das von »C. Ritter, Curtius und Bötticher angeregte Project einer Ausgrabung in Olympia zu empfehlen«. Die Herren hätten zwar keine »Hoffnung, für die Museen irgend erhebliche Funde zu machen«, seien »aber überzeugt, daß an keinem anderen Orte mit solcher Sicherheit und mit verhältnißmäßig so geringen Kosten erhebliche Resultate für Topographie und Geschichte der Architektur zu erlangen« seien. Das Votum des Ministers der geistlichen Angelegenheiten vom 8. Oktober 1853 (ebenda, fol. 6) fiel positiv aus, denn die Lokalität sei für die Altertumskunde von »erheblicher Wichtigkeit«, da es der »Stapelplatz des Wichtigsten und Schönsten« gewesen sei, was Griechenland besessen habe. Am 8. März 1854 teilte Raumer Curtius, Bötticher und Ritter mit, der König habe den Ausgrabungsplan genehmigt (ebenda, fol. 43 [ms. Abschrift]).

23 Ebenda, fol. 51 (Abschrift) und fol. 64–67 (Abschrift der »Denkschrift« vom 8.VIII.1853).

24 Ebenda, fol. 106f. (Abschrift).

25 Ebenda, fol. 83 f.: Curtius an den preußischen König, 2.VI.1869 (Abschrift), mit dem Hinweis, die Situation sei jetzt günstiger als zuvor und es sei Zeit, eine Kommission einzuberufen, die über eine Beteiligung des Militärs – eine halbe Kompagnie Pioniere und ein Kriegsschiff – zu beraten habe (ebenda, fol. 90–92).

26 Boetticher, Olympia, 61 f.

27 RAPA 97, 25.IV.1874. – Im selben Artikel findet sich noch die Information, der Direktor des Archäologischen Museums von Konstantinopel halte sich in Athen auf, um mit Schliemann über die Ausgrabungen in Troja zu verhandeln. – Den Vertragstext dokumentiert Boetticher, Olympia, 65–67.

28 In Olympia von 1882 bis 1885 gebaut, wurde das Museum bereits am 18. Mai 1887 eingeweiht.

29 Zu den Einzelheiten s. die Denkschrift vom 18. August 1876, durch die 'Das Directorium für die Ausgrabungen zu Olympia' den Reichskanzler Bismarck informierte – Weitergabe an den Reichstag am 30. Oktober 1876 (Stenographische Berichte des Deutschen Reichstags, 2. Legislaturperiode, IV. Session, Nr. 18, 21 S. mit den 'Berichten' I bis VII): Das »nationale Werk« sei mit seltener Einstimmigkeit anerkannt worden; die Grabungen erschlössen »ein reiches Archiv hellenistischer Vergangenheit« (ebenda, 7).

30 Er hatte in Quedlinburg eine Lehre als Baumeister absolviert, in Berlin an der 'Bauakademie' studiert und danach im Handelsministerium eine Anstellung gefunden; seit 1875 war er mit der technischen Leitung der Grabungen in Olympia betraut. 1877 stellte ihn die Stadt Berlin als technischen Hilfsarbeiter ein; 1891 wurde er zum Provinzialkonservator für Ostpreußen ernannt; seit 1886 beschäftigte er sich amtlich mit der Verzeichnung sämtlicher Bau- und Kunstdenkmäler dieser Provinz in 8 Bänden (1892–1898).

31 Treu bemerkt am Schluss seines XXXXII. Artikels im RAPA, der 'Bericht' habe »die ihm gesteckten Grenzen [...] bereits weit überschritten«; in Artikelform umfasst er 226 Zeilen.

32 Jeder römisch gezählte 'Bericht' konnte aus mehreren arabisch gekennzeichneten 'Nummern' bestehen.

33 In der Literatur und in der Korrespondenz der Beteiligten wird 'Bericht' sowohl für die offiziellen Mitteilungen über die Grabungsergebnisse verwandt als auch für die speziellen Informationen, die für die Öffentlichkeit gedacht waren. Zur besseren Unterscheidung der grundverschiedenen Texte nenne ich die Veröffentlichungen im folgenden ausschließlich 'Artikel'.

34 s. die entsprechenden Hinweise im I. und IV. Artikel des RAPA: Zusammenfassung aller Berichte aus der Anfangsphase; Hinweis auf die Erkrankung »unserer jungen Landsleute« von Hirschfeld und Boetticher. – In allen RAPA-Nachweisen wird auf den zusätzlichen Hinweis 'Abendausgabe' verzichtet, weil alle Artikel abends erschienen sind.

35 Der VIII. Artikel im RAPA begründete die Veröffentlichung einer preiswerten Ausgabe des Buches 'Die Ausgrabungen von Olympia. Berichte und Funde 1875–1876' mit dem großen öffentlichen Interesse und dem raschen Verkauf der Erstauflage.

36 So hieß es in der VZ 315, 11.X.1879 (1. Beilage) in einer redaktionell gestalteten neunzeiligen Meldung: »Fünfzehn Meter hinter der Echohalle auf dem Westwall des Stadions wurde der Kopf der Nike des Paionios gefunden, die Haare mit dreifacher Binde umwunden, das ganze Gesicht aber leider abgesplittert. In der Ostmauer wurde eine Polyclet-Inschrift ausgegraben; und im Südwestgraben fand man eine neue römische Halle und einen Broncediscus mit Weiheinschrift.«

37 s. Curtius im X. Artikel des RAPA und passim.

38 Die Telegramm-Zitate finden sich im XIII. und XIV. Artikel des RAPA.

39 Insgesamt kosteten die sechs Kampagnen 600.000 Mark; im letzten Winter finanzierte Kaiser Wilhelm I. die Säuberungs- und Sicherungsarbeiten aus seinem Dispositionsfonds. Offizieller Auftraggeber war das 'Königlich Preußische Ministerium für geistliche Unterrichts- und Medicinalfragen' (Jantzen, Jahre, 20f.; Geheimes Staatsarchiv Rep 77, fol. 106f., Brief des Kronprinzen an den Minister Falk, 29.I.1873, Abschrift).

40 Im Jahresdurchschnitt erschienen die Artikel knapp sechswöchentlich; in der Praxis waren vier bis fünf Monate – in der Regel vom Juni/Juli bis zum Oktober – wegen der sommerlichen Grabungspause berichtsfrei, so dass der Leser in der übrigen Zeit alle zwei bis drei Wochen über die Funde informiert wurde. – Allein 1876 und 1880 gab es eine sechsmonatige Pause im RAPA.

41 Wenige Male erscheint er in der abgeänderten Form »Die Ausgrabungen von [bzw. »in«] Olympia«.

42 Das war der Platz der ersten Meldung oder des ersten Berichtes vom Tage. Lediglich Ergebnisse der 'Königlich Preußischen Lotterie' oder der Tod des ehemaligen Kriegsministers Roon veranlasste die Redaktion, Olympia nachrangig zu berücksichtigen.

43 XVIII. (23.V.1877) und XXIII. (4.V.1878).

44 Curtius, Michaelis, 215.

45 Sie stellte gelegentlich vor den vollständigen Nachdruck des Artikels aus dem RAPA ein paar einführende Bemerkungen (Germania 6, 10.I.1876, Beilage: »Die Ausgrabungen zu Olympia«).

46 'National-Zeitung' 7, 6.I.1876, S. 2, mit dem Hinweis auf die ausführliche Wiedergabe des offiziellen Berichts im Innern der Zeitung (Beiblatt, S. 2).

47 Nahezu durchgehend verwiesen sie dabei in einer Unterzeile auf die Erstveröffentlichung im RAPA (vgl. KöZ 34, 3.II.1876).

48 'Neue Preußische (Kreuz-) Zeitung' (im folgenden: NPZ) 4, 6.I.1876: »Die Ausgrabungen in Olympia«. Die Zeitung verzichtet auf den Nachdruck des Artikels im RAPA.

49 Die 'Norddeutsche Allgemeine Zeitung' (im folgenden: NAZ) 5, 7.I.1876, kündigte auf der ersten Seite eine regelmäßige Berichterstattung an und begann den Abdruck des ersten Berichts mit dem Hinweis, obwohl die eigentlichen Ausgrabungen kaum begonnen hätten, könne man bereits »Näheres über die glänzenden Funde« bieten.

50 VZ 4, 6.I.1876, 1. Beilage: »Die Ausgrabungen zu Olympia«.

51 In dichter Erscheinungsfolge informierte die »Illustrirte Zeitung« (im folgenden: IZ) ihre Leser nicht nur über den Fortgang und die Erfolge der Grabungsarbeiten, sondern auch über das partei- und forschungspolitische Umfeld: Verhandlungen im Reichstag und Bundesrat oder Finanzierungsfragen – vgl. IZ 1813, 30.II.1878 – oder im Frühjahr 1876 und im September bis November 1878 über die möglichen Weiterungen, die sich aus den Erfolgen in Pergamon und denen Schliemanns in Troja ergeben könnten.

52 'Berliner Tageblatt' (im folgenden: BT) 46, 24.II.1876.

53 'Elberfelder Zeitung' 31, 1.II.1876, 4.

54 Joachim Kirchner, Das deutsche Zeitschriftenwesen, seine Geschichte und seine Probleme, Teil II: Vom Wiener Kongreß bis zum Ausgang des 19. Jahrhunderts, Wiesbaden 1962, 446.

55 Stöber, Pressegeschichte, 212–250.

56 'Weser-Zeitung' (im folgenden: WZ) 10403, 6.I.1876 (Abendausgabe).

57 WZ 10545, 28.V.76, S. 1: »Olympia«.

58 WZ 10548, 31.V.76, S. 1: »Olympia«.

⁵⁹ In den achtziger Jahren waren rund 70% von ihnen in der Zeitung hauptberuflich tätig, etwa 11% waren Schriftsteller und Gelegenheitsjournalisten (Stöber, Pressegeschichte, 196f.).

⁶⁰ »Die Anspannung deutscher Staatskraft im Kriege von 1870 verheißt für die kommenden Friedensjahre die Erfüllung großer nationaler Forderungen aber auch neue Kampfziele und neue Arbeit. Nicht das Behagen ruhigen Genusses, sondern gesteigert, angestrengte Thätigkeit steht uns bevor«, hieß es in einer programmatischen Erklärung der Redaktion; zitiert nach Wilmont Haacke, Die politische Zeitschrift 1665–1965, Bd. I, Stuttgart 1968, Teil C, S. 172.

⁶¹ Curtius, Jahr, 607. 615.

⁶² Leicht zugänglich in Furtwängler, Schriften, Bd. I, 227–244.

⁶³ 1874 gegründet; innerhalb von zwei Jahren erreichte sie eine Auflage von rund 10.000 Exemplaren (Kirchner, Zeitschriftenwesen, 344).

⁶⁴ Gustav Hirschfeld, Olympia, in: ‘Deutsche Rundschau’ 13 (1877), 286–324 (mit Abb. und Lageplan).

⁶⁵ Hier nach: ‘Allgemeine Zeitung’ (im folgenden: AAZ), Augsburg 84, 25.III.1877, und ebenda, 167, 16.VI.1878, jeweils unter der Überschrift »Die Ausgrabungen von Olympia«.

⁶⁶ AAZ 8, 8.I.76, Beilage, 108: »Neueste Posten«, und verweisen auf den Triumph, der darin liege, die französischen Archäologen übertroffen zu haben.

⁶⁷ AAZ 100, 9.IV.80, Beilage, S. 1458 f.: »Archäologische Neuigkeiten aus Griechenland«.

⁶⁸ Berlin 1879.

⁶⁹ s. dazu dessen zweibändige Lebenserinnerungen »Wie ich Schriftsteller geworden bin« (Berlin 1893/94).

⁷⁰ KöZ 205, 23.X.1877.

⁷¹ SchZ 476.

⁷² NFP 4788, 17.XII.1877.

⁷³ ‘Hartung’sche Zeitung’ zitiert nach den dem Buch beigegebenen Pressemeldungen.

⁷⁴ In: ‘Die Gartenlaube’ 26 (1878), S. 811–815.

⁷⁵ ‘Im neuen Reich’ (im folgenden: INR) 6 (1876), 941–950, 995–1013 und 1041–1053: Wilhelm Lang, »Ein Besuch in Olympia«.

⁷⁶ Johannes Overbeck, Die olympische Nike des Paeonios von Mende. Nach einem im Leipziger Kunstverein gehaltenen Vortrag. In: Ilustrirte Deutsche Monatshefte 46 (1879), S. 61–72.

⁷⁷ IDM 48 (1880), Sp. 388–401; hier Sp. 401.

⁷⁸ ‘Norddeutsche Allgemeine Zeitung’ (im folgenden: NAZ) 5, 7.I.1876, S. 1; eine »Vorabmeldung« druckte sie am Vortag nach der ‘Presse’ (NAZ 4, 6.I.76, S. 1). – Im Verlauf der Jahre verzögerte sich das Erscheinen der RAPA-Nachdrucke bis um neun Tage.

⁷⁹ Mitunter bleibt unklar, welches Organ gemeint sein könnte, wenn es lapidar heißt: »der ‘Presse’ zufolge [...]« (NAZ 4, 6.I.1876).

⁸⁰ 1911 kaufte der Verlag Otto Janke die ‘Deutsche Roman-Bibliothek’ (Deutsche Verlagsanstalt, Stuttgart) und verschmolz sie mit seiner ‘Deutschen Roman-Zeitung’ (im folgenden: DRZ).

⁸¹ s. dazu im einzelnen Alfred Estermann, Inhaltsanalytische Bibliographien deutscher Kulturzeitschriften des 19. Jahrhunderts, Bd. 6: Deutsche Roman-Zeitung (1864–1880 [–1925]). München 1996.

⁸² DRZ 11 (1874), Sp. 640.

⁸³ Später, in den achtziger Jahren zeichnete das DAI als verantwortlich, wie die Unterzeile lautete.

⁸⁴ Curtius, Michaelis, 213.

⁸⁵ Der anonyme IV. Artikel (RAPA 62, 11.III.1876) schließt mit einem entsprechenden Hinweis.

⁸⁶ Unterschiede zum RAPA lassen sich z.B in den folgenden Artikeln feststellen: in I (die Schlussbewertung wird oben zitiert), III (Namen), VII (Planung), IX (Diskussion einer Pausanias-Stelle), XV (Erläuterung zu den Inschriften), XVII (Schlussfolgerungen) oder in XVIII (Inschrift); der vollständige Nachweis findet sich in der Tabelle (Anhang).

⁸⁷ In der Gesamtübersicht (s. Anhang) erscheinen die erschlossenen Namen in [eckigen Klammern].

⁸⁸ Erstmals wird vom ‘Directorium’ in diesem XIX. Artikel auch die Gelegenheit zu einer etwas gravitätisch klingenden Einführung genutzt: »Nachdem die Ausgrabungsarbeiten am 1. Oktober zum dritten Male eröffnet worden sind, können wir heute den ersten ausführlichen Bericht des Dr. Treu, datirt Druva, den 15. November, unsern Lesern mittheilen.«

⁸⁹ Dörpfeld unternahm in den späteren Jahren noch weitere Ausgrabungen in Olympia. Von 1906 bis 1909 führte er eine Tiefgrabung durch, 1921 setzte er sie bis 1923 und von 1927 bis 1929 fort. 1935 veröffentlichte er sein zweibändiges Werk über »Alt-Olympia. Untersuchungen und Ausgrabungen zur Geschichte des ältesten Heiligtums von Olympia und der älteren griechischen Kunst«.

⁹⁰ »Die olympische Nike des Paeonios von Mende. Nach einem im Leipziger Kunstverein gehaltenen Vortrag« – der Archäologe Johannes Overbeck (1826–1895) war Direktor des Archäologischen Museums in Leipzig – in: Jahrbuch der Illustrirten Monatshefte 46, April/September 1879, 72 (mit Abb.), der mit dem Gedanken schloss: »[...] das *Eine* steht *unbedingt* fest, und das muß uns mit hoher Freude erfüllen: das deutsche Reich ist in die Reihe der Staaten getreten, welche öffentliche Mittel auf große wissenschaftliche Unternehmungen verwenden, was dem bundestäglichen Deutschland weder in den Sinn gekommen ist noch in den Sinn kommen konnte. [... Das zeige], daß unser geliebtes deutsches Reich etwas Anderes und etwas mehr ist als eine große Caserne oder ein gemeinsames Polizei-Institut« (ebenda, 72, alle Hervorhebungen befinden sich im Original).

⁹¹ Über Adlers Vortrag »Mitteilungen über Olympia« vom 10. Oktober 1881 im ‘Architekturverein’ verfasste Treu einen Beitrag für das ‘Wochenblatt für Architekten und Ingenieure’ (im folgenden: WoBl) 3, 14.X.1881, S. 417–419.

⁹² Zumeist waren es dann allgemeinere Themen, das Fazit einer Grabungskampagne oder sogar – wie in dem Beitrag von Ernst Curtius, Griechische Ausgrabungen 1876–1877, in: Nord und Süd. Eine deutsche Monatsschrift 1 (1877), H. 1, S. 91–100, geschehen – ein Resümee eines Jahres, das zwar die drei Grabungen in Olympia, Athen und Mykenä umfasste, aber Olympia in den Mittelpunkt rückte: »Wie der einzelne Mensch ein Gedächtniß hat, damit er sein Leben als ein Ganzes auffasse und nicht gedankenlos in den Tag hineinlebe, so hat auch die Menschheit ein Gedächtniß [,] und es ist die Aufgabe der Ge-

93 schichtsforschung, die Erinnerung vergangener Zeiten wach zu erhalten, zu läutern und nach Kräften zu bereichern. Kein Gebiet der Vergangenheit ist im gleichen Grade für unsere heutige Bildung so wichtig und unentbehrlich, wie das hellenische Alterthum. [...] Olympia ist ein Centrum des griechischen Volkslebens [...]. Jeder Fund [...] führt uns mitten in das Alterthum hinein, und wirft Licht auf die verschiedenen Seiten des antiken Lebens« (ebenda, 91–93).

93 Dazu gehört der von Ernst Curtius am 22. März 1880, dem Geburtstag Kaiser Wilhelms I., in der Aula der Universität zu Berlin gehaltene Vortrag »Das fünfte Jahr der Ausgrabungen in Olympia«, den die Zeitschrift veröffentlichte: ebenda 1 (1880), 607–615.

94 Curtius publizierte dort bereits 1879 seinen 'Singakademie'-Vortrag vom 1. Februar für eine größere Öffentlichkeit über das anspruchsvolle Thema »Die wissenschaftlichen Ergebnisse der Ausgrabungen von Olympia«, jedoch nicht ohne anzumerken: »So lange man noch mit dem Einbringen der Frucht vollauf beschäftigt ist, hat man gerechtes Bedenken, einen Erntebericht abzustatten.« In: Preußische Jahrbücher 43 (1879), 184–196; hier: S. 196.

95 Darunter die drei Aufsätze über den »Untergang des antiken Olympias. Ein geschichtlicher Versuch auf Grund technischer Beobachtungen«, in: WoBl 1, 1.VIII.1879, S. 108 f.; ebenda, 22.VIII.1879, S. 131 f.; ebenda, 12.IX.1879, S. 157 f.

96 WoBl 6, 4.I.1884, S. 8: »Olympia und seine Denkmäler«.

97 F[riedrich] Adler: »Die Ausgrabungen zu Olympia«, Teile I bis IV. In: IZ 1704, 26.II.1876, S.154; ebenda, 1721, 24.VI.1876, S. 495–498; ebenda, 1724, 15.VII.1876, S. 46–48; ebenda, 1736, 7.X.1876, S. 300 f. (mit Abb.).

98 DRZ 1878, Heft 15, Sp. 235.

99 DRZ 1878, Heft 28, Sp. 316 f.

100 Über Adlers Auflistungen der bis 1879 gefundenen Altertümer in DRZ 1879, Heft 46, Sp. 795, über die Abformungen der Skulpturen in DRZ 1878, Heft 44, Sp. 635, u.a.m. in DRZ 1880, Heft 22, Sp. 826 f.

101 DRZ 1877, Heft 16, Sp. 314 f., Heft 17, Sp. 394 f., Heft 32, Sp. 635 f., Heft 35, Sp. 873 f., 1878, Heft 38, Sp. 155 f., Heft 17, Sp. 394 f., Heft 44, Sp. 635 f.

102 DRZ 1877, Heft 17, Sp. 394.

103 DRZ 1877, Heft 32, Sp. 635.

104 DRZ 1878, Heft 44, Sp. 635 f.

105 DRZ 1877, Heft 16, Sp. 314 f.

106 Der VII. Artikel feiert die Unterstützung von der griechischen Staatsspitze »bis zu dem ärmsten Dorfbewohner«.

107 s. dazu den XXXXII. Artikel im RAPA über das zufällige Zusammentreffen von postalischem Eingang der Nachricht über weitere finanzieller Mittel, kaiserlichem Geburtstag – Feier vor Ort – und »völlig unerwartet« auch noch der Fund einer überlebensgroßen Apollonstatue am selben Tag.

108 XV. Artikel: »die Fundberichte [lauten] so günstig, wie sie nur gewünscht werden könne«; XXIII. Artikel: »kühne Hoffnungen [sind] auch in architektonischer Beziehung durch das vorliegende und kaum zu bewältigende Material vollständig in Erfüllung gegangen«; XXXXII. Artikel: »Eine nach Umfang und Inhalt reichere und mannigfaltigere Ernte, als dieses Mal, haben die Berichte der olympischen Ausgrabungen noch selten zu verzeichnen gehabt.«

109 V. Bericht, gedruckt in RAPA 2, 24.X.1879.

110 Ebenda.

111 VZ 250, 24.X.1878: »Die Olympia-Ausstellung«.

112 In der INR wurde ausdrücklich auf die didaktisch gelungene Präsentation, die auch die Interessen des nicht fachlich qualifizierten Publikums berücksichtige, und die hohe Qualität der Photographien hingewiesen, die es erlaube, stilistische Studien vorzunehmen (ebenda, 9 [1879], 672–677: Bernhard Förster, »Die Olympia-Ausstellung in Berlin«.

113 NAZ 255, 27.X.1878: »Die Olympia-Ausstellung in der Dombaustätte zu Berlin«.

114 WoBl 2, 13.VIII.1880, S. 298.

115 Gertrud Platz-Horster, Zur Geschichte der Berliner Gipssammlung. in: Willmuth Arenhövel / Christa Schneider (Hg.), Berlin und die Antike. Architektur, Kunstgewerbe, Malerei, Skulptur, Theater und Wissenschaft vom 16. Jh. bis heute. Berlin 1979, S. 273–292.

116 Vgl. dazu Anonym: Das deutsche Archäologische Institut in seiner historischen Entwicklung, in: Unsere Zeit, NF 15 (1879), 481–495.

117 NAZ 255, 27.X.1878.

118 So erwähnt Furtwängler die schwere Erkrankung von Treu im X. Bericht.

119 Der VII. Artikel des RAPA erwähnt den Schutz der Grabungsstätte durch griechisches Militär und fährt fort: »Den besten Schutz gegen heimliche Raubgräberei werden endlich die bekannten klimatischen und örtlichen Verhältnisse, sommerliche Glut, Fieber-Miasmen und Muskitos gewähren.«

120 Wie im VI., X. und XV. RAPA-Artikel geschehen.

121 XII. Artikel für den RAPA 40 vom 15.II.1877.

122 I. Artikel für den RAPA 5, 5.I.1876.

123 XXIII. Artikel des RAPA 105 vom 4.V.1878.

124 XXXXV. Bericht (RAPA 158, 8.VII.1880).

125 Vgl. dazu die Korrespondenz im Geheimen Staatsarchiv Rep 76, fol. 286–290.

126 XXXIV. Bericht (RAPA 141, 19.VI.1879): »Ein zweites Beispiel für eine solche Verwendung der elliptischen Grundrissform kennt weder die Baugeschichte Griechenlands noch die aller übrigen Länder.«

127 XXXXI. Bericht (RAPA 70, 22.III.1880).

128 s. dazu den XXXXV. Artikel des RAPA mit der Beschreibung des Hippodamaiahauptes durch Treu: »Arg verstoßen und entstellt zieht es dennoch durch die Anmuth seines lächelnden Ausdruckes und das echt mädchenhafte Haargelock an, das, vom Wirbel schlicht nach allen Seiten herabfallend, Stirn, Wangen und Nacken mit doppeltem Geringel umgiebt. Mit diesem Kopfe zusammen gesehen mildert sich auch die Starrheit in der Gewandanordnung dieser Gestalt zu einer gewissen herben Sprödigkeit, die sich sehr wohl zu dem Ausdruck jungfräulicher Hoheit schickt« (158, 8.VII.1880).

129 XXXII. Bericht.

130 XXXXVII. Bericht (Hervorhebung in der Vorlage: RAPA 45, 22.II.1881).

131 XXV. Bericht.

¹³² X. Bericht.

¹³³ »Die Leser dieser Berichte haben bereits von den archäologischen und architektonisch-topographischen Resultaten Kenntniß [...]« (XXXVII. Artikel des RAPA].

¹³⁴ XXVI. Artikel.

¹³⁵ Im XXIII. und XXXIII. Artikel des RAPA.

¹³⁶ X. Bericht (RAPA 5, 6. I. 1877).

¹³⁷ Sogleich im I. Bericht und in häufiger Wiederholung bis zum letzten.

¹³⁸ s. dazu die Berichte VI, XXII und XXIII.

¹³⁹ So im Bericht XXXVI, denn dort werden die Angaben bei Pausanias über die Lage des dem Pelops geheiligten Bezirks auf das Genaueste bestätigt: »liegt im Norden des Zeustempels und erstreckt sich, ungefähr in der Mitte des Tempels anfangend, nach dem Opisthodom hin.«

¹⁴⁰ So Treu im XXXXVII. Artikel des RAPA: »Denn nach einer Benennung für den Kopf bei Pausanias zu suchen, ist leider vergeblich. Da er schon in römischer, wenn auch spätrömischer Zeit, in den Fundamentschutt gerieth, so ist es sehr wohl möglich, daß Pausanias ihn gar nicht mehr gesehen hat« (45,22.II.1881).

¹⁴¹ Der Berliner Akademie 1879 vorgelegt; s. den Abdruck in Furtwängler, Kleine Schriften I, 339.

¹⁴² »Die letztgenannten Funde [bronzene Votivstatuette, archaischer Zeus-Kopf aus Terrakotta, archaischer Bronze-Kopf des Vorjahrs] zusammen sind wohl geeignet, die archaischdorische Kunst des Peloponneses – denn dieser gehören sie ohne Zweifel an – zu lebendiger Anschauung zu bringen.«

¹⁴³ In den Berichten XXI, XXIV, XXXII und XXXV.

¹⁴⁴ VII. Artikel: eine Photographie habe gezeigt, nicht Atlas, sondern Herakles stelle die tragende Mittelfigur dar (RAPA 124, 27. V. 1876).

¹⁴⁵ RAPA 33, 8. II. 1881.

¹⁴⁶ V, Nr. 2.

¹⁴⁷ V. Bericht, Nr. 5 vom 7. XI. 1879.

¹⁴⁸ Darauf verweist der anonyme Rezensent des Buches von Georg Hoyns »Die alte Welt in ihrem Bildungsgange als Grundlage der Cultur der Gegenwart«, Berlin 1876, in 'Westermann's Jahrbuch der Illustrirten Deutschen Monatshefte' 44, 1878, S. 630.

¹⁴⁹ Im RAPA, in der VZ und NPZ am häufigsten; s. auch INR 7 (1877), S. 1001–1010: A. Milchhöfer, »Die jüngsten Ausgrabungen in Athen«.

¹⁵⁰ 1869 publizierte Schliemann seine Darstellung »Ithaka, der Peloponnes und Troja«, mit der er an der Universität Rostock promoviert wurde; 1878 erschien sein Buch »Mykene«, in dem er die Grabungen von Mykene und Tiryns beschreibt.

¹⁵¹ Seit 1880 lebte Schliemann in Athen; seit 1882 arbeitete er mit Dörpfeld zusammen.

¹⁵² AAZ 133, 12.V.1880, Beilage, S. 1937: Reinhard Kekulé, Die österreichischen Ausgrabungen auf Samothrake: »Die Wissenschaft ist über den Eifersüchteleien der Nationen erhaben wie die Sonne über den Gränzpfählen. Aber welcher Deutscher sollte sich nicht freuen[,] daß gerade Deutschland das große Werk der Ausgrabungen in Olympia vollführt, daß gerade Deutschland die Erwerbung der Sculpturen von Pergamon gelungen ist! Wer sollte sich nicht freuen[,] daß in die Thätigkeit der Aufsuchung neuer Schätze der classischen Kunst im Gebiete der eigentlich griechischen Welt, die so lange England und Frankreich überlassen blieb, nun endlich auch Deutschland und Oesterreich eintreten in den friedlichen Wettkampf der Nationen, der allen zugleich den edelsten Gewinn bringt!«

¹⁵³ AAZ 68, 9.III.1878, Beilage, S. 1005: »Bericht aus Oxford«.

¹⁵⁴ In allen Tageszeitungen lassen sich Berichte und Meldungen nachweisen, die zeitweise die Olympia-Berichterstattung dominierten.

¹⁵⁵ Curtius, Lebensbild, S. 655.

¹⁵⁶ Vgl. dazu Wolfgang J. Mommsen, Bürgerliche Kultur und künstlerische Avantgarde. Kultur und Politik im deutschen Kaiserreich 1871–1918.

¹⁵⁷ s. die Artikel »Die Olympia-Ausstellung« in: VZ 250, 25.X.1876, und zwei Tage später unter dem Titel »Die Olympia-Ausstellung in der Dombaustätte zu Berlin« im RAPA.

¹⁵⁸ Es konnte übrigens bislang nicht unzweideutig nachgewiesen werden, dass ein vertieftes Verständnis für die Forschung zu einer größeren Bereitschaft des Lesers geführt hätte, den Forscher zu unterstützen. – vgl. Dieter Schütz, Öffentlichkeitsarbeit als informationsvermittelnder Journalismus, in: Stephan Ruß-Mohl (Hrsg.), Wissenschaftsjournalismus und Öffentlichkeitsarbeit, Gerlingen 1990, 141–146.

¹⁵⁹ Curtius, Michaelis, 214.

¹⁶⁰ Sösemann, Gedanken, 122; dort weitere Hinweise und Belege.

¹⁶¹ In seiner Denkschrift für den Reichstag hatte Curtius 1874 auf die Konkurrenzsituation mit Wien – seit 1872 in Samothrake tätig – hingewiesen und von keiner »würdigere[n] Friedensaufgabe« gesprochen, als die sich »lohnendere Aufgabe«, die Altis von Olympia methodisch und systematisch aufzudecken; zit. nach Boetticher, Olympia, 68 f.

¹⁶² Curtius, Michaelis, 216.

¹⁶³ »Die Gründung des Reiches ist auch eine Epoche der Wissenschaft«, hieß es in Curtius, Athen, 16. »Zu keiner Zeit sind so viele Quellen geschichtlicher Kunde eröffnet, die unseren Blick erweitern und unsere Kenntniß der menschlichen Dinge bereichern, wie unter der Regierung unseres Kaisers [...].«

¹⁶⁴ s. den XXXXIII. Artikel im RAPA (Adler), 107, 8.V.1880.

¹⁶⁵ Vgl. zu derartigen Fragen Lenoir, Politik, passim, besonders jedoch in den ersten beiden Aufsätzen dieses Sammelbandes.

¹⁶⁶ Vgl. hierzu die Wortmeldungen in den Stenographischen Berichten des Deutschen Reichstages seit 1876.

¹⁶⁷ Der Abgeordnete Rönne (Hildesheim) äußerte sich keineswegs als einziger (Stenographische Berichte des Deutschen Reichstags, S. 522f.) in diesem Sinne.

¹⁶⁸ »Die Entwicklung des preußischen Staats nach den Analogien der alten Geschichte«, zitiert nach: Curtius, Alterthum, ³II, 209–218, hier: S. 209.

¹⁶⁹ Kulhoff, Selbstbehauptung, 23–33; Johnston, Nationalmythos, 258.

¹⁷⁰ Vortrag vom 29. Januar 1880 über »Die Entwickelung des preußischen Staats nach den Analogien der alten Geschichte«, veröffentlicht in: Curtius, Alterthum ³II, 209–218; hier: S. 212 f. 214. 218. Außerdem hierzu Margaritas, Griechenland, 154 f.

¹⁷¹ Alings, Monument, 17–40: »Ob nationale Identifikation mit ihnen [mit Denkmal-Angeboten] oder durch sie möglich wurde,

[172] Ernst Curtius in seinem am 22. März 1870 gehaltenen Vortrag über »Die öffentliche Pflege von Wissenschaft und Kunst«, abgedruckt in ders., Alterthum I (⁵1903), 116–129, hier: S. 128.

[173] Nipperdey, Nationalidee, 17 f., schlägt eine diachrone Typologie vor und rekonstruiert fünf Idealtypen: das national-monarchische oder national-dynastische Denkmal, die geplante, aber nie errichtete Denkmalskirche, das historisch-kulturelle Nationaldenkmal, das der demokratisch konstituierten Nation und das der nationalen Sammlung. Diese inhaltlich relativ enge, stark nominelle und eher von sekundären Indizien bestimmte Zusammenstellung vermag die tatsächliche nationalpolitische Relevanz nur in Ansätzen zu erfassen.

[174] Unter dem Stichwort 'Denkmal' im »Großen Conversations-Lexicon für die gebildeten Stände«, hrsg. von Joseph Meyer, Hildburghausen 1846, Bd. 7, 171, wo der Zusammenhang mit der Antike durch die Verweise auf die grundsätzlich vermittelnde Kraft der Geschichte und »jene heldenmüthige Vaterlandsliebe« ausdrücklich hergestellt wird, »welche wir an den großen Nationen des Alterthums bewundern«.

[175] Mommsen, Kultur, 7–12.

[176] So Albert Hofmann, Architekt und Redakteur der 'Deutschen Bauzeitung', der hier Theodor Mommsen zitiert, und dessen zweibändiges Werk – der angekündigte dritte Band ist nicht mehr erschienen – die zeitgenössische Diskussion kenntnisreich reflektiert; vgl. ders., Denkmäler (Handbuch der Architektur, Teil IV, 8, H. 2a/b), 2. Bd., Leipzig 1906, – zum Philhellenismus in Deutschland und Europa s. den Gesamtüberblick von Marchand, Olympus (1996).

[177] So Curtius im Schlussabsatz seines Vortrags vor dem 'Wissenschaftlichen Verein' in Berlin im Februar 1879 (Curtius, Alterthum II, 129–172, hier S. 172): »Wir aber freuen uns, daß diese neue Offenbarung hellenistischer Schönheit bei uns zuerst an das Licht getreten ist [...], daß das vor 27 Jahren an dieser Stelle angeregte [...] Werk dem Deutschen Volk ein dauerndes Ehrenmal und für die lebendige Erkenntniß der größten Zeiten des Alterthums eine für lange unerschöpfliche Quelle ist« (ebenda).

Der entschieden Nation und Geschichte, 'Gesammtwille' und 'geschichtlicher Hergang'. [...] Nationaldenkmal ist, was zu einem Nationaldenkmal geworden ist« (hier S. 40).

[178] Étienne, École, 4 f.

[179] So finden sich in der berühmten 6. Auflage (1905) auf der Tafel »Bildhauerkunst IV: Griechische Bildnerei« neun Abbildungen, von denen allein sieben aus Olympia stammen: 3 Köpfe, Hermes mit dem Dionysosknaben, Nike von Paionios, Herakles und Atlas sowie der Ostgiebel des Zeustempels (Meyers Großes Konversations-Lexikon. Ein Nachschlagewerk des allgemeinen Wissens, Leipzig [6] 1905, Bd. 2, nach S. 912).

[180] So in dem Schreiben von Curtius und Adler an Bismarck vom 6. Februar 1882 (Geheimes Staatsarchiv, Rep. 76, fol.272–275 [Abschrift]).

[181] AAZ 132, 11.V.1880, Beilage, S. 1921–1923: Wilhelm Lübke, »Berliner Eindrücke«: »[...] es hat lange Zeit gebraucht [,] bis in den leitenden Berliner Kreisen sich die Ueberzeugung Bahn brechen konnte[,] daß die Kunstpflege zu den höchsten Merkmalen eines Culturstaats gehöre, und daß sowohl das geistige als das materielle Gedeihen einer Nation wesentlich von der Werthschätzung und Förderung abhänge[,] welche sie dem künstlerischen Leben zutheil werden lässt.« - Preußen (Berlin) habe nach 1871 »auch die Parole für jeden geistigen Fortschritt ausgegeben, daß namentlich nach dem von Frankreich Jahrhunderte hindurch festgehaltenen Vorgang die Entwicklung von Kunst und Kunstindustrie als eine hochwichtige Angelegenheit der nationalen Cultur ins Auge gefaßt werde« (ebenda, S. 1921). – Lübke lobt ausdrücklich die AZ und das 'Jahrbuch der königlich preußischen Kunstsammlungen' und fährt dann fort: »Das berechtigte Selbstgefühl nach so großen Thaten in der Geschichte der Hohenzollern und des innig mit ihnen verbundenen preußischen Volkes konnte keinen schöneren Ausdruck finden[,] als in einem Werke[,] welches die künstlerischen Kräfte der Nation zu schöpferischer Thätigkeit verbindet« (ebenda).

[182] Vgl. dazu die Gedanken Max Webers in seiner berühmten Freiburger Antrittsvorlesung von 1895 (ders., Gesammelte politische Schriften, hrsg. von J. Winckelmann, Tübingen ³1971, 91 f.).

Abbildungsnachweis
Alle Abbildungen nach Dias des Verfassers

Anhang

Vergleichende Übersicht zu den Artikeln »Die Ausgrabungen zu Olympia« im 'Deutschen Reichs-Anzeiger und Königlich Preußischen Staats-Anzeiger' (RAPA) und in der 'Archäologischen Zeitung' (AZ) von 1876 bis 1881

	Berichte in Berlin umformuliert oder übernommen		Veröffentlichungen Reichs-Anzeiger		Archäologische Zeitung		
lfd. Nr.	Verfasser	in Olympia datiert	Nr.	Datum (abends)	Jg.	Jahr.	Lücken im Vergleich zum RAPA
I	Curtius, Adler	ohne	5	5.1.76	33	1876	minus 6 Zeilen
II	[Hirschfeld, Bötticher][1]	ohne	26	29.1.76	33	1876	vollständig
III	ohne	ohne	36	10.2.76	33	1876	vollständig
IV	[Weil][2]	ohne	62	11.3.76	34	1877	vollständig
V	[Weil][3]	ohne	85	7.4.76	34	1877	minus 3 Zeilen
VI	[Adler, Hirschfeld][4]	ohne	107	5.5.76	34	1877	vollständig
VII	ohne	ohne	124	27.5.76	34	1877	minus 4 Zeilen
VIII	ohne	ohne	298	18.12.76	34	1877	vollständig
IX	ohne	ohne	1	2.1.77	34	1877	minus 13 Zeilen
X	[Curtius][5]	ohne	5	6.1.77	34	1877	vollständig
XI	ohne	ohne	29	3.2.77	34	1877	minus 2 Zeilen
XII	ohne	ohne	40	15.2.77	35	1878	vollständig
XIII	ohne	ohne	58	8.3.77	35	1878	vollständig
XIV	ohne	ohne	64	15.3.77	35	1878	minus 1 Zeilen
XV	ohne	ohne	76	29.3.77	35	1878	minus 4 Zeilen
XVI	ohne	ohne	8	11.4.77	35	1878	vollständig
XVII	ohne	ohne	114	17.5.77	35	1878	minus 11 Zeilen
XVIII	ohne	ohne	118	27.5.77	35	1878	minus 3 Zeilen
XIX	Treu	[15.11.][6]	278	24.11.78	35	1878	vollständig
XX	Treu	[15.2.][7]	51	28.2.78	36	1879	vollständig
XXI	Treu	[21.2.][8]	59	9.3.78	36	1879	vollständig
XXII	Treu	[14.3.][9]	78	1.4.78	36	1879	vollständig
XXIII	Adler[10]	18.4.78	105	4.5.78	36	1879	minus 2 Zeilen
XXIV	Treu	21.4.78	109	9.5.78	36	1879	vollständig
XXV	Treu	ohne	143	20.6.78	36	1879	vollständig
XXVI	Treu	10.6.78	151	27.6.78	36	1879	minus 19 Zeilen
XXVII	ohne	ohne	175	27.7.78	36	1879	Zitat und Tabelle[11]
XXVIII	Dörpfeld	ohne	304	27.12.78	36	1879	vollständig
XXIX	Furtwängler	ohne	3	4.1.79	36	1879	minus 15 Zeilen
XXX	Furtwängler	Jan.[12] 79	41	17.2.79	37	1880	minus 5 Zeilen
XXXI	Dörpfeld	ohne	49	26.2.79	37	1880	vollständig
XXXII	Treu	ohne	84	8.4.79	37	1880	minus 10 Zeilen
XXXIII	Treu	22.4.79	109	10.5.79	37	1880	vollständig
XXXIV	Dörpfeld	28.5.79	141	19.6.79	37	1880	vollständig
XXXV	Treu[13]	20.6.79	166	18.7.79	37	1880	vollständig
XXXVI	Dörpfeld	ohne	204	1.9.79	37	1880	vollständig
XXXVII	Treu	ohne	228	29.9.79	37	1880	minus [14]Zeilen
XXXVIII	Treu	6.11.79	278	26.11.80	37	1880	minus 27 Zeilen
XXXIX	Treu	1.1.80	15	18.1.80	38	1881	minus 10 Zeilen
XXXX	ohne	1.2.80	49	26.2.80	38	1881	minus 7 Zeilen
XXXXI	Treu	ohne	70	22.3.80	38	1881	minus 4 Zeilen
XXXXII	Treu	2.4.80	90	16.4.80	38	1881	minus 63 Zeilen[15]
XXXXIII	Adler	20.4.80	107	8.5.80	38	1881	vollständig
XXXXIV	Curtius	29.4.80	113	15.5.80	38	1881	vollständig
XXXXV	Treu	ohne	158	8.7.80	38	1881	vollständig
XXXXVI	Dörpfeld	Jan. 81	33	8.2.81	39	1882	minus 14 Zeilen
XXXXVII	Treu	ohne	45	22.2.81	39	1882	vollständig

1 Anonym erschienen. Der Artikel fußt auf Berichten von Hirschfeld und Bötticher vom 30. Dezember 1875 sowie vom 6. und 13. Januar 1876.
2 Anonym erschienen. Der Artikel fußt auf einem Bericht von Weil; Briefe vom 17. und 24. Februar 1876.
3 Anonym erschienen. Der Artikel fußt auf einem Berichten von Weil vom 1., 15. und 22. März 1876.
4 Anonym erschienen. Der Artikel fußt vermutlich auf Berichten von Adler und Hirschfeld.
5 Im Artikel finden sich die Verfasser-, Orts- und Datumsangaben: »Curtius [...] berichtet aus Druva unter dem 21. Dezember«.
6 Im Artikel finden sich die Orts- und Datumsangaben: »Druva, den 15. November«.
7 Im Artikel finden sich die Orts- und Datumsangaben: »Druva, den 15. Februar«.
8 Im Artikel finden sich die Orts- und Datumsangaben: »Olympia, den 21. Februar«.
9 Im Artikel finden sich die Orts- und Datumsangaben: »Olympia, den 14. März«.
10 Im Artikel lokalisiert auf »Druva«.
11 Die AZ beschränkt sich 1879 auf ein Zitat und eine Tabelle (S.138).
12 Mit dem Zusatz »Ende«.
13 Hier nicht wie i.d.R. aus »Olympia«, sondern aus »Athen«.
14 Aus dem gesamten Bericht werden lediglich 4 Zeilen zitiert und eine 5 Zeilen umfassende Tabelle aufgeführt, die eine Übersicht der Funde bietet.
15 Dieser Bericht wurde von der AZ ursprünglich völlig verstümmelt wiedergegeben (AZ 38 [1880], Sp. 50f). Die AZ-Redaktion bemerkte später den Irrtum und erklärte ihren Lesern, sie habe seiner Zeit eine verderbte Quelle benutzt – sie nennt sie nicht, sondern spricht nur von »einer Zeitung«. Doch ihr verbesserter Abdruck (AZ 39 [1881], Sp. 116f.: »Nachträge zu Bericht 42«) bringt den Bericht des RAPA keineswegs ungekürzt, greift in den Text wiederholt ein und fügt außerdem drei Zusätze in eckigen Klammern ein. Es sind kommentierende Bemerkungen, die Treu zugeschrieben werden und die sich in der RAPA-Veröffentlichung nicht finden können, da sie nicht zu dem vom Direktorium autorisierten Bericht gehören. Die drei Nachträge werden hier veröffentlicht; alle Hervorhebungen finden sich in den Vorlagen. Die ersten beiden betreffen den Streit um den Hermes; der dritte Nachtrag bezieht sich auf den Herakleskopf: »Es sollte hiermit auf die von Benndorf in Lützow's Kunstchronik XIII S. 779ff. aufgeworfene Frage hingedeutet werden, ob der olympische Hermes wegen seiner, der lysippischen so verwandten, Formengebung nicht einem jüngeren, um die Zeit des Theophrast lebenden Praxiteles angehören könne. Hier schien mir das Dionysosköpfchen durch seine unleugbar hinter der Hauptfigur zurückgebliebene Formengebung und durch eine gewisse Aehnlichkeit der Haarbehandlung und der Gesichtszüge mit der knidischen Aphrodite diese Frage zu Gunsten des älteren, des grossen Praxiteles zu entscheiden.« – »Ich deute auf diesen *aeusseren* Beweis der Zugehörigkeit jetzt um so nachdrücklicher hin, als dieselbe neuerdings von Newton in einem *Times*-Berichte über seine letzte Reise nach Olympia (April 1880) sehr mit Unrecht in Zweifel gezogen worden ist. Davon dass die Brüche in der That genau aufeinander passen, wird sich bald ein Jeder mit Hilfe der jetzt in Berlin eingetroffenen Gypsform überzeugen können.« – »Die Stylobatquader des Zeustempels, unter der dieser Kopf versteckt gefunden wurde, ist nämlich die der Nordwestecke.«

Quellen- und Literaturverzeichnis

Archivalien und Protokolle

Deutsches Archäologisches Institut, Archiv: Olympia, V. Bericht, Nr. 1–5, Druva, 17.X.1879-7.XI.1879.

Geheimes Staatsarchiv Preußischer Kulturbesitz, Berlin I.HARep 76 Ve Sect 15 Abt VI Nr. 19 Bd. I: Korrespondenz, Denkschriften, Protokolle und Berichte betr. 'Olympia'

Stenographische Berichte des Deutschen Reichstags, 2. Legislaturperiode, IV. Session, Berlin 1876.

Zeitgenössische Publikationen

Ernst Curtius

- Die Akropolis von Athen. Ein Vortrag im Wiss. Verein zu Berlin am 10.II.1844 gehalten. Berlin 1844.
- Olympia. Ein Vortrag im Wissenschaftlichen Vereine zu Berlin. Mit zwei lithographischen Tafeln. Berlin 1852.
- Zur Geschichte des Wegebaus bei den Griechen. Berlin 1855.
- Göttinger Festreden. Berlin 1864.
- Festrede am Geburtstage Seiner Majestät des Kaisers und Königs im Namen der Friedrich-Wilhelms-Universität am 22.III.1873. Berlin 1873.
- Ephesos. Ein Vortrag gehalten im Wiss. Verein zu Berlin am 7.II.1874. Berlin 1874.
- Arbeit und Muße. Festrede am Geburtstag Seiner Majestät des Kaisers und Königs in der Aula der Friedrich-Wilhelms-Universität am 22.III.1875. Berlin 1875.
- An Herrn Professor Adolf Michaelis, in: Im neuen Reich 6 (1876), S. 212–216.
- William Martin Leake und die Wiederentdeckung der klassischen Länder, in: Preußische Jahrbücher 38 (1876), S. 237–252.
- (zusammen mit) Gustav Hirschfeld (Hrsg.): Olympia. Die Ausgrabungen von Olympia. 5 Bde. Berlin 1876–1881.
- Alterthum und Gegenwart (zit. als 'Alterthum'). Bde. 1 und 2: Gesammelte Reden und Vorträge. Berlin 1875/82 (³1903); Bd. 3: Unter drei Kaisern. Reden und Aufsätze. Berlin 1889 (⁵1903).
- Das archaische Bronzerelief aus Olympia (Abhandlungen der Königlich Preußischen Akademie der Wissenschaften. Phil.-hist. Abt. III, mit drei Tafeln). Berlin 1879.
- Das vierte Jahr der Ausgrabungen von Olympia. Berlin 1879.
- Die wissenschaftlichen Ergebnisse der Ausgrabungen von Olympia., in: Preußische Jahrbücher 43 (1879), S. 184–196.
- Das fünfte Jahr der Ausgrabungen von Olympia. Rede am Geburtstage Sr. Maj. des Kaisers 22. März 1880 in der Aula der Universität zu Berlin gehalten, in: Unsere Zeit NF 1 (1880), S. 607–615.
- Die Altäre von Olympia (Abhandlungen der Königlich Preußischen Akademie der Wissenschaften zu Berlin 1881, Phil.-hist. Abt. VII, mit 2 Tafeln). Berlin 1882.
- (zusammen mit) F[riedrich] Adler (Hrsg.): Olympia und Umgebung. Zwei Karten und ein Situationsplan, gezeichnet von Kaupert und Dörpfeld. Berlin 1882.
- Studien über die Tempelgiebel von Olympia (Sitzungsberichte der Königlich Preussischen Akademie der Wissenschaften zu Berlin II, S. 777–789). Berlin 1883.
- Athen und Eleusis. Rede am Geburtstag Seiner Majestät des Kaisers und Königs in der Aula der Friedrich-Wilhelms-Universität zu Berlin am 22.III.1884. Berlin 1884.
- August Böckh. Rede zur Säkularfeier von Böckhs Geburtstag am 24. XI.1885 in der Aula der Friedrich-Wilhelms-Universität zu Berlin. Berlin 1885.
- Das Königthum bei den Alten. Rede am Geburtstag Seiner Majestät des Kaisers und Königs in der Aula der Friedrich-Wilhelms-Universität zu Berlin am 22.III.1886.
- Griechische Geschichte. Bde. 1–3. Bd. 1: Bis zum Beginne der Perserkriege. Bd. 2: Bis zum Ende des peloponnesischen Krieges. Bd. 3.: Bis zum Ende der Selbständigkeit Griechenlands nebst Register und Zeittafel. Berlin 1887–1889.
- Athen und Rom. Rede am Geburtstag Seiner Majestät des Kaisers und Königs in der Aula der Friedrich-Wilhelms-Universität zu Berlin am 17.I.1891. Berlin 1891.
- Die Tempelgiebel von Olympia (Sitzungsberichte der Königlich Preussischen Akademie der Wissenschaften zu Berlin, Phil.-hist. Abt. II, mit 2 Tafeln). Berlin 1891.
- Das menschliche Auge in der griechischen Plastik (Sitzungsberichte der Königlich Preussischen Akademie der Wissenschaften zu Berlin II, S. 691–695, mit 2 Tafeln). Berlin 1891.
- Architektur und Plastik. Rede zur Feier des Geburtstags S.M. Berlin 1892.
- Gesammelte Abhandlungen (zit. als 'Abhandlungen'), 2 Bde. Berlin 1894.
- Die Schatzhäuser von Olympia (Sitzungsberichte der Königlich Preussischen Akademie der Wissenschaften zu Berlin I, S. 239–251). Berlin 1896.
- Ein Lebensbild in Briefen (zit. als 'Lebensbild'). Neue Ausgabe. Hrsg. von Friedrich Curtius. 2 Bde. Berlin 1913.

Anonym: Das deutsche Archäologische Institut in seiner historischen Entwickelung, in: Unsere Zeit NF 15 (1879), 481–495.

Boetticher, Adolf: Olympia. Das Fest und seine Stätte. Nach den Berichten der Alten und den Ergebnissen der Deutschen Ausgrabungen. Mit 95 Holzschnitten und 21 Tafeln. Berlin 1886.

Fallmerayer, Jakob Philipp: Gesammelte Werke, Bd. 2, hrsg. von Georg Martin Thomas, Leipzig 1861.

Förster, Bernhard: Die Olympia-Ausstellung in Berlin, in: Im Neuen Reich 9 (1879), S. 672–677.

Furtwängler, Adolf: Kleine Schriften. Hrsg. von Johannes Sieveking /Ludwig Curtius, 2 Bde. München 1912.

Ders.: Briefe aus dem Bonner Privatdozentenjahr 1879/80 und der Zeit seiner Tätigkeit an den Berliner Museen 1880–1894. Hrsg. von Adolf Greifenhagen. Stuttgart 1965.

Joseph Meyers Großes Conversations-Lexikon für die gebildeten Stände. Hildburghausen 1846.

Meyers Großes Konversations-Lexikon. Ein Nachschlagewerk des allgemeinen Wissens. 20 Bde., Leipzig (6) 1905–1909.

Michaelis, Adolf: Das deutsche archäologische Institut in Athen und die Ausgrabungen in Olympia, in: Im Neuen Reich 6 (1876), S. 128–140.

Ders.: Eine neue Copie des Parthenos des Phidias, in: Im Neuen Reich 11 (1881), S. 353–361.

Ders.: Die Aufgaben und Ziele des kaiserlichen deutschen archäologischen Instituts, in: Preußische Jahrbücher 63 (1889), S. 21–51.

Ders.: Die archäologischen Entdeckungen des 19. Jahrhunderts. Leipzig 1906.

Darstellungen und Untersuchungen

100 Jahre deutsche Ausgrabungen in Olympia. Katalog. München 1972.

Alings, Reinhard: Monument und Nation. Das Bild vom Nationalstaat im Medium Denkmal – zum Verhältnis von Nation und Staat im deutschen Kaiserreich (Beiträge zur Kommunikationsgeschichte 4). Berlin 1996.

Bol, Peter Cornelis: Olympia. Eine archäologische Grabung. Frankfurt am Main 1977.

Borbein, Adolf Heinrich: Zur Entwicklung der archäologischen Forschung im 18. und 19. Jahrhundert. In: Archäologie (Forschung und Information 21). Berlin 1977, S. 28–42.

Ders. (Hrsg.): 150 Jahre Archäologische Gesellschaft zu Berlin. Berlin 1993.

Daum, Andreas W.: Wissenschaftspopularisierung im 19. Jahrhundert. Bürgerliche Kultur, naturwissenschaftliche Bildung und die deutsche Öffentlichkeit 1848–1914. München 1998.

Étienne, Roland: L'École française d'Athènes, 1846–1896, in: Bulletin de Correspondance Hellénique 120 (1996), S. 3–22.

Fehrenbach, Elisabeth: Über die Bedeutung der politischen Symbole im Nationalstaat, in: HZ 213 (1971), S. 296–357.

Fittschen, Klaus: Die Gründung des Deutschen Archäologischen Instituts in Athen. Ernst Curtius (1814–1896) zum Gedächtnis, in: Athenische Mitteilungen 111 (1996), S. 1–44.

Gebhardt, Hartwig: Organisierte Kommunikation als Herrschaftstechnik. Zur Entwicklungsgeschichte staatlicher Öffentlichkeitsarbeit, in: Publizistik 39 (1994), S. 175–189.

Hardtwig, Wolfgang: Geschichtsinteresse, Geschichtsbilder und politische Symbole in der Reichsgründungsära und im Kaiserreich, in: Ekkehard Mai – Stephan Waetzoldt (Hrsg.), Kunstverwaltung, Bau- und Denkmal-Politik im Kaiserreich (Kunst, Kultur und Politik im Deutschen Kaiserreich, Schriften eines Projekt-Kreises der Fritz Thyssen Stiftung 1). Berlin 1981, S. 47–74.

Herrmann, Hans-Volkmar: Die Olympia-Skulpturen (Wege der Forschung 577). Darmstadt 1987.

Hobsbawm, Eric: Nations and Nationalism since 1780. Cambridge 1990.

Jantzen, Ulf: Einhundert Jahre Athener Institut 1874–1974 (Geschichte und Dokumente 10). Mainz 1986.

Johnston, Otto W.: Der deutsche Nationalmythos. Ursprung eines politischen Programms. Stuttgart 1990.

Kirchner, Joachim: Das deutsche Zeitschriftenwesen, seine Geschichte und seine Probleme. Teil II: Vom Wiener Kongreß bis zum Ausgang des 19. Jahrhunderts. Wiesbaden 1962.

Kulhoff, Birgit: Bürgerliche Selbstbehauptung im Spiegel der Kunst. Untersuchungen zur Kulturpublizistik der Rundschauzeitschriften im Kaiserreich 1871–1914 (Bochumer Historische Schriften, Neuere Geschichte 9). Bochum 1990.

Kyrieleis, Helmut: Das Deutsche Archäologische Institut, in: Archäologie in Deutschland 1 (1994), S. 12–21.

Lennartz, Karl: Kenntnisse und Vorstellungen von Olympia und den Olympischen Spielen in der Zeit von 393–1896. Stuttgart 1974.

Lenoir, Timothy: Politik im Tempel der Wissenschaft. Forschung und Machtausübung im deutschen Kaiserreich (Edition Pandora 2). Frankfurt am Main 1992.

Marchand, Suzanne L.: Down from Olympus. Archaeology and Philhellenism in Germany, 1750–1970, Princeton N.J. 1996.

Margaritis, George: Griechenland. Wiedergeburt aus dem Geist der Antike, in: Monika Flacke (Hrsg.), Mythen der Nationen, München 1998, S. 152–173.

Mallwitz, Alfred - Hans-Volkmar Herrmann (Hrsg): Die Funde aus Olympia. Ergebnisse hundertjähriger Ausgrabungstätigkeit. Athen 1980.

Mommsen, Wolfgang J.: Bürgerliche Kultur und künstlerische Avantgarde. Kultur und Politik im deutschen Kaiserreich 1870 bis 1918. Frankfurt am Main 1994.

Müller-Karpe, Hermann: Zur Bedeutung der Archäologie für das Geschichtsbewußtsein der Gegenwart, in: Ders. (Hrsg.), Archäologie und Geschichtsbewußtsein (Kolloquien zur Allgemeinen und Vergleichenden Archäologie 3). München 1982, S. 111–123.

Nipperdey, Thomas: Nationalidee und Nationaldenkmal in Deutschland im 19. Jahrhundert, in: HZ 206 (1968), S. 529–585.

Ders.: Deutsche Geschichte 1866–1918. Bd. I: Arbeitswelt und Bürgergeist. München 1990; Bd. II: Machtstaat vor der Demokratie. München 1992.

Platz-Horster, Gertrud: Zur Geschichte der Berliner Gipssammlung. In: Arenhövel, Willmuth / Schneider, Christa (Hg.): Berlin und die Antike. Architektur, Kunstgewerbe, Malerei, Skulptur, Theater und Wissenschaft vom 16. Jh. bis heute. Berlin 1979, S. 273–292.

Ries, Thorsten: Wissenschaftsgeschichte mit oder ohne System? Ein methodologischer Rückblick auf das DFG-Projekt »Wissenschaftsgeschichte der Germanistik im 19. Jahrhundert«, in: Berichte zur Wissenschaftsgeschichte 24 (2001), S. 29–46.

Ruß-Mohl, Stephan (Hrsg.): Wissenschaftsjournalismus. Ein Handbuch für Ausbildung und Praxis. München 1986.

Seeling, Stefan: Organisierte Interessen und öffentliche Kommunikation. Eine Analyse ihrer Beziehungen im Deutschen Kaiserreich (Studien zur Kommunikationswissenschaft 15). Opladen 1996.

Sösemann, Bernd: Gedanken zum 100. Todestag von Ernst Curtius, in: Hellenika. Jahrbuch 1996, S. 110–129.

Ders.: Annäherungen an Hellas. Philhellenismus und Deutsch-Griechische Gesellschaft Berlin. Berlin 21995.

Ders.: Publizistik in staatlicher Regie. Die Presse- und Informationspolitik der Bismarck-Ära, in: Johannes Kunisch (Hrsg.), Bismarck und seine Zeit (Forschungen zur Brandenburgischen und Preußischen Geschichte/ NF, Beiheft 1). Berlin 1992, S. 281–308.

Stöber, Gunda: Pressepolitik als Notwendigkeit. Zum Verhältnis von Staat und Öffentlichkeit im Wilhelminischen Deutschland 1890–1914 (Historische Mitteilungen 38). Stuttgart 2000.

Stöber, Rudolf: Deutsche Pressegeschichte. Einführung, Systematik, Glossar (Reihe Uni-papers 8). Konstanz 2000.

Strauch, Dietmar: Wissenschaftliche Kommunikation und Industrialisierung. Einheit und gesellschaftliche Bedeutung der Wissenschaft als Kommunikationsprobleme (Beiträge zur Informations- und Dokumentationswissenschaft 8): München 1976.

Syndram, Karl Ulrich: Kulturpublizistik und nationales Selbstverständnis. Untersuchungen zur Kunst- und Kulturpolitik in den Rundschauzeitschriften des Deutschen Kaiserreiches 1871–1914 (Kunst, Kultur und Politik im Deutschen Kaiserreich, Schriften eines Projekt-Kreises der Fritz Thyssen Stiftung 9). Berlin 1989.

Wickert, Lothar: Beiträge zur Geschichte des Deutschen Archäologischen Instituts 1878 bis 1929 mit einem Anhang von Christoph Börker. Mainz 1979.

Wilke, Jürgen: Grundzüge der Medien- und Kommunikationsgeschichte. Von den Anfängen bis ins 20. Jahrhundert. Köln 2000.

Zschietzmann, Willy: Die Bildwerke von Olympia. Führer durch die Sonderausstellung der Sammlung für Gipsabgüsse in der Universität. Berlin 1936.

Zeitungen

Allgemeine Zeitung, Augsburg (AAZ)

Berliner Börsen-Courier, Berlin

Berliner Börsen-Zeitung, Berlin

Berliner Intelligenzblatt, Berlin

Berliner Tageblatt, Berlin (BT)

Berlinische Nachrichten von Staats- und gelehrten Sachen, Berlin

Deutsche Allgemeine Zeitung, Berlin (DAZ)

Deutscher Reichs-Anzeiger und Königlich Preußischer Staats-Anzeiger, Berlin (RAPA)

Frankfurter Zeitung, Frankfurt am Main (FZ)

Deutsche Roman-Zeitung, Stuttgart (DRZ)

Elberfelder Zeitung, Elberfeld

Illustrirte Zeitung, Leipzig (IZ)

Germania, Berlin

Karlsruher Zeitung, Karlsruhe

Kölnische Zeitung, Köln (KÖZ)

Kölnische Volkszeitung, Köln

Königlich-Privilegirte Berlinische (seit 1904: Vossische) Zeitung (VZ)

Königsberger (Hartung'sche) Zeitung, Königsberg

National-Zeitung, Berlin

Neue Freie Presse, Wien (NFP)

Neue Preußische (Kreuz-) Zeitung, Berlin (NPZ)

Neuer Social-Demokrat, Berlin

Norddeutsche Allgemeine Zeitung, Berlin (NAZ)

Schlesische Zeitung, Breslau (SchZ)

Tägliche Rundschau, Berlin

Vorwärts, Berlin

Weser-Zeitung, Bremen (WZ)

Zeitschriften u. ä.

Allgemeine Monatsschrift für Literatur und Wissenschaft

Archäologische Zeitung, Berlin (AZ)

Bibliographischer und literarischer Anzeiger zur Allgemeinen Monatsschrift für Wissenschaft und Literatur, Braunschweig

Daheim, Bielefeld

Deutsche Rundschau, Berlin

Die Gartenlaube, Leipzig

Die Gegenwart. Wochenschrift für Literatur, Kunst und öffentliches Leben, Berlin

Die Grenzboten, Berlin

Im neuen Reich. Wochenschrift für das Leben des deutschen Volkes in Staat, Wissenschaft und Kunst, Leipzig (INR)

Historisch-politische Blätter für das katholische Deutschland, München

Humoristisch-Satirischer Volks-Kalender des Kladderadatsch, Berlin

Nord und Süd. Eine deutsche Monatsschrift, Breslau

Preußische Jahrbücher, Berlin

Über Land und Meer. Allgemeine Illustrierte Zeitung, Stuttgart

Unsere Zeit. Deutsche Revue der Gegenwart. Neue Folge, Leipzig

Westermann's Illustrirte Monatshefte, Braunschweig

Westermann's Jahrbuch der Illustrirten Deutschen Monatshefte. Ein Familienbuch für das gesammte geistige Leben der Gegenwart, Braunschweig (IDM)

Wochenblatt für Architekten und Ingenieure, Berlin (WoBe)

Wolf-Dieter Heilmeyer

Olympia und die Entdeckung der geometrischen Plastik

Die ältesten Funde der Ausgrabungen in Olympia hatten zur Zeit ihrer Ausgrabung in den 70er Jahren des 19. Jahrhunderts das Glück, die Aufmerksamkeit der an den seinerzeit neuesten Methoden Interessierten zu finden. Schichtbeobachtung und genaue Funddokumentation standen dabei auf der einen Seite, typologische Reihenbildung und die Suche nach dem Anfänglichen standen auf der anderen Seite – Wilhelm Dörpfeld für das eine und Adolf Furtwängler für das andere, aber gefolgt von den offensichtlich faszinierten anderen Mitarbeitern. Der berühmte Kentaur auf durchbrochener Standplatte, altes Olympia-Inventar Br. 5073, heute im Athener Nationalmuseum (NM 6188), gefunden 1879 unter dem sogenannten Prytaneion von Olympia, hat als erster die Bezeichnung »geometrisch« in Tagebuch und Inventarbuch erhalten[1]. Der Bezug zu den wenige Jahre vorher im Kerameikos gefundenen und erst zwei Jahre vorher mit dem Stilbegriff »geometrisch« versehenen sogenannten Dipylonvasen war Furtwängler über den Zickzackdekor der Standplatte, aber auch über die Körperformen geglückt. Die Einordnung der in die Tausende gehenden Zahl damit vergleichbarer Votivfiguren aus Olympia in die Zeit zwischen dem Ende Mykenes und dem 6. Jahrhundert v. Chr. hat unserer Vorstellung von der ältesten griechischen Kultur eine sichere Basis gegeben. Sie ist wenig genutzt worden, warum?

A. Furtwängler hat sich widersprüchlich zu den geometrischen Bronzevotiven in Olympia geäußert. Er hat aus dem schier unübersehbaren Material zunächst vier Gruppen formal zusammengehöriger Tierfiguren gebildet, die er sich, zeitlich parallel, in verschiedenen 'Fabriken' entstanden dachte. Erst für den mit äußerster methodischer Konsequenz erstellten Publikationsband »Olympia IV 1890« hat Furtwängler diese Gruppen in eine einheitliche Entwicklungslinie gestellt und die vermeintlich 'primitiven' Tierfiguren mit den vermeintlich ältesten sogenannten 'schwarzen Schichten' am Heraion verbunden. Damit war das bis heute umfangreichste geschlossene Votivfigurenmaterial Griechenlands zu einem Instrument der Kunstgeschichte geworden und ist es weitgehend bis heute geblieben. Das 'Primitive' war als das Anfängliche nur die Ausgangslage, aus der sich der erste »feste, bewußte Stil«, der »geometrische«, entwickelt habe. Dieser wurde bereits als Kunst verstanden und »im Gegensatz von Charakterisieren, die Natur bezeichnen, und Stilisieren, dem Zwang und der Tradition der Technik folgen« (OF XII 5) beschrieben und gedeutet. Die Suche nach den künstlerischen Highlights in dem vorliegenden und sich in den neueren Grabungen noch vermehrenden Material konnte beginnen und hat uns bis heute beschäftigt.

Nur unter einer rein kunsthistorischen Fragestellung konnte es Sinn machen, den ältesten Beispielen der Serien von Votivtieren Furtwänglers die entsprechenden »kunstlosen« oder »formlosen« Menschenfiguren zuzuordnen und ihre Stellung am Anfang der Kunstgeschichte zu benutzen, um ihnen gegenüber den »Rang« der »Meisterwerke« des klassisch-geometrischen Stils herauszuarbeiten: dies hat in mehreren Aufsätzen von bezwingender Eindringlichkeit Emil Kunze fast ausschließlich am olympischen Fundmaterial geleistet. Nur mit der Frage nach einer »Kunstübung höheren Ranges« konnte die »künstlerische Qualität« zum Maßstab für die Auslese der Kunzeschen Reihe bronzener Menschendarstellungen genommen werden, ohne den weitere Aussagen über Zeitstil und Werkstattzusammenhänge damals allerdings auch nicht möglich gewesen wären. Im 10. Olympiabericht haben wir das kunsthistorische Umfeld angedeutet, in dem der Qualitätsbegriff Emil Kunzes anzusiedeln ist[2]. Auf diese Weise ist jedoch nur die Kunst des 8. Jahrhunderts v. Chr. beschrieben und alles Davorliegende weiterhin als »primitiv« verstanden worden. Das passte am besten in das Entwicklungsbild der griechischen Kunst der Frühzeit des Furtwänglerschülers Ernst Buschor, der sie als »ein Vorspiel und Abbild des gesamten Ablaufs der antiken Kunst« vorgestellt hat. Sein Verständnis der spätgeometrischen Plastik als einer eigenen Naturdeutung hat besonders in der deutschen Forschung Wirkung gezeigt. Im Nachhinein fällt auf, dass die der Furtwänglerschen Typologie folgende, auf das einzelne Werk gerichtete Stilanalyse Kunzes und Buschors die fragmentarische Überlieferung der frühen Bronzen Olympias noch einmal durch die Vorliebe für menschliche Torsen eingeschränkt hat: immer wieder werden zum Beispiel bestimmte frühe Wagenlenker als Manifestation des geometrischen Menschenbildes besprochen, ohne dass Wagen und Pferde und die Aufstellung derselben in Betracht kommen[3]. Ebenso ist der argivische Pferdeführer B 4600 ganz für sich schon »ein Meisterwerk geometrischer Plastik« und muss doch eigentlich mit seinem Pferd auf einem Ringhenkel gegenüber seinem Gegenstück auf einem riesigen Dreifuß neben anderen Weihungen verstanden werden[4]. Eine derart konzentrierte Stilanalyse und entsprechend reduzierte Deutung nimmt auf die große Zahl der ausgegrabenen und den Furtwänglerschen Reihen auch bei den Dreifüßen ursprünglich zugrundeliegenden Funde in Olympia keine Rücksicht mehr; diese lagen, was die Tiervotive angeht, im wörtlichen Sinn wieder »begraben« in den von Furtwängler verfüllten und seither weitgehend unzugänglichen Fundkisten der Magazine des Alten Museums von Olympia[5]. Selten ist in der Geschichte der klassischen Archäologie deutlicher zu zeigen, dass die Ausgrabung einer umfangreichen Gattung und die Entdeckung einer bestimmten geistesgeschichtlichen Situation sich verknüpfen, aber auch wieder trennen können.

Entsprechend hat von den insgesamt weit mehr als 6.000 frühen figürlichen Votivgaben aus Olympia (über 4.000 Bronzen, über 2.000 Terrakotten) nur eine geringe Zahl an Bronzen – von den Tonfiguren ganz zu schweigen – einen Platz in unserer allgemeinen Kulturgeschichte gefunden, vor allem Gruppenbilder wie die bekannte Hirsch-Hunde-Gruppe Br. 1106. Noch einmal von der Typologie Furtwänglers ausgehend hatte allerdings K. A. Neugebauer begonnen, »lokale Manufakturen« und »toreutische Industrieorte« bei den aufgrund der Formanalyse geschiedenen Gruppen der Berliner Dubletten zu benennen. Die von Ernst Langlotz zur Methode erhobene Beschreibung formaler Eigenschaften von dem Fundort nach zusammengehörigen Bronzen hat Hans-Volkmar Herrmann mit überraschendem Erfolg auf die geometrischen Tier- und Menschenfiguren von Sparta, Argos und Korinth angewandt. Damit war der Weg frei für die nach der Neuordnung der Magazine in Olympia seit 1967 mögliche erneute Durchsicht aller seit den alten Grabungen vorliegenden figürlichen Votive. Die nach Ton und Machart einheitlichen Terrakotten erbrachten, alle nebeneinander ausgelegt, die lange chronologische Reihe mit einer bedeutenden protogeometrischen Zeuskriegerfigur an der Spitze und einigen subgeometrischen Tierfiguren am Ende der Geschichte dieser Votivgaben im frühen Zeusheiligtum. Die mit einem nach Emil Kunzes Vorgaben fortentwickelten Qualitätsbegriff[6] zu unterscheidenden Bronzen ließen sich nach formalen Gesichtspunkten ordnen; es ergaben sich Gruppen, von denen die einen längere Formentwicklungen erkennen ließen, andere formal und technisch einheitlich, konkurrenzhaft nebeneinander zu verstehen sind, weitere formale Abhängigkeiten zu erkennen gaben oder einem sehr einfachen Materialumgang zu folgen schienen. Dazu sind vor allem auch die früher sogenannten 'primitiven' Gruppen zu zählen, denen damit nichts Anfängliches mehr zukommt. Sozialgeschichtlich passt ein solches Produktionsgefüge hervorragend zu der sich auf bäuerlich-agrarischer Grundlage herausbildenden griechischen Polisgesellschaft, in der erst wenige, mit traditionellen Städtenamen benennbare Zentren längerfristige und charakteristische Handwerkstraditionen erlaubt haben können. Die großen überregionalen Heiligtümer übernahmen dagegen bestimmte zentralörtliche Funktionen für ihre Umgebung, aber meist nur kurzfristig, ohne klarere, abgrenzbare Formausbildungen. Olympia hat auf diese Weise vor allem als Sammelplatz der zeitweiligen Konkurrenzen der Werkstätten aus Korinth oder Sparta, Argos oder – was die Dreifüße angeht – auch Athen gedient. Der Kunzesche Qualitätsbegriff zur Unterscheidung des epichorischen Bildens, das in Olympia, fern der großen süd- oder nordostpeloponnesischen Zentren das vorherrschende war, von den geschlossenen Formkomplexen erster arbeitsteiliger Stadtgesellschaften diente jetzt weniger zur Heraushebung des einzelnen Besonderen als zur Benennung des Produktionscharakters der größeren Zahl. Das Ziel unserer Beschreibungen hat sich damit gegenüber Kunze sozusagen umgedreht: die im Verhältnis zu den Tiervotiven geringe Zahl menschlicher Darstellungen unter den Funden Olympias hat sich unserer Einordnung weitgehend entzogen[7]. Dieses Dilemma drückt sich auch in der Zusammenfassung von J. Floren im neuen Handbuch von W. Fuchs und J. Floren aus, die dessen bereits angekündigte, aber ungedruckte Gesamtdarstellung leider auch in Zukunft ersetzen muss.

Das gesamte Panorama in der chronologischen Ausdehnung von ca. 1000 – 650 v. Chr. und in der topographischen Breite Südgriechenlands bis hinüber nach Attika, das allein die olympischen Votivfiguren bieten (aber dazu treten heute mit den weiteren geometrischen, den ersten orientalischen und früharchaischen Funden aus Olympia auch die anderen damals den Griechen bekannten Weltgegenden), ist schwerer einheitlich zu beschreiben, als es die ältere Kunsttypologie und Stilgeschichte geboten haben. Florens Zusammenfassung hat gezeigt, dass das noch komplizierter wird, wenn man vergleichbare Fundorte wie das Heraion von Samos hinzunimmt. In der derzeit wichtigsten Übersicht der griechischen bildenden Kunst von Claude Rolley, La sculpture grecque 1 (1994) – ein in gleicher Weise auf höchstem wissenschaftlichen Niveau allgemeinverständlich geschriebenes und hervorragend bebildertes und ausgestattetes Werk – ist die Bedeutung der frühen Votive des überregionalen Olympia neben dem des regionalen Kabirions von Theben herausgestellt. Auf den 91 Seiten der Teile 1 und 2 sind unter 71 Abbildungen 11 von Olympia, allerdings nahezu immer Einzelstücke. Die Bedeutung der Tonfiguren für die Chronologie, z. B. bei den wichtigen Wagentypen des 9. Jahrhunderts, ist gegenüber den »ateliers et styles« der Bronzen des 8. Jahrhunderts zurückgestellt; die Menschenfiguren laufen zu Recht unter dem Titel »Les limites de l' analyse formelle«. Wir haben ebenfalls 1994 die heute bekannten 69 geometrischen Menschen- und Götterbilder aus Olympia in einer Liste vorgelegt in der Hoffnung, dass sich bald jemand findet, eine Gesamtthemenübersicht aller Fundorte der griechischen geometrischen Plastik vorzulegen[8]. Vor den Zeustempelskulpturen von Olympia ist die geometrische Votivplastik aus Olympia die bestrepräsentierte Gruppe in Rolleys Werk zur frühgriechischen Kunst.

Wie sieht es mit der Entdeckung der geometrischen Plastik im Museum aus? Wir haben in der Neuaufstellung der Antiken im Alten Museum in Berlin 1998 die Votivfigurendubletten aus Olympia den archaischen Helmen gegenübergestellt, Zeugnisse des Votivwesens im privat-bäuerlichen Sektor auf der einen und im militärisch-politischen auf der anderen Seite. Anderswo in Paris oder New York stehen die wenigen geometrischen Bronzen als Zeugnisse der Frühzeit der griechischen Kunst. In Olympia sind in der nun schon 30 Jahre zurückliegenden Aufstellung im Neuen Museum durch Nikolaos Yalouris einige geometrische Bronzen und Terrakotten als Zeugnisse der Gattungen der örtlichen Kunstgeschichte des frühen 1. Jahrtausends, andere fälschlich als Darstellungen früher Wagenrennen in der Abteilung der Entwicklung der olympischen Spiele ausgestellt. Es wird im Sinn von N. Yalouris sein, wenn jetzt, wie ich höre, eine Neuaufstellung nach aktuellen museologischen Gesichtspunkten vorbereitet wird; diese Neuaufstellung wird allerdings den gesamten Rundgang durch das Museum von Olympia betreffen. Zur 125-Jahrfeier der Ausgrabungen von Olympia sollte es uns allen ein Anliegen sein, der Neuaufstellung unsere gemeinsame und internationale Hilfe anzubieten.

Wie verhält sich schließlich die Entdeckung der geometrischen Plastik durch die Ausgrabungen von Olympia und ihre Präsenz in der Kulturgeschichte unserer 'musées imaginaires' (et réelles) zu den neuen Fragen der derzeitigen Archäologie? Zuerst: es sind an anderen Orten in Griechenland und Kleinasien inzwischen so viele geometrische Bronzen und Terrakotten gefunden worden, dass – weit über Floren hinaus – eine Zusammenstellung mit den früher bekannten durch reisefreudige junge Wissenschaftler so nötig wie lohnend wäre. Meine Notizen reichen von Klaros in Kleinasien bis Vitsa in Nordwestgriechenland, von den 'primitiven' Tonvotiven aus Naxos in der Sammlung Goulandris bis zu den neuen, einordenbaren Funden am Pelopion in Olympia, von den Neuerwerbungen der 70er Jahre in Kopenhagen bis zu den soeben neu aufgestellten berühmten Bronzen in New York. Die Fundkomplexe an den größeren Grabungen und mehr noch die Einzelfunde an Tiervotiven und menschlichen Darstellungen verlangen eine nach einheitlichen Gesichtspunkten und gleichartiger Dokumentation angelegte Vorlage mit zuverlässigen Fundstatistiken. Damit würde vor allem der Themenübersicht gedient. Was fand eigentlich Darstellung im frühgriechischen Votivwesen, woran lag das Interesse der Stifter der frühen Bronzen und Terrakotten, was unterscheidet die Deponierungen in den Heiligtümern von den Beigaben in den Gräbern? Und worin lag der Sinn eines einfachen geometrischen Skarabäus aus Bronze neben einer hochkomplizierten und großformatigen Wagendarstellung aus Ton? Waren die tönernen Votive wirklich, wie so oft behauptet, billiger als die aus Bronze, z. B. der große Tonkentaur von Lefkandi billiger als der eingangs genannte Bronzekentaur aus Olympia auf seiner fein durchbrochenen Standplatte? Wie ist das Zahlenverhältnis der Votivfiguren von Stier und Hengst außerhalb Olympias[9]? Warum wurden überhaupt in Olympia mehr Tiervotive geweiht als anderswo, z. B. in Delphi oder Athen?

Diese Fragen verlassen allerdings das rein kunstgeschichtliche Interesse, unter dem seit Furtwänglers Weichenstellung die geometrische Plastik von Olympia bisher nahezu ausschließlich betrachtet worden ist, und alle übrige geometrische Plastik Griechenlands ebenso. Mir scheint im Ganzen der kunstgeschichtliche Maßstab für die griechische Frühzeit ausgereizt. Auch wenn das internationale Ausstellungswesen zur Zeit die Herausstellung von Highlights unter künstlerisch-ästhetischen Gesichtspunkten gerne zelebriert und selbst die Ethnologie sich der Betrachtung ethnographischer Kulturobjekte unter kunstgeschichtlichen Kriterien anbequemt, sollte der Fundreichtum Olympias uns nicht davon abhalten, andere, das ganze geschilderte Panorama der frühen Weihgaben ins Auge fassende Wege einzuschlagen. Hier ist uns die angelsächsische Forschung seit den Übersichten von N. Coldstream, A. M. Snodgrass, P. Cartledge u. a. vorangegangen. Den einen Weg hat Catherine Morgan, Athletes and Oracles (1990) genommen[10], um über die in Delphi und Olympia vorliegenden Statistiken zu einer historisch-sozialgeschichtlichen Interpretation des Votivwesens zu gelangen. Den anderen Weg hat Andreas Scholl mit seinen leider noch ungedruckten »Untersuchungen zu den Votiven aus geometrischer und archaischer Zeit von der Athener Akropolis« (1997) eingeschlagen, eine Gesamtübersicht über die Votivgaben in einem großen, in diesem Fall städtischen Heiligtum zu gewinnen. Wie kann das in Olympia aussehen?

Zunächst die Votivfiguren: »In Ton überwiegen an Tierbildern die Hengste, Stiere und Widder, seltener sind Hunde, und an menschlichen Darstellungen die Wagen mit Lenkern, die bewaffneten Männer, also Zeus, und die attributlosen Männer, seltener sind die diademgeschmückten Frauen, also Hera. In Bronze finden sich außerdem an Hoftieren Ziegenböcke, Gänse sowie Hähne und an Jagdtieren Rehe, Hirsche und Hasen; selten sind die Zusammenstellungen dieser Tiere zu Gruppen, noch seltener taucht Fremdartiges auf, der Skarabäus zum Beispiel. Die menschlichen Darstellungen in Bronze bringen weitere Differenzierungen, attributlose weibliche Figuren, Reigen, Reiter, den Kentauren« (Olympiabericht 9, 1994, 172).

Die Bearbeitung der geometrischen Dreifüße durch Willemsen (OF III) und Maaß (OF X) liegen vor, ebenso die der geometrischen Bleche durch W. Kasper (Diss. München 1972) und der Gürtelschmuckscheiben durch Fellmann (OF XVI). Frühe Anhänger, Glocken und Amulette sowie Schmuck sind aufgearbeitet (OF XIII), ebenso die frühen Waffen (Helme: Olympiabericht 8, 111 ff. u. a., Beinschienen: OF XXI; eine Neubearbeitung ist in Vorbereitung) und das Eisen (vgl. OF XI 27 f. Anm. 58). Erste Beispiele datierbarer früher Keramik sind durch W. Gauer (OF VIII) bearbeitet, andere sind durch J. Schilbach angeschlossen.

Die Übersicht über das, was im frühen, noch nicht internationalen Olympia zur Weihung kam, muss natürlich auch das Neue in der 2. Hälfte des 8. Jahrhunderts einbeziehen, also die Orientalia und die Nachahmungen des Orientalischen. Hier sind vor allem die Greifenkessel zu nennen (OF VI und XI), und der langsame Vorgang der Ablösung des Dreifußkessels durch dieses neue Gerät. Wichtig sind Zahlen: auf wie viele Beispiele welcher Größe lässt sich das Erhaltene verteilen, auf wie viele Beispiele an antiken Weihungen lässt sich das dann hochrechnen? Kann man aus der Art der Fragmentierung auf die ursprünglichen Gesamtzahlen schließen? Wir haben einmal angenommen, dass ursprünglich in Olympia etwa gleichviel geometrische Votivfiguren aus Ton und Bronze aufgestellt worden sind, erhalten sind über 4.000 Bronzen. Rechnet man beide sehr hoch als 10 % des ursprünglich geweihten Bestandes, erhält man ca. 80.000 Votivfiguren in einem Zeitraum von ca. 350 Jahren: das wären dann doch nur zwischen 200 und 250 Figuren pro Jahr oder gegen 900 Figuren im Vierjahresrhythmus des olympischen Hauptfestes. Der bäuerlich-regionale Rahmen der olympischen Frühzeit wird damit noch nicht durchbrochen und muss wahrscheinlich ebenso für die übrigen Weihgaben, vor allem auch die großformatigen Dreifüße gelten, ohne dass damit am Datum der Gründung der olympischen Spiele gezweifelt werden braucht.

Aber hier schließen sich weitere Fragen an: Gibt es einen chronologisch auswertbaren Wechsel der Weihgaben? Eine Erweiterung ist sichtbar: zu den Votivfiguren, zunächst aus Ton, dann aus Bronze, treten Kessel, Schmuck und Waffen. Vertreten die Kesselweihungen eine andere Stiftergruppe als die Votivfiguren? Warum haben die Votivfiguren keine Nachfolge, als sie im 7. Jh. v. Chr. aus der Mode kommen?

Eine Votivgeschichte, wie die hier skizzierte, die natürlich ihre Kontrolle in den Fundgruppen anderer Heiligtümer wie der Athener Akropolis finden müsste, benötigt andere Darstellungsformen als die ältere Kunstgeschichte. Sie wird deren Ergebnisse aufzunehmen haben, vor allem die detaillierte Produktionsgeschichte der Kessel, Waffen und Votivfiguren. Sie wird auf Statistiken beruhen müssen, aber sich nicht in ihnen erschöpfen dürfen. Sie wird über die Historizität der antiken Kunst hinaus erst eigentlich Kulturgeschichte der griechischen Frühzeit zu bieten haben. So gesehen ist »die Entdeckung der geometrischen Plastik« abgeschlossen, und die Entdeckung der geometrischen Votivgaben kann beginnen.

---

[1] Hier und im Folgenden beziehe ich mich auf meine Ausführungen in OF XII (1980) 1 ff. Zum Kentauren ebenda 2 Anm. 6.

[2] Olympiabericht 10, 63 ff.; zu Buschor s. OF XII 9.

[3] Olympiabericht 9, 195 ff.

[4] OF XII 8 und VII 94 Anm. 245.

[5] OF XII 18 und VII 1.

[6] Olympiabericht 10, 65 ff.; OF XII 15.

[7] Olympiabericht 9, 173 mit Anhang 1, S. 206 ff. Auch nach den Diskussionen auf dem Olympia-Kolloquium 2000 scheint es mir nicht ratsam, die Identifizierungen der Hauptgötter Olympias, Zeus und Hera, unter den frühen Votivfiguren aufzugeben. Der waffenrüttelnde Kriegergott und die nackte, bekränzte Göttin finden im orientalischen Votivgut Vergleiche: W. Burkert, Die orientalische Epoche in der griechischen Religion und Literatur, SB Heidelberg (1984) 23. Das schließt nicht aus, dass diese Motive an den Geräten oder an anderen Altären auch andere Götter- und Heroennamen erhalten konnten: W.-D. Heilmeyer, Frühgriechische Kunst (1982) 30 f.

[8] Olympiabericht 9, 206 ff.; vgl. OF XII 11 Anm. 28.

[9] Vgl. J. de la Genière, REA 100, 1998, 237 f. Taf. 2, 1-2.

[10] Vgl. S. Langdon, New Light on a Dark Age (1997) mit Literatur; I. Morris, Darkness and Heroes (1998).

Nikolaus Himmelmann

Frühe Weihgeschenke in Olympia

Zur Zeit des Pausanias wurden ca. 70 Götteraltäre in und an der Altis einmal monatlich mit Opfern geehrt[1]. Nur einer davon ist im Kontext seiner Weihgeschenke wieder zutage gekommen, ein 1962 ausgegrabener Artemisaltar am Weg zum Hippodrom[2]. Eigentlich handelt es sich um zwei Altäre: einen älteren, an dem vom frühen 5. Jahrhundert bis in den Hellenismus Votive niedergelegt wurden, und einen jüngeren, den man später auf höherem Niveau errichtete. Dieser trägt gemalte Inschriften mit dem Namen der Göttin und wird wahrscheinlich von Pausanias erwähnt. Des epigraphischen Hinweises hätte es zur Identifikation allerdings kaum bedurft, denn die Auswahl der Weihgeschenke stellt geradezu eine Musterkollektion von Gegenständen dar, die für Artemisheiligtümer charakteristisch sind:

Die Göttin selbst erscheint in Statuetten der Jägerin mit kurzem Chiton, die von ihren Hunden begleitet wird (Abb. 1). Pan ist u. a. mit einem prächtigen jugendlichen Kopf vertreten (Abb. 3). Primitive handgemachte Tierfiguren beweisen, daß der Artemisaltar auch von ganz armen Leuten verehrt worden ist (Abb. 2). Der Kopf eines Raubtieres, vielleicht einer Löwin, erinnert entfernt an die archaische Herrin der wilden Tiere, die Potnia Theron. Eine einzelne Blüte (Abb. 4) lässt an den Lieblingsaufenthalt der Göttin denken, die Waldwiese, die nie gemäht oder von einer Herde abgeweidet worden ist (Euripides, Hippolytos 73 ff.). Weniger charakteristisch sind weibliche Statuetten, die an vielen Orten Griechenlands verbreitet sind und ihren Namen erst an dem jeweiligen Fundort bekommen. Mit der Thronenden ist sicher Artemis selbst gemeint, wahrscheinlich auch mit der Stehenden und mit der Protome. Das Mädchen, das eine Hydria auf dem Kopf trug, und die Tänzerin weisen auf den Kult der Göttin. Die sogenannte Fackelfrisur eines ohne Körper erhaltenen Kopfes bezeichnet eine Parthenos und meint vielleicht eine Stifterin. Der Torso eines nackten Jungen erinnert daran, daß Artemis eine Kurotrophos ist. Ungedeutet ist die Figur eines hockenden Kindes im Mantel und mit spitzer Mütze, die in vielen Kurotrophosheiligtümern zu finden ist. Zu den Kulten dieser Gottheiten gehören gewöhnlich auch

Abb. 1   Fragment von Tonstatuette der Artemis

Abb. 2   Handgemachte Tonstatuette

komische, manchmal obszöne Begehungen, denen groteske Figuren unter den Votiven entsprechen. In Olympia zählen dazu ein Silen (?), ein grotesker Neger und ein Affe. Ein beliebtes Weihgeschenk waren auch Armreifen aus Bronze, die zum Teil mit Silbereinlagen verziert sind.

Die Weihgeschenke am Artemisaltar weisen also eine Vielfalt von religiösen Bedeutungen und damit einen ganz charakteristischen Habitus auf. Man kommt deshalb in Versuchung, auch bei den ohne Zusammenhang überlieferten Votiven Zuordnungen zu bestimmten Altären und Kulten zu versuchen. Schon die berühmte Schwarze Schicht geometrischer und frütharchaischer Zeit enthält zweifellos nicht nur Gaben an Zeus, sondern auch weibliche Utensilien, vor allem Nadeln und Schmuck, von denen mindestens ein Teil auf die frühen Kulte von Ge, Themis und Hera zu beziehen ist (aus anderen Heiligtümern sind allerdings gelegentliche Schmuckweihungen an männliche Götter bekannt). Sicher war auch Artemis schon in der Altis vertreten – zur Zeit des Pausanias besaß sie dort sieben Altäre – und ihr hat man vermutlich die bekannte Hirschgruppe und die Statuetten einzelner Jagdtiere geweiht[3].

Nun weiß allerdings jeder, dass solche Zuschreibungen in griechischen Heiligtümern häufig nicht aufgehen. Die primäre Funktion eines Weihgeschenks ist, ein *Agalma*, ein Prunkstück zu sein. Vor allem in der Frühzeit steht die damit verbundene Vorstellung von Kostbarkeit und Schmuck im Vordergrund, der religiöse Symbolismus ist dem untergeordnet. Dies lässt Raum für künstlerische Ausgestaltung und poetische Züge in der Darstellung, die nicht auf bestimmte hieratische Bildzeichen und Schemata festgelegt ist. Eine Erschwerung für die Zuordnung bilden auch die für viele verschiedene Kulte verwendeten Figurentypen, die erst aus dem Zusammenhang ihre Bedeutung und ihren Namen erhalten. Schließlich finden sich in den Heiligtümern auch Darstellungen von Göttern, die dort keinen Kult haben[4]. Wir verfolgen also diesen Gedanken hier nicht weiter und wenden uns den Hauptgattungen der in Olympia vertretenen frühen Weihgeschenke zu. Dabei wird sich zeigen, dass die frühen Stifter bei der Darstellung ihrer religiösen Interessen andere Akzente setzten als spätere Zeiten, indem sie weniger die religiöse Form als vielmehr den materiellen Wert ihrer Votive hervorkehrten, der durch kunstvollen Schmuck erhöht wird (Il. 6, 293; Od. 3, 425).

Das repräsentativste Weihgeschenk des 8. Jahrhunderts ist bekanntlich der Bronzedreifuß, der in der Spätzeit riesige Formate annehmen kann und schon dadurch seine symbolische Bedeutung bekundet[5]. Einige sehen darin einen Hinweis auf das Tieropfer, bei dem das Fleisch in Kesseln gekocht wird. Neuerdings wird auch öfter vermutet, es könne sich um Anatheme von Siegern in den Wettspielen handeln, bei denen, wie z. B. bei den Leichenspielen für Patroklos (Ilias 23, 264), Dreifüße als Preise ausgesetzt werden. Beide Deutungen lassen sich nicht verifizieren. Der wahrscheinlichste Grund ist vielmehr woanders zu suchen, nämlich in der Vorstellung der Werthaltigkeit und des Besitzes[6]. Dreifüße gelten als die kostbarsten Besitzstücke der Epoche und bilden sozusagen eine Art Gerätegeld ähnlich wie die Bratspieße, die Obeloi, die ja auch häufig als Weihgeschenke niedergelegt werden. In der Ilias wird ein Dreifuß auf zwölf Rinder geschätzt, während eine kunstfertige Frau nur vier wert ist (Ilias 23, 702). Weil Dreifüße als Wertmaßstab dienten, konnten die Wörter Lebes und Tripous in Kreta später noch als numismatische Begriffe verwendet werden. Dreifüße sind also Besitzsymbole, mit denen man den Göttern ihren Anteil, den Zehnten, abstattet. Bei den großen Dreifüßen wird der Metallwert tatsächlich zehn Prozent von den Erträgen bzw. vom Vermögenszuwachs des Stifters entsprochen haben. Es gibt aber auch Miniaturdreifüße, die nur ein Abbild des Zehnten darstellen. Die Götter werden als Besitzer des so entstandenen Reichtums gefeiert (Hom. h. Hermes 178–181).

Das Phänomen der Besitzsymbolik hat einen historischen Aspekt, der eine hier nicht zu leistende systematische Würdigung verdiente. Es findet eine Entsprechung in den überaus reichen Grabausstattungen der Epoche, deren Objekte häufig auch eine Besitz symbolisierende Form haben wie z. B. Modelle von Getreidesilos (Bienenkörbe ?). Im Laufe des 7. Jahrhunderts verlieren die Dreifüße mit ihrer Funktion als Gerätegeld auch ihren allgemeinen Charakter als Weihgeschenke. Zwar werden sie weiterhin als Siegesanatheme gebraucht, erhalten aber daneben spezifische Bedeutungen in den Kulten von Apollon und

Abb. 3   Kopf des Pan von Tonstatuette

Abb. 4   Tönerne Blüte vom Artemisaltar

Abb. 5   Stierbronze

Abb. 6   Pferdebronze mit Weihinschrift an Poseidon

Dionysos[7]. In diesen Kontexten sind sie dann nicht mehr bloß Wertstücke, sondern religiöse Symbole. *Der* Gegenstand, der in archaischer und klassischer Zeit vor allem die Rolle der Dreifüße und auch der Greifenkessel als Wertsymbole übernimmt, hat jetzt bezeichnenderweise selbst eine religiöse Funktion, nämlich die Spendeschale, die Phiale. In Olympia illustriert diesen Vorgang in prächtiger Weise die Kypselidenweihung, hinzu kommt der Fund von Perachora, wo über 200 bronzene Omphalosschalen des späteren 7. und des 6. Jahrhunderts in einem Becken hinterlassen wurden[8]. In gleicher Funktion wie die Phialen werden nach Aussage der Schatzverzeichnisse auch andere religiös bedeutsame Formen geweiht, wie Throne, Opferkörbe, Hydrien, Sprenger für Weihwasser, Räucherständer, Kränze. Verallgemeinernd kann man sagen, dass gegenständliche, Besitz symbolisierende Weihgeschenke, bei denen zunächst der materielle Aspekt ganz im Vordergrund steht, im Laufe der Zeit zunehmend von religiösen Vorstellungen und Formen geprägt werden. Bezeichnenderweise ist die Weihung von δεκάτη und άπαρχή später keineswegs nur an Wertsymbole gebunden, vielmehr können sie auch in Form von Götter- oder Bildnisstatuen abgegolten werden, die nach Theopomp (bei Athenaios 6, 231), aber auch in der erhaltenen Überlieferung die Funktion der Dreifüße und Greifenkessel als monumentale Weihgeschenke übernehmen[9]. Sie zeigen zugleich, dass die religiöse Form der Weihgeschenke der Statusrepräsentation der Stifter keinen Abbruch tut, eher ist das Gegenteil der Fall.

Ähnlich wie bei den Dreifüßen liegt das Problem bei den zahllosen Stier- bzw. Rinderfiguren aus Ton und Bronze, die in der Schwarzen Schicht bzw. den Stadionwällen angetroffen wurden (Abb. 5)[10]. Manchen gelten sie als Hinweise auf die vornehmste Form des Tieropfers, die Hekatombe. Dieser Gedanke ist nicht von der Hand zu weisen, doch bilden auch sie zugleich einen Wertmaßstab, wie wir gerade erwähnten (vergl. auch Ilias 6, 236). Dass es möglich ist, sie als Besitz zu interpretieren, zeigen die fast ebenso häufig vorkommenden Pferde, die als Opfertiere so gut wie keine Rolle spielten (in Olympia gibt es Pferdeopfer für Alpheios, denkbar wären sie auch am Altar des Poseidon Hippios: Paus. 5, 15, 5). In vielen Städten dient Pferdebesitz aber dazu, das Vermögen und damit die Klassenzugehörigkeit eines Bürgers zu definieren. Auffällig ist, dass die Zahl der geweihten bronzenen Pferdestatuetten, in Olympia auch die der Miniaturgespanne, in den Heiligtümern im Laufe des 7. Jahrhunderts drastisch zurückgeht. Ein innerer Grund dafür ist nicht zu erkennen. Dies umso weniger, als auch Rinderstatuetten seltener werden, wenn auch nicht so markant. Da die Bedeutung des Pferdes als persönliches Statussymbol im Bereich der großformatigen Weihgeschenke eher noch zunimmt, kann die Ursache nicht allein in einer veränderten Semantik liegen. Sicher ist aber, dass kleinformatige Pferdebronzen, wenn sie später noch geweiht werden, nicht mehr auf Vermögens- bzw. Statusverhältnisse zielen, sondern sich auf die an diesen Plätzen mit dem Thema verbundene religiöse Bedeutung beziehen (z. B. Abb. 6

aus einem Poseidonheiligtum). Dass Rinderstatuetten, besonders in ländlichen Gegenden (Kabirion), ohne größere Unterbrechungen populär bleiben, wird man wahrscheinlich daraus zu erklären haben, dass sich Besitz- und Opfersymbolik hier verbinden konnten, um den Wunsch nach Gedeihen und Wohlstand auszudrücken. Demnach würde auch in diesem Bereich die religiöse Konnotation des Weihgeschenks den bloßen Wertaspekt verändern[11]. Natürlich bezeichnet »bloßer Wertaspekt« in diesem Zusammenhang nicht einen Mangel an religiöser Betroffenheit, sondern im Gegenteil eine besonders konkrete Erfüllung religiöser Forderungen. Ebenso selbstverständlich erfassen unsere Beobachtungen nur tendenzielle, keine grundsätzlichen Erscheinungen: schon unter den geometrischen Weihgeschenken finden sich religiöse Motive (Beterstatuetten, Opfertierführer, Lieblingstiere wie z. B. Hirsche für Artemis) und andererseits wertbetonende unter den klassischen (gemünztes und ungemünztes Edelmetall).

Wie bei Homer wird das Pferd in geometrischer Zeit nicht in erster Linie als Reittier, sondern als Gespannpferd verwendet. Tatsächlich ist die Zahl der Gespanne aus Ton oder Bronze in Olympia außerordentlich hoch[12]. Durch Fragmente sind weit mehr als 100 Exemplare bezeugt. Der Reiter mit dem breiten Sonnenhut in Berlin stellt hingegen eine Ausnahme dar.

Bei der Deutung der Wagenfahrer stößt man auf eine Schwierigkeit. Man würde denken, dass mit ihnen die Stifter gemeint sind. Lenker, die ebenfalls Sonnenhüte tragen (Abb. 7), könnten diese Vermutung unterstützen und für eine realistische, bürgerliche Darstellung sprechen[13]. In Wirklichkeit muss es sich aber um eine idealisierende Wiedergabe handeln, mit der heroische Vorstellungen erweckt werden. Das Wagenmodell entspricht dem in Ägypten und Vorderasien gebräuchlichen Kriegswagen, der auch als Rennwagen benutzt wird. Als Kriegsgerät hat er in Griechenland aber schon wegen der geographischen Verhältnisse nie eine Rolle gespielt und Wagenrennen werden in Olympia erst 680 eingeführt (dass der Rennsport allerdings schon weit entwickelt war, beweist drastisch Ilias 9, 124 ff., wo Agamemnon durch Wagensiege ein ganzes Vermögen erworben hat). Dass die Darstellung einen heroisch-homerischen Charakter

Abb. 7   Bronzegespann mit Petasosträger

besitzt, beweisen die Helme einiger Wagenfahrer und die Wagen mit zwei Mann Besatzung: sie entsprechen natürlich den homerischen Helden, die sich von einem Wagenlenker zum Schlachtfeld fahren lassen. Es sind die gleichen homerischen Gespanne, die wir von den großen Grabvasen in Athen kennen. Hier sind Schildträger und Wagenlenker deutlich unterschieden. Wie bei den Wettkämpfen im Parthenonfries wird man an Wagenzüge oder Wettfahrten denken, die tatsächlich oder auch nur ideell, d. h. als Darstellungen auf den großen Grabvasen, bei vornehmen Begräbnissen aufgeführt werden und ihnen einen heroischen Glanz verleihen. Die Frage nach der Identifikation, ein grundsätzliches Problem bei allen figürlichen Weihgeschenken, lässt sich bei den Wagengruppen in Olympia also nicht so eindeutig beantworten. Sie geben und meinen auch sicherlich kein realistisches Bild der Weihenden, wohl aber ein gesellschaftliches, nämlich 'heroisches' Wunschbild, mit dem sich der Stifter in ideeller Weise identifiziert.

Unter den olympischen Bronzen finden sich häufig behelmte Krieger mit erhobenem Lanzenarm, manchmal auch mit Schild an der Linken. Es ist seit langem bekannt, dass sie ein orientalisches Vorbild nachahmen, den sogenannten Rescheftypus, der im Orient für verschiedene Gottheiten verwendet wird und von dem importierte Exemplare häufig schon im mykenischen

Griechenland begegnen (bisher aber noch keine gesicherten Funde in geometrischen Zusammenhängen). Emil Kunze entwickelte die Hypothese, dass er auch in Olympia einen Gott meine, nämlich den Vorläufer des blitzschwingenden Zeus[14]. Diese Verbindung ist jedoch sehr unwahrscheinlich. Zwar wird bei Pausanias ein behelmter, übrigens bärtiger Zeus als altertümliche Statue erwähnt. Aber nichts weist darauf, dass der Gott als Lanzenkämpfer mit Schild aufgetreten sei. Dagegen spricht auch, dass der Rescheftypus auf Dreifußhenkeln verdoppelt und mit Pferd dargestellt wird. Zweifellos ist damit keine Gottheit, sondern ein Idealtypus von Ritter gemeint. Das hat natürlich auch Kunze gesehen. Er glaubte aber, es gäbe daneben auch frei aufgestellte Statuetten, für die der Name Zeus in Anspruch genommen werden könnte. Dabei handelt es sich jedoch mit Sicherheit um einen Irrtum. Ich zeige als Beispiel zwei dieser angeblichen Zeusfiguren (Abb. 8–9. 10–11)[15], die Kunze als Werke einer rückständigen elischen Werkstatt des späten 7. Jahrhunderts einstufte (B 1701. B 1999). Sie haben die gleiche Größe und sind einander so ähnlich, dass sie – wie schon Franz Willemsen sah – als Doppelgänger von einem Gerät stammen müssen. Bezeichnenderweise zeigen beide an den Beinen gleichartige Brüche, offenbar weil sie fest mit einer Unterlage vernietet waren. Den Beweis liefert eine übereinstimmende Statuette in New York (Abb. 14–15). Unter der Standfläche ist noch der Rest eines Bleches erhalten, auf das die Figur aufgenietet wurde und das noch Reste gepunzter Kreise aufweist, also das typische Muster der späten gehämmerten Dreifüße. Wie Willemsen gezeigt hat, stand sie auf der Schlaufe, die von der Schulter des Kessels über den Ansatz des Ringhenkels gelegt ist. Nach ihren beträchtlichen Formaten von 17, 3 bzw. über 20 cm gehören die Statuetten zum Schmuck der riesigen späten Blechdreifüße, von denen auch andere Teile gefunden wurden. Wenn Doppelgängerschaft und Anbringung an Gerät die Deutung auf Zeus ausschließen, dann gilt das offensichtlich auch für die Zwillinge B 1701 und B 1999. Auch in ihnen ist das orientalische Vorbild zu einer genremäßigen Darstellung eines 'heroischen' Ideals verallgemeinert.

Wir müssen allerdings noch auf ein technisches Detail eingehen, das gegen diese Interpretation eingewendet werden könnte[16]. In Olympia kamen drei Lanzenwerfer zutage, die den beiden Kriegern B 1701 und B 1999 typologisch und zum Teil auch stilistisch nahestehen und die mit den Füßen erhalten sind (Abb. 27). Im Gegensatz zu der New Yorker Bronze

Abb. 8–11   Bronzekrieger von Dreifuß

und zwei weiteren olympischen Bügelfiguren waren sie nicht mit einer dünnen Standplatte, sondern unmittelbar mit ihren durchbohrten Füßen auf der Unterlage vernietet. Für die beiden besprochenen Stücke wird dieselbe Art der Anbringung vorausgesetzt werden dürfen. Ich glaube nicht, dass dieser Unterschied gegenüber den sicheren Bügelfiguren den Zusammenhang mit Dreifüßen in Frage stellt oder ausschließt. Wahrscheinlich hat er ebenso technische wie ästhetische Gründe. Bei den Figuren mit Standplatte lösen sich die Füße kaum von der Unterlage, bei dem New Yorker Exemplar und einem anderen in Delphi sind sie sogar weitgehend unterschlagen. Von der Gruppe der Zwillinge und ihrer Verwandten besitzen vier ein bedeutend größeres Format, bei mehreren geht damit eine stärkere Spreizung der Beine zusammen. Die Anbringung unmittelbar mit den Füßen erlaubt für sie eine deutlichere Artikulation und Beweglichkeit als eine Standplatte, die in diesen Fällen breiter hätte ausfallen müssen. Unabhängig davon legt die Niettechnik nahe, dass die Figuren auf einem Blech befestigt waren. Für eine mehr oder weniger dicke Basis wäre sie ungeeignet, vielmehr hätte man dann wie bei einer gleich zu nennenden Statuette in München (Anm. 21) Zapfen zu erwarten (Abb. 26). Es sind auch nirgendwo Blockba-

sen gefunden worden, die zu Figuren mit vernieteten Füßen passen könnten. Selbst wenn die letztgenannten Argumente für sich allein nicht durchschlagend sein sollten, so weisen sie doch zusammen mit der Verdoppelung bei B 1701 und 1999 sowie vor allem mit der geometrischen Datierung entschieden auf die Zugehörigkeit der besprochenen Gruppe zu den späten Blechdreifüßen.

Unsere Annahme wird unterstützt durch drei frühharchaische Funde von der Akropolis, die zu einem oder zwei der letzten großen Blechdreifüße gehören müssen (Abb. 16–17. 18)[17]. In dem Paar NM 6617/18 lassen die Haltung der Arme und die überlängten Oberschenkel Ringhenkelhalter erkennen, die eine Größe von an die 30 cm hatten. Zu ihnen gehört als Arbeit der gleichen Hand oder Werkstatt der Lanzenkämpfer NM 6612 (Abb. 18). Die Gesichtsbildung, die Wulstfrisur der Haare, die charakteristische Behandlung von Schlüsselbein und Brust lassen daran keinen Zweifel. Die Größe von 21,2 cm und die Vernietung unmittelbar durch die Füße machen es so gut wie sicher, dass wir in ihr eine der beiden zugehörigen Bügelfiguren besitzen. Die Deutung wird bestätigt durch den berühmten Lanzenwerfer NM 6613, der die gleiche Größe und die gleiche Haltung der Arme aufweist und dessen weit

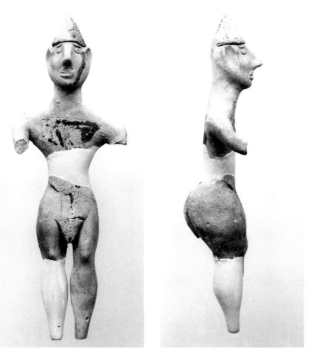

Abb. 12–13   Tönerner Wagenlenker   Abb. 14–15   Bronzekrieger von Dreifuß

Abb. 16–18 Bronzestatuetten von Dreifuß

gespreizte Beine zweifellos auch direkt mit der Unterlage vernietet waren. Sie stammt also als Bügelfigur von einem zweiten Dreifuß einer verwandten, wahrscheinlich aber derselben Werkstatt.

Willemsen hat die beiden olympischen Lanzenwerfer B 1701 und B 1999 sowie ihre Verwandten schon 1955 in geometrische Zeit datiert, wobei er allerdings ein viel zu hohes Datum annahm und ihren Zusammenhang mit Dreifüßen nicht erkannte[18]. Gegen Kunzes Ansatz als provinzielle elische Erzeugnisse des fortgeschrittenen bzw. späten 7. Jahrhunderts vermochte er sich damit jedoch nicht durchzusetzen, obwohl ich 1974 auf eine unverächtliche Parallele, einen Terrakottakrieger (Wagenlenker) aus einem sicheren spätgeometrischen Zusammenhang in Argos aufmerksam machen konnte (Abb. 12–13)[19]. Die Deutung der Figuren als freistehende Zeusstatuetten und ihre nachgeometrische Datierung hatten gravierende Folgen für die Publikation der olympischen Bronzen. Obwohl sie wie nichts anderes die Pracht mehrerer später Dreifüße bezeugen, fehlen sie in der einschlägigen Monographie. Solange man an der späten Datierung festhielt, hätten sie auch in dem vorgesehenen, in jüngster Zeit wieder fraglich gewordenen Band mit den freien Menschenfiguren geometrischer Zeit keinen Platz finden können. Neuerdings führt sie jedoch Heilmeyer im IX. Olympiabericht in der entsprechenden Liste auf – wenn auch noch als freistehende Zeusstatuetten[20]. Willemsens grundlegende Entdeckung scheint demnach fast ein halbes Jahrhundert nach ihrer Publikation wenigstens teilweise diskrete Anerkennung zu finden.

Ein genauerer relativ-chronologischer Ansatz von B 1701, B 1999 und ihrer Verwandten bleibt schwierig. Wie ich vor nunmehr fast 40 Jahren zu zeigen versuchte, ist ein am Organischen orientierter stilistischer Entwicklungsbegriff im Geometrischen nicht anwendbar, vielmehr bleibt hier manches nebeneinander möglich, was sich auf den ersten Blick auszuschließen scheint. Trotzdem brauchen die Datierungen nicht so weit auseinandergehen, wie es heute noch der Fall ist: nämlich frühes 8. Jahrhundert (Willemsen,

Hiller), »bis ins zweite Viertel des 7. Jahrhunderts« (Herrmann) bzw. spätes 7. Jahrhundert (Kunze). Von den Gattungsbedingungen, d. h. der Art der Anbringung am Zughenkel von Dreifüßen her, empfiehlt sich die Reihenfolge: 1. Krieger New York und Delphi, 2. die Gruppe um die Zwillinge B 1701 und B 1999, 3. die besprochenen Aufsatzfiguren der Akropolis. Es liegt auf der Hand, dass dies zugleich in formaler Hinsicht – ich vermeide hier den Ausdruck stilistisch – eine plausible Reihe bildet, wobei sich die zweite Gruppe strukturell noch ganz eindeutig auf die geometrische Seite stellt. Nach unserer immer noch mehr auf Verabredung als auf gesicherten Ansätzen beruhenden Chronologie würde das spätes 8. Jahrhundert bedeuten.

Als älteste Darstellungen des Zeus gelten nach herrschender Meinung einige kunstlose Figürchen mit gespreizten Armen, die auch angewinkelt sein können (Abb. 19–20. 21. 22–23. 24–25)[21]. Obwohl die Exemplare in Olympia roh und primitiv sind, handelt es sich um einen festen Typus, der auch in anderen Landschaften vorkommt. Das beste Beispiel befindet sich in der Münchner Sammlung, in die es ohne Herkunftsangabe gelangt ist (Abb. 26). Ähnlich wie einige olympische Stücke trägt es einen Helm. Die Deutung auf Zeus beruht auf zwei Argumenten, die beide nicht stichhaltig sind. Die meisten modernen Betrachter nehmen den Gestus der Figur mit den plan erhobenen Armen wörtlich. Sie fühlen sich dann an die Bilder von Erscheinenden erinnert, z. B. an den Christus in Raffaels Verklärung. Das ist aber bloße Impression, wie wir gleich sehen werden. Kunze sah in den Statuetten trotzdem den erscheinenden Zeus. Er prägte dafür den Begriff des *Zeus Epiphainomenos*, ein Ausdruck, der in der Antike allerdings nicht vorkommt.

Das zweite Argument beruft sich auf spät- und subminoische Idole, die den gleichen Gestus ausführen (Abb. 28. 29. 30. 31)[22]. Ob Göttinnen gemeint sind, ist umstritten, jedenfalls sind es fast stets weibliche Figuren, die nur sehr wenige männliche Entsprechungen besitzen. Diese Figuren lehren zugleich, dass die Anordnung der Arme in der Fläche nur eine frühe Darstellungskonvention ist. Wie einige Varianten lehren, sind in Wirklichkeit vorgenommene, nach oben angewinkelte Arme gemeint. Es handelt sich also um den bekannten Gebets- und Heiligungsgestus, der mit einer Hand oder mit beiden ausgeführt werden kann und der durch die Jahrhunderte gleich bleibt. Auf einem Weihrelief in Volos aus dem mittleren 4. Jahrhundert ist ein junges Mädchen in dieser Haltung dargestellt, während der Bruder einen anderen Verehrungsgestus vollzieht, der häufig bei Athleten vorkommt.

Dass die spät- bzw. subminoischen sogenannten Idole Gebets- und Heiligungsgesten ausführen, legen andere Exemplare der gleichen Gattung nahe, die weitere Gebetshaltungen, wie die vor die Brust genommenen Arme zeigen (Abb. 30)[23]. Hier wird schon vom Ausdrucksgehalt her niemand von Epiphanie sprechen wollen. Zeitlich und gattungsmäßig näher kommen wir den olympischen Bronzen mit protogeometrischen Statuetten aus Kreta, von denen eine 'nackte' weibliche Figur in Iraklion zwischen dem eben gezeigten Idol Marinatos – Hirmer Taf. 130/1 und den olympischen Stücken vermittelt[24].

Wie wir gleich sehen werden, kommen verschiedene 'Gebets'- bzw. Heiligungsgesten jedoch auch bei orientalischen ebenso wie griechischen Götterdarstellungen vor[25]. Das Motiv der erhobenen Arme schlösse deshalb die Benennung der olympischen Figuren als Zeus nicht von vornherein aus. Ein Detail macht es aber sicher, dass menschliche Stifter, also Beter gemeint sind, nämlich die flache Kopfbedeckung[26]. Sie stellt natürlich einen Sonnenhut, den Petasos dar, der unter mythologischen Figuren allein bei Hermes Sinn machte. Dagegen spricht aber, dass er in Olympia auch bei einem Reiter und bei Wagenfahrern vorkommt. – Die oben bereits zu den Wagenlenkern aufgeworfene Frage, ob und in welchem Sinne die figürlichen Weihgeschenke die Stifter wiedergeben, lässt sich bei den Betern zuversichtlich positiv beantworten. Das Motiv geht in den verschiedensten griechischen Heiligtümern durch die Jahrhunderte und ist gerade in Olympia noch in klassischer Zeit reich bezeugt. Dass mehrere der geometrischen Figuren mit Helmen ausgestattet sind, gibt auch diesem Thema eine 'heroische' Note. – Was die olympischen Funde geometrischer Zeit betrifft, so könnten wir es damit bewenden lassen. Damit aber das Problem der Götter, die mit scheinbaren Gebetsgesten dargestellt werden, nicht ganz im Raume stehenbleibt, möchte ich auch dazu noch eine kurze Bemerkung machen[27].

Abb. 19–20 Bronze eines Beters

Abb. 21 Bronze eines Beters

Der Gestus der in die Höhe ausgestreckten Arme ist in der Kunstgeschichte mit vielen Bedeutungen verbunden[28]. Er bezeichnet affektive Bewegung wie Erschrecken, Abwehr, Erstaunen, Jammer, Jubel und dergleichen, kann aber auch als intensive Ansprache an ein Gegenüber gerichtet sein beim Flehen und Beten, beim Heiligen, beim sich Unterwerfen. Wie Raffaels Gemälde beweist, drängt er sich auch bei der Wiedergabe machtvollen oder verklärten Erscheinens auf. Wirklich sichere antike Beispiele für diese Bedeutung sind jedoch schwer zu finden. Am ehesten wäre an die Figuren in dieser Haltung zu denken, die nach orientalischen Vorbildern auf Löwen, Pferden oder Stieren stehend wiedergegeben werden[29]. Ob die Figur auf dem frükarchaischen Pinax von der Agora dahin gehört – wegen der Denkmalgattung und wegen der Schlangen sicher eine Göttin – lässt sich kaum entscheiden[30].

Aufschlussreicher ist eine andere Beobachtung: Seit dem 6. Jahrhundert gibt es keine plastischen Figuren

Frühe Weihgeschenke

Abb. 22–23 Bronze eines Beters

Abb. 24–25 Bronze eines Beters

von diesem Typus mehr[31]. Es ist aber nicht einzusehen, weshalb erscheinende Götter wie Dionysos oder Apollon nicht auch in archaischer und klassischer Zeit so dargestellt werden sollten. Figuren dieses Typus begegnen nur noch in der Vasenmalerei und zwar nur dann, wenn ein weibliches Idol als altertümlich gekennzeichnet werden soll[32]. Ich nenne als seltenes Beispiel den bekannten Krater des Louvre, auf dem die Verwundung des Philoktet im Heiligtum von Chryse wiedergegeben ist. Der scheinbare Epiphaniegestus entpuppt sich also auch von hier aus, im nachhinein, als frühe Darstellungskonvention, bei der in Wirklichkeit vorgestreckte und angewinkelte Arme gemeint sind, wie es Wiedergaben der Chryse auf anderen Gefäßen denn auch tatsächlich zeigen. Die Vasen liefern zugleich den Beweis, dass dieser von Menschen beim Gebet gebrauchte Gestus auch von Göttern vollzogen wird. Damit bestätigen sie in einem besonders merkwürdigen Falle die alte Regel, dass rituelle Handlungen ihre Urbilder bei den Göttern selbst haben und von den Menschen nur nachgeahmt werden. Das gilt auch für die bekannten Gebetsgesten mit einer schräg erhobenen Hand oder der Hand mit herausgestrecktem Zeigefinger[33]. Beispiele dafür findet man in den klassischen sogenannten Daseinsbildern, in denen sich die Gesten der Götter nicht auf außerhalb der Darstellung gedachte Personen beziehen können. Der primäre Sinn dieser Gesten ist also nicht die Verbindung mit den Menschen, sondern die Kennzeichnung von Heiligkeit. In den Daseinsbildern sind erscheinende Götter gemeint, wie es bei der Aphrodite des Achilleusmalers das Motiv des Fliegens, bei der Artemis des Bowdoinmalers die eilige Bewegung und der Altar zusätzlich nahelegen. Erscheinung bedeutet hier allerdings keinen theatralischen Akt, sondern eine bildliche Aussage über die Heiligkeit des Gottes.

Abb. 26 Bronze eines Beters

Abb. 27 Bronzekrieger von Dreifuß

Frühe Weihgeschenke

Abb. 28 Minoische Tonstatuette

Abb. 29 Minoische Tonstatuette

Abb. 30–31 Minoische Tonstatuetten

1 Paus. V 14, 4 ff. Von Heroenkulten werden nur die idaiischen Brüder des Herakles genannt.

2 H. Kyrieleis in: Olympiabericht IX (1994) 9 ff. Es könnte der von Pausanias V 15, 6 erwähnte Altar sein. J. Stroszeck verdanke ich die Möglichkeit, einen großen Teil der Terrakotten anhand von Farbaufnahmen zu studieren. Die Armreifen bei H. Philipp, OF XIII (1981) 23 f. 222 ff. Die Votive fanden sich in einer »dicken schwarzen Opferschicht« um den älteren Altar. s. auch H. Gropengießer in: R. Hägg – N. Marinatos – G. Nordquist (Hrsg.), Early Greek Cult Practice (1988) 125. Nach Philipp a. O. 24 reichen die Terrakotten bis ins 2. Jh. v. Chr. Die Verlegung des Kultes wird von ihr in die frühe Kaiserzeit datiert. Die Gründe dafür sind mir nicht bekannt. – Artemis Kurotrophos: M. P. Nilsson, Geschichte der griechischen Religion I (1967) 493 f.

3 Olympia IV (1890) Taf. XIII 205 ff. 220; W.-D. Heilmeyer, Frühe olympische Bronzefiguren. Die Tiervotive. OF XII (1979); Schwarze Schicht: AW 21, 1990, 183. 185 (H. Kyrieleis).

4 B. Alroth, Visiting Gods, in: Anathema. Atti del convegno internazionale. Rom 15.–18.6.1989, 301 ff.

5 M. Maaß, Die geometrischen Dreifüße von Olympia. OF X (1978). Als Hinweis auf Tieropfer: W. Burkert, Griechische Religion der archaischen und klassischen Epoche (1977) 155. Stiftungen von Siegern: H.-V. Herrmann, Olympia. Heiligtum und Wettkampfstätte (1972) 77 ff. Nach S. H. Langdon, Art, Religion and Society in the Greek Geometric Period: Bronze Anthropomorphic Votive Figurines (Diss. Indiana 1984) 128 wäre der Dreifuß gar der wichtigste Siegespreis in Olympia gewesen, was in eklatantem Gegensatz zur späteren Sitte stünde. Wagenrennen in Elis mit Dreifuß als Kampfpreis kennt die Ilias 11, 699 ff., vgl. 9, 124 ff.

6 N. Himmelmann, Über Bildende Kunst in der homerischen Gesellschaft (Abh. Mainz 1969 Nr. 7) 28–36; S. H. Langdon, Gift Exchange in the Geometric Sanctuaries, in: T. Linders – G. Nordquist (Hrsg.), Gifts to the Gods, Symposium Uppsala 1985 (1987) 107 ff. – Obeloi: H. Payne – T. J. Dunbabin, Perachora I (1940) 187–190. 257–261. Taf. 36. 132 Nr. 3; P. Courbin in: R. Hägg (Hrsg.), The Greek Renaissance of the Eighth Century B.C.: Tradition and Innovation (1983) 149–156. – Numismatische Einheiten in Knossos und Gortyn: H. Collitz – F. Bechtel: Sammlung der griechischen Dialektinschriften (1884–1915) 4969.130; 4979.

7 Symbolische Bedeutungen des Dreifußes E. Reisch in: RE V 2 (1905) 1685 ff.; K. Schwendemann, in: JdI 36, 1921–22, 175 ff. 182 ff.; G. Roux, Delphi (1971) 113 ff.

8 Payne – Dunbabin a. O. 148 ff. Fragen an den lückenhaften Befund richtet R. Tomlinson, Water Supplies and Ritual in the Heraion Perachora, in: N. Marinatos – R. Hägg (Hrsg.), Early Greek Cult Practice (1988) 167 ff.; J. Boardman, The Greeks Overseas (1980) 68 Anm. 110–113; H. Luschey s. v. Phiale, in: RE Suppl. VII (1940) 1026 ff. Phialen in Schatzverzeichnissen: H. Luschey, Die Phiale (1939) 11; D. Harris, Treasures of the Parthenon and the Erechtheion (1995) 300 ff. (Index of Objects).

9 Dazu N. Himmelmann, Die private Bildnisweihung bei den Griechen (Abhandlungen der Nordrhein-Westfälischen Akademie Düsseldorf). Im Zusammenhang der archäologischen Überlieferung und der Stelle bei Theopomp ist zu fragen, ob die Verse 61 und 179 des homerischen Hermeshymnus für eine Datierung dieses Gedichts in das 7. Jahrhundert sprechen könnten (Dreifüße und Kessel in der Grotte der Maia bzw. im Apollontempel Delphi). Bei der heute üblichen Datierung zwischen ausgehende Archaik und Ende des 4. Jahrhunderts bedürfte dieses Detail einer besonderen Begründung.

10 Heilmeyer a. O. Taf. 39. – Als Opfersymbole gedeutet von W. Burkert a. O. 155.

11 Spätklassische Pferdestatuette Basel mit Weihinschrift an Poseidon Inv. Kä 522 Kunstwerke der Antike (Slg. R. Käppeli) Nr. B 9. Bonn, Antiken aus dem Akademischen Kunstmuseum Bonn² (1971) 29 Nr. 24 (H. Kyrieleis). – Zu den Veränderungen bei der Weihung bronzener Stierstatuetten: B. Schmaltz, Metallfiguren aus dem Kabirenheiligtum bei Theben. Das Kabirenheiligtum bei Theben VI (1980) 158 ff. In der frühen Klassik treten Stierbronzen im Kabirion fast ganz zurück, doch wird das Thema durch Terrakotten bis zum Ende des 4. Jhs. weitergeführt. Im Wechsel der Häufigkeit und der Materialien immer eine religionsgeschichtliche oder soziologische Logik erkennen zu wollen, hat wenig Aussicht auf Erfolg. Dass der Stier im Kabirion eine auf den dortigen Kult bezogene religiöse Bedeutung besitzt, macht Schmaltz wahrscheinlich. – Zum Aufhören von Votivgattungen auch Philipp a. O. (Anm. 2) 24 ff. Anfechtbare Erklärungen bei A. Snodgrass, The Economics of Dedications at Greek Sanctuaries, in: Anathema. Atti del convegno internazionale. Rom 15.–18.6.1989, 287 ff.

12 W.-D. Heilmeyer, Wagenvotive, in: Olympiabericht X (1981) 59–71 (Heilmeyer a. O. 67 zählte damals 30 bronzene und 132 tönerne Wagenfragmente sowie 15 bronzene und 93 tönerne Lenker bzw. Fragmente von solchen); ders., Frühe olympische Bronzefiguren. Die Wagenvotive, in: Olympiabericht IX (1994) 172–208. – Reiter: K. A. Neugebauer, Die minoischen und archaisch griechischen Bronzen im Antiquarium Berlin (1931) Taf. 5, 27; Lenker mit Sonnenhut Olympiabericht IX (1994) 208, 61–64.

13 W.-D. Heilmeyer, Frühe olympische Tonfiguren. OF VII (1972) 87 f. deutete die tönernen Gespanne vor allem als Zeugnisse des »Bauernlebens« und die zugehörige nackte Männerfigur als »Repräsentanten des reichen Gutshofes«. – Lenker mit Petasos: Olympiabericht IX (1994) 208 Nr. 61–64, vgl. hier Anm. 26.

14 E. Kunze, Zeusbilder in Olympia, in: AuA 2, 1946, 101 ff. Rekonstruktion von Lanzenschwingern mit Pferd: Kunze, Neue Meisterwerke griechischer Kunst aus Olympia (1948) 9. – Allgemein zum Typus: M. Byrne, The Greek Geometric Warrior Figurine (1991).

15 B 1701: Olympiabericht IV (1944) Taf. 45/46. B 1999: ebenda. Taf. 43/44. Zur Datierung a. O. 123 (»nicht lange vor 600 v. Chr.«); F. Willemsen, AM 69/70, 1954/55, 12 ff. Beil. 3. 5. Anbringung an Gerät: Willemsen a. O. 12. – Die Statuette in New York bei G. M. A. Richter, Kuroi (1960) Abb. 3–5, Herkunft »von Kreta oder aus Olympia«. In der durchbohrten Linken ist vielleicht die zweite Lanze zu ergänzen. Auf dem Blechstreifen, auf den die Figur mit ihrer dünnen Standplatte aufgenietet ist, sind laut Beschreibung eingetiefte Kreise erhalten. Willemsen OF III (1957) 155 f. wies Anbringung auf einem Bügelhenkel nach und stützte sich dabei auf das Blechfragment Br 8830 seiner Taf. 83. M. Maaß, Die geometrischen Dreifüße von Olympia. OF X (1978) 95, vgl. 99–102, akzeptierte die New Yorker Statuette als Aufsatzfigur eines Bügelhenkels (seine Kat. Nr. 39), hielt sie aber als Parallele

16 Maaß a. O. 95; H.-V. Herrmann in: Στήλη. Τόμος εις μνήμην Ν. Κοντολέοντος (1980) 71 Anm. 79. Maaß wandte gegen unsere Argumentation ein, dass in Olympia auch unter den frei aufgestellten Statuetten Wiederholungen vorkämen. Man wird aber die rohen Figürchen Olympia IV 240. 241 nicht in Parallele setzen wollen mit den sehr viel größeren und mit äußerster Akribie aufeinander abgestimmten Meisterwerken B 1701 und 1999, bei denen die Doppelgängerschaft einen bestimmten Grund haben muß. – Bügelhenkelfiguren mit Standplatte: Olympiabericht IV (1944) Taf. 36, 1. 2; C. Rolley, Les statuettes de bronze. Fouilles de Delphes V (1969) Taf. 1, 2 (15, 8 cm); New York s. vorige Anm. – Nach Abschluß des Manuskripts weist N. Franken mich noch hin auf einen Beitrag von S. H. Langdon, in dem sie aufgrund übereinstimmender Anbringung auch weibliche Statuetten mit Standplatte überzeugend als Schmuck von Dreifüßen interpretiert: S. Langdon, Female Figurines on Greek Geometric Bronze Tripods, in: From the Parts to the Whole I, Acta of the 13th International Bronze Congress Cambridge (Mass.) 1996. IRA Suppl. 39 (2000) 24 ff. Der Vorschlag ist allerdings nicht neu, vielmehr hatte C. Rolley die Bronze Delphi 7730 bereits mit Bestimmtheit mit einem Dreifuß in Verbindung gebracht: Rolley a. O. 19. – Mit durchbohrten Füßen: Olympiabericht IV (1944) Taf. 38–42 (die Steinersche Bronze Taf. 42 ist 23, 7 cm hoch). Zur Anbringung vgl. N. Himmelmann, Bemerkungen zur geometrischen Plastik (1964) 26. Die von Maaß gegen den Zusammenhang mit Dreifüßen geltend gemachte Feinheit der Vernietung, der wir die Erhaltung der Füße bei drei Figuren verdanken, wäre auch bei jeder anderen Anbringung – sei es an Gerät oder selbständiger Basis – merkwürdig. Sie hängt offensichtlich mit dem verfeinerten Stil der Gruppe zusammen. – Die Deutung als Dreifußfiguren, aber mit subgeometrischer Datierung, übernahm S. H. Langdon, Art, Religion and Society in the Greek Geometric Period: Bronze Anthropomorphic Votive Figurines (Diss. Indiana 1984) 328. – Gegen meine Deutung ließe sich einwenden, dass die durchbohrten Füße auch bei flüchtigen und 'provinziellen' Lanzenwerfern vorkommen wie z. B. Ol. B 2914, NM 6182, Olympia IV (1890) Taf. 16, 243, Delphi Rolley a. O. Taf. 7, 20; Thessalien: H. Biesantz, Thessalische Grabreliefs (1965) Taf. 55. Sie kommen jedoch als Zutaten zu entsprechend schlechter gearbeiteten Dreifüßen in Frage. Anbringung als Bügelfigur vermutet bei Olympia IV (1890) Taf. 16, 243 M. Weber, AM 89, 1974, 31.

17 B. Schweitzer, Die geometrische Kunst Griechenlands (1969) 149 f. mit Tafelabb. 164/5. 166/8, vgl. 159/61; Willemsen OF III (1957) 147 hielt NM 6617/18 (erhaltene Höhen 21, 5 und 20, 5 cm) für spiegelbildlich gleich und Anbringung am gleichen Kessel für möglich. M. Weber a. O. 31 ff. bestimmte NM 6612-3 bereits als Bügelfiguren und wies ein Oberkörperfragment in Cambridge der gleichen Werkstatt zu (a. O. Taf. 13, 1–2). s. auch Herrmann a. O. 60. 66.

18 AM 69/70, 1954/55, 12 ff. Dagegen E. Kunze, Olympiabericht VI (1958) 124 und Olympiabericht VII (1961) 149 Anm. 20. W.-D. Heilmeyer, Frühe olympische Tonfiguren. OF VII (1972) 63 f. hielt, ohne Willemsen noch zu erwähnen, die nachgeometrische Datierung für unzweifelhaft. Ebenso noch M. Byrne, The Greek Geometric Warrior Figurine (1991) 38 f. – Früher als Kunze, aber auch schon ins fortgeschrittene 7. Jahrhundert datierte H.-V. Herrmann JdI 79, 1964, 70 Anm. 194 und in: Στήλη. Τόμος εις μνήμην Ν. Κοντολέοντος (1980) 74 (»bis ins 2. Viertel des 7. Jahrhunderts«). s. auch W. Fuchs – J. Floren, Die griechische Plastik I (1987) 49 ff. (in sich widersprüchlich und fehlerhaft im Detail). Einen frühen Ansatz in der geometrischen Epoche vertrat F. Hiller, AA 1977, 149 ff.

19 AA 1974, 538 ff. mit Abb. 1–4. Die Kopfbildung ist trotz des anderen Materials so gut wie identisch. Vgl. BCH 93, 1969, 651 ff. Der Fundkontext BCH 91, 1967, 844. – Unzutreffend ist die Äußerung von G. Kopcke in: G. Kopcke – M. B. Moore (Hrsg.), Studies in Classical Art and Archaeology (Festschrift P. H. v. Blanckenhagen 1979) 17 Anm. 2: natürlich hätte ich B 1701 und B 1999 nicht in meine Bemerkungen zur geometrischen Plastik (1964) aufgenommen, wenn ich sie nicht für geometrisch gehalten hätte (wie H. Marwitz, GGA 218, 1966, 230 Anm. 2 richtig feststellte). In meinem Abbildungsverzeichnis werden sie als Dreifußfiguren bezeichnet. – Die stilistische Datierung von B 1701 und B 1999 in geometrische Zeit hätte kein Problem mehr sein brauchen, nachdem A. Lebessi 1977 den vorher schon von J. Boardman vermuteten Ansatz der Sphyrelata von Dreros ins 8. Jahrhundert bestätigen konnte (Στήλη. Τόμος εις μνήμην Ν. Κοντολέοντος [1980] 92). Lebessi wies auch nach, dass der stilistische Charakter der apollinischen Gruppe keinen isolierten orientalischen Einfluß widerspiegelt, sondern einer einheimischen Formtradition entspricht.

20 Olympiabericht IX (1994) 206 ff. (Anhang 1). Vgl. W. Schiering, Gnomon 72, 2000, 155 f.

21 Olympia IV (1890) Bronzen Nr. 237. 240–41. 261. Terrakotten Nr. 280–83. 286. 290. – E. Kunze, Zeusbilder in Olympia, in: AuA 2 (1946) 98 ff. Olympiabericht VII (1961) 138–141. Olympiabericht VIII (1967) 213–24 (Kunze). OF VII (1972) 32–34 Nr. 201-2.204 (Heilmeyer). Von den von Byrne a. O. auf seiner Taf. 11 zu den frühesten Exemplaren gerechneten Stücken sind seine Nrn. 25 und 22 spätgeometrisch, wie die starke Artikulation mit den spitzen Fortsätzen an den Gelenken beweisen. Viel zu frühe Datierungen schon bei E. Kunze, Olympiabericht VII (1961) 141. – Die Statuette ohne Fundort (thessalisch ?) in München: Biesantz a. O. Taf. 51. M. Maaß, Griechische und römische Bronzewerke der Antikensammlungen München (1979) 11 Nr. 2. B. Kaeser und H. Schaaf verdanke ich dazu folgende Angaben: Die Fußflächen sind in Kaltarbeit flach gemacht, damit die Füße platt aufstehen konnten. Die Fußzapfen sind modern übergangen, in der Grundgestalt aber authentisch. Kaeser hält es für möglich, daß die Figur z. B. in eine Opferbank eingelassen war. Die merkwürdigen Kerben im Gesicht könnten seiner Meinung nach für die Befestigung eines Überfanggusses oder einer Blechmaske gedient haben. – Die Deutung als *Zeus epiphainomenos*, der E. Bielefeld, Götterstatuen auf attischen Vasenbildern, in: Wiss. Zeitschr. Greifswald 4, 1954/55, 392 noch lebhaft widersprach, scheint heute *communis opinio* zu sein, s. z. B. W. Burkert, Griechische Religion der archaischen und klassischen Epoche (1977) 53. 90 f. 151. 155 (mit weitreichenden Schlüssen). C. Rolley, La sculpture grecque I (1994) 91 f. zu Abb. 74–75 (»apparition de Zeus«). L. Baumer, AntK 38, 1995, 18; S. H. Langdon, From Pasture to Polis. Art in the Age of Homer (Ausst. 1993) 128 ff. (»a deity's sudden epiphany«). Langdon sieht allerdings auch einige der Schwierigkeiten

und hält u. U. »fervent worshipper« für möglich. Ablehnend E. Simon, Die Götter der Griechen (1969) 26f., doch s. auch Archäologischer Kalender 1999 (Ph. v. Zabern) Text zum 25. 1. 1999 (Idol aus Mykene). Von früheren Äußerungen ist G. Neumann, Gesten und Gebärden in der griechischen Kunst (1965) 91 ff. aufschlussreich, da er zwischen Beterhaltung und 'Epiphaniegestus' nicht klar zu scheiden vermag (aber trotzdem an Kunzes These festhält). Skeptische Stimmen, die einen erscheinenden Zeus aber immerhin meist für möglich hielten, sammelte F. Brommer, JdI 101, 1986, 47f. (Schweitzer ist wieder zu streichen: er wollte Epiphanien von Hermes und Zeus sehen).

[22] Sp. Marinatos – M. Hirmer, Kreta und das mykenische Hellas (1959) Taf. 128 ff. 135 ff. Vgl. K. Kilian, Mykenische Heiligtümer der Peloponnes, in: Kotinos. Festschrift E. Simon (1992) 15 ff. – (macht bei den großen Idolen einen Unterschied zwischen »Abbilder der Gottheiten« und »Identität«, a. O. 21 Anm. 129. Zwei große Idole stammen aus Grabbezirken, a. O. 21). Männliche Idole von Phylakopi: C. Renfrew, The Archaeology of Cult. The Sanctuary at Phylakopi, BSA Suppl. Vol. 18 (1985) 223 ff. 277 Taf. 35–37 (waagerecht vor die Brust erhobene Arme). E. Brandt, Gruß und Gebet (1965) 23 ff. Ob es sich bei dem Hausmodell mit Figuren aus Archanes Marinatos – Hirmer a. O. Taf. 138f. um einen kultischen Gegenstand handelt, ist unklar (Sitzende mit erhobenen Armen in Haus, auf dessen Dach zwei Männer und eine Raubkatze). Dazu Kilian a. O. 21 Anm. 129 und vor allem die von A. Mazarakis Ainian, From Ruler's Dwellings to Temples (1997) 120f. (mit Abb. 511–512) referierten Meinungen. Das Modell von Archanes soll aus einem Grab stammen. Hausmodelle ohne Figuren wurden auch in Wohnhäusern gefunden. – Vorgeschichtliche Darstellungen in Nord- und Mittelgriechenland behandelte K. Grundmann, JdI 68, 1953, 29 ff. – Weihrelief in Volos: AAA 7, 1974, 67 Taf. 31.

[23] Beide Arme vor der Brust: Marinatos – Hirmer a. O. Abb. 132 unten zweite Figur von links (nicht zu verwechseln mit dem Gestus der nackten Göttin, die ihre Brüste fasst. Vgl. Marinatos – Hirmer a. O. Taf. 15, wo ein Mann den Gestus ausführt. Vgl. auch a. O. Taf. 88. Außerdem W. Lamb, Greek and Roman Bronzes (1929) Taf. 8 b. c (beides Männer). – Die 1968 in einem Kultzentrum von Mykene gefundenen Idole jetzt veröffentlicht bei A. D. Moore – W. D. Taylour, The Temple Complex. Well Built Mycenae. Fasc. 10 (1999). Die ursprüngliche Annahme, der Fund enthalte auch männliche Exemplare, hat sich nicht bestätigt. Die Verschiedenheit der Gebärden bei sonst gleichartigen Figuren spricht entschieden dagegen, erhobene Arme als Epiphaniegestus zu deuten (beide Arme erhoben; ein Arm erhoben, der andere vor der Brust; beide Arme vor der Brust; ein Arm mit Axt (?) erhoben; beide Hände fassen Brüste; beide erhobenen Arme fassen Gegenstände). Die Frage, ob die Figuren Göttinnen oder Stifterinnen darstellen, vermochte der Herausgeber A. D. Moore nicht eindeutig zu beantworten (er neigt zur zweiten Möglichkeit). Vgl. Moore a. O. 87–102. – Immer noch erwägenswert ist die These, wonach die späten Idole in erstarrten Tanzstellungen wiedergegeben sind (Brandt a. O. 23 ff. – allerdings sehr überzogen – nach Anregungen von Friedrich Matz). Bei Marinatos – Hirmer Abb. 132 könnten die Kopfwendung des zweiten Idols von links und der Wechsel von Frontal- und Profilhand bei dem mittleren dafür sprechen. Da die gleichen Gesten jedoch auch für Adoranten gebraucht werden, würde dies die Deutung der Idole nicht wesentlich ändern. Für die geometrischen Statuetten spielt dies ohnehin keine Rolle, da eine solche Möglichkeit hier nicht mehr in Betracht kommt.

[24] U. Naumann, Subminoische und protogeometrische Bronzeplastik auf Kreta (1976) Taf. 29. Bei den kretischen Bronzen variiert der Gestus zwischen eindeutiger Gebetshaltung (z. B. Taf. 20, 2) und scheinbarem 'Epiphaniegestus' (z. B. 27, 2). Vgl. auch Taf. 21, 2. 20, 2. 22, 3. Die Figur Taf. 31 erhebt nur eine Hand. Schon wegen der fließenden Übergänge wäre es wenig überzeugend, dem grundsätzlich gleichen Gestus verschiedene Bedeutungen zusprechen zu wollen.

[25] Phönikische Götter mit 'Gebets'- bzw. Heiligungsgesten: A. Parrot – M. H. Chéhab – S. Moscati, Die Phönizier (1977) Abb. 32 (angeblich 7. Jh. v. Chr.). 243. 115. 49. 7. Hier handelt es sich allerdings immer nur um Gesten mit einer erhobenen Hand. Sie beweisen aber die grundsätzliche Möglichkeit, Götter in dieser Weise zu charakterisieren. Orientalische Götter mit beiden erhobenen Armen: H. Demisch, Erhobene Hände. Geschichte einer Gebärde in der bildenden Kunst (1984) Abb. 11 (akkadisch, Göttin in Gebetshaltung), Abb. 12–13 (babylonisch, nackte Göttin), Abb. 14 (späthethitisch, Berggott, in Orthostatenfries: vielleicht ist Tragen gemeint). – Bielefeld a. O. 389 ff., bes. 392, 396f. und Simon a. O. 26f. sahen in 'Gebets'- bzw. Heiligungsgesten bei Göttern ein reziprokes Verhältnis von Adorant und Gottheit ausgedrückt, was z. B. durch eine phönikische Gemme wie Parrot – Chéhab – Moscati a. O. Abb. 115 (4. Jh. v. Chr.) Bestätigung finden könnte. In klassischer Zeit gibt es jedoch auch Darstellungen, in denen die entsprechenden Gesten bei Göttern als selbstgenügsames Tun aufgefaßt werden müssen, z. B. wenn Leto bei der Spende Apolls wie eine menschliche Beterin die Linke erhebt (auf der rf. Pyxis aus Spina: Arte antica e moderna [1966] Taf. 70). Die Kennzeichnung ist wahrscheinlich ähnlich zu beurteilen wie die Bilder spendender Götter, die sich meist – insofern es sich um sogenannte Daseinsbilder handelt – auch nicht auf außerhalb der Darstellung gedachte Personen beziehen. Anders Chr. Karousos in: K. Schauenburg (Hrsg.), Charites. Festschrift Langlotz (1957) 35 f., der für den Gestus der schräg erhobenen Rechten bei einer spätarchaischen lakonischen Apollonstatuette auf den religiösen Begriff des ὑπερδέξιος verweist, der mit mehreren Gottheiten verbunden werden kann. Diese Konkretisierung der Aussage des Gestus ist im vorliegenden Falle völlig legitim und überzeugend und entspricht in hervorragendem Maße dem Wesen des Gottes. Sie lässt sich aber nicht auf alle Heiligungsgesten übertragen, für die nicht jedesmal spezifische Deutungen in Frage kommen.

[26] Beter: B. Schweitzer, Die geometrische Kunst Griechenlands (1969) Tafelabb. 117–119 (deutlich bei der Profilaufnahme Abb. 119). – Reiter: Olympia IV Taf. 16, 258. Neugebauer a. O. (Anm. 12) I Taf. 5, 27. – Wagenlenker: Olympia IV (1890) Taf. 15, 250. Olympiabericht VIII (1967) Abb. 75–77. Weitere Beispiele Olympiabericht IX (1994) 208 Nr. 61–64. Byrne a. O. (Anm. 14) 33 hielt auch Zeus mit Petasos für möglich. E. Kunze, Olympiabericht VII (1961) 141 war der durch nichts gerechtfertigten Meinung, der »ausladende Kopfaufsatz« lasse sich »kaum mit einiger Gewißheit gegenständlich deuten«. H.-V. Herrmann, Olympia. Heiligtum und Wettkampfstätte (1972) 73 Anm. 272 sah in der Kopfbedeckung bei einigen Statuetten ein mykenisches Relikt, bei anderen Petasoi. Dazu sein Hinweis auf CVA Kopenhagen Nat. Mus. (2) Taf. 73, 3.

[27] Eine Behandlung in größerem Zusammenhang plane ich an anderer Stelle.

[28] Demisch a. O. 321 referierte bereits meine Ablehnung von Kunzes Interpretation. – Affektiv zu deuten wahrscheinlich die Haltung des Zeus in der Szene der Athenageburt auf der tenischen Reliefamphora: K. Schefold, Götter- und Heldensagen der Griechen in der früh- und hocharchaischen Kunst (1993) 53 Abb. 26.

[29] In Olympia: Olympiabericht IV (1944) Taf. 33, 1, vgl. Herrmann a. O. 75 Anm. 281–2. 287.

[30] U. Hausmann, Griechische Weihreliefs (1960) 16 Abb. 6. Es sind Fragmente mehrerer Exemplare überliefert: Hesperia 2, 1933, 604 Nr. 277 Abb. 72–73, vgl. Nr. 278–280.

[31] Kunze AuA a. O. 99 ließ die Beispiele noch vor der Mitte des 7. Jhs. enden. Bei der großen Tonfigur aus Halai (H. Goldman, Festschrift für J. Loeb [1930] Taf. 8) ist die Ergänzung des linken Arms nicht sicher. Vgl. auch St. Alexiou in: KretChron 1958, 179 ff., bes. 275 ff. zum Nachleben des spätminoischen Typus. Weiter K. F. Johannsen, Exochi (1958) 99 ff. und E. Brandt, Gruß und Gebet (1965) 35 ff. Auch hier ist es häufig schwirig, den scheinbaren 'Epiphaniegestus' von Gebetshaltungen zu trennen (z. B. Alexiou a. O. Taf. 15 Abb. 1–4), was die Vermutung stützt, dass immer der gleiche rituelle Gestus gemeint ist. Zu den Idolen von Lemnos zuletzt L. Beschi, PP 298, 1998, 61 ff.

[32] E. Bielefeld, Götterstatuen auf attischen Vasenbildern, in: Wiss. Zeitschr. Greifswald 4, 1954/55, 379 ff. – Krater mit Verwundung Philoktets im Louvre: LIMC III (1986) 280 s. v. Chryse I Nr. 6 (ARV2 590,12: die Szene ist weitgehend ergänzt, die Haltung des rechten Arms an der Statue jedoch gesichert). Weitere Darstellungen des Idols von Chryse mit erhobenen Armen LIMC III (1986) 280 s. v. Chryse I Nr. 2. 4; LIMC I (1981) 265 s. v. Agamemnon Nr. 43: diese Beispiele entsprechen völlig der geläufigen menschlichen Beterhaltung, besonders bei Frauen. Auch diese Parallelität spricht dafür, dass die scheinbar flach erhobenen Arme den gleichen rituellen Gestus meinen. Ähnlich das Aphroditeidol LIMC II (1984) 14 s. v. Aphrodite Nr. 52. Das Idol LIMC II (1984) 14 s. v. Aphrodite Nr. 41 hält in der Rechten die Schale und 'heiligt' mit der Linken, vgl. LIMC II (1984) 47 s. v. Aphrodite Nr. 369 (Schale in Aufsicht auch in der erhobenen Hand).

[33] z. B. LIMC II (1984) 97 s. v. Aphrodite Nr. 917 (erscheinende Aphrodite auf Schwan). LIMC II (1984) 699 s. v. Artemis Nr. 1020 (erscheinende Artemis an Altar). Zum Gestus der Artemis vgl. die New Yorker Oinochoe Neumann a. O. (Anm. 21) 83 Abb. 41 und den Symbolsockel des Tukulti Ninurta I. aus Assur in Berlin: H. Schäfer – W. Andrae, Die Kunst des Alten Orients[3] (1925) Taf. 532.

Abbildungsnachweis

Abb. 1-4: Grabung Olympia;

Abb. 5: DAI Athen (Inv. B 1348 Nrg. Ol. 1640);

Abb. 6: Antikenmuseum und Sammlung Ludwig, Basel;

Abb. 7: DAI Athen (Neg. 71,7);

Abb. 8–11: DAI Athen (Neg. Ol. 2089-90);

Abb. 12. 13: École Française, Athen;

Abb. 14. 15: Metropolitan Museum, New York (Fletcher Fund 1936);

Abb. 16. 17: DAI Athen (Neg. NM 2441);

Abb. 18. 19: DAI Athen (Neg. Ol. 1758);

Abb. 20. 21: DAI Athen (Inv. B 4245. Ol. 4599. 4601);

Abb. 22. 23: DAI Athen (Neg. NM 5025/26);

Abb. 24. 25: DAI Athen (Ol 2074);

Abb. 26: Staatl. Antikensammlungen München;

Abb. 27: DAI Athen (Ol 4648);

Abb. 28–31: Hirmer Fotoarchiv Nr. 584.2196; 584.2216; 584.2189.

Klaus Herrmann

Bauforscher und Bauforschung in Olympia

Es ist ein weites Feld, die Bedeutung Olympias für die Entwicklung der historischen Bauforschung und das Wirken der dort tätigen Architekten zu untersuchen - ein Feld, das in dem hier vorgegebenen Rahmen nur punktuell beleuchtet werden kann[1]. Im Vordergrund soll dabei die alte Grabung stehen, deren 125 Jahre zurückliegenden Beginn wir mit diesem Band – und den ihm zugrunde liegenden Referaten – würdigen. Zugleich soll aber der Versuch unternommen werden, alle an der »Wiedergewinnung Olympias« beteiligten Bauforscher mit ihren zentralen Betätigungsfeldern und besonderen Verdiensten zumindest zu erwähnen[2].

Übergehen müssen wir dagegen die Forschungsgeschichte vor Beginn der großen Ausgrabungen[3], die – abgesehen vom Zeustempel – nur wenige Informationen zu den Bauwerken und zur Topographie des Heiligtums erbracht hat. Der damalige, ausschließlich auf antiken Quellen und auf Beobachtungen von frühen Reisenden beruhende Kenntnisstand ist in einem Plan zusammengefasst, den Ernst Curtius seinem Olympia-Vortrag von 1852 beigegeben hat (Abb. 1). Wie sehr sich dieses Bild durch die Grabungen verändert hat, zeigt der entsprechende Ausschnitt aus einer Karte von 1887, der die in nur 6 Kampagnen freigelegte, etwa 7,5 ha große Fläche mit ihren Bauten und die unmittelbare Umgebung wiedergibt (Abb. 2)[4]. Wie nicht anders zu erwarten, sind Lage oder Ausrichtung vieler Anlagen in der alten Darstellung unzutreffend. Es fällt aber auch auf, welch unterschiedliche Vorstellungen man von bestimmten Gebäuden hatte. Beispielsweise sind die Schatzhäuser, für die es bis dahin kein typologisches Vorbild gab, in Anlehnung an das sog. Schatzhaus des Atreus in Mykene oder das des Minyas in Orchomenos als Rundbauten wiedergegeben[5]. Ebenso fehlte es seinerzeit noch an konkreten Anhaltspunkten, wie etwa ein Prytaneion oder Buleuterion zu rekonstruieren sei[6] – allesamt Bauten, die erstmals in Olympia ergraben wurden.

Dass die Olympiagrabung zu einem überaus erfolgreichen Gemeinschaftswerk von Archäologen, Epigraphikern und Architekten wurde, ist in erster Linie das Verdienst von Ernst Curtius (1814–1896). Er hat sich wie kein anderer für das Zustandekom-

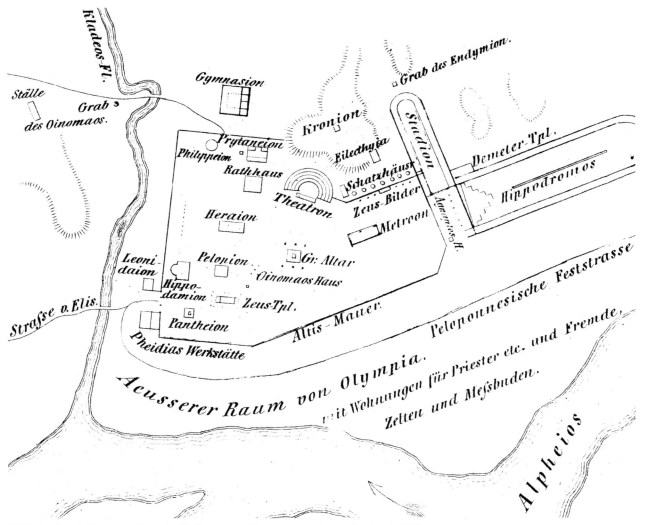
Abb. 1 Idealplan von Olympia. Beilage zum Vortrag von Ernst Curtius (1852)

men der Ausgrabung eingesetzt, die Finanzierung und die Verträge ausgehandelt und Einfluss auf die personelle Zusammensetzung der Grabungsleitung und -mannschaft genommen. Schon auf seinen frühen Reisen in Griechenland hatte Curtius die Begleitung eines Architekten zu schätzen gelernt[7] und 1871 auf einer gemeinsam unternommenen Forschungsreise nach Kleinasien den Kontakt zu Friedrich Adler (1827–1908), dem Bauhistoriker an der traditionsreichen Bauakademie, vertieft[8]. Adler hatte sich bereits durch seine mittelalterlichen Studien, aber auch durch Veröffentlichungen zur antiken Architektur ausgewiesen, als er 1874 zu den Grabungsvorbereitungen erstmals nach Olympia kam. In seiner Funktion als Mitglied des 'Direktoriums für die Ausgrabungen' hatte er später entscheidenden Anteil an der Planung und praktischen Durchführung der jeweiligen Kampagnen. Er war es auch, der die in Olympia tätigen Bauforscher, die fast alle aus der großen Zahl seiner Schüler hervorgegangen sind, auswählte. Nicht zuletzt auf seinen olympischen Erfahrungen aufbauend, ist er in seiner mehr als 40jährigen Lehrtätigkeit zum Begründer der historischen Bauforschung als einer eigenständigen wissenschaftlichen Disziplin geworden[9].

Alte Grabung

Als erster übernahm der Bauführer Adolf Boetticher (1842–1901) die technische Leitung der Arbeiten im Gelände. In dieser Funktion stand er gleichberechtigt neben dem um fünf Jahre jüngeren Archäologen Gustav Hirschfeld (1847–1895), was sich nicht zuletzt

Abb. 2   Olympia nach Abschluss der großen Ausgrabungen (Paul Graef, 1880/87)

auch im gleichen Honorar von 15 Reichsmark pro Tag ausdrückt[10].

Boetticher verdanken wir die einzige zeitgenössische Darstellung des Geländes vor Beginn der großen Ausgrabungen (Abb. 3). Die erste Kampagne diente im wesentlichen der Freilegung des östlichen Vorgeländes des Tempels und zeichnete sich vor allem durch bedeutende Skulpturenfunde aus. Vom Tempel selbst wurde nur wenig aufgedeckt. Folglich gab es zunächst auch nur einen geringen Zugewinn an neuen architektonischen Erkenntnissen, die über die Ergebnisse der französischen Ausgrabung von 1829 hinausgingen. Schleppende Berichterstattung und eine nur skizzenhafte Darstellung der Baubefunde entsprachen nicht Adlers Erwartungen und führten – mehr noch als eine schwere Erkrankung, die Hirschfeld ebenso ereilte – zur Abberufung Boettichers im darauffolgenden Winter. So sind es nicht Forschungsergebnisse, die wir heute mit seinem Namen verbinden, sondern seine auf eigener Anschauung beruhende, fortlaufend aktualisierte und sprachlich ausgezeichnete Zusammenfassung der Grabungsergebnisse, die sein schon 1883 erschienenes und 1886 neuaufgelegtes Werk »Olympia. Das Fest und seine Stätte« noch immer zu einem lesenswerten zeitgenössischen Dokument machen.

Unter einem wenig glücklichen Stern stand auch die zweite Kampagne, an der mit dem Baumeister Emil Streichert (1848–1929) ein zweiter Architekt beteiligt war, der nach Boettichers Ausscheiden im Januar 1877 schließlich dessen Aufgaben übernahm. Ihm zur Seite stand der Bauführer Conrad Steinbrecht (1849–1923). Beide haben sich große Verdienste um die Erforschung des jetzt vollständig freigelegten Zeustempels erworben (s. hier Beitrag W. Koenigs). Manches davon ist in die laufende Berichterstattung im Reichsanzeiger, in der Archäologischen Zeitung und in der Deutschen Bauzeitung eingeflossen. Bleibende Spuren in Form von eigenen wissenschaftlichen Veröffentlichungen zu architektonischen Themen Olympias haben sie jedoch nicht hinterlassen[11].

Streichert, der sein ausgeprägtes Organisationstalent beim Betrieb der Handkarren und der von ihm neu eingeführten Pferdewagen unter Beweis stellte, trat selbstbewusst für eine größere Unabhängigkeit und Eigenverantwortung der in der Grabung tätigen 'Praktiker' ein – sowohl gegenüber den archäologischen Kollegen als auch gegenüber dem Direktorium. Dass er sich mit diesem Anliegen nicht durchsetzen konnte, hat zu einem unüberbrückbaren Zerwürfnis geführt, zugleich aber den Weg geöffnet für eine personelle Neubesetzung, die zur Grundlage des großen wissenschaftlichen Erfolges der Olympiagrabung werden sollte.

Neben dem als Nachfolger Hirschfelds berufenen Georg Treu (1843–1921)[12] wurde zunächst der Baumeister Richard Bohn (1849–1898) mit der technischen Leitung betraut. Streitigkeiten führten jedoch dazu, dass auch er Olympia bereits nach einem Jahr verließ, um sich anderen Forschungen auf der Akropolis und in Pergamon zu widmen[13]. Anders stand es um seinen Gehilfen, den noch nicht einmal 24jährigen Bauführer Wilhelm Dörpfeld (1853–1940), der sich in den restlichen 4 Jahren zum führenden Kopf des Grabungsteams entwickeln sollte. Zu seinen Aufgaben gehörte es, den Einsatz von bis zu 450 Arbeitern zu koordinieren (Abb. 4). Dörpfeld verstand es, ein auf gegenseitiger Achtung beruhendes kollegiales Arbeitsklima zu schaffen[14], was neben seiner scharfen Beobachtungsgabe dazu beitrug, dass seine Vorschläge vor Ort und zunehmend auch beim Direktorium Gehör und Akzeptanz fanden. Mit Dörpfeld blüht die – von Adler anfangs so vermisste – ausführliche Dokumentation der Baubefunde und die detaillierte Berichterstattung über neuentdeckte Architekturteile auf. Der von vielen kritisierten Organisationsform, die eine räumliche Trennung von Grabungsleitung und Feldforschung mit sich brachte, verdanken wir eine Dokumentation, die für ihre Zeit und in ihrer Komplexität einmalig ist[15]. Neben den jetzt erstmals geführten architektonischen Tagebüchern (Abb. 5) enthalten die wöchentlich nach Berlin gesandten Berichte eine Fülle

Abb. 3 Adolf Boetticher, Das Tal von Olympia vor der Ausgrabung (1875)

Abb. 4   Arbeiter am Heroon (1880), im Vordergrund stehend R. Borrmann und W. Dörpfeld

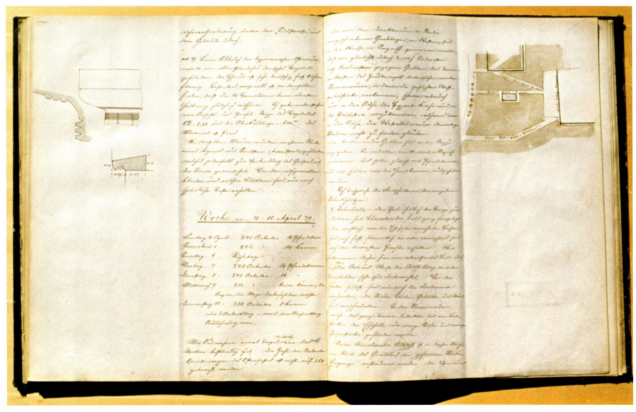
Abb. 5   Wilhelm Dörpfeld, Grabungstagebuch IV 130f. (April 1879)

von nützlichen Beobachtungen, Skizzen und Hinweisen.

Man kann es als eine schicksalhafte Fügung betrachten, dass Dörpfeld gerade zu dem Zeitpunkt nach Olympia kam, als die Grabungen das Heraion erreicht hatten. Seinem Scharfsinn ist es zu verdanken, dass die vielen Ungereimtheiten, die an diesem Bau zu beobachten waren, schon bald eine zutreffende Erklärung fanden. Denn er erkannte sehr schnell, dass die unterschiedliche Form der Säulen darauf zurückzuführen ist, dass es sich um Ersatz für ehemalige Holzsäulen handelt, dass das Fehlen von passenden Architraven und Triglyphen nur mit einer hölzernen Gebälkkonstruktion zu erklären sei, und dass der Lehm, der den Hermes des Praxiteles konservierend umschlossen hatte, von den zerflossenen Lehmziegelwänden herrührte. Sein ausführlicher, nach nur drei Monaten praktischer Erfahrung abgefasster Bericht über diesen baugeschichtlich so bedeutsamen Tempel verdiente es, als 'Gesellenstück' noch im nachhinein veröffentlicht zu werden[16]. Die Beobachtungen der Erdschichten fanden allerdings erst später eine zeichnerische Wiedergabe (Abb. 6)[17], die in ihrer präzisen Aussage aber trotzdem als Inkunabel stratigraphischer Dokumentation zu betrachten ist[18].

Unter Dörpfeld entwickelte sich die Bauforschung über die reine Bestandsaufnahme architektonischer Befunde hinaus zum Motor topographischer Erkenntnis. Immer wieder stoßen wir in den alten Aufzeichnungen auf Eintragungen wie zum Beispiel, dass er es war, der zuerst das Prytaneion erkannte (17. 10. 1878), dass die SW-Ecke der Altismauer genau an der von ihm vermuteten Stelle gefunden wurde (23. 10. 1878) oder dass die richtige Benennung des Buleuterion auf ihn zurückzuführen ist (31. 5. 1879). Da er bei der Freilegung nahezu aller Bauten zugegen war und sich auf diese Weise eine umfassende Materialkenntnis angeeignet hatte, wurde ihm schließlich auch der größte Anteil an der Veröffentlichung der Baudenkmäler übertragen – einschließlich des ursprünglich Adler zugedachten Zeustempels. Im Hinblick darauf war offenbar bereits eine Ölskizze entstanden, in der Adler sich den Zeus des Phidias noch in einem Hypäthraltempel aufgestellt denkt (Abb. 7)[19]. Dörpfeld hat die heiß diskutierte Frage nach der Beleuchtung der griechi-

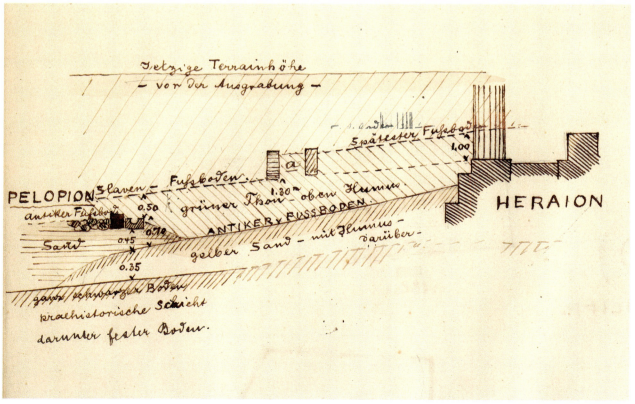

Abb. 6   Wilhelm Dörpfeld, Erdschichten zwischen Heraion und Pelopion (1880)

schen Tempel dann aber zugunsten eines geschlossenen Daches entschieden[20].

Olympia wurde für Dörpfeld zum Sprungbrett für eine glänzende Karriere, die ihm als erstem Architekten zu einer festen Anstellung am Archäologischen Institut verhalf und schließlich 25 Jahre die Leitung der Athener Abteilung eintrug[21]. Förderung erfuhr er insbesondere durch Alexander Conze (1831–1914)[22], der seit 1881 Vorsitzender bzw. Generalsekretar des Instituts war und auf die positiven Erfahrungen aus der Zusammenarbeit mit dem Architekten George Niemann (1841–1912) während seiner Samothrake-Unternehmungen (1873.1875) zurückblicken konnte.

Auch wenn uns dieser Exkurs etwas von Olympia entfernt hat, so sind die inhaltlichen Verbindungslinien doch nicht zu übersehen. Vieles, was Dörpfelds spätere Aktivitäten und Publikationen betrifft, hat seinen Ursprung in Olympia. Dazu gehören etwa die zahlreichen Veröffentlichungen zur antiken Metrologie, zur Rekonstruktion antiker Bauten aufgrund der schriftlichen Überlieferung, zum Lehmziegelbau und anderen technologischen Problemen – letzlich aber auch die zu den entwicklungsgeschichtlichen Fragen der Frühzeit[23].

Baugeschichtliches Neuland betrat auch Richard Borrmann (1852–1931), der seit Herbst 1878 bis zum Abschluss der Grabungen die Stelle des zweiten Architekten einnahm und später Adlers Nachfolger an der aus der Bauakademie hervorgegangenen Technischen Hochschule werden sollte. Er war es, der als erster Ordnung in die kaum überschaubare Fülle der Dachterrakotten brachte, die in ihrer Vielfalt – damals wie heute – zu den herausragenden Schätzen olympischer Architektur gehören. In einem mit feinen Aquarellen ausgestatten Verzeichnis gliederte er das Material (Abb. 8). In mühevoller Kleinarbeit entstand daraus ein typologisches und chronologisches Gerüst, das in seinen Grundzügen bis heute Bestand hat[24].

Zu den neu entdeckten Besonderheiten gehörten Gebälkverkleidungen unteritalischer und sizilischer Dächer, die erkennen ließen, dass sie ursprünglich für Holzkonstruktionen gedacht waren, aber bei der formalen Umsetzung in Steinarchitektur beibehalten wurden[25]. Viel Kopfzerbrechen bereitete auch ein einzigartiges und bis dahin völlig unbekanntes Stück, aus dem Borrmann erstmals ein lakonisches Scheibenakro-

Abb. 7   Friedrich Adler, Cella des Zeustempels

Abb. 8   Richard Borrmann, Verzeichnis der Dachterrakotten

ter rekonstruierte, das er dem Heraiondach als monumentalen Abschluss zuwies. Als seine ersten Fragmente zutage kamen, hatte man sie, wie das archäologische Tagebuch vom 22.4.1880 vermerkt, noch für Reste einer »seltsamen, riesigen Gefäßmündung« gehalten.

Dass sich Borrmanns Interesse aber nicht allein auf die Dächer richtete, belegen seine Skizzenbücher mit einem breiten Spektrum an oftmals ornamental verzierten Bauteilen und akribisch vermessenen Grundrissen. Hinzu kommen Zeichnungen, in denen stratigraphische Beobachtungen mit exakten Nivellements festgehalten sind. Auf dieser Grundlage entstanden Beiträge zum Leonidaion, Stadion, Gymnasiontor, zur Südhalle, aber auch zu übergreifenden Themen wie Kapitellen oder Altären.

Die Fülle der architektonischen Aufgaben führte dazu, dass in der 5. Kampagne mit Paul Graef (1855–1925) ein dritter Architekt hinzugezogen wurde. Neben der Beschäftigung mit Gebäuden wie dem Theokoleon, Gymnasion und der Palästra oblag ihm die Zusammenfassung der Beobachtungen zur Polychromie. Es war zwar seit längerem bekannt, dass antike Architektur farbig gefasst war[26], ungewöhnlich war jedoch die Farbfrische, die bei vielen Baugliedern unmittelbar nach der Ausgrabung noch angetroffen wurde. Für uns ist das heute nur selten nachzuvollziehen, da die Farben inzwischen weitgehend verblasst sind. Neben diesen wichtigen Dokumenten verdanken wir Graef einige Teilansichten und einen farbigen Übersichtsplan zum Heiligtum und seiner Umgebung (Abb. 2).

Pionierleistungen erbrachte auch sein Nachfolger Friedrich Graeber (1848–1917), der sich im letzten Winter neben der Erforschung der Kladeosthermen vornehmlich technischen Fragen widmete. An erster Stelle stand dabei die Untersuchung der Zu- und Abwasserleitungen, die er nicht nur in ihrem Verlauf verfolgte, sondern auch in der ganzen Formenvielfalt der Kanäle und Rohre so gründlich dokumentierte, wie es weder vorher noch nachher geschehen ist. Das gleiche gilt für seine umfangreiche Sammlung konstruktiver Varianten von Dachziegeln. In vielen Fällen ist sie der einzige Beleg für spezielle Typen dieser unverzierten 'Massenware', die seinerzeit aus Platzgründen nicht aufgehoben werden konnte und auch heute noch zu den Stiefkindern der Forschung gehört. Entsprechend der kurzen Aufenthaltsdauer ist sowohl Graebers als auch Graefs Anteil an den Veröffentlichungen verhältnismäßig gering. Anders als Dörpfeld und Borrmann konnten sie – trotz unbestreitbarer Ver-

Abb. 9 Friedrich Adler, 1. Entwurf für ein Museum in Olympia (1879)

dienste – in der archäologischen Bauforschung nicht dauerhaft Fuß fassen [27].

In vorbildlicher Weise wurden nach Abschluss jeder Kampagne die wichtigsten Funde in den von Curtius und Adler herausgegebenen Folio-Bänden »Die Ausgrabungen zu Olympia I–V« in Vorberichten bekannt gemacht. Dazu trugen auch die Architekten bei, indem sie regelmäßig Vorlagen für mehrere Tafeln lieferten. Wie die abschließenden Grabungsergebnisse und die kaum überschaubare Zahl der Kunstgegenstände, so wurde auch die Zusammenfassung der baugeschichtlichen Erkenntnisse in erstaunlich kurzer Zeit und in mustergültig gestalteter Form im Textband II mit den beiden zugehörigen Tafelbänden und in einer Mappe ab 1892 veröffentlicht [28]. Die sorgfältig ausgearbeitete Vorlage des Materials machte die Olympia-Bände zu einem Referenzwerk für alle nachfolgenden Grabungen. Für manche Bereiche stellen sie nach wie vor die maßgebliche Grundlage dar, die oft genug auch heutigen Ansprüchen genügen kann.

Museumsbau

Die Zeiten, in denen das Studium antiker Architektur vorranging mit dem Ziel betrieben wurde, Vorbilder für aktuelle Bauwerke zu liefern, waren lange vorbei. In Mitteleuropa war der Klassizismus Schinkels und Klenzes vom Historismus abgelöst worden, der den reichen Vorrat an mittelalterlichen oder Renaissance-Motiven bevorzugte. In Griechenland hingegen hatte sich der späte Klassizismus der Gebrüder Hansen zu einem volkstümlichen Neoklassizismus entwickelt, der sich weiterhin antiker Vorbilder bediente [29] und auf das engste mit dem Namen Ernst Zillers (1837–1923) verbunden ist [30].

In dieses Umfeld fügt sich Friedrich Adlers Museumsbau, der mit Mitteln des Athener Bankiers Andreas Syngros (1828–1899) am Fuß des Druvahügels errichtet und 1887 eingeweiht wurde, scheinbar nahtlos ein. Und doch unterscheidet ihn etwas von der Beliebigkeit antikisierender Architektur: der unmittelbare Bezug zu den gerade erst aufgedeckten Bauten Olympias. In besonderem Maße gilt das für den ersten Entwurf Adlers von 1879, der als zentralen Baukörper einen Nachbau des Zeustempels vorsah (Abb. 9) [31]. Aus Kostengründen musste von diesem aufwendigen Projekt jedoch Abstand genommen werden.

Bei dem ausgeführten Bau (Abb. 10) [32], der 1883–85 unter Aufsicht von Karl Siebold (1854–1937) entstand, treffen wir auf einen Mittelrisalit in Form

Abb. 10 Das nach Plänen von Friedrich Adler errichtete, 1887 eingeweihte Alte Museum

Abb. 11 Antefixe des Alten Museums

Abb. 12 Altes Museum, dem Geloer Schatzhaus nachgebildetes Marmorkapitell der Vorhalle

einer Antentempelfront, für die ein unmittelbares Vorbild nicht zu erkennen ist. Die in ihren Proportionen überhöhten Säulen und das niedrige, mit drei Triglyphenachsen ausgestattete Gebälk, sind in dieser Kombination unter den Bauten Olympias nicht anzutreffen. In den Details finden sich hingegen mancherlei Entsprechungen, von denen wir einige herausgreifen wollen.

Die Marmorkapitelle des Einganges (Abb. 12) – gemeinhin als verkleinerte Nachbildungen der Zeustempelkapitelle angesehen[33] – entpuppen sich bei genauerer Betrachtung als Kopien der zur Vorhalle des Geloer Schatzhauses gehörigen Stücke. Sowohl die Abakusbreite als auch die Kapitellhöhe stimmen bis auf den cm genau überein. Selbst ein Fehler, der sich in die Publikation eingeschlichen hat, ist getreu kopiert worden. Gemeint ist die Ausbildung des Säulenhalses mit vier Halskerben und einem sehr gestauchten Ablauf der Kanneluren, die auf einer Fehlinterpretation des Fugenschnittes beruht[34]. Etwas freier ging Adler mit der Gestaltung der ionischen Säulenbasen in der Eingangshalle um, die – wenn auch nicht in den Proportionen, so doch in ihrer ungewöhnlichen Profilabfolge – den Philippeionbasen nachempfunden sind.

Anleihen bei antiken Vorbildern finden sich auch bei den Dachterrakotten. Denn die Sima, die die Giebel des Museums krönt, ist eine verkleinerte Nachbildung des Dachrandes vom älteren Geloer Schatzhaus. Auch wenn die fehlende Bemalung das nicht sogleich erkennen lässt, so lässt die Profilierung – untere Leiste, Rundstab, Hohlkehle und Kopfband mit bekrönendem Rundstab – keinen Zweifel an der Herkunft der Form[35]. Bei den Antefixen (Abb. 11) spiegeln sich hingegen eindeutig die Beobachtungen wider, die Dörpfeld, Borrmann, Graeber und Siebold 1881 auf ihrer gemeinsamen Studienreise nach Sizilien und Unteritalien gemacht haben. Trotz der durch das Mönch-Nonnen-Dach bedingten, einfacheren Ausbildung der Traufe ist in dem Wechsel von Palmetten und Lotosblüten, insbesondere in der weitausladenden Form der archaischen Blüten, unschwer das gerade erst entdeckte Anthemion des Tempels C von Selinunt als Vorbild zu erkennen[36].

Zwischenphase

Die Phase von 55 Jahren bis zum Neubeginn großflächiger Grabungen, die durch Dörpfelds Suche nach stratigraphischen Belegen für kultische Kontinuität seit prähistorischer Zeit charakterisiert ist, wollen wir hier nur kurz streifen. Die von ihm vorgenommenen Sondagen haben – neben historisch verfehlten Schlussfolgerungen – baugeschichtliche Nebenergebnisse gezeigt, die in dem zweibändigen Werk »Alt-Olympia« von 1935 ihren Niederschlag gefunden haben[37]. Einen Schwerpunkt bildete das Heraion, bei dem Dörpfeld 3 Bauphasen zu erkennen meinte. Die Darstellung der architektonischen Befunde ist in erster Linie Hans Schleif (1902–1945) zu verdanken, der seit 1927 an Dörpfelds Unternehmungen beteiligt war und eine Reihe von Modellen des Heiligtums geschaffen hat. Außerdem hat er sich in seiner Dissertation mit einem olympischen Thema, dem bis heute noch nicht gelösten Problem des Zeusaltars auseinandergesetzt[38]. Parallel dazu wurden auch die Forschungen am Zeustempel wieder aufgenommen, wobei Fred Forbát (1897–1972) die Aufgabe zufiel, zunächst den Fußboden der Cella neu zu vermessen³⁹. Man hoffte, auf diese Weise weiterführende Erkenntnisse zur Umgestaltung des Innenraumes und zur Aufstellung des Kultbildes zu gewinnen.

Obwohl er nicht zu den Ausgräbern Olympias gehört, sei an dieser Stelle an den allem Architektonischen gegenüber aufgeschlossenen Archäologen Carl Weickert (1885–1975) erinnert, der es in seiner 1929 veröffentlichten Habilitationsschrift »Typen der archaischen Architektur« unternommen hatte, die olympischen Baubefunde in den inzwischen durch großflächige Grabungen in Delphi (1880. 1893 ff.), Eleusis (1882/90), auf der Athener Akropolis (1885/91), im argivischen Heraion (1892 ff.), in Korinth (1896 ff.), Thermos (1897/99) usw. wesentlich erweiterten architekturgeschichtlichen Kontext einzuordnen⁴⁰.

Neubeginn

Die 1936 in Berlin veranstaltete Olympiade gab den Anstoß, in Olympia wieder kontinuierliche Ausgrabungen aufzunehmen. Vorrangiges Ziel war es, die weitläufigen Sportstätten, insbesondere das Stadion, aber auch das Gymnasion, die von den alten Ausgräbern nur angeschnitten worden waren, vollständig freizulegen. Diese Aufgabe war zunächst Armin von Gerkan (1884–1969) zugedacht, kam jedoch über eng begrenzte Voruntersuchungen nicht hinaus, weil Gerkans Ernennung zum 1. Direktor der Abteilung Athen durch politischen Druck verhindert wurde⁴¹. Als Assistent war ihm Rudolf Naumann (1910–1996) zur Seite gestellt, dessen Forschungsschwerpunkt sich aber schon bald nach Kleinasien verlagern sollte⁴². Im Zusammenhang mit der Vorbereitung der neuen Ausgrabungen ist als dritter Architekt noch Heinz Johannes (1901–1945) zu nennen. Er hatte 1935 Arbeitsprogramme und Kostenvoranschläge ausgearbeitet und schließlich den Entwurf und die Ausführung des 1937 fertiggestellten Grabungshauses übernommen⁴³.

Die personelle Umstrukturierung brachte es mit sich, dass die Unternehmungen der folgenden Jahre untrennbar mit dem Namen von Hans Schleif verbunden sind. Ihn hatte man wegen seiner bereits mit Dörpfeld in Olympia gesammelten Erfahrungen – mehr noch als Emil Kunze (1901–1994) – zum Grabungsleiter ausersehen. Ab 1937 haben beide in bestem Einvernehmen die Geschicke der Grabung gelenkt⁴⁴. Unterstützt wurde Schleif zunächst durch den jungen Architekten Ulrich Schneider (1911–1945?), dessen Name uns kaum noch geläufig ist, weil seine Zeichnungen großenteils ungedruckt geblieben sind⁴⁵. Seit Frühjahr 1939 gehörte dann noch Ernst Samesreuther (1908–1995) zur Grabungsmannschaft, dem zusätzlich die Neuveröffentlichung der architektonischen Befunde zum Nymphäum übertragen wurde⁴⁶.

In den wenigen Jahren bis zu der durch den Krieg erzwungenen Einstellung der Arbeiten, wurden umfangreiche Grabungen mit bis zu 250 Arbeitern im Stadion, in der Südhalle, den Gästehäusern und im Gymnasion durchgeführt. Wichtige Ergebnisse lieferte insbesondere der große Querschnitt durch das Stadion, der Spuren älterer Anlagen ans Licht brachte und damit die Geschichte der Anlage im Prinzip klärte⁴⁷. Von den Bauuntersuchungen dieser Jahre verdient die der griechischen Bäder besonders hervorgehoben zu werden. Durch präzise Beobachtung der architektonischen und stratigraphischen Befunde gelang es, die zahlreichen Bauphasen zu trennen (Abb. 13) und aus spärlichen Überresten das älteste Schwimmbecken zu erschließen⁴⁸. Daneben wurde mit einer Neubearbeitung der früher freigelegten Bauten begonnen. Schleifs besonderes Interesse galt – neben dem Philippeion und dem Schatzhaus von Sikyon – naturgemäß dem Zeustempel, von dem er selbst jedoch nur Teilergebnisse vorlegen konnte⁴⁹.

Nachkriegszeit

Als nach der Unterbrechung durch den Krieg die Grabungen 1952 von Kunze wieder aufgenommen wurden, sollte zunächst Friedrich Krauss (1900–1977) die durch Schleifs Tod entstandene Lücke füllen, d. h. die Forschungen am Tempel weiterführen und die Ausgrabungen im Stadion in technischer Hinsicht betreuen. Rücksicht auf ältere Forschungsprojekte und seine Verpflichtungen an der TH München ließen ihn jedoch bald davon Abstand nehmen⁵⁰.

So fiel die Rolle des Grabungsarchitekten Alfred Mallwitz (1919–1986) zu, der schon als Stipendiat an der ersten Nachkriegsgrabung teilgenommen hatte. Drei Jahrzehnte lang hat er nicht nur bauforscherische Akzente gesetzt, sondern auch das Grabungsgeschehen – zunächst an der Seite Kunzes – beeinflusst und

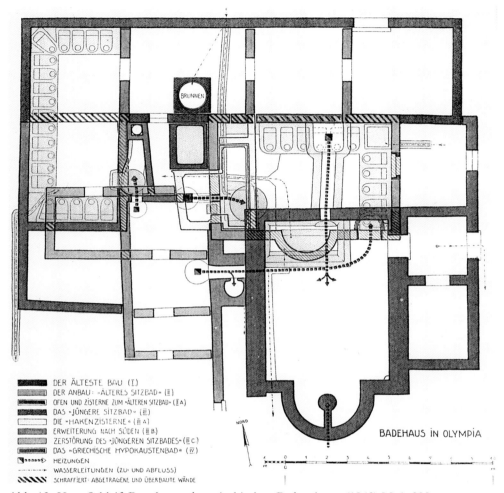

Abb. 13 Hans Schleif, Bauphasen der griechischen Badeanlagen (1943) M. 1:200

seit 1972 alleinverantwortlich gestaltet[51]. Wiederum sind es topographische und stratigraphische Probleme, denen besondere Beachtung geschenkt wird. Wenn die Nordwallgrabung von 1958-60 oder auch die Südostgrabung von 1962-66 mit jeweils 60 bis 70 Schnittzeichnungen in einem Umfang dokumentiert ist, wie es bis dahin völlig unüblich war, so ist das vor allem seiner Initiative zu verdanken.

Gleich zu Beginn seiner Tätigkeit hatte sich Mallwitz mit den Bauten im Westen und Südwesten befasst. Im Gegensatz zu den Gästehäusern und zur Phidias-Werkstatt, deren Veröffentlichungen seit langem vorliegen[52], blieb die Neubearbeitung des Leonidaion unvollendet. Ansätze zu einer Aufarbeitung der Befunde hat es seit den 60er Jahren immer wieder gegeben, veröffentlicht wurde bislang jedoch nur ein Detail: die seltsamen Kelchkapitelle, in denen er einen völlig neuen Typ des ionischen Eckkapitells nachweisen konnte[53]. Von den spezifisch architektonischen Themen verdient die jahrzehntelange Beschäftigung mit den Dächern besonders hervorgehoben zu werden[54]. Kritisch auseinandergesetzt hat sich Mallwitz aber auch mit Dörpfelds Thesen zu den Bauphasen des Heraion und zur Vorgeschichte des Heiligtums[55].

Zu den wichtigsten Ergebnissen seiner letzten großen Grabung im Südosten von 1978–1980 zählt – neben der Lokalisierung des Hestia-Heiligtums[56] – seine Deutung der zahlreichen Erdbrunnen, die er als bedeutsame Zeugnisse für die historische und baugeschichtliche Entwicklung Olympias vom 7. bis zum 5. Jahrhundert erkannte[57]. Schließlich war er es, der in verstärktem Maße das Augenmerk auf das lange vernachlässigte römische Olympia gelenkt hat[58].

Begleitet wurden die Forschungen von dem Bemühen um die Erhaltung und dezente Ergänzung der Baudenkmäler (s. u.). Darin drückt sich ein architektonischer Gestaltungswille aus, der auch in dem neuen 1969 eingeweihten Grabungshaus einen Ausdruck fand. Ein 1958 konzipiertes Modell des Heiligtums versucht, die Ergebnisse bauforscherischer Tätigkeit einer breiteren Öffentlichkeit nahe zu bringen[59]. Das gleiche gilt für den 1972 erschienenen Band »Olympia und seine Bauten«, der auch nach 30 Jahren eine – nur in wenigen Punkten revisionsbedürftige – Gesamtschau der architektonischen Funde bietet.

Denkmalpflege

Indem wir das Urteil darüber, inwieweit das Wirken unserer Generation weiterführende Anstöße gegeben hat[60], anderen überlassen, wollen wir uns einem speziellen Thema zuwenden: den Restaurierungsarbeiten[61]. Auch wenn hier nur ein knapper Überblick gegeben werden kann, so ist das allein schon deshalb gerechtfertigt, weil erfahrungsgemäß auch die Vorbereitung einer Anastilosis neue wissenschaftliche Erkenntnisse mit sich bringt. Zudem handelt es sich um einen Aufgabenbereich, der in immer stärkerem Maße die Zeit und Aufmerksamkeit des Bauforschers in Anspruch nimmt. Neben der konservatorischen Verantwortung des Ausgräbers gegenüber den von ihm freigelegten Bauten ist es die didaktische Verpflichtung gegenüber einem stetig wachsenden Besucherstrom, die zunehmend zu einer 'konstruktiven' Beschäftigung mit den Ruinen zwingt.

Es kann nicht verwundern, dass die alte Grabung angesichts des immensen Forschungsprogrammes wenig Zeit und Mittel dafür aufbringen konnte. Immerhin wurden einige Statuenbasen zusammengefügt, Teile vom Unterbau des Philippeion neu verlegt, ein Gewölbestück des Stadioneingangs wiedererrichtet und in der Palästra ein Dutzend Säulen aufgestellt (Abb. 14). Anders als beim Stadioneingang, der zu den markantesten und am häufigsten fotografierten Punkten Olympias zählt, war den Palästrasäulen freilich nur eine kurze Dauer beschieden. Unzureichend verdübelt sind sie – bis auf eine – wenig später einem Erdbeben zum Opfer gefallen.

Nachhaltig verändert hat sich hingegen das Erscheinungsbild des Heraion, an dem Georg Kawerau (1856–1909) im Jahre 1905 zwei Säulen aufgestellt hat[62], denen von uns 1970/72 noch zwei weitere hinzugefügt wurden. Sie ergaben ein einprägsames Motiv, das als 1000.- Drachmen-Schein Eingang in das tägliche Leben gefunden hat (Abb. 15)[63]. In weiten Bereichen glich das Grabungsgelände jedoch einem verwahrlosten Trümmerfeld, in dem die Bauteile wahllos verstreut herumlagen. Deshalb wurde 1914/15 von Hubert Knackfuß (1866–1948) ein Aufräumungsprogramm in Angriff genommen, das aber wegen des 1. Weltkrieges in den Ansätzen stecken blieb. Ziel der Unternehmung war es, die verschleppten Bauteile an den zugehörigen Fundamenten neu zu ordnen[64]. In konsequenter Weiterentwicklung dieses Prinzips hat dann Schleif damit begonnen, aus dem vorhandenen Material eine Reihe von Architekturproben, beispielsweise an der Südhalle und am Buleuterion, zusammenzustellen. Hinzu kamen Aufräumungsarbeiten im Bereich des Nymphäums, der Byzantinischen Kirche und der Echohalle.

Von den unter Mallwitz ausgeführten Wiederherstellungen sei hier vor allem die Palästra (1957) und als aufwendigstes Unternehmen die Rekonstruktion des Stadion (1960/62) in Erinnerung gerufen (Abb. 16). Hinzu kamen die Zusammenstellung von Bauteilen des Metroon (1958), der Wiederaufbau der 1969 eingestürzten Südwand des Stadioneinganges (1970) und eine Reihe von kleineren konservierenden Maßnahmen[65]. Darüber hinaus hat Mallwitz entsprechende Aktivitäten seiner Mitarbeiter gefördert, wie die zuvor erwähnte Ergänzung des Heraion, die Teilrekonstruktion der Nikebasis (1970/72), die Aufstellung des Megarer Giebels im Museum (1972), Architekturproben an der Echohalle (1974), eine Teilrekonstruktion des Schatzhauses von Sikyon (1975/77), die Ausbesserung der davor gelegenen Terrassenmauer (1977) oder den Zusammenbau einzelner Statuenbasen. Ergänzt wurde dieses Bemühen um Anschaulichkeit durch ein erweitertes Aufräumungsprogramm, das Freiräume geschaffen hat, in denen die oft nur spärlichen Reste der Bauten besser zur Geltung kommen. Der Abtransport der Blöcke war verbunden mit ihrer Vermessung für eine neu angelegte Bauteilkartei, die mancherlei Zusammengehörigkeiten erstmals ins Bewusstsein gerufen hat[66].

Von den neueren Restaurierungsvorhaben seien an dieser Stelle nur zwei herausgegriffen. Für den Zeustempel hatte Peter Grunauer (1930–1995) bereits 1982 einen ersten Vorschlag ausgearbeitet, der von uns

Abb. 14 Südostecke der Palästra mit den 1880 errichteten Säulen, im Hintergrund das Heraion und der Kronoshügel

aufgenommen und etwas modifiziert wurde (Abb. 17). Für den Wiederaufbau wurde die zweite Säule der Nordseite ausgewählt, weil sie zum ursprünglichen Bestand gehört und von ihr verhältnismäßig viele Teile in relativ gutem Zustand erhalten sind. Mit finanzieller Unterstützung durch die Theodor-Wiegand-Gesellschaft und die Leventis-Stiftung konnte 1999 mit den konkreten Vorbereitungen begonnen werden.

Dass der mit einer Anastilosis verbundene Zwang zu genauester Vermessung der Bauteile das Aussehen eines Gebäudes wesentlich verändern kann, lässt sich besonders gut am Philippeion aufzeigen. In seiner Neubearbeitung der Architektur hatte Schleif bereits den von Adler rekonstruierten Tambur eliminiert und der Tholos so zu einem schlichteren Erscheinungsbild verholfen[67]. Als dann vor ein paar Jahren erste Überlegungen angestellt wurden, ob man nicht den Stufenbau sorgfältiger ergänzen und vielleicht einige Säulen aufstellen könne, ergab eine systematische Überprüfung der Einzelstücke, dass die Säulenhöhe um eine Trommel zu groß rekonstruiert worden war (Abb. 18). Außerdem hat sich inzwischen herausgestellt, dass die von Adler und Schleif den Fenstern zugewiesenen Sohlbänke in Wirklichkeit zum Türsturz gehören. Unser Restaurierungskonzept sieht vor, zwei ganze Joche und einige Säulenstümpfe aufzustellen, um die Form des Gebäudes und den Rhythmus der architektonischen Gliederung besser zur Geltung zu bringen.

Parallel zu den Bemühungen um einzelne Monumente werden die von Knackfuß, Schleif und Mallwitz begonnenen Aufräumungsarbeiten kontinuierlich fortgeführt, was beispielsweise im Bereich des Buleuterion zu besonders augenfälligen Ergebnissen geführt hat (Abb. 19). Für die Lagerung der abtransportierten Bauteile wurde 1991 südlich vom Leonidaion ein neuer befestigter Steinplatz angelegt, auf dem die verschiedenen Fundkomplexe systematisch geordnet werden können.

Um laufende und künftige Aktivitäten zu koordinieren, wurde ein denkmalpflegerischer Rahmenplan erstellt[68]. Darin werden Möglichkeiten aufgezeigt, was zum Schutz der Ruinen sowie zur Erschließung und landschaftsgärtnerischen Gestaltung des Geländes getan werden kann. Ziel der Studie ist es, durch eine verbesserte Präsentation der Bauten dem Besucher das Verständnis der historischen Stätte zu erleichtern, zugleich aber den naturnahen Charakter des Grabungsplatzes zu erhalten.

Abb. 15 1000-Drachmen-Schein mit der Teilrekonstruktion des Heraion

Ausblick

Abschließend stellt sich die Frage, ob die Bauforschung nach 125 Jahren Ausgrabungen und Untersuchungen auch in Zukunft noch Neues zur Erweiterung unserer Kenntnis von der Gestalt und Entwicklung Olympias beitragen kann.

Von den großflächigen Unternehmungen steht die schon 1936 geforderte Freilegung des Gymnasion nach wie vor aus. Dass es dabei um mehr geht als nur um die optische Erweiterung eines in seinen Grundzügen bekannten Komplexes oder um den Zugewinn an Spolien, zeigen die Reste einer kürzlich am Westufer des

Abb. 16 Das von A. Mallwitz 1960–1962 wieder aufgebaute Stadion von Osten

Abb. 17 Restaurierungsvorschlag für das Nordpteron des Zeustempels (Zeichnung Klaus von Woisky)

Kladeos entdeckten späten Halle[69]. Neben der bereits von Schneider begonnenen Neuaufnahme des Propylons verdienen auch die Bauphasen der südlichen und nördlichen Halle ein intensiveres Studium[70]. Auch die Suche nach Spuren des Hippodroms sollte – trotz des Fehlschlags von 1999, als in einem Suchgraben südöstlich vom Stadion nur Kiesbänke des Alpheios angetroffen wurden[71] – nicht als völlig aussichtslos abgetan werden.

Ungeklärt ist nach wie vor die Lage des Hippodameion, das im Südwesten der Altis zu suchen ist. In diesem Zusammenhang wäre auch die Frage nach der Datierung und Funktion der Bauten D und E neu zu stellen. Mit begrenzten Sondagen ließen sich wahrscheinlich auch weiterführende Aussagen zum Theokoleon oder zu dem 1881 gegen Ende der Ausgrabungen entdeckten und seither in einen Dornröschenschlaf versunkenen Bau F im Norden machen. Darüber hinaus könnten sich bei weiteren Grabungen zur Vor- und Frühgeschichte – beispielsweise rund um den Kronoshügel oder westlich des Kladeos, wo Pausanias (VI 21,3) die Ställe des Oinomaos lokalisiert – baugeschichtlich relevante Befunde ergeben.

Neben Grabungen und Sondagen eröffnet sich mit der Neugestaltung der Ruinenstätte ein weiteres Betätigungsfeld. Es wird noch vieler Anstrengungen bedürfen, bis auch in den weiter abseits gelegenen Bereichen so deutliche Veränderungen zu verzeichnen sind wie beispielsweise am Buleuterion (Abb. 19).

Abgesehen von den schon vor längerem wiederaufgenommenen Untersuchungen zum Zeustempel, den Schatzhäusern und dem Metroon steht eine Neubearbeitung weiterer Bauten oder Gebäudekomplexe

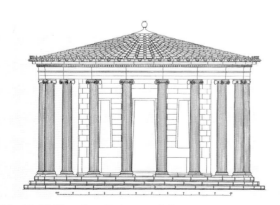 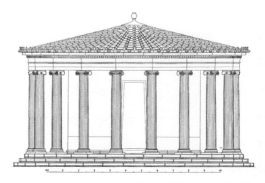

Abb. 18 Philippeion, Rekonstruktion von Hans Schleif (1944) und Variante mit reduzierter Säulenhöhe nach K. Herrmann (1988) M. 1:200.

an. Erinnert sei in diesem Zusammenhang an die bislang nur in Vorberichten bekanntgemachte Südhalle oder das Südostgebiet mit dem klassischen Hestia-Heiligtum und den hellenistischen Umbauten. Darüber hinaus verdienen auch altbekannte Bauten wie das Heraion oder das Nymphäum eine intensivere, heutigen Standards angemessene Nachbearbeitung.

Ebenso lohnend dürfte es sein, den Blick nochmals auf das komplexe System der Wasserleitungen zu richten, die nicht nur für ihre eigene Geschichte, sondern auch für die Datierung vieler Bauten von Bedeutung sind. Ähnliches gilt für die Neubearbeitung der Statuenbasen, die man nicht als isolierte Monumente, sondern in ihrem architektonischen Kontext betrachten sollte. Neben der Untersuchung von Standspuren oder der Interpretation der Inschriften sind konstruktive und gestalterische Gesichtspunkte ein unverzichtbarer Bestandteil dieses Themas, was die Beteiligung eines Bauforschers unumgänglich macht. Zu klären bleibt weiterhin eine Fülle von Detailfragen – etwa die Herkunft bekannter, aber bislang nicht zuzuweisender Bauglieder oder die Rekonstruktion von lediglich fragmentarisch erhaltenen Architekturteilen.

Trotz bemerkenswerter Fortschritte steht auch die Erforschung der römischen Gebäude nur für einen begrenzten Bereich vor dem Abschluss[72]. Vor allem am Südwestgebäude hat sich gezeigt, dass die lange Zeit als ziemlich gleichförmig und bauhistorisch unbedeutend betrachteten Thermen durchaus eine individuelle Gestalt und Geschichte besitzen[73]. Neue Ansatzpunkte

Abb. 19a Buleuterion, Südbau und Mittelbau während der Ausgrabung (1878/79)

Abb. 19b Buleuterion, nach den Aufräumungsarbeiten von 1994–1998

bieten beispielsweise die 100 m nördlich vom Gymnasion am Kladeosabbruch gelegenen Nordthermen (Abb. 20), die weitere Gebäude unter dem jetzigen Parkplatz vermuten lassen, oder die erst vor kurzem bei Vermessungsarbeiten 100 m westlich des Südwestgebäudes aufgedeckten Räume[74]. Ihre hochanstehenden Mauern lassen Prospektionen im Süden und Westen erfolgversprechend erscheinen, die uns nachklassische Siedlungsstrukturen erschließen könnten, wofür die hohe Verschüttung Olympias beste Voraussetzungen schafft. In besonderem Maße gilt das natürlich für die spätantike und frühbyzantinische Bebauung, von der wir inzwischen wissen, dass sie sich über die Kladeosmauer hinweg nach Westen fortsetzt. Insofern mag die Ebene zu Füßen des Kronoshügels (Abb. 21), die – wie ein Vergleich mit Abb. 3 zeigt – über mehr als 100 Jahre ihren landschaftlichen Reiz bewahrt hat, noch mancherlei Überraschungen bereithalten.

An architektonischen Themen, die unser Bild von den Bauten Olympias abrunden können und gewiss auch manche historische Frage klären helfen, fehlt es jedenfalls nicht!

Abb. 20 sog. Nordthermen (Zustand 1992)

Abb. 21 Blick von Druva auf das Alpheiostal mit dem Kronoshügel und dem Zeusheiligtum

Anhang
Erläuterungen zum Übersichtsplan von Olympia (Faltplan)

125 Jahre Forschungen in Olympia sind zwar nicht gleichbedeutend mit 125 Jahren kontinuierlicher Ausgrabungen, dennoch hat es in größeren Intervallen beträchtliche Erweiterungen des freigelegten Areals gegeben, die in einer Reihe von Gesamtplänen ihren Niederschlag gefunden haben.

Am Anfang steht der von W. Dörpfeld ausgearbeitete »Situationsplan nach der V. und VI. Campagne am 20. März 1881«. Dieser 1:1000 gezeichnete 'Dörpfeld-Plan' hat für viele Jahrzehnte die Grundlage für alle Veröffentlichungen über Olympia gebildet. Daneben entstanden Pläne, die spezielleren Gesichtspunkten Rechnung tragen sollten, wie der in 6 großen Blättern vorgelegte »Lageplan der antiken Bauwerke« 1:250 oder der von P. Graef mit dem Meßtisch aufgenommene Übersichtsplan 1:5000 (s. o. Abb. 2). Er basiert auf der ersten, modernen Ansprüchen genügenden topographischen Karte 1:12.500 von J. A. Kaupert (s. E. Curtius – F. Adler [Hrsg.], Olympia und Umgegend. Zwei Karten und ein Situationsplan [1882]).

Die 1936 begonnene Ausweitung des Grabungsgeländes im Osten (Stadion), Süden (Südhalle) und Westen (Bäderbezirk) waren dann für H. Schleif Anlass genug, seinen Einfluß dahingehend geltend zu machen, dass 1941/42 eine Vermessungsabteilung des Heeres einen neuen Gesamtplan erstellen konnte. Dieser in aller Eile im Maßstab 1:1000 gedruckte Plan ist wegen des Zweiten Weltkriegs jedoch nicht mehr zur Auslieferung gekommen (eine verkleinerte Wiedergabe fand er in: »Merkblätter für den deutschen Soldaten an den geschichtlichen Stätten 14. Olympia« [1942]).

Der Mangel an einem aktualisierten Übersichtsblatt wurde noch deutlicher, als in der Nachkriegszeit die römischen Gästehäuser, das Leonidaion und der Ost-Thermen-Komplex vollständig ausgegraben wurden. Deshalb ließ A. Mallwitz in den 60er Jahren von seinen studentischen Mitarbeitern einen weiteren Grundriß des Heiligtums erstellen. Während alle Gebäude für diesen Plan neu gezeichnet wurden, griff man bei der Darstellung des Geländes auf den 'Schleif-Plan' zurück, der seinerseits nur ein schematisches Abbild der Höhenentwicklung gibt. Die Druckvorlage wurde 1:333,3 gezeichnet, in der Darstellung aber auf eine Verkleinerung im Maßstab 1:500 bzw. 1:1000 abgestimmt. Die bestehenden Publikationsmöglichkeiten ließen vorerst jedoch nur eine Veröffentlichung im Maßstab 1:2000 zu (AA 1971, 151 ff. Abb. 3). Auf Initiative von F. Fritz erschien 1976 im Codex-Verlag eine überarbeitete Version im Maßstab 1:1000. In diesem vom DAI herausgegebenen Faltplan hat Mallwitz versucht, über die Baubefunde hinaus dem Besucher durch eine ausführlichere Beschriftung auch historische Entwicklungen und Zusammenhänge aufzuzeigen.

Mallwitz' eigene Aktivitäten und die nachfolgenden Untersuchungen der römischen Gebäude im Südwesten und Norden hatten dazu geführt, dass der von ihm vorgelegte Plan, abermaliger Ergänzungen bedurfte. Um ihnen eine solide geodätische Grundlage zu geben, wurde 1992 dem Vermessungsingenieur Hans P. Birk der Auftrag erteilt, ein Festpunktnetz zu erstellen, in das sich die bereits vorhandenen Gebäudegrundrisse und alle künftigen Bauaufnahmen einhängen lassen. Hinzu kam eine Geländeaufnahme, die durch den Einsatz elektronischer Tachymeter in ihrer Präzision alle vorhergehenden übertrifft – lediglich am äußersten linken Rand und in der Nordostecke mussten zur Vervollständigung des Landschaftsbildes einige Höhenlinien aus der amtlichen Karte übertragen werden. Alle Höhenangaben sind – wie in Olympia seit alters her üblich – auf den Stylobat des Zeustempels als ± 0.00 bezogen.

Will man die angegebenen Höhen auf NN (Normalnull) umrechnen, so sind etwa 35 m zu addieren (vgl. den Gipfel des Kronoshügels, der nicht 79.30 m sondern 114.10 m über dem Meeresspiegel liegt). Im Gegensatz dazu gibt Kaupert für den Stylobat des Tempels eine Höhe von 42.7 m an – ein Wert, der trotz der Bemerkung »diese Angabe (könne) nur einen Fehler bis zu ± 1.0 m enthalten« um etwa + 8 m von der amtlichen topographischen Karte abweicht.

Bei der Darstellung der Gebäude wurde in den meisten Fällen auf die für den 'Mallwitz-Plan' erarbeiteten Unterlagen zurückgegriffen. Änderungen in der Wiedergabe erfuhren die Echohalle, der Buleuterion-Nordbau, die zur byzantinischen Kirche umgebaute Phidias-Werkstatt und die sog. Herulermauer. Ergänzend kamen das Stadion II, das Odeion, das 'Spolienhaus', das Römische Gebäude im Norden mit den Kronion-Thermen, der Bau F, das Südwestgebäude, die Leonidaion-Thermen, der Buleuterion-Vorhof und einige kleinere Anlagen hinzu. Erwähnt seien außerdem die in voller Länge zu verfolgende Kladeosmauer, die unausgegrabenen Gebäude im Norden und Südwesten sowie die zur besseren Orientierung hinzugefügten neuzeitlichen Anlagen.

Für die inhaltliche und graphische Gestaltung des Planes, der wie sein Vorgänger auf eine Verwendung in verschiedenen Maßstäben hin angelegt ist, trägt der Unterzeichnete die Verantwortung. Während er bei den zeichnerischen Ergänzungen von M.-L. Charalambis unterstützt wurde, lag die Aufbereitung der gescannten Vorlagen am Computer in den Händen von H. Birk. Das hier vorgelegte Ergebnis ist als Vorstufe eines künftigen, vollständig digitalisierten Planes zu verstehen.

[1] Die Geschichte der Ausgrabungen in Olympia und die der damit verbundenen architektonischen Entdeckungen ist des öfteren dargestellt worden. Hier sei – ohne die diesen Quellen entnommenen Angaben im einzelnen zu belegen – vor allem auf die folgenden Zusammenfassungen verwiesen:

R. Weil, Geschichte der Ausgrabung von Olympia, in: Olympia I (1897) 101 ff.;

J. Gerstenberg, Die Wiedergewinnung Olympias als Stätte und Idee (1949);

B. Fellmann, Die Geschichte der deutschen Ausgrabung, in: 100 Jahre deutsche Ausgrabung in Olympia (Ausstellungskatalog München 1972) 37 ff.;

A. Mallwitz, Ein Jahrhundert deutsche Ausgrabungen in Olympia, in: AM 92, 1977, 1 ff.;

H.-V. Herrmann; Die Ausgrabung von Olympia. Idee und Wirklichkeit, in: Stadion VI (1980) 39 ff.

Um den Anmerkungsapparat nicht zu überfrachten, mussten die Literaturhinweise auf ein Minimum beschränkt werden – im Falle von Veröffentlichungen in dem Architekturband Olympia II (1892) wurde vollständig darauf verzichtet.

[2] Den genannten Personen sind die Lebensdaten in Klammern hinzugefügt, um auf einfache Weise Zuordnungen zu Generationen bzw. Altersunterschiede deutlich zu machen. Darüber hinausgehende biographische Angaben werden nur im Einzelfall gemacht, insbesondere dann, wenn die Betreffenden im archäologischen Umfeld wenige Spuren hinterlassen haben. In allen anderen Fällen sind Kurzbiographien mit weiterführenden Angaben zu finden bei: R. Lullies – W. Schiering (Hrsg.), Archäologenbildnisse (1988).

[3] Wir wollen es hier bei dem Hinweis belassen, dass nach englischen Reisenden und noch vor der französischen »Expédition scientifique de Morée« auch der Nürnberger Architekt Carl Haller von Hallerstein (1774–1817) als erster Deutscher 1811 in Olympia gegraben hat. – Im übrigen sei verwiesen auf die Quellensammlung bei: K. Lennartz, Kenntnisse und Vorstellungen von Olympia und den Olympischen Spielen in der Zeit von 393–1896 (1974).

[4] Olympia Mappe Bl. 2. Die Anpassung der beiden Pläne hinsichtlich Maßstab und Orientierung wird H. Birk verdankt. Die Maßstäbe der Originalvorlagen betragen bei Curtius etwa 1:16.000, bei Graef 1:5.000.

[5] Die beiden schon in der Antike so bezeichneten Bauwerke (s. Pausanias IX 38, 2) waren aus Reisebeschreibungen des 18. und frühen 19. Jhs. bestens bekannt.

[6] F. Adler, Olympia. Vortrag gehalten am Schinkelfest (1877) 9 f.

[7] In der Beschreibung seiner Reise nach Delphi (10.12.1838), die er mit dem jungen Dresdner Architekten Laurent unternahm, bemerkt Ernst Curtius anlässlich der Schilderung Plataiais: »Mit einem Architekten zu reisen ist in Griechenland sehr ersprießlich, da man durch Hülfe seiner Kenntnisse und Instrumente leicht zu einer planmäßigen Auffassung des Lokales gelangt« – s. F. Curtius (Hrsg.), Ernst Curtius. Ein Lebensbild in Briefen (1903) 177. Der Hinweis auf dieses Zitat wird K. Fittschen verdankt.

[8] Zu den Ergebnissen dieser Reise, an der auch G. Hirschfeld teilnahm, s. E. Curtius (Hrsg.), Beiträge zur Geschichte und Topographie Kleinasiens (AbhBerlin 1872, 1 ff.).

[9] Zur Geschichte und den Aufgaben des Faches siehe: W. Hoepfner – E.-L. Schwandner, Archäologische Bauforschung; in: W. Arenhövel (Hrsg.), Berlin und die Antike (Katalog der Ausstellung 1979) 342 ff.; G. Gruben, Klassische Bauforschung, in: A. Borbein – T. Hölscher – P. Zanker (Hrsg.), Klassische Archäologie. Eine Einführung (2000) 251 ff.

[10] Die Verträge und sonstigen Grabungsunterlagen gelangten nach Abschluss der Grabungen in das Archiv des Pergamonmuseums in Berlin.

[11] Ihre Namen begegnen uns nur auf einigen nach ihren Zeichnungen gedruckten Plänen. – Während Streichert später in leitender Position bei der Berliner Hochbauverwaltung tätig war und schließlich zum Direktor der städtischen Gaswerke ernannt wurde, erwarb sich Steinbrecht (dessen Vorname bei Weil, Olympia I 122, falsch angegeben ist) große Verdienste um die Restaurierung der Marienburg. Damit hatte er einen ähnlichen Berufsweg eingeschlagen wie Boetticher, der als Denkmalpfleger nach Ostpreußen und später als Leiter der kunstgewerblichen Sammlungen nach Danzig berufen wurde.

[12] Als Archäologen waren an den Ausgrabungen außerdem beteiligt: Rudolf Weil († 1914) in der 3. Kampagne (sowie zeitweilig in den beiden voraufgegangenen), Adolf Furtwängler (1853–1907) in der 4. Kampagne und Karl Purgold (1850–1939) während der letzten beiden Jahre.

[13] Bohn, der ein hervorragender Zeichner war, hat später eine – u. a. in Boettichers Olympia-Band abgedruckte – Rekonstruktion des Heiligtums angefertigt.

[14] Davon ausgenommen blieb nur Adolf Furtwängler, was auf offenbar unüberbrückbaren charakterlichen Gegensätzen beruhte und sich im äußerst scharfen Ton der wissenschaftlichen Kontroversen äußerte. Dagegen verbanden Dörpfeld dauerhafte Freundschaften (die bis ins hohe Alter in regelmäßigen 'Olympia-Treffen' ihren Ausdruck fanden) mit Borrmann, Graef, Treu, Purgold und Siebold.

[15] Die Tagebücher, Berichte und Inventare umfassen (ohne die Abschriften) etwa 6700 Seiten; hinzu kommen die im Gelände verwendeten Notizbücher und mehr als 1000 separate Skizzen und Zeichnungen.

[16] Der handschriftliche Bericht vom 8. 1. 1878 umfasst 39 Seiten. Er diente als Grundlage für Adlers Beschreibung in: Die Ausgrabungen zu Olympia III (1878) 26.

[17] Die hier vergrößert wiedergegebene Zeichnung ist dem Tagebuch V für die Woche vom 6.–12. 2. 1880 entnommen (in etwas vereinfachter Form wurde sie im Bericht vom 24. 2. 1880 wiederholt und in Umzeichnung in Olympia I (1897) 147 veröffentlicht). Die Darstellung muss auf älteren, nicht erhaltenen Skizzen beruhen, da die nachklassischen Schichten rund um das Heraion zu diesem Zeitpunkt bereits vollständig abgetragen waren.

[18] Verbale Beschreibungen von Schichtbefunden hat es jedoch schon zuvor bei Hirschfeld gegeben, der dem Tagebuch vom 3. 2. 1877 sogar eine flüchtige Handskizze hinzugefügt hat.

[19] Die bislang unveröffentlichte Darstellung befindet sich im Archiv des DAI Berlin.

[20] AM 16, 1891, 334 ff.; Olympia II (1892–1896) 16 f. Taf. 11. Dörpfeld hat sich zusammenfassend noch einmal zu diesem lange strittigen Thema geäußert (Zeitschrift für Geschichte der Architektur 6, 1913, 1 ff.).

21 Er erhielt 1882 zunächst eine befristete Anstellung, wurde 1886 zum 2. Sekretar ernannt und übernahm 1887 die Leitung. – Zu Dörpfelds Vita ausführlich: P. Goessler, Wilhelm Dörpfeld. Ein Leben im Dienst der Antike (1951). – Neuere Zusammenfassungen von U. Eckardt in Rheinische Lebensbilder 11, 1988, 285 ff. sowie vom Verf. in Mitteilungen aus dem Heinrich-Schliemann-Museum Ankershagen 6, 1999, 123 ff.

22 s. L. Wickert, Beiträge zur Geschichte des Deutschen Archäologischen Instituts 1879 bis 1929 (1979) 84 f.

23 s. die Bibliographie von P. Goessler, AA 1950/51, 381 ff.

24 Zur Forschungsgeschichte griechischer Dachziegel: G. Hübner, AE 1995 (1998) 115 ff. – Unter Einbeziehung von Neufunden wurde Borrmanns Systematik später von A. Mallwitz weiter ausgebaut und schließlich von J. Heiden in OF XXIV (1995) neu vorgelegt.

25 W. Dörpfeld – F. Graeber – R. Borrmann – K. Siebold, Über die Verwendung von Terrakotten am Geison und Dache griechischer Bauwerke (41. BWPr 1881).

26 Wir wollen es hier bei einem Hinweis auf die älteren Beobachtungen von Haller, Schaubert und Hittorf bewenden lassen (s. auch Borrmanns Beitrag in A. Baumeister, Denkmäler des klassischen Altertums 3 [1888] 1335 ff.).

27 Graef (der wie Dörpfeld mit einer Tochter Adlers verheiratet war) betätigte sich als Architekt in Berlin – u. a. als Mitarbeiter P. Wallots beim Bau des Reichstages –, wurde später zum Leiter des Bauamtes II ernannt und war Herausgeber der Zeitschrift für Architektur und Kunstgewerbe. – Graeber fand eine Anstellung in Bethel bei Bielefeld, ist zwischenzeitlich aber immer wieder seinem speziellen Interesse an antiken Wasserleitungen in Athen, Aigina, Orchomenos, Leukas und Pergamon nachgegangen. Nach Bethel kam er vermutlich durch Vermittlung Siebolds, der das dortige Bauamt leitete, darüber hinaus aber auch an anderen Orten zahlreiche Kirchen und Siedlungshäuser gebaut hat.

28 An der Ausarbeitung der Pläne waren die Architekten Rud. Heyne, Reinhard Herold (*1867) und Hans Dörpfeld (1865–1923) beteiligt.

29 Die erste grundlegende Zusammenfassung dieser Entwicklung findet sich bei H. H. Russack, Deutsche bauen in Athen (1942).

30 Ziller betrieb gelegentlich auch baugeschichtliche Forschungen. Mit Olympia hat er sich allerdings nur einmal im Rahmen eines Konkurrenzentwurfes für das Museum befasst (s. D. E. Papastamos, Ερνεστος Τσιλλερ [1973] 222 Abb. 100).

31 Realisiert wurde lediglich eine originalgetreue Nachbildung der Front als Kulisse für das 1886 veranstaltete Künstlerfest in Berlin (Berlin und die Antike [s. o. Anm. 9] 449 f. Nr. 1155). – Die Idee, den Tempel in originaler Größe zu rekonstruieren, wurde nochmals aufgegriffen, als 1936 anlässlich der XI. Olympiade in Berlin die Errichtung eines Olympiamuseums auf dem 'Reichssportfeld' geplant wurde (s. A. Schiff, Gutachten vom 1. 3. 1934, im Archiv des DAI Athen).

32 Die Aufnahme ist 1977 entstanden, als das alte Museum bereits durch einen Neubau ersetzt war. Seit 1999 wird es, mit z. T. erheblichen Eingriffen in den originalen Bestand, von Grund auf saniert.

33 So im Baedeker, Griechenland^2 (1888) 353, wo bei der Beschreibung des gerade fertiggestellten Museums von der Eingangshalle behauptet wird, dass »deren zwei Säulen denen des Zeustempels nachgebildet sind«. Das ist jedoch angesichts der schlanken Proportionen und der Details unzutreffend – was insofern verwunderlich ist, als Dörpfeld an der Abfassung des Olympiatextes beteiligt war.

34 Verf. in: U. Jantzen (Hrsg.), Neue Forschungen in griechischen Heiligtümern (1976) 344 f. Abb. 20.

35 vgl. Olympia II (1892-96) Taf. 16 bzw. OF I (1944) Taf. 40.

36 a. O. (s. o. Anm. 25) Taf. 3.

37 Auf Seite 9 – 28 wird eine ausführliche Zusammenfassung der von 1906 bis 1929 durchgeführten Grabungen und Forschungen gegeben.

38 JdI 49, 1934, 139 ff.

39 Forbát (der ursprünglich Alfred Füchsl hieß) stammte aus Ungarn und war in den 20er und 30er Jahren als Architekt in Weimar, Berlin und Pécs tätig; seit 1938 lebte er in Schweden.

40 Im Vorgriff sei noch angemerkt, dass es Weickert war, der nach dem 2. Weltkrieg als Präsident des Instituts Alfred Mallwitz nachhaltig gefördert und damit eine neue Epoche olympischer Bauforschung eingeleitet hat.

41 s. dazu U. Jantzen, Einhundert Jahre Athener Institut 1874 – 1974 (1986) 49 f. sowie H. Kyrieleis in: K. Bittel et. al., Beiträge zur Geschichte des Deutschen Archäologischen Instituts 1929 bis 1979. Teil 1 (1979) 47 f.

42 s. Nachruf von W. Kleiss, IstMitt 47, 1997, 5 ff.; mit Olympia hat sich Naumann später nur noch einmal befasst, indem er eine aufgeschnittene Perspektive des Zeustempels für den Museumsführer von C. Weickert, Antike Architektur (1949) Abb. 26 gezeichnet hat. Das Original befindet sich im Archiv des DAI Berlin.

43 Unter den Akten im Archiv des DAI Athen befindet sich außerdem ein Vorschlag für den Wiederaufbau einer Ecke des Zeustempels.

44 Offiziell lag die Grabungsleitung zunächst noch in den Händen des neuen Athener Direktors Walther Wrede (1893 – 1990).

45 Er sollte die Neubearbeitung der Basen übernehmen (s. Olympiabericht III [1939] 3). Einige seiner Zeichnungen wurden später vo Felix Eckstein publiziert; s. Anathemata. Studien zu den Weihgeschenken des strengen Stils im Heiligtum von Olympia (1969) 55 ff. Abb. 10. 13. 14. Außerdem stammt von Schneider ein unveröffentlichter Steinplan der Bauten im Westen der Palästra.

46 Durch die Umstände bedingt konnte aber nur sein Grundriss und zwar von Schleif in OF I (1944) Taf. 34 veröffentlicht werden (neu abgedruckt bei R. Bol, OF 15 [1984] Beil. 1). – Andere seiner Zeichnungen dokumentieren Grabungsbefunde im Stadion und im Bäderbezirk. – Während Schneider zu den Verschollenen des 2. Weltkriegs gehört, hat sich Samesreuther danach in Darmstadt als entwerfender Architekt insbesondere im Krankenhaus- und Sportstättenbau einen Namen gemacht.

47 Obwohl man die spätarchaischen Wälle I und II deutlich erkannt hatte, blieb der Nachweis der zugehörigen (damals noch als frühklassisch bezeichneten) Laufbahn II späteren Grabungen vorbehalten (Olympiabericht V [1952] 12 ff.). Zur Geschichte der Stadionanlagen s. J. Schilbach in: W. Coulson – H. Kyrieleis (Hrsg.), Proceedings of an International Symposion on the Olympic Games (1992) 33 ff.

48 Olympiabericht IV (1944) 40 ff. – Das dort und in unserer Abb. 13 als 'griechisch' bezeichnete Hypokaustenbad (IV) ist nach neueren Erkenntnissen von Georg Ladstätter römischen Ursprungs.

49 H. Schleif, Die neuen Ausgrabungen in Olympia und ihre bisherigen Ergebnisse für die antike Bauforschung (Europäische Studienmappen 1943). Dass seine Forschungen sehr viel weiter fortgeschritten waren, belegen seine verschollen geglaubten (Olympiabericht V [1952] 1), vom Verf. jedoch 1988 im Archiv des DAI Berlin wiederentdeckten Zeichnungen.

50 Für die Veröffentlichung der Westwallgrabung im Olympiabericht V (1952) hat Krauss den Grundriss (Taf. 1) und die Schnitte (Taf. 3. 4) gezeichnet. Die Bearbeitung des Tempels hat er später seinem Assistenten P. Grunauer übertragen.

51 Einen breiter gefächerten Überblick zu Mallwitz' Wirken geben die Nachrufe des Verf. in: AM 101, 1986, VII ff. sowie Rundschreiben der Koldewey-Gesellschaft 1988/2, 2 f.

52 Olympiabericht VI (1958) 12 ff. bzw. OF V (1964) 1-135.

53 Akten des XII. Archäologen-Kongresses Athen 1983 (1988) 124 ff.

54 OF V (1964) 110 ff.; AM 83, 1968, 124 ff.; Die Funde aus Olympia (1980) 141 ff.; Olympiabericht XI (1999) 199 ff. 231 ff.

55 JdI 81, 1966, 310 ff.; Cult and Competition Locations at Olympia, in: W. J. Raschke (Hrsg.), The Archaeology of the Olympics (1988) 79 ff.

56 Erstmals vorgelegt in: Gymnasium 88, 1981, 97 ff.

57 Olympiabericht XI (1999) 186 ff.

58 AW 19, 1988, 21 ff.; Olympiabericht XI (1999) 264 ff.

59 s. Katalog der Ausstellung »Olympia in der Antike« (Essen 1960) 33 ff. sowie Katalog der Ausstellung »100 Jahre Deutsche Ausgrabung in Olympia« (München 1972) 61 ff.

60 Einen Überblick über diesen Abschnitt, in dem außer dem Verf. noch Wolf Koenigs, Peter Grunauer, Hajo van de Löcht und Jan Link als Architekten von der Grabung angestellt waren, geben die Chroniken von A. Mallwitz in den Olympiaberichten X (1981) 1 ff. und XI (1999) 1 ff. sowie vom Verf. ebenda XII (im Druck).

61 Eine zusammenfassende Darstellung zu verschiedenen Objekten gibt H. Schmidt, Denkmalpflege an archäologischen Stätten Bd. 2. Wiederaufbau (1993) s. Register.

62 AM 30, 1905, 157 ff.

63 Der Schein (im Wert von 2,93 €) war vom 1. 8. 1988 mit einer Anfangsauflage von 3.880.000 Stück bis zur Einführung des Euro am 1. 1. 2002 im Umlauf.

64 G. Karo, AA 1915, 210 f.: ders., AA 1916, 161 f.

65 Nähere Erläuterungen dazu bei Mallwitz, ADelt 27, 1972, Chron 272 ff.; ergänzend wäre dem noch die 1973 erfolgte Instandsetzung der Zeustempelrampe hinzuzufügen.

66 Um die Inventarisierung der mehr als 3000 Stücke hat sich der Hildesheimer Stadtbaurat a. D. Bernhard Haagen (1908 – 1997) verdient gemacht (Olympiabericht X [1981] 32 f. 41).

67 Vgl. OF I (1944) Mappe Bl.1 mit der alten Darstellung Olympia II (1892 – 96) Taf. 80.

68 Das Gutachten wurde – im Auftrag der Grabungsleitung und aufbauend auf älteren Überlegungen – von Hartwig Schmidt (TH Karlsruhe) und seinen Mitarbeitern ausgearbeitet.

69 s. Jahresbericht für 1999 im AA 2000, 572 f. Abb. 2. Die Halle findet möglicherweise eine Entsprechung in einer ähnlichen Anlage, die A. Mallwitz im Westgraben entdeckt hatte (Olympiabericht X [1981] 382 f. Taf. 2).

70 Die Sondagen Gerkans (Olympiabericht I [1937] 9 f.) und H. Webers bislang nicht ausgewertete Untersuchungen von 1943 lassen jedenfalls weitere Erkenntnisse zur Geschichte dieser ausgedehnten und vielgestaltigen Anlage erhoffen.

71 s. Jahresbericht für 1999 im AA 2000, 573.

72 In einem unter der Leitung von Ulrich Sinn stehenden Forschungsprogramm wurde schwerpunktmäßig im Norden und Südwesten gegraben (s. Vorberichte in Nikephoros 5 [1992] – 10 [1997]). Allerdings wurde vom Nordgebäude bisher nur der westliche Teil näher untersucht; ausgenommen blieben die diesem Komplex angegliederten Kronionthermen und die Erweiterungen nach Norden.

73 Die Veröffentlichung dieses Gebäudes wurde der Architektin Annegret Haseley übertragen. Im Gegensatz zu den Vorgaben der alten Grabung wurde sie jedoch erst nach Abschluss der Grabungen hinzugezogen.

74 s. den Lageplan zum Jahresbericht 2000 im AA 2001, 638 Abb. 3 (als Trümmerstätte ist das Gebäude bereits bei A. Blouet, Expédition scientifique de Morée [1831] Taf. 58 Punkt K verzeichnet).

Abbildungsnachweis

Abb. 4. 6. 8: Olympia-Archiv (im Pergamon-Museum Berlin)

Abb. 7. 9: Archiv des DAI Berlin (Fotos P. Grunwald)

Abb. 5. 10. 11. 12. 16. 19b. 20. 21: K. Herrmann

Abb. 1. 2. 3. 13. 14. 18. 19a: der zitierten Literatur entnommen.

Wolf Koenigs

Der Zeustempel im 19. und 20. Jahrhundert

Die Geschichte der Ruinen des Zeusheiligtums von Olympia, ihrer Identifizierung und der ersten Sondagen vor der deutschen Grabung wurde mehrfach aus unterschiedlichen Blickwinkeln dargestellt und weitgehend mit gut erschlossenen Dokumenten belegt[1]. In diesem Beitrag wird an Bekanntes erinnert, einige Aspekte der Erforschung, Bekanntmachung und Wirkung des Zeustempels auf die Zeitgenossen dargestellt und dabei auf bisher weniger beachtete Aspekte hingewiesen.

Wie an vielen anderen antiken Stätten wurde auch die Suche nach Olympia angeregt durch die Erwähnung bei antiken Schriftstellern, vornehmlich bei Pausanias. Besonders der Zeustempel fand schon früh eine zusätzliche Aufmerksamkeit als Ort der Zeusstatue des Phidias, die als eines der Weltwunder aus der Antike überliefert ist[2]. Daher gibt es fiktive Darstellungen des Zeusbildes schon aus Epochen, die der eigentlichen Kenntnis des Ortes weit vorangehen. In der Renaissance wird dieses Kultbild in einem offenen Phantasiegebäude, einem Monopteros oder einer freistehenden Apsis als eine, durch zeitgenössische Bildformen mit antikisierenden Attributen wie dem Adler gekennzeichnete Sitzfigur dargestellt[3].

Enger an die Überlieferung des Pausanias hält sich Johann Bernhard Fischer von Erlach 1721 in seinem Tafelwerk »Entwurf einer historischen Architektur«[4]. Diesem Titel entsprechend stellt er die Figur in ein geschlossenes, realisierbares Gebäude. Sein nach Pausanias (V, 11, 1 – 4) gestalteter, von einem barock flatternden Mantel umwehter Zeus sitzt auf einem Thron am Ende des überwölbten Mittelschiffs einer dreischiffigen Säulenbasilika. Das Innere dieses offenbar im hinteren Teil völlig geschlossen gedachten Gebäudes ist in strengen, barocken Formen gehalten; die Säulen sind denen des Castor- und Pollux-Tempels in Rom nachgebildet (damals noch Jupiter-Stator-Tempel genannt). Die im Schnitt angegebene Gewölbekonstruktution erscheint konstruktiv ausführbar. Über die Belichtung des Raumes finden sich keine Angaben, auch die später aufgrund einer missverstandenen Vitruvstelle (III 2,8) so lange diskutierte Dachöffnung fehlt. Geht man von der wohl auch Fischer geläufigen Höhe des Zeusbildes bei Kallimachos aus (Frg. 196 Pf.;

37,5 Fuß = ca. 12 m), so ergibt sich eine hypothetische Breite seines Mittelschiffs von ca. 8 m, eine äußere Gesamtbreite[5] des Baus von ca. 20 m.

K. F. Schinkel beschäftigte sich zweimal – allerdings eher zufällig – mit Olympia. 1811/12 zeichnete er ein 'Diorama' mit der Innenansicht des Zeustempels als Rahmen für das Zeusbild des Phidias, wie Fischer von Erlach in einer Reihe der 7 Weltwunder[6]. Die nach Pausanias' Beschreibung (V 11, 1 – 4) dargestellte thronende Sitzfigur befindet sich in einem weiten, nach oben offenen Raum, der mit seinen beiden zweigeschossigen Reihen von mindestens 10 dorischen Säulen Vitruvs Beschreibung (III 2,8) des *hypaethros* entspricht. Geht man wieder von den rekonstruierten Maßen des Throns aus, hätte das Mittelschiff dieser Cella eine Breite von ca. 10 m, eine Höhe von ca. 14 m (vgl. Anm. 5) betragen, die Figur also mehr Raum gehabt als im tatsächlichen Bau.

Unter den Bühnenentwürfen, die K. F. Schinkel 1820/21 für sein Schauspielhaus entwarf, finden sich zwei Außenansichten dorischer Tempel, beide den Inhalten der Stücke entsprechend, der Diana gewidmet: der eine leicht schräg gestellt auf hoher getreppter Krepis als Hintergrund für Goethes »Iphigenie«, der andere auf hohem Podium im Gegenlicht stehend für G. Spontinis Oper »Olimpia«[7]. Beide Bauten sind von hohen Bäumen umgeben, die Entwürfe entsprechen damit der Vorliebe des deutschen Klassizismus für die Platzierung klassischer Bauten in eine 'heroische' Landschaft, wie sie einige Entwürfe und Bilder Schinkels zeigen, besonders aber Klenzes Entwurf und Ausführung der Walhalla bei Regensburg[8].

Die literarische Überlieferung über das Zeusheiligtum von Olympia als heiligem Hain, der Altis, kommt dieser Vorstellung des Klassizismus sehr entgegen, und so stellt das zweite Blatt von Schinkel zum Thema Olympia einen Blick vom Fuße des Kronoshügels nach Südwesten in das Heiligtum dar, zwischen dessen dichtem Baumbestand der Zeustempel und zahlreiche Bildwerke hervorschauen. Es handelt auch um die 1836 gezeichnete Illustration zu den Reisenotizen des russichen Grafen Davidoff auf der Grundlage von dessen Beobachtungen sowie der antiken Literatur und wohl auch schon der Grabungsergebnisse von A. Blouet[9].

Hermann Fürst von Pückler-Muskau schließlich schlug im gleichen Jahr 1836 vor, in der Alpheiosebene um Olympia einen Park anzulegen[10]. Damit und in Verbindung mit der 40 Jahre später begonnenen Ausgrabung wäre hier eine im östlichen Mittelmeerraum einzigartige gestaltete Kulturlandschaft entstanden, in deren Pflege die Gestaltungsbemühungen der letzten Jahre hätten einbezogen werden können. Leider hat Pückler diesen Plan ebensowenig weiter verfolgt wie die Anlage eines Parkes auf einem Gelände bei Kyparisia, das ihm König Otto zu diesem Zweck geschenkt hatte.

Auch in den perspektivischen Rekonstruktionen der Altis, die F. Adler für das Schinkelfest 1877 und für das Olympiawerk 1894 zeichnete, und sogar im Altismodell von H. Schleif (um 1930)[11] kommt der Gedanke des Haines mit sinniger Anordnung von Bäumen und Bauten zum Ausdruck, im Gegensatz etwa zu den kargen Bepflanzungen auf der ungefähr gleichzeitigen Rekonstruktion von R. Bohn (1882) und dem neueren Modell von Eva Mallwitz (1960)[12].

Eine Äußerung K. F. Schinkels über die Architektur des Zeustempels von Olympia gibt es natürlich nicht, man muss vielmehr seine knappen Äußerungen über die Tempel in Paestum im Tagebuch seiner 2. Italienreise lesen, um seine Einschätzung des frühklassischen griechischen Tempelbaus zu erfahren: »Auffallend ist es, das der Cerestempel und die Basilika, trotz dem, dass das Verhältnis weit schwerer, die Säulen zu bauchartig und stark eingeengt ist und dadurch ein älteres Aussehen bekommt, mehr verziert ist als der große Tempel, in welchem die Verhältnisse veredelt und die einzelnen Teile vereinfachter und mehr in der attischen Art ausgeführt sind« (11.9.1824). Die Entdeckung und Publikation dieser älteren dorischen Bauten durch J.-G. Soufflot (1764) und G. B. Piranesi (1778) führte zwar in der Bautheorie des Klassizismus zur Erschütterung der literarischen Autoritäten wie etwa Vitruv und die Säulenbücher, aber in der Praxis wurden Säulen mit diesen gedrungenen Proportionen damals nur selten und dann in Sockelgeschossen verwendet, während man sich im übrigen eher an der Klassik des 5. und 4. Jhs. orientierte[13]. – Ähnliches gilt für Schinkels bayerischen Zeitgenossen und Kollegen Leo von Klenze, der sich viel intensiver mit den direkten Studien griechischer Bauten beschäftigt hat, auch Olympia besucht hat und die Formen des Zeustempels treffend als »dorisch-dorisch« charakterisiert im Vergleich zum

»jonisch-dorischen« des Parthenons, dessen Formen er für seinen Walhalla-Entwurf vorgezogen hat[14].

Eine ambivalente Rolle in der frühen Forschung zur griechischen Architektur spielt Antoine Chrysostome Quatremère de Quincy (1755 – 1849), Secretaire Perpetuel der Académie des Beaux Arts in Paris bis 1845. Seine auf gründliches Quellenstudium und wohl die Tafelwerke des 18. Jhs. gestützte Rekonstruktion des Zeustempels von Olympia mit 8 Säulen an den Giebelseiten enthält wesentliche Gedanken zur Farbe, zur geschlossenen Celladecke und zur Bauskulptur[15]. Gleichzeitig war es jedoch Quatremère, der bis 1845 Reisen der Stipendiaten der Académie von Rom nach Griechenland aus ideologischen Gründen verhindert hat.

Erwähnung verdient ferner Sergei A. Iwanoff (1822 – 1877), dessen Rekonstruktion des Zeustempels[16] (Abb. 1) wohl die letzte ist, die 1857 noch vor der deutschen Grabung begonnen wurde, auch wenn sie erst 1892 erschien mit einem Vorwort von Alexander Conze und Erläuterungen von R. Bohn, der die 6 farbigen Tafeln, die den Zeustempel darstellen, positiv beurteilte, ohne Einzelheiten zu erwähnen oder zu korrigieren. Er lobt vor allem die Darstellung der Farbigkeit, die hypaethrale Cellalösung kommentiert er nicht.

In der Vorstellung der Zeit um 1800 von der griechischen Architektur, die durch die Tafelwerke des 18. Jhs. geprägt war, vertraten der Parthenon in den Darstellungen von Leroy und den Dilettanti sowie die Tempel Großgriechenlands die dorische Ordnung[17], so dass der Zeustempel von Olympia – nach heutiger Kenntnis der Kernbau der Frühklassik – damals weder von der Forschung noch von den vorbildsuchenden Architekten vermisst wurde. Die frühen Aufrufe zu Grabungen in Olympia werden dementsprechend nicht etwa mit der Aussicht begründet, die bei Pausanias genannten Sakralbauten des Heiligtums zu finden, sondern mit der Gewissheit, »daß durch genaue Untersuchungen dieses Bodens der Kunst ein großes Licht aufgehen werde« (J. J. Winckelmann), womit zweifellos die Plastik gemeint ist. Auch für Klenze ist es

Abb. 1   Olympia, Zeustempel. Rekonstruktion von S. A. Iwanoff (1857/1892) Farbdruck.

die bildende Kunst, welche den Wert der Entdeckung Olympias ausmacht[18]. Die erste Grabung durch die französische Expedition de Morée, deren mehrfach dargestellte Geschichte ich hier nicht wiederhole, setzten am Zeustempel als der neben einigen Ziegelbauten signifikantesten Ruine des Ortes an und erbrachte wesentliche Erkenntnisse zu dessen Architektur, die wie alle Ergebnisse archäologischer Forschung der damaligen Zeit rasche Publikation und Verbreitung fanden.[19]

Aus der Geschichte der deutschen Grabung in Olympia, die schon im Olympiawerk und danach mehrfach beschrieben wurde[20], sei hier nur ein kurzer Abschnitt aus einem Vortrag F. Adlers zitiert, weil er trotz seiner grotesken Metaphern ein wesentliches Motiv für das politische Interesse jener Zeit an den deutschen Grabungen in der Levante zum Ausdruck bringt. »Englands Eifer für die Erforschung des griechischen Landes schien mit dem trefflichen Leake ausgestorben zu sein; noch rascher verrauchte Frankreichs Enthusiasmus. Nur der deutsche Forschungstrieb schwebte wie ein nach Beute spähender Adler über dem einsamen Waldtale des Alpheios«[21]. Ähnliche nationale Untertöne im Zusammenhang mit Olympia waren schon früher bei Winckelmann und Herder zu vernehmen – dort allerdings eher im Sinne einer gemeinsamen deutschen Bildungspoltik[22].

Die Suche nach Kunstwerken, d.h. vor allem Skulpturen war zwar wie gesagt für die deutsche Grabung in Olympia auch ein wichtiger Ansporn, doch wird daneben schon bald das Streben nach neuen Erkenntnissen zur Architekturgeschichte und zur Topographie als wichtiger Impuls genannt[23]. Das zeigt sich schon in der fachlichen Zusammensetzung sowohl des von Berlin aus tätigen Direktoriums als auch der nach Olympia entsandten Mitarbeiter: Die beiden Wissenschaftler im Direktorium waren der Archäologe Ernst Curtius und der Architekturhistoriker Friedrich Adler. Beide Zweige der Altertumswissenschaft waren selbstverständlich mit eigenen Beiträgen zur Schlusspublikation vertreten. Diese Zusammenarbeit von Archäologen und Bauforschern in Berlin und am Ort war richtungsweisend für die Belegschaft späterer deutscher Grabungen des 19. Jhs. in Milet, Pergamon und Priene, bei denen die bedeutendsten Bauforscher ihrer Zeit mitwirkten. Bemerkenswert ist der Ansatz, möglichst alle Befunde nach den besten Methoden der Zeit aufzunehmen; selbst das ärmliche byzantinische Dorf, dessen Mauern die Trümmer des Zeustempels bedeckten, wurde sorgfältig aufgezeichnet, obwohl man sich davon keine nennenswerten Erkenntnisse versprach[24].

Die Methoden der Grabung und der Bauforschung sind an den fast lückenlos erhaltenen Aufzeichnungen von Notizblatt und Tagebuch über die Reinzeichnung bis zur Publikation heute noch gut nachvollziehbar[25]. Befundaufnahme und Auswertung sowohl auf dem Gebiet der Archäologie als auch der Bauforschung wurden in der Regel jeweils von derselben Person ausgeführt. Die vielen wegen des schnellen Grabungsfortschritts rasch hingeworfenen Skizzen von Fundsituationen und Funden in Tagebüchern und auf Einzelblättern sind von großer Aussagekraft bei sehr unterschiedlicher graphischer Sorgfalt und innerer Ordnung (Abb. 2. 3). Sie waren die Grundlagen für saubere Zeichnungen, die abends im Grabungshaus angefertigt wurden, teils für das Grabungstagebuch, teils für die wöchentlichen Berichte an das Direktorium in Berlin[26]. Durch diese aktuellen Berichte war man genötigt, jeden Befund sogleich zu durchdenken und verständlich darzustellen, und leistete damit bereits wichtige, z. T. direkt verwendbare Vorarbeiten für die rasche Publikation. Die besondere graphische Qualität der dort entstandenen, teilweise lavierten Zeichnungen ging durch die Übertragung in den Stahlstich der Publikation oft verloren (Abb. 4. 5). Den Architekten des 19. Jhs. kam hierbei ihre große Fertigkeit im Zeichnen, speziell von historischen Bauformen zugute, die sie sich in ihrer Ausbildung im Fach 'Bauformenlehre' angeeignet hatten, welches ja zum Zwecke der Anwendung historischer Bauformen im Hochbau intensiv gepflegt wurde. Auch die Mitarbeiter der Olympiagrabung F. Adler und R. Borrmann haben durch ihre Publikationen und ihre spätere Lehre an der Technischen Hochschule zur Bereicherung der 'Musterbücher' für dieses Fach beigetragen[27]. Hierzu genügte es, wie in Olympia geschehen, von den Bauteilen nicht alle, sondern nur Muster und Sonderstücke wie Eckstücke usw. aufzunehmen und die Bauten über dem Grundriss gewissermaßen idealtypisch durch Repetieren gleichartiger Teile zu rekonstruieren. War das in Olympia angewandte Verfahren der Trennung von Handskizze und Aufzeichnung für

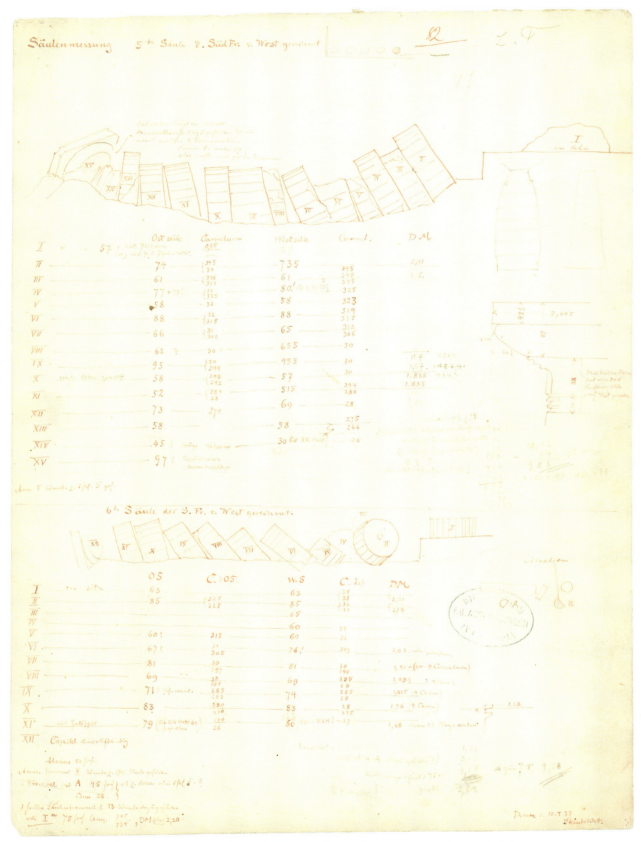

Abb. 2   Olympia, Zeustempel, Südseite, 5. und 6. Säule von West. Skizzen von Steinbrecht 1877, rote Tinte

dieses Ziel typologischer Rekonstruktion durchaus angemessen, so ist es wegen seiner immanenten Mängel für die Fragen heutiger Bauforschung nach der Entstehung und der inneren Geschichte des Baues selbst, seinen Phasen und Reparaturen, nicht mehr geeignet, obwohl es teilweise noch bis in jüngste Zeit angewandt wurde. Anders als bei der sofortigen maßstäblichen Aufzeichnung am Ort schleichen sich bei der Aufzeichnung nach den Skizzen Übertragungsfehler ein. Es gibt keine Kontrolle von Maßketten an einem übergeordneten System von Messpunkten, und Messfehler können, wenn sie überhaupt bemerkt werden, nicht sofort verbessert werden[28]. Folglich wurden auch bei der idealtypischen Rekonstruktion von Bauten wie dem Zeustempel die meisten Maßabweichungen scheinbar gleicher Bauteile nicht bemerkt. Diese sind jedoch, wie wir inzwischen wissen, die Anzeichen für die baulichen Verfeinerungen, wie Kurvaturen, entwurfsbedingte Jochverkürzungen und schließlich auch für Reparaturen aufgrund von Erdbeben- und anderen Bauschäden. Die Gestalt des Baus mit allen scheinbaren Regelabweichungen, Reparaturen und mit präzisen Maßen konnte also mit der Methode des 19. Jhs. nicht ermittelt werden, wie bereits früher festgestellt und bemängelt wurde[29].

Da man heute weiß, in welchen subtilen Schritten sich die Formentwicklung der klassischen griechischen Architektur vollzog, ist die Ermittlung der Baugestalt mit ausreichender Präzision genauso wenig ein Selbstzweck der Bauforschung wie das Zusammensetzen von Skulpturen oder Vasen aus Fragmenten oder das Erarbeiten stratigraphischer Befunde anhand tausender von Scherben (s. u.).

Die Ergebnisse der alten Grabung wurden monatlich nicht nur im 'Reichsanzeiger', sondern auch in der 'Deutschen Bauzeitung'[30] publiziert, da deren Redaktion offenbar mit dem fachlichen und dem kulturellen Interesse ihrer Leser aus dem ganzen Bauwesen rechnen konnte. Die dorische Ordnung des Zeustempels wurde bereits 1896 nach der ersten Publikation der 'Ergebnisse von Olympia' in die 8. Auflage des Handbuches von I. M. v. Mauch, »Die architektonischen Ordnungen der Griechen und Römer«, aufgenommen, deren Bearbeiter R. Borrmann[31] selbst ab 1877 als Bauforscher in Olympia tätig war. Auch in andere Fachbücher zur Baugeschichte finden die Ergebnisse der Olympiagrabung rasch Eingang[32]. Die Farbigkeit des Zeustempels wird zwar stets beschrieben, jedoch nicht abgebildet. Die Wogen des Polychromiestreits hatten sich geglättet und die Materialästhetik beherrschte den Geschmack des Historismus[33].

»Nicht an Gelehrte, sondern an den großen Kreis der Gebildeten aller Stände, denen die Beschäftigung mit dem classischen Altertum Freude und Erholung bietet«, richtet sich das Buch des Bauforschers Adolf Boetticher, »Olympia – das Fest und seine Stätte« (Berlin 1882). Gegen eine skeptische – nicht unrealistische – Äußerung F. Gregorovius', dass »unsere idealistische Griechheit ein späteres Geschlecht von Utilitariern kaum noch verstehen« wird (S. 4 ff.), beschwört er den Humanismus und bezeichnet die Ausgrabungen in Olympia als »die erste große Friedensarbeit des neu erstandenen Deutschen Kaiserreichs, ein Unternehmen zu dem jeder Reichsbürger sein Scherflein beigetragen hat« (Vorwort).

Trotz dieser stets aktuellen, fachlich wie publizistisch einwandfreien und weit verbreiteten Veröffentlichungen blieb die Wirkung der Bauten Olympias auf die Architektur des Späthistorismus gering. Nur einmal 1886 erscheint ein Nachbau der Fassade des Zeustempels in Kombination mit dem Sockel des Zeusaltars von Pergamon bei der Jubiläumskunstausstellung mit 'Pergamenischem Künstlerfest' in Berlin als eine Art Kunst-Trophäe[34]. Obwohl noch von Vertretern des Späthistorismus erarbeitet, entsprachen seine schlichten und wuchtigen Formen nicht dem Zeitgeschmack, der sich ohnehin gerade um 1900 von der Verwendung kopierter historischer Formen abwandte. Erst die Bauten von P. Behrens und später Alfred Messel nehmen in sehr abgewandelter und auf einige Grundgedanken reduzierter Weise Formen und Proportionen griechischer Tempelarchitektur auf[35]. Le Corbusier interessiert sich später besonders für die Perfektion der Details an den attischen Marmorbauten und vergleicht sie – unzutreffend – mit der formalen Perfektion von Autos als Ergebnis einer ständig perfektionierten Typenreihe[36]. Auch die Giebelskulpturen des strengen Stils erfahren ihre eigentliche Wertschätzung erst in den 1920er Jahren durch E. Buschor und R. Hamann[37].

Die Stipendiaten der École des Beaux Arts in Paris beschäftigten sich außer mit Athen, Delos und Delphi auch mit Olympia, nachdem ihnen ab 1845 Reisen von

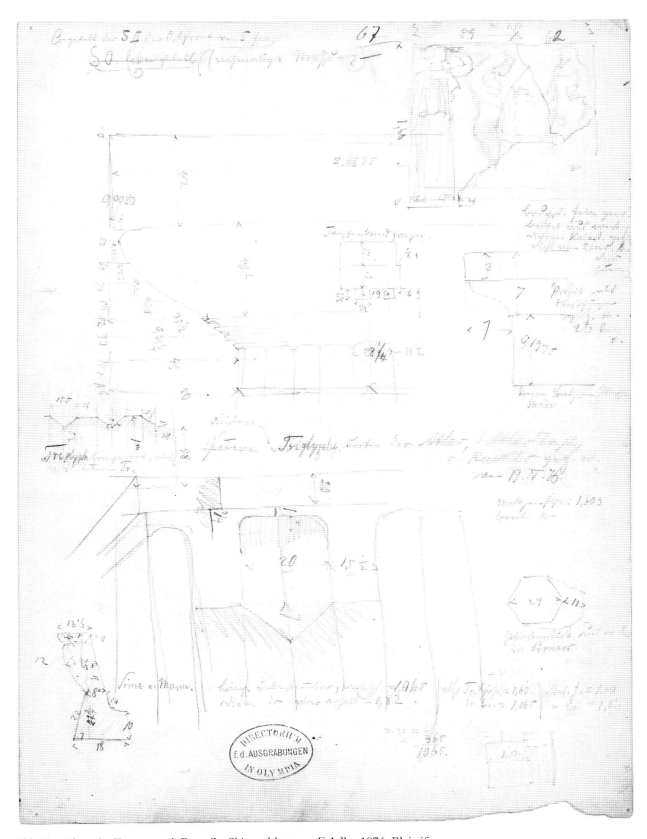

Abb. 3   Olympia, Zeustempel. Bauteile. Skizzenblatt von F. Adler 1876, Bleistift

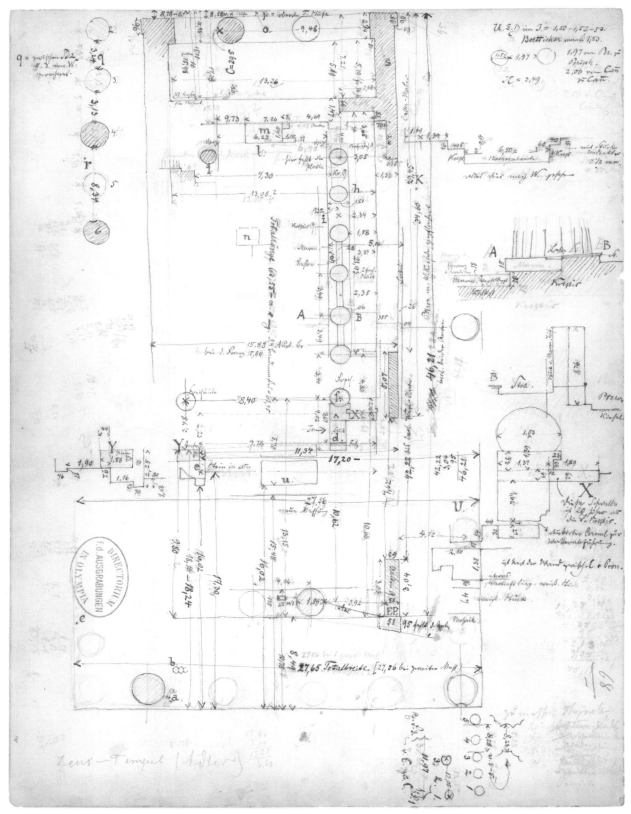

Abb. 4 Olympia, Zeustempel. Grundrissskizze von F. Adler, schwarze und rote Tinte

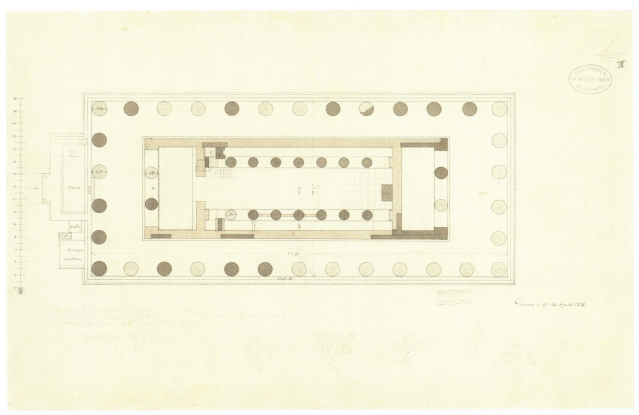

Abb. 5   Olympia, Zeustempel. Grundriss, sign. „Druva v. 19. – 26. April 1876" o.Verf., lavierte Tuschezeichnung

Rom nach Griechenland gestattet waren und sie in der 1846 gegründeten École Française in Athen einen eigenen Stützpunkt hatten[38]. V. Laloux, der später so bedeutende Bauten wie die Gare d'Orsay und das Gebäude des Crédit Lyonnais in Paris entwerfen sollte, erarbeitete 1882 eine sehr detaillierte Rekonstruktion der Altis und besonders des Zeustempels, wobei er zwar die Publikation benutzte, die Darstellung des Zeustempels aber mit zahlreichen nicht nachweisbaren Ornamenten bereicherte[39]. – Als einen Nachläufer derselben Schule kann man K. Smith mit seiner Rekonstruktion des Zeustempels von 1924 für die American Academy of Rome[40] bezeichnen.

W. Dörpfeld (1853 – 1940) setzte seine Forschungen am Zeustempel in geringem Umfang fort und wandte sich zunehmend den Veränderungen und Einbauten im Laufe der Geschichte zu: 1933 untersuchte er die Cella zusammen mit dem damals bereits erfolgreichen Architekten Fred Forbát (1897 – 1972)[41] und publizierte 1935 die Ergebnisse dieser und anderer Untersuchungen u. a. über Reparaturen[42]. – Ein Jahr später schwebte wieder der deutsche Adler – vorläufig noch als Friedenstaube getarnt – über dem Tal des Alpheios[43]: Im Zusammenhang mit den Olympischen Spielen in Berlin wurde 1936 die Grabung in Olympia wieder aufgenommen, nach einer Vorkampagne ab 1937 unter der örtlichen Leitung von Hans Schleif (1902 – 1945). Dieser hatte sich bei seinem Architekturstudium in Berlin der Bauforschung zugewandt und seit 1927 eng mit Dörpfeld zusammengearbeitet. 1935 war er mangels anderer Beschäftigungsmöglichkeit in die Abteilung 'Ausgrabungen' der Organisation 'Ahnenerbe' und zugleich auch der SS beigetreten[44]. Zwar war die Freilegung der Sportstätten Olympias das vorrangige Ziel der neuen Grabung, doch wandte sich Schleif intensiv und mit Erfolg der weiteren Erforschung bereits ausgegrabener Bauten zu, so auch dem Zeustempel[45]. Offensichtlich plante er eine Untersuchung seines Gebälks mit dem Ziel, die Entwurfmaße zu ermitteln. Hierzu setzte er wie später P. Grunauer am Geison an, ohne jedoch wie dieser alle Bauteile dieser Zone vollständig aufzunehmen. Daher sind seine in einigen erhaltenen Zeichnungen ohne Text dargestellten, jedoch nicht publizierten Ergebnisse überholt.

Auch W. B. Dinsmoor stellte in einem Aufsatz über Erdbebenschäden am Zeustempel und ihre Reparaturen die Frage nach der wirklichen Gestalt dieses Baus zu einem bestimmten Zeitpunkt[46]. – R. Naumanns Aufbauperspektive, die 1948 für eine Schriftenreihe der Berliner Museen entstand (Abb. 6), steht wie auch H. Schleifs Perspektive des Athenatempels in Priene in der Tradition der großen Rekonstruktionsperspektiven F. Krischens und wendet sich an das allgemeine Publikum[47].

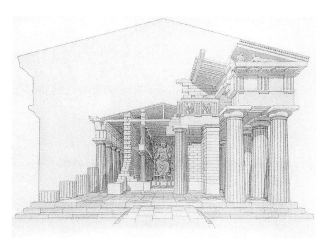

Abb. 6   Olympia Zeustempel. Aufbauperspektive von R. Naumann 1948, lavierte Tuschezeichnung

Die Notwendigkeit einer Gesamtbearbeitung des Zeustempels nach neusten Methoden der Bauforschung, auf die schon W. B. Dinsmoor 1941 hingewiesen hatte, wurde erneut deutlich durch die Studie der Löwenkopfwasserspeier von F. Willemsen[48], der durch Stilanalyse der ca. 150 erhaltenen Exemplare (bei 98 ursprünglich erforderlichen) für die Benutzungszeit des Tempels von etwa 450 v. Chr. bis 303 n. Chr. nicht weniger als neun Erneuerungsphasen festgestellt hat (ca. 70 Stück), ohne diese auch am Bau selbst verifizieren zu können. Mindestens neunmal waren also Reparaturen am Dachrand erfolgt. Leider ist, anders als bei den Skulpturfragmenten, die Fundlage der Löwenkopfwasserspeier von der alten Grabung nicht notiert worden. Besondere Beachtung verdient die auch anderswo in Griechenland zu beobachtende Tatsache, dass ein Tempel über mindestens 750 Jahre hinweg stets wieder repariert wurde, dass man nicht wie im christlichen Abendland die Gelegenheit eines Schadens genutzt hat, den alten Bau durch einen prächtigeren Neubau im Stile der Zeit zu ersetzen.

E. Kunze (1901 – 1994), der 1952 die Olympiagrabung erneut beginnen durfte, griff die Forderung nach einer Neubearbeitung des Zeustempels auf und stellte sie an F. Krauss (1900 – 1977), der durch seine Bearbeitung der Tempel von Paestum die besten fachlichen und persönlichen Voraussetzungen besaß. In zwei Kampagnen 1952 und 1956 beschäftigte er sich mit den Kapitellen und der Säulenhöhe[49], die er – bisher unwiderlegt – mit 10, 52 m bestimmte. In einem Gutachten wandte er sich gegen die u. a. von C. Diem[50] geforderte Wiederaufstellung der Säulen. In der ersten Kampagne ging ihm als Architekturstudent G. Gruben zur Hand, sein späterer Nachfolger (1966) auf den Lehrstuhl an der TH München, der übrigens damals u. a. noch die Bezeichnung 'Bauformenlehre' im Titel führte. Krauss begann einen Grundrissplan der Ruine, allerdings noch mit der Methode der Zwischenskizzen, die P. Grunauer später auswertete. Außerdem fertigte er eine handschriftlich erhaltene Beschreibung der Krepis an. Dieses Schriftstück zeigt beispielhaft die legendäre Penibilität der Beobachtung und Beschreibung von F. Krauss, die eines der Mittel zu seinem Erfolg war und die in bemerkenswertem Gegensatz steht zu dem dichterischen Stil seiner treffsicheren Baubeschreibungen, ein Gegensatz, der bei seinen Paestum-Publikationen besonders deutlich wird[51]. Sicher war es diese dichterische Qualität, die sein Paestumbuch vor den von St. George (1868 – 1933) geprägten Kunstbetrachtern und -verehrern bestehen ließ, indem sie über die von ihnen ausdrücklich verpönte Methode des genauen Messens gnädig hinwegsahen[52].

Die Aufgabe, den Zeustempel neu zu bearbeiten, gab F. Krauss an seinen damaligen Assistenten P. Grunauer (1930 – 1995) weiter, der ab 1961 zunächst als Assistent in München, dann als freier Mitarbeiter mit Werkverträgen kampagnenweise in Olympia (zuletzt 1983) an dem Thema arbeitete. P. Grunauers Forschungen sind bedeutende Ergebnisse zu verdanken, die er in fünf Vorberichten dargestellt, gut begründet und illustriert hat[53]. Dies sind insbesondere:
• die Feststellung der Kurvatur der Krepis aufgrund eines präzisen Nivellements,
• die Feststellung der Fugenkonkordanz bis in die Fundamente und die Folgerung daraus, dass der Plan des Tempels bei der Einbringung der ersten Fundamentschicht bereits festgestanden haben muss.

Abb. 7 Olympia-Austellung, München 1972. Nachbau des Westgiebels im Deutschen Museum. Aufnahme H. Koppermann

- Indem er den Schleifschen Ansatz, die Gebälkmaße in der Geisonschicht zu überprüfen, aufgriff und durch Aufnahme und Zuordnung aller vorhandenen Bauteile diese Zone vervollständigte, gelangen ihm wichtige Erkenntnisse für die Säulenordnung des Tempels: die senkrechte Stellung der Säulen und der Fortsetzung der Kurvatur im Gebälk, was an den Giebelseiten Folgen für die Tympanonmaße und die Figurenanordnung nach sich zog.
- Grunauers Beobachtungen über die kompositorischen Beziehungen der Giebelfiguren zur dorischen Ordnung der Giebelseiten behalten ihre Gültigkeit, auch wenn seine Position der dargestellten Personen inzwischen erneut korrigiert wurde[54].

Die Beobachtungen Dinsmoors zu den Reparaturen des Baus hat Grunauer präzisiert, jedoch offen gelassen, welcher Bauzeit seine Rekonstruktion genau zuzuordnen ist[55]. Auch seine Rekonstruktion stellt also in gewissem Sinne einen idealtypischen und nicht einen konkreten Zustand des Baus zu einem bestimmten Zeitpunkt dar.

Zusammengefasst sind die Ergebnisse in den beiden Ansichtszeichnungen der Giebelseiten des Zeustempels und in seinem Aufsatz im Katalog[56] der Olympia-Ausstellung 1972. Der Beitrag Grunauers zu dieser Ausstellung war eine seiner größten Leistungen und zugleich der Höhepunkt seines öffentlichen Wirkens. In der Treppenhalle zur Bibliothek des Deutschen Museums wurden nach seinen Plänen und unter seiner wissenschaftlichen Aufsicht und praktischen Mitarbeit Abformungen der beiden Giebel des Zeustempels vom Architrav bis zum Tympanon mit seinen Figuren aufgestellt (Abb. 7). Das gab ihm die Möglichkeit, seine Ergebnisse und ihre Wirkung im natürlichen Maßstab zu erproben. Die Ausstellung war die vorerst letzte Gelegenheit, bei der Teile des Tempels einer größeren Öffentlichkeit außerhalb Griechenlands präsentiert wurden. Ihre öffentliche Wirkung reflektieren zahlreiche Artikel in regionalen und überregionalen Zeitungen[57]. Die Begeisterung hat jedoch nicht dazu gereicht, die Modelle dauerhaft zu bewahren: Die Architektur wurde zerschlagen, die Abgüsse der Figuren auf einem Zwischenboden über dem Museum für Abgüsse klassischer Bildwerke eingelagert.

Zur weiteren Bearbeitung des Zeustempels hat Grunauer noch folgende, nicht bzw. nur teilweise publizierte Pläne und Texte erarbeitet[58]:

- 4 von ihm so bezeichnete Trümmerpläne, die im Jahre 2000 auf den neuesten Stand gebracht wurden und die die um die Tempel herum liegenden Bauteile verzeichnen und die Grundlage für einen Steinkatalog darstellen.
- Einen Maßplan im Maßstab 1:50, den Grunauer nach den Aufzeichnungen von Krauss aufgetragen und durch eigene Messungen ergänzt hat. Durch dieses Verfahren und durch das Fehlen geodätisch bestimmter Fixpunkte verursacht, weist dieser Maßplan Differenzen zwischen den Gesamtmaßen und den Summen der entsprechenden Teilmaße auf, die sich rechnerisch nicht eliminieren ließen, so dass eine Neuvermessung erforderlich war, welche 1998 und 1999 erfolgten (s. u.).
- Auf diesem Maßplan basiert auch Grunauers ebenfalls nicht publizierter, in der Wiedergabe der Details sehr genauer Steinplan, in den er – mit späteren Ergänzungen – alle Werkspuren und Beschädigungen der Steine eingetragen hat. Sie wurden an Ort und Stelle nach Vergleich mit den Befunden in den neuen Steinplan übernommen.
- Eine Darstellung der Forschungsgeschichte mit Überprüfung einiger Einzelergebnisse der alten Grabung.
- Eine allgemeine Baubeschreibung ohne Einzelnachweis.
- Ein unvollendeter Steinkatalog mit vermaßten Zeichnungen der Bauteile im Maßstab 1:40.

P. Grunauers Methode steht gewissermaßen am Übergang von derjenigen seines Vorgängers Krauss, der seine präzisen Beobachtungen und Messungen noch auf Zwischenskizzen festhielt und im Büro auftrug, und der heute üblichen Auftragung aller Befunde und Maße am Ort während der Messung selbst[59]. Seine Beobachtungen und die vorhandenen Detailzeichnungen sind jedoch sehr zuverlässig.

Zur Überprüfung der immer wieder vorgebrachten Forderung nach Aufstellung von Säulen des Zeustempels, um ihn optisch in der Altis zur Wirkung zu bringen, wurden ab 1989 von U. Hess und K. Herrmann[60] alle Trommeln von drei Säulen des Tempels sehr präzise mit allen erforderlichen Maßen aufgenommen und damit methodisch und sachlich die Grundlage für ein Inventar der Säulentrommeln gelegt.

Der Zeustempel wurde in der Wissenschaft, den unterschiedlichen Ansätzen der jeweiligen Zeit und dem jeweiligen Stand der Publikationen entsprechend ausführlich gewürdigt[61]. Inzwischen hat aber die Erforschung der Entwurfsgedanken und des Entwurfsprozesses durch die Arbeiten von D. Mertens eine Stufe der Präzision erreicht, der die bislang erarbeiteten Pläne des Zeustempels nicht mehr genügen[62]. Analog zur Beobachtung feinster Details der Gesichtszüge, Körperbildung und des Faltenwurfs bei der Plastik werden auch im Bauwesen soweit möglich nicht nur auffällige Änderungen am Grundriss, an der Ausstattung, den Profilen und Ornamenten beobachtet, sondern es müssen auch Differenzen in den Proportionen, Modifikationen der Ordnungen an den Ecken, Unterschiede zwischen Innen- und Außenordnungen beobachtet werden. Um sie im einzelnen nachweisen und darstellen zu können – und nicht etwa als Selbstzweck –, müssen solche Details vermessen und aufgezeichnet werden. Nur so kann man schließlich zu einem ähnlich differenzierten Bild der historischen Entwicklungen der Architektur gelangen, wie es die Erforschung der bildenden Kunst ohne jegliche Selbstzweifel von sich verlangt.

Von A. Mallwitz (1919 – 1986) stammt die neueste Entwurfsanalyse[63], die von Grunauer ergänzt wurde. Ihr Hauptkennzeichen ist die zweiachsige Symmetrie des Grundrisses, das Einheitsjoch mit einfacher Eckkontraktion und die Entwicklung der Gebälkmaße durch fortschreitende Zweiteilung aus dem Jochmaß. Unbeantwortet blieben Fragen nach der Maßeinheit des Entwurfs und nach der Feinabstimmung von Säulendicke und Jochweite, da der damals verfügbare Maßplan nicht präzise genug war. Aus diesem Grund hatte Mallwitz auch seine Entwurfsanalyse nicht weiter ausgearbeitet. So ist der Zeustempel hinsichtlich seines Entwurfs trotz seiner wichtigen baugeschichtlichen Stellung zwischen Mutterland und Großgriechenland[64] einstweilen ein schwarzes Loch. Daher wurde 1997 vom DAI und der TU München ein neuer Anlauf gemacht, den Zeustempel auf der Grundlage des Grunauerschen Nachlasses mit zeitgemäßen Methoden und einer der Bedeutung des Bauwerks angemessenen Organisation in einer überschaubaren Frist neu zu bearbeiten. Als erstes erarbeiteten die drei grabungserfahrenen jungen Architekten A. Hennemeyer, T. Lange und C. Voigts und zwei Architekturstudentinnen aus München in zwei Kampagnen 1998 und 1999 einen neuen, in sich stimmigen Maßplan aufgrund eines geodätisch bestimmten Fixpunktnetzes und mit vorgegebenen Genauigkeitskriterien (± 3 mm). Abgesehen von dem Wert dieser Maßgrundlage für alle weiteren Untersuchungen können bereits jetzt erste neue Erkenntnisse festgehalten werden: Die feststellbare hohe Maßgenauigkeit im Fundament und Krepisbereich berechtigt uns, auch für den Entwurf und die Ausführung des Oberbaus, zumindest in der ersten Phase der Erbauung des Tempels, ebenfalls eine hohe Genauigkeit anzunehmen. Geringe, aber regelmäßig auftretende Differenzen zwischen dem Normaljoch (521,8 cm), das an den *in situ* verbliebenen unteren Säulentrommeln messbar ist, und dem Fugenabstand der Stylobatplatten (2 x 260,3 = 520,6 cm) deuten auf Modifikationen der Säulenordnung während des Baus hin. Die Streitfrage, ob der Tempel im sonst nicht nachweisbaren 'Olympischen Fuß', also dem 600sten Teil der Laufbahnlänge des Stadions von Olympia (192,28 m : 600 = 32,04 cm)[65] oder im gebräuchlichen sog. dorischen oder pheidonischen Fuß (32,5 – 8 cm) entworfen und gebaut wurde, kann gewissermaßen salomonisch beantwortet werden: der 'Olympische Fuß' wurde schon von Grunauer[66] für die Länge des Stylobats festgestellt (200 OF.), nun fand er sich auch in der Länge des Toichobats (Nordseite 3208,4 cm, Südseite 3205,7 cm also 100 OF.)[67]. Alle anderen Maße – auch des Stylobats, der Joche usw., besonders diejenigen, die für den Weiterbau von Belang sind, wurden in dorischen oder Pheidonischen Fuß dimensioniert. Hätte der 'Olympische Fuß' also etwa in der Antike eine sakrale Bedeutung gehabt, wäre dem mit den Zahlen 200 und 100 im Gründungsbereich des Tempels Rechnung getragen worden, ohne dass man beim Bau selbst eine in der Praxis bereits obsolete Maßeinheit hätte benutzen müssen. In Fortsetzung dieses Projekts ist es notwendig, den von Grunauer und seinen Vorgängern begonnenen Steinkatalog auf einem gleichmäßigen Standard zu vervollständigen und dabei insbesondere Indizien für die Reparaturgeschichte des Baus[68] zu erarbeiten, um von der Einheitsrekonstruktion des Tempels zur maßgetreuen Rekonstruktion seiner Bauphasen, insbesondere seines ersten Bauzustandes zu gelangen[69]. Erst danach kann man eine detaillierte Aussage über seinen Entwurf machen, dass er in die Geschichte des Tempelentwurfs im 5. Jh. v. Chr. eingeordnet werden kann. Die Reparaturgeschichte ihrerseits sagt manches aus über die Wertschätzung alter Sakralbauten in der Antike.

Abkürzungen

Ausstellung München 1972 = 100 Jahre deutsche Ausgrabung in Olympia, Ausstellung (München 1972).

Berlin und die Antike (1979) = W. Arenhövel – C. Schreiber (Hrsg.), Berlin und die Antike, Ausstellung (Berlin 1979)

Koldeweybericht = Bericht über die Tagung der Koldewey-Gesellschaft

Lennartz = K. Lennartz, Kenntnisse und Vorstellungen von Olympia und den olympischen Spielen in der Zeit von 393 – 1896 (1974).

Mein Dank für vielfältige Anregungen und Hilfe gilt E. Altenhöfer, H. Birk, B. Fellmann, K. Herrmann, K. Nehring, W. Nerdinger und H. Philipp.

[1] A. Mallwitz, AM 92, 1977, 1 ff.; P. Grunauer, Olympiabericht X (1981), 256 ff.; Lennartz, passim.

[2] RE Suppl. X (1965) 1020 ff. s. v. Weltwunder (Lanowski); K. Brodersen, Reiseführer zu den sieben Weltwundern (1992) 29 f.; ders., Die sieben Weltwunder (1999) 58 ff.; Philips Galle, 8 Kupferstiche nach Maarten van Heemskerk (1572) III.

[3] Vgl. Brodersen a. O. (1992) 44/45; B. Brett, Art Quarterly 14, 1949, 339 ff. Abb. 1. 5; A. Bartsch, The Illustrated Bartsch, Bd. 37 (1984) 289 ff. Antonio Tempesta Nr. 1453. 1455. 1459.

[4] J. B. Fischer von Erlach, Entwurf einer historischen Architektur (1721), Reprint (1978), Taf. IV; G. Kunoth, Die historische Architektur Fischers von Erlach (1956) 34 ff. 190. 192 f.; H. Sedlmayr, J. B. Fischer von Erlach (1976/1997) 354 ff. 371.

[5] Die lichte Breite der Cella in Olympia beträgt im Mittelschiff 6,53 m, die Gesamtbreite der Cella außen 16,39 m, die Höhe 13,62 m; A. Mallwitz, Olympia und seine Bauten (1972) 226. 228.

[6] H. Börsch-Supan, K. F. Schinkel, Bühnenentwürfe/Stage Design (1990) 30 f. Abb. 12; U. Harten, K. F. Schinkel, Die Bühnenentwürfe (2000) 24 f. 245 (Abb.). 247.

[7] »Iphigenie«: Harten a. O. 391 f. (Abb.); »Olimpia«: ebenda 380 ff. (Abb.).

[8] A. M. Vogt, K. F. Schinkel. Blick in Griechenlands Blüte (1985) 22 ff. 36 ff.; J. Traeger (Hrsg.), Die Walhalla (1980); ders., Der Weg nach Walhalla (1987).

[9] W. P. O. Davidoff, Reisebemerkungen während eines Aufenthaltes auf den ionischen Inseln, in Griechenland, Kleinasien und der Türkei 1835 (Petersburg 1839/40 russ.) Atlas Taf. 8; s. die ausführliche Darstellung von Person und Werk sowie der Beziehungen zu Schinkel von M. Kühn in: L. Griesebach – K. Renger (Hrsg.), Festschrift O. v. Simson (1977) 464 ff. mit Abb. 1. Außer an den dort genannten Aufbewahrungsorten befindet sich auch ein Exemplar der Olympia-Abb. im Kupferstichkabinett, SMPK - Berlin: s. W. Müller, Architekten in der Welt der Antike (1989) 27. 28 Abb. 1. – A. Blouet, Expédition scientifique de Morée I (1831) 61 ff.

[10] Lennartz 55 ff. 158 ff.; H. v. Pückler-Muskau, Südöstlicher Bildersaal (1840. Reprint o. J.) 316, 17. Juli 1836; W. Gresky, Grundzüge im Landschaftsideale des Fürsten Pückler, in: Die Gartenkunst 3, 1991, 40 ff. 45.

[11] F. Adler: Berlin und die Antike (1979) Katalog 457 f. Nr. 1186; Olympia II (1892 – 96) Taf. 132; Gegenüberstellung mit Schinkels Ansicht: W. Müller a. O. 28 f. – H. Schleif: H.-V. Herrmann, Olympia, Taf. 2 a.

[12] R. Bohn in: A. Boetticher, Olympia² (1886) Taf. 21/22. – E. Mallwitz' Modell: A. Mallwitz, Olympia und seine Bauten (1972) Abb. 6. 240; W. Müller a. O. 29.

[13] K. F. Schinkel. Reisen nach Italien, Hrsg. G. Riemann (1994) II, 118; W. Hoepfner, Zur dorischen Ordnung bei K. F. Schinkel, in: Berlin und die Antike (1979) 481 ff.; E. Forssmann, K. F. Schinkel, Bauwerke und Baugedanken (1981) 25 ff. 29 ff.

[14] F. W. Hamdorf, Klenzes Studien zum dorischen Tempel, in: Ein griechischer Traum. Leo von Klenze – der Archäologe. (Ausst. München 1986) 133 ff.; A. v. Butlar, Leo von Klenze (1999) 288 ff. – Klenzes umfangreiche Äußerungen zur antiken Architektur jetzt erschlossen durch die CD-Rom-Beilage in: W. Nerdinger (Hrsg.), Leo von Klenze. (Ausst. München 2000); H. Bankel, L. v. Klenze ein Bauforscher?, ebenda 85 ff. – W. Gauer in: J. Traeger (Hrsg.), Die Walhalla (1980) 41 ff.

[15] A. C. Quatremère de Quincy, Le Jupiter Olympien ou l'art de la sculpture antique en or et en ivoire (1815) Taf. 11 (non vidi); P. Grunauer, Olympiabericht X (1981) 259 f. Abb. 86; M.-C. Hellmann – P. Fraisse (Hrsg.), Paris – Rome – Athènes (Ausst. Paris, Athen, Houston 1983) 20. 32 f. 49. 77 ff.; Lennartz 100. 146; H.-W. Kruft, Geschichte der Architekturtheorie (1985) 316 f.

[16] S. A. Iwanoff, Architektonische Studien (deutsch u. russisch 1892) 19 Taf. 39-44; Grunauer a. O. 261.

[17] Hoepfner a. O.; ders. – E.-L. Schwandner, Die Entdeckung der griechischen Bauten, in: Berlin und die Antike (1979) Katalog 291 ff.; R. Bothe, Antikenrezeption usw., ebenda 294 ff.; Forssmann a. O. 29 ff. – D. Mertens, I templi di Paestum nella prima storiografia dell' architettura antica, in: J. R. Sarra, La fortuna di Paestum e la memoria moderna del dorico 1750 – 1830 (Ausst. Rom 1986) 66 ff.

[18] A. Mallwitz, AM 92, 1977, 3 ff.; Lennartz 47. 117.

[19] A. Blouet, Expédition scientifique de Morée I (1831) 61 ff.; B. Fellmann, Die Wiederentdeckung Olympias, in: Ausstellung München 1972, 27 ff.; Mallwitz a. O.

[20] Olympia I 101 f.; H.-V. Herrmann, Olympia (1972) 200 ff.; Mallwitz a. O. 1 ff.; A. Borbein, Griechische Forschungen aus Berliner Sicht, in: R. Étienne (Hrsg.), Les politiques de l'archéologie du milieu du 19ᵉ siècle à l'orée du 21ᵉ (2000) 15 ff.

[21] F. Adler, Vortrag am Schinkelfest in Berlin am 12. 3. 1877, 2.

[22] J. Gerstenberg, Die Wiedergewinnung Olympias als Stätte und Idee. Diss. Tübingen 1947 (non vidi); J. Ebert u. a., Olympia von den Anfängen bis Coubertin (1980) 138 f. – Vgl. F. G. Maier, Von Winckelmann zu Schliemann. Archäologie als Eroberungswissenschaft des 19. Jhs. (1992) 26 ff.

[23] Olympia I (1897) Einleitung; B. Fellmann, Die Wiederentdeckung Olympias, in: Ausstellung München 1972, 32 ff.; A. Mallwitz AM 92, 1977, 4 f.; A. Borbein, E. Curtius, A. Conze, R. Kekulé: Probleme und Perspektiven der Klassischen Archäologie zwischen Romantik und Positivismus, in:

K. Christ – A. Momigliano (Hrsg.), Die Antike im 19. Jh. in Italien und Deutschland (1988) 275 ff.

[24] Olympia I (1897) 96 f. Taf. 4 – 5; Olympia, Mappe Bl. V a. b. – Vgl. R. Völling, AM 110, 1995, 425 ff.

[25] Einzelne Seiten aus Inventaren und Tagebüchern sind abgebildet bei: B. Fellmann, Die Geschichte der deutschen Ausgrabungen, in: Ausstellung München 1972, 37 ff.; Mallwitz a. O. Taf. 4 f. – Die Tagebücher, Inventare, Berichte und anderen Grabungsunterlagen werden in den Olympiaarchiven des DAI und der Antikensammlungen SMPK, Berlin aufbewahrt.

[26] Die Postlaufzeit von nur 2 Wochen von Olympia über Patras, Triest nach Berlin und zurück wird erst in jüngster Zeit regelmäßig unterboten.

[27] Als Professoren für Baugeschichte an der TH Berlin Charlottenburg (heute TU), wo F. Adler bis 1904, R. Borrmann ab 1904 lehrte, sowie als Autoren und Herausgeber: R. Borrmann – R. Graml (Hrsg.), Die Baukunst (1897 – 1906); R. Borrmann, Die Keramik in der Baukunst, in: E. Schmidt (Hrsg.), Handbuch der Architektur, Teil I, Bd. 4 (1897); R. Borrmann, Bearbeitung von: I. M. v. Mauch, Die architektonischen Ordnungen der Griechen und Römer (1836, 8. Auflage 1877); W. Hoepfner – E.-L. Schwandner, Archäologische Bauforschung, in: Berlin und die Antike (1979) 342 ff.

[28] Arbeitshefte des Sonderforschungsbereichs 315 »Erhalten historisch bedeutsamer Bauwerke« Heft 7 (Universität Karlsruhe 1987).

[29] A. Mallwitz, Olympia und seine Bauten (1972) 211 ff. 231 ff.; H.-V. Herrmann, Olympia (1972) 129 f.; P. Grunauer, Olympiabericht X (1981), 275; s. Beitrag K. Herrmann zu diesem Symposion 109 ff.

[30] Vgl. Beitrag B. Sösemann zu diesem Symposion 49 ff. – Vgl. auch A. Mallwitz, AM 92, 1977, 11 ff.

[31] Die Funde von Olympia, hrsg. von dem Direktorium der Ausgrabungen zu Olympia (1882) Taf. 33; Mauch a. O.

[32] s. o. Anm. 27; Borrmann a. O.; J. Durm, Die Baukunst der Griechen, in: Handbuch der Architektur II, 1³ (1910) 236. Abb. 207 zeigt eine eigene Rekonstruktion des Naos des Zeustempels von J. Bühlmann; R. Borrmann – J. Neuwirth, Geschichte der Baukunst I. Die Baukunst des Altertums (1904); W. J. Andersen – R. Spiers, The Architecture of Greece and Rome (1902. 1907); A. Choisy, Histoire de l'architecture I (1899) 462 ff.

[33] Olympia III (1894 – 97) 17. – M.-C. Hellmann – P. Fraisse (Hrsg.), Paris – Rome – Athènes (Ausst. Paris, Athen, Houston 1983) 61 ff.; H.-W. Kruft, Geschichte der Architekturtheorie 316 ff.; A. v. Butlar, Leo von Klenze (1999) 320 ff.

[34] P. Grunauer, JdI 89, 1974, 5 Anm. 14; Berlin und die Antike (1979) Katalog 449 f. Kat. Nr. 1155 – 1157 mit Abb.; R. Lindner, Nürnberger Blätter zur Archäologie 16, 1999/2000, 176 ff. Abb. 2.

[35] F. Neumeyer, Klassizismus als Problem, in: Berlin und die Antike (1979), Katalog 395 ff.

[36] Le Corbusier, Vers une architecture (1923, deutsch 1926. 1963. 1982) 103 ff. 149 ff. Ähnliche Äußerungen von L. Mies van der Rohe: L. Haselberger (Hrsg.), Appearance and Essence (1999) 312. – Hellmann – Fraisse a. O. 60.

[37] E. Buschor – R. Hamann, Die Skulpturen des Zeustempels von Olympia (1924).

[38] Hellmann – Fraisse a. O. 25 ff. 33 ff.

[39] Hellmann – Fraisse a. O. 266 ff. Nr. 19; vgl. P. Grunauer, Olympiabericht X (1981) 263.

[40] J. L. Smith, MemAmAc 4, 1924, 153 ff. Taf. 58 ff. – Vgl. Grunauer a. O. 264.

[41] F. Forbát, Erinnerungen eines Architekten aus vier Ländern (ungedrucktes Ms 1972, Bauhausarchiv Berlin) S. 176 ff. 183. – Forbát (geb. 1897) stammte aus Pécs, Ungarn, war an den TH Budapest und München sowie am Bauhaus in Weimar ausgebildet worden und hatte an Berliner Siedlungen mitgearbeitet (s. M. Wörner u. a., Architekturführer Berlin (1997) Nr. 220. 247. 252. 254). 1933 kam er aus der Sowjetunion, wo er mit E. May gearbeitet hatte, nach Griechenland und war auf dem Wege nach Ungarn, von wo er 1938 weiter nach Schweden ziehen musste. – Für freundliche Hinweise danke ich N. Huse und W. Nerdinger, der mich auf die Memoiren Forbáts aufmerksam machte. – Magyar Életrajzi Lexikon (Ungarisches Biographisches Lexikon) Erg. Bd. (1981) 212 f. (Freundlicher Hinweis K. Nehring).

[42] W. Dörpfeld, Alt-Olympia I (1935) 222 ff. Taf. 18 ff. (Cellaboden); 256 ff. (Reparatur an der Westseite).

[43] Olympiabericht I (1937), Frontispiz, in einigen Bibliotheken als Akt von Geschichtskorrektur entfernt, denn: »Wer die Vergangenheit kontrolliert, der kontrolliert die Zukunft«, G. Orwell »1984« (1947), Teil II, Kapitel 9. 10. – H. Hoffmann, Mythos Olympia (1993) 145. – A. Borbein, Griechische Forschungen aus Berliner Sicht, in: R. Étienne (Hrsg.), Les politiques de l'archéologie ... (1999) 23; C. Welzbacher, Antikenrezeption in der Architektur des 3. Reiches, in: M. Baumbach (Hrsg.), Tradita et Inventa (2000) 495 ff.

[44] M. H. Kater, Das 'Ahnenerbe' der SS 1935 – 1945 (1997. ²2001) 20 f. 82. 292; V. Stürmer, Hans Schleif. Eine Karriere zwischen Archäologischem Institut und Ahnenerbe e. V., in: A. Leube (Hrsg.), Prähistorie und Nationalsozialismus. Die mittel- und osteuropäische Ur- und Frühgeschichtsforschung in den Jahren 1933–1945, Studien zur Wissenschafts- und Universitätsgeschichte Bd. 2 (2002) 429 ff. – Für freundliche Hinweise danke ich bestens dem Bundesarchiv in Berlin sowie den Kollegen A. Leube und V. Stürmer, letzterem vor allem für die Überlassung seines Manuskripts.

[45] Olympiabericht II (1938) – IV (1944); OF I (1944); H. Schleif, Die neueren Ausgrabungen in Olympia und ihre bisherigen Ergebnisse für die antike Bauforschung, Europäische Studienmappen (1943).

[46] W. B. Dinsmoor, AJA 45, 1941, 399 ff.; E. Kunze – H. Weber, AJA 52, 1948, 49 ff.

[47] G. Bruns (Hrsg.), Kunstwerke aus den Berliner Sammlungen 1. C. Weickert, Antike Architektur (1949) S. 52 Abb. 26. – Für freundliche Hinweise und Auskünfte danke ich E. Naumann, B. Georg, K. Herrmann. – Vgl. F. Krischen, Die griechische Stadt. Wiederherstellungen (1938); Priene: V. Kästner, Griechische und römische Architektur (1992) 42 Abb. 53; F. Rumscheid, Priene (1998) 118 Abb. 97.

[48] OF IV (1959).

⁴⁹ F. Krauss, Koldeweybericht 1957, 28 ff.; ders., Die Säulen des Zeustempels von Olympia, in: R. Boehringer, Eine Freundesgabe (1957) 365 ff. – Vgl. A. Mallwitz, Olympia und seine Bauten 233 (10.53 m).

⁵⁰ C. Diem, Koldeweybericht 1951, 56 ff.

⁵¹ Vgl. G. Gruben in: F. Krauss, Paestum. Die griechischen Tempel³ (1976) 5 f. und F. Krauss, ebenda 36 ff.; ders., Der Athenatempel (1959); A. v. Gerkan, Gymnasium 1962, 475 ff.

⁵² K. Schefold, Castrum peregrini 173/174, 1986, 72. 82.

⁵³ P. Grunauer, BJb 171, 1971, 114 ff.; ders. in: Ausstellung München 1972, 68 ff.; ders., JdI 89, 1974, 1 ff.; ders., Der Westgiebel des Zeustempels von Olympia, in: H.-V. Herrmann, Die Olympia-Skulpturen (1987) 46 ff.; ders., Koldeweybericht 1978 (1980) 21 ff.; Olympiabericht X (1981) 256 ff. – P. Grunauers Tätigkeit wurde einige Jahre lang von der DFG gefördert.

⁵⁴ H. Kyrieleis, Zeus and Pelops in the East Pediment of the Temple of Zeus at Olympia, in: D. Buitron-Oliver, The Interpretation of Architectural Sculpture in Greece and Rome (Studies in the History of Art 49, 1997) 13 ff.

⁵⁵ P. Grunauer, Olympiabericht X (1981) 275 ff. – Vgl. K. Herrmann, ebenda 303; A. Mallwitz, Olympiabericht XI (1999) 10 ff. 245 ff.

⁵⁶ Ausstellung München 1972, Abb. 81. 86.

⁵⁷ Grunauer ebenda 68 ff.; ders., JdI 89, 1974, 1 ff. Pressedokumentation im Olympia-Archiv DAI (Nachlass Grunauer, z. Zt. TU München, Lehrstuhl für Baugeschichte).

⁵⁸ Nachlass Grunauer.

⁵⁹ 7. Arbeitsheft SFB 315, Karlsruhe 1987 (s. o. Anm. 28).

⁶⁰ DAI-Jahresberichte 1991 und 1993 in: AA 1992, 682; AA 1994, 620.

⁶¹ W. B. Dinsmoor, The architecture of Ancient Greece (1950) 151 ff.; G. Gruben, Die Tempel der Griechen⁴ (1986) 55 ff. 451 f. mit Angabe der Lit. seit Dinsmoor. Ders. Griechische Tempel und Heiligtümer ⁵(2001) 56 ff. 495 ff.. – Vgl. K. J. Philipp, Gänsemarsch der Stile. Skizzen zur Geschichte der Architekturgeschichtsschreibung (1998).

⁶² H. Riemann, Plangestaltung des dorischen Peripteraltempels, in: Festschrift Robinson (1951) 295 ff. 302; D. Mertens, DiskAB 4, 1984, 137 ff.; ders., Der Tempel von Segesta (1984) 63 ff. 150. 179 ff. 186. 193 ff.; vgl. W. Koenigs – H. Philipp, Gnomon 69, 1997, 697 ff.

⁶³ A. Mallwitz, Olympia und seine Bauten (1972) 230 ff.; P. Grunauer, Koldeweybericht 1978 (1980) 25 f.; ders., Olympiabericht X (1981) 272 ff.

⁶⁴ Mertens a. O. 179 ff. 193 ff.

⁶⁵ Olympia II 63; A. Mallwitz, Olympia und seine Bauten (1972) 182.

⁶⁶ Koldeweybericht 1978 (1980) 27.

⁶⁷ Ein Bericht über diese Ergebnisse ist in Arbeit. – Zur Bipodie in der griechischen Architektur: B. Wesenberg in: Macellum (Festschrift. R. Fleischer 2001) 307.

⁶⁸ Für die Giebelskulpturen besteht ein ähnliches Projekt: R. Rehak – J. G. Younger, Study on repairs to the Olympia sculptures, Vorberichte: AJA 98, 1994, 333 f.: Ostgiebel. – AJA 99, 1995, 309: Westgiebel. – AJA 100, 1996, 367: Metopen.

⁶⁹ Zur Zeit fehlen dafür allerdings die finanziellen und inzwischen auch die personellen Kapazitäten.

Abbildungsnachweis:

Abb. 1: s. Anm. 16.
Abb. 2–5: Olympia-Archiv, s. Anm. 25.
Abb. 6: DAI Berlin.
Abb. 7: Nachlass Grunauer, s. Anm. 57.

Suzanne Marchand

Adolf Furtwängler in Olympia

On Excavation, the Antiquarian Tradition, and Philhellenism in Nineteenth-Century Germany*

It was once commonplace for histories of archaeology to draw sharp distinctions between the dilettantish antiquarians of the premodern era and the scientific excavators of the later nineteenth and twentieth centuries. Regrettably for those who like neat and clean chronologies, in the last few years, there has been a virtual explosion of excellent work on early modern antiquarian knowledge by scholars such as Arnaldo Momigliano, Anthony Grafton, Alain Schnapp, Paula Findlen, Joseph Levine, and Grazia Lolla, to cite just a few of the best[2]. These books show that non-professional, 'armchair' scholarship was often very detailed, insightful, critical, and 'cutting edge'; if collections were small and private, and travel limited, still there were many scholars before the 'modern' age who knew artifacts well, and exchanged information and ideas about them by the mails, or by circulating through each other's libraries and collections. They, and others, have reminded us that the conventional antiquarian to archaeologist narrative dismisses the central role still played by museum work, which differs in scale but not in kind from the sort of work antiquarians pursued in private and princely collections. From the opposite (nineteenth-century) direction, other scholars, meanwhile, have shown that later travelers were not necessarily more observant than earlier ones, that imperialist hauteur shaped the most positivist of projects, and that long after the supposed onset of scientific, historicist practices, aesthetic ideals could still trump on site experience[3]. We have grown to appreciate the insight of the antiquarians and to disdain the truth claims of the positivists, and are left with the vague sense that something did happen to this world between about 1870 and 1900: but what was it?

What happened in archaeology was, of course, the development of on site, grand-scale excavations, which disciplinary histories typically describe as the moment at which archaeology shrugged off its amateur coils and became 'scientific'. But, in the face of the work cited above, this claim has become problematic, and will become more so the more we know about the world of early nineteenth-century collecting, traveling, and image-making: as we will see below, it makes good sense to see 'fieldwork' in archaeology (as in anthropology, and archival research in history) as part of a continuum of antiquarian practices dating back at least to the sixteenth century. There is much overlap between the era of antiquarian travel and trade, circulation of sketches and the visiting of private collections, to the era of public museums, state-funded excavations, and professional journals. There were museums and minor excavations before 1860, and dilettantes and grave robbers survived the transition to 'big archaeology'. Moreover, as recent studies of individual archaeologists have shown, even the 'big' digs often reconfirm the preconceptions of the diggers; Schliemann went looking for Troy, and found it; Arthur Evans went looking for King Minos's palace, and found that too[4]. Did 'fieldwork' matter, then, and if so, what difference did it make, intellectually and institutionally, to the study of the material past?

My answer would, I think, hold for a range of 'visual' sciences (ethnology, prehistory, paleontology, botany, art history, natural history, and geology): what happened was not that a new race of smarter, more value-neutral, harder-working scholars arrived, and suddenly realized: right, we have to go to the sites and perform stratigraphic excavations. What happened was, first of all, an enormous increase in the *scale* of the handling of artifacts, one that took place really between about 1830 and 1914, with the sharpest increase occurring between about 1870 and 1900[5]. This change in scale was the result of increased travel, new collecting incentives, the broadening and deepening of colonial projects, new technologies of representation (including photography, but also mass printing of newspapers and journals), the opening of new public museums, the founding of new 'societies', the expansion of universities, new European prosperity, and what one might call post-Napoleonic nostalgia; it produced, in its turn, a series of new institutions (museums, academic posts, lay societies) which organized, regularized and legitimized collecting on this new scale[6]. Fieldwork both contributed to, and was inspired by, this collecting frenzy – but there were many other ways to obtain visual knowledge in this era. In addition, as scale increased, aesthetic interest (or better, fascination with one-of-a-kind objects) decreased, gradually bringing in its train another important change: the need, and desire, to consider objects en masse, rather than individually (historicization deepened, but was not created in the later nineteenth century). Here, again, fieldwork offered the opportunity to collect more broadly and distance oneself from 'curiosities' – but it was not so much the 'being there' as the being overwhelmed by the stuff (an experience readily available to museum assistants back home) that pressed scholars to adopt new methods and ideas (especially from the natural sciences) to deal with the new problem of scale[7].

Archaeology, of course, was one of the disciplines most obviously transformed by the new scale of discovery of 'stuff', and one aim of this paper will be to trace, in a case study, the effects of increased scale on mid-century, German, archaeological practices and institutions. That is one way of answering my question about the uniqueness of the later nineteenth century. But I also want to take apart and examine one of the history of archaeology's favorite claims, namely that the moment that the discipline came 'of age' and the era of monumental discoveries is one and the same. Naturally, some of the 'great' finds occurred after the introduction of careful, meticulous digging; but if we think of some of the most famous excavations and/or artifacts, it is clear that this is not always the case. A list of those who brought back to Europe (or America) the most notable objects would include: the Earls of Arundel, Napoleon, A. H. Layard, J. P. Morgan, and Lord Elgin (to say nothing of the Popes); the majority of the best-known pieces in most museums were purchased through dealers or from aristocratic collections, not excavated. On the other hand, some of the most innovative archaeologists – Flinders Petrie, for example – did not earn their fame by finding masterpieces. The one great museum based on excavation, the Pergamon in Berlin, contains material that is largely striking not because it is uniquely beautiful but because it is uniquely – for museum displays – big. Against convention, I think it is possible to argue that modern Mediterranean archaeology in particular is the product not of big finds, but of big disappointments, of quests for treasure that produced, instead, pottery and broken pillars, and the halting absorption of these disappointments by European cultural institutions. Modern classical archaeology was created in large part by pressures which made it not only possible, but necessary, to dig up and deal with the mundane and the unappealing, and to apply to a world famed for its free-standing sculptures a range of techniques developed for categorizing stone tools, animal skeletons, and prehistorical pottery[8].

What I want to sketch here, then, is the history of one such disillusionment, and its effects on an important member of the generation of the 1870s, Adolf Furtwängler (1853 – 1907). Furtwängler was only one of many German archaeologists to be deeply shaken by what he did – and did not – find during the excavations at Olympia, but by mining the historicist and antiquarian vein that nineteenth-century classicists had disdained, yet never entirely abandoned, he was able to turn his disappointments to profitable scholarly ends. What Furtwängler and his colleagues did not find at Olympia was Phidian sculpture; what they did find were less than ideal pedimentary sculptures, tangled architectural fragments, and terracottas, pottery, and bronzes by the cartload. Depressed by finding so few masterpieces, they were overwhelmed by the volume of non-masterpieces – but they could not simply walk away. Having promised the Greeks that they would not repeat Elgin's depredations, and convinced that Olympia – which Winckelmann himself had dreamed of excavating – would hold the key to Greek greatness, the German team was obliged to proceed, until at last public support gave out. Furtwängler, in particular, was obliged to stay, at least for one whole season; as a young Stipendiat, he was paid to catalog the bronze finds, as he was to give some order to Schliemann's Mycenaen pots. But these experiences, in combination with methods borrowed from non-classical antiquaries, gave the young archaeologist the skills he needed to earn the moniker given to him by an admiring elegist: »the Linneaus of archaeology.«[9] His exact contemporary, Wilhelm Dörpfeld, also spent a few formative months at Olympia before becoming famous as Schliemann's 'scientific' emanuensis. From aesthetic disillusionment, in both cases, 'science' was born.

In the case of both of these men, however, it is critical not to lose sight of their context and their continuities with the antiquarian tradition – and with German philhellenism. Though their status as 'scientists' was very much the product of de-aestheticizing the Greek past, neither Furtwängler nor Dörpfeld entirely shook their philhellenist predilections. Furtwängler did indeed become an expert on Mycenaen pottery, archaic bronzes, and ancient gems; he spent many years cataloging thousands of objects of minor aesthetic importance. But his most popular book, »Meisterwerke der griechischen Plastik« (1893) dealt precisely with monumental sculpture in its most beloved form: free-standing, fifth and fourth century males. Dörpfeld, trained as an architect, developed meticulous means to distinguish brick types and building phases, but remained a great fan of the bathetic philhellenist poetry of August von Platen and an ardent defender of the truth of the Homeric poems. These two scholars, so exemplary of the age of positivist historicism, were, in short, neither entirely historicist fish nor aestheticizing fowl,[10] and their careers pose some important questions about the nature of *later* nineteenth-century philhellenism: in what ways did fieldwork actually make inroads into the Winckelmannian vision? How, and in what venues, were images of classical Greece preserved in the face of a flood of non-ideal artifacts? When, if ever, did archaeology in Greece become 'modern'?

In introducing our man Furtwängler, it is perhaps sufficient to note his birthdate, 1853, and birthplace, Freiburg im Breisgau, a deeply Catholic part of what was then, still, the independent state of Baden. Furtwängler's father had aspired to be an archaeologist and had, quite unusually for his generation, actually visited Greece, but being an »enthusiastic, and scientifically active, but unworldly [weltfremd] Humanist«, he selected teaching instead, and became the director of local Gymnasium[11]. Papa saw to it that the young Adolf followed the usual academic path for aspiring civil servants, pastors, doctors, lawyers, *and* professors – that is, he was trained at the Gymnasium, chiefly in classical languages. Continuing along this path, Furtwängler, in 1870, embarked upon the study of philosophy and classical philology at the University of Freiburg. Looking back on this experience in 1874, the young Adolf remembered his longing for beauty – and disappointment with philological drudgery[12]; indeed, the problem of the relationship between beauty and scientific drudgery would dog him throughout his life. In 1871, the south-German student heard his first lectures in 'archaeology': »Architectural Antiquities in Conjunction with the Explanation of Relevant Sections from Vitruvius.«[13] The fledgling discipline apparently thrilled him, but he felt he could not aspire to its study, perhaps because he could not afford the books, travel, and artifacts necessary for specialists[14]. Studying at the University of Leipzig, he despaired of his talent for scholarship, but his confidence began to return when he took up the study of archaeology again in his second semester. He now transferred to the University of Munich, where, as the devoted student of Heinrich Brunn, he threw himself passionately into archaeological researches.

To be an aspiring 'Archäolog' in the 1860s was to be in the middle of a visual and evidentiary revolution. In the preceding two decades, the trickle of 'real' Greek artifacts that had been making its way into Europe's public and private collections had become a flood, one whose high tide would come, of course, after the onset of grand-scale, state sponsored excavations, especially in the Ottoman Empire. The scale of this change, since Winckelmann's »Geschichte des Kunst der Altertums« (1764) in the course of a century, is worth noting. We now know, for example, that Winckelmann's visual sources were very poor; he saw little original Greek sculpture, even in Rome (compared to what would be available for late nineteenth-century viewers), and relied heavily on literary sources for his periodizations. His effusive praise of the Laocoon, Luca Giuliani has recently shown, was shaped initially by other travelers' texts, and he had great difficulty rethinking his claims after actually seeing the sculpture he had described[15]. For German classicists, more often of middle class origins than their French and English counterparts, travel was difficult and collections of Mediterranean antiquities limited in size; although there were plenty of erudite men who knew their coins, cut stones, and sculptures, material evidence remained a lesser form of historical knowledge[16]. Until the early nineteenth century, the visual remained less valuable than the textual (especially poetic) ideals; Lessing's influential »Laokoon« (1766), indeed, set up a hierarchy of the arts that clearly demoted sculpture and painting to the second tier[17]. Many early nineteenth-century 'archaeologists'[18] never visited Greece, or even saw very many good representations of its monuments; this is true both of those who used artifacts to study religion, economics, and everyday life, and those who studied high art. August Boeckh maintained that he knew what Greece and Rome had looked like in antiquity, and that was enough for him[19]. K. O. Müller went to Greece – but, unfamiliar with the physical strains of archaeological work, he suffered a sunstroke at Delphi while copying an inscription. Müller's death was tragic proof that the textual, in this period, unquestionably still trumped the visual.

Things began to change rather rapidly by the 1830s and 40s, however; first in Bavaria, Brunn's stomping grounds, where Ludwig I virtually bankrupted the state in expanding the collections of the newly-founded (1816) Glyptothek. The Berlin Altes Museum opened its doors in 1830; though too poor to buy much sculpture, by the 1850s it had accumulated a big collection of casts and 'Kleinkunst'. Provincial museums sprouted like mushrooms, housing both objects of local (Germanic) historical importance and models for the aesthetic education of the middling classes; cast collections became more and more common (and more and more voluminous) as the century wore on. In these new public museums – many of them derived from older princely collections, or funded by a combination of wealthy bourgeois Bürger and local aristocrats – a wider audience was treated to increasingly crowded cases displaying vases, coins, weapons, tools, jewelry, and figurines (to give just a few examples of available genres); anyone with deeper scholarly interests or keener collecting passions could page through the growing journal literature, produced by the hundreds of local antiquities societies as well as by academically-trained scholars. By mid-century, one could order engravings of famous monuments; a few years later, mass-produced casts and photographs were also available for purchase. Histories of art now included coverage of Near Eastern and even Islamic artifacts (though the latter were officially housed in the ethnographic museums until 1907). As travel grew cheaper and easier, it became increasingly possible to be a middle-class antiquarian, and gradually, for those whose expertise consisted primarily in the handling of objects, to be taken seriously by the academic elite.

Before mid-century, few had thought it necessary to go to Greece to see the 'stuff' in situ, or to gather more. Where scholars during the *Vormärz* did go was Rome, where an international group of scholars had founded the Institut für archäologische Korrespondenz in 1829, the ur-institution from which the various archaeological 'schools' would develop. Here, chiefly in private settings, the culture of antiquarian exchange flourished. Long predating the German's arrival, this culture also existed outside of Rome, in elite salons and libraries throughout Europe. Ideas and images had been, and continued to be, exchanged by means of publications and letters, but for those who could afford to visit Rome (and dared to do so!), being there clearly increased the scale and intensity of intellectual contact. New German-language publications now began to appear in droves – some of which included engraved illustrations. More scholars began to appreciate Eduard Gerhard's claim that one must see a thousands monuments in order to actually understand a single artifact[20], and by 1857–1858, with the publication of Johannes Overbeck's »Geschichte der griechischen Plastik für Künstler und Kunstfreunde«, it was at least possible to have 160 engravings immediately at hand. The possibilities for visual analysis and comparison were now expanding at a rate so rapid that no one could imagine the acceleration that would occur in the next half-century to follow.

Some early excavations had, by this time, already taken place: the mid-eighteenth-century excavations at Pompeii, famously, had yielded wonderful material, and many students of ancient art went to visit the site. Preliminary digs had been held at Aegina, and the excavators – most of them German – had auctioned off the finds to European buyers. Inspired by the excavators' reports, Ludwig I of Bavaria bought the archaic period sculptures for his Glyptothek despite their failure to live up to neoclassical standards of serenity and grandeur. Travel to sites beyond the Italian peninsula was also growing; in 1766, Carsten Niebuhr returned to Europe with fascinating images of Persepolis, and of course Napoleon and his team returned from Egypt with cartloads of antiquities and images for scholars to ponder in the decades to come. A new bout of more intense mapping and excavating commenced with Richard Lepsius's trip to Egypt (1842–45) and the work of Paul Botta and A. H. Layard in Assyria (1842–49), all of which signaled, in various ways, the coming of a new age of archaeological diplomacy[21]. Perhaps more significantly, this era also saw the efflorescence of prehistorical archaeology at home; as nationalism sparked new interest in European origins, geology and evolutionary thought provoked new debates on speciation and human development, and a new, increasingly leisured middle class participated aggressively in the founding of local antiquities societies, museums, and journals. Thus did archaeology flourish in opposite directions; classical and Near Eastern archaeology became increasingly professionalized and aestheticized; prehistorical archaeology took on anthropological concerns – and 'amateurish' connotations.

Methodologically, too, one can see in the decades before about 1870 the widening of divisions between archaeological work 'at home' and abroad; those who excavated 'at home,' like the excavators of the Roman-German Limes, could dig deeply and collect broadly; their schemas could treat both artifacts and works of art. Interested chiefly in history, not in beauty, local excavators had for centuries employed a simple sort of stratigraphic method. Meanwhile, those who sought to dig on foreign soil remained highly selective about the material they brought home or sketched; chiefly, they were seeking objects of high market value (especially sculptures and artifacts made of precious metals), and had neither time, money, nor inclination, to bring home humbler artifacts. They stayed on site for only short periods of time, and aimed at scooping up treasures, not the reconstruction of the place. Trenches were not very deep; the 'excavators' at the temple of Bassae on Aegina only unearthed the main temple frieze as a result of seeing a fox jump into its den amongst the ruins[22]. In many ways, the grand-scale excavations of century's last quarter were the product of political interventions (and large public and private investments) that made it possible to be 'at home' on foreign soil, and to adapt antiquarian practices to the treasure hunts that failed to satisfy.

Furtwängler's teacher Heinrich Brunn (1822–1894) was a product of this mid-century archaeological ferment, and it is critical, here, to devote a few words to this scholar to suggest the continuities that link his generation backward to Winckelmann's world as well as forwards to Furtwängler's post-1875 milieu. In many ways, Brunn was not a typical mid-century classicist;

though trained primarily in textual interpretation and dependent upon it for his iconographic interpretation of individual monuments as well as his history of art, he also spent almost 20 years (1843–1853; 1856–1865) living in Rome. Here he gained a wide knowledge of ancient material culture, which he put to good use when appointed to the Munich chair of archaeology and numismatics in 1865, a post that brought with it the curatorship of the Bavarian imperial coin collection, and later the vase collection and the sculpture museum (Glyptothek). He is said to have been artistically talented[23], and certainly used his 'eye' more extensively than did his classicist contemporaries. If his »Geschichte der griechischen Künstler« (2 vols, 1853–1859) had no illustrations and used literary evidence to divide artists into schools, already here he was describing nationally defined formal conventions that constrained the artistic production of each age. By the 1870s he was using his eye for anatomical details to place unlabeled sculptural fragments into chronological sequence, to determine their place of origin, and even to guess at their authorship.[24] Instrumental in his evolution toward 'Anschauung' was not only his long commerce with ancient objects during his stays in Rome, but also his reading of Gottfried Semper's »Der Stil in den technischen und tektonischen Künsten oder praktische Ästhetik« (2 vols., 1860. 1863) a study of the evolution of designs in the minor arts that may well have been inspired by seeing Georges Cuvier's exhibit of animal skeletons at the Jardin des Plantes[25]. More than any member of his generation (with the possible exception of Eduard Gerhard and Otto Jahn), Brunn took advantage of the technological revolution occurring around him, and developed a deep commitment to the study of forms. By the 1880s, Brunn had become an ardent proponent of archaeology as a science of the eye, one that should depend on 'Anschauung' and thus win its autonomy from philology[26].

Furtwängler's first essays were clearly products of mid-century, iconographic thought, but the technological and attitudinal changes of the era were also in evidence. Brunn undoubtedly shared his rich knowledge of artifacts, as well as opened the collections under his supervision to his student; he also lent Furtwängler his copy of Semper in 1874[27]. Furtwängler read this study of design dynamics, which was at once Graecophile and historicizing, with great interest; it is possible that his interest in Darwinism also dates to this era[28]. In any event, his reading and museum visiting created a kind of positivist frustration at the limited repetoire of sources he had at his command. In September 1874, he wrote to Brunn from Freiburg: »Above all I have to complain that there is so little visual experience available here, and that means that I am unable to follow or judge many observations, especially those that treat technical-historical matters.« Indeed, he was grateful, later that year, to discover a cast collection in town that boasted, as one of its 8 statues, a copy of the 'Boy Removing a Thorn'.[29] Chiefly, however, it seems that he laid the basis for what Ludwig Curtius called his »enormous knowledge of monuments« by working through Karl Gustav Stephani's »Compte rendus de la Commission Impériale Archéologique« (2 vols., 1859–1860) in the Munich Staatsbibliothek, looking up every monument cited in the work of earlier collectors. This work apparently laid the basis for his doctoral dissertation, »Eros in Vase Painting,« and several other essays, which, as Curtius claimed, combined the older tradition of (iconographic) archaeology with a new »command of the materials and [ability to] creation of lucid linkages.«[30]

Furtwängler followed Brunn in believing that there was a sort of instinctive understanding that good archaeologists brought to their judgments, one that filled in for gaps in their knowledge[31]. But he also lamented the 'unwissenschaftliche' nature of archaeological argument, insisting in a letter of November 1874: »Our art historical judgments are often still so arbitrary!«[32] And he would not have philosophy fill in those gaps – the aesthetic philosophies of Schiller and Kant, he argued, dealt too much in concepts and words, and deviated too much from historical facts[33]. Nor would Stephani and the antiquarians long suffice to quench his thirst for more 'Anschauung' – and more stuff. Furtwängler had already been bitten by what one might call the positivist bug, and at this stage of the game, the cure to be prescribed was obvious. It was time, both Brunn and Furtwängler felt, to go to Rome.

A reliable mentor, Brunn arranged the funding, and by the fall of 1876, Furtwängler was ensconced in the holy city. Here the young man diligently set about writing a study of Pliny's art historical sources, a subject

Brunn had recently opened up for new scrutiny[34]. This defense of Brunn's iconoclastic position (that Pliny's sources went far beyond a lost art history of Varro) presented the claim that Pliny must have used the insights of a Greek artist, Pasiteles, in assessing the beauties of particular works of art[35]. This was by no means a signal departure, nor one that had to be done 'on site'; it did not involve in any way new technologies, travel, or 'Anschauung'. And in that way, it did not prepare either Furtwängler or the archaeological community more broadly for the two endeavors that would shape Furtwängler's future: his work on Mycenaen vases, and his visit to the excavations at Olympia. The result of these two projects was, according to Ludwig Curtius, epoch-making for classical archaeology. »For in these works large classes of monuments were used, not, as earlier, to explicate ancient texts, but as a source for the understanding of great historical developments, about which the literary tradition was silent.«[36] Clearly, Curtius gave his mentor and friend too much, and the antiquarian tradition (and Semper) too little, credit, but it is certainly the case that Furtwängler was the archaeologist (rather like Pitt Rivers in prehistory) who managed to give antiquarian practices new breadth, new functions, and new respect.

Chronologically, Furtwängler's involvement with the Mycenaen vases began first, though his innovative work on them postdates his Olympia experience[37]. Together with Georg Loeschcke, Furtwängler was commissioned by the newly-founded Deutsches Archäologisches Institut, Athen (one of the descendants of the IfAK) to study the pottery turned up in Heinrich Schliemann's widely-criticized, but hugely publicized, excavation at Mycenae. This was a task delegated to low men on the professional totem pole, one which Schliemann had rejected, both because of its lack of glamor and because of its difficulty: because of the antiquity of the potsherds, there were no parallel objects with which to compare them (a phenomenon which led some critics initially, to date them to the early middle ages)[38]. In early 1878, Furtwängler and Loeschcke began the sorting of what they described as »whole mountains of sherds«, which had been piled up in an empty room in the Athens Polytechnion. Lacking iconographical markings or contemporary parallels, the scholars used, at first, color, shape, and firing techniques; by 1886, they had adopted a Semperian categorization, and made a first pass at determining the »evolutionary stages of ornamentation« by moving from clear and functional representations of natural objects (like polyps and shells) to elaborate and 'misunderstood' pure designs[39]. Though Furtwängler had not yet arrived 'on site,' he was now in Greece, and most importantly, he was confronting antiquarian problems hugely exacerbated by the new scale of excavations: not only how to understand and explain artifacts that lacked aesthetic appeal and textual referents, but also how to establish some sort of personal affinity with 'the stuff'. Already by February, Brunn was warning him not to lose sight of the *artistic* side of artifacts and to keep the »connectedness of the whole« in view.[40]

By this time, others too, were facing the same sort of challenges, most notably the historian turned archaeologist Ernst Curtius, who had finally managed (after 20 years' effort) to get the German government to fund excavations at Olympia. Olympia, like most other sites of grand-scale excavation, did not need to be 'found'; its location had been reestablished by an English traveller, Richard Chandler, in 1766, and a French expedition had even began 'excavations' in 1829, which brought a number of promising metopes back to Paris. The German dig began in the fall of 1875, and the expectations were enormous. The excavation treaty itself, negotiated between the (Danish) King of Greece and the German Crown Prince, was an important cultural and political act; conferring the right to excavate as if at home on the Germans in exchange for the assurance that all finds would remain in Greece, it was seen, apparently, as an act of aggression by many in the Greek parliament, and one of absurd beneficience by Germans like Bismarck[41]. Given literary testimony to Phidias's presence at Olympia, it was hoped that the Temple of Zeus, at least, would yield large amounts of 'golden age' sculpture. Discussion of the results was not limited to the experts; the German public as a whole was, it seems, extremely well-informed and apparently interested in the progress of the digs, which were seen very much as a 'national' endeavor, an act of cultural philanthropy on the part of a nation that had just reconfigured modern Europe through war[42]. From the first, the excavators were under pressure to produce Winckelmannian results; when after three months of finding nothing of this sort, they began to uncover large sculptural fragments from the temple pediments, everyone breathed a sigh of relief.

The excavators soon discovered a lovely (but headless!) Nike, attributed to Paionios, and during the autumn 1877 season, the team excavated a beautiful male nude, later determined to be the Hermes of Praxiteles. But the Hermes was to be the last aesthetically satisfying find, and the Olympia excavators now had to justify to themselves, to the German public, and worst of all, to Bismarck and the Reichstag, the continuation of the dig. It certainly was not as if they found 'nothing' – they found huge quantities of 'Kleinkunst', in addition to many sculptural fragments. In early 1880, Ernst Curtius reflected on the dig's mixed blessings in a letter to his brother: »Now we are hacking our way through the center of the Altis and finding wonderful ancient clay images of Hera and the like,« he wrote, »but that doesn't help us with the general public.«[43] Furtwängler himself described the excavated bronze objects in the following, less than promising way: »In total opposition to the finds of complete, carefully assembled objects in ancient graves, the mass of Olympia bronzes consists really only of the rubbish of the ancient times, in small worthless things or in or single fragments of larger ones.«[44] By 1880, Furtwängler, now lecturing at the University of Bonn, had only ten students in his course, though it dealt with Olympia in detail[45]. Still, Curtius's clout, and the excavators' ability to argue the *historical* importance of their work, sufficed to convince the Kaiser to fund the dig until 1881 – after which time, museological if not scholarly interest shifted to new sites on the coast of Asia Minor.

An equally informative and productive dig today would be nothing less than an international sensation. But aesthetic expectations in 1875 were much higher, and consequently, the scale of the finds were little substitute for their less than Winckelmannian nature. The Zeus temple pediments in particular were a terrible disappointment. Not only were they in bad condition – they seemed rather crudely formed and hard to square with the literary tradition. Trusting Pausanias, the only ancient literary source which described the temple complex in detail, contemporaries had assumed that the Olympia temple *postdated* Phidias's Parthenon, and that the Olympia pediments had been sculpted by Paionios, a northern Greek artist, and by Alkamenes, an Athenian and student of Phidias. Why, then, did they not live up to the Elgin marbles[46]? In 1882, Furtwängler recalled reactions to the first finds: »One expected to find sculptures in the style of the Parthenon pediments and was astonished to see something quite different before one. Some were so disappointed that they lost interest in the subject as a whole; the others were so busy creating hypotheses on the origin of the style, which they sought in almost all the areas inhabited by Greeks that they generally disdained the clear inferences offered by traditional sources…«[47] This combination of aesthetic disillusionment and search for origins forms part of the context in which the rhetoric of archaeology as a whole moved now more rapidly away from aestheticism and toward historicism[48].

Brunn, predictably, was one who did not lose interest but rather threw himself into the search for origins. Although he described the Olympia pediments as 'malerisch', in contrast with the perfections of Phidias's sculptures, described as 'plastisch'[49], he was able to see them as the product of a different sort of style, and, indeed, to ratify a theory he had developed even *before* the excavations had commenced. In a paper presented to the Bavarian academy of sciences in early 1876, Brunn argued, on the basis of photos and sketches of the new finds he had seen in Berlin, »…that the sculptures were made in another style than everyone had expected and would have to have expected, as long as Paionios was treated as a student of Phidias.« Paionios was, rather, a predecessor of Phidias, and the Olympia sculptures *predated* the Athenian masterpieces. The sketches, Brunn insisted, had confused rather than clarified matters. »…In the study of the originals in and for themselves,« he continued, »hopefully we will soon succeed in grasping and defining the stylistic peculiarities of these [works]. But this is possible also in art historical studies which embrace the larger connections, and I have them to thank that I was not surprised by the new discoveries.« Indeed, he had, he insisted, made some of the same claims a year ago in print, and two years previously in lectures[50]. So Brunn, it seems, had already arrived at his conclusions about Paionios on the basis of looking at the Paris metopes, and carefully rereading Pausanias and the work (on other pediments) of Brunn's contemporary Ludwig Urlichs. He did not need to go to Olympia to draw his conclusions; he had come to them, in essence, by 'antiquarian' means.

It seems, however, that antiquarian means were not enough to convince his contemporaries, and not quite enough to convince Brunn himself to leave Pausanias completely behind. In 1877, Brunn reiterated his claims, and berated his colleagues for offering all sorts of hypotheses without actually *looking* at the monuments themselves (by which he presumably meant the casts, which were now available)[51]. He fleshed out his claims that the borrowing had occurred in the opposite direction, that is, that the developmental sequence began not with Attic art, whose glorious traits were then borrowed by the other Greek city states, but with an ionic style, that was perfected, but not invented, by Phidias in Athens[52]. A year later, a frustrated Brunn thundered: »Hopefully the time will not be too far off when each archaeologist will be just as convinced of this as the philologist is that Herodotus did not write after Thucydides and was not his student.«[53] But he did not go to Olympia to seek proof for his claim, though he had another two decades yet to live[54]. Indeed, Brunn, despite his ardent Graecophilia, never got closer to Greece than Winckelmann's tomb in Trieste, to which he made a pilgrimage as a young man[55]. Nor did he, in the letters that remain, ask his devoted student Furtwängler to go, even though the latter was in Rome by 1876 and in Athens in early 1878. When, in 1877, Brunn plead for his colleagues to study »the monuments themselves,« he meant, quite clearly, the casts[56]. Many did study them – but the chronology, authorship, and correct disposition of the figures remained controversial not only in Brunn's lifetime, but long into the twentieth century[57].

The time has come, now, to finally describe Furtwängler's sojourn at Olympia, which, it should be noted, lasted only 8 months in total, during which time he also visited Germany and England[58]. He did not go of his own volition; what brought him to Olympia was, in fact, the other unanticipated outcome of the excavations: the problem of finding too much material of the wrong sort, that is, 'Kleinkunst' rather than monumental sculpture. By 1878, the situation was dire enough for the excavators to seek out a young Stipendiat in Rome, namely Furtwängler, and to attempt to lure him to Olympia. Furtwängler was promised that he could return to Rome afterwards to complete his work, and asked to work alongside Georg Treu, who was assigned to the important temple pediments; his job was to organize and if possible catalog the increasingly vast number of bronze objects. Furtwängler decided that this paid position was as good as any for a young scholar without the means to remain an unpaid privatdozent for a long period of apprenticeship; Brunn thought it good for young scholars to engage in a little »forced labor« ('Zwangsarbeit')[59]. Though by now, thanks to the Mycenaen project, he had some hands-on experience of archaeological cataloguing, still he would be bowled over by the scale of the Olympia project. Every day, Furtwängler noted in November 1878, the team of 250 excavators found 40 – 50 bronze objects, and the same number of terra cottas, plus coins and inscriptions. All of these needed to be inventoried and their locations noted, and at the end of each week, an extensive report had to be sent to Berlin. To give some idea of the overall scale of the finds, by 1879, Georg Treu could report the location of 1,328 stone sculptures, 7,464 bronzes, 2,094 terra cottas, 696 inscriptions, and 3,035 coins[60]. Furtwängler was overwhelmed, but also, at this point, content with his job, and certain that he was profiting from it. He wrote to Brunn: »In Rome you wished 'forced labor' on me; here I have it on a whole different scale. But I have to say that I feel quite satisfied. If the cataloging of many small bronze objects, coins, and the like is truly onerous, I am learning so much which one otherwise would have no opportunity [to learn].«[61]

He was still happy in February of that year; Dörpfeld was now on site, and Furtwängler felt he learned much from his architectural insights[62]. At Easter, he explored the surrounding regions with a colleague, an expedition which resulted in a highly romantic popular essay, praising the 'Gastfreundschaft' of the Greek peasantry and chuckling at its lack of appreciation for ancient monuments[63]. But by the summer of 1879, cataloging had become oppressive – and, importantly, Furtwängler felt he had no more to learn. »This work is very tiring and quite thankless, as we lack books and the inspiration of others almost completely, and thus we don't get very far.«[64] He was beginning to suspect that cataloging would not further his career very much, and that he ought, rather, to habilitate rather than to continue with the apparently mechanical labor of classifying objects. Moreover, the conflict between the Institute in Berlin and the Olympia excavators, especially Friedrich Adler, made the situation uncomfortable[65]. Luckily for Furtwängler, he caught malaria in Bologna in July 1879, and was forced by health considerations to return to Freiburg, rather than having to explain to the Institut his other reasons for not returning to the dig[66]. By late 1879, he was working in Bonn, and had completed an extensive essay on the bronzes, which, the excavator's protests aside, boasted an impressive quantity of footnotes. Here, he used stratigraphic observations, together with recent work by Wolfgang Helbig and Alexander Conze on geometric pottery, to organize some 7500 bronzes into chronological groups; later, he would expand his insights to develop a stylistic sequence for geometric bronzes that has remained central to Greek art history for more than a century[67]. Importantly, like Conze before him[68], in attempting to create developmental sequences in the absence of texts, Furtwängler in his work on the bronzes drew on the work of antiquarians, collectors, and prehistorians rather than philologists; like Brunn, he now started from the monuments themselves, but from ones he had not chosen and did not particularly admire; his immersion in this non-textual mass of objects took him, as it were, in directions neither Brunn nor the humanistic tradition itself could go.

Furtwängler's departures were apparent not only in his specialization in 'Kleinkunst' but also in his approach to *the* great artistic genre for neoclassicists: sculpture. Here, too, continuities with Brunn are clearly apparent, as Furtwängler's early work on the Olympia pediments shows. The young man saw the sculptures for the first time in June of 1878; fresh from the experience, he wrote to Brunn: »In Olympia the greatest surprise was saved for me; I came to it like a newborn child, without having seen casts or anything. I was amazed by the Alkamenes [West pediment] – what did I find standing there? No trace, no scratch that could have been made by an Attic artist, not to mention by a student of Phidias. On the contrary, the work corresponded to the last detail with the East pediment...«[69] We may take Furtwängler's 'shock' with a grain of salt; if he had seen no casts, he had certainly read Brunn's essays, and was thus intellectually prepared not to see Phidian forms. But we can well imagine that even for this student of Brunn, up to his eyeballs in Mycenaen sherds, the unfamiliar archaic harshness of the sculptures was difficult to assimilate. But seeing the material evidence made rethinking Pausanias essential. Now it was necessary, as Furtwängler put it in an essay for the widely popular »Preussische Jahrbücher« in 1882, to 'relearn' ('umlernen') what scholars had thought they knew, and to put the Olympia sculptures in a new frame entirely. Once this was done, the developmental sequence became clear, and the dissonance between Olympian and Attic art he had felt on his first visit to the excavations disappeared[70]. In subsequent years, Furtwängler would complete the break with Pausanias that Brunn had begun, giving up Paionios and Alkamenes completely. The Olympia sculptures, he wrote in 1893, »are certainly not works that show the impress of a powerful and intelligent personality. They are average achievements of their age; they are the works of a school and workshop, not works of an artist of the first rank.«[71] Historicized realities now took the place of aesthetic expectations, on-site viewing of textual interpolation. If Brunn had reversed the chronology while preserving Pausanias's authority, Furtwängler trusted his eye rather than the text – and defended his task as one of ascertaining the historical importance, not the aesthetic interest, of the monuments concerned.

It might be said of Furtwängler that the antiquarian tradition gave him the tools; the later nineteenth-century's collecting and publishing mania gave him the material; and positivism gave him the confidence to alter archaeology's balance between words and things. It must also be said, however, that state patronage, both for excavations and for grand-scale museums, was a necessary prerequisite for Furtwängler's achievements. Not only did it enable his trip to Olympia; after his habilitation, while waiting to be called to a paid teaching post, he continued for fourteen years to work, quite happily, in the Berlin Museums. Here, he perfected his 'eye' in a way that would have been impossible for a gentlemanly antiquarian to imitate; turning from bronzes to the cataloging of vases, and then to overviews of cut stone and gem collections, he worked intensively with objects (and reproductions of objects) and very little with ancient texts. He traveled to other museums often, and as a result of being sent to auctions to enhance Berlin's collections, came to know well the world of the art dealers[72]. His 1885, two-volume inventory of the Royal Museum's vase collection covered 4221 artifacts, while his cut stone catalog, published in 1897, required him to examine approximately 15,000 pieces; his final overview of ancient gems, according to his friend Paul Arndt, entailed the observation of 50 – 60,000 objects[73]. Contemporaries insisted that he had made this field, once inhabited exclusively by dilettantes and forgers, respectable[74]. They failed to add that this new respectability of the study of 'Kleinkunst' also represented a departure for neoclassical institutions like the museums and the Gymnasien; but, as we shall see, new respectability did not mean that these institutions would (or could) adopt a fully historicist stance towards the classical past.

According to the great Austrian pioneer in the realm of non-aestheticizing style criticism, Alois Riegl, Furtwängler by the 1890s had gained »a comprehending insight into the apparently so incidental area of the ornamental in Greek art more profound than any other.«[75] Furtwängler's expertise did not, however, win him a university chair, nor the directorship of the Antiquarium in Berlin nor a seat on the German Archaeological Institute's central direction, a circumstance which made the scholar suspect an anti-Catholic conspiracy. Anti-Catholicism there certainly was among Prussian classicists, and Furtwängler was famously unclubbable, but more probably he was victim, here, to the persistence of neohumanism's denigration of the 'real'. It took the publication of a large book on Greek sculpture, »Meisterwerke der griechischen Skulptur« (1893) to win him Brunn's chair, and real academic recognition. The fact that a man so clearly oriented to the stuff, rather than to texts, could ultimately attain such a position was, still, a sign of his contemporaries' rising appreciation of visual knowledge.

To suggest the contours of this change, I want to conclude by comparing, briefly, Furtwängler's »Meisterwerke« to Brunn's final book, a collection of his essays entitled »Griechische Götterideale in ihren Formen erläutert«, also published in 1893. Though both retained, in part, the Winckelmannian aesthetic, while also showing the effects of the positivist historicism of the mid-century, Furtwängler's book clearly takes Brunn's formal analysis a crucial set of steps further. Brunn's book was, after all, a collection of iconographical essays, dating back as early as the 1850s; he had considered reworking them all to provide a full pantheon, he noted, but had been discouraged by the vastness of new material a now elderly art historian could not incorporate. His methods, he admitted, were highly subjective, and his studies driven by love for particular objects (which were, as Hellmut Sichtermann has pointed out, with one exception, Roman copies of Greek sculptures)[76]. Here is how Brunn, in his introduction, described his art historical practice: »The first thing that must be done is to engage visually the object of study and to establish some kind of a personal relationship to it. When, then, after long commerce a certain familiarity with its general character has been reached, external sources can be used to collect one's impressions and thus to work out and formulate scientifically the theme of the essay.«[77] From contemporary reviews, it is evident that »Götterideale«, like his contemporary philologist Hermann Usener's »Götternamen« (1896), was already obviously obsolete upon publication[78]. If Brunn had made the transition to 'Anschauung', he had not made the transition to grand-scale, historicist archaeology, which had occurred not just in his lifetime, but in the 20 years before his death. Brunn was, as Ludwig Curtius put it, »a teacher whose greatness lay more in the ability to delve deeply into individual, great works of art than in the surveying of great historical eras«; as one elegist wrote already in 1898, »His method is not the purely historical one of today.«[79]

Furtwängler's »Meisterwerke« was, in many ways, a Brunnian book; it focused on well-known masterpieces, and reflected a quite conventional neoromantic aesthetics. As Ludwig Curtius claimed, »Furtwängler's wholly naïve relationship to art was shaped by the waning, neoromantic (»romantisch gefärbt«) classicism of the second half of the nineteenth century. The »Meisterwerke« belonged to [this world].«[80] He did not eschew the use of texts, now that he had them; indeed, his central insight was that Roman copies of Greek sculptures could be matched up with the texts that describe ancient sculptures. As copies were probably made precisely of the sculptures textual authors had described, text and image could be reunited, and unidentified pieces illuminated. The book attempted, indeed, many new identifications of masterpieces, some of which are now thought brilliant, others absurd. So far, so Brunnian. But the urge to identify large numbers of artworks led Furtwängler to use photographs on a quite different scale[81]; in a review of the book, the French archaeologist Salomon Reinach, applauded its greatly enlarged corpus of monuments, commenting: »It is high time«, he wrote, »that the history of ancient sculpture stops trampling around on the 160 engravings [published by Johannes] Overbeck and that it aspire at least to the direct, complete knowledge of the *thousand monuments* of which [Eduard] Gerhard's renowned formula speaks.«[82] German reviewers, however, particularly classicists of the previous generation, remained doubtful not only about Furtwängler's methods but also about his departures from the heavily philological conventions of German 'Altertumswissenschaft'. Adolf Trendelenburg, reviewing the work for the Kölnische Zeitung, wrote the author of the 'Meisterwerke': »He trusts his trained eye, his feeling for style and his judgment of monuments so unconditionally that he simply throws over his shoulder the literary tradition of the ancients where it doesn't want to agree with the results he has drawn from his critique of monuments.«[83] Another reader complained about Furtwängler's 'natural scientific' orientation and tendency to substitute observation for reading[84]. There is not sufficient time, here, to describe the ways in which, even in the »Meisterwerke«, Furtwängler's skilled eye and developmental chronologies suited a model of late nineteenth-century 'Wissenschaft', as opposed to early nineteenth-century 'Bildung'; the point, is, however, that Furtwängler was breaking with the aestheticizing, holistic, and text-based 'Altertumswissenschaft' of his forefathers, and that the older generation recognized the break perhaps even more clearly than did Furtwängler himself.

Contemporaries, then, perceived some sort of a break: but how are we to explain it? Scale is, as I have argued, in part the key. Brunn, despite wide knowledge of textual sources, coins, inscriptions, and especially sculpture, could pick and choose his material; he faced the problem of identification of objects – usually aesthetically important ones – *after* they had been deemed worthy of acquisition, transport and discussion by others. For Furtwängler, on the other hand, his Mycenaean and Olympian experiences were those of the cataloger, on the receiving end of what had become a vast flood of unsorted, mundane artifacts. The job was not an iconographical one, but a classificatory one, relating masses of objects to each other rather than working out from the individual piece. In converting Winckelmannian history into evolutionary typology, Furtwängler had numerous predecessors, and his 'fieldwork' was continuous in many respects with other technologies of accumulation and representation. But the scale had changed, and so had the presumptive tasks of the 'Archäolog', and the institutions that framed his work. The balance had shifted in favor of the visual, and the historical, making a new sort of antiquarianism respectable, and an older, iconographical art history seem superficial and perhaps even unscientific.

It is fair to say, I think, that Furtwängler and Dörpfeld were instrumental in changing the balance between texts and artifacts in archaeological discourse. This does not mean that the new generation could do without texts – or without some aspects of philhellenic aestheticism[85]. Furtwängler's focus on 'masterpieces' was, quite self-consciously, a revision of Winckelmann's method, without being, however, a critique of his ideals. Furtwängler was, according to Curtius, »a son of the scientific positivism of his era, which he naively imbibed and represented…. He viewed modern art history's turn from the purely descriptive to the constructive with concerned disapproval…«[86] Although he traveled extensively after 1879, he did so primarily to visit museum collections, dealers, or auction houses in northern Europe, not to view excavation sites in Greece (he seems not to have traveled to Asia Minor). He returned to the field only in 1901, this time to Aegina, to accumulate information on how to reassemble the Aegina pediments. Dörpfeld did continue his work as an on-site excavator, but continued to combine architectural expertise with aesthetic rapture – and in later years, developed a Homer-fascination akin to that of his erstwhile employer, Heinrich Schliemann. And indeed the wider public knew little about their Olympia exploits; Dörpfeld's fame derived from his work with Schliemann, Furtwängler's from his »Meisterwerke« and from his collection of masterworks (all sculptural) of Greek art, for German Gymnasium students (published as »Denkmäler griechischer und römischer

Sculptur« in 1898; this project continued work Brunn had done before him)[87]. If fieldwork brought mundane objects to light, and forced specialists to sort them, it did not do much to change the image of Greece in the popular imagination.

We arrive at a paradox: on the one hand, 'going there' functioned to legitimize and even institutionalize a historicist, fieldworkers' science: and yet, this 'science' ultimately did little to disturb German philhellenist proclivities (the changes were, as I argued in »Down from Olympus«, mostly imposed by intellectual and political forces pressuring classics from the outside). Ian Morris argues, most insightfully, that late nineteenth- and early twentieth-century archaeologists settled for categorization (which appeared scientific, and thus made them acceptable in university circles) rather than taking on larger historical issues, thereby blinding themselves to the implications of their finds[88]. This is precisely what happened to Furtwängler, who had perhaps the best 'eye' of any scholar of his era and might easily have written a highly un-Winckelmannian history of Greek art. He had excavated in Greece; he knew trajectories of gems, pottery, and bronzes from the Mycenaen era through the hellenistic period (and was also knowledgeable about Germanic and Scandinavian prehistorical archaeology); he found the works of the German Darwinist tradition inspiring and was well-informed about recent work (a la Herbert Spencer and J. G. Frazer) on the history of religions[89]. His catalogs brought together vast quantities of 'Kleinkunst', and are still admired by specialists today[90]. But neither Furtwängler nor his public were ready for a Greek art history that incorporated 'lower' genres and acknowledged 'foreign' influences, and it is no accident that this remarkable 'Archäolog's' most popular work was precisely his book on Greek sculptural masterpieces. Furtwängler is a good example, then, of one of the problems of archaeological fieldwork in Greece: though scholars have developed refined methods – many of them owing much to the antiquarian tradition – to deal with the mass of mundane material turned up in excavations, both academics and the general public find it difficult to care as much about history as they do about beauty. If 'modern' archaeology really means de-aestheticized, historicist practices, as anthropologically-oriented recent studies imply, will archaeology in Greece ever be 'modern'?

Archival Sources

- Deutsches Archäologisches Institut Archiv, Berlin (DAI)
- Papers of Wilhelm Dörpfeld and Adolf Furtwängler.
- Merseberg, Zentrales Staatsarchiv (MZStA) (now in Geheimes Staatsarchiv, Dahlem)
- Records of the Kaiser's Civil Cabinet (Zivil Kabinett). Record group 2.2.1. Papers of Friedrich Althoff.

[*] This paper has undergone considerable revision since its presentation at the Olympia symposium in November 2000. I would like to thank, in particular, the following people for their comments and critiques of the paper: Luca Giuliani, Wolf-Dieter Heilmeyer, Thomas DaCosta Kauffmann, Helmut Kyrieleis, and Hugo Meyer.

[2] See, for e.g., J. Levine, Dr. Woodward's Shield: History, Science, and Satire in the Augustan Age (1991); A. Grafton, Forgers and Critics: Creativity and Duplicity in Western Scholarship (1990) and The Footnote. A Curious History (1997); P. Findlen, Possessing Nature: Museums, Collecting, and Scientfic Culture in Early Modern Italy (1994); G. Lolla – A. Schnapp, La conquête du passé: Aux origines de l'archéologie (1993); A. Momigliano, The Classical Foundations of Modern Historiography (1990).

[3] See, for e.g., D. Constantine, Early Greek Travellers and the Greek Ideal (1984); S. Marchand, Down from Olympus: Archaeology and Philhellenism in Germany, 1750–1970 (1996).

[4] For an interesting discussion of Evans's inventions and discoveries, see J. A. MacGillivray, Minotaur: Sir Arthur Evans and the Archaeology of the Minoan Myth (2000).

[5] Unfortunately, there is no study of art market for antiquities in this period; a survey of this sort would certainly illustrate my claim about changes in scale, and also show how important (but how expensive!) buying antiquities remained for museums and private collectors throughout the nineteenth and into the twentieth century.

[6] The question, which came first, the institutions or the collecting frenzy is something of a chicken and egg problem. It seems sensible to me to suggest that the antiquities 'Vereine', museums, archaeological schools, and the like, were in the first instance responses to a new, middle-class, urge to collect and discuss 'stuff', but once created, contributed enormously to positivist (and provincial or nationalist) passions for amassing objects.

[7] For a discussion of the function of museum assistants, see S. Marchand, »The Ancient and Moderns in the German Museums«, in: Susan Crane (Hrsg.), Museums and Memory (2000), 179–199.

[8] It should be emphasized that the aims and motivations for the development of prehistorical archaeology were quite different from those that shaped classical studies. For a history of the former up to the nineteenth century, see Schnapp (note 2); for the later period, see Marchand (note 3) chapter 3.

[9] Quoted in W. Riezler, Adolf Furtwängler zum Gedächtnis, in: A. Furtwängler, Briefe aus dem Bonner Privatdozentenjahr 1879/80 und der Zeit seiner Tätigkeit an den Berliner Museen 1880–1894 (1965) 9.

10 Hellmut Sichtermann quite wrongly treats him exclusively as an aesthete. See H. Sichtermann, Kulturgeschichte der klassichen Archäologie (1996) 237 – 239.

11 L. Curtius, Adolf Furtwängler, in: Badische Biographien, Teil 6, 1901 – 1910 (1935) 331; quotation in W. Schuchhardt, Adolf Furtwängler (1956) 6.

12 »Was wollte ich damals vom leben? Nur genuss, unmittelbaren genuss des schönen, wo es mir gerade entgegentrat; ernste wissenschaftliche arbeit kannte ich nicht. Als ich bereits 2 semestriger philologe war, wollte ich allen ernstes die lederne wissenschaft mit der schauspielkunst vertauschen!« Furtwängler to Brunn, 9. September 1874, in DAI, Nachlass Brunn.

13 Schuchhardt (note 11) 7.

14 Furtwängler calls the field 'unerreichbar' in his letter to Brunn, 9. September 1874, in DAI, Nachlass Brunn.

15 See L. Giuliani, Winckelmanns Laokoon: Von der befristeten Eigenmächtigkeit des Kommentars, in: G. Most (Hrsg.), Commentaries: Kommentare (1999) 296 – 322.

16 As Schnapp shows in wonderful detail, however, northern Europeans, by the seventeenth century, were well aware that their own local histories, many parts of which were not described in texts, could be fleshed out by the use of artifacts. See Schnapp (note 2) 156 – 219.

17 See S. Marchand, Down from Olympus: Archaeology and Philhellenism in Germany, 1750 – 1970 (1996) 12 – 15.

18 In this era, 'Archäologie' could be used both to described the study of ancient art (*antiquitates*) and the study of political, legal and economic structures in the manner of the Roman 'antiquarian' Varro. See Marchand (note 17) 40 – 42.

19 W. Rehm, Griechentum und Goethezeit: Geschichte eines Glaubens (1936) 6.

20 On Gerhard, see Marchand (note 17) 54 – 58.

21 Traditionally, this moment has been pushed back to Napoleon's Egypt expedition – what might be noted, however, is that that expedition, unlike those of Layard and Lepsius, occurred in the course of a war; thus Napoleon did not have to negotiate with the local officials, while Layard and Lepsius had to pioneer the arts of archaeological diplomacy.

22 C. Ph. Bracken, Antikenjagd in Griechenland, 1800 – 1830 (1977) 286.

23 See Gottfried von Lücken's entry on Brunn in: Neue Deutsche Biographie, Bd. 2, 679.

24 E. g. H. Brunn, Geschichte der griechischen Künstler I (1853) 110; H. Brunn, Archäologische Miscellen, in: Sitzungsberichte der königl. bayer. Akademie des Wissenschaften, Philosophisch-philologische Classe 1872, Bd. 2.

25 R. Bletter »From Post to Pillar« (review of W. Hermann, Gottfried Semper) in: Times Literary Supplement no. 4, 321 (January 24, 1986) 97.

26 H. Brunn, Archäologie und Unterricht (1885).

27 Furtwängler to Brunn, 9. September 1874, DAI, Nachlass Brunn.

28 Curtius a. O. (note 11) 355 notes: »Er war Anhänger der deutschen darwinistischen Forschung und las begeistert ihre Werke.« When asked, sometime after 1890, what he owed his instructors in 'Altertumswissenschaft', the mature Furtwängler – who had, by this time, become enraged with the Berlin classicists and the older generation of neohumanists in general – responded: »nothing at all,« and gave full credit instead to his reading of Semper's Der Stil and Darwin's The Expression of Emotion in Animals and Man (1872), L. Curtius, Erinnerungen an Adolf Furtwängler, Münchner Neueste Nachrichten, 4. November 1927 in DAI, Nachlass Furtwängler, Biographische Mappe.

29 Furtwängler to Brunn, 25 December 1874, in DAI, Nachlass Brunn.

30 Curtius (note 11) 332 – 33.

31 He continues, in the letter cited above: „Doch die hauptsache bleiben ja diese grundrichtigen gesammtanschauungen, die den mann befähigen auch in fällen wo er weniger zu hause, das richtige instinctiv zu treffen, und die über manche kleinen mängel hinwegsehen lassen.« Furtwängler to Brunn 9 September 1874, in DAI, Nachlass Brunn.

32 Furtwängler to Brunn, 20 November 1874, in DAI, Nachlass Brunn.

33 Furtwängler to Brunn, 18 February 1875, in DAI Nachlass Brunn. Ludwig Curtius reports his mentor saying that he wished himself dead rather than to see Hegel to come back into fashion, as this would represent the end of science. Curtius (note 11) 332.

34 H. Brunn, Cornelius Nepos und die Kunsturtheile bei Plinius, und: Die Onyxgefässe in Braunschweig und Neapel, in: Sitzungsberichte der königl. bayer. Akademie des Wissenschaften, Philosophisch-philologische Classe vom 1. Mai 1875 (1875).

35 Published in 1877 – 1878 as: Plinius und seine Quellen über die bildenden Künste, in: A. Furtwängler, Kleine Schriften 1, 1 – 71.

36 Curtius (note 11) 335.

37 »Mykenische Tongefäße«, basically a collection of images, dates to 1879; »Mykenische Vasen« to 1886.

38 P. Wolters, Adolf Furtwängler: Gedächtnisrede (1910) 10.

39 A. Furtwängler – G. Loeschcke, Mykenische Vasen (1886) IV.

40 Brunn to Furtwängler 25 February 1878, in DAI, Nachlass Furtwängler.

41 The treaty specified that no artifacts (other than doubles and casts) would be retained by Germany. For the German side of the excavations, see S. Marchand, The Excavations at Olympia: An Episode in German-Greek Cultural Relations, in: Ph. Carabott (ed.), Greek Society in the Making, 1863 – 1913 (1997) 73 – 85. A recent paper, delivered by Prof. Thanassis Kalpaxis, at the Olympia 1875 – 2000 symposium held in Berlin (November 2000), discusses in wonderful detail the Greek side of these negotiations (in this volume 19 ss.).

42 B. Sösemann, (in this volume 49 ff.).

43 Curtius quoted in Sichtermann (note 10) 273.

44 A. Furtwängler, Die Bronzefunde aus Olympia und deren kunstgeschichtliche Bedeutung, Kleine Schriften 1, 340.

45 Sichtermann (note 10) 273.

46 Even Jacob Burckhardt, whose taste ran to the archaic in any event, was disappointed by this view of real Greek art, unmediated by Roman copyists or later restorers; he despaired of »the stiff 'Apollo', the undoubtedly naïve, but horribly conceived squatting figure, the tangled mob of the centaurs' battle and the like. The conception itself is far inferior to that of the Aegina [sculptures].« Burckhardt quoted in: A. v. Salis, Jacob

Burckhardts Vorlesungen über die Kunst des Altertums (1948) 11. Ironically, the Elgin marbles themselves had provoked enormous controversy on their arrival in England; many viewers, then, thought them too harsh and simple to be truly Greek.

[47] A. Furtwängler, Eine Ausgabe der Funde von Olympia in einem Bande (1882), idem, Kleine Schriften Bd. 1 (1912) 247.

[48] Naturally, this transition did not occur overnight. It was begun long before Olympia, and completed long afterwards (if ever!). Furtwängler himself remained very much a devotee of the fifth century (see below).

[49] E. g. H. Brunn, Die Sculpturen von Olympia in: Sitzungsberichte der königl. Bayer. Akademie der Wissenschaften Philos.-Philol. Classe (1877) 26.

[50] H. Brunn, Paeonios und die nordgriechische Kunst, in: Sitzungsberichte der königl. Bayer. Akademie der Wissenschaften Philos.-Philol. Classe (1876) 315 – 316.

[51] H. Brunn, Die Sculpturen von Olympia, in: Sitzungsberichte der königl. Bayer. Akademie der Wissenschaften Philos.-Philol. Classe 1877, 1 – 28.

[52] For an overview of the argument, see Furtwängler a. O. (note 47) 245 – 258.

[53] H. Brunn, Die Sculpturen von Olympia, in: Sitzungsberichte der königl. Bayer. Akademie der Wissenschaften Philos.-Philol. Classe (1878) 442 – 471, quotation p. 459.

[54] Indeed, in February 1879, Furtwängler tried to persuade Brunn to visit him in Olympia, and go together to Athens, rather than simply returning to Rome: »Wenn Sie doch einmal reisen, muss es doch etwas rechtes sein, nicht nur Ihr altes, ewiges Rom.« Furtwängler to Brunn 7. Februar 1879, in DAI, Nachlass Brunn.

[55] See H. Brunn, Julius Langbehn, Karl Haider, Heinrich von Brunn, in: Deutsche Rundschau 218 (Jan.-Mar. 1929) 20 – 34.

[56] Brunn (note 53) 2.

[57] See H.-V. Herrmann, Einführung, and: Olympiameister – Olympiawerkstatt – Olympiastil, in: H.-V. Herrmann (Hrsg.), Die Olympia-Skulpturen (1987) 1 – 18, 309 – 338.

[58] He visited briefly in June, on a trip to see Mycenae, then spent the fall and spring at the Olympia excavations.

[59] Furtwängler to Brunn 29 August 1878 in DAI, Nachlass Brunn.

[60] Geog Treu, Die Ausgrabung zu Olympia, report no. 37 (1879) in MZStA 2.2.1 – 20772, 58 – 61.

[61] Furtwängler to Brunn 22 November 1878 in DAI, Nachlass Brunn.

[62] Furtwängler to Brunn 7 Februar 1879 in DAI, Nachlass Brunn.

[63] A. Furtwängler, Aus der Umgebung Olympias, in: Kleine Schriften 2, 227 – 244, originally published in Literarische Beilage der Karlruher Zeitung, 8 und 15 Februar 1880. Here Furtwängler describes how he saved a donkey from having to lug a piece of sandstone, carved by water into »a rather remarkable form,« to the local museum in Dimitzana. He concludes, in a rather orientalist vein: »Die Autorität der Fremden pflegt überhaupt bei den Griechen eine sehr grosse zu sein; man ist fast allenthalben im Volke überzeugt, dass wir mit Hilfe unserer Bücher ganz genau wüssten, wo jeweils die Tempel und Schätze vergraben liegen« (S. 243) Though he also admits, elsewhere, that art dealers and forgers are common, suggesting that the Greeks are not, after all, so ignorant of ancient art and topography (p. 237).

[64] Furtwängler to Brunn, 1. Juli 1879 in DAI, Nachlass Brunn.

[65] Ibid.

[66] Furtwängler to Brunn 21. August 1879 in DAI, Nachlass Brunn.

[67] See W.-D. Heilmeyer, Frühe olympische Bronzefiguren (1979) 1 – 6.

[68] A. Conze, Zur Geschichte der Anfänge griechischer Kunst, Sitzungsberichte der Kaiserlichen Akademie der Wissenschaften in Wien (Phil.-Hist. Kl.) 64 (1870) 505 – 534; and: Zur Geschichte der Anfänge griechischer Kunst, Sitzungsberichte der Kaiserlichen Akademie der Wissenschaften in Wien (Phil.-Hist. Kl.) 73 (1873) 221 – 250.

[69] Furtwängler to Brunn, 6. Juni 1878 in DAI, Nachlass Brunn.

[70] Furtwängler (note 47) 252.

[71] A. Furtwängler, Zu den olympischen Skulpturen, (1893) in: Kleine Schriften 1, 322.

[72] L. Curtius, Adolf Furtwängler, in: Badische Biographien, Teil 6, 1901 – 1910 (1935) 338.

[73] Schuchhardt (note 11) 14f.

[74] Johannes Sieveking, Adolf Furtwängler, in: Conrad Bursian, (Hrsg.), Biographisches Jahrbuch für die Altertumswissenschaft 32 (1909), 326.

[75] Riegl to Furtwängler, 8. September 1893, in DAI, Nachlass Furtwängler, Kasten 7.

[76] H. Sichtermann, Kulturgeschichte der klassichen Archäologie (1996) 235.

[77] H. Brunn, Griechische Goetterideale (1893) p. IV.

[78] By this time, Usener's influence was already widespread and anthropologically-inclined classicists were taking new directions. – R. Schlesier, Kulte, Mythen und Gelehrte: Anthropologie der Antike seit 1800 (1994), 195 – 209.

[79] Curtius (note 72) 332; H. Bulle quoted in Sichtermann a. O. 234.

[80] Curtius (note 72) 353.

[81] This was in itself novel, and a challenge to the older generation, which still preferred sketches to photographs. According to Curtius, Furtwängler's friend Paul Arndt was the first to think of collecting available photos of antiquities and having sculptures in collections throughout the world photographed. Curtius (note 72) p. 344.

[82] Reinach's review appeared in Revue critique d'histoire et de litterature 28, No. 6 (5 February 1894) 116; in DAI, Nachlass Furtwängler, Kasten 11.

[83] A. Trendelenburg, in: Kölnische Zeitung 1029 (24. Dezember 1893), in DAI, Nachlass Furtwängler, Kasten 11.

[84] See also, J. Ilberg in: Wissenschaftliche Beilage der Leipziger Zeitung 152 (21. Dezember 1893) 605.

[85] In Furtwängler's case, this can be seen in his publication, with H. L. Urlichs of an important textbook for Gymnasium students, Denkmäler Griechischer und Römischer Skulpturen³ (1911).

[86] Curtius (note 72) 355. Riegl's text was a pioneering attempt to use historical chronologies to sketch historical worldviews,

[87] something Furtwängler never attempted. It must also be said, however, that Riegl's intentions were not crystal clear, and his prose is notoriously difficult to understand.

[87] The public was, however, reminded of the Olympia connections of the two excavators when they commenced a vituperative battle over the dating of the earliest finds at the site in the years just before Furtwängler's death. See, for e. g., Dörpfeld to Furtwängler 16. April 1906 and 12. Mai 1906, in DAI, Nachlass Furtwängler, Kasten 2.

[88] I. Morris, Archaeologies of Greece, in: I. Morris (Hrsg.), Classical Greece: Ancient Histories and Modern Archaeologies (1994) 28.

[89] Curtius (note 72) 355.

[90] There are, however, dangers in accepting as raw data the chronologies that Furtwängler developed; for a discussion of these, see W.-D. Heilmeyer's paper in this volume 85 ff.

Adolf H. Borbein

Olympia als Experimentierfeld archäologischer Methoden

Die Olympia-Grabung gehört zu den archäologischen Unternehmungen, die mehr sind als die Suche nach wissenschaftlicher Erkenntnis. Wer in und für Olympia tätig ist, steht – ob er will oder nicht – in einer die Wissenschaft immer wieder transzendierenden Tradition; seine Arbeit gewinnt leicht den Charakter einer Mission. Denn keine deutsche Grabung im Ausland war so eng mit der deutschen Geschichte und mit deutscher Ideologie verknüpft – im Unterschied zu anderen traditionsreichen großen Grabungen wie z. B. in Griechenland Samos und der Athener Kerameikos, in Kleinasien Milet und Boghazköy, in Ägypten Elephantine, im Vorderen Orient Uruk-Warka.

Vergleichbar sind in anderen Ländern jene Grabungen, die den Stätten und Denkmälern nationaler Identität gelten, z. B. der Akropolis in Athen, dem Zentrum Roms und wichtigen etruskischen Städten, der Festung Massada in Israel oder einigen präkolumbischen Siedlungen und Heiligtümern in Mittel- und Südamerika. Als Manifestationen des kulturellen Selbstbewusstseins Frankreichs wären hier vielleicht die Expedition Napoleons nach Ägypten und die Ausgrabung in Delphi zu nennen. Für Deutschland könnte man auf die Saalburg und die Suche nach dem Ort der Hermannsschlacht verweisen[1].

Es blieb nicht ohne Folgen, dass Winckelmann es war, der nicht als erster, aber als erster Deutscher eine Ausgrabung in Olympia ins Auge fasste und auch selbst beginnen wollte[2]. Ernst Curtius[3] griff dann auf, was er als Vermächtnis Winckelmanns empfand und als eine Aufgabe, die gerade den Deutschen gestellt sei, jenen Deutschen, die eine besonders enge Verwandtschaft mit den alten Griechen für sich reklamierten[4].

Aufzudecken war ein Heiligtum von zentraler Bedeutung für die griechische Kultur – man glaubte es durch die Beschreibung des Pausanias ganz gut zu kennen –, wiederzuentdecken war aber vor allem »Leben von unserem Leben« (wie Curtius es am Schluss seines Olympiavortrags von 1852 nannte, des Vortrags, der den Stein ins Rollen brachte)[5]. Olympia als Teil unserer selbst – eine Idee, die in Preußen, in Deutschland zündete. Das griechische Nationalheiligtum, wie man es oft bezeichnete, sollte wiederentdeckt, der Ort

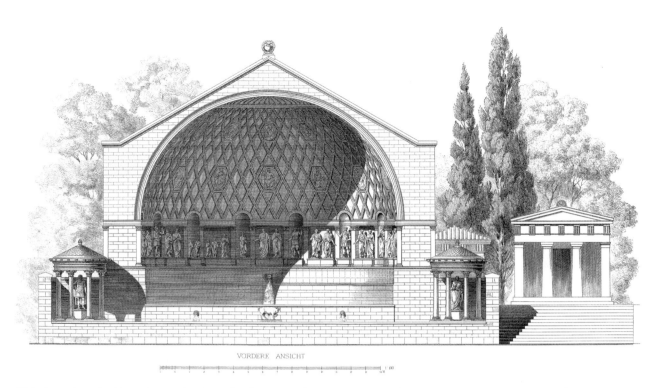

Abb. 1   Olympia, Nymphäum des Herodes Atticus, Rekonstruktion F. Adler, nach: Olympia II (1892) Taf. LXXXV

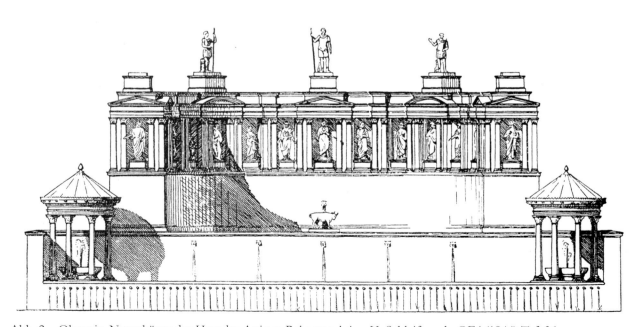

Abb. 2   Olympia, Nymphäum des Herodes Atticus, Rekonstruktion H. Schleif, nach: OF 1 (1944) Taf. 36

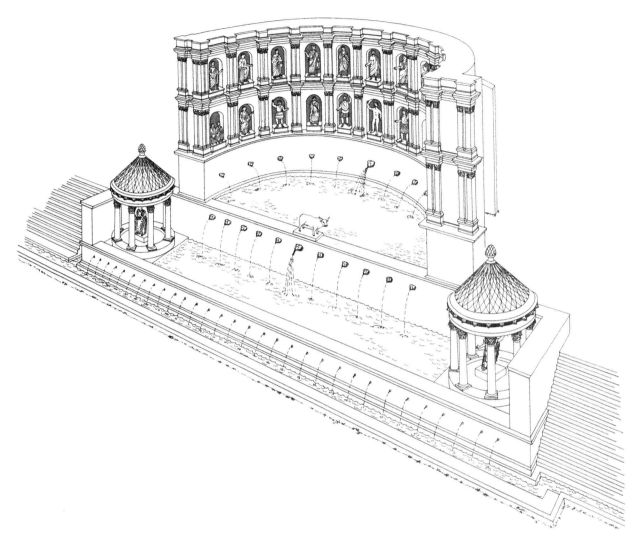

Abb. 3　Olympia, Nymphäum des Herodes Atticus, Rekonstruktion R. Bol/A. Hoffmann nach: OF 15 (1984) Beilage 5

des die griechischen *poleis* einigenden olympischen Friedens wiederbelebt werden durch die deutsche Nation, die nach Einheit strebte und die diese Einheit dann im Jahre 1871 auch erreichte. Verglichen mit Curtius ursprünglichem Programm von 1852 hatte sich – der Zeit entsprechend – bei Grabungsbeginn im Jahre 1875 die Perspektive vom Allgemein-Humanistischen zum Humanistisch-Nationalen verschoben: Die Olympiagrabung, die nach dem Sieg über Frankreich endlich auch finanzierbar sowie außenpolitisch durchsetzbar geworden war, rechtfertigte sich jetzt als Friedenswerk des neuen Deutschen Reiches[6].

Die Wiederaufnahme der Grabungen 1936/37 geschah nach dem Willen Adolf Hitlers zur dauernden Erinnerung an die Berliner Olympischen Spiele von 1936. Damals redete man mehr von der olympischen Idee, als deren Hüter und Verbreiter das neue Dritte Reich sich profilieren wollte[7]. Die Berufung auf die moderne olympische Idee spielte erneut eine Rolle, als die Grabungen nach dem Zweiten Weltkrieg fortgesetzt wurden – der V. Olympiabericht stellte die Kampagnen 1941/42, die eingeschränkte Tätigkeit bis 1944 und die Kampagne 1952 als Kontinuum dar[8]. In der neuen Bundesrepublik war es Carl Diem, der einst die Berliner Olympischen Spiele organisiert hatte, der nach wie vor in der nationalen wie internationalen olympischen Bewegung eine führende Rolle spielte und der nun den Anstoß zum Wiederbeginn der Grabung mit staatlicher und privater Förderung gab – und wie schon 1936 sollte die Arbeit sich auf das Stadion, die Stätte des sportlichen Wettkampfes konzentrieren[9].

Welche Rolle spielt bei einer derart vorbelasteten Unternehmung die Wissenschaft? Sollte man – wie schon geschehen [10] – im Falle Olympias nicht eher nach ideologischen Konzepten als nach archäologischer Methode fragen? Es gibt keine einfache Antwort auf diese Frage; denn der Sachverhalt ist kompliziert: Einerseits lässt sich sehr wohl die eine kostspielige Ausgrabung begründende Rhetorik von der vor Ort geleisteten Arbeit und deren publizierten Ergebnissen trennen, andererseits sind die wissenschaftlichen Programme und die auf sie ausgerichteten Methoden Teil derselben Kultur, der auch die Begründungs-Rhetorik angehört. Integriert in diese Kultur sind ebenfalls die handelnden Personen, was man im Hinblick auf Olympia geradezu beispielhaft demonstrieren könnte.

Die Trennung und gleichzeitige Verknüpfung von Ideologie und Wissenschaft ist in der Archäologie – und gewiss nicht nur hier – der Normalfall. Schon Winckelmann verband eine zeitbedingte Idee und ein auf die Gegenwart gerichtetes Programm mit handfester Forschung, deren Ergebnisse zumindest teilweise gültig blieben. Ohne das Programm aber hätte auch die Forschung nicht stattfinden können. In Olympia verhielt es sich nicht anders.

Die hohe ideologische Bedeutung des Projekts ermöglichte zunächst einmal den Einsatz erheblicher finanzieller Mittel, um das große Ziel in wissenschaftlich fundierter Weise zu erreichen. Wissenschaftliche Seriosität verbürgten Ernst Curtius und seine Partner, zudem war die sogenannte wissenschaftliche Objektivität um 1870, in der Epoche des Positivismus, eine Parole, die allgemeine Zustimmung fand. Damit war zugleich eine Tradition begründet: ein hoher wissenschaftlicher Anspruch und eine hohe Kompetenz der Mitarbeiter blieben für die Olympiagrabung eine Selbstverständlichkeit.

Das große Interesse der Öffentlichkeit, aber auch die Notwendigkeit, dieses Interesse wach zu halten, sowie Kaiser und Parlament zu weiterer finanzieller Förderung zu veranlassen, führte in der ersten Grabungsperiode zu einer beispiellosen Publikationstätigkeit [11]. Man begnügte sich nicht mit journalistisch aufbereiteten Meldungen für ein breites Publikum und anspruchsvolleren populären Zusammenfassungen wie »Die Funde von Olympia« (1882), sondern produzierte von Anfang an äußerlich wie inhaltlich schwergewichtige wissenschaftliche Werke, die ihren Wert bis heute erhalten haben und die damals die Kenntnis ganzer Epochen und Gattungen der materiellen Kultur vor allem der griechischen Antike auf eine neue Grundlage stellten. Die Hauptergebnisse jeden Arbeitsjahres wurden in den fünf Foliobänden der »Ausgrabungen von Olympia« (1877–1881) sofort bekannt gemacht. Die abschließenden »Ergebnisse«, wiederum fünf Foliobände, erschienen ebenfalls relativ bald (1890–1898); sie gehören bekanntlich zu den wichtigsten Publikationen der Klassischen Archäologie überhaupt.

Vorbildlich und ohne Beispiel – bis auf die Publikation der österreichischen Ausgrabung auf Samothrake (1873. 1875), die auch im Hinblick auf Ziele und Methode so etwas wie ein Muster für Olympia war [12] – waren Umfang und Qualität der bildlichen Dokumentation in Zeichnungen und insbesondere Fotografien. Bei der Anwendung des neuen Mediums der Fotografie spielte die Olympiagrabung mit der Samothrake-Grabung eine Pionierrolle [13]. Diese Art der Dokumentation schuf völlig neue Voraussetzungen für die wissenschaftliche Diskussion; verbunden mit kommentierenden Beschreibungen, die auf ausführlichen Tagebuchaufzeichnungen basierten, ermöglichte sie Gelehrten in aller Welt, sich über die Funde aus Olympia selbst ein Bild zu machen.

Die Überzeugung, dass methodisch exakte wissenschaftliche Arbeit zu dauerhaften Ergebnissen führt, gehört zu den Grundannahmen des Positivismus, ebenso die Überzeugung, dass man einen Ort wie Olympia – in gewissen Grenzen – 'zuende' ausgraben könne, so wie man einen vergrabenen Schatz vollständig wieder ans Licht holt. Diese Überzeugung haben wir heute – und mit Recht – nicht mehr. Schon in den Dreißiger Jahren des letzten Jahrhunderts, bei der Wiederaufnahme der Grabung, wusste man, wie lückenhaft und vorläufig die zu erzielenden Ergebnisse sind, dass der Boden einer Stätte wie Olympia unerschöpflich ist und – wie ein Labor – immer neue Untersuchungen möglich macht. So traten an die Stelle der monumentalen Bände der »Ergebnisse« die äußerlich weniger prätentiösen Reihen der »Berichte« (seit 1937) und der »Forschungen« (seit 1944). Grundlegendes wird auch hier erstrebt und ohne Zweifel erreicht – doch es bleibt die Aura des Vorläufigen.

Die Vermutung, dass man manches auch anders sehen könnte, wird durch die Tatsache bestärkt, dass nicht wenige Befunde und Denkmäler mehrfach vorgelegt und interpretiert werden – nicht nur Stücke aus der Grabung des 19. Jahrhunderts. Es entsteht eine gewisse Gelassenheit bis hin zur zeitlichen Abkoppelung der Publikation der Berichte von den Kampagnen, über die berichtet wird. Die offenbaren Hemmungen, Synthesen zu wagen, sind ein Symptom. Synthesen sind möglich; es bedurfte aber erst des Anlasses der Olympischen Spiele in München, um zwei Mitarbeiter der Olympiagrabung zu relativ umfassenden Gesamtdarstellungen zu motivieren [14].

In einer Denkschrift für die Etatverhandlungen im Bundesrat und Reichstag von 1874 stellt Curtius die Olympiagrabung als Notwendigkeit dar, die sich aus der Entwicklung der Wissenschaft wie von selbst ergibt [15]. In der Epoche des Positivismus und des Aufschwungs der Naturwissenschaften argumentiert er mit relativer Nüchternheit, auch wenn die Begeisterung, die seinen Olympia-Vortrag von 1852 durchwehte, unterschwellig durchaus spürbar wird – und sie wird auch die Abgeordneten nicht unberührt gelassen haben. So wie die Naturwissenschaften sich im Experiment neues Material der Forschung erschlössen und die Neuere Geschichte sich Zugang zu den Archiven verschaffe, so müsse auch die Archäologie in die Lage versetzt werden, durch gezielte Grabungen ihre Forschungs- und Erkenntnismöglichkeiten in eigener Initiative zu vergrößern. In Olympia habe man – wie bisher nur in Pompeji – die Chance, Denkmäler der antiken Kunst »im örtlichen Zusammenhange« beobachten zu können und zugleich durch die zu erwartende Fülle von Monumenten aller Gattungen sowie von Inschriften »das reichste Archiv hellenischer Volksgeschichte« zu erschließen.

Der Zusammenhang, den Curtius betont, ist ein Lebenszusammenhang, der wieder zur Anschauung gebracht werden soll – insofern wirkt das Programm des ersten Olympia-Vortrags mit der Formel »Leben von unserem Leben« noch nach. Wieder ans Licht steigen und erforscht werden soll ein zentrales griechisches Heiligtum – so wie Pausanias es als historisch gewachsenes Ensemble erlebte und beschrieb. Wie sehr das Bild von Olympia, das Pausanias vermittelt, die Ausgräber leitete, zeigt Curtius »Entwurf einer Geschichte von Olympia« im ersten Band der Schlusspublikation [16]. Curtius führt aus, dass die Vorstellungen, die man aus der literarischen Überlieferung gewonnen hatte, durch die Ausgrabungen nicht widerlegt, sondern bestätigt und zusätzlich vor allem mit Anschauung gefüllt worden seien. Die Funde und Befunde werden nicht zunächst für sich gedeutet, sondern gleich in möglichst engem Bezug zu den schriftlichen Quellen. Man kann hier an den Antipoden von Curtius erinnern: Heinrich Schliemann, für den Homer eine ähnliche Bedeutung hatte wie Pausanias für Curtius. Auch Schliemann hatte sich (im Jahre 1873) um eine Grabungslizenz für Olympia beworben [17]. Wie das Unternehmen sich entwickelt hätte, wenn er statt Curtius den Zuschlag erhalten hätte – darüber könnte man lange spekulieren.

Mitarbeiter Schliemanns, aber auch des Teams in Olympia war der Bauforscher Wilhelm Dörpfeld, der dann zwischen dem Ende der alten und dem Beginn der neuen Grabung einige Tiefgrabungen durchführte, um die Frühgeschichte Olympias zu erhellen [18]. Damit war ein Forschungsziel definiert, das in das Programm der Kampagnen seit 1936/37 aufgenommen wurde und in den letzten Jahren von Helmut Kyrieleis besonders intensiv verfolgt wurde [19].

Die in diesem Zusammenhang ausschlaggebende Stratigraphie gehörte von Anfang an zu den Methoden der Olympiagrabung – eine Tatsache, die Hervorhebung verdient; denn stratigraphische Beobachtungen waren bis weit in das 20. Jahrhundert hinein keineswegs ein selbstverständliches Instrument klassisch-archäologischer Ausgrabungen [20]. Schichtenfolgen wurden gezeichnet und in der Publikation dokumentiert – wichtig für die Aufstellung einer Chronologie wurden insbesondere die fundreichen 'schwarzen Schichten' aus relativ früher Zeit [21]. Adolf Furtwängler nutzte die Stratigraphie, soweit es ging, um die relative zeitliche Abfolge der vielen gefundenen Bronzen zu sichern, er kritisierte aber auch schon, dass entsprechend geschultes Personal und die erforderliche Zeit gefehlt hätten, um die Schichten überall und konsequent genauer zu beobachten [22]. Es ging den ersten Ausgräbern aber primär um die Freilegung der von Pausanias beschriebenen Bauten und Kunstobjekte, und zu diesem Zweck schlug man ausgehend vom Zeustempel Schneisen ins Gelände, an denen man sich vorantastete [23].

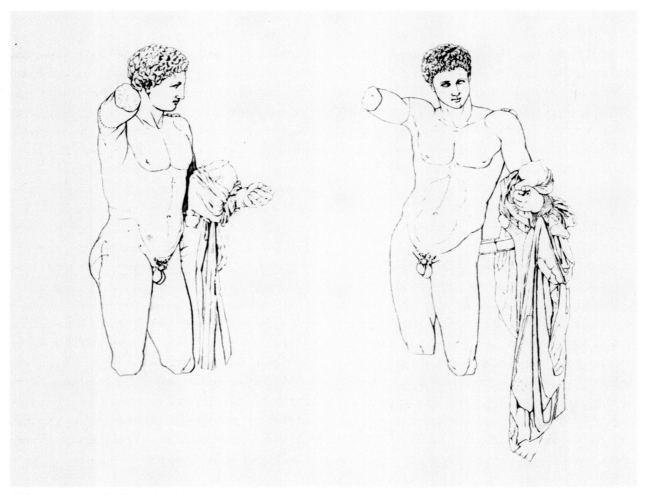

Abb. 4   Hermes des Praxiteles. Olympia, Museum. Zeichnung nach: G. Treu, Hermes mit dem Dionysosknaben (1878) Taf. II

Insgesamt betrachtet, hat die Stratigraphie in Olympia keine herausragende Rolle gespielt. Das lag einmal an den besonderen örtlichen Verhältnissen: Der Boden des über Jahrtausende genutzten und dann vom Schwemmland des Alpheios bedeckten Platzes weist viele gestörte Schichten auf; Spätes konnte in frühe Schichten gelangen und umgekehrt. Viele besonders attraktive Einzelfunde kamen als Füllmaterial, also aus ihrem ursprünglichen Kontext gelöst, ans Licht, etwa in den Brunnen im Wall des Stadions[24]. Dies führt zu dem zweiten Grund für die untergeordnete Rolle der Stratigraphie: Olympia war von Anfang an, verstärkt aber in der Zeit nach 1936/37 eine 'kunstarchäologische' Grabung. Dass hier die Methoden der formanalytischen Interpretation von Artefakten, aber auch der Analyse von Material und Technik oder zumindest der Beobachtung von Unterschieden des Materials oder der Technik besonders intensiv angewandt und weiterentwickelt wurden, hängt freilich nicht nur mit der allgemeinen kunstarchäologischen Zielsetzung zusammen, sondern ergab sich fast zwangsläufig in Kompensation der Defizite im Hinblick auf die Stratigraphie.

Von Anfang an stand man vor der Aufgabe, große Mengen gleichartiger Funde – Kleinbronzen vor allem, auch Waffen und Geräte – in eine Ordnung zu bringen, sie archäologisch zu klassifizieren. Dass dies schon im ersten Anlauf in beispielgebender Weise gelang, dafür gibt es mehrere Gründe: zunächst das positivistische Wissenschaftsverständnis mit seinem Streben nach Vollständigkeit und möglichst 'objektiver' Argumentation sowie dem Optimismus, diese Ziele erreichen zu können, sodann das in der Epoche Gottfried Sempers und Alois Riegls neue Interesse an Handwerk und Kleinkunst. Schließlich als Glücksfall für Olympia die Person Adolf Furtwänglers mit ihrer außergewöhnlicher Begabung und Arbeitskraft[25].

In dem von Furtwängler verfassten vierten Band der »Ergebnisse« bildete die Definition verschiedener Typen der figürlichen Bronzen, der Waffen und Geräte (um bei diesen Beispielen zu bleiben) bereits die Grundlage weiterer Untersuchungen[26]: In Verbindung mit stratigraphischen Beobachtungen und durch Vergleich mit besser datierbaren Objekten von anderen Orten versuchte man zu einer chronologischen Abfolge der Typen zu gelangen. Beobachtungen zu Material und Technik führten zum Verständnis der ursprünglichen Funktion etwa von Geräten, vor allem aber zur Erkenntnis zeitbedingter Werkverfahren und zur Unterscheidung von Werkstätten. Stücke von anderen Fundorten verwiesen dann auf die geographische Herkunft der Werkstätten. Stilistische wie ikonographische Eigenheiten ließen – wiederum im Vergleich mit nicht-olympischem Material von Italien bis zum Vorderen Orient – die weiten kunst- und kulturgeschichtlichen Beziehungen des Heiligtums deutlich werden. Gefragt wurde auch nach der Rolle der gefundenen Objekte als Votive: Lassen sie Schlüsse auf den Weihenden und/oder auf den Empfänger der Weihung zu? Waren bestimmte Typen von Weihgeschenken (z. B. Dreifußkessel) charakteristisch für bestimmte Epochen oder bestimmte Gruppen von Weihenden? Warum gab es so viele Tiervotive und warum keine Weihreliefs?

Die in Olympia erstmals in derart umfassender Weise formulierten Fragen und Probleme beschäftigen die Archäologie bis heute: Die Unterscheidung von Kunstlandschaften oder 'Bildhauerschulen' wurde in der Zeit zwischen den beiden Weltkriegen intensiv diskutiert[27], die den konkreten Werkprozess stärker berücksichtigende Erforschung von Werkstattkennzeichen, von Material und Technik kann sich heute in interdisziplinärer Kooperation mit Naturwissenschaftlern auf die fortlaufend verbesserten Methoden der Archäometrie stützen[28]. Fragen der Kultpraxis, der Herkunft und der Motive der Weihenden oder der Funktion des Votivs sind gegenwärtig aktueller denn je[29].

Untersuchungen dieser Art integrieren die in Olympia gefundenen Objekte und angestellten Beobachtungen in ein Netz weitläufiger Beziehungen, das

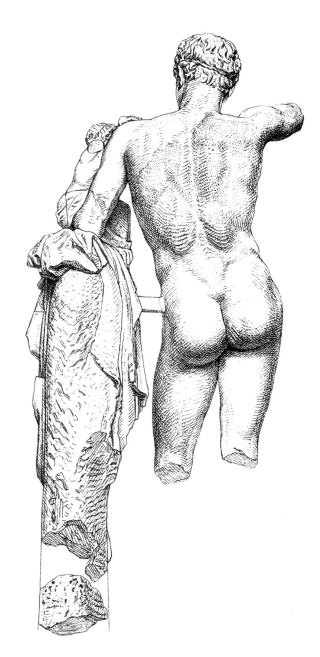

Abb. 5   Hermes, Rückseite, Zeichnung nach: Olympia III (1897) Abb. 233

immer enger wird und eigenes Gewicht gewinnt. Die olympischen Befunde werden Teil einer übergreifenden Kultur- und Kunstgeschichte, die mit Olympia und vielen anderen Grabungsplätzen nur noch punktuell verbunden ist; sie werden Teil eines Konstruktes, dessen Bauplan von jeweils aktuellen Erkenntnisinteressen der Wissenschaft bestimmt wird. Mehr als der konkrete Fundzusammenhang ist dieses Konstrukt der historische, kulturgeschichtliche Kontext, der das einzelne Objekt erklärt, es aber auch selbst erst zum historischen Zeugnis werden lässt.

Der Begriff von Kontext hat sich jedoch im Laufe der Olympiagrabung gewandelt: Curtius wollte das Ganze des Heiligtums als Lebenszusammenhang wiedergewinnen; sein Ziel war eine geradezu plastische Anschaulichkeit – ein Bild, wie es die damals üblichen Rekonstruktionen antiker Stätten zu vermitteln versuchen[30]. Unser gegenwärtig gültiger Begriff von Kontext ist wesentlich abstrakter: Die ideale Ganzheit ist aufgespalten in einzelne Aspekte; Chronologien, Werkstattprobleme, Materialbeschaffenheiten, soziale Repräsentanz, Kultpraxis sind spezielle Forschungsfelder, die selbst im Rahmen eines Heiligtums nicht mehr leicht miteinander verknüpfbar sind. Die jeweils einschlägigen Zeugnisse haben innerhalb dieser verschiedenen Kontexte den Charakter von Präparaten; sie sind weniger Objekte als Indikatoren, verweisen auf etwas, was jenseits ihrer selbst liegt. Es war nur konsequent, dass die vermeintlich lebensnahen Rekonstruktionen des 19. Jahrhunderts aus der Mode kamen, ja als geradezu unangenehm empfunden wurden. Erst in allerjüngster Zeit spürt man ein Defizit, lernt man die alten phantasievollen Rekonstruktionen wieder schätzen – man sucht wieder den Lebenszusammenhang.

Ein sprechendes Beispiel für den Wandel des Kontext-Begriffes ist die Aufstellung der Giebel des Zeustempels im Museum von Olympia. Georg Treu hatte die Giebelgruppen in jahrelanger Arbeit aus vielen Fragmenten rekonstruiert – eine bewundernswerte Leistung ohne wirkliches Vorbild und insofern methodisch innovativ[31]. Treu benutzte für die Anpassungen der Fragmente und die Rekonstruktion zunächst Gipsabgüsse, die leichter handhabbar waren als die Originale und weniger kostbar, d. h. man konnte unbefangener mit ihnen umgehen. Neu waren auch die detaillierten Beobachtungen zur Bildhauertechnik, zu Umarbeitungen und zur Platzierung im Giebel. Das Ergebnis war ein im Museum wiedergewonnenes Ensemble, das den fragmentarischen Charakter des Erhaltenen nicht verleugnete, ihn aber nicht zur Schau stellte, vielmehr die Einzelheiten zu einem deutlichen Gesamteindruck verband[32].

Ganz anders die gegenwärtige, im Detail auch verbesserte Aufstellung, deren wissenschaftliche Publikation seit Jahren überfällig ist. Einer man möchte sagen 'tachistischen' Ästhetik folgend, die etwa auch die Entrestaurierungen antiker Skulpturen in den Glyptotheken von München und Kopenhagen in den 50er/60er Jahren des 20. Jahrhunderts bestimmte und die inzwischen (glücklicherweise) wohl überwunden ist[33], installierte man ein Gerüst von Gestängen und Streben, auf das die Fragmente appliziert sind: Der Gesamteindruck ist irritierend; es dominiert das einzelne, korrekt präparierte, originale Fragment. Statt anschaulicher Einheit ein nur abstrakt zu rezipierender Kontext. In der endlosen Debatte um die richtige Platzierung der Mittelfiguren des Ostgiebels vertritt die neue Rekonstruktion eine Position, die sich eher technisch als inhaltlich rechtfertigen lässt; wie sehr die Bemühungen um die Deutung der Giebelskulpturen auch die Methodendiskussion angeregt haben, sei hier nur am Rande bemerkt[34].

Die spezialisierte Einzeluntersuchung und das 'Abtragen von Schulden' in Form des Aufarbeitens und Publizierens von Materialgruppen aus lang zurückliegenden Grabungskampagnen bestimmen heute die Tätigkeit in Olympia wie auch an anderen Grabungsplätzen. Die Wichtigkeit solcher Detailforschung, die erst in dem vorhin genannten übergreifenden, recht abstrakten Kontext ihre Bedeutung und Rechtfertigung gewinnt, ist der Öffentlichkeit schwer zu vermitteln. Daher der vielerorts, doch kaum in Olympia immer wieder unternommene Versuch, einen Einzelfund oder -befund als Sensation hochzuspielen, um die Aufmerksamkeit der Medien zu gewinnen.

Der Zwiespalt zwischen dem konkreten Kontext des Heiligtums und dem abstrakten Kontext der antiken Kultur insgesamt war in der Olympiagrabung – und nicht nur in ihr – von Anfang an angelegt: Einerseits wollte man antikes Leben wiedergewinnen, andererseits die Geschichte des Kunsthandwerks rekonstruieren. Da aber die Publikation in positivistischer Weise nach Materialklassen erfolgte, drohte das nur quer zur typologischen Ordnung erfassbare 'Leben' aus dem Blick zu geraten. An seine Stelle traten in der zweiten Phase der Grabung zunächst die Kunst und schließlich die überörtlichen Produktionszusammenhänge sowie punktuelle Vorstöße in die Tiefe der Geschichte.

Architekten waren von Anfang an voll integrierte, zeitweise leitende Mitglieder des Grabungsteams. Hier (und in der Samothrake-Grabung) bildete sich eine Tradition enger Zusammenarbeit zwischen Archäologen und Architekten, wie sie sich an anderen Orten und in anderen Ländern, wenn überhaupt, so nur allmählich durchsetzte[35]. Was Friedrich Adler, Wilhelm Dörpfeld und ihre Mitarbeiter in relativ kurzer Zeit leisteten, versetzt uns heute in Staunen[36].

In seinem Vorwort zum zweiten Band der Endpublikation nennt Adler unter den erzielten Ergebnissen an erster Stelle das nun wiedergewonnene »architektonische Gesamtbild des berühmtesten Festplatzes des Altertums« und hebt dann besonders hervor, »daß auch gleichzeitig die an das Licht getretenen Reste hieratischer wie profaner Baukunst sämtliche Phasen einer tausendjährigen Entwickelung auf eng begrenztem Raume deutlich spiegeln« und »daß hier zum ersten Male Gebäudegattungen auftraten, welche in dem früheren Denkmälerbestande entweder gar nicht vorhanden oder nur in veränderter, bald reicherer, bald abgeschwächter Fassung bekannt waren.« Dadurch seien »große und oft beklagte Lücken auf dem Gebiete der klassischen Baukunst dauernd gefüllt worden.«[37] Ziel ist hier einmal die Wiedergewinnung von einst funktionierenden, belebten Gebäuden, zum anderen die Rekonstruktion von Musterexemplaren verschiedener Bautypen, Beiträge zu einer allgemeinen akademischen Lehre von den Gebäuden. Das historische Interesse ist normativ gebunden.

Entsprechend der generellen Entwicklung der Bauforschung verschwindet das normative Element in der zweiten Phase der Olympiagrabung, in der etliche Bauten zum zweiten Mal bearbeitet und publiziert wurden. Die Neubearbeitung des Philippeion durch Hans Schleif ist im Detail genauer als die Erstpublikation durch Adler, sie kann sich zur Rekonstruktion wie zur Einordnung in die Kunstgeschichte auf mehr Vergleichsmaterial stützen; sie gibt ausführliche Analysen von einzelnen Baugliedern, besonders der Kapitelle[38]. Rechtfertigung der Neubearbeitung sind die gewachsenen Ansprüche an eine Bauaufnahme: »Die von den Fundamenten bis zum Dach in jedem Detail werkstückgerechte Aufnahme eines Baues zum Beispiel, heute eine fast selbstverständliche Forderung, wurde damals [d. h. in der ersten Phase der Ausgrabung] noch nicht erstrebt«[39]. Doch das gezeichnete Ergebnis ist im Unterschied zur früheren Rekonstruktion ein ganz abstraktes Produkt – ein Muster 'Neuer Sachlichkeit' und aus dem konkreten Umfeld des Heiligtums gelöst.

Den Zweck der gestiegenen Ansprüche erläutert Wolf Koenigs in seiner Neuvorlage der Echohalle: Ziel sei »nicht nur das Bild einer klassischen Halle zu gewinnen, wie es die erste Grabung als ihre Hauptaufgabe ansah, sondern durch Untersuchung *aller* zugehörigen Teile möglichst auch den Vorgang und die Dauer der Erbauung, mögliche Reparaturen und ihre Zerstörung zu erforschen.«[40] Absolut vorherrschend ist hier das historische Interesse: der Bau als entstehender und dem Wandel unterworfener Organismus. Bekanntlich sind hierauf abzielende Untersuchungen langwierig, und bekanntlich schweben sie wie andere formanalytische Untersuchungen auch in der Gefahr, zum Selbstzweck zu werden.

Wie eng die Wandlungen der zeitgenössischen ästhetischen Vorstellungen, des Geschmacks und der archäologischen Methode ineinander verschränkt sind, zeigen die verschiedenen Rekonstruktionen des Nymphäums des Herodes Atticus: Die Rekonstruktion von Friedrich Adler (Abb. 1) ist unschwer in die 80er Jahre des 19. Jahrhunderts zu datieren[41], die auf nochmaliger und genauerer Untersuchung der erhaltenen Bauglieder basierende Rekonstruktion von Hans Schleif (Abb. 2) gibt sich auch als ein Produkt der Dreissiger/Vierziger Jahre des 20. Jahrhunderts zu erkennen[42]. Schließlich die als vorläufig deklarierte Rekonstruktion von Adolf Hoffmann und Renate Bol (Abb. 3). Sie basiert wesentlich auf einer neuen Untersuchung der erhaltenen Statuenbasen und Inschriften – diese erfordern zwei Reihen von Statuennischen –, und sie basiert auf einer seit Schleif verbesserten Kenntnis der Typologie der Exedra-Nymphäen[43]. Trotz aller Zeitbedingtheit der ästhetischen Anschauung und des Erkenntnisinteresses bedeutet die Abfolge derartiger

Abb. 6 Hermes, Foto nach: Die Ausgrabungen von Olympia III (1879) Taf. VIII

Abb. 7 Hermes, Foto nach: Olympia III (1897) Taf. XLIX

Rekonstruktionen aber auch eine Annäherung an die historische Wahrheit; die immer genauere Beobachtung sowie der Zuwachs an Material und Wissen schränken den Spielraum der Interpretation ein. Zu erinnern wäre hier an einen Grundsatz der Rezeptionsästhetik: Im Akt der Vergegenwärtigung wird Vergangenes nicht nur aktualisiert, sondern wird es in unterschiedlichen Aspekten tatsächlich erkannt[44].

Ein Fortschreiten der Erkenntnis über viele Jahre hinweg lässt sich manchmal mit Händen greifen: Der Zeuskopf aus Terrakotta wurde 1878 gefunden und im dritten Band der »Ergebnisse« von Georg Treu publiziert[45]. Besser restauriert und mit den 1938 und 1939 in Fragmenten dazu gefundenen Körpern des Gottes und des Ganymed samt Basis verbunden, publizierte Emil Kunze das Stück im 100. Berliner Winckelmannsprogramm 1940 – fotografiert im Sonnenlicht von Hermann Wagner[46]. Schließlich konnte Kunze 1942 den Kopf des Ganymed sowie weitere kleinere Fragmente finden und anfügen lassen[47].

Das Beispiel der Zeus-Ganymed-Gruppe zeigt auch, wie sehr die Erschließung und Interpretation archäologischer Objekte von der bildlichen Dokumentation abhängig ist[48]. In Olympia hat von Anfang an neben der zeichnerischen die fotografische Dokumentation eine große Rolle gespielt – eine dritte in Olympia erfolgreich angewandte Methode der Dokumentation ist der Gipsabguss[49]. Die Statue, die unter den Funden der alten Grabung am meisten Furore machte, wurde in Zeichnung, im Foto und im Abguss reproduziert: der Hermes aus dem Heraion, ein Originalwerk des Praxiteles. Die im Mai 1877 entdeckte Statue wurde sofort gezeichnet und kurz danach auch fotografiert. Die bereits 1878 erschienene großformatige Sonderpublikation durch Georg Treu enthielt eine zeichnerische Dokumentation (Abb. 4), die im folgenden Jahr im dritten Band der »Ausgrabungen« durch mehrere Fotos (Abb. 6) ergänzt wurde[50]. Die Abschlusspublikation im dritten Band der »Ergebnisse« brachte wiederum mehrere Fotos (Abb. 7), präsentierte aber die viel diskutierte

Abb. 8   Hermes, Rekonstruktion im Gipsabguss nach: Olympia III (1897) Taf. LIII

Abb. 9   Hermes, Foto W. Hege (1935)

Rückseite allein in einer detaillierten zeichnerischen Aufnahme (Abb. 5). Eine Rekonstruktion im Gipsabguss durch den Bildhauer Oskar Rühm vervollständigte die Anschauung (Abb. 8)[51]. Völlig neu zu sehen lehrte die Statue dann die fotografische Erschließung durch Walter Hege im Jahre 1935 (Abb. 9)[52].

Es ist wohl nicht nur einer verbesserten Technik zu verdanken, dass seit den Zwanziger Jahren des 20. Jahrhunderts die Fotografie ein wichtiges Werkzeug der Interpretation antiker Bildwerke wurde – gerade auch in Olympia: Die Aufnahmen insbesondere der Skulpturen des Zeustempels durch das spätere Bildarchiv Foto Marburg, publiziert in der berühmten Monographie von Ernst Buschor und Richard Hamann, stehen am Anfang der ästhetischen und wissenschaftlichen Entdeckung des 'Strengen Stils', einer Entdeckung aber, die erst möglich wurde durch die Neuorientierung der Klassischen Archäologie nach dem Ersten Weltkrieg[53].

In der Epoche einer von Wölfflin geprägten Kunstgeschichte und einer durch die Strukturforschung veränderten Archäologie konzentrierte sich die Interpretation auch der Funde aus Olympia auf die Analyse der Form[54]. Ausgangspunkt war das Einzelwerk, Maßstab seiner Beurteilung der schwer zu objektivierende Begriff der Qualität[55]. Zur Demonstration von 'Qualität' wurde vor allem die Fotografie eingesetzt. 'Qualität' tendierte dazu, ein moralischer Begriff zu werden – im Sinne der »Moral der Form« Gottfried Benns[56], aber auch im Sinne der Werk- und Materialtreue des Bauhauses. Die Schriften Emil Kunzes können am besten zeigen, wie die Konzentration auf die künstlerische Form des einzelnen Werkes sich verbindet mit einem neuen Interesse am Werkprozess[57]. Für Untersuchungen dieser Art ist die Kleinkunst – von der Statuette bis zum Gerät und Gefäß – ein besonders gut geeignetes Objekt. Originale griechische Kleinkunst aber kann man nirgendwo so gut studieren wie in Olympia. So entstanden Aufsätze und Monographien, die die verschiedenen Gattungen mit größerer Kenntnis, als Furtwängler sie haben konnte, aufarbeiteten, nach Werkstattzusammenhängen ordneten, vor allem aber in Entwicklungsreihen brachten. Entwicklung jedoch wurde jetzt nicht wie im Positivismus als ein selbstverständliches, einfaches Fortschreiten vom Einfachen zum Differenzierten aufgefasst, sondern als eine immer erneute Anstrengung von Kunsthandwerkern – z. B. den Schmieden von Beinschienen[58] –, stufenweise gleichsam emporzusteigen, um eine der jeweiligen Gattung immanente Idee zu verwirklichen. Dass der Aufstieg einmal endet und in einen Abstieg übergeht, lag in der Konsequenz dieser Konzeption – und war ein Grund dafür, dass die Denkmäler des römischen Olympia vernachlässigt wurden. Erst jüngst finden sie die ihnen gebührende Aufmerksamkeit[59].

Die soeben skizzierten Konzeptionen von Form und Entwicklung sind heute obsolet, obwohl sie als Arbeitshypothesen einst durchaus fruchtbar waren. Was aber tritt an ihre Stelle? Kann etwa die penible Detailforschung die Lücke füllen? Ich denke, dass die Forschung sich wieder stärker um den konkreten Kontext des Heiligtums bemühen wird, um die Absichten und Handlungen der Menschen, deren Spuren in den Funden von Olympia erhalten sind. Das wird nicht im Sinne von Curtius geschehen, der über die Zeiten hinweg in Olympia Bestätigung der eigenen humanistischen Ideen fand. Es wird vielmehr darum gehen, die eigenartige, uns gleichwohl zugängliche Fremdheit der Antike zur Anschauung und Erkenntnis zu bringen. Innerhalb einer solchen Konzeption wird auch das Einzelwerk in seiner Besonderheit wieder Bedeutung gewinnen.

Anzeichen für einen neuen Umgang mit Olympia sind die seit einiger Zeit betriebenen Arbeiten des Aufräumens und vorsichtigen Wiederaufrichtens in der Altis: Das romantische Ensemble von Steinen und Vegetation soll behutsam so strukturiert werden, dass die räumliche Disposition des Heiligtums und die Funktionen der Bauten und sonstigen Denkmäler anschaulich werden. Hoffen wir, dass es gelingt!

[1] Eine Übersicht über die archäologischen Grabungen insbesondere des 19. und frühen 20. Jhs. gab Th. Wiegand in HdArch I (1939) 85 ff. Zum gegenwärtigen Stand wichtiger deutscher Grabungen: Archäologische Entdeckungen. Die Forschungen des Deutschen Archäologischen Instituts im 20. Jahrhundert (2000).

[2] J. J. Winckelmann, Briefe, hrsg. v. W. Rehm III (1956) 195. 506 f. Nr. 788; 268. 535 Nr. 859; 307 f. 548f. Nr. 898. Vgl. J. J. Winckelmann, Geschichte der Kunst des Alterthums[2] (1776) 245 ff.

[3] Zu Ernst Curtius (1814–1896): R. Lullies in: R. Lullies – W. Schiering (Hrsg.), Archäologenbildnisse. Porträts und Kurzbiographien von Klassischen Archäologen deutscher Sprache (1988) 39 f.; A. H. Borbein in: M. Erbe (Hrsg.), Berliner Lebensbilder. Geisteswissenschaftler (1989) 157 f. (mit weiterer Lit.). K. Fittschen, AM 111, 1996, 1 ff. (insbesondere zur Gründung des Deutschen Archäologischen Instituts Athen).

[4] Dazu s. W. Rehm, Götterstille und Göttertrauer (1951) 48 ff. 200 f.; ders., Griechentum und Goethezeit[4] (1968) 1 ff. 16 ff.; M. Fuhrmann, Die 'Querelle des Anciens et des Modernes', der Nationalismus und die Deutsche Klassik in: B. Fabian – W. Schmidt-Biggemann – R. Vierhaus (Hrsg.), Deutschlands kulturelle Entfaltung: Die Neubestimmung des Menschen (1980) 49 ff.; M. Landfester, Griechen und Deutsche: Der Mythos einer 'Wahlverwandtschaft' in: H. Berding (Hrsg.), Mythos und Nation (1996) 198 ff.; S. Settis in: S. Settis (Hrsg.), I Greci I (1996) XXXVI f.; S. L. Marchand, Down from Olympus. Archaeology and Philhellenism in Germany 1750–1970 (1996) passim. Vgl. auch A. H. Borbein in: R. Étienne (Hrsg.), Les politiques de l'archéologie du milieu du XIXe siècle à l'orée du XXIe (2000) 15 ff.

[5] E. Curtius, Olympia (1852), wieder abgedruckt in: E. Curtius, Alterthum und Gegenwart. Gesammelte Reden und Vorträge II (1882) 129 ff. sowie – zur Wiederaufnahme der deutschen Grabungen – in: Die Antike 12, 1936, 229 ff.

[6] Zur Geschichte der Olympiagrabung: R. Weil in: Olympia I (1897) 101 ff.; A. Mallwitz, AM 92, 1977, 1 ff. Ein zeitgenössisches Urteil über die wichtigsten Ergebnisse der 'alten' Grabung bringt A. Michaelis, Ein Jahrhundert kunstarchäologischer Entdeckungen[2] (1908) 121 ff. – Zu den Motiven der Grabung vgl. auch W. Rüegg, Die Antike als Begründung des deutschen Nationalbewußtseins, in: W. Schuller (Hrsg.), Antike in der Moderne (Xenia 15, 1985) 267 ff..

[7] Bericht über die Ausgrabungen in Olympia. Herbst 1936, Frühjahr 1937, in: JdI 52, 1937. Die Botschaft Hitlers beim Empfang für das Internationale Olympische Komitee am 1. August 1936 in der Berliner Reichskanzlei ebendort vor S. 1. Zu den Olympischen Spielen in Berlin und der Wiederaufnahme der Olympiagrabung außerdem Hilmar Hoffmann, Mythos Olympia (1993); K. Junker, Das Archäologische Institut des Deutschen Reiches zwischen Forschung und Politik. Die Jahre 1929 bis 1945 (1997) 70 ff.

[8] E. Kunze, Olympiabericht V (1956) 1 ff. – Zur Tätigkeit in Olympia während der deutschen Besetzung Griechenlands 1941–1944: J. Freifrau Hiller von Gaertringen, AM 110, 1995, 466 ff.

[9] Zu Carl Diem (1882–1962) vgl. die enzyklopädischen Lexika, außerdem: W. Decker, Carl Diem und die Ausgrabung des Stadions von Olympia, in: Kölner Beiträge zur Sportwissenschaft 10/11, 1981/82, 67 ff.

10 Marchand a. O. 80 ff. 351 f. Vgl. auch den Beitrag von Th. Kalpaxis in diesem Band 19 ff.

11 Vgl. hierzu den Beitrag von B. Sösemann in diesem Band 49 ff.

12 A. Conze – A. Hauser – G. Niemann – O. Benndorf, Archäologische Untersuchungen auf Samothrake (1875); Neue archäologische Untersuchungen auf Samothrake (1880).

13 Zur Frühgeschichte der archäologischen Fotografie am Beispiel Athens: G. Hübner, Fotogeschichte 8, Heft 29, 1988, 3 ff. – Zum Lichtdruck-Verfahren, das bereits in der zweiten Ausgabe des ersten Bandes von Die Ausgrabungen zu Olympia (1876) an die Stelle von Originalfotos trat (s. das Vorwort der Herausgeber): R. Schubert in: fotografie gedruckt. Beiträge einer Tagung im Deutschen Literaturarchiv Marbach (= Rundbrief Fotografie. Sonderheft 4, 1998) 17 ff.

14 H.-V. Herrmann, Olympia. Heiligtum und Wettkampfstätte (1972); A. Mallwitz, Olympia und seine Bauten (1972). – Eine knappe, auf das kultische und sportliche Geschehen konzentrierte Synthese gab kürzlich U. Sinn, Olympia. Kult, Sport und Fest in der Antike (1996).

15 Weil a. O. (Anm. 6) 113 f. Vgl. E. Curtius in: Die Ausgrabungen zu Olympia I (1876) 9.

16 E. Curtius in: Olympia I (1897) 16 ff.

17 Weil a. O. (Anm. 6) 110. L. Deuel, Heinrich Schliemann (1979) 314 ff. H. Döhl, Heinrich Schliemann. Mythos und Ärgernis (1981) 29 ff. 40. 56.

18 Zu Wilhelm Dörpfeld (1853–1940): K. Herrmann in: Lullies–Schiering, Archäologenbildnisse a. O. (Anm. 3) 112 f., zu seinen Untersuchungen zur Frühgeschichte von Olympia: Mallwitz a. O. (Anm. 6) 14 f.

19 Vgl. die Beiträge von H. Kyrieleis und J. Rambach in diesem Band 213 ff. 177 ff.

20 Die entsprechende Diskussion in Italien gibt hierfür nur ein Beispiel: M. Barbanera, L'archeologia degli italiani (1998) 152 ff. 170 ff.

21 A. Furtwängler in: Olympia IV (1890) 1 ff.

22 ebenda 1.

23 Vgl. Weil a. O. (Anm. 6) 115 ff. Abb. S. 117. 123. 131. 138. 144.

24 z. B. E. Kunze, Olympiabericht V (1956) 3; VI (1958) 2. Zu den Brunnen und den anderen Funden in den Stadionwällen vgl. Herrmann a. O. (Anm. 14) 106 ff.; Mallwitz a. O. (Anm. 14) 186; Sinn a. O. (Anm. 14) 74 f.

25 Zu Adolf Furtwängler (1853–1907): R. Lullies in: Lullies–Schiering, Archäologenbildnisse a. O. (Anm. 3) 110 f. und S. Marchand in diesem Band 147 ff.

26 Olympia IV: A. Furtwängler, Die Bronzen und die übrigen kleineren Funde (1890).

27 Das 'klassische' Beispiel ist E. Langlotz, Frühgriechische Bildhauerschulen (1927), dort 11 zu Heiligtümern wie Olympia als Orten des Austausches zwischen den »Kunstschulen«.

28 Dazu zusammenfassend W.-D. Heilmeyer in: A. H. Borbein – T. Hölscher – P. Zanker (Hrsg.), Klassische Archäologie (2000) 129 ff.

29 Dazu R. Hägg in: Borbein – Hölscher – Zanker a. O. 280 ff. mit weiterer Lit. Vgl. die Beiträge von N. Himmelmann und T. Hölscher in diesem Band 91 ff. 331 ff.

30 z. B. Olympia II (1892–96) Taf. 84 f. 129–132. Zum Problem der Veranschaulichung antiker Lebensräume vgl. P. Zanker in: Borbein – Hölscher – Zanker a. O. 205 ff. mit Abb. 2; G. Gruben, ebenda 265 f. Abb. 5; 271 Abb. 7; 276 Abb. 8.

31 Zu Georg Treu (1843–1921): K. Hitzl nach F. Studniczka in Lullies – Schiering, Archäologenbildnisse a. O. (Anm. 3) 83 f.; K. Knoll in: Das Albertinum vor 100 Jahren – die Skulpturensammlung Georg Treus. Ausstellungskat. Dresden 1994, bes. 13 ff. 58 ff. (mit zahlreichen historischen Fotografien).

32 Die Publikation: G. Treu, Die Bildwerke von Olympia in Stein und Thon. Olympia III (1897) 44 ff. Taf. 18 ff. Zu neueren Beobachtungen zur Technik der Skulpturen des Zeustempels vgl. den Beitrag von I. Trianti in diesem Band 281 ff.

33 Dazu A. H. Borbein in: B. Andreae (Hrsg.), Archäologie und Gesellschaft. Forschung und öffentliches Interesse (1981) 63 f. Vgl. jetzt M. Moltesen, AntPl 27, 2000, 127 f.

34 M.-L. Säflund, the East Pediment of the Temple of Zeus at Olympia (1970); H.-V. Herrmann in: H.-V. Herrmann (Hrsg.), Die Olympia-Skulpturen (1987) 125 ff. Zur inhaltlichen Deutung zuletzt: H. Kyrieleis in D. Buitron-Oliver (Hrsg.), The Interpretation of Architectural Sculpture in Greece and Rome (1997) 13 ff.

35 Dazu G. Gruben in: Borbein – Hölscher – Zanker a. O. 251 ff. bes. 268 ff. Dass die Bauaufnahme antiker Architektur von wissenschaftlich geschulten Architekten geleistet werden müsse, war eine Forderung von E. Curtius: K. Fittschen, AM 111, 1996, 6 f. 19. 35. Vgl. den Beitrag von K. Herrmann in diesem Band 109 ff.

36 Zu Friedrich Adler (1827–1908): P. Lemburg in: Lullies-Schiering, Archäologenbildnisse a. O. (Anm. 3) 53 f. Zu Dörpfeld: s. Anm. 18.

37 F. Adler in Olympia II (1892) II.

38 H. Schleif, OF 1 (1944) 1 ff. Taf. 1 ff. F. Adler, Olympia II (1892) 129 ff. Taf. 79 ff.

39 E. Kunze – H. Schleif, OF 1 (1944) VII.

40 W. Koenigs, Die Echohalle, OF 14 (1984) 1. Die Erstpublikation: W. Dörpfeld, Olympia II (1892) 70 ff. Taf. 49 ff.

41 F. Adler, Olympia II (1892) 134 ff. Taf. 83 bes. Taf. 84 f.

42 H. Schleif – H. Weber, OF 1 (1944) 53 ff. Taf. 22 ff. bes. Taf. 36 f. – Zu Hans Schleif (1902–1945): K. Herrmann in: Lullies–Schiering a. O. (Anm. 3) 285 f.

43 R. Bol, Das Statuenprogramm des Herodes-Atticus-Nymphäums. OF 15 (1984) bes. 67 ff. Beilage 5 (A. Hoffmann); die früheren Rekonstruktionen ebenda 7 ff. Abb. 6 ff.

44 H. R. Jauss in: J. Ritter – K. Gründer (Hrsg.), Historisches Wörterbuch der Philosophie 8 (1992) 995 ff. s. v. Rezeption, Rezeptionsästhetik.

45 Olympia III (1897) 35 f. Abb. 37 Taf. 7,4.

46 E. Kunze, 100. BWPr 1940, 27 ff. Abb. 1 ff. Taf. I ff.

47 E. Kunze, Olympiabericht III (1941) 131 f. Taf. 58; Olympiabericht V (1956) 103 ff. Taf. 54 ff. Zuletzt zu dieser Gruppe: A. Mustaka, Grossplastik aus Ton in Olympia. OF 22 (1993) 42 ff. Taf. 33 ff.

48 Die Unzulänglichkeit der früheren Reproduktionsverfahren beklagten E. Kunze und H. Schleif, OF 1 (1944) VII.

49 Der Vertrag mit der griechischen Regierung sicherte den deutschen Ausgräbern in Artikel VII das – für fünf Jahre sogar

ausschließliche – Recht, Kopien und Abformungen der gefundenen Objekte anzufertigen. Mit Einschränkungen wurde der kaiserlich-deutschen Regierung zugleich das Recht zugestanden, von allen anderen Antiken im Besitz der griechischen Regierung – einschließlich künftiger Neufunde – Kopien und Abformungen herzustellen: Weil a. O. (Anm. 6) 112. – Zur Geschichte der Wertschätzung und Verwendung von Gipsabgüssen antiker Skulpturen: A. H. Borbein in: H. Lavagne – F. Queyrel, Les moulages de sculpture antique et l'histoire de l'archéologie. Actes du colloque international Paris, 24 octobre 1997 (2000) 29 ff.

[50] G. Treu, Hermes mit dem Dionysosknaben. Ein Originalwerk des Praxiteles gefunden im Heraion von Olympia (1878) Taf. 1. 2. Die Ausgrabungen von Olympia III (1879) Taf. 6–9; weitere Fotos ebenda V (1881) Taf. 7–10.

[51] Olympia III (1897) 194 ff. Taf. 49–52. Rückseite: 203 Abb. 233; Rekonstruktion: 195 Taf. 53.

[52] Olympia, aufgenommen von Walter Hege, beschrieben von Gerhart Rodenwaldt (1936) Taf. 85–91. Die Negative befinden sich im Deutschen Archäologischen Institut Athen. – Zu Walter Hege (1893–1955): F. Kestel, Fotogeschichte 8, Heft 29, 1988, 65 ff. A. Beckmann – B. von Dewitz (Hrsg.), Dom Tempel Skulptur. Architekturphotographien von Walter Hege. Ausstellungskat. Köln 1993, dort 41 ff. G. Hübner über Heges Griechenlandreisen und seine Aufnahmen griechischer Antiken.

[53] E. Buschor – R. Hamann, Die Skulpturen des Zeustempels zu Olympia (1924). – Zur 'Entdeckung' der geometrischen Plastik s. den Beitrag von W.-D. Heilmeyer in diesem Band 85 ff.

[54] Dazu A. H. Borbein in: Borbein – Hölscher – Zanker a. O. (Anm. 28) bes. 113.

[55] Dazu mit Bezug vor allem auf das Werk Emil Kunzes: W.-D. Heilmeyer, Olympiabericht X (1981) 63 ff.

[56] G. Benn, Expressionismus, 1933 zuerst veröffentlicht, wieder abgedruckt in: Gesammelte Werke, hrsg. v. D. Wellershoff, I^3 (1965) 240 ff. bes. 252.

[57] z. B. E. Kunze, 100. BWPr 1940, 25 ff. (Zeus und Ganymed); Olympiabericht IV (1944) 105 ff.; VII (1961) 138 ff.; VIII (1967) 213 ff. (Kleinplastik aus Bronze); VI (1958) 118 ff. (Helme). – Zu Emil Kunze (1901–1994): H.-V. Herrmann, Gnomon 67, 1995, 570 ff., K. Fittschen, AM 110, 1995, 2 ff.; W. Schiering, ebenda 13 ff.

[58] E. Kunze, Beinschienen (OF 21, 1991), dort 4 zur Methode.

[59] U. Sinn u. a., Nikephoros 5, 1992, 75 ff.; Nikephoros 6, 1993, 153 ff.; Nikephoros 7, 1994, 229 ff.; Nikephoros 8, 1995, 161 ff.; Nikephoros 9, 1996, 199 ff.; Nikephoros 10, 1997, 215 f. s. auch den Beitrag von U. Sinn in diesem Band 371 ff.

Abbildungsnachweis

Abb. 1: Olympia, Nymphäum des Herodes Atticus, Rekonstruktion F. Adler nach: Olympia II (1892) Taf. LXXXV

Abb. 2: dasselbe, Rekonstruktion H. Schleif nach: OF 1 (1944) Taf. 36

Abb. 3: dasselbe, Rekonstruktion R. Bol/A. Hoffmann nach: OF 15 (1984) Beilage 5

Abb. 4: Hermes des Praxiteles. Olympia, Museum. Zeichnung nach: G. Treu, Hermes mit dem Dionysosknaben (1878) Taf. II

Abb. 5: derselbe, Rückseite, Zeichnung nach: Olympia III (1897) Abb. 233

Abb. 6: derselbe, Foto nach: Die Ausgrabungen von Olympia III (1879) Taf. VIII

Abb. 7: derselbe, Foto nach: Olympia III (1897) Taf. XLIX

Abb. 8: derselbe, Rekonstruktion im Gipsabguss nach: Olympia III (1897) Taf. LIII

Abb. 9: derselbe, Foto W. Hege (1935)

Jörg Rambach

Olympia. 2500 Jahre Vorgeschichte vor der Gründung des eisenzeitlichen griechischen Heiligtums

Vor den ab 1987 einsetzenden neuen Ausgrabungen am Pelopion im Herzen der Altis war der Stand der Forschung zum prähistorischen Olympia ungefähr der:

Die 1908 von W. Dörpfeld und F. Weege in der Altis aufgedeckten Apsidenhäuser II, III, V und VI wurden in der deutschsprachigen Forschung z. T. noch bis in das Jahr 1987 als mittelhelladisch angesprochen (Abb. 1)[1].

M. Koumouzelis hatte dagegen bereits 1980 in ihrer Dissertation zu den Perioden früh- und mittelhelladisch in Elis darauf hingewiesen, dass zumindest die Inventare der Häuser II, III, V und VI der Altis nach Stratigraphievergleich mit Lerna in der Argolis, dem bis heute maßgeblichsten Fundort zur Beurteilung der früh- und mittelhelladischen Keramikentwicklung auf der Peloponnes, einen Zeitansatz für die Errichtung der Bauten am Ende von FH III und eine Benutzungsdauer bis in die erste Phase des Mittelhelladikums hinein belegen würden[2]. Die Funde und Befunde der prähistorischen Siedlung, die in den Jahren 1959–1964 während der Notgrabungen im Areal des zu erstellenden Neuen Museums ca. 500 m nördlich der Altis zutage gekommen waren – darunter offensichtlich auch spärliche Reste von Apsidenhäusern – verteilten sich dagegen nach Koumouzelis' Auffassung auf die ganze Zeitdauer der Periode FH III, mit einem Schwerpunkt allerdings in der ersten Hälfte dieses Zeitabschnittes[3].

Kurz nach Koumouzelis kam auch J. B. Rutter 1982 in einem Aufsatz zur fein ritz- und einstichverzierten Keramik von Lerna IV zu dem Schluss, dass das von Dörpfeld und Weege vorgelegte prähistorische Fundgut aus der Altis von Olympia nach FH III zu datieren sei[4]. In Gegensatz zu Koumouzelis betrachtete Rutter den überwiegenden Teil des Materials aus der Altis, zumindest das der Apsidenhäuser II, III und VI, jedoch als zeitgleich mit Phase I von Lerna IV, und damit dem frühesten Abschnitt von FH III[5]. Hinsichtlich des zeitlichen Verhältnisses zur FH III-Siedlung unter dem Neuen Museum ging er davon aus, dass zumindest das Fundgut der Apsidenhäuser II, III und VI der Altis früher sei als der größte Teil der FH III-Keramik von der Grabungsstelle am Neuen Museum[6]. Haus V der Altis wies er dagegen einem späten Abschnitt von FH III, etwa

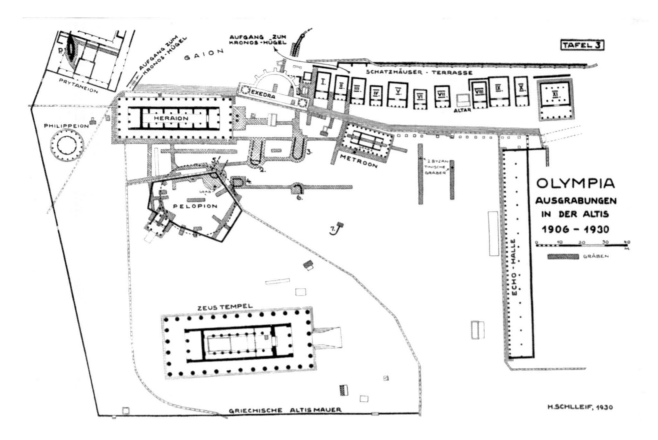

Abb. 1   Plan der Altis von Olympia nach den Ausgrabungen 1906-1930

zeitgleich mit Phase 3 von Lerna IV, zu[7]. Die zeitliche Parallelisierung der Apsidenhäuser II, III und VI mit Phase I von Lerna IV erfolgte dabei im wesentlichen über die dunkle fein ritz- und einstichverzierte Keramik, die in Lerna IV, in freilich bescheidener Gesamtzahl, hauptsächlich für Phase 1, in geringerem Umfang für Phase 2 und nahezu überhaupt nicht mehr für Phase 3 belegt ist[8]. In der Altis von Olympia war diese Art von Keramik, unter anderem mit mehreren komplett erhaltenen Gefäßen, vor allem im Inventar von Apsidenhaus III gut repräsentiert (Abb. 2)[9]. Im Gegensatz zum Befund in der Altis spielte sie im Keramikaufkommen der Grabung im Bereich des Neuen Museums von Olympia eher eine untergeordnete Rolle[10].

Aufgefallen war den Forschern von Anfang an die Fremdartigkeit der fein ritz- und einstichverzierten Ware der Altis im helladischen Raum, vor allem hinsichtlich ihrer Motivik, z.T. aber auch im Hinblick auf ihre Formgebung[11].

Selbst heute ist diese Keramik nur für vergleichsweise wenige FH III-Fundorte des südgriechischen Raumes nachgewiesen.

So konnte Rutter neben den Hauptfundorten Olympia und Lerna IV lediglich jeweils ganz vereinzelte Gefäße bzw. Scherben dieser Ware für Tiryns, Korakou, Zygouries, Mykene sowie Prosymna in der Ostpeloponnes, für Asea in Arkadien und für Kolonna auf Ägina anführen[12]. Dieser Liste können heute noch Ajia Marina in Mittelgriechenland, Tsoungiza bei Nemea und eventuell die Fundorte Pevkakia-Magoula und Argissa-Magoula in Thessalien hinzugefügt werden[13].

Die Fremdartigkeit der ritz- und einstichverzierten Keramik der Altis hatte bereits Fritz Weege 1911 veranlasst, Parallelen zu dieser Ware im adriatischen und italischen Raum zu suchen[14]. So kam er für den Befund der Apsidenhäuser zu folgendem Schluss: »Die Anfänge der prähistorischen Ansiedlung an Stelle des späteren Olympia können mindestens hoch ins II. Jahrtausend reichen. Diese Ansiedelung wurde vermutlich von einem Volk gegründet, das von Norden her eindrang und Spuren seiner Kultur längs der Ostküste der Adria z. B. in Bosnien hinterließ, vielleicht einem Zweig desselben Volksstromes, der kurz vor dem Ende der aeneolithischen Zeit auch die ganze italische Halbinsel

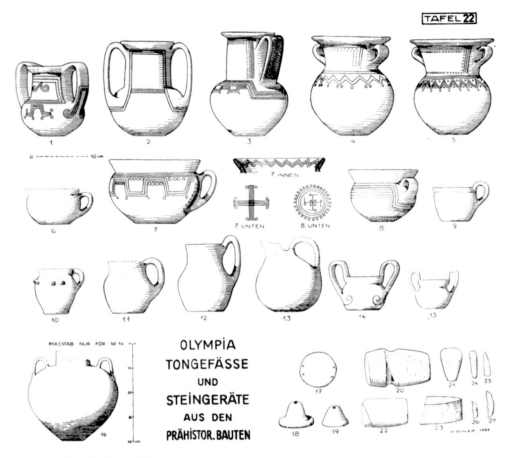

Abb. 2   Funde aus dem Apsidenhaus III

durchzog und dort die Palafitten und Terremaren anlegte.«[15]

In den sechziger und siebziger Jahren des 20. Jh. wiesen zuerst M. Cavalier und später auch L. Bernabò Brea auf die enge stilistische und morphologische Verwandtschaft zwischen der Keramik der Tarxien-Gräberfeld-Kultur Maltas und der fein ritz- und einstichverzierten Keramik der Altis von Olympia hin[16].

Überzeugende Anhaltspunkte für die Herleitung der FH III-zeitlichen ritz- und einstichverzierten Keramik aus einem enger begrenzten Gebiet der Balkanhalbinsel wurden in der deutschsprachigen Literatur erstmals 1986 von J. Maran vorgelegt[17]. An der dalmatinischen Küste und ihrem Hinterland hatte infolge intensiver Forschungstätigkeit nach dem zweiten Weltkrieg eine bis dahin unbekannte Kulturgruppe Gestalt angenommen, die nach ihren im Bereich der Cetina-Quelle liegenden hauptsächlichen Fundorten als Cetina-Kultur bezeichnet wurde[18]. Das bisher vorliegende Fundgut dieser Kultur ging im wesentlichen aus Hügelgräberbestattungen hervor; Siedlungsstellen sind dagegen noch kaum erforscht[19].

Charakteristisch für die Cetina-Kultur ist eine ritz- und einstichverzierte Keramik mit weißer Inkrustation[20]. Weitgehende Übereinstimmungen mit dem griechischen Pendant bestehen vor allem im Aufbau des Dekors und im Motivschatz dieser Ware, z.T. aber auch in den Gefäßformen[21]. Vergleichbar sind dabei vor allem getreppte, punktbegleitete Liniengruppen, rahmenartig vom umlaufenden Zierband umfahrene untere Henkelansätze, beidseitig ausschwingende antithetische Spiralhaken, hängende Treppenmotive und Winkelhaken sowie hängende, mit Einstichen oder Eindrücken gefüllte Dreiecke[22].

Trotz der hier greifbar werdenden engen Beziehungen wollte Maran in der ritz- und einstichverzierten Keramik aus FH III-Zusammenhängen keine Importstücke sehen, sondern vermutete, dass diese Ware eher im frühhelladischen Kulturbereich gefertigt wurde, wo man z.T. auch auf den vor Ort üblichen

Gefäßformenschatz zurückgriff[23]. Bei dieser Konstellation stellte sich natürlich die Frage, ob das Auftreten ritz- und einstichverzierter Keramik in der Stufe FH III, womöglich weitgehend beschränkt auf deren frühesten Abschnitt, ursächlichlich mit den großen Umwälzungen am Übergang von FH II zu FH III zusammenhinge oder eher als Folge dieses strukturellen Umbruchs zu werten wäre. Eine Möglichkeit bestünde darin, diesen 'Horizont' ritz- und einstichverzierter FH III-Ware auf der Peloponnes als Ergebnis von intensiverem Handelskontakt mit dem ostadriatisch-dalmatinischen Küstenstreifen sowie dem bosnischen und westserbischen Hinterland zu erklären[24]. Für genauso überlegenswert hielt Maran aber auch die Annahme, dass fremde Bevölkerungselemte aus dem nordwestbalkanischen Bereich in dieser Zeit in die Peloponnes eingewandert sein könnten[25].

Bedeutender noch als die Freilegung eines prähistorischen Dorfes mit Apsidenbauten schien für W. Dörpfeld die Entdeckung zu sein, die er während der Grabungskampagne 1929 im Bereich der klassischen Pelopion-Anlage im Herzen der Altis gemacht hatte.

Bei tiefreichenden Untersuchungen am Propylon im SW der fünfeckigen Einfriedung der Pelopion-Anlage war man in ungefähr 2 m Tiefe auf eine Reihe hochkant gestellter unbearbeiteter Steine gestoßen, die einen leichten Bogen zu beschreiben schienen[26]. In mehreren kleinen – ca. 2 auf 1 m großen – Tiefschnitten konnte Dörpfeld den Steinkreis im Westen und Norden des Pelopion bis zum westlichen Vorfeld des Apsidenhauses V verfolgen (Abb. 3)[27]. Östlich und südlich von Bau V sowie im Südabschnitt der klassischen Pelopion-Einfriedung erbrachten seine Tiefsondagen dagegen keine sichere Fortsetzung des Steinkreises[28]. In Loch 13, im Zentrum der Pelopion-Anlage eingetieft, wo heute noch der höchste Punkt einer schwachen hügelartigen Erhebung auszumachen ist, fand Dörpfeld direkt unter dem Schutt der Grabung des 19. Jahrhunderts in geringer Tiefe allein festen gewachsenen Lehmboden vor[29]. Den von ihm rekonstruierten Tumulus mit einem Basis-Durchmesser von ca. 31–34 m datierte Dörpfeld in die zweite Hälfte des 2. Jahrtausends – und somit in die mykenische Epoche –, obwohl er in seinen Tiefschnitten auf Höhe des Steinkreises keinerlei Scherbenmaterial hatte beobachten können[30].

Seine zeitliche Einschätzung des Tumulus basierte hauptsächlich auf dem Befund an der NO-Ecke des Pelopion. Dörpfeld ging nämlich davon aus, dass das Fehlen des mittleren Abschnittes des von ihm in die erste Hälfte des 2. Jahrtausends datierten Apsidenhauses V auf den später an dieser Stelle hindurchgezogenen Steinkreis des Tumulus zurückzuführen sei, der ja von Westen herkommend bis zu einem Punkt ca. 3 m westlich von Bau V nachweisbar zu sein schien (Abb. 3)[31].

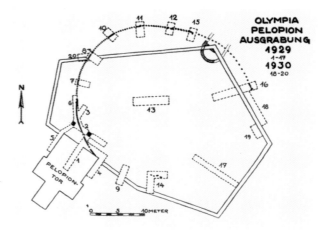

Abb. 3   Plan des Steinkreises und der Grabungsschnitte von 1929 und 1930 im Bereich des Pelopion

Die Datierung des Tumulus in die mykenische Zeit war für Dörpfeld von besonderer Bedeutung. Schien sich doch mit diesem, seinem Pelopion I, eine ungebrochene Kulttradition in der Altis von der Zeit der Apsidenhäuser bis zum Beginn des eisenzeitlichen griechischen Heiligtumes nachweisen zu lassen[32]. Denn Dörpfeld war der Ansicht, dass es sich bei den Apsidenhäusern nicht um Reste eines beliebigen prähistorischen Dorfes handele, sondern dass diese als Priesterwohnungen und Verwaltungsgebäude zu einem ältesten Heiligtum gehört haben müssten[33]. In dem Tumulus seines Pelopion I sah er den Grabhügel des Pelops, der seiner Überzeugung nach jedoch wohl nur ein Kenotaph ohne Grabkammer gewesen sein dürfte[34].

In der Nachkriegsforschung war diese Entdeckung Dörpfelds weitgehend in Vergessenheit geraten. Nur wenige Forscher folgten ihm in seiner These vom mykenischen Tumulus unter dem Pelopion[35]. Stattdessen wurde in den siebziger Jahren in deutschsprachigen Publikationen sogar die Meinung vertreten, dass es »wahrscheinlich zu keinem Zeitpunkt hier einen künstlichen oder natürlichen Hügel gegeben hat, dem der Steinkreis irgendwie gefolgt ist«[36]. Die Steinzeile sei wahrscheinlich ein Spiel der Natur und kein menschliches Werk aus mykenischer Zeit[37].

Von griechischer Seite wurde 1980 der Vorschlag gemacht, den Tumulus unter dem Pelopion als einen der üblichen frühmittelhelladischen Grabhügel anzusprechen, die zur Bestattung von sowohl gewöhnlichen Sterblichen als auch Hegemonen dienten[38]. Ausgehend von diesem Tumulus hätte sich bereits in prähistorischer Zeit ein Totenkult entwickelt, der schließlich zum Heroenkult des namentlich fassbaren Pelops und zur Herausbildung des religiösen und athletischen Zentrums von Olympia geführt hätte[39]. Bei dieser Theorie war freilich übersehen worden, dass die insgesamt drei in der Nähe der Apsidenhäuser bzw. beim Metroon zutage gekommenen prähistorischen Pithosgräber der Bestattung von Kleinkindern gedient hatten und zwei der drei mehr oder weniger weit außerhalb der Tumulus-Einfriedung angetroffen worden waren[40].

Besondere Aufmerksamkeit war schon früh dem Apsidenhaus IV der Altis zuteil geworden. Zum einen, weil Weege im Innenraum dieses Baues, auf einem Niveau ca. 35 cm unterhalb der Fundamentmauer eine mykenische Scherbe gefunden hatte, die ihn veranlasste, eine Fortdauer des Apsidenhäuserdorfes bis ins 13./12. Jh. v. Chr. anzunehmen[41]. Zum anderen, weil dieser Bau im Gegensatz zu den Apsidenhäusern II, III und V mit der Eingangsseite nicht nach Norden oder NO, sondern nach WSW, und damit ungefähr auf das Zentrum des Tumulus unter dem Pelopion, orientiert war und zudem an seiner nördlichen Innenwand eine Verstärkung der Mauer wie zur Aufnahme einer Bank zeigte[42]. Dörpfeld betrachtete Bau IV aufgrund des Fundes einer mykenischen Scherbe und des Fehlens von prähistorischer Keramik auf Fußbodenniveau als nicht vorhistorisch. Von ihm, aber nachfolgend auch von anderen Forschern war dieser Bau demzufolge mit dem frühen Heiligtum der geometrischen Zeit in Verbindung gebracht worden[43].

Noch älter als die von Dörpfeld und Weege im Umfeld des Pelopion geborgenen prähistorischen Funde waren Tonscherben, die zu Beginn der sechziger Jahre des 20. Jahrhunderts während der ausgedehnten Grabungen im Bereich des antiken Stadions von Olympia zum Vorschein gekommen waren. Gefäßfragmente aus den tiefsten ungestörten Schichten unter dem Stadion-Nordwall konnte E. Kunze zurecht der Stufe FH II und damit der Mitte des 3. Jahrtausends v. Chr. zuweisen[44]. Scherben dieser Zeitstellung fanden sich zudem in tiefen Abhüben der Grabung unter dem Neuen Museum von Olympia[45].

Nach den neuesten Forschungen zeichnet sich nun folgende Entwicklung für das Land am Zusammenfluss von Kladeos und Alpheios ab:

Eine gründliche Durchsicht des Materials aus der Stadion-Grabung führte zur Erkenntnis, dass dort wesentlich mehr prähistorische Keramik erfasst worden war, als bislang vermutet werden konnte[46].

Die älteste Keramik aus den tiefsten Schichten unter dem Stadion-Nordwall gehört zudem nicht der Stufe Frühhelladisch II an, sondern reicht bis ins Endneolithikum bzw. Chalkolithikum, d. h. bis ins 4. Jahrtausend v. Chr. zurück (Abb. 34 a–i, 36.). Olympia ist damit nach Ajios Dimitrios bei Lepreon erst der zweite Fundort im Nomos Elis, für den eine Besiedelung oder zumindest der temporäre Aufenthalt von Menschen für diese Zeit auf der Basis größerer Mengen keramischer Hinterlassenschaft nachgewiesen ist[47]. Interessanterweise kamen alle ca. 100 signifikanten Scherben endneolithischer Keramik allein in den Grabungsabschnitten A – K und somit unter dem Westteil des Stadion-Nordwalls zum Vorschein, mit einem allerdings deutlichen Fundschwerpunkt in den Abschnitten B und C-West[48]. Die dauerhafte oder temporäre endneolithische Siedlungsstelle dürfte demnach am ehesten an den auslaufenden SO-Hängen des Kronos-Hügels zu lokalisieren sein. Bei den Resten endneolithischer Keramik vom Stadion-Nordwall handelt es sich zumeist um Scherben von großen und tiefen Vorratsgefäßen, die mit einem Netz von aufgelegten Leisten überzogen waren. Daneben bestimmen vor allem tiefe steilwandige Schalen und bauchige, z. T. ebenfalls leistenverzierte Töpfe das Formenspektrum dieser frühen Keramik (Abb. 34 a–e)[49].

In den tiefen Ablagerungen unter dem westlichen Abschnitt des Stadion-Nordwalles hatten sich zudem, wie sich nun herausstellte, vereinzelte Scherben der Periode FH I gefunden, so z. B. Teile von großen sog. Fruchtständern, z. T. mit rotem poliertem Überzug versehen (Abb. 4)[50].

Die aus dem Bereich der Stadion-Nordwall-Grabung in unerwartet großer Zahl vorliegenden Reste von FH II-Keramik hatten zwar auch eher im Westen des Nordwalles ihren Fundschwerpunkt. Fragmente von FH II-Keramik waren jedoch in allen Teilen des Nordwalles, d. h. von Rasterstreifen A im Westen bis hinüber zu Rasterstreifen O am Ostende des Nordwalles in nicht unerheblicher Menge geborgen worden (Abb. 5)[51].

Wir wissen leider nicht, ob das endneolithische, das FH I-zeitliche und das FH II-zeitliche Fundmaterial in den tiefen Ablagerungen unter dem Stadion-Nordwall stratigraphisch voneinander abzusetzen gewesen wäre.

Bis auf einen Mauerzug waren zudem während der Grabung im Bereich des Stadion-Nordwalles keinerlei Reste von Bauten festgestellt worden, die mit den hier angesprochenen Zeiträumen in Verbindung zu bringen gewesen wären[52].

Die im Westteil des Stadion-Nordwalles angetroffenen Erdablagerungen mit endneolithischem bis FH II-zeitlichem Fundgut sind offensichtlich an vielen Stellen bis auf den gewachsenen Boden abgetragen worden[53]. Allerdings setzen sich diese Ablagerungen, nach Ausweis von Profilzeichnungen der Nordwall-Grabung, nach Süden zu abfallend unter der Laufbahn des antiken Stadions fort und ständen hier noch für eine gezielte Untersuchung bereit[54].

Die zwischen 1987 und 1994 am Pelopion, d. h. ca. 200 m westlich des Stadions, durchgeführten neuen Grabungen mit nahezu 40 angesetzten Schnitten erbrachten u. a. folgende wesentliche Ergebnisse (Abb. 6)[55]:

Unter dem klassischen Pelopion-Temenos besteht tatsächlich ein großer prähistorischer Tumulus. An seiner Basis, die mit einem Kreis aus hochkant gestellten großen Flusssteinen oder Mergelkalkbrocken eingefasst ist, hat er einen Dm von 27 m. Die sich hügelförmig erhebende Innenfläche war ursprünglich wohl gänzlich mit großen Bruchsteinplatten ausgelegt. Erhalten war dieser Steinbelag jedoch nur in tief gelegenen randlichen Abschnitten an der Ostseite des Tumulus – in unseren Flächen P17, P18 sowie P20 – und bestand dort zumeist aus plattenförmigem Mergelkalk-, z. T. aber auch aus Sandstein- und sogar Muschelkalkbruch (Abb. 7).

Zur Errichtung dieses Bauwerkes war eine natürliche Geländeerhebung ausgenützt worden, die sich hier als Ausläufer des Kronos-Hügels noch einmal zu einer in N–S-Richtung gestreckten rückenartigen Kuppe aufschwang[56]. Die rückenartige Gestalt dieser aus äußerst hartem gewachsenem Lehmboden bestehenden Erhebung war dafür verantwortlich, dass der Steinkreis des Tumulus von uns auf ganz unterschiedlichem Niveau angetroffen wurde (Abb. 8)[57]. Um in der Aufsicht eine tatsächlich nahezu kreisförmige Anlage des Steinkranzes zu erzielen, hatte der an der West- und Ostseite des Hügels sehr tief verlaufende Steinkreis von seinen Erbauern zur Überwindung des Rückens im Süden und zum Durchlaufen des Geländesattels im Norden auf ein deutlich höheres Niveau hinaufgeführt werden müssen[58]. So lagen die von uns festgestellten OK-Werte des Peribolos (Abb. 6) an der West- und Ostseite um -350 (Fl. P4) bzw. um -290 (Fl. P20), im Süden dagegen um -230 (Fl. P27) und im Norden um -215 (Fl. P5). An allen Seiten des Hügels war das unmittelbare Vorfeld außerhalb des Steinkreises zumindest noch leicht abschüssig. So ging z. B. der feste gewachsene Lehmuntergrund im östlichen Vorfeld des Hügels erst in einer Tiefe um -370/-380 in einen nach Osten zu ungefähr ebenen Verlauf seiner Oberfläche über. Zur Zeit seiner Errichtung erhob sich der Tumulus, sozusagen als Bekrönung eines natürlichen Hügels, deutlich aus der umgebenden Flussniederung. Wie hoch er ursprünglich war, ist nicht sicher zu bestimmen, da seine mit Steinplatten belegte Oberfläche nur in den tiefliegenden Randbereichen z. T. erhalten ist. Seine höchstgelegenen Stellen im Zentrum waren dagegen vermutlich bereits in prähistorischen Zeiten durch Steinraub und Erosion sowie möglicherweise auch in der Antike und im Zuge der Alten Grabung im Niveau abgesenkt worden. Im Zentrum des Tumulus wurde der gewachsene Lehmboden von uns direkt unter dem Schutt der Alten Grabung bereits in einer Tiefe um -125/-130 angetroffen (Abb. 9a. b).

In der gut erhaltenen östlichen Randzone des Tumulus war zu beobachten, dass die vermutlich künstlich eingebrachte Ablagerung von Lehm/Sand-Gemischen

Abb. 4   Frühhelladisch I-Keramik aus dem Bereich des Stadion-Nordwalles. Die Fragmente stammen von zwei 'Fruchtständern'. Das Gefäßteil mit Leistenzier hat die Inv. Nr. K 13786, das andere die Inv. Nr. K 13785 im Museum von Olympia

Abb. 5   Frühhelladisch II-Keramik vom Stadion-Nordwall

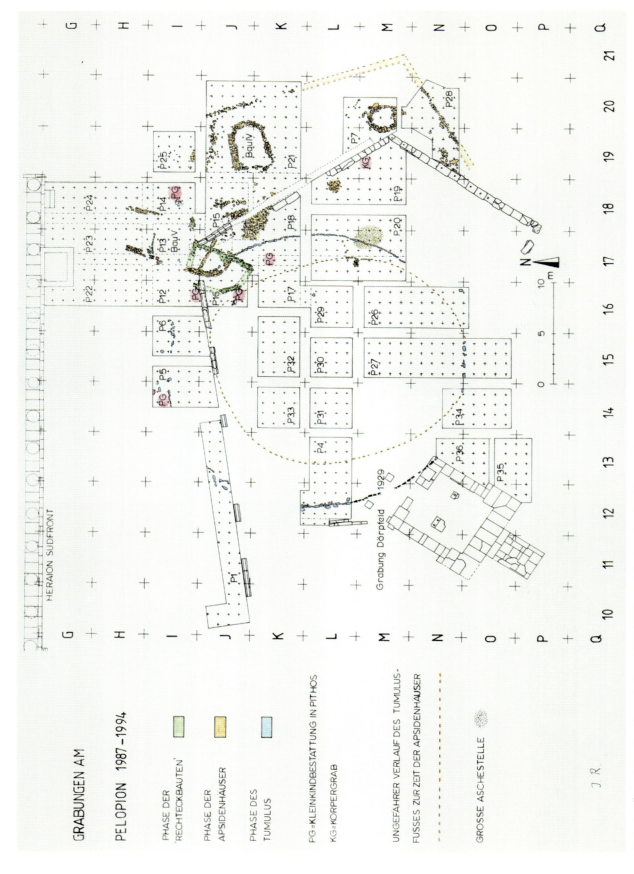

Abb. 6   Übersichtsplan der zwischen 1987–1994 am Pelopion durchgeführten Grabungen

zwischen festem Hügelgrund und den aufliegenden Steinplatten nur ca. 10-20 cm mächtig war (Abb. 9a. b). Überträgt man diese Werte auf das Zentrum des Hügels, so erreicht man, zusammen mit der zu berücksichtigenden Stärke der Steinplatten, eine Mindesthöhe des Tumulus-Zentrums um -100. Dies bedeutet, dass auf einer Strecke von 13 bis 14 m vom Steinkreis zum Hügelzentrum von folgenden *Mindestwerten* für die Höhenunterschiede ausgegangen werden muss: Von Norden her 1,15 m, von Süden her 1,3 m, von Westen her 2,5 m und von Osten her 1,9 m. Das Zentrum des Tumulus kann nach dem an der Ostseite zu beobachtenden Anstieg der Plattenbedeckung jedoch ohne weiteres 50 – 100 cm höher als die gesicherte Mindesthöhe von -100 gewesen sein.

Die Frage nach dem Alter des Tumulus lässt sich nach der neuen Grabung eindeutig beantworten. Er ist nicht mykenisch, sondern wurde rund 1000 Jahre früher in der Periode Frühhelladisch II errichtet, d.h. um 2600/2500 v.Chr. So trafen wir nicht nur zwischen und auf den Steinen der erhaltenen Tumulus-Bedeckung an der Ostseite des Hügels und auf dem außerhalb des Steinkreises nach Osten zu weiterhin abfallenden Hügelboden allein auf FH II-Scherben, sondern auch in den tiefen Schwemmsandschichten, die das Vorfeld des Hügels bedeckt und im Westen und Osten die tiefgelegenen randlichen Abschnitte des Tumulus bereits überzogen hatten (Abb. 10. 11)[59]. Zum Zeitpunkt, als die ersten FH III-Scherben in den tieferen Schwemmsandschichten abgelagert wurden, waren weite Teile der tiefer reichenden West- und Ostseite des Tumulus schon im Schwemmsand versunken.

Das hohe Alter des Tumulus wird ferner zweifelsfrei durch die mit den neuen Grabungen gewonnene Erkenntnis bestätigt, dass der Steinkreis in einer Tiefe von ca. 70 cm unterhalb des Fundamentes der Apsis des Baues V hindurchläuft, und diesen somit nicht geschnitten haben kann, wie noch Dörpfeld vermutete (Abb. 12. 13). Das Apsidenhaus V selbst kann nach neuesten Forschungen nicht später als in spätes FH III, d. h. um 2100/2050 v.Chr., datiert werden[60]. Es ist jedoch nicht nur rein niveaumäßig vom Steinkreis des Tumulus getrennt, sondern auch stratigraphisch[61]. Unter den Fundamenten von Bau V verläuft zuoberst eine weitgehend fundlose Schwemmsandschicht. Unter dieser folgt eine ebenfalls nahezu horizontal ausgebrei-

Abb. 7   Aufsicht auf den gut erhaltenen Abschnitt des Tumulus in Fläche P20

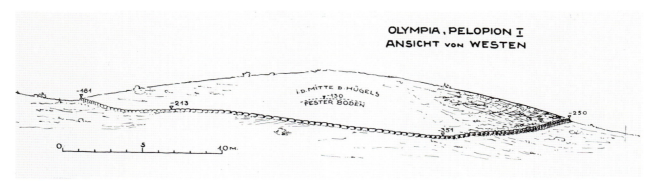

Abb. 8 Versuch einer Rekonstruktion des prähistorischen Tumulus unter dem Pelopion. H. Schleif in den dreißiger Jahren des 20. Jh.

tete Schicht aus sehr hartem, stark mit Kalkeinlagerungen durchsetztem, weitestgehend sterilem Lehm, die vermutlich auf eine längere Überschwemmung dieses Gebietes zurückzuführen ist. Darunter schließlich setzen die mächtigen Schwemmsandschichten ein, welche die tieferliegenden randlichen Abschnitte des Tumulus bedeckten und nur in ihren höchsten Ablagerungen noch FH III-Keramikreste aufwiesen. Die harte, mit zahlreichen Kalkeinlagerungen durchsetzte und nahezu sterile Lehmschicht war von uns in einem weiten Areal im Norden und Osten des Pelopion zu fassen.

Bemerkenswert ist, dass der Steinkreis des Tumulus überall unter dieser Lehmschicht verlief, wohingegen offensichtlich alle Apsidenhäuser mit ihren Fundamenten in der weitgehend sterilen Schwemmsandschicht über dieser Lehmschicht gründeten. Sicher nachgewiesen ist dies für die Bauten II, III, IV und V[62].

Bis auf Bau VII können alle Apsidenhäuser im Bereich der Altis nach ihrer stratigraphischen Position am oberen Ende der FH III-Ablagerungen und nach ihrem Keramikinventar dem späteren bis späten FH III zugewiesen werden[63].

Nach Ausweis der Bauten V, II und wohl auch III scheint die Apsidenhäusersiedlung in einer Brandkatastrophe zugrundegegangen zu sein[64]. Unmittelbar danach wurden über den Grundmauern der abgebrannten Apsidenbauten II und V sowie wohl auch über Bau I neue Häuser mit rechtwinkligen Ecken und ohne apsisförmiges Ende errichtet[65].

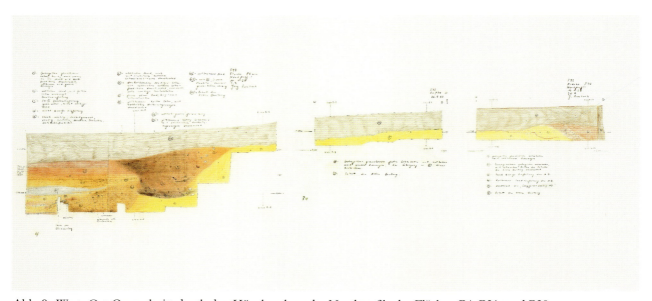

Abb. 9a West–Ost-Querschnitt durch den Hügel entlang der Nordprofile der Flächen P4, P31, und P30

Im Falle des Baues V, der von Dörpfeld und Weege 1908 ja lediglich zu einem geringen Teil aufgedeckt worden war und nun erst in der neuen Grabung zur Gänze freigelegt werden konnte, waren die Fundamentmauern des zerstörten Apsidenhauses z. T. sogar zur Errichtung des überlagernden Hauses mit rechtwinkligen Mauerecken weiterverwendet worden (Abb. 6. 14). Nach den Scherben aus dem Zerstörungshorizont dieses 'Rechteckbaues' zu urteilen, bestand das Haus über Bau V bis ins früheste Mittelhelladikum, d. h. wohl bis in eine frühe Phase von MH I [66].

Eine ähnliche Zeitstellung darf auch für die Reste von 'Rechteckhäusern' über Apsidenbau I und Apsidenbau II angenommen werden, die bereits während der Alten Grabung bzw. 1908 weitgehend freigelegt worden waren [67].

Mittelhelladisch II–III Scherben sind schließlich aus dem Bereich der Altis allenfalls in zwei bis drei Exemplaren vertreten, die sich ohne genauen Fundstellennachweis unter dem prähistorischen Fundgut der alten Grabungen fanden. Dennoch wurde die Siedlung im Bereich der Altis in der Stufe MH I offensichtlich nicht aufgegeben oder verlassen, sondern, um der Überschwemmungsgefahr zu begegnen, nur in höher gelegenes Gelände verlagert. Dieses wurde anscheinend am auslaufenden Südosthang des Kronos-Hügels und an dem sogenannten Sandsteinhügel im Bereich des Überganges von Stadion-Nordwall zu Stadion-Ostwall gefunden, wovon zahlreiche MH II–III und z. T. sogar schachtgräberzeitliche Scherben der Stadion-Grabung zeugen. Einige sind hier erstmals vorgelegt (Abb. 35 a–j) [68].

Nun stellt sich natürlich die Frage: In welchem Kontext steht der große FH II-Tumulus von Olympia und zu welchem Zweck mag er errichtet worden sein?

Zuerst wäre zu sagen, dass er in Olympia weitaus weniger isoliert ist, als dies nach den bislang publizierten Forschungsergebnissen zu erwarten wäre [69]. Denn neben den zahlreichen Funden von FH II-Keramik aus dem Bereich des Stadion-Nordwalles sind Vorkommen von Scherben dieser Zeit aus tiefen Schichten im Bereich des nordwestlich vom Pelopion gelegenen Prytaneion nachgewiesen [70]. Des Weiteren ist bei den Grabungen im Areal des Neuen Museums von Olympia, ca. 450 m nördlich der Altis im Tal des Kladeos gelegen, weitaus mehr FH II-zeitliches Scherbengut geborgen worden, als bislang bekannt gegeben war [71].

Schließlich konnte der Verfasser 1994 in Hanglagen der Flur Trani Lakka, ca. 250 m nordöstlich des Neuen Museums, eine Fundstelle mit FH II-Keramik ausfindig machen [72]. Mehrere dort von der Leiterin der 7. Ephorie in Olympia, Frau Xeni Arapojanni, daraufhin angesetzte kleine Probeschnitte erbrachten direkt unter der modernen Oberfläche mit Ausnahme von wenigen

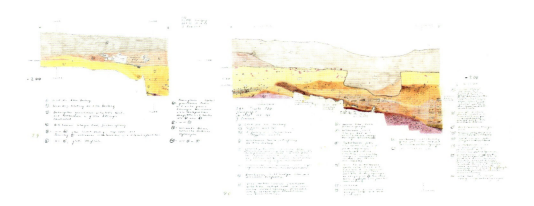

Abb. 9b   West–Ost-Querschnitt durch den Hügel entlang der Nordprofile der Flächen P29 und P20

Abb. 10 Nordprofil von Fläche P20

Abb. 11 Frühhelladisch II-Scherben von der Oberfläche des Tumulus in Fläche P20

Abb. 12 Der Steinkreis des Tumulus unter der Apsis von Bau V und unter Mauer a (Ostmauer) des 'Rechteckbaues'

hellenistisch/römischen Scherben einen reinen FH II-Befund, und zwar wohl einen Siedlungsbefund[73]. Erstaunlich große Mengen von Keramik dieser Zeitstellung konnten zwischen Resten von wenigen Mauerzügen aufgelesen werden, die offensichtlich durch Bachrinnen und Hangrutsch aus ihrer ursprünglichen Position gebracht worden waren (Abb. 15)[74].

Die weite Streuung von FH II-Fundstellen in der näheren Umgebung der Altis zeigt, dass das Land an der Einmündung des Kladeos bereits um die Mitte des 3. Jahrtausends v. Chr. intensivem menschlichem Einwirken ausgesetzt war[75].

Der FH II-Tumulus unter dem Pelopion ist nicht nur das bislang älteste bekannte Bauwerk von Olympia überhaupt, sondern auch der älteste der großen bronzezeitlichen Tumuli des helladischen Raumes, lässt man einmal den merkwürdigen Befund des Ampheion-Hügels bzw. der Ampheion-Erdpyramide bei Theben außer Acht[76]. Nirgendwo ließen sich auf und in unserem, allerdings in weiten Teilen seiner ursprünglichen Oberfläche beraubten Hügel unter dem

Abb. 13 Steine der Tumulusbegrenzung im Bereich unter der Westhälfte der Apsis von Bau V. Aufnahme von Osten. Der westliche Abschnitt von Fläche P16 wurde zum Zeitpunkt der Aufnahme bereits wieder zugeschüttet

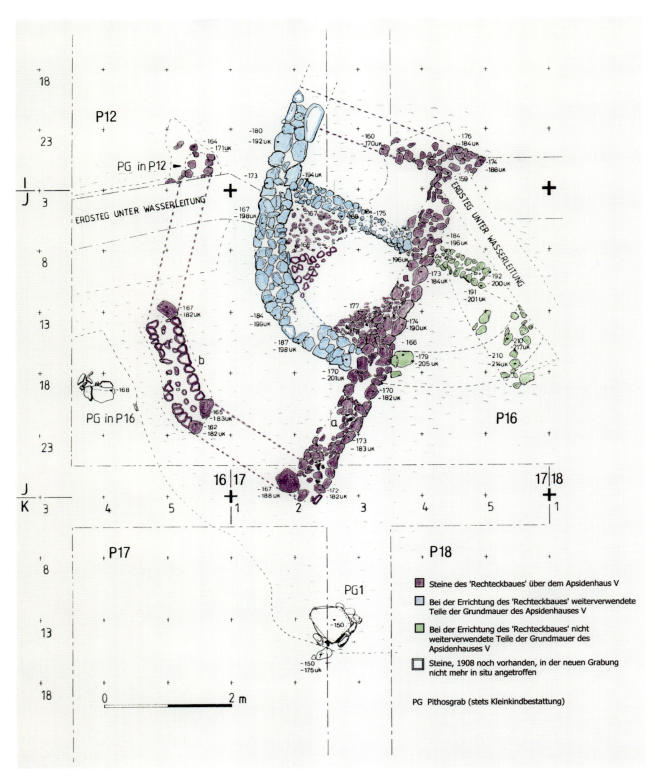

Abb. 14 Plan des 'Rechteckbaues' über dem Apsidenhaus V

Abb. 15 Frühhelladisch II-Keramikreste von Trani Lakka

Pelopion Spuren einer Grablegung feststellen. Auf der Suche nach einer eventuell vorhandenen unterirdischen Grabkammer waren von uns im weiteren Zentrum der Tumulus-Erhebung quadratmeterweise über 4 m tiefe Bohrungen in den Hügellehm getrieben worden, die jedoch stets nur gewachsenen Lehmboden zutage förderten. In den Bereichen, in denen die ursprüngliche Oberfläche des Tumulus noch erhalten war, fehlten z. B. Scherben von großen Pithoi, die ähnlich wie in den Tumuli der R-Gräber auf der Insel Lefkas als Leichenbehälter hätten gedient haben können[77].

Die R-Gräber von Steno auf Lefkas stellen zudem die einzigen bislang bekannten Grabtumuli der Stufe FH II dar[78]. Sie unterscheiden sich mit ihren Basis-Dm zwischen 2,7 m und 9,6 m und in ihrer Struktur allerdings deutlich von dem Monumental-Tumulus unter dem Pelopion[79].

Grabtumuli treten im helladischen Raum ansonsten erst gegen Ende von FH III in Erscheinung und erfahren im Mittelhelladikum eine weite Verbreitung[80].

Allein der Tumulus, der in Lerna in der Argolis ganz am Ende der Periode FH II über dem in einer Feuersbrunst zugrunde gegangenen letzten monumentalen Korridorhaus errichtet wurde, ist mit dem in der Altis in mehreren Punkten vergleichbar[81]. Wie der Tumulus in Olympia war der an seiner Basis 19 m im Durchmesser weite Hügel über dem 'House of the Tiles' mit einem Peribolos aus Feldsteinen begrenzt und an seiner Oberfläche mit, allerdings kleinformatigem, Steinmaterial bedeckt. Ähnlich wie in Olympia wurde eine bereits vorhandene Erhebung, hier der Schutthaufen des abgebrannten Korridorhauses, zur Anlage des Tumulus ausgenutzt. Wie am Pelopion von Olympia ließen sich keinerlei Anzeichen einer Grablegung beobachten.

Forsén bezeichnete die Tumuli von Olympia und Lerna, die frühesten großen Anlagen dieser Art des helladischen Raumes, als 'Ritual-Tumuli', d. h. als nicht zu Bestattungszwecken errichtete und ursprünglich genutzte Tumuli[82].

Es stellt sich nun natürlich die Frage, ob es direkt auf der Oberfläche unseres Tumulus in der Altis mit noch erhaltenem Steinplattenbelag oder auf der ursprünglichen Begehungsfläche im unmittelbaren Vorfeld des Steinkreises irgendwelche Anzeichen gab, die die vermutete Nutzung als 'Ritualtumulus' wahrscheinlicher machen könnten.

Fragmente von frühhelladischen Tierfigurinen aus Terrakotta fehlten völlig. Auffällig ist jedoch, dass in Schnitt P 20 am Ostrand des Tumulus, wo die größte zusammenhängende Fläche des ursprünglichen Plattenbelages vorgefunden worden war, ungefähr ein Drittel der dort auf oder zwischen den Steinplatten des Tumulus oder in dessen unmittelbarem Vorfeld aufgesammelten signifikanten Scherben aller FH II-Gattungen auf Fragmente von vielen verschiedenen Saucieren in feiner Ware entfielen[83]. Zwei Scherben ließen sich sicher Askoi zuweisen und zwei gehörten zu Krügen feiner Machart[84]. Der Rest bestand zum größten Teil aus Fragmenten von kleinen Schälchen, Ringfußschälchen und Näpfen. Lediglich drei Stücke waren als Teile von geschlossenen Gefäßen wie kleineren Amphoren, Hydrien oder weitmündigen Krügen zu identifizieren. Erstaunlich gering war der Anteil von weiten, tiefen und dickwandigeren Schalen mittelfeiner bis grober Machart. Er lag nur bei ungefähr 10%.

Diesbezügliche statistische Daten aus FH II-Siedlungen liegen leider in nicht allzu großem Umfang vor. In den neueren Grabungen in der Unterburg von Tiryns betrug jedoch z. B. der Anteil der 'Groben Küchenware' im Keramikaufkommen aller FH II-Fundhorizonte (1-8b) stets mehr als 20% (21,1 – 36,0%). Der entsprechende Anteil der 'Pithoi' schwankte in Tiryns zwischen 0,6 % und 6,8 %[85].

Brand- oder Aschestellen suchten wir im Bereich der noch erhaltenen Oberfläche des Tumulus oder auf den zugehörigen FH II-Vorfeldniveaus vergeblich. Tierknochenreste waren im Bereich der erhaltenen ursprünglichen Oberfläche des Tumulus nur in verschwindend geringer Zahl, und zumeist auch nur in Form von winzigen bis kleinen Splittern zu beobachten. Etwas zahlreicher waren da schon die Mollusken, Teile von Meeresmuscheln oder Seeschneckengehäusen. Als überraschend groß stellte sich jedoch die Menge der dort aufgesammelten Landschneckengehäuse heraus, die offensichtlich alle entweder der Spezies Helix (figulina Rossmässler?) oder der Spezies Helix (cincta Müller?) angehören, die beide gemeinhin als Weinbergschnecken bekannt sind. Allein in Fläche P 20 waren in den FH II-Ablagerungen über 100 dieser großen Schneckengehäuse aufgelesen worden[86]. In den FH III-Schichten, wie z. B. auch im Horizont der Apsidenhäuser, wurden Gehäuse dieser beiden heute noch in Griechenland heimischen Schneckenarten dagegen nur äußerst sporadisch vorgefunden. Dass Schnecken im Neolithikum und der Frühbronzezeit des helladischen und ägäischen Raumes zur Nahrung dienten, belegen z. B. Befunde in der Kitsos-Höhle und in der neolithischen Siedlung von Nea Makri, beide in Attika, sowie in der FH II-Siedlung von Zygouries nahe Korinth und in der FK II-Siedlung von Skarkos auf der Insel Ios[87].

Die auf dem Tumulus vorgefundene überwiegend feine Keramik könnte bei kultischen Feiern benutzt worden sein, in deren Verlauf Muscheln und Schnecken auf dem Hügel als Opfer dargebracht und in einem rituellen Gelage verspeist wurden[88]. Falls es dort tatsächlich solche Feiern gegeben haben sollte, hätten sie wohl im Frühjahr und/oder im Herbst stattgefunden. Die Landschnecken kommen nämlich erst im März, mit dem Einsetzen des Frühlings wieder aus dem Erdreich an die Oberfläche. Zu Beginn der heißen Jahreszeit, d. h. bereits ab Mitte April, ziehen sie sich erneut in den feuchteren Untergrund zurück und sind erst wieder im Herbst für einige Zeit an der Erdoberfläche zu sehen[89]. Die im Winter trächtigen Tierchen mit ihren im Erdreich heranreifenden zahlreichen Jungen könnten durchaus als Symbol für den Beginn des Frühlings, für das Wiedererwachen der Natur und für Fruchtbarkeit im allgemeinen gegolten haben.

In diesem Zusammenhang darf nicht ganz übersehen werden, dass nach dem Zeugnis antiker Schriftsteller am unteren Südhang des Kronos-Hügels mehrere Kultstätten weiblicher Gottheiten wie Ge, Themis, Eileithyia und Aphrodite Urania lagen, die nichts mit dem Zeus-Kult zu tun hatten und mit ihrem mütterlich-fruchtspendenden und chthonischen Charakter allgemein als vorgriechisch gelten[90].

Nach dem Untergang der FH II-Kultur, der auch im Bereich von Olympia starke Veränderungen nach sich zog, war die Stelle der späteren Altis in der ersten Hälfte von FH III nicht besiedelt, sondern möglicherweise nur von den Leuten begangen, die in der frühen FH III-Apsidenhäuser-Siedlung unter dem Neuen Museum von Olympia wohnten[91].

Erst in der zweiten Hälfte von FH III, d.h. um 2150/2100 v. Chr., kam es nördlich bis östlich des großen Tumulus zur Anlage einer Siedlung aus Apsidenhäusern[92]. Deren Bewohner benutzten neben einheimischen FH III-Tonwaren eine ebenfalls örtlich hergestellte, dunkelbraun geglättete ritz- und einstichverzierte Ware, die sie mit fremdländischen, nicht helladischen, Dekormotiven versahen[93]. Als Herkunftsgebiet dieser Motive kommt vor allem das dalmatinische Küstengebiet um Split in Frage, in dem zu dieser Zeit die sogenannte Cetina-Kultur verbreitet war. Deren Ausläufer erstreckten sich bis in das Karstgebiet von Triest im Norden, nach Bosnien und Westserbien im Osten sowie Montenegro im Süden[94].

In den letzten Jahren sind allerdings auch in Unteritalien, in Apulien, einige Fundorte bekannt geworden, die mit der Cetina-Keramik zu verbindende ritz- und einstichverzierte Ware erbrachten. Diese Keramikreste erscheinen dort als Fremdkörper im einheimischen Keramikbestand, und zwar in erster Linie im Fundmilieu der sog. Fazies Laterza Cellina San Marco[95]. Hervorzuheben ist vor allem die küstennahe Siedlung von Rutigliano-'Le Rene' bei Bari, aus der eine ganze Reihe von Scherben mit den verschiedensten Dekormotiven vorliegen, die Parallelen in der Keramik der Cetina-Kultur, aber, und gerade auch, in der von Olympia haben[96]. Es scheint, als hätten die Träger der Cetina-Kultur in Unteritalien, auf der Insel Ognina vor der Ostküste Siziliens und an der Westküste der Peloponnes Stützpunkte unterhalten, um ihren offensichtlich bis nach Malta reichenden Seehandel im südadriatischen und ionischen Meer zu sichern.

Dass die Kontakte von Olympia zur Cetina-Kultur zumindest teilweise über Süditalien vonstatten gegangen sein dürften, zeigen nicht nur die Parallelen, die sich für nahezu alle bislang vorgelegten ritz- und einstichverzierten Scherben aus Rutigliano-'Le Rene' im Fundort Olympia-Altis finden lassen, sondern auch Elemente, die zwar aus Süditalien bekannt sind, jedoch nicht aus dem Verbreitungsgebiet der Cetina-Kultur auf dem Westbalkan[97]. Dabei handelt es sich zum einen um aufgesetzte Dorne oder Knöpfe auf der Oberseite von Bandhenkeln ritz- und einstichverzierter Gefäße aus den neuen Grabungen am Pelopion[98]. Zum anderen um Scherben, die in den Motiven ihres Ritz- und Einstichdekors mit einheimisch-süditalischer Keramik zu vergleichen sind. So z. B. ein Schulterfragment wohl einer Trichterrand-Schale mit vertikalem Ringhenkel aus der Altis von Olympia (Abb. 16. a. b)[99]. In seinem für Olympia außergewöhnlichen Ritzdekor aus waagrechten Zonen, die mit Zickzackbändern und einzelnen bzw. doppelten Einstichpunkten ungefähr im Zentrum jedes Zickzack-Dreieckes gefüllt sind, findet es eine gute Entsprechung in einem Gefäß der Fazies Laterza-Cellino San Marco aus der Grotta Cappuccini bei Galatone (Abb. 17)[100].

Dass das fremde Bevölkerungselement in der FH III-Siedlung der Altis zumindest eine bedeutende Rolle spielte – wenn es die Siedlung nicht gar unter ihrer Kontrolle hatte – geht meines Erachtens aus der Tatsache hervor, dass wir hier in Olympia, und nur in Olympia, mehrere Gefäße einheimischer grauminyscher Ware haben, die Dekormotive der Cetina-Kultur tragen und in einem Fall sogar die fremde Gefäßform übernehmen. Dabei ist zu berücksichtigen, dass die zu dieser Zeit in Mittel- und Südgriechenland weit verbreitete grauminysche Ware zur qualitätsvollsten Keramik dieser Periode gehört und an allen anderen Fundorten zumeist nur marginale Verzierung in Form von horizontalen Rillen oder Riefen aufweist[101]. Bei den grauminyschen Stücken mit Cetina-Motiven aus der Altis handelt es sich – abgesehen von den zahlreichen Kantharoi mit zwei antithetisch ausschwingenden Spiralhaken am unteren Bandhenkelansatz (Abb. 18)[102] – um ein kleines Fußgefäß, das bereits während der Alten Grabung nordöstlich vom Zeus-Tempel gefunden worden war (Abb. 30)[103]. Ferner um ein Zylinderhalsgefäß mit zwei unterrandständigen vertikalen Ringhenkeln und eingeritztem Rahmenmotiv auf dem Hals, das weitgehend den beiden braun polierten Gefäßen dieser Form aus Bau III von Olympia entspricht (Abb. 19)[104]. Die restlichen Stücke entfallen auf Scherben, unter denen vor allem diejenige mit dem für den helladischen Raum und den hier behandelten Zeitabschnitt erstmals belegten Bogenmuster mit Zentralkreis hervorzuheben ist (Abb. 20. 21)[105]. Dieses ungewöhnliche Motiv begegnet uns sowohl im Verbreitungsgebiet der Cetina-Kultur im Ostadriagebiet als auch in Apulien, in Rutigliano-'Le Rene' (Abb. 23, 1–4)[106].

Zur Zeit der Apsidenhäuser war der Steinkreis des Tumulus an dessen West-, Nord- und Ostseite bereits tief im Schwemmsand begraben. Die höheren Abschnitte des Tumulus, auf denen auch noch Teile der Plattenbedeckung erhalten gewesen sein könnten, hoben sich jedoch weiterhin deutlich als Hügel vom umgebenden flachen Gelände ab (Abb. 6)[107]. Selbst der

Steinkreis könnte im Süden eventuell noch sichtbar gewesen sein[108].

Nur auf den ersten Blick mag erstaunlich sein, dass der Tumulus offensichtlich selbst für die Bewohner der Apsidenhäuser noch von besonderer, wohl kultischer Bedeutung war. Denn in der Heimat der Träger der Cetina-Kultur dienten große Tumuli zum Zwecke der Bestattung[109]. Die meisten unter den publizierten Funden dieser Kultur stammen aus Tumulusnekropolen. In den Grabhügeln wurden sowohl Steinkisten mit Körperbestattungen als auch Brandbestattungen in Urnen beobachtet. Manche Tumuli scheinen sogar ausschließlich zur Brandbestattung gedient zu haben[110]. Es ist aus diesem Grund nicht einmal auszuschließen, dass es im höher gelegenen Teil des großen Tumulus in der Altis von Olympia während der Zeit der Apsidenhäuser zu Grablegungen gekommen ist, von denen wir wegen des erodierten oder gekappten Hügelzentrums keine Spuren mehr fanden.

Merkwürdig war aber vor allem eine Anlage, die wir in Fläche P 20 an der Ostseite des Tumulus am zur Zeit der Apsidenhäuser gültigen Hügelfuß antrafen (Abb. 6. 22. 24). Hier bestand eine niedrige, grob rechteckige Steinsetzung mit einer Länge von ca. 70 cm und einer Breite von ungefähr 50 cm, die mit ihrer Längsachse nach Westen zu genau auf das Zentrum des Tumulus wies (Abb. 22. 24)[111]. Direkt östlich vor dieser Steinsetzung aus unbearbeiteten Feld- oder Flussgeschiebesteinen war eine nach Osten hinabführende Stufe eingezogen. Gebildet wurde diese mit Hilfe einer in Nord-Süd-Richtung 2,6 m langen, mehr oder weniger geraden Reihe aus kleineren bis größeren Steinen, die stellenweise durch hochkant im Boden steckende Pithos-Scherben ersetzt waren (Abb. 22. 24). Unmittelbar östlich vor der rechteckigen Steinsetzung und direkt unterhalb der Stufe fand sich in situ ein Miniatur-Flachbeil aus Bronze (Abb. 22. 25)[112].

Diese Anlage mit ihrer sehr zierlich ausgeführten Stufe, ihrer Lage am Fuße des Hügels und der Ausrichtung der Längsachse der rechteckigen Steinpackung auf das Zentrum des Tumulus kann kaum zu irgendeiner handwerklichen Tätigkeit gedient haben, sondern dürfte mit einiger Sicherheit auf Erfordernisse eines Kultes zurückgehen.

Denn ungefähr 1 m östlich der Stufe setzte ein in West-Ost-Richtung ca. 1,5 m breiter und in N-S-Richtung etwa 2,5 m langer grob-ovaler Ascheflecken ein, an dessen Südostrand, wiederum in Asche, fünf in situ zerbrochene Tongefäße lagen (Abb. 22)[113]. Dabei handelte es sich neben einem Pithos mit Trichterrand um eine im Stile der Cetina-Gefäße ritz- und einstichverzierte einhenklige Schale mit Trichterrand (Abb. 26), um eine dunkle geglättete Trichterrandschale mit zwei vertikalen Ringhenkeln auf der Schulter (Abb. 27), um eine bauchige Amphore und um ein Schmauch- oder Räuchergefäß, das in seiner Form für prähistorische Epochen in Griechenland hier erstmals belegt ist (Abb. 28). Dass wir es mit einem Gefäß zum Räuchern zu tun haben, konnten wir nach modernen Parallelen erschließen. Denn bis in das 20. Jahrhundert hinein wurden auf den Kykladen Gefäße genau dieser Form mit brennendem Viehdung im Innern zum Schmauchen, d. h. Betäuben und Vertreiben von Bienen benutzt, um sich gefahrlos den Bienenkörben nähern zu können (Abb. 29)[114]. Hier im FH III-zeitlichen Olympia dürften in mutmaßlich kultischem Zusammenhang jedoch wohl angenehmer duftende Substanzen zum Räuchern benutzt worden sein.

Etwas weiter entfernt waren nördlich des großen Ascheflleckens noch drei weitere ganz erhaltene Gefäße zum Vorschein gekommen, ein tiefer weitmündiger Topf und zwei Krüge, einer sehr stark verbrannt.

Schon allein die Tatsache, dass sich hier östlich der Steinsetzung mit zugehöriger Stufe auf freiem Feld mehrere ganz erhaltene oder wieder nahezu komplett zusammensetzbare Tongefäße fanden, war äußerst ungewöhnlich.

Zudem wurden im weiteren östlichen Vorfeld vor der Steinsetzung an vielen Stellen kleinere Aschefllecken oder Partien beobachtet, an denen der Lehmboden rot verbrannt war. Diese Brandstellen können in Zusammenhang mit kultischen Feiern entstanden sein, sie mögen aber auch von der Feuerkatastrophe herrühren, der das Apsidenhäuserdorf zum Opfer fiel. Dabei muss diese nicht unbedingt von kriegerischen Auseinandersetzungen hervorgerufen worden sein. Es kann sein, dass ein Wald- oder Buschbrand über das Gelände unterhalb des Kronos-Hügels hinwegzog und das Apsidenhäuserdorf einäscherte[115]. Merkwürdig ist auf jeden Fall, dass man ein wertvolles, leicht

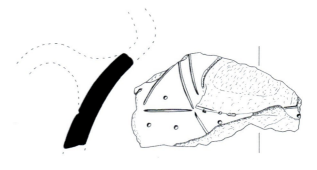

Abb. 16 a. b Schulterfragment eines Gefäßes (wohl Trichterrandschale mit einem vertikalen Bandhenkel) der dunklen fein ritz- und einstichverzierten Ware aus der Altis von Olympia. Aus den Grabungen von Dörpfeld 1907-1909 ohne genaue Fundstellenangabe. M. 1:2

Abb. 18 Ritzverzierter grauminyscher Kantharos aus dem Apsidenbau VI; Museum Olympia Inv. Nr. K 1220.

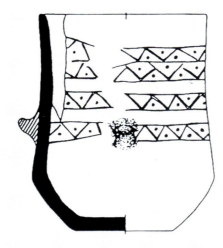

Abb. 17 Ritz- und einstichverziertes Gefäß der Fazies Laterza-Cellino San Marco aus der Grotta Cappuccini bei Galatone. M. ca. 2:3

Abb. 19 Die beiden dunklen fein ritz- und einstichverzierten Gefäße mit zwei halsständigen Ringhenkeln aus dem Apsidenhaus III (Museum Olympia Inv. Nr. K 1208 und K 1209) und ihr Gegenstück in grauminyscher Ware aus einer Grube in Fläche P5.

Abb. 20 Einige der ritz- bzw. ritz- und eindruckverzierten grauminynischen Scherben aus den neuen Grabungen am Pelopion

Abb. 21 Ritzverzierte grauminysche Scherbe aus dem aschigen Zerstörungshorizont außen (westlich) vor dem nördlichen Abschnitt der westlichen Längsmauer von Bau V

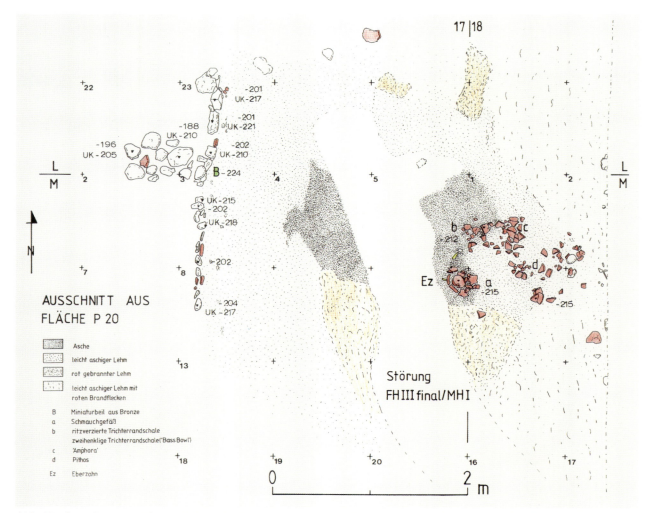

Abb. 22 Ausschnitt aus Fläche P 20 und P 20 Westerweiterung: Steinsetzung mit Stufe, Fundstelle des Miniatur-Flachbeiles aus Bronze, große Aschestelle mit zerbrochenen Tongefäßen

Olympia. 2500 Jahre Vorgeschichte

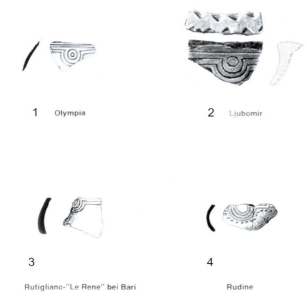

Abb. 23, 1-4 Gefäßfragmente mit eingeritztem Bogenmuster und Zentralkreis; 1: grauminysche Scherbe aus Olympia, bei Apsidenbau V; 2: Ljubomir; 3: Rutigliano „Le Rene" bei Bari; 4: Rudine. M. verschieden

Abb. 25 Miniatur-Flachbeil aus Bronze, direkt östlich der Steinsetzung mit Stufe in Fläche P20 gefunden

Abb. 24 FH III-zeitliche Steinsetzung mit Stufe an der Ostseite des Tumulus in Fläche P20

Abb. 26 Fein ritz- und einstichverzierte einhenklige Trichterrandschale von der großen Aschestelle in Fläche P20

Abb. 27 Trichterrandschale mit zwei vertikalen Bandhenkeln (Bass bowl) von der großen Aschestelle in Fläche P20

mitzunehmendes Miniatur-Bronzebeilchen und z. T. außergewöhnliche Tongefäße vor der Steinsetzung mit Stufe liegenließ.

Es stellt sich der Eindruck ein, als hätten die Bewohner des Apsidenhauses hier mit einem Opfer noch einmal versucht, mit göttlicher Hilfe ein drohendes Unheil abzuwehren, und kurz darauf dennoch fluchtartig die Siedlung verlassen müssen[116].

10–15 m südlich des Apsidenhauses IV, das mit seinem Westeingang und seiner Längsachse genau auf das Zentrum des großen Tumulus orientiert ist, stieß H. Kyrieleis auf einen aus großen groben Bruchsteinplatten errichteten, sehr tief im Sand gründenden Rundbau mit einem äußeren Dm von 3 bis 3,5 m, in dessen Innerem nichts außer Sand angetroffen wurde (Abb. 6. 22. 31)[117]. Unserer Meinung nach dürfte dieses Bauwerk, das von von Osten her einen Zugang zu haben scheint, am ehesten als Auskleidung und Überbauung eines Grundwasserloches zu interpretieren sein. Mit dieser Einfassung aus Stein konnte das Wasserloch offen gehalten, d. h. das Nachrutschen von Sand verhindert werden, und durch eine Abdeckung, z. B. mit Holz und Häuten, auch sauber gehalten werden.

Das Apsidenhaus IV war im Norden und Osten von langgestreckten, geradlinigen Schüttungen aus z. T. recht großen Bruch- und Feldsteinen umgeben, wobei die östliche Schüttung sich weit nach Süden verfolgen ließ (Abb. 6. 32. 33)[118]. Eine ununterbrochene Steinschüttung gleicher Art wurde auch im Süden des als Wasserloch-Schutz gedeuteten Rundbaues in Fläche P 28 festgestellt, die südöstlich von letzterem mit hoher Wahrscheinlichkeit auf die von Bau IV herkommende Schüttung gestoßen sein dürfte (Abb. 6. 33). Diese linearen Steinschüttungen könnten einfach zur Markierung eines Bereiches um Bau IV und das Wasserloch herum gedient haben. Sie könnten aber auch als niedrige Terrassenstützmäuerchen eine etwas erhöhte Erdaufschüttung im Bereich von Bau IV und dem Wasserloch gewährleistet haben. Nicht auszuschließen ist jedoch die Möglichkeit, dass die Steinschüttungen zur erdnahen Stabilisierung eines Zaunes aus Buschwerk oder Schilfrohrgeflecht angebracht worden waren[119].

Auf jeden Fall scheint das Umfeld um Bau IV und das Wasserloch im Norden, Osten und Süden mehr oder weniger begrenzt und vom restlichen Dorf abgesetzt gewesen zu sein, während es sich zu dem, zur Zeit der Apsidenhäuser immer noch einen Basisdurchmesser von ca. 20 m aufweisenden großen Tumulus hin fast fächerartig öffnete (Abb. 6).

Dies kann nur bedeuten, dass Bau IV und das Wasserloch im östlichen Vorfeld des Hügels in einer besonderen Beziehung zu diesem standen.

Bau IV mit seiner eventuell als Bank genutzten Verstärkung der Nordmauer könnte zur Aufbewahrung von Kultgerät gedient haben und die Verwendung von Wasser ist schließlich in vielen Fällen als Teil der Kultpraxis in griechischen Heiligtümern bezeugt[120].

Der große Tumulus, die Steinsetzung mit Stufe, das vor letzterer liegende Miniatur-Bronzebeil, der große sich nach Osten zu anschließende Aschefleck, die bei diesem liegenden Tongefäße – darunter ein Räuchergefäß –, das mit seinem Eingang auf das Zentrum des Tumulus weisende Apsidenhaus IV, das ummauerte Wasserloch und die Einfriedung und Abgrenzung des östlichen Tumulusvorfeldes gegenüber dem restlichen Dorf sind unserer Ansicht nach Zeugnisse der Existenz eines FH III-zeitlichen organisierten Kultplatzes oder gar 'Heiligtums' in Olympia[121].

Nach der Brandzerstörung des Apsidenhäuserdorfes ganz am Ende von FH III wurden direkt über den Bauten V, II und wohl I neue 'Rechteckbauten' errichtet, in denen z. T. die alte Bausubstanz weiterverwendet wurde[122]. Auch Haus IV stand nach einigen notdürftigen Ausbesserungen im Eingangsbereich weiterhin in Benutzung, und zwar nun vermutlich als Wohnhaus[123].

Im Gegensatz zu den Bewohnern des Apsidenhäuserdorfes scheinen die nachfolgenden Dorfbewohner den Respekt vor dem Tumulus verloren zu haben. Denn im nordwestlichen, nördlichen und nordöstlichen Randbereich des Tumulus, d. h. in der Nähe der Häuser, wurden nun große Gruben zur Lehmgewinnung eingetieft, die nachfolgend mit dem abgeräumten Brandschutt der Apsidenhäuser verfüllt wurden[124].

In die Phase der 'Rechteckhäuser' gehören vermutlich alle oder nahezu alle der insgesamt sechs bekannten Kleinkindbestattungen in Pithoi. In einigen Fällen ist diese Annahme gesichert, in anderen zumindest sehr wahrscheinlich[125].

Abb. 28 Schmauchgefäß von der großen Aschestelle in Fläche P20

Abb. 31 'Rundbau' in Fläche P7. Aufnahme von NO

Abb. 29 Neuzeitliches Bienen-Schmauchgefäß aus Naxos

Abb. 32 Apsidenhaus IV in Fläche P21 mit Steinschüttungen

Abb. 30 Ritzverziertes grauminysches Fußgefäß, im Zuge der Alten Grabung nordöstlich vom Zeus-Tempel gefunden; Museum Olympia Inv. Nr. 744

Abb. 33 Steinschüttungen in Fläche P28. Aufnahme von NO

Die Siedlung der 'Rechteckhäuser' wurde bereits während der Phase MH I wohl aus Gründen wachsender Überflutungsgefahr aufgegeben und vermutlich in höher gelegene Zonen am auslaufenden SO-Hang des Kronos-Hügels und im Tälchen nördlich des Stadion-Bereiches verlagert (Abb. 37)[126].

Mancher wird vielleicht auf ein Wort zur mykenischen Epoche im Gelände der späteren Altis warten. Wir stießen in der Altis unter dem Schutt der Alten Grabung bzw. unter den spärlichen erhaltenen Resten der spätgeometrisch/früharchaischen Ascheschicht überall sofort auf Ablagerungen des frühen Mittelhelladikums oder noch früherer prähistorischer Epochen. Wenige sub-mykenische Keramikreste fanden sich allein als verlagerte Stücke in der spätgeometrisch/früharchaischen Ascheschicht[127]. Bei der Durchsicht der Funde vom Stadion-Nordwall fielen dem Verfasser allerdings doch einige späthelladische Scherben auf[128]. Die Frage nach der Existenz rein mykenischer Schichten und Befunde, sakraler oder profaner Natur, in der Altis oder deren unmittelbarer Umgebung ist unserer Ansicht nach völlig offen[129].

Nach der ab dem frühen Mittelhelladikum einsetzenden Tendenz, höher gelegenen hochwassergeschützten Siedlungsraum aufzusuchen, ist zu vermuten, dass ungestörte mykenische Befunde am ehesten im Bereich der Schatzhausterrasse, in den unteren Hanglagen rings um den Kronos-Hügel und in dem Tälchen nördlich des Stadions zu finden sind. Ernsthaft in diese Richtung gehende Suche ist bislang erstaunlicherweise ausgeblieben.

Anhang

Katalog der auf den Abb. 16. 30. 34. 35 und 37 vorgestellten Keramik aus Olympia[130]:

Abb. 34 Endneolithische/chalkolithische Keramik

Abb. 34 a Randstück von bauchigem Gefäß mit weitem Zylinderhals, auf der Schulter schräg verlaufende aufgesetzte Leiste mit dreieckigem Querschnitt; aus zwei Teilen zusammengesetzt; Stadion-Nordwall, aus Kiste 109, ohne Fundzettel; Museum Olympia Inv. Nr. K 14015.

Braune Pithos-Ware; Rand-Dm 26 cm; Oberfläche (außen) leicht fleckig hellrötlichbraun bis beigebraun (ungefähr Mu 7.5 YR 5/6-10 YR 6/8), mit Tuch (?) leidlich glattgewischt; Oberfläche (innen) braun (Mu 7.5 YR 5/4), leicht buckelig, flüchtig glattgewischt; Bruch olivbraun (Mu 2.5 Y 5/2), außen und innen dünner Randstreifen in Oberflächenfarbe; grob gemagert, mittelmäßige Magerungsdichte; mehrere winzige bis sehr feine Sand-Partikel, darunter einige weißliche (Kalk oder helle Tonpartikel?), wenige feine, vereinzelte mittelfeine und ganz vereinzelte, gerade grobe Steinsplitter (weißlich, rosaweiß, rosabraun, grau, dunkelbraun, schwärzlich), wenige feine und vereinzelte mittelfeine, weißliche, kantige bis rundliche Kalkbröckchen, mehrere sehr feine und einige feine bis mittelfeine, zumeist leicht kantige Toneinschlüsse (zumeist orangebraun, aber auch braun, olivbraun und schwärzlich).

Abb. 34 b Randstück von weitmündigem bauchigem Gefäß, knapp unter der Lippe Rest einer bogenförmig geschwungenen, im Querschnitt dreieckigen, aufgesetzten Leiste mit flachen Fingertupfen (eine Fingertupfe und Ansatz einer zweiten erhalten); Stadion-Nordwall, B Ost/Mitte, 9. Mai 1960; Museum Olympia Inv. Nr. K 14016.

Einfache braune Ware; Rand-Dm ca. 26 cm; Oberfläche rosabraun (ungefähr Mu 5 YR 5/4) besonders außen gut glattgewischt bis anpoliert, z. T. feine Wischstreifen), aufgesetzte Leiste grob und flüchtig geformt sowie rauh belassen; Bruch dunkelbraun (Mu 5 YR 4/2), außen und innen sehr dünner rosabrauner Randstreifen; mittelfein gemagert, geringe Magerungsdichte; wenige winzige bis sehr feine Sand-Partikel, darunter ganz vereinzelte weißliche (Kalk?), vereinzelte feine und ein mittelfeiner Steinsplitter (rosabraun, hellgrau, braun, schwärzlich), wenige sehr feine und vereinzelte feine, kantige Toneinschlüsse (zumeist gelblich, aber auch orangebraun, dunkelbraun und rosabraun); ein winziger Glimmerpartikel, silbrig glänzend.

Abb. 34 c Randstück von weitmündigem bauchigem Gefäß, unter dem Rand Rest einer aufgesetzten Leiste mit grob dreieckigem Querschnitt; Stadion-Nordwall, D Mittelstreifen, 28. März 1960; Museum Olympia Inv. Nr. K 14017.

Braune Pithos-Ware; Rand-Dm ca. 30 cm; Oberfläche (außen) leicht fleckig braun bis olivbraun (Mu 7.5 YR 5/6 – 10 YR 5/3), verstrichen, rissig; Oberfläche (innen) braun (ungefähr Mu 7.5 YR 4/6), verstrichen, uneben, z. T. abgesplittert und rissig; Bruch dunkelolivbraun bis dunkelolivegrau (Mu 10 YR 3/2–3/3), außen und innen dünner brauner Randstreifen; grob gemagert, mäßige Magerungsdichte, wenige winzige bis sehr feine Sand-Partikel, darunter ganz vereinzelte weißliche (Muschelgrus?), vereinzelte feine und ganz vereinzelte mittelfeine Steinsplitter (weißlich, grau, hellbraun, dunkelrotbraun, dunkelgrau), mehrere sehr feine, einige feine und vereinzelte mittelfeine, kantige Toneinschlüsse (zumeist gelblichrot und rötlichgelb, aber auch hellbeige und gräulich), zwei grobe weißliche bis weißlichgraue Kalk(?)-Einschlüsse (einer L 1 cm und schmal); ganz vereinzelte winzige Glimmerpartikel.

Abb. 34 d Randstück einer weiten Steilwandschale, aus zwei Teilen zusammengesetzt; Stadion Nordwall B Ost/C West, 9. Mai 1960; Museum Olympia Inv. Nr. K 14018.

Dunkle geglättete Ware; Rand-Dm ca. 26 cm; Oberfläche (außen) dunkelkastanienbraun (ungefähr Mu 5 YR 4/2), leicht anpoliert; Oberfläche (innen) dunkelgraubraun (ungefähr Mu 5 YR 4/1-3/1); Bruch dunkelolivebraun bis dunkelolivegrau (Mu 5 Y 4/1–2.5 Y 4/2); mittelfein gemagert, mäßige Magerungsdichte; einige winzige bis sehr feine Sand-Partikel, darunter ganz vereinzelte weißliche (Muschelgrus?), ganz vereinzelte feine und ein mittelfeiner Steinsplitter (dunkelrotbraun, dunkelbraun, grau), mehrere sehr feine und einige feine, kantige Toneinschlüsse (rötlichgelb, hellbraun, beige), ganz vereinzelte winzige Glimmerpartikel.

Abb. 34 e Randstück einer weiten Steilwandschale; Stadion-Nordwall B West/Südabschnitt, 29. Oktober 1960; Museum Olympia Inv. Nr. K 14019.

Einfache Ware, fehlgebrannt; Rand-Dm ca. 40 cm; Oberfläche (außen) dunkelolivegrau verbrannt (Mu 5 Y 4/1), rissig, zwei große Aussprenglöcher; Oberfläche (innen) orangebraun bis olivegrau verbrannt, mehrere große Aussprenglöcher; Bruch dunkelolivebraun bis dunkelolivegrau (Mu 5 Y 4/1–2.5 Y 4/2); grob gemagert, mäßige Magerungsdichte; einige winzige bis sehr feine Sand-Partikel, darunter vereinzelte weißliche (Muschelgrus?), ganz vereinzelte feine bis mittelfeine Steinsplitter (weißlich, dunkelgrau, dunkelbraun, schwärzlich), ganz vereinzelte feine bis mittelfeine Kalk(?)-Einschlüsse, mehrere sehr feine, einige feine, wenige mittelfeine und ganz vereinzelte grobe kantige Toneinschlüsse (zumeist olivegrau und olivebraun, aber auch hellbeige, olivegelb und tiefdunkelgrau), ganz vereinzelte winzige Glimmerpartikel.

Abb. 34 f Randstück eines weitmündigen Gefäßes mit breiter, sich nach oben zu verjüngender Randleiste, aus vier Teilen zusammengesetzt; Stadion-Nordwall, südlicher Längsstreifen B Ost/C West, ca. 3 m unter Bahndammniveau, 10. Mai 1960; Museum Olympia Inv. Nr. K 14020.

Rotbraune Pithos-Ware; Rand-Dm ca. 40 cm; Oberfläche (außen) leicht fleckig rotbraun (Mu 2.5 YR 5/6), relativ fein glattgewischt; Oberfläche (innen) hell-rötlichbraun (Mu 5 YR 6/6), sehr gut glattgewischt bis schwach anpoliert; Bruch dunkelolivegrau (Mu 5 Y 4/1), außen und innen dünner Randstreifen wie Oberfläche; mäßige Magerungsdichte, mittelfein; einige winzige bis sehr feine Sand-Partikel, darunter ganz vereinzelte weißliche (Muschelgrus?), vereinzelte feine und ganz vereinzelte mittelfeine Steinsplitter (weißlich, grau, rosabraun, schwärzlich), ganz vereinzelte feine bis mittelfeine Kalk(?)-Einschlüsse, viele sehr feine, mehrere feine und vereinzelte mittelfeine, kantige Toneinschlüsse (zumeist gelblichrot und rötlichgelb, aber auch hellbeige, dunkelrotbraun, braun, rosabraun, dunkelgrau), vereinzelte winzige Glimmerpartikel.

Abb. 34 g Wandstück eines hohen steilwandigen Pithos mit Zier aus aufgesetzten, im Querschnitt dreieckigen und stellenweise mit flachen Fingertupfen versehenen Leisten; Fragment aus drei Teilen zusammengesetzt; Stadion-Nordwall, B Ost/C West, südlichster Längsstreifen, 3 m unter Bahndammniveau, 7. Mai 1960; Museum Olympia Inv. Nr. K 14021.

Rotbraune Pithos-Ware; Dm ca. 50 cm; Oberfläche (außen) leicht fleckig rotbraun (Mu 2.5 YR 5/6), grob glattgestrichen und flüchtig gewischt, stellenweise rissig; Oberfläche (innen) rotbraun (Mu 2.5 YR 5/6), rauh; Bruch dunkelrötlichgrau (Mu 5 YR 4/2); grob gemagert, erhebliche Magerungsdichte; mehrere winzige bis sehr feine Sand-Partikel, darunter wenige weißliche (Muschelgrus?), einige feine, vereinzelte mittelfeine und ganz vereinzelte grobe Steinsplitter (weißlich, graubraun, rosabraun, dunkelbraun, dunkelrotbraun), sehr viele sehr feine, viele feine, einige mittelfeine und vereinzelte grobe, kantige Toneinschlüsse (zumeist hellbraun, dunkelolivegrau und rosabraun, aber auch hellbeige, weißlichgelb und dunkelrotbraun).

Abb. 34 h Wandstück mit aufgesetzten Schmuckleisten, die im Querschnitt grob dreieckig bis flach halbkreisförmig sind; Stadion-Nordwall, B West/Ost, Steinlage nördlich der Hauptbahn, 1. November 1960; Museum Olympia Inv. Nr. K 14022.

Rotbraune Pithos-Ware; max. L des Fragments 7,2 cm; Oberfläche (außen) rotbraun (Mu 2.5 YR 4/6), stellenweise fein glattgewischt, stellenweise stark abgerieben und furchig; Oberfläche (innen) rotbraun (Mu 2.5YR 5/6), leicht uneben, leidlich gut glattgewischt; Bruch olivebraun (Mu 2.5 Y 5/4-4/2); grob gemagert, mittelmäßige Magerungsdichte; mehrere winzige bis sehr feine Sand-Partikel, darunter ganz vereinzelte weißliche (Muschelgrus?), ein mittelfeiner Steinsplitter (rosagrau), zwei feine und ein grober hellgrauer Kalk(?)-Einschluß, mehrere sehr feine, einige feine und vereinzelte mittelfeine, kantige Toneinschlüsse (zumeist rosabraun und dunkelrotbraun, aber auch hellbeige, orangebraun, dunkelgrau und schwärzlich).

Abb. 34 i Wandfragment mit aufgesetzten, im Querschnitt halbkreisförmigen, Leisten, verziert mit flachen Fingertupfen; auf Rückseite flache parallele Rillen; Stadion-Nordwall, B Ost/Mitte, 9. Mai 1960; Museum Olympia Inv. Nr. K 14023.

Braune Pithos-Ware; max. L des Fragments 6 cm; Oberfläche (außen) hellbraun (ungefähr zwischen Mu 7.5 YR 5/4 und 6/4), fein glattgewischt; Oberfläche (innen) dunkelgraubraun bis tiefdunkelgrau (Mu 10 YR 4/1-4/2-3/1), leicht uneben, aber gut glattgewischt, leichte, parallel zu den Rillen laufende feine Wischspuren; Bruch olivebraun (Mu 10 YR 4/3-5/3); mittelfein gemagert, mittelmäßige Magerungsdichte; wenige winzige bis sehr feine Sand-Partikel, ein mittelfeiner Kalk(?)-Einschluss, mehrere sehr feine, einige feine und wenige mittelfeine, kantige Toneinschlüsse (zumeist hellorangebraun und dunkelolivegrau, aber auch hellbeige und weißlichgelb).

Abb. 35 Mittelhelladisch II-III zeitliche Keramik

Abb. 35 a Großes 'adriatisch' ritzverziertes Basisfragment; Stadion-Nordwall, B Ost/C West, 3. Mai 1960; Museum Olympia Inv. Nr. K 1239 β.

Rotbraune Pithosware; Bdm 5 cm; Oberfläche (außen) rotbraun bis rötlichbraun, an Basisunterseite dunkelgraubraun (Mu 5 YR 5/3-5/6-4/1), gut glattgewischt; Oberfläche (innen) dunkelbraun bis dunkelgraubraun (Mu 7.5YR 4/2-4/4), leidlich gut glattgewischt; Bruch olivegrau (ungefähr Mu 5 Y 5/2-5/3), außen und innen z.T. dünner rotbrauner Randstreifen; mittelmäßige Magerungsdichte, grob; einige winzige bis sehr feine Sand-Partikel, darunter vereinzelte weißliche (Muschelgrus?), einige feine, einige mittelfeine und einige grobe Steinsplitter (zumeist dunkelgrau, aber auch braun, weißlichgrau, weißlich, bräunlich), mehrere sehr feine und einige feine, kantige Toneinlagerungen (gelblich, rötlichgelb, braun).

Vertikale Ritzlinien mitteltief bis tief und stellenweise breit, Querschnitt u-förmig bis abgerundet v-förmig, wohl mit zugespitztem Holzstäbchen gezogen; horizontale bis schräge Ritzlinien: dünn, flach, flüchtig, wohl mit einem harten bürstenartigen oder sonstigen mehrzinkigen elastischen Instrument erzeugt; vier parallele Vertikalketten aus reiskornförmigen mitteltiefen Eindrücken (Kerben, keine Einstiche, die wohl mit flach angesetztem zugespitztem Holzstäbchen bewirkt wurden; Eindruckansatz oben, dann nach unten abgezogen); keine Reste weißer Inkrustation.

Abb. 35 b Fragment eines 'adriatisch' ritzverzierten vertikalen Bandhenkels mit vertikaler Mittelrippe; Stadion-Nordwall, L Ost/Ost, südlich der Hauptbahn, 4.-5. April 1960; Museum Olympia Inv. Nr. K 1241 ι.

Dunkle geglättete Ware; L des Fragmentes 6,8 cm; Oberfläche dunkelkastanienbraun, auf Unterseite zumeist rotbraun (Mu 5 YR 4/2-3/2-4/4), geglättet, auf Oberseite stellenweise abgerieben; Bruch tiefdunkelgrau (Mu 10 YR 3/1), nahe Oberfläche stellenweise dünner rotbrauner Randstreifen; mäßige Magerungsdichte, mittelfein; einige winzige bis sehr feine Sand-Partikel, darunter vereinzelte weißliche (Muschelgrus?), ganz vereinzelte feine Steinsplitter (hellgrau, dunkelbraun), viele sehr feine, einige feine und ganz vereinzelte mittelfeine, kantige Toneinschlüsse (zumeist orangefarben und rotbraun, aber auch beige, olivegrau und schwärzlich); wenige winzige Glimmerpartikel, silbrig glänzend.

Dekor aus flüchtig angebrachten flachen bis mitteltiefen, oft sehr dünnen Ritzlinien. Keine Reste weißer Inkrustation.

Abb. 35 c Rand/Schulter-Fragment mit rand/halständigem Ohrengriff, aus vier Teilen zusammengesetzt; Stadion-Nordwall, Schnitt H Ost/Oststreifen, 7. Februar 1959; Museum Olympia Inv. Nr. K 14024.

Fehlgebrannte dunkle Pithos-Ware, schwer; Rand-Dm ca. 40 cm; Oberfläche (außen) rauh, rissig, verbrannt, rosarot bis rosagrau und dunkelolivegrau, ursprünglich wohl glattgewischt; Oberfläche (innen) tiefdunkelgrau (Mu 10 YR 3/1), leidlich glatt verstrichen; Bruch dunkelolivegrau (Mu 10 YR 4/2-5 Y 4/1-4/2); erheblich gemagert, grob; viele winzige bis sehr feine Sand-Partikel, darunter einige weißliche (wohl Muschelgrus), viele feine, einige mittelfeine und ganz vereinzelte grobe Steinsplitter (hellbraun, braun, grau, weißlichgrau, weißlich, dunkelbraun, schwarz), einige feine bis mittelfeine und vereinzelte grobe weißliche Kalkeinlagerungen (z.T. Muschelsubstanz?), mehrere sehr feine, einige feine und vereinzelte mittelfeine, kantige Toneinlagerungen (orangebraun, dunkelgrau, beige, rosa, dunkelrostrot, rotbraun).

Abb. 35 d Wandstück mit horizontalem halbmondförmigem Grifflappen. Drei flache Fingertupfen am unteren Ansatz des Grifflappens; Stadion-Nordwall, I West/westl. Streifen, südlich der Hauptbahn, 30. März 1960; Museum Olympia Inv. Nr. K 1241 ε.

Rotbraune Pithos-Ware; max. L des Fragmentes 7,4 cm; Oberfläche (außen) zumeist rotbraun, oberhalb des Grifflappens kastanienbraun (Mu 2.5 YR 5/6-5 YR 4/3), flüchtig glattgewischt; Oberfläche (innen) tiefdunkelkastanienbraun (Mu 5 YR 3/1), schwache horizontale bis leicht schräge Grate von Glättholz (?); Bruch im Kern stellenweise dunkelrötlichgrau (Mu 5 YR 4/2), sonst rötlichbraun (Mu 2.5 YR 5/4); mittelmäßige Magerungsdichte, mittelfein; mehrere winzige bis sehr feine Sand-Partikel, darunter ganz vereinzelte weißliche (Muschelgrus?), einige feine und vereinzelte mittelfeine Stein-

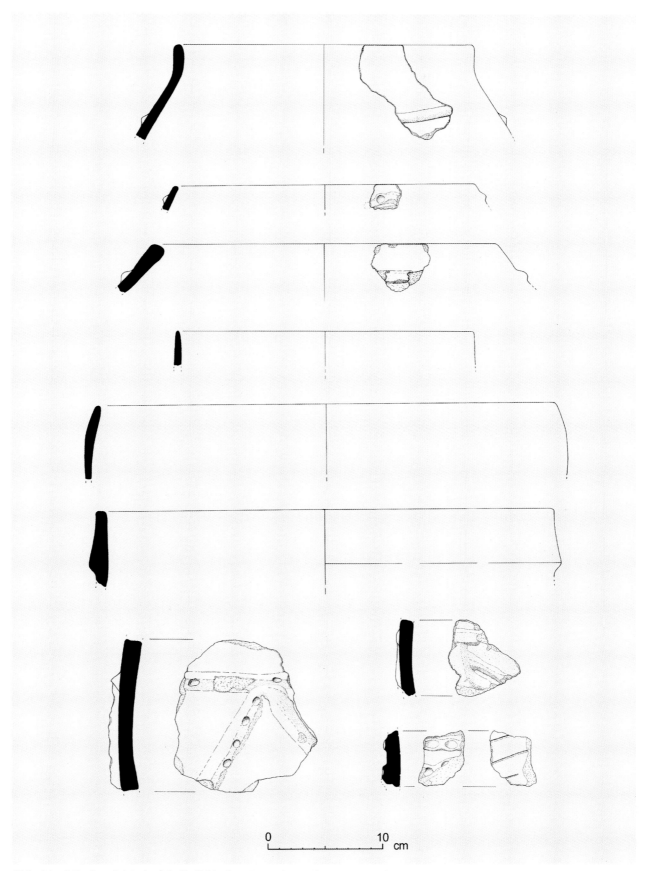

Abb. 34 a–i Endneolithische/chalkolithische Keramik aus dem Bereich des Stadions von Olympia, hauptsächlich aus dem Stadion-Nordwall

mittelmäßige Magerungsdichte, mittelfein; mehrere winzige bis sehr feine Sand-Partikel, darunter ganz vereinzelte weißliche (Muschelgrus?), einige feine und vereinzelte mittelfeine Steinsplitter (rotbraun, dunkelbraun, schwärzlich, grau, weißlich, rosabraun), ein mittelfeiner Muschelsplitter(?), viele sehr feine, wenige feine und ganz vereinzelte mittelfeine, kantige Toneinschlüsse (zumeist orangebraun und gelblichrot, aber auch rosa, weißlichgelb, dunkelgrau).

Abb. 35 e Rand/Bauch-Fragment einer Schale mit horizontaler Gratbildung im Bauchbereich und rotbraunem Überzug; Stadion-Nordwall, M Ost/westlicher Streifen, Süden, 26. März 1960; Museum Olympia Inv. Nr. K 14025.

Helle feine Ware, leichter Fehlbrand; Rand-Dm ca. 11 cm; Oberfläche (außen und innen) und im Bruch hell-orangefarben (Mu 2.5 YR 6/8), außen und innen Reste eines dünnen rotbraunen Überzuges (Mu 2.5 YR 4/6), auf Lippe und innen im Halsbereich ist der Überzug infolge des Fehlbandes hellgrau gebrannt; kaum gemagert, fein; wenige winzige bis sehr feine Sandpartikel, darunter vereinzelte weißliche (Muschelgrus?), ein feiner heller Steinsplitter, einige sehr feine und ganz vereinzelte feine, zumeist kantige Toneinlagerungen (zumeist orangerot, aber auch dunkelbraun und aprikosefarben). Oberfläche leicht abreibbar.

Abb. 35 f Rand/Bauch-Fragment einer Schale mit niedrigem, innen mit horizontaler Gratebildung abgesetztem Rand/Hals; Stadion-Nordwall, M Ost/westlicher Streifen, Südhälfte und Mitte, 11.-22. März 1960; Museum Olympia Inv. Nr. K 14026.

Grauminysche Ware, handgemacht; Rand-Dm ca. 13 cm; Oberfläche (außen und innen) hellgrau mit schwach olivebrauner Tönung (ungefähr Mu 2.5 Y 6/2), seifig glatt anpoliert; Bruch hellgrau (ungefähr Mu 7.5 YR N6/), außen und innen dünner Randstreifen in Oberfläche-Tönung; kaum gemagert, fein; wenige winzige Sand-Partikel, darunter vereinzelte weißliche (Kalk, Muschelgrus?), vereinzelte sehr feine Toneinschlüsse (rötlichbraun, dunkelgrau); ein 0,6 cm langer Häckselabdruck auf Innenrand.

Abb. 35 g Rand/Bauch-Fragment mit einem hochgezogenen vertikalen Bandhenkel (wohl von Kantharos); Stadion-Nordwall, G Ost/östlicher Streifen, 11. Februar 1960; Museum Olympia K 1241 η.

Helle feine Ware; Rand-Dm ca. 9 cm; Oberfläche (außen und innen) und im Bruch hell-orangefarben (Mu 2.5 YR 6/8), stellenweise noch intensiver orangefarbene Flecken und Schlieren im Ton (Mu 2.5 YR 5/8); schwach gemagert, fein; viele winzige Sandpartikel, darunter einige weißliche; vereinzelte feine bis mittelfeine, rundliche und kantige Toneinschlüsse (orange, rotbraun, weißlichgelb); vereinzelte winzige Glimmerpartikel, silbrig glänzend.

Abb. 35 h Rand/Bauch-Fragment mit einem hochgezogenen vertikalen Bandhenkel (wohl von Kantharos); Stadion-Nordwall, L West/West, südlich der Hauptbahn, 28. März bis 1. April 1960; Museum Olympia Inv. Nr. K 14027.

Helle feine Ware, stark versintert; Rand-Dm ca. 13 cm; Oberfläche (außen und innen) sehr hell rosabraun (Mu 7.5 YR 8/4), stellenweise noch Reste von dünnem glattem rosaweißlichem Tonschlämmeüberzug erhalten (Mu 7.5 YR 8/2); Bruch wie Oberfläche, im Kern stellenweise aprikosefarben (Mu 7.5 YR 7/6); kaum gemagert, fein; vereinzelte winzige Sand-Partikel, vereinzelte winzige bis sehr feine Toneinschlüsse (braun, dunkelbraun, dunkelgrau); ganz vereinzelte winzige Glimmerpartikel, silbrig glänzend.

Abb. 35 i Fragment eines vertikalen Bandhenkels mit unterem Gefäßansatz; Stadion-Ostwall, Längsschnitt Nordhälfte, 15. März 1960; Museum Olympia Inv. Nr. K 14028.

Helle Ware, mit hellem anpoliertem Überzug und dunkler matter Musterbemalung; max. H des Fragmentes 3,3 cm; Oberfläche oben sehr hell bräunlichgrau (Mu 10 YR 6/2), an den Schmalseiten und der Rückseite sehr hell blassbraun (Mu 10 YR 7/2-7/3), auf der Vorderseite und den Schmalseiten weißer geglätteter oder anpolierter Überzug erhalten (Mu 10 YR 8/2-8/3), darauf Musterbemalung mit brauner bis dunkelbrauner matt wirkender Farbe (Mu 5 YR 4/4-4/1); Bruch hell rosagrau (Mu 5 YR 6/2), stellenweise dünne hellorange Randzone (Mu 5 YR 7/6); schwach gemagert, fein; vereinzelte winzige Sand-Partikel, ein feiner Steinsplitter (grau), einige sehr feine und ganz vereinzelte feine, kantige Toneinschlüsse (braun, orangebraun).

Abb. 35 j Rand/Schulterfragment mit schulter/halsständigem vertikalem Bandhenkel (wohl von Goblet); Stadion-Nordwall, E West Südabschnitt, Funddatum unbekannt; Museum Olympia Inv. Nr. K 14029.

Braune Ware, stellenweise schwarz fehlgebrannt; Rand-Dm ca. 20 cm; Oberfläche (außen) braun (Mu 7.5 YR 5/4), oben auf Henkeloberseite und oben auf abgeplatteter Lippe schwarz gebrannt, fein mit Tuch glattgewischt, an einigen Stellen noch sehr dünner, durchscheinender, hellrosagrauer Überzug erhalten (Mu 7.5 YR 6/2); Oberfläche (innen) braun wie außen, unterhalb der Lippe ca. 1 cm tiefer Streifen dunkelgraubraun gebrannt (Mu 10 YR 4/1-4/2), mit feinem Tuch gut glattgewischt; Bruch dunkelolivegrau bis olivegrau (Mu 10 YR 4/2-3/1), außen stellenweise dünne braune oder rotbraune Randzone; schwach gemagert, mittelfein; wenige winzige bis sehr feine Sand-Partikel, darunter ganz vereinzelte weißliche (Muschelgrus?), ganz vereinzelte feine bis mittelfeine Steinsplitter (schwarz, graubraun, hellgrau); einige sehr feine, vereinzelte feine und ganz vereinzelte mittelfeine, kantige Toneinschlüsse (hellbraun, orangebraun, beige, weißlich, olivegrau); ganz vereinzelte winzige Glimmerpartikel, silbrig glänzend.

Abb. 16 a. b, 30 und 37. Frühhelladisch III/MH I-zeitliche Keramik

Abb. 16 a. b Ritz- und einstichverziertes Schulterfragment mit oberem Ansatz eines vertikalen Bandhenkels (wohl von Trichterrandschale); Grabungen Dörpfeld 1907–1909 in der Altis, ohne genaue Fundstellenangabe; Museum Olympia Inv. Nr. K 14030.

Dunkle geglättete, leicht sandige Ware; max. L des Fragmentes 7,1 cm; Oberfläche (außen) leicht fleckig rötlichbraun bis rötlichgraubraun (ungefähr Mu 5 YR 5/4-5/2), geglättet; Oberfläche (innen) tiefdunkelgrau (Mu 10 YR 3/1), gut glattgewischt; Bruch tiefdunkelgrau (Mu 10 YR 3/1), außen dünner rotbrauner Randstreifen; wohl grob gemagert; mäßige Magerungsdichte; sehr viele winzige bis sehr feine Sandpartikel, darunter wenige weißliche (wohl Muschelgrus), mehrere sehr feine und vereinzelte feine, kantige Toneinschlüsse (schwärzlich, gelblichrot, rötlichgelb, hellbraun, weißlichgelb), ein Abdruck eines groben Einschlusses; vereinzelte winzige Glimmerpartikel, silbrig glänzend.

Abb. 35 a–j Mittelhelladisch II–III-zeitliche Scherben aus dem Bereich des Stadion-Nordwalles von Olympia. M. ca. 1:3

Abb. 36 Endneolithische/chalkolithische Keramik vom Stadion von Olympia, zumeist aus dem Bereich des Nordwalles

Mitteltiefe feine Ritzlinien mit v-förmigem Querschnitt, wohl mit Messerspitze gezogen, schwache Reste weißer Inkrustation; mitteltiefe punktförmige Einstiche mit Resten weißer Inkrustation.

Abb. 30 Ritzverziertes grauminysches Fußgefäß mit erhaltenem unterem Ansatz eines Vertikalhenkels; während der Alten Grabung nordöstlich vom Zeustempel gefunden; Museum Olympia Inv. Nr. 744.

Grauminysche Ware; Bdm 4,5 cm, Rand-Dm 7,5 cm, erh. H 6,8 cm; Oberfläche (außen und innen) grau mit schwach olivgrauer Tönung (Mu 5Y 6/1), leicht buckelig und abgerieben, Oberfläche (außen) geglättet sowie mit Tuch glattgewischt und anpoliert; Oberfläche (innen) Randbereich glatt, darunter mit pinselartigem Gerät oder grobem Tuch vergleichsweise grob verstrichen, horizontale bis leicht schräge Wischlinien, am Boden des Gefäßinneren im Zentrum kreuzförmige Rissbildung, im Fußinneren großer Abdruck eines Häckselstreifens; Bruch im Kern grau (Mu 2.5Y N5/), außen und innen sehr dünner olivgrauer Randstreifen (Mu 5Y 5/1); kaum gemagert, fein; vereinzelte winzige Sandpartikel, ein feiner Kalkeinschluss sowie ganz vereinzelte feine Aussprenglöcher, am Übergang vom Fuß zur Bauchwandung ein grober Kalkeinschluss mit z. T. abgesprengter Außenwandung, in diesem Bereich auch zahlreiche Rissbildungen; vereinzelte sehr feine Toneinschlüsse (braun); ganz vereinzelte winzige Glimmerpartikel, silbrig glänzend.

Feiner, flacher, etwas flüchtig ausgeführter Ritzdekor ohne Reste weißer Inkrustation. Auf der Schulter von Henkelansatz zu Henkelansatz drei umlaufende parallele Ritzlinien, darunter fünf Mal das Motiv des hängenden doppelten Winkelhakens.

Abb. 37 Kantharos, aus vielen Teilen zusammengesetzt, Rand/Hals zu ca. 1/3 in Gips ergänzt, vom zweiten Henkel nur der untere Ansatz erhalten; Stadion-Nordwall, B West/West, Mittelabschnitt, 24. November 1960; Museum Olympia Inv. Nr. K 14031.

Fehlgebrannte dunkel geglättete Ware; Bdm 4,1 cm; Rand-Dm ca. 7,8 cm; Rand-Dm quer 8,4 cm; H über Henkel 7,3 cm; Oberfläche (außen) stark fleckig gebrannt, dunkelkastanienbraun, rotbraun, orangebraun, hellbräunlichgelb, graubraun und dunkelgrau (Mu 5 YR 3/1–2.5 YR 5/6–5 YR 6/8–10 YR 6/4-5/2-4/1-3/1), geglättet, an vielen Stellen jedoch abgerieben und rauh; Oberfläche (innen) dunkelkastanienbraun bis dunkelgraubraun (Mu 10 YR 4/1-4/2–5YR 4/1-3/1), im Randbereich geglättet, weiter unten glattgewischt; Bruch tiefdunkelgrau (Mu 10 YR 3/1), außen und innen stellenweise dünne rote bis braune Randstreifen; mittelmäßig gemagert, mittelfein; viele winzige bis sehr feine Sand-Partikel, darunter wenige weißliche (Muschelgrus?), einige feine und vereinzelte mittelfeine Steinsplitter (weißlich, grau, braun, dunkelbraun, rosabraun, schwärzlich), viele sehr feine und wenige feine, kantige Toneinschlüsse (gelblichbraun, orangebraun, dunkelbraun, beige, schwärzlich).

Abb. 37 FH III spät/MH I-zeitlicher Kantharos aus Streifen B West/West, Mittelabschnitt, des Stadion-Nordwalls.

Abkürzungen

Mehr als drei Mal zitierte Publikationen werden hier in Kurzform angeführt:

Dörpfeld (1935) W. Dörpfeld, Alt-Olympia I-II, Untersuchungen und Ausgrabungen zur Geschichte des ältesten Heiligtumes von Olympia und der älteren griechischen Kunst, Berlin (1935).

Govedarica (1989) B. Govedarica, Rano bronzano doba na području istočnog Jadrana. Centar Balkanoloska Ispitivanja 7 (1989).

Herrmann (1962) H.-V. Herrmann, Zur ältesten Geschichte von Olympia, AM 77, 1962, 3 ff.

Herrmann (1972) H.-V. Herrmann, Olympia Heiligtum und Wettkampfstätte (1972).

Herrmann (1987) H.-V. Herrmann, Prähistorisches Olympia, in: H.-G. Buchholz (Hrsg.), Ägäische Bronzezeit (1987) 426 ff.

Koumouzelis (1980) M. Koumouzelis, The Early and Middle Helladic Periods in Elis, (Diss. Brandeis 1980).

Kunze (1967) E. Kunze, Die Arbeiten vom Herbst 1958 bis zum Sommer 1962, Olympiabericht VIII (1967) 1 ff.

Kyrieleis (1990) H. Kyrieleis, Neue Ausgrabungen in Olympia, AW 21, 1990, 177 ff.

Mallwitz (1967) A. Mallwitz, Das Stadion, Olympiabericht VIII (1967) 16 ff.

Mallwitz (1972) A. Mallwitz, Olympia und seine Bauten (1972).

Maran (1986) J. Maran, Überlegungen zur Abkunft der FH III-zeitlichen ritz- und einstichverzierten Keramik, Hydra 2, 1986, 1 ff.

Maran (1987) J. Maran, Kulturbeziehungen zwischen dem nordwestlichen Balkan und Südgriechenland am Übergang vom späten Äneolithikum zur frühen Bronzezeit (Reinecke A1), AKorrBl 17, 1987, 77 ff.

Maran (1998) J. Maran, Kulturwandel auf dem griechischen Festland und auf den Kykladen im späten 3. Jahrtausend v. Chr., Universitätsforschungen zur prähistorischen Archäologie, Bd. 53, Teil I-II (1998).

Rambach (2001) J. Rambach, Bemerkungen zur Zeitstellung der Apsidenhäuser in der Altis von Olympia, in: R. M. Boehmer – J. Maran (Hrsg.), Lux Orientis, Archaeologie zwischen Asien und Europa, Festschrift für H. Hauptmann zum 65. Geburtstag, Internationale Archäologie: Studia honoraria Bd. 12, Rahden/Westf. (2001), 327 ff.

Rambach 'Rechteckbauten' J. Rambach, Die prähistorischen 'Rechteckbauten' von Olympia, in: Olympia-Bericht XII (im Druck).

Rambach Tierkopfprotome J. Rambach, Ein frühbronzezeitliches Tongefäßfragment mit Tierkopfprotome aus Olympia, in: Olympia-Bericht XII (im Druck).

Rutter (1982) J. B. Rutter, A Group of Distinctive Pattern-decorated Early Helladic III Pottery from Lerna and its Implications, Hesperia 51, 1982, 459 ff.

Rutter (1995) J. B. Rutter, Lerna, A Preclassical Site in the Argolid, Vol. III, The Pottery of Lerna IV, Princeton (1995).

Weege (1911) F. Weege, Einzelfunde von Olympia 1907-1909, AM 36, 1911, 163 ff.

[1] Weege (1911), 163 ff.; W. Dörpfeld, Olympia in prähistorischer Zeit, AM 33, 1908, 185 ff.; ders. (1935) 73 ff.; Herrmann (1987), 426 ff.; vgl. dazu auch die Bemerkungen von Maran (1998) 21 mit Anm. 213.

[2] Koumouzelis (1980) 136 ff. 193. 199; vgl. dazu auch die Bemerkungen von Maran (1998) 21 f. mit Anm. 215–217.

[3] Koumouzelis a. O. 125 ff. 221 ff. 257 (Chronologietabelle).

[4] Rutter (1982), 459 ff. bes. 480 ff.

[5] Ebenda 480 ff. bes. 483 f. mit Anm. 35. 39. 40; Rutter (1995) 643 ff.; vgl. auch Maran (1998) 22.

[6] Rutter (1982), 480 ff. bes. 483 f. mit Anm. 35. 39; Rutter (1995) 644 f.

[7] Rutter (1982) 483 f. mit Anm. 37. 40; Rutter (1995) 644.

[8] Rutter (1982) 477–480. 482 f.; Rutter (1995) 627–632. 644.

[9] Weege (1911), 163 ff. Abb. 12–16. 18, untere Reihe 2. von links Taf. V, 1-8; Dörpfeld (1935) 73 ff. bes. 81 ff. Taf. 22, 1–5. 7. 8 Beilage 25 a–c; vgl. auch Maran (1998) Taf. 30, 1a–4b; 31, 1; 32, 1a–3b. 9.

[10] Koumouzelis (1980) 133. 165 ff. Abb. 33, 6. 9. 10; 35, 3; 38, 4–6. 8; vgl. auch Maran (1998) 20 mit Anm. 189–191.

[11] Weege (1911) 163 ff. bes. 181 ff.; vgl. auch Maran (1998) 21 mit Anm. 211.

[12] Rutter (1982) 459 ff. bes. 471–473.

[13] Maran (1986) 1 ff. bes. 4 mit Abb. 1; 6 ff. 21 (Fundortliste zu Abb. 1); Maran (1987) 77 ff. bes. 78 Abb. 1; Maran (1998) 567 Taf. 31, 5; 32, 5; S. 573 Taf. 71. Für den Fundort Teichos Dymaion bei Araxos in Achaia zitiert Maran (1998) 166 Anm. 65 eine Scherbe einer grauminyschen Tasse mit eingeritztem Spiralhaken, wie in Olympia und Pelikata. Die bei E. Mastrokostas, Prakt 1962, 121 ff. bes. 129 Taf. 160, obere Reihe rechts abgebildete Scherbe wird dort zwar als grauminysche Scherbe mit eingeritztem Spiralmuster beschrieben, auf dem Photo sieht die 'Spirale' jedoch eher wie ein konzentrisches Kreismuster aus. Mit der FH III fein ritz- und einstichverzierten Keramik in Beziehung zu stehen scheinen auch einige Scherben von Nichoria MH I in Messenien; vgl. dazu Rambach (2001) 327 ff. bes. 333 mit Anm. 56.

[14] Weege (1911) 163 ff. bes. 181–185.

[15] Ebenda 184 f.

[16] M. Cavalier, BCH 84, 1960, 319 ff. bes. 337 ff. 339 ff. 342 ff. mit Abb. 19, 2. 5; L. Bernabò Brea, Eolie e Sicilia e Malta nell' età del bronzo, Kokalos 22–23, 1976–1977, 33 ff. bes. 91; ders., Gli Eoli e l' inizio dell' età del bronzo nelle isole Eolie e nell' Italia meridionale (1985) 95. 120 ff. 230 ff.; L. Bernabò Brea – M. Cavalier, Meligunìs Lipára VI. Filicudi. Insediamenti dell' età del bronzo (1991) 199; vgl. dazu ausführlich Maran (1998) 404 ff.

[17] Maran (1986) 1 ff.

[18] Vgl. zusammenfassend Govedarica (1989) 109 ff. 129 ff. 211 ff. 218 ff. 253 ff.; Maran (1998) 323 ff. 326 ff.

[19] Maran (1998) 323 f.

[20] Govedarica (1989) 135 ff. Abb. 19 Taf. 27–31; Maran (1998) 324 ff. Taf. 33–36.

[21] Maran (1998) 326 f.

[22] Ebenda 326 f.

[23] Maran (1987) 82; Maran (1998) 277 f.

[24] Maran (1986), 1 ff. bes. 6; Maran 1987, 77 ff. bes. 81; Maran (1998) 443 ff. bes. 445 f. 453.

[25] Maran (1986) 1 ff. bes. 6 mit Anm. 48; Maran (1987) 77 ff. bes. 81 f. mit Anm. 48; Maran (1998) 450 ff. bes. 453.

[26] Dörpfeld (1935) 25. 118 ff. Abb. 21 Beilage 6 b–c.

[27] Ebenda 118 ff. Abb. 23. 24.

[28] Ebenda 118 ff. bes. 119 Abb. 23.

[29] Ebenda 118 ff. bes. 119. 123 Abb. 23; W. Dörpfeld, Tagebuch der Olympia-Grabung 1929, 84 (Skizze zur Lage der Sondage-'Löcher': Loch 13, fester Boden bei -130).

[30] Dörpfeld (1935) 27. 77. 79 f. 121. 123.

[31] Ebenda 37. 77–80. 87 f. mit Abb. 3. 4. 23.

[32] Ebenda 25-28. 37. 59. 100. 102.

[33] Ebenda 17 f. 26. 42. 75. 79. 81. 99-102.

[34] Ebenda 25. 27 f. 120. 122–124.

[35] Herrmann (1962) 3 ff. ; ders. (1972) 49 ff. bes. 53 ff. 65; H.-V. Herrmann in: Στήλη. Τόμος εις μνήμην Ν. Κοντολέοντος (1980) 59 ff.; Herrmann (1987), 426 ff. Zu ablehnenden Stimmen vgl. Herrmann (1972) 55 Anm. 177. 179; Herrmann (1987) 426 ff. bes. 426 f. mit Anm. 7; S. 433 f. mit Anm. 50–53. Ablehnend auch V. R. d'A. Desborough, The Last Mycenaeans and Their Successors (1964) 91; J. N. Coldstream, Geometric Greece (1979) 331 mit Anm. 17; R. Hope Simpson–O. T. P. K. Dickinson, A Gazetteer of Aegean Civilisation in the Bronze Age I. The Mainland and Islands. SIMA 52 (1979) 94 f. (B 71).

[36] Mallwitz (1972) 104.

[37] Ebenda 136.

[38] E. Deilaki, Ο προϊστορικός τύμβος υπό το Πελόπιον της Ολυμπίας, Πρακτικά του Α' Συνεδρίου Ηλειακών Σπουδών (1980) 229 ff. bes. 232. Auch Koumouzelis (1980) 193 f. 225 betrachtete den vorgeschichtlichen Hügel mit Steinkranz unter dem Pelopion als mittelhelladischen Grabtumulus.

[39] Deilaki a. O. 229 ff. bes. 232.

[40] Dörpfeld (1935) 94–96 Taf. 3. 5. 8. 17.

[41] Weege (1911) 163 ff. bes. 177. 185 Abb. 20 a.

[42] Dörpfeld (1935) 90–92 Abb. 13 Taf. 2. 4. 17 Beilage 4 b (Die Neuaufnahme dieses Baues ergab, daß die zentrale Längsachse des Baues IV im Vergleich zur Orientierung auf den Plänen bei Dörpfeld leicht nach SW geschwenkt ist und genau auf das Zentrum des Tumulus ausgerichtet ist; vgl. dazu unsere Abb. 6).

[43] Dörpfeld (1935) 75. 92; Mallwitz (1972) 79. 84 f. 87; Herrmann (1972) 71 f.; Herrmann (1987), 426 ff. bes. 427; A. J. Mazarakis Ainian in: R. Hägg–N. Marinatos–G. C. Nordquist (Hrsg.), Early Greek Cult Practice, Proceedings of the Fifth International Symposium at the Swedish Institute at Athens, 26–29 June 1986, Skrifter utgivna av Svenska Institutet i Athen 4°, 38 (1988), 105 ff. bes. 116 mit Anm. 37 Abb. 16; R. Lorandou-Papantoniou, Σολύγεια. Η ανασκαφή του 1957–1958 (1999) 30 mit Anm. 76–79.

[44] Kunze (1967) 1 ff. bes. 12–14 mit Abb. 10–11; E. Kunze, ADelt 17, 1961/62, Chron 107 ff. Taf. 122 a–b; Mallwitz (1967), 16 ff. bes. 22–25 Abb. 13.

[45] Koumouzelis (1980) 129. 132. 141. 149. 173 Abb. 33, 2–3; 40, 1–2 Taf. 90.

[46] Vgl. dazu Rambach Tierkopfprotome Anm. 11. 14–16.

[47] Zur Beschreibung der endneolithischen/chalkolithischen Keramik der Abb. 34 a–i vgl. Anhang 200 ff. mit Anm. 130. Zum endneolithischen/chalkolithischen Material von Ajios Dimitrios (Late Neolithic II nach Zachos) vgl. K. Zachos, Ayios Dhimitrios, A Prehistoric Settlement in the Southwestern Peloponnesos. The Neolithic and Early Helladic Periods, (Diss. Boston 1987) 47–156 Abb. 16–34. Zu Ajios Dimitrios vgl. auch E. Alram-Stern: Die ägäische Frühzeit, 2. Serie, Forschungsberichte 1975–1993, 1. Das Neolithikum in Griechenland mit Ausnahme von Kreta und Zypern (1996) 273 f. Von den Scherben des »spätesten Neolithikums« aus Klidi bei Kato Samiko ist nichts weiteres bekannt; vgl. E. Papakonstantinou, ADelt 36, 1981, Chron 148 f. bes. 148; vgl. weiter Alram-Stern a. O. (Anm. 47) 274. Für Ajios Andreas (Pontikokastro) bei Katakolon wird eine Scherbe mit neolithischem Urfirnis erwähnt; vgl. dazu W. A. McDonald–R. Hope Simpson, AJA 65, 1961, 221 ff. bes. 224 Nr. 1 mit Ill. 1. Zu einer endneolithischen/chalkolithischen Scherbe aus Chlemoutzi (Kastro) bei Killini vgl. A. Bon, BCH 70, 1946, 15 ff. bes. 26 Abb. 6. Zu den neolithischen bis chalkolithischen Fundorten in Elis vgl. auch A. Sampson in: Το Σπήλαιο των Λιμνών στα Καστριά Καλαβρύτων. Εταιρεία Πελοποννησιακών Σπουδών 7 (1997) 352 Nr. 20-24; G. A. Papathanasopoulos (Hrsg.), Neolithic Culture in Greece. N. P. Goulandris Foundation Museum of Cycladic Art (1996) 206 Nr. 678–680 Abb. 60 (Karte mit Fundorten). Zu einer endneolithischen/chalkolithischen Pithosbestattung eines Kindes in Tragani bei Vartholomio (Gelände K. Fligos) vgl. M. Koumouzelis, ADelt 44, 1989, Chron. 104 f. Zeichnung 2 Taf. δ.

[48] Zum Raster der Grabung im Bereich des Stadion-Nordwalles vgl. Kunze (1967), 1 ff. Taf. 1.

[49] Bei den auf Abb. 34 a–i und 36 vorgestellten endneolithischen/chalkolithischen Scherben handelt es sich zumeist um rotbraune bzw. fleckig rotbraun bis braun und olivebraun gebrannte Gebrauchs- und Grobware; zur Beschreibung vgl. Anhang 200 ff. mit Anm. 130. Von feinerer Machart sind die Stücke Abb. 34 b und d, die an der Oberfläche rosabraun bzw. kastanienbraun und fein glattgewischt (b) bzw. anpoliert sind. Fragmente mit Ritzverzierung, pastoser Bemalung oder Politurmusterdekor sind unter den ca. 100 endneolithischen/chalkolithischen Scherben vom Stadion-Nordwall nicht vertreten. Vergleichsmöglichkeiten finden letztere in der weiteren Umgebung von Olympia vor allem in Ajios Dimitrios bei Lepreon: Zachos a. O. 47 ff.; Nichoria: R. J. Howell, Final Neolithic Phase, in: W. A. McDonald–N. C. Wilkie (Hrsg.), Excavations at Nichoria in Southwest Greece II. The Bronze Age Occupation (1992) 8–14; Nestor-Höhle bei Pylos: A. Sampson, Prakt 1980, 120 ff. bes. 175 ff.; Voidokilia bei Pylos: G. Korres, Prakt 1981, 194 ff. Zusammenfassend: ders., Excavations in the Region of Pylos, in: J.-P. Descœudres, ΕΥΜΟΥΣΙΑ Ceramic and Iconographic Studies in Honour of Alexander Cambitoglou (1990), 1 ff. bes. 1 f. mit Anm. 6–10; Seen-Höhle bei Kastria (in der Nähe von Kalavryta): Sampson a. O.; zu den genannten Fundorten vgl. auch Alram-Stern a. O. 269–275 und Appendix S. 497 ff. (A. Sampson, Seen-Höhle bei Kastria).

[50] Vgl. zu diesen Gefäßresten die Zeichnungen bei Rambach Tierkopfprotome Abb. 7, 1–2.

[51] Ebenda Anm. 16 und Abb. 1; 6, 1–3.

⁵² Mallwitz (1967) 16 ff. bes. 22 f. mit Abb. 14. Nach der Zeichnung bei Mallwitz gewinnt man den Eindruck, als würde die aus 14, z. T. sehr großen Sandsteinen bestehende Steinzeile in F2 einen leicht gebogenen Verlauf beschreiben. Ungefähr 3 m südlich der Steinreihe waren Mallwitz auf Höhe der Steinzeile Bodenverfärbungen aufgefallen, die ihn an eine Brandstelle erinnerten; vgl. ebenda 22 Abb. 14. Ferner soll man im östlichen Nachbarstreifen G und ebenfalls in der Nähe des Bahndammes auf eine größere, wenn auch regellose Ansammlung ähnlicher Sandsteinblöcke gestoßen sein, zu denen die Steinzeile im Streifen F als Ausläufer hätte gezählt werden können. Sicher sei nur, dass die Steinreihe unter einer ursprünglich fast drei Meter hohen Ablagerung toniger Schichten lag, die sich bei den Wallregulierungen in klassischer Zeit auf etwa 2,3 m verringerte; vgl. ebenda 23. Man ist versucht, nach diesem Befund die mögliche Existenz eines weiteren prähistorischen Tumulus mit einfassendem Steinkranz und einem Basis-Durchmesser von ca. 18–22 m in Erwägung zu ziehen.

⁵³ Vgl. Kunze (1967) 1 ff. bes. 13 f. mit Anm. 8; Mallwitz (1967) 16 ff. bes. 22–24 Taf. 2 Schnitt C 13; 3 Schnitte B 9–B 10; 16 Schnitte F 23. F 25–F 26.

⁵⁴ Mallwitz (1967) 16 ff. bes. 23 mit Anm. 9 Taf. 3 Schnitt B 9–B 10; 16 Schnitt F 23. Was von Mallwitz als gewachsener Boden bezeichnet wird (ebenda Taf. 2), ist nicht mit sterilem, von menschlichen Einwirkungen und Hinterlassenschaften unberührtem Boden gleichzusetzen.

⁵⁵ Der Verfasser war von H. Kyrieleis, dem Leiter der Ausgrabungen von Olympia, mit der örtlichen Grabungsleitung in den prähistorischen Schichten am Pelopion beauftragt und bereitet derzeit die Endpublikation der Grabungsergebnisse vor. Zu Vorberichten vgl. H. Kyrieleis, in: W. Coulson – H. Kyrieleis (Hrsg.), Proceedings of an International Symposium on the Olympic Games. Athen 5.–9. September 1988 (1992) 19 ff.; Kyrieleis (1990) 177 ff.; G. Touchais, BCH 112, 1988, 632 mit Abb. 37; ders., BCH 112, 1988, 615 mit Abb. 64; A. Pariente, BCH 114, 746 mit Abb. 54–55 (u. a. Funde vom Fußboden des Apsidenhauses V); dies., BCH 116, 864; H. W. Catling, ARepLondon 1987–1988, 3 ff. bes. 27; E. B. French, ARepLondon 1989–1990, 3 ff. bes. 30 mit Abb. 21; dies., ARepLondon 1990–1991, 3 ff. bes. 31; dies., ARepLondon 1991–1992, 3 ff. bes. 24. Vgl. nun Rambach (2001) 327 ff.; Rambach Tierkopfprotome; J. Rambach, Dörpfelds Bau VII in der Altis von Olympia: ein früheisenzeitliches Apsidenhaus und 'Haus des Oinomaos'?, AA (im Druck); Rambach, 'Rechteckbauten'.

⁵⁶ Vgl. dazu z. B. Dörpfeld (1935) 123 Taf. 17; Mallwitz (1972) 80 f. Abb. 70; Herrmann (1962) 3 ff. bes. 18.

⁵⁷ Unveröffentlichte Zeichnung von H. Schleif aus den dreißiger Jahren des 20. Jh. mit einem Rekonstruktionsvorschlag zum Tumulus unter dem Pelopion. Sie wurde vor wenigen Jahren von K. Herrmann im Nachlaß von W. Dörpfeld gefunden (Archiv Neufund 1987).

⁵⁸ Vgl. die bereits bei Dörpfeld (1935) 119–121 Abb. 21. 24 vorgelegten diesbezüglichen Niveaudaten des Peribolos an der West- und an der Nordseite des Tumulus.

⁵⁹ Einige FH II-Scherben von der Oberfläche des Tumulus sind bei Rambach Tierkopfprotome Abb. 8, 1–2 in Zeichnung vorgelegt.

⁶⁰ Vgl. dazu Rambach (2001) 327 ff.

⁶¹ Zur Stratigraphie der bronzezeitlichen Ablagerungen in der Altis von Olympia vgl. auch ebenda 330 f. mit Anm. 39–40.

⁶² Bei dem sehr großen und knapp unter dem antiken Laufniveau gelegenen Apsidenhaus VII dürfte es sich mit sehr hoher Wahrscheinlichkeit um einen früheisenzeitlichen Bau handeln; vgl. dazu J. Rambach, Dörpfelds Bau VII in der Altis von Olympia: ein früheisenzeitliches Apsidenhaus und 'Haus des Oinomaos'?, AA (im Druck).

⁶³ Zu Bau VII vgl. oben Anm. 62.

⁶⁴ Für das Apsidenhaus V konnte in der neuen Grabung am Pelopion ein stark aschiger Zerstörungshorizont nachgewiesen werden. Das, was bei Dörpfeld (1935) z. B. 83 Abb. 8 in Zusammenhang mit dem Apsidenbau III aber auch anderswo als 'Humusschicht' bezeichnet wird, stellte sich bei nachfolgenden Grabungen in der Regel als Ascheschicht heraus; vgl. dazu auch J. Schilbach, AA 99, 1984, 225 ff. bes. 232 Anm. 20. Für Bau II erwähnt F. Weege im Tagebuch der Grabung von 1908, 16 (9. Mai) eine »dunklere Schicht in der Höhe der Steinlage der Apsis, wohl dem Fußboden entsprechend«.

⁶⁵ Vgl. dazu Rambach (2001) 327 ff. bes. 331 mit Anm. 41; Rambach 'Rechteckbauten'.

⁶⁶ Einige Scherben aus dem Zerstörungshorizont des 'Rechteckbaues' über dem Apsidenhaus V sind bei Rambach (2001) 327 ff. Taf. 1, 3–5 wiedergegeben.

⁶⁷ Zum Apsidenbau I vgl. Dörpfeld (1935) 93 f. 96 Abb. 18 Taf. 5; Rambach 'Rechteckbauten'.

⁶⁸ Zur Beschreibung der Keramik vgl. Anhang 32 ff. mit Anm 130. Die Stücke a–f sind MH II–III-zeitlich, die Fragmente g–j MH III-zeitlich. Zu den mittelhelladischen Keramikresten aus dem Bereich des Stadion-Nordwalles vgl. auch Rambach Tierkopfprotome mit Anm. 15.

⁶⁹ Zu einer Übersicht über die Fundstellen von FH II-Keramik im Ausgrabungsgelände von Olympia und dessen unmittelbarer Umgebung vgl. die Karte bei Rambach Tierkopfprotome Abb. 5.

⁷⁰ Ebenda Anm. 18 Abb. 5, 3.

⁷¹ Ebenda Anm. 20 Abb. 5, 4. Bei einer Durchsicht des Fundmaterials der Grabungen am Neuen Museum konnte sich der Verfasser vom Vorhandensein zahlreicher FH II-Scherben überzeugen.

⁷² Ebenda Anm. 21 Abb. 5, 5.

⁷³ X. Arapojanni, ADelt 49, 1994, Chron 191 ff. bes. 191.

⁷⁴ Vgl. dazu auch Rambach Tierkopfprotome Anm. 21 Abb. 10, 1-7 (Keramikfunde aus Trani Lakka).

⁷⁵ Ebenda mit Anm. 22–23.

⁷⁶ Ebenda mit Anm. 67–73; vgl. dazu auch Maran (1998) 229 ff.; J. Forsén, The Twilight of the Early Helladics. A Study of the Disturbances in East-Central and Southern Greece towards the End of the Early Bronze Age (1992) 232 ff.

⁷⁷ W. Dörpfeld–P. Goessler, in: W. Dörpfeld, Alt-Ithaka, München (1927) 206 ff. Abb. 18 Beilage 67 Taf. 13, 2.

⁷⁸ Vgl. zur Zeitstellung dieser Gräber Maran (1998) 102 ff. 230 f.; vgl. auch W. Cavanagh – C. Mee, A Private Place: Death in Prehistoric Greece (1998) 17.

⁷⁹ Rambach Tierkopfprotome Anm. 72–73.

⁸⁰ Vgl. dazu die Übersicht bei S. Müller, BCH 113, 1989, 1 ff. bes. 36 ff.

[81] Rambach Tierkopfprotome Anm. 67–69. Zu Aufsichten und Querschnitten durch den Tumulus von Lerna vgl. J. L. Caskey, Hesperia 25, 1956, 147 ff. bes. 161–166 Abb. 3. 5. Zu einem Plan des Tumulus mit weiteren, offensichtlich erst 1956 freigelegten Peribolossteinen vgl. J. L. Caskey, Excavations at Lerna 1956, Hesperia 26, 1957, 142 ff. Taf. 45 b.

[82] Forsén a. O. 36 f. 92. 133 f. 232. 234.

[83] Rambach Tierkopfprotome Anm. 74.

[84] Ebenda Anm. 75.

[85] Vgl. dazu H.-J. Weißhaar, AA 98, 1983, 329 ff. Abb. 1.

[86] Rambach Tierkopfprotome Anm. 86-88. Die Mollusken und Tierknochenreste vom Pelopion sind im Frühjahr 2001 von N. Benecke untersucht worden, so dass wir in naher Zukunft weitaus sicherere Angaben zu diesem Fundgut machen können. Sicher ist jedoch bereits jetzt, daß die großen Landschnecken zur Gattung der Helix-Schnecken gehören und die Muscheln ausschließlich als Meeresmuscheln zu gelten haben.

[87] Zu Kitsos vgl. H. Chevallier, Les Mollusques du gisement préhistorique de Kitsos (Attique), in: N. Lambert, La Grotte Préhistorique de Kitsos (Attique) II (1981) 611 ff. bes. 626 ff. mit Abb. 374-378. Zu dem Befund von Ἑστία 6-K der Siedlung von Nea Makri, wo in einer Herdstelle über 100 Schneckengehäuse unter einer Schicht völlig reiner Asche gefunden wurden – die Schnecken waren offensichtlich in der Glut gegart worden –, vgl. M. Pantelidou-Gofa, Ἡ νεολιθικὴ Νέα Μάκρη. Τὰ Οἰκοδομικά (1991) 87 f. mit Abb. 78. 80; dies., Ἡ νεολιθικὴ Ἀττικὴ (1997) 106 f. Abb. 83. Zu dem FH II-zeitlichen 'House of the Snailshells' in Zygouries vgl. C. W. Blegen, Zygouries, A Prehistoric Settlement in the Valley of Cleonae (1928) 15 f. Zu der FK II-Siedlung von Skarkos und den dort in einem Vorratsgefäß aufbewahrten Schnecken vgl. M. Marthari in: Διαλέξεις 1986–1989, Ἵδρυμα Ν. Π. Γουλανδρῆ (1990) 97 ff. bes. 100 Abb. 5.

[88] Rambach Tierkopfprotome mit Anm. 92.

[89] Ebenda Anm. 92.

[90] Alt sind möglicherweise auch die Kulte einer Artemis Κοκκόκα und der Hera in Olympia; vgl. Herrmann (1962) 3 ff. bes. 12–14; Herrmann (1972) 31. 69 mit Anm. 244; Herrmann (1987) 426 ff. bes. 428 f.; Mallwitz (1972) 81 f. Vgl. ferner R. Kastenholz, Boreas 19, 1996, 147 ff. bes. 150 f. Zu neueren Überlegungen zu den Anfängen des griechischen Heiligtums von Olympia vgl. auch U. Sinn, Olympia, Kult, Sport und Fest in der Antike (1996).

[91] Vgl. Rambach (2001) 327 ff. bes. 333.

[92] Ebenda 333.

[93] Die neuen Grabungen im Bereich des Pelopion erbrachten neben einigen weitgehend erhaltenen bzw. rekonstruierbaren Gefäßen ca. 100 Fragmente von fein ritz- und einstichverzierter dunkler und minyscher Ware mit z. T. aus der Cetina-Kultur bekannten Dekormotiven; vgl. Rambach (2001) mit Anm. 47; vgl. auch oben Anm. 20.

[94] Vgl. Govedarica (1989) 64 ff. 129 ff. 253 ff. (Zusammenfassung in französischer Sprache); B. Govedarica., Funde der Cetina-Kultur in den Grotten im Karst von Triest, in: Hommage a Nikola Tasić a l' occasion de ses soixante ans, Balcanica 23, 1992, 319 ff.; Maran (1998) 323–326 Taf. 71 (Verbreitungskarte).

[95] Vgl. zusammenfassend Maran (1998) 364 ff. mit Taf. 38, 1–6.

[96] Ebenda 370 mit Taf. 39, 3. 6; 40, 1–8 Taf. 71, 7. Zu Rutigliano-'Le Rene' vgl. vor allem auch F. Radina, Insediamenti della prima età dei metalli in territorio di Rutigliano (Bari), in: A. Ciancio (Hrsg.), Archeologia e territorio: L' area Peuceta, Atti del seminario di studi. Gioia del Colle, Museo Archeologico Nazionale 12–14 novembre 1987 (1989) 15 ff. bes. 21 ff. Abb. 9,1–11; 10,1–14; 11,1–5.

[97] So finden sich z. B. in Olympia für alle Ritz- Einstich- und Stempelmotiv-Kombinationen, die auf den bei Radina ebenda 15 ff. Abb. 10, 1–14; 11, 2–4 aus Rutigliano-'Le Rene' vorgelegten Scherben zu sehen sind, überzeugende Parallelen unter der fein ritz- und einstichverzierten dunklen Ware und der grauminyschen Ware aus den alten und den neueren Grabungen im Bereich der Altis. Zu den Beziehungen von Rutigliano-'Le Rene' zu Olympia vgl. auch D. Marino – M. Pacciarelli in: D. Cocchi Genick (Hrsg.), L' antica età del bronzo, Atti del Congresso di Viareggio 1995 (1996) 147 ff. bes. 148; vgl. auch unten Anm. 106.

[98] Vgl. dazu Maran (1998) 371 ff. Aus den neuen Grabungen am Pelopion liegen zwei Fragmente vertikaler Bandhenkel mit Knopf- oder Spitzenaufsatz vor, davon einer ritzverziert. Nach Maran (1998) 371 mit Anm. 629–630 hätten die balkanischen und karpatenländischen Kulturen der Vucedol- und post-Vucedol-Zeit sowie der Zeit der Cetina-Kultur derartige Henkelformen ebensowenig gekannt wie das frühhelladische Griechenland. Sie seien jedoch für die Fazies Laterza-Cellino San Marco und die mit ihr verwandten älterfrühbronzezeitlichen Kulturen in Nord- und Mittelitalien typisch. Hier muss allerdings darauf hingewiesen werden, dass die auf die Cetina-Kultur im dalmatischen Raum folgende Dinara-Kultur, gerade auch in ihrem frühesten Abschnitt, stark von Gefäßen mit Aufsätzen auf den vertikalen Bandhenkeln geprägt ist. Govedarica (1989) 145 ff. 263 f. Abb. 29 Taf. 32,1–2; 33,1–2. 4–7, 37,1 der die Cetina-Kultur vor allem mit dem späten Abschnitt von FH III korreliert, läßt zudem auf seiner Chronologietabelle den Beginn der Dinara-Kultur mit dem spätesten FH III sich überlappen.

[99] Das Stück wurde erst vor kurzem vom Verfasser in einer Kiste mit Scherben der Dörpfeldschen Unternehmungen in der Altis (ohne genauen Fundstellennachweis und Funddatum) entdeckt und als ritzverziert erkannt; vgl. zur Beschreibung dieser Scherbe Anhang 200 ff. bes. 204 mit Anm. 130.

[100] Vgl. zum Gefäß aus der Grotta Cappuccini bei Galatone Maran (1998) 365 Taf. 38,4.

[101] Vgl. dazu J. B. Rutter, Hesperia 52, 1983, 327 ff. bes. 333 ff. 342 f.

[102] Vgl. z. B. Weege (1911), 163 ff. bes. 168 Abb. 5–7; Dörpfeld (1935) Abb. 12, 1. 3 Taf. 22, 14. Aus den neuen Grabungen am Pelopion liegen Teile von mindestens sieben bis maximal zehn grauminyschen Kantharoi mit eingeritzter Spiralhakenzier vor.

[103] A. Furtwängler, Die Bronzen und die übrigen kleineren Funde von Olympia. Olympia IV (1890/1966) 198 Nr. 1284 Taf. 69. Dieses Stück, Museum Olympia Inv. Nr. 744, wird in einer Profilzeichnung bei Rambach 'Rechteckbauten' vorgelegt; zur Beschreibung vgl. Anhang 200 ff. bes. 205 mit Anm. 130.

[104] Zu den beiden Gefäßen der dunklen geglätteten Ware aus dem Apsidenhaus III vgl. Weege (1911), 163 ff. Taf. V 5–6;

Dörpfeld (1935) Taf. 22,4–5 Beilage 25 b; Herrmann (1972) Taf. 9 c; Maran (1998) Taf. 30, 2–3. Das grauminysche Gefäß dieser Form stammt aus einer Grube in Fläche P5 der neueren Grabung am Pelopion.

[105] Die Scherben stammen aus verschiedenen Flächen der neueren Grabung am Pelopion. Das Fragment mit Bogenmuster und Zentralkreis ist bei Rambach (2001) 327 ff. mit Anm. 3 Taf. 1,1 vorgestellt und ausführlicher behandelt.

[106] Zu Abb. 23, 2 vgl. B. Govedarica (1989) Taf. 31,7; Maran (1998) Taf. 36,7. Zu Abb. 12,3 vgl. Radina a. O. (Anm. 96) 15 ff. Abb. 11, 3; Maran (1998) Taf. 40,1. Zu Abb. 23, 4 vgl. I. Marović, Istraživanja kamenih gomila Cetinske kulture u srednjoj Dalmacji, Vjesnik Arh.i Hist. Dalmatinsku 84, 1991, 15 ff. Abb. 11,1; Maran (1998) Taf. 36, 8. Vgl. zusätzlich einen Krug aus Vrtanjak mit diesem Ziermuster bei Maran (1998) Taf. 34,2.

[107] Vgl. Kyrieleis (1990) 177 ff. bes. 188.

[108] In unserer Fläche P 27 im Südabschnitt des Tumulus, wo der Steinkranz des FH II-zeitlichen, unter Ausnutzung einer natürlichen Erhebung errichteten Tumulus zur Überwindung der sich hier rückenartig nach Süden zu fortsetzenden natürlichen Erhebung auf ein höheres Niveau heraufgeführt werden mußte, lag die spätgeometrische/frühdarchaische sogenannte Ascheschicht vom Zeusaltar direkt über den Steinen des Peribolos, wobei einige Steine leicht in diese Ascheschicht hineinragten. Vor der Ablagerung dieser künstlich aufgetragenen Schicht müßten demzufolge höher gelegene Partien dieser Steine sichtbar gewesen sein. Nach den Beobachtungen, die wir während der neueren Ausgrabungen im Bereich des Pelopion machen konnten, müßten vor der Ablagerung dieser Ascheschicht u. a. auch Mauerabschnitte der Osthälfte von Bau IV, des 'Rundbaues' südlich von Bau IV sowie punktuell die Quermauer von Bau V freigelegen haben.

[109] Vgl. Govedarica (1989) 129 ff. mit Karte 6; S. 262; Maran (1998) 323 f. mit Anm. 181–182.

[110] Vgl. Maran (1998) 324 mit Anm. 182.

[111] Anfänglich wurde diese Steinsetzung als eine der üblichen Abdeckungen von Pithos-Kindergräbern erachtet. Beim Tiefergehen wurden jedoch keinerlei Reste einer Pithos- oder andersartigen Bestattung beobachtet.

[112] Zur Fundposition des Miniaturbeilchens vgl. Abb. 22.

[113] Die Asche setzte sich auch unter den auf Abb. 22 angegebenen Stellen rot verbrannten Lehmes im Süden der Aschestelle fort.

[114] Das Photo dieses neuzeitlichen Gefäßes aus Naxos, das aus dem 19. oder beginnenden 20. Jh. n. Chr. stammt, wurde dem Verfasser freundlicherweise von Frau B. Psaropoulou zur Verfügung gestellt. Hierfür sei ihr herzlicher Dank ausgesprochen. Frau Psaropoulou leitet in der Plaka von Athen ein Museum für neuzeitliches traditionelles Töpferhandwerk und ist Verfasserin mehrerer diesbezüglicher Bücher und Schriften. Zu publizierten neuzeitlichen Schmauchgefäßen dieser Form von den Kykladen vgl. z. B. B. Psaropoulou, Η κεραμική του χθες στα Κύθηρα και στην Κύθνο (1990) Abb. S. 57 (aus Kythnos); E. Spathari-Begliti, Οι αγγειοπλάστες της Σίφνου, κοινωνική συγκρότηση-παραγωγή-μετακινήσεις (Diss. Athen 1989) 156 Taf. κα' oben (aus Paros); Ch. Vallianos – M. Padouva, Τα κρητικά αγγεία του 19ου και 20ου αιώνα. Μορφολογική, κατασκευαστική μελέτη, Μουσείο Κρητικής Εθνολογίας, Ίδρυμα του πολιτιστικού συλλόγου Μεσαράς (1986) 67 Abb. 91 (Kreta). Der moderne Gebrauch dieser Geräte zum Betäuben der Bienen wird folgendermaßen beschrieben: Durch die größere Öffnung werden Holzkohle und getrockneter Rinderdung eingegeben. Der Bienenzüchter bläst in die größere Öffnung und aus der kleineren quillt dichter Rauch.

[115] Vgl. unten Anm. 116.

[116] Schon Herrmann (1987) 426 ff. bes. 432 Anm. 40 vermutete, dass die Apsidenhäusersiedlung in der Altis offenbar plötzlich verlassen worden sei. Da keinerlei Spuren von Kämpfen oder gewaltsamer Zerstörung zu beobachten seien, könnte seiner Ansicht nach eine Naturkatastrophe die Ursache gewesen sein.

[117] Vgl. H. Kyrieleis, in: W. Coulson – H. Kyrieleis (Hrsg.), Proceedings of an International Symposium on the Olympic Games, Athen 5.-9. September 1988 (1992) 19 ff. bes. 23 mit Taf. VI Abb. 17; ders. 1990, 177 ff. bes. 186. Bei einer Nachuntersuchung wurden in den Stegprofilen direkt am Rundbaumauerwerk doch ganz vereinzelte, ausschließlich prähistorische Wand-Scherbchen (FH III/MH) in den aufgeschichteten Schwemmsandmassen gefunden, die den 'Rundbau' nach und nach zugeschwemmt hatten.

[118] Eine größere Unterbrechung der Steinschüttung im SO von Fläche P21 ist vermutlich auf einen alten W-O-Sondagegraben von Dörpfeld und Weege zurückzuführen (Graben D von 1908).

[119] Zu Beispielen, wie ein solcher Flechtwerkzaun vielleicht ausgesehen haben mag, vgl. M. Pantelidou-Gofa, Ἡ νεολιθική Ἀττική (1997) Abb. 21 (neuzeitliches Dorf in Afrika); 27 (Hofzaun in Thessalien, Aufnahme von 1977); 67 (Rekonstruktionszeichnung einer neolithischen Hütte mit Wänden aus Flechtwerk).

[120] Zur Interpretation des südlichen Teiles der verstärkten Nordmauer von Bau IV als Bank vgl. Dörpfeld (1935) 90; vgl. ferner z. B. A. J. Mazarakis Ainian in: R. Hägg N. Marinatos – G. C. Nordquist (Hrsg.), Early Greek Cult Practice. Proceedings of the Fifth International Symposium at the Swedish Institute of Athens, 26–29 June, 1986 (1988), 105 ff. bes. 116 mit Anm. 37 Abb. 16. Zur Verwendung von Wasser in griechischen Heiligtümern vgl. z. B. S. Guettel Cole in: Hägg–Marinatos–Nordquist a. O. 161 ff. – Vgl. auch R. Hägg in: R. Hägg – G. C. Nordquist (Hrsg.), Celebrations of Death and Divinity in the Bronze Age Argolid. Proceedings of the Sixth International Symposium at the Swedish Institute at Athens, 11–13 June, 1988 (1990) 177 ff. bes. 177 f. mit Anm. 4. 17; S. 184.

[121] Zu den spärlichen Zeugnissen von Kultausübung für die Stufen FH II und FH III vgl. Maran (1998) 292 ff. Zu diesbezüglichen MH-Funden und -Befunden vgl. R. Hägg in: A. Morpurgo Davies – Y. Duhoux (Hrsg.), Linear B: A 1984 survey. Bibliothèque des cahiers de l' Institut de linguistique de Louvain 26 (1985) 203 ff. bes. 216 Anm. 6. Allgemein zu bronzezeitlichen Kultplätzen und -bauten im weiteren helladisch/ägäischen Raum vgl. J. C. van Leuven in: R. Hägg – N. Marinatos (Hrsg.), Sanctuaries and Cults in the Aegean Bronze Age. Proceedings of the First International Symposium at the Swedish Institute in Athens, 12–13 May, 1980 (1981), 11 ff. ; B. Rutkowski in: H.-G. Buchholz (Hrsg.), Ägäische Bronzezeit (1987) 407 ff.; ders., The Cult Places of the Aegean (1986).

[122] Vgl. dazu ausführlich Rambach 'Rechteckbauten'; vgl. auch Rambach (2001) 327 ff. bes. 331 mit Anm. 41.

[123] Vgl. Rambach 'Rechteckbauten'.

[124] Die großen Lehmentnahmegruben waren ausschließlich im NW- bis NO-Bereich des Tumulus zur Beschaffung von Lehm für die zu errichtenden 'Rechteckbauten' eingetieft worden (nachgewiesen vor allem in unseren Flächen P4, P1, P5, P6, P12, P17).

[125] Vgl. dazu ausführlich Rambach 'Rechteckbauten'.

[126] Vgl. oben Anm. 125. Zur Beschreibung des FH III spät/MH I-zeitlichen Kantharos aus dem Stadion-Nordwall vgl. Anhang 200 ff. bes. 204 f. mit Anm. 130.

[127] Vgl. dazu Kyrieleis (1990) 177 ff. bes. 185 mit Abb. 15. Vgl. auch P. A. Mountjoy, Regional Mycenaean Decorated Pottery I (1999) 398 mit Anm. 196–197. Vgl. ferner B. Eder, Argolis, Lakonien, Messenien. Vom Ende der mykenischen Palastzeit bis zur Einwanderung der Dorier (1998) 106 Anm. 303.

[128] Vgl. auch Kunze (1967) 1 ff. bes. 14; Herrmann (1972) 65 mit Anm. 221 Taf. 9 e–f (Das Stück Taf. 9 e oben ist nicht mykenisch).

[129] Zu mykenischer Keramik aus dem Bereich der Schatzhausterrasse vgl. J. Schilbach, AA 99, 1984, 225 ff. bes. 226 f. mit Anm. 3 Abb. 2.

[130] Bei den Angaben zur Beschaffenheit der Keramik ist folgendes zu beachten: Staubgröße, mit bloßem Auge gerade noch sichtbare Partikel im Ton werden als 'winzig' beschrieben. Magerungspartikel bis zu einer Größe von 0,25 mm gelten als 'sehr fein', Einschlüsse von >0,25 mm bis 2 mm als 'fein', von >2 mm bis 4 mm als 'mittelfein' und >4 mm als 'grob'. Die geschätzte Menge der Magerungspartikel wird in einer Skala angegeben, die von 'ganz vereinzelte', 'vereinzelte', 'wenige', 'einige', 'mehrere', 'viele' zu 'sehr viele' reicht. Die Dichte der Magerung wird mit einer Palette von Ausdrücken wiedergegeben, die sich von 'ungemagert' (nicht gemagert), über 'kaum gemagert', 'schwach gemagert' (wenig gemagert), 'mäßig gemagert', 'mittelmäßig gemagert', 'erheblich gemagert', 'stark gemagert', 'sehr stark gemagert' zu 'äußerst dicht gemagert' (sehr dicht gemagert) erstreckt. Die Angaben zu den Tonfarben beziehen sich auf die Munsell Soil Color Charts, Ausgabe 1975.

Abbildungsnachweis

Abb. 1: nach Dörpfeld (1935) Taf. 3.

Abb. 2: nach Dörpfeld (1935) Taf. 22.

Abb. 3: nach Dörpfeld (1935) Abb. 23.

Abb. 4–7. 9 a.b.–16 a.b. 19–22. 24–26. 28. 30. 32–36: Verfasser.

Abb. 8: Aus Nachlass von W. Dörpfeld. Archiv-Neufund 1987.

Abb. 17: nach Maran (1998) Taf. 38,4.

Abb. 18. 26. 37: Aufnahmen von E. Gehnen.

Abb. 23: Zusammenstellung der Zeichnungen durch Verfasser. Zum Nachweis der Zeichnungen von Scherben aus Ljubomir, Rutigliano 'Le Rene' und Rudine vgl. Anm. 106.

Abb. 29: B. Psaropoulou; vgl. Anm. 114.

Abb. 31: H. Kyrieleis

Helmut Kyrieleis

Zu den Anfängen des Heiligtums von Olympia

Wir sind es gewohnt, Olympia hauptsächlich in seiner Blüteperiode zu betrachten und somit gewissermaßen als fertige, etablierte Einrichtung anzusehen, die zu den zentralen Gegebenheiten der griechischen Kultur des Altertums gehört.

Gerade weil aber Olympia einen so hohen und nachhaltigen Rang sowohl im kulturellen Selbstverständnis der antiken Griechen selbst als auch in unserer heutigen Vorstellung von der altgriechischen Kultur hat, ist es immer wieder als Auftrag der wissenschaftlichen Forschung anzusehen, den Gründen und Wurzeln dieser besonderen Bedeutung Olympias nachzugehen. Dass aus den Anfängen und der frühen Entwicklung griechischer Heiligtümer, der Herausbildung ihres jeweils spezifischen Charakters auch entscheidende Hinweise auf die Grundlagen der religiösen, kulturellen und politischen Geschichte Griechenlands abzuleiten sind, und dass hierbei vor allem die Methoden der Archäologie zu Fortschritten führen können, ist heute eine allgemein anerkannte Überzeugung, die sich sehr lebendig und vielfältig, teilweise auch kontrovers, in der neueren Forschung widerspiegelt. Gewiss ist auch in der älteren Forschung – in Olympia eigentlich von Anfang an – immer wieder auch die Frage der frühesten Entstehungsgeschichte einzelner Heiligtümer aufgeworfen worden, doch fehlten zumeist gut beobachtete Grabungsbefunde als sachliche Grundlage, so dass die Diskussion sich überwiegend im Bereich gelehrter Hypothesen bewegen musste.

Dies hat sich erst in den letzten Jahrzehnten geändert, da präzisere Grabungsmethoden und eine zunehmende Sorgfalt in der Beobachtung und Auswertung auch unscheinbarer Fundkontexte und zugleich ein gewachsenes Problembewusstsein entscheidend dazu beitragen, die materiellen Grundlagen des Problems etwas breiter und differenzierter darzustellen.

Zugleich hat sich auch das internationale Forschungsinteresse an der Entstehungsgeschichte der frühen griechischen Kulte und Heiligtümer stark belebt – eine Entwicklung, die sich allein in den vergangenen 10 Jahren in einer Fülle einschlägiger, zum Teil hervorragender Publikationen niedergeschlagen hat[1]. Besonderes Augenmerk gilt hier den Fragen nach Art und

Weise des Überganges von der spätmykenischen zur protogeometrischen Zeit, nach möglichen Formen kultischer Kontinuität oder bronzezeitlicher Traditionen in den ersten Anfängen griechischer Heiligtümer im frühen 1. Jahrtausend. Auch die Fragen danach, wer die Empfänger von Kult in den frühesten Heiligtümern waren, wie sich die griechische Götterwelt an einzelnen Kultorten herausbildet und differenziert, ob vorgriechische Kulte von olympischen Zeiten überlagert wurden und welche Zusammenhänge mit politischen und gesellschaftlichen Ereignissen und Veränderungen am Übergang von der Bronze- zur Eisenzeit bestehen, sind häufiger Gegenstand der neueren Forschung.

Die Untersuchungen zu den Anfängen des Heiligtums von Olympia, über die ich im Folgenden kurz berichten möchte, liegen daher sozusagen im Trend der internationalen archäologischen und altertumswissenschaftlichen Forschung, deren Ergebnisse und Hypothesen natürlich sorgfältig in die weiterführende Diskussion unserer Grabungsergebnisse einbezogen werden müssen. Dies kann jedoch im Rahmen eines Symposionbeitrages keinen Raum finden, so dass ich mich hier darauf beschränke, Ziel und Ergebnis der neueren Untersuchungen in Olympia darzustellen und einige Interpretationsansätze zu skizzieren[2].

Bei den Ausgrabungen des Deutschen Archäologischen Instituts in Olympia ging es seit 1987 unter anderem um die Frage nach den Anfängen und dem Alter dieses bedeutendsten Zeus-Heiligtums Griechenlands. Es handelt sich hierbei um ein altes Problem der Archäologie von Olympia: Die antike Überlieferung, wenn auch überwiegend aus späten Quellen stammend und in sich widersprüchlich, deutet immer wieder auf ein sehr hohes Alter des Zeuskults hin. Dies wurde durch die Ausgrabungen auch insofern bestätigt, als eine Fülle von Votiven, vor allem Bronzen des geometrischen Stils wie Dreifüße, Statuetten, Schmuck etc. zutage kamen[3], die stilistisch vom frühen 9. bis ins späte 8. Jahrhundert v. Chr. datiert werden können. Anzahl und künstlerische Bedeutung dieser Votive machen Olympia zum Hauptfundort geometrischer Kunst, und das breite geographische Spektrum der Herkunft dieser repräsentativen Funde unterstreicht die überregionale Bedeutung Olympias schon im 8. Jahrhundert. Die erwähnten Funde stammen jedoch alle aus späteren Abraumschichten und Brunnen, die um

Abb. 1 Die Ausgrabungen am Pelopion von N. Im Vordergrund das Heraion

700 v. Chr. und später zu datieren sind. Es gab keinen Schicht- oder Baubefund, der mit Sicherheit einer älteren Periode des griechischen Heiligtums von Olympia zuzuordnen gewesen wäre. Möglicherweise waren die Spuren des frühen Heiligtums schon von den Grabungen des 19. Jahrhunderts übersehen und beseitigt worden, oder sie waren bereits in der Antike durch spätere Baumaßnahmen unkenntlich geworden.

Auf der Suche nach stratigraphischen Hinweisen auf das älteste Olympia haben wir noch einmal das Pelopion untersucht (Abb. 1)[4], das, im Zentrums des Heiligtums gelegen, in der antiken Überlieferung als Ausgangspunkt der Kultgründung in Olympia galt. Obwohl die früheren Grabungen auch hier teilweise schon sehr tief gegangen und weite Teile des Originalbefundes bereits abgeräumt waren, gelangen hier an einigen ungestörten Stellen doch noch schlüssige Beobachtungen, die etwas neues Licht auf die älteste Geschichte des Heiligtums werfen, und die ich im Folgenden – stark abgekürzt – darstellen möchte.

Unter dem durch eine Umfassungsmauer klassischer Zeit definierten Heroon des Pelops hatte Wilhelm Dörpfeld 1929 in kleinflächigen Sondagen einen Steinkreis beobachtet, den er als die Krepis eines Tumulus, und damit als Vorgänger des Pelopions, ansah[5]. Außerdem hat er nördlich und östlich des Pelopion verschiedene prähistorische Häuser mit apsidalem Grundriss aufgedeckt, die er allerdings aufgrund unvollständiger Beobachtungen für älter hielt als den Tumulus. Dessen Datierung war ungesichert. Gelegentlich erwog man in der späteren Forschung eine geometrische oder auch mykenische Datierung oder leugnete überhaupt die Existenz dieses Steinkreises, der, wie gesagt, nur in kleinen Sondagen beobachtet worden war. Bei der Suche nach den Spuren der Frühgeschichte Olympias musste auch diese von Dörpfeld angeschnittene Problematik neu aufgerollt werden. Für diesen Teil der Ausgrabungen, d. h. die Untersuchung der prähistorischen Bauten und Schichten, war mein Mitarbeiter und Kollege Jörg Rambach verantwortlich, der auch die Publikation der Befunde und Ergebnisse übernommen hat[6]. Was die frühbronzezeitlichen Daten anbetrifft, so stütze ich mich im Folgenden weitgehend auf seine Mitteilungen.

In unserer Nachgrabung (Abb. 1. 2.) erwiesen sich die Beobachtungen von Dörpfeld im Prinzip

Abb. 2   Ausgrabung in der NO-Ecke des Pelopion. Rechts unten der Steinkreis des Tumulus. In der Mitte prähistorische Hausfundamente

als völlig richtig. In den meisten Grabungsflächen wurde der Steinkreis mit einem Durchmesser von ca. 30 m noch *in situ* angetroffen. Keramikfunde in der Erde des Tumulus beweisen, dass dieser in die Periode Frühhelladisch II zu datieren ist. Fuß und Hang des Tumulus waren von einer sterilen Flusssandschicht späterer Zeit überlagert, auf der dann die erwähnten Apsidenhäuser errichtet wurden. Diese sind aufgrund der Keramikfunde sicher in die Spätphase der Periode Frühhelladisch III, also um das Ende des 3. Jahrtausends v. Chr. zu datieren. Das zeitliche Verhältnis von Tumulus und Apsidenhäusern ist dort besonders anschaulich, wo der Steinkreis ca. 1 m unterhalb des Apsidenhauses 5 an der NO-Seite des Pelopions verläuft. Wichtig ist ferner eine weitere Beobachtung: Die Oberfläche des Tumulus war ursprünglich mit natürlich gebrochenen Platten aus hellem Kalkstein gepflastert, wie wir das auch von anderen prähistorischen Tumuli in Griechenland kennen. Seine ursprüngliche Funktion ist unklar. Hinweise auf ein Grab unter dem Hügel haben wir nicht gefunden. In der Zeit der Apsidenhäuser sind allerdings mehrere Kinderbestattungen in Pithoi in seine Oberfläche bzw. in seiner nächsten Umgebung eingegraben worden. Von Bedeutung ist ferner, dass Teile dieses prähistorischen Monuments offenbar auch noch in der frühen Eisenzeit über der Erde sichtbar gewesen sind.

Im Pelopion und seinem näheren Umkreis hatten die Ausgräber des 19. Jahrhunderts mächtige Ablagerungen aus asche- und holzkohlehaltiger Erde angetroffen, in denen zahllose geometrische Votive gefunden wurden. Die Hauptmasse der geometrischen Bronzen und Terrakotten stammt aus dieser sog. schwarzen Schicht, die außerdem zahlreiche Tierknochenfragmente enthielt und offenbar Abraum von Hinterlassenschaften der Kult- und Opferhandlungen darstellt. Die vorherrschende Ansicht ist, dass diese Ausbreitung von Heiligtumschutt auf Ordnungs- und Planierungsarbeiten zurückgeht[7]. Die Keramikfunde sichern eine Datierung des spätesten Materials aus diesen Ablagerungen ins fortgeschrittene 7. Jahrhundert v. Chr.

Von dieser 'schwarzen Schicht' war zwar das meiste durch die älteren Grabungen verschwunden, doch konnten wir kleinere Teile derselben noch *in situ* antreffen und untersuchen. Dabei zeigte sich vor allem, dass diese spätgeometrisch-frühbarchaische Abraumschicht unmittelbar auf den sterilen Sand- und Lehmschichten lag (Abb. 3). Eine stratigraphische Kontinuität zu den viel früheren Bauten der Frühbronzezeit bestand nicht.

Eine ganz ungestörte Partie der 'schwarzen Schicht' hatte sich unter den Blöcken der NO-Ecke der klassischen Pelopionumfriedung *in situ* erhalten und wurde von uns genauer untersucht. Die sorgfältig beobachtete und dokumentierte Abtragung dieser Erdbank hat wertvolle Einblicke in die Zusammensetzung der 'schwarzen Schicht' und darüber hinaus zur Frühgeschichte des Heiligtums erbracht. Wie zu erwarten, fanden sich überaus zahlreiche geometrische Terrakotten, auf ca. 3 m³ über 100 Stück, teilweise in vorzüglicher Erhaltung (Abb. 4–6).

Aufgrund der Fundmischung können wir sicher sagen, dass die Schicht aus dunkler, aschehaltiger Erde, Tierknochen, Keramik und Votiven aus Ton und Bronze (Abb. 7) nicht allmählich aufgewachsen, sondern zumindest in dem untersuchten Ausschnitt einheitlich in einem Arbeitsvorgang oder während einer kurzen Zeitspanne aufgefüllt worden ist. Eine chronologische Differenzierung aufgrund einer Stratigraphie innerhalb dieser Auffüllung ergibt sich nicht. Dennoch führt das Fundmaterial aus diesem Ausschnitt erheblich über unsere bisherigen Vorstellungen hinaus. Es fanden sich nämlich größere Teile von spät- oder submykenischen Kelchgefäßen (Kylikes) von ungewöhnlicher Größe (Abb. 8). Form und aufgemalter Dekor lassen sich mit entsprechenden Gefäßen aus Fundorten der westlichen und südlichen Peloponnes vergleichen. Die wissenschaftliche Bearbeitung dieses Materials hat Birgitta Eder übernommen. Für die Kylikes hat sie eine Datierung noch ins späte 11. Jahrhundert v. Chr. ermittelt. Ferner fanden sich Scherben und geriefelte Füße kleinerer, hochstieliger Kylikes derselben Zeitstellung sowie ein Kännchen und geriefelte Gefäßfüße, die aufgrund ihrer charakteristischen Form mit Sicherheit protogeometrisch sind. Vermischt war diese spätbronze- und früheisenzeitliche Keramik mit relativ wenigen Scherben einfarbiger geometrischer Gefäße sowie mit den erwähnten geometrischen Terrakotten.

Die submykenischen Kylikes sind bei einer Datierung ins späte 11. Jahrhundert bereits der frühen Eisenzeit zuzurechnen, gehören andererseits aber auch einer ungebrochenen Formtradition der spätmykenischen Keramik an. Zu dieser mykenischen Tradition gehört es auch, dass Gefäße dieses Typus nicht zur Gebrauchsware des täglichen Lebens zählten, sondern vielfältig in kultischem Zusammenhang auftauchen bzw. dargestellt sind. Am kultischen Charakter dieser Gefäße kann wegen ihrer ungewöhnlichen Größe kaum ein Zweifel bestehen. Auch bei den übrigen, eindeutig protogeometrischen Gefäßen aus diesem Zusammenhang, durchweg aus regionaler Produktion, lassen sich Formzusammenhänge mit spätmykenischer Keramik der Periode III C aufweisen. Wie Birgitta Eder zeigen kann, handelt es sich hierbei auch nicht um einen isolierten, nur auf Olympia beschränkten Befund, sondern die gleichen Gefäßformen sind mittlerweile auch aus früheisenzeitlichen Grabfunden aus der näheren Umgebung von Olympia bekannt[8]. Wir haben es hier also mit einem Material zu tun, das auf eine regional verankerte Kultausübung hinweist, die nach dem archäologischen Befund im späten 11. Jahrhundert v. Chr. einsetzt und sich von da an kontinuierlich entwickelt. Eine Kult-Kontinuität von der mykenischen zur protogeometrischen Zeit lässt sich dagegen für Olympia ausschließen. Zwischen den Resten der Frühbronzezeit und den Anfängen des griechischen Heiligtums klafft ein Hiatus von ca. einem Jahrtausend.

Einen eindeutigen Hinweis darauf, dass die 'schwarzen Schichten' im Bereich des Pelopion nicht auf einmal sondern, wenigstens teilweise, zu verschiedenen Zeiten aufgeschüttet worden sind, haben unsere Nachgrabungen an der westlichen Seite und im Propylon des Pelopion erbracht. Dort war, vor allem durch die im Profil unter der Pelopionmauer noch erhaltene, nicht durch die früheren Ausgrabungen beseitigte Stratigraphie klar zu erkennen, dass der Kladeos hier zeitweise bei Hochwasser bis an den prähistorischen Tumulus heranreichte und dabei auch nachweislich eine 'schwarze Schicht' mit geometrischen Votiven abgeschwemmt hat. Da der Kladeos aber, nach den Ergebnissen der Nachgrabungen 1986 im Prytaneion zu urteilen, seit dem späten 8. oder frühesten 7. Jahrhundert erheblich weiter westlich geflossen ist, müssen die am Pelopion abgeschwemmten Partien des Votiv- und Opferabraums schon vor dieser Zeit dort aufgeschüttet worden sein. Später aber, d. h. im 7. Jahrhundert, wurden dort nachweislich wieder große Mengen von Votivschutt abgelagert, denn nach den Aufzeichnungen der alten Grabung wurden in diesem Bereich besonders mächtige Ansammlungen 'tiefschwarzer' Aschenerde angetroffen und vollständig abgetragen. Man kann also mit Sicherheit davon ausgehen, dass einzelne Bestandteile der 'schwarzen Schichten' beim Pelopion zu verschiedenen Zeiten entstanden sind, und dass sich diese Vorgänge bis ins 7. Jahrhundert, möglicherweise bis ans Ende dieses Jahrhunderts, wiederholt haben.

Soweit in kurzen Worten das Ergebnis unserer Ausgrabungen, mit dem wir, zumindest was die materielle Evidenz anbetrifft, den Ursprüngen des griechischen Kults in Olympia ein Stück näher gekommen sind. Für die weitere Interpretation im Hinblick auf die Kultgeschichte Olympias müssen diese Beobachtungen als Grundlage dienen.

Abb. 3   'Schwarze Schicht' im Profil unter der klassischen Pelopion-Mauer

Abb. 4   Geometrische Terrakotten aus der Pelopion-Grabung. Olympia, Museum

Abb. 5   Geometrische Terrakotten aus der Pelopion-Grabung. Olympia, Museum

Bedeutsam in diesem Zusammenhang ist vor allem, dass der prähistorische Tumulus genau unter dem späteren Pelops-Bezirk liegt, also zweifellos als das Pelopsgrab angesehen worden ist, als der Kult dieses Heros hier eingerichtet wurde. Die Verbindung der frühesten Votiv- und Opferfunde mit dem Bereich des Pelopion und der prähistorischen Baureste macht es wahrscheinlich, dass die Keimzelle und das früheste Zentrum des olympischen Kultes mit diesen noch sichtbaren Spuren der Vorzeit auch in ursächlichem Zusammenhang stehen, dass also die erste Kultgründung der frühen Eisenzeit an diese ehrwürdigen Reste angeknüpft hat. Eine ferne Erinnerung an solche Vorgänge könnte sich bei Pindar (Ol. X, 24 f.) erhalten haben, wo es heißt, Herakles habe »beim alten Mal des Pelops« (ἀρχαίῳ σάματι πὰρ Πέλοπος) das Heiligtum des Zeus gegründet. Die prinzipielle Übereinstimmung des archäologischen Befundes mit dieser Version der Gründungssage ist jedenfalls bemerkenswert.

Eine solche Neueinrichtung eines Kultes in unmittelbarem Bezug zu erhaltenen Bauresten der Vorzeit ist eine Erscheinung, die in verschiedenen Ausprägungen und *mutatis mutandis* auch in der Archäologie anderer griechischer Heiligtümer zu beobachten ist. Bekannte Beispiele sind Delphi und Delos, das Heraion von Argos, das Menelaion oder Eleusis, wo jeweils die Präsenz bronzezeitlicher Siedlungsreste im Bereich der späteren Heiligtümer auf ein Wiederanknüpfen des Kults an eben diese Überreste der Vorzeit schließen lässt[9]. Das ehrwürdige Alter der Relikte oder die mythisch-historischen Vorstellungen, die immer an solchen Orten haften, sind offenbar ein wesentliches Motiv für diese Kultgründung und die mythologische Umdeutung durch spätere, vielleicht neu eingewanderte oder neu formierte Bevölkerungsgruppen gewesen. Man kann in diesem Zusammenhang auch an die vielfach beobachtete Erscheinung erinnern, dass in mykenischen Gräbern des 14. Jahrhunderts in geometrischer Zeit gezielte Nachbestattungen und wahrscheinlich sogar bestimmte Formen der Heroen- oder Ahnenverehrung einsetzen[10]. Solches kultisches Anknüpfen an prähistorische Reste ist keineswegs nur auf die griechische Frühzeit beschränkt. So hat z. B. Georgios Korres in der Ausgrabung von Voidokilia nachweisen können, dass hier an einem stets sichtbaren mittelhelladischen Tumulus, der in späthelladischer Zeit als Kuppelgrab genutzt wurde, schließlich in hellenistischer Zeit, also mit gewaltigem zeitlichem Abstand, ein Heroenkult eingerichtet wurde, von dem viele tönerne Votiv-Pinakes Zeugnis ablegen[11].

Am Anfang, als die erwähnten Grabungsergebnisse sich deutlicher abzeichneten und die ersten Interpretationsentwürfe versucht werden konnten, schien es naheliegend, auch die Bemerkungen des Pausanias (V 13, 2–3) zum Kult des Pelops in die Überlegungen mit einzubeziehen. Was der Perieget hier aus der Sicht seiner Zeit mitteilt, dass nämlich der Pelops-Kult von Herakles eingerichtet worden sei und dass, wer vom Opferfleisch des Pelops gegessen habe, nicht anschließend am Zeuskult teilnehmen durfte, ließe sich im Sinne eines sehr hohen Alters des Pelops-Kultes und einer alten, grundsätzlichen Unterscheidung vom Zeuskult und sogar einer gewissen Rivalität zu diesem interpretieren. Dies wiederum könnte – als 'Denkmodell' – so ausgelegt werden, dass die ersten Kultaktivitäten an der Stelle des prähistorischen Hügels einem Heroenkult gegol-

Zu den Anfängen des Heiligtums von Olympia

ten hätten, ja dass dies von Anfang an ein Pelops-Kult gewesen wäre, der erst später vom Kult des Zeus überlagert worden wäre.

Es wäre indessen mehr als gewagt, aus dem, was Pausanias aus kaiserzeitlicher Sicht berichtet, direkte und weitgehende Rückschlüsse auf Vorgänge zu ziehen, die damals schon mehr als tausend Jahre zurücklagen. Auch ist es aus verschiedenen Gründen, auf die ich hier nicht näher eingehen kann, sehr wahrscheinlich, dass die spezifische Verbindung von Pelops und Olympia, der eigentliche Heroenkult des Pelops, erst in spätarchaischer oder klassischer Zeit entwickelt wurde.

Vor allem aber gibt der Befund der frühen Kultablagerungen am Pelopion keinen Anhaltspunkt dafür, dass an dieser Stelle von Anfang an ein besonderer Kult oder ein separater Kultbezirk bestanden hätte. Zwar wird man von der Annahme ausgehen dürfen, dass

Abb. 7 Geometrischer Bronze-Stier aus der Pelopion-Grabung. Olympia, Museum

Abb. 6 Geometrische Terrakotta aus der Pelopion-Grabung. Olympia, Museum

Kultrückstände, wie sie die 'Schwarze Schicht' darstellt, auch bei Ordnungs- und Planierungsarbeiten nicht über weite Strecken transportiert wurden, sondern in der Nähe ihres Entstehungsortes, d. h. eines Altares, verblieben. Entsprechende Befunde kennen wir z. B. aus Kalapodi[12] oder von dem Artemis-Altar in Olympia[13]. Die Tatsache, dass die Kultablagerungen am Pelopion am mächtigsten waren und die frühesten Funde enthielten, bleibt also bedeutsam. Aber das Fundmaterial aus dem unmittelbaren Bereich des Pelopion unterscheidet sich, was z. B. die Typen der Votive anbetrifft, nicht von dem, was auch in weiter entfernten Bereichen durch die alte Grabung angetroffen wurde. Jedenfalls gibt es heute, da z. B. die Fundkeramik durch die alte Grabung kaum beachtet wurde, keine Möglichkeit mehr, chronologische oder sonstige Differenzierungen innerhalb der von der Stadionterrasse bis zum Philippeion und zum Zeus-Tempel reichenden Verbreitung der 'Schwarzen Schicht' vorzunehmen. Auch die Tierknochen aus den von uns untersuchten Bereichen dieser 'Schwarzen Schicht' lassen keine spezifische Kultrichtung erkennen, da unter diesem Material sowohl Schaf und Ziege als auch Rind und Schwein vertreten sind. Da aber Votive etc. auch als Abraum nicht von einem Kultbezirk in den anderen verlagert werden konnten, bedeutet dies, dass zunächst einmal davon auszugehen ist, dass die 'Schwarze Schicht' auf einen einheitlichen Kult zurückgeht. Dieser kann aber nur der Hauptkult des Heiligtums, der Kult des Zeus, gewesen sein.

Abb. 8 Fragmente einer submykenischen Kylix

Auch die Entstehung und früheste Geschichte des Heiligtums von Olympia lässt sich nun offenbar als ein solcher Neubeginn an der Stätte einer sehr viel älteren und anscheinend als bedeutsam empfundenen Geschichte begreifen. Wenngleich hier erst weitere Forschungen zur Geschichte der Region mehr Klarheit bringen können, ist zu vermuten, dass dieser Neubeginn mit jener Überlieferung zusammenhängt, derzufolge nach dem Zusammenbruch der mykenischen Welt neue griechische Bevölkerungsgruppen aus Ätolien in die westliche Peloponnes eingewandert sind. Dies bleibt wie vieles andere vorerst Hypothese, doch haben die Ausgrabungen am Pelopion eine etwas sicherere Basis für die notwendigen wissenschaftlichen Annahmen zur frühesten Geschichte des Heiligtums von Olympia geschaffen.

[1] Ausführliche Bibliographien hierzu finden sich z. B. bei A. Mazarakis Ainian, From Rulers Dwellings to Temples. Architecture, Religion and Society in Iron Age Greece – 1100–700 B. C. (1997) und C. Morgan, Isthmia VIII. The Late Bronze Age Settlement and Early Iron Age Sanctuary (1999).

[2] Die Grabungsergebnisse werden demnächst ausführlich in einem Band der 'Olympischen Forschungen' veröffentlicht werden. In diesem kurz gefassten Referat glaube ich deshalb, die Anmerkungen und weiterführenden Hinweise auf ein Minimum beschränken zu können.

[3] Publikationen der geometrischen Funde aus Olympia: F. Willemsen, Dreifußkessel von Olympia. OF III (1950); M. Maaß, Die geometrischen Dreifüße von Olympia. OF X (1978); W.-D. Heilmeyer, Frühe olympische Tonfiguren. OF VII (1972); ders., Frühe olympische Bronzefiguren. Die Tiervotive. OF XII (1979); ders., Olympiabericht X (1981) 59 ff. Taf. 3; H. Philipp, Bronzeschmuck aus Olympia. OF XIII (1981).

[4] Kurze Vorberichte zu den Untersuchungen zur Frühgeschichte Olympias: vgl. Verf., in: W. Coulson – H. Kyrieleis (Hrsg.), Proceedings of an International Symposium on the Olympic Games, 5–9 September 1988 (1992) 19 ff. Taf. I–VI; ders., AW 21, 1990, 177 ff.

[5] W. Dörpfeld, Alt-Olympia (1935) 9 ff. 73 ff. 118 ff. Abb. 3–24 Taf. 2–5.

[6] Siehe hierzu ausführlicher J. Rambach, in diesem Band 177 ff.

[7] Vgl. H.-V. Herrmann, Olympia (1972) 55 f.; A. Mallwitz, Olympia und seine Bauten (1972) 85 ff.; W.-D. Heilmeyer, Frühe olympische Tonfiguren. OF VII (1972) 3 ff.

[8] Vgl. vorläufig B. Eder in: V. Mitsopoulos-Leon (Hrsg.), Forschungen in der Peloponnes. Akten des Symposions zur 100-Jahr-Feier des Österreichischen Archäologischen Instituts Athen, 5. – 7. 3. 1998 (2001) 233 ff.; dies. in: R. Laffineuer – R. Hägg (Hrsg.), Potnia. Deities and Religion in the Aegean Bronze Age. Göteborg 12. – 15. April 2000. Aegaeum 23 (im Druck).

[9] Ausführlicher hierzu in der endgültigen Publikation. Literatur zu den hier genannten Ausgrabungsstätten: vgl. Mazarakis Ainian a. O. passim. Zu Delphi vgl. auch C. Rolley, in diesem Band 273 ff.

[10] Siehe den ausführlichen Forschungsüberblick hierzu bei C.M. Antonaccio, An Archaeology of Ancestors. Tomb Cult and Hero Cult in Early Greece (1995); vgl. auch Mazarakis Ainian a. O. 349 ff.

[11] G. Korres, Klio 70, 1988, 311 ff.

[12] Vgl. R. C. S. Felsch, AA 1980, 50; ders., AA 1987, 4 ff.

[13] E. Kunze, ADelt 18, 1963 Chron. 107 f. Taf. 142. 144; A. Mallwitz, Olympia und seine Bauten (1972) 200 Abb. 160; Verf., Olympiabericht IX (1994) 15 f. Abb. 9.11.

Abbildungsnachweis

Abb. 1–5 Aufnahmen des Verfassers.

Abb. 6.7 Aufnahmen von Peter Grunwald, DAI Berlin.

Abb. 8 Aufnahme Jörg Rambach.

Elizabeth R. Gebhard

The Beginnings of Panhellenic Games at the Isthmus

»All ancient games are for someone who has died«, writes the scholiast as he introduces the founding story of the Isthmian games in heroic times (Pind. Isthm. h. a.), but when were they first celebrated as an interstate festival, under what circumstances and by whom? This paper, in an attempt to place the panhellenic games in an historical context, examines the evidence for the traditional foundation date in the 49th Olympiad and then reviews the archaeological remains that can be associated with athletic contests at the Isthmian sanctuary in the 6th century[1]. The date appears only in Solinus and Eusebius, and it is usually cited without much question as 582 or 580 in the Julian calendar[2]. On the other hand, the stadium and objects relating to athletic competition were made for the most part in the second quarter of the 6th century or later, and they point to a date after Ol. 49 for commencement of an interstate festival. Local contests may well have been celebrated in the preceding years, but evidence for them is difficult to trace in the archaeological record. The focus of the following investigation is on the crown games. If they were indeed initiated later than 582, as suggested by the archaeological material, by what route did a date in the 49th Olympiad come into the historiographic tradition? Related questions include the synchronization of the first Isthmians and Pythians in Eusebius' source, and why Solinus associated the panhellenic games with the end of the Cypselid tyranny.

The cycle of four interstate festivals celebrated six times over a four year period (Olympic and Pythian Games in the first and third years, and the Isthmian and Nemean sharing both the second and fourth years (Table 1) gives the impression of a carefully planned sequence, but the process by which the sequence took its final shape and acquired a special status remains obscure. By the time Pindar composed his epinician odes in the first half of the 5th century, the four games are considered sacred and referred to as stephanitic; i. e. the award of a wreath had replaced prizes of value. They comprised a fixed, closed cycle, known also as the Olympic *periodos*. What may have been local festivals at Delphi, Nemea and the Isthmus appear to have been reorganized on principles following the Olympic Games, and the process was later mythologized. What remains is a series of stories relating how the games were first celebrated by gods, heroes, and early kings, and were later refounded by other heroes or the citizen bodies that held the sponsorship in historic times[3]. A full analysis of the narrative forms in all the foundation legends would be desirable for a more exhaustive investigation into the traditions reflected in the stories, but the present study is limited to problems of the Isthmian chronology with the object of setting out what can be reasonably known or plausibly inferred about the beginning of an interstate festival on the Isthmus.

The chronographic Tradition

It is useful to begin with the notices that place the first Isthmian and Pythian games in the 49th Olympiad: Solinus writing in ca. A.D. 200 and Eusebius in the early 4th century A.D.

1. Solinus: »hoc spectaculum per Cypselus tyrannum intermissum Corinthii olympiade quadragesima non solemnitati pristinae reddiderunt«[4].

2. Eusebius in Jerome's translation: »Isthmia post Melikerten et Pythia prima acta«[5].

All but two manuscripts of Eusebius place the event in the fourth year of the Olympiad, 581–580, but in the traditional rotation of the two festivals the Isthmians occupied the second and fourth years while the Pythians were celebrated in the third year, thus eliminating the fourth year as a possible starting point for both festivals (Table 1)[6]. Eusebius' synchronistic entry linking the two festivals makes it likely that his sources did not specify the year[7]. Furthermore, since for Eusebius the Olympiad began in January according to the Latin calendar rather than in summer as the Athenian archon year, no anomaly would have been apparent in placing the first Isthmians and Pythians in the same year[8]. Eusebius adds the phrase »after Melikertes«, apparently indicating that the games beginning in the 49th Olympiad were not the first to be celebrated at the Isthmus, while Solinus confirms a sequence of festivals, but adds that the earlier games had been interrupted by Cypselus and the second was a restoration by the Corinthians. The point is discussed below. The same chronographic tradition will ultimately have informed Eusebius and Solinus: the beginning of both contests occurred in the 49th Olympiad.

What was the source of this information? Mosshammer suggests for Eusebius »an Olympiad chronicle, which epitomized the important persons and events assigned to a given Olympiad with little or no mention of the reasons or authorities for the date«[9]. Behind such a chronicle lay the standard work of reference for events in Greek history from the 2nd century onward, the Χρονικά of Apollodorus, the Athenian (ca. 180 to after 120), which was much copied, translated and abridged by later authors[10]. The date in the Canons, whatever texts Eusebius consulted, will have rested ultimately on Apollodorus' work, as will that in Solinus, who drew chiefly from Pliny the Elder and Pomponius Mela[11]. Behind Apollodorus lie the 3rd century historians, Timaeus and Eratosthenes. It was Timaeus[12] who pioneered comparative chronology when he created tables correlating Spartan kings and ephors, Athenian archons, Argive priestesses of Hera and Olympic victors and adopted Olympiads as part of the chronological framework for his history of Sicily[13], while Eratosthenes further refined the system by numbering the years within the Olympiad[14]. Timaeus may have checked his information by autopsy, traveling to Olympia, Sparta and Argos to consult official lists, but we do not know that he did so.

Before Timaeus composed his synchronic tables, however, it is highly likely that a date for the first Isthmian and Pythian Games had found its way into the chronographic tradition through Aristotle's registers of victors in the great games, dated according to the Athenian archon list[15]. Opinions vary about how much other information the records included. The Olympic table occupied only one volume and thus may have consisted of a simple list. For the Pythian contests, however, collaboration with his nephew Callisthenes, who also wrote a treatise on the Third Sacred War at Delphi[16], apparently resulted in a more detailed account of the games that included the story of the First Sacred War (ἡ τῶν Πυθιονικῶν ἀναγραφή)[17]. It is generally agreed that it was their work which gave the basis for the elaborate tale explaining how the Amphictyonic League came to take control of the Delphic sanctuary and initiate the sacred games[18]. The document surely surpassed the limits of a simple register, as it earned the authors an honorary decree from the officials at Delphi, but the text is lost and there can be no certainty about its exact contents[19]. It was composed after 339 and before 327/6[20]. Recent discussions have centered on the historicity of the war and the date of the first Pythiad (586 or 582 = Ol. 48.3 or 49.3)[21]. Although the ancient sources and modern critics do not agree on the year of the first athletic contests at Delphi, 582 (Ol. 49.3) is generally accepted as the point at which the Pythians achieved the status of sacred stephanitic games[22].

Before recent analyses of the texts that provide the story of the First Sacred War it would have been attractive to reconstruct an historical picture of interaction between Corinth and the Amphictyonic League during and after the war, in which the foundation of panhellenic games at the Isthmus could have played a political role[23]. However, the familiar legend with its vivid details of personalities and events has been shown to have little relationship to what is known about events in the early 6th century, and John Davies has demonstrated that the pieces of ancient evidence cannot be linked together to make a coherent story. He concludes: »The information is the result of a continually changing tradition which is at least semi-oral and owes a great deal to poetry and mythic modes of thought. It was generated more by the shifting needs of the times of the writers than by a scholarly desire to reconstruct a static but receding past ... For most events or sequences and certainly for the First Sacred War, our various pieces of evidence are pieces from different jigsaw puzzles, of different periods and different levels of difficulty, which cannot be made to interlock.«[24] At the same time there remains evidence of changes in the administration of the sanctuary at Delphi during the first half of the 6th century. Catherine Morgan sees a struggle taking place between regional and sanctuary interests, culminating in a final schism between the two in the early 6th century. In that context the Amphictyony may have organized panhellenic Pythian Games as a

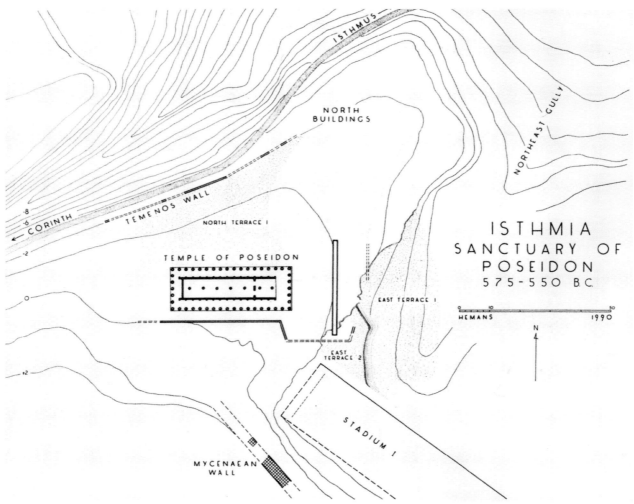

Fig. 1 Restored plan of the Isthmian sanctuary, ca. 575–550 B.C.

symbol of their control[25]. The first securely dated event of their regime, however, is the contract to rebuild the Temple of Apollo after the fire of 548 (Hdt. 2,180). The Pythian victor list of Callisthenes and Aristotle probably included the name of Cleisthenes of Sicyon as winner of the chariot race in the first stephanitic games in 582.

If Aristotle composed a list of Isthmian victors, as references to his works suggest, the sources will not have been more accurate and probably not as abundant as those that lay behind the Delphian register. An Ἰσθμιακὴ ἀναγραφή is mentioned by the scholiast to Pindar's first Isthmian ode honoring Herodotus of Thebes (11c Drachmann), but it seems to have had not even the appearance of completeness. The scholiast is puzzled by Pindar's mention of six crowns being awarded »to the host of Kadmus« (line 11). He quotes two explanations for the statement: there were six Theban victors or six victories were won by Herodotus, but he notes that neither alternative is in agreement with the Isthmian register to which he apparently had access. Later in the entry, the scholiast mentions the followers of the grammarian Aristarchus (ca. 214–144), which gives a *terminus post quem* for the period of his commentary and for the Isthmian victor list of his day. The document was evidently not complete and lacked an account of the victors in the first century or more of the games. Pausanias (6, 13, 8) confirms this impression. After listing the Naxian Tisander's many Olympic and Pythian victories (in the later 6th century) and evidently being unable to give a similar account of his achievements at the other panhellenic competitions, he adds that the Argives and the Corinthians did not keep records (ὑπομνήματα) of all of those who won at that time (i. e. in the 6th century and perhaps later) in the Nemean and Isthmian Games[26]. Pausanias may have observed lacunae in the victor registers, or he could have obtained the information from his informants. It is highly unlikely that Classical stelai or documents carrying such lists existed at the Isthmus or at Nemea when he visited, since before the Roman era both sanctuaries had undergone extensive destruction followed by abandonment[27]. It has been suggested that Corinth simply was not in the habit of putting up inscriptions[28].

At this point in our review of the sources for the history of the games it appears likely that no complete record of the earliest years of the Isthmian festival was kept, or if it was, it did not survive. If so, we are left with the task of explaining how the chronographic tradition as reflected in Solinus and Eusebius arrived at the 49th Olympiad for the first celebration of the contests. In view of the historiographical tradition that developed around the panhellenic games in the 4th century, with revisions of old records and creations of new ones, Callisthenes and Aristotle in their Delphic register or Aristotle in his Isthmian list may have been the first to combine the two festivals, perhaps being inspired by their relative sequence in the Classical periodos (Table 1) and connecting the date of the lesser to that of the more famous games[29]. Such an entry may have provoked the scholiast's firm assertion on the other side, that the Pythians were established many years before the Isthmians[30]. The emphatic wording and prominent position of the statement give the impression that he is correcting a statement that made the two festivals of equal antiquity.

We turn now to Solinus for his mention of events in the 6th century: that Cypselus interrupted the festival and then the Corinthians returned it to its former dignity (see Latin text above). Solinus, as Eusebius, derived his information ultimately from Apollodorus[31], who may have presented the historical games as a celebration by the Corinthians for the end of the tyranny. For the Isthmians, then, release from Cypselid rule would have been the primary point of reference, and the festival was placed accordingly[32]. The association of the end of tyranny with the first Isthmian games very likely reaches back to the chronographers of the 4th century as we have seen with the synchronisation of the first Isthmians and stephanitic Pythians[33]. None of the calculations and synchronisms, however, could in any likelihood be based on a source earlier than Herodotus' brief and anecdotal stories about the Cypselids, which have been the source of protracted debate among ancient historians[34]. Herodotus' use of round numbers for the regnal years of Cypselus (30) and Periander (40) and the life of Periander (80 years) should be enough to arouse suspicion that he or his source had constructed a chronology to suit the period and the traditions that obtained to it[35]. The existence of a reliable record for the chronology of the Cypselid tyranny is highly doubtful[36].

We turn back to the first stephanitic Pythian games, for which the date 582 = Ol. 49.3 appears to have been recorded in the register of Pythian victors. As noted above, a chronological list of the Pythiads, whether beginning in 582 or in the preceding Olympiad, implied a numbered series beginning from a fixed point, to which the date of later victors can be referred. In the case of the Isthmians, there is no evidence of a numbered sequence and some clear references that indicate a lack of records for the early years of the games. Thus, there appears to have been no document, contemporary or later, that gave a specific year for the beginning of panhellenic games at the Isthmus before the 4th century. When Aristotle and Callisthenes drew up an account of the Pythian games, the first Isthmians were linked with the first Pythians in the 49th Olympiad. Their connection with the end of Corinthian tyranny may well derive from a local tradition that presented the games as celebrating the city's freedom, but without an external chronological reference, neither the fall of the tyranny nor the beginning of the panhellenic games can be located specifically in time [37].

Isthmian legends

In place of documentary records for the first Isthmian games there are a series of legends, preserved mainly in later authors, which recount the circumstances of their founding and refounding, primarily in relation to their character as funeral games (Table 2). The main group centers on the death of the child Melikertes. Ino, his mother, with the child in her arms, was pursued by his enraged father (Athamas); they plunge into the sea and there the boy receives the name Palaimon and Ino becomes a Nereid called Leucothea (versions 2–4). In Pindar's account, the earliest on record, the boy's body is found on the Isthmus by Sisyphus, legendary king of Corinth, who then establishes panhellenic games in his honor (versions 5–6)[38]. Since Corinth held the presidency of the games for most of their history, the story of their founding by Sisyphus will have been a Corinthian tale. In versions 7 and 8 (Solinus) the Corinthians themselves are said to have refounded the games, echoing a source that made the games a civic rather than a royal enterprise, and connected with the end of the Cypselid tyranny as discussed above. None of the accounts makes reference to events that can be shown to be historical. The version with Sisyphus as founder could have initially identified the games with the Cypselids, while versions 7 and 8 might reflect their institution as public celebration after their downfall, but it is hazardous to read such a scenario into traditional tales related by later writers. It would be better to say simply that more than one Corinthian story about the games was in circulation and version 5 is the earliest.

An Athenian interest in the contests at the Isthmus is attested by another series of legends associating the games with Theseus (versions 9–12). These accounts are particularly helpful in pointing to a time when the tales could have assumed literary form. In his Life of Theseus (25, 4) Plutarch not only gives the hero the honor of founding the Isthmian games in emulation of Heracles at Olympia (cf. Pind. Ol. 10), he gives a funereal context as well and concludes that it was Theseus who obtained a special proedria for the Athenians at the Isthmian games, citing Hellanicus and Andron of Halicarnassus as his sources[39]. The Parian Chronicler, who also depends on Hellanicus, places the event immediately after unification of Attica and institution of the democratic constitution[40]. Hellanicus attempted to forge links between heroic and contemporary history, using his work to magnify the achievement of Athens at the expense of other states. Attributing to Theseus the founding of the Isthmian Games defined an international role for the hero and challenged what must have been the conventional Corinthian story focusing on Sisyphus. An unusually large *proedria* reserved for the Athenians may well have given rise to the story or at least supported it. Unfortunately, no trace of it can now be seen in the Early Stadium[41]. Immediately preceding the founding story and the unification of Attica, Plutarch says Theseus erected a stele marking the Attic-Corinthian border, which was always a bone of contention between the two cities[42]. In the account of his institution of the games, the rites for Melikertes, the Corinthian hero, are down-graded to nocturnal mysteries, insignificant in comparison with the spectacle a *panegyrismos* that Theseus celebrated, clearly implying that he was the founder of the panhellenic festival.

The Theseus stories seem to reflect different periods in Corinthian-Athenians relations. The agreement for a large *proedria* would be likely at a time of friendly relations between the cities, as in the period 518–488 when it was an important part of Corinthian policy to promote Athenian power at the expense of Aegina[43]. The erection of the border stele and celebration games on the Corinthian Isthmus, on the other hand, appear to belong to a period of interstate tension. It was after the Persian Wars that relations between the cities began to sour. The Corinthians first made a complaint when Cimon marched through their territory without permission (Plut. Cim. 17,1–2). Some years later, by the time Megara joined the Athenian alliance and Athenian control extended to the Isthmus, Corinth was bitterly opposed to Athens (Thucyd. 1, 103. 4). Theseus, through the activities of Cimon, came to play a conspicuous role in Athens' self-image, receiving a new or enlarged tomb and a festival in the official calendar[44]. Tales of the hero at the Isthmus would be well-suited to those years after the Persian Wars; and as enmity increased between the two cities, the stories may have become more popular[45]. Thus, at the end of the century Hellanicus wove them into his history of Athens, perhaps with some elaboration.

The work of Hellanicus in all probability also lies behind the connection of Solon with the Isthmian games as recounted by Plutarch. The law-giver instituted an 100-drachma prize for victors at the Isthmus, with a reward five times as great for winning at Olympia; no mention is made of Delphi or Nemea (Solon 23. 3)[46]. The prizes, whether generous or limiting previous excesses, reflect well on the Athenian sage and would suit his image as promoting games founded by Theseus and his model, Heracles[47]. The lawgiver was a particular favorite of Hellanicus, and he presented him and Cleisthenes as the founders of Athenian democracy. If such a prize existed, the late 5th century provided an opportune moment to introduce the award that could not have been present in Solon's legislation, since the laws were then undergoing extensive revision or rewriting at the hands of Nicomachus and his colleagues[48].

In the stories around Theseus and Solon, then, we can identify at least three periods in the late 6th and 5th century in which it is reasonable to place their formulation: at a time of friendship between Corinth and Athens before 488, in the years of Cimon's leadership following the Persian Wars, and at the end of the century (410–399)[49].

We turn now to the 4th century to consider a final group of texts concerning the Isthmian foundation legends. They focus on a question that fascinated writers from Callimachus to Plutarch: the change of the Isthmian victor's wreath from pine πίτυς to celery σέλινον. Plutarch, for one of his sympotic questions, selected excerpts from 4th and 3rd century authors who had written on the Isthmian games, in order to support his contention that the first wreath was pine and later changed to *selina* in imitation of the Nemean wreath (Quaest. Conv., 677 A, B). Among Callimachus' works a treatise, Περὶ ἀγώνων, may well have referred to the victory wreath[50], but the lines in Plutarch seem to come from an *aition* explaining the change of the original Isthmian wreath of pine to one of *selina* in emulation of Nemea[51]. Heracles is speaking:

»The sons of Aletes, keeping festival more ancient than this,

By god Aegaeon's shore this crown shall make the badge of Isthmian victory;

In rivalry with (emulation of) Nemea, but the pine they shall dishonor

Which before crowned each champion there at Ephyra.«[52]

On the same topic is a prose passage from Procles, whom Plutarch identifies as a fellow pupil of Xenocrates in the Academy (later 4th century) and the author of a work entitled Περὶ Ἰσθμίων. The third example comes from Euphorion, a poet belonging to the following century[53]. The passages, as might be expected considering their context, consistently atribute a pine wreath to the first games at the Isthmus »before they became sacred« (Procles) and affirm that the wreath of *selina* was adopted in imitation of Nemea. The same two-step sequence appears in the Theseus legends (versions 10. 12) and in the scholia that attribute two games to the Isthmus, one for Poseidon and the other for Melikertes (version 13). The foundations in versions 7–9 may also reflect a tradition of earlier and later games.

Little is known of the wider literary context from which Plutarch took his examples, but it is evident that stories surrounding the double founding of the Isthmian Games and the mythology of the founders were circulating freely in the 4th century and in Hellenistic times. They will then have entered the historiographic tradition that is reflected in the Eusebian phrase »post

Melikerten«. Solinus does not mention Melicertes but it is not impossible that his source gave a fuller account in which the games interrupted by Cypselus were dedicated to the boy hero. The topic, implicit and explicit in the wreath stories and in chronographers, is the existence of rites (not always designated as contests) to Poseidon or Melikertes before the organization of panhellenic games. The connection with Nemea is likewise a recurrent theme. It is beyond the scope of this paper to present a full analysis of all foundation stories. What is of concern here is what may have been the relation of the myths to twhat happened at the sanctuary in the 6th century, at the time of the formation of the Olympic *periodos* in which the Isthmians held a place.

The change in wreath is the second piece of Isthmian history (after the Athenian *proedria*) that can probably be located in time. It seems to have occurred between the composition of Aeschylus' satyr play, the *Theoroi* or *Isthmiastai*, and the earliest ode of Pindar in which the *selina* wreath is mentioned. In Aeschylus Dionysos chides his satyrs for donning the Isthmian pine crown as if they were athletes and laying aside their usual wreath of ivy[54]. The satire would lose its point if at that time some other wreath were used at the games. Several years later, Pindar knows only the selina crown. The period of the change can thus be placed before 464, the first securely dated ode in which the selina crown is mentioned[55]. Why and under what circumstances *selina* was adopted instead of pine are questions for a future paper. The connection with Nemea in the mythographic tradition is not surprising, since *selina* appears to have been used in the traditional Nemean crown, and the funereal connotations of the plant are equally suited to both festivals which were celebrated as funeral games for the violent deaths of children[56]. Callimachus makes the change a matter of borrowing the Nemean wreath; Procles places the incident at the time the games became sacred[57]. A different version (13) appears in the scholion to Apollonius Rhodius (Arg. III 1240), where Poseidon is the first recipient of the games and pine the first crown; the Sisyphus legend and the *selina* wreath are made a second foundation. As his source the scholiast cites a work of the 3rd century poet Mousaios on the Isthmian games[58]. After the time of Callimachus, more than one version of Isthmian mythology was evidently in circulation, and there were several explanations for the change in wreath.

There are indications that Corinth had once aspired to control over Cleonae and thus over the Nemean games (Plut. Cimon 17,1–2)[59]. A Corinthian presidency of the games is in fact mentioned in the Pindaric scholia but without indication of date (Nem. hyp. c. d). A reasonable time for Corinth to advance a claim on the Nemean games would have been a period of Argive weakness in the early 5th century after their defeat at Sepeia (ca. 494)[60]. The change of the Isthmian victor's wreath to imitate the crown at Nemea might have been part of the same program, but we should probably resist further attempts to give the incident a more precise historical context. From the evidence at hand, we can say merely that the pine wreath seems to have in fact been exchanged for one of *selina* some time before 464.

It may have been precisely that change which encouraged the double foundation stories for the games, first for Melikertes, then a refoundation; first Poseidon, then games for Melikertes; first Sisyphus, then Theseus, and so on. In the case of Theseus, as with the change of wreath, we have seen that the stories very likely belong to the first half of the 5th century. No register of Isthmian victors or reliable records from the early years of the panhellenic festival in the 6th century seem to have been kept or they did not long survive, and the same may have been the case for the history of Cypselid tyranny. Local Corinthian legend could simply have associated the first Isthmian Games with a celebration at the end of the tyranny. We conclude then that records giving a precise date for the first panhellenic Isthmian festival did not exist in the 4th century when Aristotle composed his registers. He may have been responsible for associating them with the first stephanitic Pythians in the late 49th Olympiad, followed by Eratosthenes and Apollodorus. The sequence placing the Isthmians before the Pythians mirrored their order in the Classical *periodos*. For the tradition of two sets of games reflected in the phrase *post Melikerten* in Jerome's translation of Eusebius a time in the early 5th century (before 464) is likely as it was then that the Corinthians apparently ceased to use pine for their victor's wreath and adopted the *selina* wreath from Nemea. The story that Cypselus suspended the games and they were refounded after his family's demise may have derived from the same tradition of earlier and later contest.

Archaeological record at Isthmia

Our second task is to examine the archaeological record of the Isthmian sanctuary. Oscar Broneer began excavation in 1952; the latest fieldwork was carried out in 1989[61]. Colleagues preparing monographs on individual classes of objects have been generous in sharing with me the preliminary results of their work[62]. Nevertheless, at this point it is impossible to present the detailed, statistical analysis of objects belonging to the 7th and 6th centuries that wuould be necessary in order to trace changes taking place at the sanctuary during the period in which panhellenic games were organized. Furthermore, the excavated area represents only 4% of the entire *Hieron tou Poseidonos*[63]. With these caveats in view, it is possible nevertheless, on the basis of objects and architecture associated with the games, to place their beginning at the sanctuary in the years around the mid-6th century.

The early stadium lying close to the altar of Poseidon presents the clearest evidence for a large-scale athletic festival. It is followed by articles used in the contests and almost certainly dedicated by the competitors or their families. Other material that may reflect a larger constituency for the sanctuary are a series of small buildings in the vicinity of the temenos and the mass of arms and armour that was dedicated to Poseidon in the aftermath of the constant battles between Greek states during the 6th century[64]. Changes in the repertoire of shapes and the rise in quantity of ceramic vases during the same period may also be related to expansion of the festival, but since no type of vessel can be identified exclusively with athletic activity, the pottery cannot be brought into a direct connection with the institution of interstate games[65].

The Archaic Temple to Poseidon and the long altar, completed by ca. 650, lay in the center of a small *temenos* that was triangular in shape and surrounded by a low wall (Fig. 1). The main road linking Corinth and the Isthmus ran along its northern side, making the sanctuary easily accessible by land and sea.

1. Stadium

Construction of a stadium in the 6th century constituted the first major addition to the sanctuary, and it is the monument most closely related to gymnastic contests. Proximity to Poseidon's altar emphasized a connection with the god, although the racecourse itself lay outside the *temenos* (Fig. 1. 2)[66]. Topographic considerations may have played a role in its location since the track took advantage of a hill to the south to provide spectators with a viewing place, but the irregular surface meant that masses of earth and rock were required to create even an approximation of a level racecourse in that area[67]. The amount of labor involved in the enterprise gives some indication of the importance the Corinthians attached to placing the stadium where they did and of the resources at their disposal. Much simpler would have been to hold races in the level area near the shore of the Saronic Gulf, as was done for centuries at Delphi in the plain below the shrine[68]. Indeed, if local contests were held at the Isthmus before the beginning of panhellenic games, a likely venue would have been the seashore[69]. Yet, while provision of a stadium and spectator viewing area in the immediate vicinity of the temple and altar strongly suggests that the Corinthians instituted games or attached a new importance to athletic contests at the time of its construction, it does not prove that the contests were then panhellenic. A period of development for the festival seems probable.

The stadium was built in two stages. First came the running track itself and a curved ramp that linked it with the ceremonial space at the altar (Fig. 1. 2). The latest material in the limited assemblage associated with the track are small fragments of yellow-glazed Corinthian roof tiles, probably not earlier than the second quarter of the 6th century, and the earliest painted terracotta roof tiles, belonging to a small building. They could, of course, be later. In the ramp were scraps of Attic black-glazed cups, also not earlier than the second quarter of the century, but a few sherds from a disturbed area of the fill support a date for the ramp after ca. 550[70]. Evidence from the north side of the *temenos* for development of the sanctuary in the first half of the century includes erection of a propylon at the entrance and resurfacing of the terrace that stretched along the northern flank of the temple[71].

A second phase of the stadium belongs securely in the second half of the 6th century, when a raised embankment for spectators was constructed over the ramp and the sacrificial area along the altar was extended to the east. The eastern gateway may belong to the same period (Fig. 3 a. b)[72]. It is thus reasonable to conclude that construction of the stadium marks the beginning of organized competitions at the sanctuary not earlier than the years between ca. 575 and 550, and, if the ramp is contemporary with the first racecourses as it seems to be, the date is closer to ca. 550 or later. The link between long altar and stadium affirms that, from the beginning, the competitions took place in the context of Poseidon's festival[73]. Popularity of the games, and perhaps their rise to panhellenic status, is affirmed by the rapid expansion of the athletic facilities during the second half of the century.

Fig. 2   Restored view of the stadium and eastern temenos, ca. 575–550 B.C., view from southwest. Note curved ramp between stadium and altar

2. Athletic dedications

Of the Archaic objects, jumping weights, a discus, and strigils most obviously belong to the athletic sphere. Their location largely in the Archaic Temple and in the debris from its destruction suggests that they were dedications, probably after victory in the Isthmian Games[74]. Of the eight jumping weights (*halteres*), a lead example is so similar to a *halter* from Nemea found near a votive pit that they must be roughly contemporary (Fig. 4)[75]. Associated ceramics in the Nemean deposit give a date in the third quarter of the 6th century. Other objects in the same pit include an iron discus, javelin points and a bronze strigil that, with the *halter*, comprise a full collection of equipment for the *pentathlon*. Parallel examples of athlete gear among the Isthmian dedications include an iron discus, accompanied by four stone *halteres* in the same layer of fill[76]. Four more jumping weights came from the Archaic Temple and from the debris of its destruction ca. 460–450[77]. The temple likewise was the place of dedication for most of the numerous strigils (39 whole or fragmentary examples): 13 from the building itself and 17 from the sacrificial terrace, 5 in the north temenos and 4 in the great pit[78]. The earliest examples are of tubular shape and have parallels in the North Cemetery at Corinth in graves of the first half of the 5th century. Raubitschek believes them to be earlier and perhaps invented in Corinth (Fig. 5)[79]. The pattern of distribution shows that these

Fig. 3a   Restored view of the sanctuary, ca. 550–500 B.C., view from southwest

Fig. 3b   Restored view, ca. 550–500 B. C., view from southeast

objects were not only personal possessions but were dedicated to the god, presumably after a successful competition. The inscription on a fragment of stone *halter* leaves no room for doubt (Fig. 6)[80]. Although half of the text is missing, we can still read that the owner won the *pentathlon* and he had apparently been victorious twice before[81]. The lettering of the epigram is early, commonly dated ca. 550. This *halter*, then, presents the oldest evidence we have of organized competitions at the Isthmus, although it cannot be ruled out that the owner's success was achieved elsewhere. The mention of two previous victories followed by a third that was commemmorated by the dedication gives the impression that the athlete participated in a series of contests over a period of time. The dedication was apparently considered valuable, since at the time of the fire, it was kept in the temple treasury with objects of silver and gold, bronze figurines, and fragments of three strigils[82]. In the same deposit was the arm of a small figurine that appears to represent an athlete (Fig. 7). The remainder of the figure came from the eastern terrace. Thus, dedications of athletic equipment in the Temple of Poseidon are attested as early as the middle of the 6th century. The series of victories commemorated on the stone *halter* suggests that, at the time of the dedication, contests at the Isthmus may have been celebrated for perhaps a decade or at least the duration of the donor's athletic career. None of the other objects relating to the games can be as closely dated.

Turning to the equestrian events, we find chariot fittings, an iron tire, and harnesses and bits for horses in deposits that were originally part of the Archaic temple. It would appear that victorious charioteers hung up their chariots in the temple together with the bridles and trappings of the horses[83]. The earliest of the bits can be placed in the first half of the 6th century with similar examples from Olympia and Nemea[84]. Taken with the other athletic material the date may be closer to the end of the periods, although horse and chariot racing could have preceded the gymnastic events.

In summary: A stadium was constructed at the sanctuary in the second quarter of the 6th century or later. Its subsequent enlargement, together with expansion of the sacrificial area suggest an increase in attendance at the festival. Athletic dedications are assured for the period around 550 but may have begun a few years earlier. Construction of small buildings and a steep increase in dedications of arms and armour are further indications that the Isthmian Sanctuary attracted a more substantial number of visitors during the second half of the 6th century. It is plausible to conclude that a new or revised athletic festival was begun at some time in the second quarter of the century, but for the first decades it may not have attracted large crowds or achieved panhellenic status. The Isthmian Games may thus have been the last to enter the Olympic *periodos*.

Fig. 4　Lead jumping weight

Fig. 5　Tubular strigil

Fig. 6　Inscribed jumping weight

Fig. 7 a-c　Bronze figurine of an athlete (?)

Jan 560		Jan 559		Jan 558		Jan 557		Jan 556		Jan 555
	June		June		June		June		June	
Isthmia		Ol.55.1	xxxxx		Ol.55.2	Isthmia	Ol.55.3	xxxx	Ol.55.4	Isthmia	Ol.56.1
		Olympia			Nemea		Pythia		Nemea		Olympia

Table 1　The Olympic Periodos. Ol. 55

Version	Source
1. All ancient are games for someone who has died	Pind. I. hyp a; Kall. fr 384(Pf); Stat. Theb. 6. 1–14; Auson. EC. 14. 15
2. Madness of Ino und Athamas (sent by Hera); Ino leaps into the sea with Melikertes	Pind. I. hyp a, b, d, Apollod. Bibl. 3. 4. 3; Paus. 1. 44. 7 (2)
3. Rage of Athamas against Ino as wicked stepmother; sea leap	Paus. 1. 44. 7 (I) ; Eust. II 7. 86
4. Melikertes becomes Palaimon; Ino, Leucothea; both marine deities, saviors of sailors	Pind. I. hyp. a, c, d; Apoll. Bibl. 3. 4. 3 Paus. 1. 44. 8
5. Melikertes' body lands on the Isthmus (on a dolphin), **Sisyphus** buries him and celebrates funeral games, establishing the Isthmian Games in his honor	Pind. I. fr. 6. 5. (I) Snell; hyp. a, c, d; schol. Apoll. Rh. Arg. 3. 1240; schol. Lyc. Alex. I. 107; Apollod. Bibl. 3. 4. 3; A. Arist. or. 46, 3. (indirect ref.), Paus. I. 44. 8.; 2. 1. 3; Phil. Imag. 2. 16
6. Games to Poseidon, for Melikertes, as Nemean Games for Opheltes; tomb-festivals. **Sisyphus** implied founder	Kall. fr. 384 (Pf.)
7. Melikertes' body unburied; famine; oracle: burial and games 2nd famine; 2nd oracle: annual festival (hero cult) = Isthmian Games; **Corinthians** implied founders	Pind. I. hyp. b(2)
8. Isthmian Games suspended by **Cypselus**; refounded by **Corinthians**	Solinius 7. 14
9. Isthmian Games declined because of **pirates**; **Theseus** cleared the place and celebrated games a second time	Pind. I. hyp. d
10. **Theseus** institutes games for Poseidon in emulation of Heracles at Olympia; earlier festival for Melikertes at night (*teletai*)	Plut. Thes. 25. 4 (I)
11. **Theseus** institutes games in expiation for murder of Sciron, his cousin; or for Sinis the Pinebender, after consolidation of Attica	Pind. I. hyp. b (I); Mar.; Par.; Plut. Thes. 25. 4 (2), (3)
12. **Theseus** institutes games for Sinis ... earlier (?) funeral games for Learchus, son of Athamas	P. Oxy. 2451 fr. 1 = Pind. Isthm. hyp?
13. Two sets of games: to Poseidon and to Melikertes	schol Arist., Eq. 609; schol. Pind.I.hyp b(2); Mousaios (schol. ApollRh.3. 1240); schol.Pind.Ol. 13.57; Auson. Ec. 14.4; Hyg.Fab.273
14. »Sybil's verse says **Poseidon** founded games with Helios but he also carried off the honor«	Dio Chry. 37. 12. 13–15; cf. Paus. 2. 1. 6
15. **Poseidon** founded the games	Auson. Ec. 14. 5
16. **Glaucus, son of Sisyphus**, founded games for Melikertes	Thrasyllus fr. 253 (FHG 2b, p. 1152)
17. Melikertes-Palaimon lands on Isthmus, Poseidon opens *adyton* and commands Sisyphus to sacrifice to him. Isthmus to be home of Melikertes. No mention of games.	Philostr. Imag 2.16
18. Divinely inspired dirge to Melikertes. No mention of games	Philostr. Her. 53.4

Table 2 Variations in the Legends for the Isthmian Games

Abbreviations

Davies, J. Davies, The Tradition about the First Sacred War, in: S. Hornblower (Hrsg.), Greek Historiography (1994) 193–212.

Mosshammer (1979), A. Mosshammer, The Chronicle of Eusebius and Greek Chronographic Tradition (1979)

Mosshammer (1982), A. Mosshammer, The Date of the First Pythiad – Again, GBRS 23, 15–30.

Jacoby, Apollodor, F. Jacoby, Apollodors Chronik. Eine Sammlung der Fragmente, Philologische Untersuchungen 16 (1902).

Pfeiffer, R. Pfeiffer, History of Classical Scholarship (1968).

Parker, V. Parker, Zur griechischen und vorderasiatischen Chronologie des 6. Jahrhunderts v. Chr., Historia 42, 385–417.

All dates are B.C. unless otherwise specified.

[1] Warmest congratulations to the German Archaeological Institute for their excavations at Olympia during the past 125 years and to Professor Helmut Kyrieleis for organizing this fine celebration of the occasion. I am very grateful to the director and staff of the German Archaeological Institute in Berlin for their assistance and hospitality during my stay, and for the opportunity for using the excellent library.

[2] For example: RE IX (1916) 2248 s. v. Isthmia (Schneider); Kl. Pauly II (1979) 1474 f. s. v. Isthmien (Reinmuth); OCD³ (1996) s. v. Isthmian Games (Richardson); J. Salmon, Wealthy Corinth (1984) 186 Anm. 1; M. Golden, Sport and Society in Ancient Greece (1998) 10. – Serious questions regarding the historicity of the tradition have been raised in connection with the chronology of the Cypselid tyranny at Corinth; reviewed by E. Will, Korinthiaka (1955) 363–440; with reference to earlier discussions; more recently Parker with further bibliography.

[3] Interstate games at Olympia may lie behind Iliad 11,699–702; founding myths in Pind. Olymp. 1. 3. 10 and scholia; Paus. 5,7,6–8,5; archaeological evidence for early contests: A. Mallwitz in: W. Raschke (Hrsg.), The Archaeology of the Olympics (1988) 79–109; C. Morgan, Athletes and Oracles (1990) 89–105; U. Sinn, Nikephoros 4, 1991, 31–54. – For Nemean myths: earliest in Bacchylides 9,10–14 (Snell–Maehler); cf. RE XVI (1935) 2322–2325 s. v. Nemea (Hanell); G. W. Bond (Hrsg.), Hypsipyle (1963); S. G. Miller, Nemea. A guide to the Site and Museum (1990); M.-C. Doffey, Les mythes de fondation des concours Néméens, BCH Suppl. 22 (1992) 185–193. I am grateful to Corinne Pache for the last reference and for allowing me to read her paper, Deadly Games: Baby Opheltes at Nemea, prior to publication. How the Pythian Games, traditionally founded by Apollo as told in the Homeric Hymn, became later intertwined with the legend of the Amphictyonic League's appropriation of the sanctuary in the 6th century is discussed by Davies, see further on the topic below.

[4] VII,14 (hrsg. Th. Mommsen [1895]², reprinted 1958); cf. H. Walter, Die 'Collectanea rerum memorabilium' des C. Julius Solinus (1968).

[5] R. Helm, Eusebius Werke VII. Die Chronik des Hieronymus (1956) 101 Anm. d. Textual history summarized by Mosshammer (1979) Part I; Mosshammer (1982) 24 f. and Anm. 16. 17; Jacoby, Apollodor 155 Anm. 9; Georgius Syncellus among his miscellany gives a Greek version that omits the date but is otherwise the same: Ἴσθμια καὶ Πύθια πρώτως ἤχθη μετὰ Μελικέρτην.

[6] Recognized by Jacoby who noted that, according to Eusebius' entry, the Isthmians would have begun in 582, Jacoby, Apollodor 155 Anm. 9; cf. Mosshammer (1982) 24–26. Yet the date usually given for the Isthmians is 580, 581 or 582.

[7] Mosshammer (1982) 25.

[8] A. Samuel, Greek and Roman Chronology. Calendars and Years in Classical Antiquity (1972) 194 Anm. 2. When converting years of an Olympiad to the Julian Calendar, it should be borne in mind that there was no actual Olympic year; cf. E. J. Bickerman, Chronology of the Ancient World (1968) 76. The early chronographers (Timaeus and Eratosthenes, discussed below) synchronized the list of Olympic victors with the Athenian archons that took office at roughly the same time, thus producing a year that marked the first of a given Olympiad. The three succeeding archons were listed against the second to fourth years of that Olympiad; cf. RE XX (1950) 1462/66 s. v. Zeittafeln (Regenbogen). Note the sequence in Table 1.

[9] Mosshammer (1979) 128–168, see also quotation on p. 164; T. Barnes, Constantine and Eusebius (1981) 117–120.

[10] Jacoby, Apollodor reconstructs the Fasti Apollodorei on the basis of the fragments; discussion on Apollodorus' chronological method: 39–59; Mosshammer (1979) 113–127; Pfeiffer, 255 f. 265 f.: »Apollodorus' research ... in its effect was to sum up and to supplement in a grand style the creative work of previous generations.«

[11] Cf. A. Silberman, Klio 71, 1989, 571–581.

[12] Collection of fragments in FGrHist III B (1950) 566; commentary, text and notes (1955) 526–546; thorough analysis by R. Laqueur in RE VI A (1937) 1076–1203 s. v. Timaios (3). See also T. S. Brown, Timaeus of Tauromenium (1958); L. Pearson, Greek Historians of the West. Timaeus and his predecessors (1987); A. Momigliano, Athens in the Third Century B. C. and the Discovery of Rome in the Histories of Timaeus of Tauromenium in: Essays in Ancient and Modern Historiography (1977) 37–66, trans. of article in Rivista Storica Italiana 71, 1959, 529–556; P. M. Frazer, Ptolemaic Alexandria (1972) 763 and Anm. 327.

[13] Perhaps the Ὀλυμπονίκας ἤροι Χρονικὰ Πραξιδικὰ mentioned by Suidas = FGrHist 566 T 1; Polybius XII,11,1. On the passage, see F. W. Walbank, Polybius. A Historical Commentary on Polybius II (1967) 347 f. He notes that »Timaeus' precise contribution cannot be clearly ascertained owing to the ambiguity of the ... statement [by Polybius], which can be variously punctuated.« In the common view Timaeus drew up two tables correlating: (1) Spartan kings and ephors; (2) Athenian archons, Argive priestesses, and Olympic victors. Another possibility is: (1) Spartan kings and ephors related to Athenian archons; (2) Argive priestesses to Olympic victors (cf. FGrHist 566 T 10). Walbank notes that Callisthenes' work on the Pythian victor list similarly prepared him for writing his history of the Phocean or Third Sacred War (Syll. 275 = FGrHist 124 T 23) discussed below; also Mosshammer (1982) 27. Timaeus interest in synchronisms was wellknown; cf. Momigliano a. O. 51; Jacoby, FGrHist 566, Comm. 536.

[14] Χρονογραφίαι: FGrHist 241 F 1–3. On the relation between Eratosthenes and Apollodorus, see Jacoby, Apollodor 35–38; Fraser places the figures in the intellectual climate of Hellenistic Alexandria, Fraser a. O. I 456 f. Anm. 74 ff., 471 and Anm. 224–232; Pfeiffer 163 f. As a basis for his chronology Eratosthenes compiled his own list of Olympic victors, working

[15] from the register of Hippias as revised by Aristotle (see below); FGrHist 241 F 4–8; Jacoby comm. II, 707.

[15] FGrHist III b 415 comm. (1955) 215 and Anm. 24, frg. 615–617. 637 (Rose). The lists of Aristotle's works mention several titles, P. Moraux, Les listes anciennes des ouvrages d'Aristotle (1951) 123–126. 199; Pfeiffer 79 f.

[16] See note 13 above.

[17] Games during and after the First Sacred War: Pausanias 10,7,4–8 (early musical competitions on the lyre to which athletic contests for prizes of value were added); Marmor Parium (FGrHist 239 F 37 f.); Pind. Pyth. hyp. a–d; further references in N. Robertson, CQ 28, 1978, 6 and Anm. 4 f.; Davies 204.

[18] Evidence for the register is summarized by Robertson a. O. 57 and Anm. 4; S. G. Miller, CalifStClAnt 11, 1978, 144–150. Mosshammer (1981) suggests that the work began with an early history of the festival in the context of the First Sacred War. The full story appears later in the scholia to Pindar's Pythian Odes, hyp. a–d, about which Davies 194 f. notes: »It is this material, and only this, which is so valuable for integrating the information about the war into the overall picture of archaic Greek history«.

[19] Fragments of the decree were found in 1896 and first published by T. Homolle, BCH 22, 1898, 260 ff.; reprinted in Syll³ (1915) 275 = Callisthenes FGrHist 124 T 23. Final edition by E. Bourguet in FdD III 1 (1929) Nr. 400; reprinted in M. N. Tod, A Selection of Greek Historical Inscriptions II (1948) Nr. 187; cf. discussion in Miller a. O. 139–144 Taf. 2. Plutarch (Solon 11,2) cites Aristotle alone for Solon's support of the war against Cirrha, but his and Callisthenes' Pythian victor list must be meant. Inclusion of such information shows a larger scope for the document than a list of names. Payment for inscribing it on stone is listed in an inscription dated to 327/326: Syll³ 252 = FdD III 5 Nr. 58. II 42–43.

[20] For discussion of the date, see Robertson a. O. 55.

[21] Debate on the existence of such a war in the 6th century was sparked by Robertson a. O. (with full bibliography) and answered by G. A. Lehmann, Hermes 29, 1980, 242–246; recent analysis of the sources with bibliography by Davies 193–212. Cf. V. Parker, RhM 140, 1997, 17–37. For the related issue of the chronology of the first stephanitic Pythian Games, see Miller a. O. 127–158; Mosshammer (1982); K. Brodersen, ZPE 82, 1990, 25–31.

[22] Marmor Parium, FGrHist 239 A 38; Paus. 10,7,5; T.-J. Cadoux, JHS 68, 1948, 98–101; Mosshammer (1979) 244; Davies 204; Robertson a. O. 55; Parker 414. The suggestion argued by Miller, that Pythiads were used as a chronological framework implies that the first Pythiad was given a specific year, although the uncertainty in the sources leaves the impression that the records were not precise.

[23] Cf. M. McGregor, TransactAmPhilAss 72, 1941, 266–287; Mosshammer (1979) 244.

[24] Davies 200 f. See recent discussions of records, laws and archives in R. Thomas, Literacy and Orality in Ancient Greece (1992) 132–144; D. P. Henige, The Chronology of Oral Tradition (1974); ders., Oral Historiography (1982); R. Thomas, Oral Tradition and Written Record in Classical Athens (1989); on oral genealogies and later reconstructions: S. West, JHS 111, 1991, 144–160.

[25] C. Morgan, Athletes and Oracles (1990) 135 f. She notes that if the Sacred War did not exist, it would have had to be invented to explain changes that took place at the sanctuary. For the war as an historical event, see recently Parker 412; ders., RhM 140, 1997, 17–37.

[26] In regard to the existence of a Nemean register, S. G. Miller, CalifStClAnt 11, 1978, 139 Anm. 47 notes that the scholiast to Pindar, Nem. 7 (Inscr.) gives the date of Sogenes' victories in terms of Nemeads, implying a continuous list of victors.

[27] The Isthmian sanctuary was sacked by Roman troops under Mummius in 146 (Paus. 2,1,2) and was not rebuilt until the second half of the 1st century A. D.; cf. E. R. Gebhard–F. P. Hemans–J. W. Hayes, Hesperia 67, 1998, 416–428. At Nemea the Archaic Temple and much of the sanctuary was destroyed in th later 5th century, rebuilt a century later, and then virtually deserted by the 1st century when the Nemean Games were permanently moved to Argos. Pausanias reports that in his day the temple was roofless and without a cult statue (2,15,2); cf. S. G. Miller, Nemea. A guide to the Site and Museum (1990) with bibliography.

[28] See S. Dow, HarvStClPhil 53, 1942, 113–118 and others. Thomas a. O. (1992) 132 would like to connect the lack of records with the absence of democracy at Corinth

[29] Mosshammer (1979) 238. 244.

[30] Pind. Pyth. Hyp. a: Ὁ τῶν Πυθίων ἀγὼν ἐτέθη μὲν πρότερας τῶν Ἰσθμίων πολλοῖς ἔτεσιν ...

[31] Through an epitome of the Chronicle of Cornelius Nepos; Mosshammer (1979) 237.

[32] Jacoby, Apollodor 155 Anm. 9 imagines a reliable record for the death of Psammetichus, the last of the Cypselids.

[33] Mosshammer (1979) 234–245 imagines that Aristotle further synchronized the death of Periander with the end of the First Sacred War, basing his calculations on two points: the duration of the tyranny (Pol. 1315 b 22) and a date for the first Isthmian Games That »may well be historical and rest on Corinthian records«.

[34] In brief: (1) 'low dating' based on Herodotus: cf. K. J. Beloch, Griechische Geschichte² I 2 (1912) 274–279; RE IX (1916) 2248–2249 s. v. Isthmia (Schneider); E. Will, Korinthiaka (1955) 363–440; M. Miller, Sicilian Colony Dates (1970) 198–237; Kl. Pauly II (1979) 1474 (Reinmuth). – (2) 'high dating' based on the chronographic tradition, cf. Jacoby, Apollodor 150–154; Mosshammer (1979) 234–245.; J. Salmon, Wealthy Corinth (1984) 186. Sources and arguments are reviewed critically by Parker with bibliography.

[35] Jacoby, Apollodor 154. Regarding Herodotus' mode of composition and use of numbers, see D. Fehling, Herodotus and his 'Sources', trans. by J. G. Howie (1989), summary at 249–252; for the use of 'mythological schemata' to structure the narrative of Periander and his son Lycophron, C. Sourvinou-Inwood, OpAth 17,11, 1988, 167–182. Note Davies' comments on the historicity of the traditions relating to the First Sacred War as quoted above.

[36] Jacoby, Apollodor 155 Anm. 9–11. The existence of Corinthian *anagraphai* or a *Korinthiaka* is often inferred, but nothing is known of such documents from the 6th or 5th centuries; cf. Parker 402 f.; R. Thomas, Literacy and Orality in Ancient Greece (1992) 132.

[37] Parker discusses the chronology in relation to Near Eastern sources but problems remain.

[38] Discussed with bibliography by the author and M. W. Dickie in: R. Hägg (Hrsg.), Ancient Greek Hero Cult. Proceedings of the 5th International Seminar on Ancient Greek Cult (1999) 159–165.

[39] Hellanicus, the first Atthidographer, writing in the late 5th century with an aim of glorifying Athens and her traditions. Andron of Halicarnassus, in the 3rd century depended on Hellanicus. For Hellanicus' treatment of Theseus see Jacoby, FGrHist (1954) 323a, 36–8 and F 14. 15 and idem, Atthis (1949) 122f. 131f. Plutarch's main account of Theseus differs considerably from the image in Hellanicus, but Theseus as emulating Heracles and the connection with the Isthmus was already in the earlier History. See also H. J. Walker, Theseus and Athens (1995) 199–205.

[40] Marmor Parium = FGrHist 239 A 20 = IG 12,444,20.

[41] Broneer attempted to identify the *proedria* with a Π-shaped foundation at the southwest side of the Early Stadium, but further study has placed the monument late in the 4th century and its reconstruction as a seating area is unlikely; E. R. Gebhard – F. P. Hemans, Hesperia 67, 1998, 33–40 with references. The stadium and its embankments were enlarged towards the end of the 5th century, but the political environment at this time makes the grant of proedria to the Athenians improbable. The agreement, for it must have been accepted by the Corinthians, is better placed a century earlier, as discussed below. Jacoby, following Wilamowitz (Die Amphityonie von Kalauria, in: Kleine Schriften 5,1 [1971] 108 f.), sees the proedria as an established fact and attributes to it the creation of the Theseus stories; Will a. O. 191–195. 547, who connects Theseus with Poseidon and considers him as an early figure, disagrees.

[42] Cf. Thucyd. 1, 103, 4, attributing Megara's alliance with Athens to her continuous frontier disputes with Corinth. See D. L. Lewis in: G. Shrimpton – D. McCargar (Hrsg.), The Origins of the First Peloponnesian War (1981) 74.

[43] Lewis a. O. 73

[44] The figure of Theseus in 6th and 5th century Athens has been treated extensively in recent years; a summary and bibliography are found in Walker a. O.

[45] Athenian revision of Corinthian tradition evident in versions 8 and 9 of the founding legends reflects a similar pattern: pirates substituted for Cypselus and Theseus for the Corinthians.

[46] F. Jacoby, Atthis (1949) 123. 131–136; Davies 200 sees Hellanicus as the source of Plutarch's comment that Solon was a strong proponent of the First Sacred War (Solon 11), since he was »preoccupied with Solon as a symbolic figure.« For Hellanicus' work, see FGrHist III b 1 (1954) 323a.

[47] Anachronistic for Solon's archonship, traditionally placed in 594; cf. D. G. Kyle, Ancient World 9, 1984, 91–105. The same prizes are mentioned by Diogenes Laertius (I 55) and interpreted as a limit to rewards for athletes, who are worthless and a detriment to the state. Such criticism had already been lodged by Xenophanes (in the late 6th or early 5th century (frag. 4); cf. the sentiments in Eur. Autolykos frag. 282; Plut. Phil. 3,2–4. Plutarch gives no rationale for Solon's prizes, but if they belong to the late 5th century, limitation of rewards rather than encouragement for participation is not unlikely.

[48] See P. J. Rhodes, JHS 111, 1991, 87–100.

[49] Compare Davies' analysis of the legends surrounding the First Sacred War.

[50] F 403 (Pfeiffer); Jacoby suggests that his follower Istrus could also have written short pieces on athletic material, e. g. Περὶ στεφάνων, FGrHist 334 F 54, later echoed in Lucian, Anach. 9. Hippias of Elis and Aristotle had earlier collected such lore, but no specific references are attributed to them; cf. Pfeiffer, 51–54. 79–81. 134. Some sign of the confusion about the two Isthmian wreaths is evident in Pausanias (8, 48, 2) where he assigns pine to the Isthmia but then says that the *selina* wreath belonged to the Nemeans, »to commemorate the sufferings of Palaemon and Archemorus«. In linking the two young heroes he apparently reflects the tradition that the Isthmian *selina* wreaths were taken over from Nemea, while at the same time he assigns a pine wreath to the Isthmia. See O. Broneer, AJA 66, 1962, 259–269 for the use of both pine and *selina* for the victor's crown during the Empire.

[51] From Bk. III, frags. 54–59 (Pfeiffer); Plutarch quotes lines 5–9 of frag. 59; see P. M. Frazer, Ptolemaic Alexandria (1972) 725. He elaborated on the same theme in an Isthmian victory ode (frag. 384, Pfeiffer). Foundation of the Nemean Games as part of the Heraclean labors seems to have been known to Callimachus (cf. his Victoria Berenices, A P Lille 82,13–14, Suppl. Hell. 254,13 and 255,7 and other fragments) and Euphorion, although, as S. G. Miller, Nemea. A guide to the Site and Museum (1990) 25 points out, the first explicit reference is in Virgil, Georg. 3,19 with scholia. I am grateful to Corinne Pache for the reference to the Victoria Berenices. The origin of Melikertes' cult appears also in an aition in Book IV (frag. 91, Pfeiffer), but the poet in this case drew on a tradition that placed the child's burial on the shore of Tenedos and connected it with a rite of child-sacrifice. Callimachus seems to be using information from several local antiquarians and perhaps others writing on the origins of cults and their mythical aetiology; cf. Frazer a. O. 775.

[52] Translation by C. Trypanis, Callimachus, Aetia III, frag. 59, II,5–9 Pfeiffer, Loeb Classical Library (1958.1968) 44 f. Note that ζήλῳ is better translated as »emulation« than »rivalry«.

[53] I. U. Powell (Hrsg.), Coll. Alex. (1925); Euph. 84; Pfeiffer 150.

[54] S. Radt (Hrsg.), Trag. Graec Frag. 3 (1985) Fr. 78c, lines 39–41; cf. Aeschylus, Loeb Classical Library, (translation H. W. Smith) 2, Appendix (H. Lloyd-Jones), (1957) 541–556. Cf. H. J. Mette, Suppl. Aeschyleum (1939) 27–32; B. Snell, Hermes 84, 1956, 1ff., bibliography in Anm. 1. – P. Oxy. 2250, Satyrs as participants in the Isthmian Games established by Sisyphus when the body of Melikertes washed ashore, address Sisyphus: »Come, king ... and altogether ... of great wealth ... dwelling away from poverty. I practice gymnastics ...« – P. Oxy. 2162; Dionysos to the satyrs: »You perform the Isthmian Games and being crowned with branches of pine, you do not revere the honor of ivy ...«

[55] Olym. 13,32–34 (464); cf. Nem. 4,88 (473?, but before 460); Isthm. 2,6 (470?); Isth. 8,64 (478?); cf. M. Bowra, Pindar (1964) Appendix 2, 406–413.

[56] For the sources concerning Nemean mythology, see RE 16 (1935) 2322–2324 s. v. Nemea (K. Hanell); most recently M.-C. Doffey, Les mythes de fondation des concours Néméens, BCH Suppl. 22 (1992) 185–193.

[57] The story as Plutarch presents it in his sympotic question is complicated by the fact that, when the Isthmian Games were

58 FHG, Mousaios IV 518 (Müller).

59 Cimon's reply to the Corinthian's protest about entering their territory without permission reveals that Corinth had acted with hostile intent against Cleonae and Megara: »But you Corinthians, Lachartos, did not knock at the doors of the Cleonaeans and Megarians, but took a hatchet to them and forced your way in under arms, thinking that all doors were open to those who had greater power«, from D. L. Lewis in: G. Shrimpton – D. McCargar (Hrsg.), The Origins of the First Peloponnesian War (1981) 74.

60 Lewis a. O. 72–75 suggests such a picture.

61 O. Broneer, Isthmia I. The Temple of Poseidon (1971); ders., Isthmia II. Topography and Architecture (1973). Excavations of 1989: E. R. Gebhard – F. P. Hemans, Hesperia 61, 1992, 1–77; E. R. Gebhard – F. P. Hemans, Hesperia 67, 1998, 1–63; E. R. Gebhard – F. P. Hemans – J. W. Hayes, Hesperia 67, 1998, 405–456; I. K. Raubitschek, Isthmia VII. The Metal Objects 1953–1959 (1998); C. A. Morgan, Isthmia VIII, The Mycenaean Settlement and Early Iron Age Sanctuary at Isthmia (1999). Morgan, in presenting the material in relation to its archaeological context and function at the site, represents an historical approach to the site that will be found, in various forms, in the forthcoming publications. – In the following discussion of the archaeology, reference is made only to the date of the excavation report in Hesperia or to the relevant volume in the Isthmia series.

62 I am grateful to Karim Arafat and Martha Risser for information on the Archaic pottery, to Alastar Jackson for the arms and armor, and Fritz Hemans for architecture.

63 The territory of the shrine lies beneath th modern village of Kyras Vrisi, bounded by the deep Kyras Vrisi gorge on the west and the shallower Southeast Valley farther east. The Hexamilion Ravine delimited the northern side and on the south rose the hill known locally as the Rachi; plan in Hesperia 61, 1992, Taf. 3. The theater and Roman bath were later additions. The central area underwent several episodes of destruction, beginning with the burning of the Archaic Temple in ca. 460–450 and ending with the dismantling of all buildings at the beginning of the 5th century A. D., with the result that the objects and architecture known today can provide only snap-shots of the sanctuary at given periods but not a detailed picture of its development. See history of deposits around the central plateau as summarized by the author in Isthmia VIII (1999) 16–18.

64 Small buildings: F. P. Hermans, Greek Architectural Terracottas from the Sanctuary of Poseidon at Isthmia. Hesperia Suppl. 27 (1994) 61–65 Nr. 1–4; armour: A. Jackson in: W. Coulson – H. Kyrieleis (Hrsg.), Prodeedings of an International Symposium on the Olympic Games (1992) 141–143; ders., ZPE 132, 2000, 295–311. The earliest roof tiles from a small building belong to the second quarter of the 6th century; a marked increase in armour dedications occurs in the middle of the century.

65 Ideally, the archaeological record from the Isthmus should be compared with that at Delphi and Nemea during the same period, but the task lies outside the scope of this paper.

66 Reconstructions of the temenos in AutoCAD (Fig. 2. 3) are by Peggy Sanders.

67 A survey in 1988 using an electromagnetic conductivity meter revealed the natural surface at the southeastern end of the racecourse at a depth of 6 m below the northwest end. To level the track a maximum of 5.000 m³ of fill would have been required, or less if the slope was not continuous and the finished track maintained some eastward slope: Hesperia 61, 1992, 59.

68 Cf. P. Aubert, FdD II. topographie et archtecture. Le stade (1974) 54.

69 The myth of Melikertes places his body on the shore where it is discovered by Sisyphus, and the story undoubtedly led to construction of the Altar to him that Pausanias saw next to a pine tree (2, 1, 3). Digging the Corinth Canal at the end of the 19th century and subsequent activities along the Isthmus radically changed the topography, and in the recent past we have observed no antiquities in the area. – Nothing has been identified so far in the archaeological record at the sanctuary that clearly relates to athletic activity before construction of the stadium.

70 Early Stadium I: Hesperia 61, 1992, 57–61, Deposit I.1 Abb. 14. – Ramp = East Terrace 2: ebenda 52–57, Deposits I.1,2 Taf. 16c. d Abb. 15. See in Anm. 126 for discussion of the Attic black-glazed vessels and the yellow-glazed tiles with comparanda. Deposit summaries are revised in Isthmia VIII (1999) 214 f. to include disturbed Deposits I.3 and I.5 that contained sherds that could be later than ca. 550. The yellow-glazed roof tiles and Attic black-glazed fragments provide only a *terminus ante quem non* of ca. 575.

71 North Terrace 2: Hesperia 61, 1992, 42–47, Deposits II.1,2 supporting a date in the first half of the 6th century. – North Propylon: Isthmia II (1973) 10 f. (dated to the Classical period); F. P. Hemans, Hesperia 61, 1992, 48 posits a date in the 6th century on the basis of construction technique, perhaps contemporary with North Terrace 2.

72 Early Stadium II, embankment: Hesperia 61, 1992, 68–70 Abb. 16–19; deposit summaries revised in Isthmia VIII (1999) 218–219 Abb. I,80–83. – East Terrace III: Hesperia 61, 1992, 61–68 Abb. 18; deposit summaries revised in Isthmia VIII (1999) 215–217. – East Gateway: Hesperia 61, 1992, 73 f.

73 It is not possible to be certain that Poseidon was the only divinity that received sacrifices on the long altar, but his was the primary cult in historic times.

74 Note, however, that tCorinthians dedicated two Panathenaic amphoras commemorating victories at Athens: O. Broneer, Hesperia 27, 1958, Nr. 35 Taf. 14a; 15a.

75 Nemea votive pit: S. G. Miller, Hesperia 52, 1983, 79 f. Taf. 22b; 23e. – Isthmian *halter*: Isthmia VII (1998) 122 and Anm. 19 Nr. 459; cf. J. Jüthner, die athletischen Leibesübungen der Griechen II (1968) 166 Anm. 21 Taf. 73a, discussion of *halters* ebenda 162–182; E. N. Gardiner, Athletics of the Ancient World (1930) Abb. 105 and in general 144–153.

76 The huge water reservoir, known also as the Great Circular Pit, was filled at the end of the 5th century; discus: Isthmia

VII (1998) Nr. 459; stone *halteres*: IM 2035. 2582. 2586. 2827. The discus is currently under conservation so that its original dimensions and weight are not yet available for comparison with the Nemean example. They are two of the three known disci made of iron.

77 IM 663. 1101. 2206. 2446 (burned).

78 Isthmia VII (1998) Nr. 460–465. 474; Appendix J1–4. The iron strigils from a 4th century heroön (West Foundation) some distance from the sanctuary are not included.

79 Isthmia VII (1998) 122 f. and Anm. 24.

80 Hesperia 28, 1959, 322 f. Abb. 4 Taf. 73a; SEG 18, 140; 22, 207; 26, 407; 29, 337 with references; W. Peek, ZPE 108, 1976, 77 f. and restored drawing

81 [..........ἐμ]έ πενταϝεθλέον νίκα[σε..........]/[......παλ]αίον ōϝις.[τᾶ]ιδ' εὔχομεν[ος.........../

82 Discussion of evidence for the temple treasury in E. R. Gebhard in: R. Hägg (Hrsg.), Proceedings of the Fourth International Seminar on Ancient Greek Cult (1999) 91–115. Articles found with the *halter* in the debris from the temple include Isthmia VII (1998) Nr. 280 (gold placque), 162 (bronze cantharus handle), 108 (top of a bronze, round-mouthed lekythos used for oil), 246. 251 (silver ring of the third quarter of the 6th century and silver earring), 242 (iron fingerrings), 96 (bronze pyxis lid), 2. 16A. 17 (bronze figurines of bull, athlete [Fig. 7], and striding figure, possibly Poseidon).

83 Isthmia VII (1998) chapter V.

84 Bits: Nr. 332. 333 Taf. 55 f.; cf. 99 and Anm. 15. 17. They have characteristics of both type VI A and B at Olympia; for the Nemean example, see S. G. Miller, Hesperia 50, 1981, 64 Taf. 23d.

Abbildungsnachweis

Fig. 1: F. P. Hemans
Fig.. 2–3: P. Sanders
Fig. 4: Isthmia VII no. 459
Fig. 5: Isthmia VII no. 461
Fig. 6: IM 2315
Fig. 7: Isthmia VII no. 16 A

Stephen G. Miller

The Shrine of Opheltes and the Earliest Stadium of Nemea

In May of 1879 the excavators at Olympia began to uncover the remains of the Pelopeion, the Heroön named for the founder of the Olympic Games in many traditions, a tradition certified at Olympia itself by the eastern pediment of the Temple of Zeus[1]. The identification of the shrine of Pelops was immediately and easily made thanks to the topographical pinpointing by Pausanias as lying between the temples of Hera and Zeus[2]. Open to the air, the Pelopeion consisted architecturally of an enclosing wall – termed a θριγκὸς λίθων by Pausanias – in the shape of a lop-sided hexagon or a lop-sided pentagon depending on the restoration used[3]. A monumental gateway served as the entrance from the southwest, and a total of about 800 m² was enclosed within this wall. The sacrifice to Pelops of a black ram within this enclosure suggests the presence of an altar. Although the wall is often assumed to have surrounded a mound or tumulus[4], the statement by Pausanias that »within the enclosing wall trees grow and statues have been dedicated« suggests that the area within the wall may have been more or less level in his day[5].

On the other hand, excavations in the Pelopeion in recent years seem to have confirmed the basic conclusions first reached by Dörpfeld: that a prehistoric tumulus had existed at an earlier, lower level, and that its area had been more formally delineated in the Classical period by the enclosing wall[6]. This tumulus seems to have been covered or coated or paved with naturally formed slabs of yellow limestone[7]. But the greater significance of this whole area may lie in the clear importance to the early history of the Olympic Festival as documented in the 'black layer' (schwarze Schicht) which has produced a wealth of material, particularly bronze and terracotta figurines of the Geometric period (including many horses)[8]. Clearly this area of the Altis was a center – perhaps the center – of religious activities at the earliest phase of the historical period. But opinions have differed about the precise nature of those activities, and of other aspects of the early festival. It is the hypothesis of this presentation that new discoveries at Nemea may help us to understand the situation at Olympia, or at least some parts of it. I

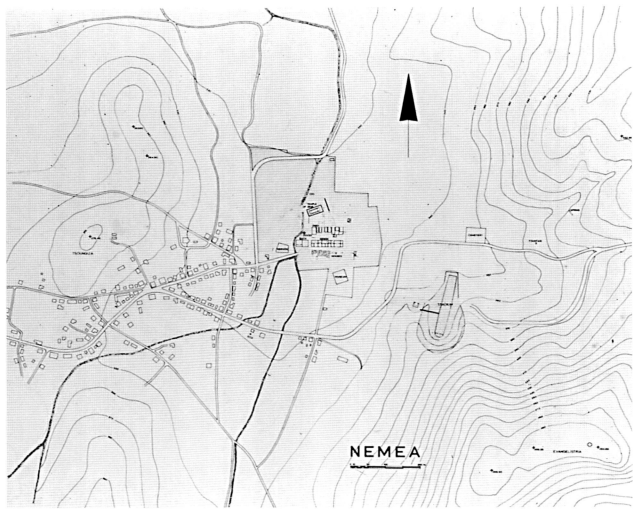

Fig. 1 Drawing of valley with buildings [PD 95.1]

believe that Nemea was copied from Olympia – at least in general – and that the Nemean situation may reflect the previously existing situation at Olympia.

A century after Olympia, in May of 1979 we began to uncover a curious structure at Nemea (Fig. 1).[9] It lies just over 100 meters southwest of the Temple of Nemean Zeus and consists of a lop-sided pentagon enclosing an area of about 850 m². (Fig. 2) Manifestly hypaethral because of its shape, the evidence of trees planted within it, and the existence of altars and sacrificial debris, the eastern wall was largely destroyed during the Early Christian period by a shift in the course of the Nemea River. There is some slight evidence of an entrance at the northeastern corner, but there was certainly never a monumental entrance like the propylon of the Pelopeion at Olympia. The chronological evidence from pottery and coins establishes the date of this wall in the late 4th or early 3rd century B. C.[10]

Within the enclosure, and despite disturbances at the upper level by Early Christian farming trenches, there was clear evidence of sacrificial activity in the form of earth blackened by fire and charcoal in which were thousands of fragments of burnt bone, and hundreds of votive vessels. Unfortunately the material was mixed together by the later disturbances, but belonged to the basic periods of activity documented everywhere at Nemea – the Archaic and Early Classical until the time of the general destruction and abandonment of Nemea at about 410 B. C., and the period of the return of the Games from about 330 B. C. until the final departure of the Games in 271 B. C.

Pausanias tells us that there was at Nemea a »tomb of Opheltes around which was a wall of stones (θριγκὸς λίθων – the same phrase he uses of the Pelopeion) and within the *peribolos* are altars«[11]. Opheltes, the infant whose death was the occasion of the mythic

The Shrine of Opheltes and the Earliest Stadium of Nemea

Fig. 2 Aerial view of Ophelteion [80--108-3A]

founding of the Nemean Games, is the obvious Nemean equivalent to Pelops at Olympia, and the physical remains discovered at Nemea (Fig. 3) together with the verbal reminiscences by Pausanias might be enough to justify the identification of the enclosure at Nemea with the 'Ophelteion'. There is, however, other evidence that seals the identification which cannot be reviewed in detail here, although the terracotta figurine of a baby boy holding a mask to his face should be mentioned as high on the list of that evidence (Fig. 4)[12]. Other discoveries at this level in the Ophelteion that should be noted with reference to the Pelopeion in-

Fig. 3 Model of Ophelteion

Fig. 4 TC 117; figurine of baby boy holding mask to his face [80-19-36]

Fig. 5 IL 386; iron horse bit [80-81-28]

Fig. 6 Scarp south of heroön showing mound, from West

Fig. 7 Scarp on west side of heroön with red and white layers, from East [97-37-27 or 35]

Fig. 8 P 1558, mug [97-16-14A]

Fig. 9 P 1661, oinochoe [00-45-27]

The Shrine of Opheltes and the Earliest Stadium of Nemea

Fig. 10 P 1660, skyphos [00-37-31]

Fig. 11 P 1671, kantharos as discovered [00-39-24]

Fig. 12 BR 1387, phiale as discovered [97-24-18]

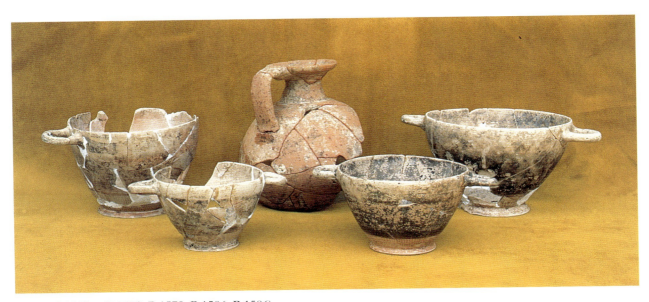

Fig. 13 P 1593 + P 1578, P 1579, P 1586, P 1586)

Fig. 14 P 1582, oinochoe, into P 1557, mug, as discovered [97-7-18A]

Fig. 17 TC 274, detail of centaur [97-49-34]

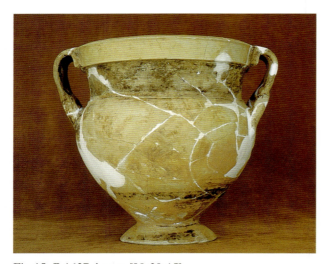

Fig. 15 P 1627, krater [98-29-15]

Fig. 18 Terracotta centaur in Athens

Fig. 16 TC 274, centaur [97-28-11]

Fig. 19 Original mound (right) covered (in scarp) by horizontal layers of the 6th century which are covered in turn by red earth layer sloping down to left, with late 4th century

The Shrine of Opheltes and the Earliest Stadium of Nemea

Fig. 20 Stone surfacing over 6th century surfacing of mound, cut through by late 4th century water channel, from Southeast [98-2-29 or 00-12A-7A]

Fig. 21 Aerial view of Ophelteion, from West [97-58-9]

Fig. 22 Early starting block, A 215 [82-43-23]

Fig. 23 White clay layer from surface of Early Stadium track

Fig. 24 Grooves from chariot wheels in surface of layer on western edge of mound, from North [00-41-2]

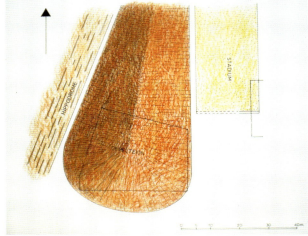

Fig. 25 Schematic Reconstruction of the Archaic Festival Center at Nemea [PD 00.1].

clude a terracotta horse, the horn of a bronze goat, and especially an iron horse bit (Fig. 5)[13].

Already twenty years ago it was recognized that there was a major earlier phase to the Heroön of Opheltes which was to be recognized in rough rubble walls and layers of stone (Fig. 2). During the past four years those earlier, lower layers have been explored with very interesting results. I caution that they have not yet been fully studied, and this preliminary report should not be taken as the final word[14]. Nonetheless, certain indications clearly emerge.

We now understand that the lop-sided pentagon with a basically level interior (which was the result of Early Hellenistic rearrangements) was built over the top of a part of a mound or tumulus (Fig. 6). The base of that tumulus had extended somewhat beyond the lines of the later enclosure walls except on the north where we now know that it went much further – the full limits to the north are not yet known as we shall see presently.

The mound was an artificial creation as can be seen in every trench we have excavated (Fig. 7). All trenches show alternating layers of reddish and whitish earth which are not natural accumulations. Furthermore, the earth of these layers seemed to have been deliberately cleansed. That is, this earth contained very few stones or other material, and no pot sherds. The first impression was almost that it was silt from a river or lake bottom. But every layer seems to have had at least one complete vessel such as a mug in one layer (Fig. 8 – P 1558) or a oinochoe in another layer (Fig. 9 – P 1661) or a skyphos in yet a third layer (Fig. 10 – P 1660), or a kantharos in yet another (Fig. 11 – P 1671). These vessels clearly are for liquids, whether for mixing or pouring or drinking. It is, then, not surprising that another layer produced a bronze phiale (Fig. 12 – BR 1387). It would seem that we are dealing with ritual sanctification of the previously purified earth which is being used to create the tumulus. Certainly we are dealing with a deliberate action as can be seen most vividly in two cases. One was the discovery of four skyphoi set around an oinochoe (Fig. 13 – P1593 + P1578, 1579, 1584, 1586) Such a placement cannot be accidental. The second was the oinochoe found lying on its side with its mouth directly over a mug (Fig. 14 – P 1582 into P 1557). Again, the placement cannot have been accidental. It seems that the action of the pouring of the wine (and not just the pourer) is dedicated.

In addition to these vessels several craters were discovered in the same sort of context. One has Corinthian paint and incision decoration no longer well preserved, but – significantly? – a horse and rider can still be discerned (Fig. 15 – P 1627). This krater is to be dated to the first half of the 6th century as are most of the vessels from these construction layers of the mound.

The general impression is that each layer was sanctified, it would appear, by the pouring of a libation and the dedication of the vessel used in that libation. One is reminded of Pausanias' documentation of the Elean custom at Olympia of pouring libations to all the heroes and the wives of heroes in the prytaneion just north-west of the Pelopeion[15].

Only one item was discovered in these layers that was not a drinking vessel: a terracotta centaur which belongs to the first half of the 6th century B.C. to judge from the style and smile on his face (Fig. 16 – 17 – TC 274). It is to be regretted that the upper part of his face is missing, and especially whatever he held in his hands. Of course, centaurs were associated with the rearing of the young, and we frequently see Peleus offering the infant Achilles to Cheiron and occasionally the baby boy is in the centaur's hands[16]. Further a terracotta centaur in Athens actually holds an infant (Fig. 18)[17]. We may therefore think of the Nemea centaur as originally having a baby in its hands – another indication of the association of the mound with the baby Opheltes.

These horizontal layers of alternating reddish and whitish earth were used to augment a previously existing mound as can be seen most clearly in the northern area of the Ophelteion where a water channel from the Bath had been added in the 4th century B.C. (Fig. 19). It is not relevant to the period of our interest. Here a mound with a prominent slope had been created from a sticky dark red clay. A preliminary test into this core mound this last summer produced a few sherds of Geometric date, and a much larger number of the Mycenaean period. We cannot yet say, however, whether this is to be understood as a mound of the Bronze Age which was reworked in the Geometric period, or as a mound created in the Iron Age from layers of earth which contained Mycenaean pottery. The latter scenario seems most likely since the area of the mound had, in the Late Helladic II B period, a succession of rivers represented by masses of gravel. The situation is striking when one recalls that the foundation myth of the Nemean Games depends upon the baby Opheltes being set on a bed of wild celery which grows only in running water[18]. One is also struck by the recently discovered evidence at Olympia which indicates that the Pelopeion was situated next to the banks of the early course of the Kladeos River[19]. Do such hero cults need fresh running water?

The layers used in the 6th century to augment the earlier mound were covered in turn by another layer of sticky dark red clay which served as a paving or plastering of the mound, and which formed a slope somewhat lesser than that of the original mound. This 're-surfacing' was not, however, confined to the dark red clay, for over this was set a layer of rough natural stones (Fig. 20). This layer of stone surfacing is still preserved in many parts of the Ophelteion, most notably along the western edge where the later, Early Hellenistic, enclosure wall cut through it. It recalls the covering of yellow limestone recently noted over the Pelopeion mound at Olympia (supra n. 7).

This stone-surfaced, dark-red-clay-over-layers-of-sanctified-earth artificial mound of the 6th century B.C. was, it now appears, only one, albeit a central, part of the Nemea festival center (Fig. 21). Excavations on the eastern side of the Early Christian River have revealed a deliberately laid, very fine white clay layer which began about opposite the northeast corner of the later enclosure wall of the Ophelteion (Fig. 23). There can be no question that this layer was artificially created. Although cut through by the west wall of the late 4th century Bath, the eastern edge of this white earth survives and can be traced for about 150 meters to the north[20]. The original east-west width of the white clay has been destroyed by the Early Christian river, but it could have been as much as 21–22 meters.

The area of extant white clay immediately west of the later Bath reveals two east-west cuts through the clay. One of these is the drain of the Bath which is a channel formed by two rubble walls and covered by reused blocks. The second east-west cut through the white clay lies parallel to the first and about 2.50 m. north of it. This cut is about 0.60 m. wide on average and gives every appearance of being a robbing trench which was closed (as is proven by the stratigraphy) at the same time when the Bath drain was covered by its reused stone blocks.

Part of the Bath drain still lies buried beneath an Early Christian wall, but it is clear that at least five of its cover slabs were reused blocks from an early starting line[21]. These blocks (Fig. 22) are characterized by a groove carved toward the center of the upper surface but only about 0.05–0.11 m. from the front edge and about 0.11 m. wide. This groove has a vertical back edge, but a bevelled, sloping edge toward the front of the block. These must be single-foot grooves from the starting line of a foot race track. Some of the blocks have three-sided sockets in one short end. The fourth side of the socket was formed by the adjacent block the surface of which reflects this use.

It is very likely that these blocks were originally the starting line for a race track formed by the white clay layer, and that the robbing trench indicates the original location of the blocks and the position of the starting line.

The sockets are labelled with 'numbers' which are to be understood as the lane numbers for the runners. Three are known so far. One is a gamma of late Archaic or early Classical date (A 215). The other two are also clearly of that date: a rho with a tail (A 380) and a chi written as a cross (A 401)[22]. These should indicate that we have to do with lanes 3, 18, and 22 of the Early Stadium.

All of this evidence comes together to indicate that the Early Stadium at Nemea began on the east side of the Ophelteion and ran to the north along the eastern side of an artificial slope which was the extension of the artificial mound northward. What happened on the western side of the northward mound extension?

The existence of a hippodrome at Nemea is implicit in the equestrian races – the *hippikoi agones* – that existed there, and it is explicitly mentioned in ancient sources[23]. Thus, there must be at Nemea a flat, more or less level, area adequate to accommodate the hippodrome. Of course, no Greek hippodrome has ever been uncovered and scholars are not agreed upon the typical size of a hippodrome, but the minimum at Olympia would appear to be 64 x 600 m [24]. Therefore, if we can assume that the same size (as a minimum) was valid for Nemea, we are immediately restricted in the places in our valley where a hippodrome might have been (Fig. 1). The valley has a total east-west width before the slopes of the hills of about 600 m. and it had a major northward flowing drainage channel ('river') more or less in its center. Thus, the maximum space available is no more than about 300 m. The hippodrome cannot have had an east-west orientation.

Neither can the hippodrome have had a north-south orientation on the eastern side of the valley. The various buildings of the Sanctuary of Zeus in this area preclude that location, as does a ridge projecting from the surrounding hills and located northeast of the Temple. We are left, then, with a north-south orientation on the western side of the valley – that is, on the western side of the Ophelteion.

Confirmation for that location was discovered this past summer (2000) at the western base of the mound where a relatively small trench – in the area where the water channel of the 4th century B. C. had been set later – revealed a series of layers of sand and light gravel. These belong to the 6th and 5th centuries, and are characterized by the thin grooves left behind by the light wheels of chariots (Fig. 24). We do not yet know the limits of the hippodrome, nor anything about its starting place or turning posts, but we can be certain that it was on the west side of the Ophelteion just as the Early Stadium was on the east of the Hero Shrine.

We therefore can understand that the mound of the Sanctuary of Opheltes, with its northward, peninsula-like extension, provided slopes from which spectators could have watched the footraces on one side and the horseraces on the other (Fig. 25). One is immediately reminded of the fragment of a black-figure dinos by Sophilos which shows the chariot race in the Funeral Games of Patroklos to the left, and seats with spectators rise on the right of the preserved fragment [25]. Those seats, and the spectators on them, turn 180° just before the broken right edge of the piece. If we have understood the Nemea situation correctly, the spectators on the right of the vase must be looking at Odysseus and Ajax and Antilochos sprinting for the silver mixing bowl that Achilles had set as the prize [26].

Let us return briefly to Olympia. There has been a long-standing debate about the location and even the existence of Stadium I [27]. The Nemea situation would suggest that those who believe that the first track began from the area of the Altar of Zeus may well be correct, although whether the track was connected – in a religious context – with that altar or with the Pelopeion remains a question. But Nemea now adds another piece to the puzzle.

Recently, it has been suggested that the 'Pillar of Oinomaos' – mentioned by Pausanias and located someplace northeast of the Temple of Zeus – had originally been the turning post in the original stadium [28]. But Oinomaos was known for his horses, not for his feet, and Pausanias tells us that he actually saw ancient artifacts being excavated near the Pillar of Oinomaos. These were the remains of weapons and horse bits and horse bridles [29]. Those artifacts, the Pillar of Oinomaos itself, and the figurines of horses and chariots from the black layer in this same region, suggest that horses were at home in the area east of the Pelopeion, at least in the Geometric and – perhaps – the Archaic periods.

It seems, then, that Nemea, with its shrine of the hero Opheltes at the core between the stadium and the hippodrome, may have copied, in general outlines, the previously existing situation at Olympia and that we should understand the Pelopeion as the focal point for two races tracks – one for men and the other for horses. Perhaps in the next 125 years it will be possible to excavate the area where the Pillar of Oinomaos might have been located and to discover the first hippodrome at Olympia. Certainly it must have been appropriate – at least in terms of local topographic tradition – to commemorate the best-known race that ever occurred on that track directly above it in the pediment of the 5th century Temple of Zeus Olympios.

1 R. Weil, Geschichte der Ausgrabung von Olympia, Olympia I (1897) 142.

2 Pausanias 5.13.1; cf. W. Dörpfeld, Lageplan der antiken Bauwerke, in: Olympia I (1897) 73–74.

3 Dörpfeld's restored plan (W. Dörpfeld, Alt-Olympia [1935] 121, Abb. 24) with six sides is reproduced by, for example, H.-V. Herrmann, Olympia: Heiligtum und Wettkampfstätte (1972) 55 Abb. 25, and A. Mallwitz, Olympia und seine Bauten (1972) 135 Abb. 104. J. G. Frazer, Pausanias's Description of Greeece III (1898) 549, calls the outline »an irregular pentagon« and general site plans show the Pelopeion enclosure as five-sided; see, for example, L. Drees, Olympia. Gods, Artists, and Athletes (1968). The extant parts of the enclosure wall are too fragmentary to allow certainty on this question. Indeed, I have been unable to find a published plan of the actual surviving remains of the enclosure wall. – The date of this enclosure is far from certain although it is frequently given as the late 5th or early 4th century B. C. with reference to Dörpfeld, Olympia II (1892–1896) 57. But Dörpfeld actually says: »Wann der heilige Bezirk des Pelops eingerichtet worden ist, entzieht sich gänzlich unserer Kenntnis.« He goes on to say that the monumental propylon to the Pelopeion appears (my italics) to have been built at the end of the 5th or the beginning of the 4th century. But the propylon and the enclosure wall are not contemporary, and Frazer a. O. 549–550 indicates that this date was based on the style of construction of the propylon.

4 E. g. on the model of Olympia, see Mallwitz a. O. Abb. 102. The mound may be based on the reference in Pindar, Ol. 1,93, τὸ τῆς ἀμφίπολος τύμβος of Pelops, but Pindar antedates not only Pausanias but also the enclosing wall. The co-existence of mound and wall is not attested in either the literary or the archaeological evidence so far as I can tell.

5 Pausanias 5.13.1: καὶ λίθων τε θριγκῷ περιέχεται καὶ δένδρα ἐντὸς πεφυκότα καὶ ἀνδριάντες εἰσὶν ἀνακείμενοι.

6 Dörpfeld a. O. 120–121, and H. Kyrieleis, AW 21,1990,181. Contra: Mallwitz a. O. 136–137 and A. Mallwitz, Cult and Competition Locations at Olympia, in: W. J. Raschke (Hrsg.), The Archaeology of the Olympics (1988) 87.

7 Kyrieleis a. O. 186.

8 W.-D. Heilmeyer, Frühe olympische Tonfiguren, OF VII (1972) 39–40; W.-D. Heilmeyer, Olympiabericht X (1981) 59–71; see also Olympia IV (1890) passim, Kyrieleis a. O. 181–187.

9 St. G. Miller, Excavations at Nemea, 1979, Hesperia 49, 1980,194–198; St.G. Miller, Excavations at Nemea, 1980, Hesperia 50, 1981, 60–65.

10 St.G. Miller (Hrsg.), Nemea. A Guide to the Site and the Museum (1990) 107.

11 Pausanias 2,15,2: ἐνταῦθα ἔστι μὲν Ὀφέλτου τάφος, περὶ δὲ αὐτὸν θριγκὸς λίθων καὶ ἐντὸς τοῦ περιβόλου βωμοί. – Pausanias actually uses the phrase θριγκὸς λίθων of a number of chthonic shrines; see Miller, Nemea a. O. 110 and n. 61.

12 Nemea inv. TC 117; Miller a. O. (1981) 65 and Abb. 25 g. For the chthonic significance of the mask see R. C. S. Felsch, Apollon und Artemis. Kalapodi Bericht 1973–1977, AA 1980, 92–94, with bibliography.

13 Nemea inv. TC 126 and BR 807, respectively; Miller a. O. (1981) 64 and figs. 23, e. g.

14 My colleague in the excavations, Jorge Bravo, will be publishing the Heroön of Opheltes as a part of the final presentation of the results of the work at Nemea.

15 Pausanias libations for heroes: Pausanias 5.15.12: Eleans pour libations to all the heroes and wives of heroes.

16 Peleus bringing infant Achilles to Cheiron on, for example, an Attic black-figure oinochoe in the British Museum (B 620; see LIMC I [1981] 45 f. s. v. Achilleus no. 27) or on a black-figure Siana cup in Palermo (11648; see LIMC III [1984] 241 s. v. Cheiron no. 45). For the baby actually in the hand of Cheiron see, for example, a red-figure Nikosthenic amphora by Oltos in the Louvre (G 3; see LIMC I [1981] 46 s. v. Achilleus no. 42).

17 See P. V. C. Baur, Centaurs in Ancient Art (1912) 81, no. 208 and plate X.

18 See E. Simon, Archemoros, AA 1979, 31–45 and W. Pülhorn, LIMC II (1984) 472–473 s. v. Archemoros, for the literary sources and the surviving depictions of the myth of Opheltes or, as he was called after his death, Archemoros.

19 H. Kyrieleis, AW 21, 1990, 177–188.

20 The northern area is not fully excavated and future work will be needed to determine the full north-south length of the white clay. The white clay was also cut through in 1924 when the course of the modern river was diverted from within the Bath.

21 Two blocks are visible over the drain in the unexcavated scarps, and more probably lie buried next to them. Three have been removed and inventoried: A 215, A 401, and A 402. The first of these had been discovered (but not reported) in 1924 over the Bath drain at the point of its egress from the Bath; see S. G. Miller, Excavations at Nemea, 1982, Hesperia 52, 1983, 93–95. Three additional blocks from the series have been identified and inventoried. One (A 378) is a fragment and was reused in the rubble wall of an Early Christian House. The other two are complete (A 379 and A 380) and were discovered reused as threshold blocks in the Early Christian Basilica on top of the Evangelistria Hill; see St. G. Miller (Hrsg.), Nemea. A Guide to the Site and the Museum (1990) 80. All three may well have been reused in the 4th-century Bath drain where they were discovered when the river was cut through the valley in the Early Christian period.

22 L. H. Jeffrey, The Local Scripts of Archaic Greece² (1990) 151–153 places these forms in the Argive script at just after the Persian Wars.

23 E. g. Pausanias 6,20,19.

24 See J. Ebert, Neues zum Hippodrom und zu den hippischen Konkurrenzen in Olympia, Nikephoros 2, 1989, 89–107; ders., Neues zum Olympischen Hippodromos, in: A. D. Rizakis (ed.), ΑΡΧΑΙΑ ΑΧΑΙΑ ΚΑΙ ΗΛΕΙΑ. ΜΕΛΕΤΗΜΑΤΑ 13 (1991) 99–103; ders., Eine Textverderbnis bei Pindar, Pyth. 5,49, Quaderni Urbinati 67, 1991, 25–30; W. Decker, Zum Wagenrennen in Olympia – Probleme der Forschung, in: W. Coulson – H. Kyrieleis (Hrsg.), Proceedings of an International Symposium on the Olympic Games (1992) 19–24. – As Ebert has restored the Olympia version the total length, with its starting mechanism, would be more like 1,000 m.

25 Athens, NM no. 15499; ABV 39.16.

26 Homer, Il. 23,740–797.

27 A. Mallwitz, Olympia und seine Bauten (1972) 184, acknowledges the necessary existence of a stadium of the archaic period, but avoids any attempt to place or date it precisely. K. Herrmann, Olympia. The Sanctuary and the Contests, in: O. Alexandri (Hrsg.) Mind and Body (1989) 50, would place the original stadium in more or less the same position as Stadium II.

28 E. L. Brulotte, The 'Pillar of Oinomaos' and the Location of Stadium I at Olympia, AJA 98, 1994, 53–62.

29 Pausanias 5,20.8–9: εὑρισκον οἱ ὀρύσσοντες καὶ ὅπλων καὶ χαλινῶν καὶ ψαλίων θραύματα. Ταῦτα μὲν δὴ αὐτὸς ἑώρων ὀρυσσόμενα.

Abbildungsnachweis

Alle Abbildungen nach Dias Verf.

Catherine Morgan

The Origins of the Isthmian Festival

Points of Comparison and Contrast

The discovery, made in 1984 during a chance search through boxes in the storerooms of the Isthmia Museum, of a substantial body of material dating the start of cult activity at the sanctuary of Poseidon to the transition between Submycenaean and Early Protogeometric was as exciting as it was challenging. It was certainly timely, since by this time the first publications of data from the earliest phases at the sanctuary of Artemis at Kalapodi in Phokis[1], combined with reappraisals of previously known sites (such as Katie Demakopoulou's 1982 study of the LH III C Amyklaion)[2], were forcing us to reconsider the forms taken by the material expression of religious belief on the Greek mainland before the eighth century, after decades when Olympia had stood alone in a near void of material evidence. Subsequent discoveries in several parts of the Greek mainland (notably the LH III C altar and Late Protogeometric cult building ΣT at Mende-Poseidi in Chalkidike)[3] have further enriched (and complicated) the picture. Isthmia, however, presents particular challenges, since it is one of a very few early religious sites to have been established in an area which was later to develop into a leading polis, and to have sustained its major communal role throughout the life of that polis and beyond. Important questions, pertinent at every stage of the Early Iron Age, include the nature of cult practice and votive offering and their roles in Corinthian economic and political development, the relationship between cult and other contexts of material display, and potential changes in the constitution of the worshipping community over time. This present paper, however, will focus on the first two centuries of sanctuary activity, prior to ca. 850, the period which presents the most striking points of comparison with the results of recent campaigns in the area of the Pelopion at Olympia presented by Helmut Kyrieleis in this volume.

An essential first step is to assess the context within which the Isthmian shrine was established and the evidence for this early phase of cult. Pottery evidence suggests that Late Bronze Age settlement on the Isthmian plateau was substantial and long-lived, lasting from LH I to LH III C Late[4] (Fig. 1). Throughout the Late

Bronze Age, the site belonged within a settlement system which extended from the coast inland to Kromna and perhaps as far west as Gonia, and was probably articulated by the principal local roads[5] (Fig. 2). With the exception of material from excavations at Gonia and in the area of the Archaic and Classical West Cemetery, sites are represented by sherd scatters or by pottery redeposited in later constructions (including the West Foundation, the Sacred Glen, the Later Stadium and the Rachi) and especially several sections of the so-called Mycenaean trans-Isthmian wall[6]. The likelihood that this 'wall' was neither Bronze Age in its entirety nor a single entity has been argued elsewhere[7], and with the exception of the masonry close to the *temenos* which will be discussed presently, the nature and date of the feature(s) represented are not of direct concern here. For present purposes, it is important to stress that Early Mycenaean and even earlier pottery is present among that preserved from the fill of at least four sections[8], and was presumably displaced from earlier local settlement. The only cemetery so far discovered, at Yiriza, should probably be associated with the settlement at Gonia[9]. Between Isthmia and Kenchreai, an LH III B2/C Early stirrup jar and an LH IIIA 2–C small jug found in the fill of Section St of the 'Mycenaean wall' were probably locally displaced from a disturbed grave (to judge by their shapes)[10] (Fig. 3).

The structure of this settlement system, let alone Isthmia's place within it, is hard to assess given such evidence, although clearly it was stable and of long duration (in place at least by LH II). Many sites disappeared at the end of LH III B, however, and as yet, only the Isthmian plateau and the nearby area of the West Cemetery have produced pottery as late as the final stages of LH III C Middle or LH III C Late[11]. Subsequently, there is no evidence of settlement in the area of the plateau until Late Protogeometric or Early Geometric at the earliest, and then only on the Rachi ridge, immediately above the shrine[12]. The change in local circumstances between the Late Bronze and Early Iron Ages is thus striking. The Isthmian Bronze Age record consists simply of pottery and figurines (almost exclusively standard female types) displaced into later deposits[13] (Fig. 4). While we lack the quality of contextual evidence available at Olympia, with its substantial Late Bronze Age burial record (especially in the area of the New Museum) and a likely settlement locus on the Kronos Hill[14], the distribution of pottery at Isthmia suggests that there was not the same focus of activity in the south-east *temenos* (i. e. in the area of the Archaic altar) that characterised Early Iron Age deposits[15]. Most importantly, however, the nature of the material, considered in its contemporary context, is typical of every site in the area, and there is nothing particularly indicative of cult at this stage.

Change came with the resumption of activity on the plateau on the Submycenaean/Early Protogeometric transition, following a gap of perhaps some fifty years (in theory somewhere between twenty and one hundred years)[16]. The earliest pottery is stylistically contemporary with the Weinberg House Group at Corinth (Fig. 5)[17], and thus very slightly later than the Submycenaean start of cult at Olympia indicated by pottery from the Pelopion[18]. In both cases, pottery styles and shapes closely echo those used in contemporary settlements. At Olympia, however, the presence of *kantharoi*,

Fig. 1 The earliest and latest Late Bronze Age sherds Isthmia assemblage. Left: MH III/LH I closed vessel; ht. 0.035. Right: LH III C Middle Advanced / Late amphora; ht. 0.041

The Origins of the Isthmian Festival

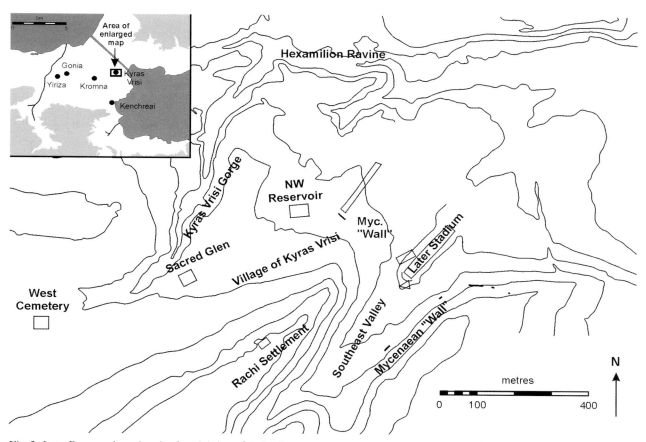

Fig. 2 Late Bronze Age sites in the vicinity of Isthmia

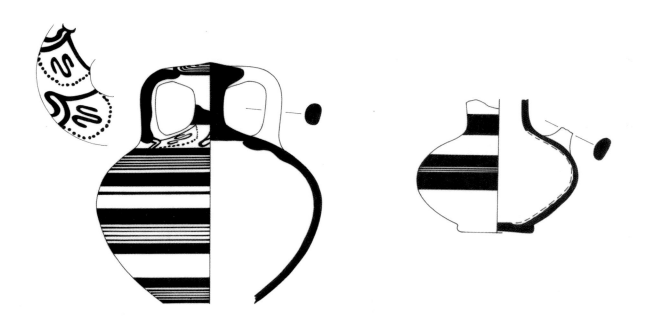

Fig. 3 'Mycenean Wall' section ΣΤ: grave offerings displaced into the wall fill. Left: LH III B 2/C Early: ht. 0.118. Right: LH III A 2-C: ht. 0.066

Fig. 4   Late Bronze Age figurines from Isthmia

Fig. 4a LH III A 2; ht. 0.048

Fig. 4d LHIIIA2/B1?; ht. 0.03

Fig. 4b LH III A 2; ht. 0.046

Fig. 4c

and especially the two exceptionally large Submycenaean examples from the Pelopion discussed by Helmut Kyrieleis in his contribution to this volume, raise questions of the strength and nature of inheritance from Bronze Age ritual practice, given the appearance of *kantharoi* both in palatial contexts at Pylos, on the frescoes from the *megaron*, in miniature versions in the possible cult Building 93 (noting the importance of banqueting in the Linear B record), and also in connection with Mycenaean (including post-palatial) funerary ritual both in the Pylos area and northern Elis[19]. Furthermore, ongoing reappraisal of bone evidence from the palace at Pylos suggests that the burnt sacrifice of meatless bones, similar in certain respects to later Greek practice, may also have been an aspect of Late Bronze Age ritual[20]. Clearly, therefore, the manner and direction of dispersal of the post-palatial Pylian population, and the way in which social groups subsequently reconstituted themselves, perhaps with inherited ritual structures and/or practices carried into new contexts, are important areas for continuing research.

The situation at Isthmia is quite different – not only do we lack comparative evidence for Late Bronze Age cult in the Corinthia (with the possible exception of Tsoungiza in the area of Nemea, far to the southwest)[21], but the later date of the sanctuary's establishment creates greater distance. In both cases, though, similar arguments have been advanced to identify cult activity in the Early Iron Age material record. At Isthmia, Early Protogeometric finds were found within deposits laid down from the eighth century onwards which also contained indisputably votive items such as terracottas, a category of artefact which in the Corinthia, in sharp contrast to neighbouring regions, is not found in pre-Classical graves or wells, nor in Early Iron Age settlement debris. Equally, many Early Iron Age terracottas and bronzes (including, during the eighth century, clearly votive tripods) were displaced into later features[22] (Fig. 6). Since there are no grounds for dividing these deposits, on present evidence it is only possible to conclude that they derive from cult in their entirety. Here too, it is worth emphasizing that by contrast with many other regions of Greece, pre-Classical Corinthian wells contain next to no metalwork and even graves relatively little, and such finds (present at Isthmia at least from Late Protogeometric onwards) are therefore strongly suggestive of cult[23]. The case is circumstantial, but it is similar to that made for

Fig. 5 Early Protogeometric drinking vessels from Isthmia

Fig. 5b ht. 0.058

Fig. 5a ht. 0.066

Fig. 5c ht. 0.054

Fig. 6 Bronze tripod leg, ca.750: identical in decoration to Olympia B 4350

the Olympia ash deposits [24], and it is worth stressing just how exceptional it is to find evidence of significantly better quality, such as the stratified deposits at Kalapodi [25].

From the beginning, consumption of food and drink was the dominant activity at Isthmia, to judge by the large number of open vessels which are the only form of evidence securely datable to the earliest years of the shrine [26] (Fig. 7). As at Olympia and Kalapodi, fine closed shapes were initially rare (less than 10% of the pre-ninth century assemblage) and are hardly common thereafter [27]. Open vessels certainly imply drink, but as has been argued in the case of Athens, they could as well hold semi-liquid foodstuff, especially cooked grains [28]. Neither Isthmia nor Olympia has preserved much relevant early botanical evidence, but there is a notable quantity both of grain and cooking equipment at Kalapodi from LH III C onwards (noting that the chronological controls offered by the Kalapodi stratigraphy allow us to date cooking, coarse and handmade sherds with rare precision) [29]. The consumption of meat, however, is more directly attested. In the absence of closed deposits, it is impossible to date the Isthmia bone debris exactly, but it is likely that some proportion of the bone in mixed deposits belongs with each pottery phase represented. Deposits rich in early pottery contain roughly equal proportions of cattle and sheep or goat amongst those bone fragments attributed to species (noting that many attributions rest on bone mass which has greater potential for error) [30]. All are domesticated species and by contrast with Kalapodi, where wild animals (especially deer) are well represented in early levels [31], there is nothing at Isthmia to suggest that sacrifice was particularly related to ritualised activities such as hunting that might define the character of the deity or the interests of a particular social group. Other types of offering (figurines, jewellery and ceramic forms such as pyxides unrelated to dining) appear at least from Late Protogeometric onwards, when the total volume of pottery also increased greatly [32].

The figurine record is particularly interesting in the context of early sacrificial practice, dominated as it is by bull imagery (Fig. 8). The majority of Early Iron Age solidly-modelled bull figurines are handmade in coarse fabric and hard to date. Three examples come from the eighth century East Terrace 1, however, and all differ in their modelling from Archaic figurines from the Potters' Quarter at Corinth and the Pitsa shrine. The strongest evidence for the pre-eighth century date of at least some examples is comparison with Wolf-Dieter Heilmeyer's chronology for the Olympia sequence, and on this basis, the two pieces shown in Fig. 8 are likely to be Protogeometric. It must, however, be acknowledged that since this long chronology is the subject of debate and the parallels not exact, an eighth century date for the entire Isthmia assemblage cannot be precluded[33]. More securely datable to Late Protogeometric or Early Geometric is a single example of a hollow-bodied wheelmade bull, dated on the basis of its decoration and by comparison with hollow-bodied figures from other areas of the mainland, notably the Athenian Kerameikos and Lefkandi (Fig. 9). While the hollow-bodied technique is well represented on Crete, Samos and Cyprus, where it seems to have continued uninterrupted from the Late Bronze Age, the Isthmia figure, the first discovered in the Corinthia, forms part of the smaller, more disparate repertoire of the contemporary mainland[34]. Overall, the Isthmia bulls represent a focus on a single subject which is both unusual and long-lived (continuing through the Archaic period). Cult imagery for Poseidon is possible, but the popularity of the subject at other shrines (Olympia and Kommos, for example) would seem to weaken the case for any widely applicable direct connection. It may rather be that symbolic emphasis was placed on the most costly species sacrificed at Isthmia, and one which served a number of important economic functions from traction to breeding (noting that at least one Middle or Late Geometric example has incision representing a harness, saddle or pannier, Fig. 10), thus reinforcing an ideal of sacrifice connected with contemporary economic values[35].

Emphasis has often been placed upon the sacrifice and common meal as a fundamental event which constitutes, closes and defines a social group[36]. Yet while this is important in understanding the form taken by ritual at early Isthmia (not least in highlighting the point that however physically open the site, there may have been social barriers defining the right to participate in rituals)[37], it is also worth stressing the practicalities of creating and sustaining a sacral economy. How supplies, including sacrificial animals, were obtained (perhaps via liturgies of some form), and how incidental benefits such as hides or bones were subsequently distributed, raise important, if unanswerable, questions about the nature and extent of sanctuary authority[38]. The Isthmia bone debris, for example, consists largely of those small burnt fragments of long bone which, assuming animals to have been butchered somewhere in the immediate vicinity of the shrine, might easily have been left behind when larger and potentially polluting body parts were removed. Larger sections of bone could have had economically valuable secondary uses, perhaps in the manufacture of tools or jewellery (noting that several of the iron pins found in Corinthian graves from Protogeometric onwards have bone decoration), and the question of who had the right to dispose of the debris of ritual occasions (and for what sacred or secular purposes) is likely to have been as pertinent in the eleventh century as it was in later times[39].

The new cult community thus embodied relations of consumption, and material and social obligation and benefit, which imply a structure of consensus or formal authority which one might expect to find echoed in other contexts too. It is, however unfortunate that the Corinthian record here offers little help (Fig. 11). In part this is a matter of preservation: just six burials in five graves of the final LH III C-Submycenaean phases survive[40], all from various areas of central Corinth, then (perhaps after a small gap) a further eight dating to the Protogeometric, and in most cases the Late Protogeometric, period (including one from Vello, some way to the west in the Sikyonia)[41]. These are patently too few to attempt to trace the existence and manner of status expression, according to wealth, age or gender, and thus to assess how cult organisation might have emerged from the Submycenaean social order and what impact it then had on it through the subsequent Protogeometric period. Indeed, only Kalapodi, among the earliest mainland shrines, is surrounded by the extensive local cemeteries (at Amphikleia, Modi, Elateia, Zeli, Golemi and Agnandi, for example) which could support such comparative analysis of the various communities which worshipped at the shrine, although as yet only Elateia has been excavated to any significant extent[42]. In the case of Corinth, however, even the little evidence that survives offers tantalising hints of the kind of issues that could be explored given a larger sample of burials. The earliest surviving grave (from

Fig. 7 Early Iron Age open vessels

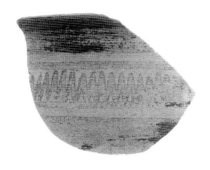

Fig. 7 a MPG or later: ht. 0.046   Fig. 7 b LPG: ht. 0.057   Fig. 7 c LPG/EG-MGII: ht. 0.047

Fig. 8 Handmade bull figurines. Both Protogeometric?

Fig. 8 a l. 0.095   Fig. 8 b l. 0.087

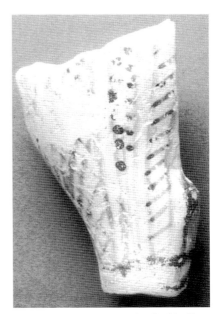

Fig. 10 a-b Middle-Late Geometric handmade bull figurine with incision representing saddle or pannier? l. 0.047

Fig. 9 Leg of a hollow-bodied bull figure. PG/EG; ht. 0.085

the area of the later sanctuary of Demeter and Kore) just predates the institution of cult at Isthmia, and shows clear links with Bronze Age practice in its offerings (a deep bowl, an obsidian blade, and perhaps also a stirrup jar)[43]. Two tombs contemporary with the Weinberg House and the foundation of the sanctuary, both stone-lined pits with mud-brick covers, contained the burials of three young children. The first contained the successive interments of two ca. three-year olds, one provided with a bronze pin and fibula and the other with a lekythos, while the second held a ca. seven-year old with a bronze fibula and an iron ring with a bronze bezel[44]. While such offerings are not attested at the sanctuary during this period, the small number of items present in each case would suggest that they represent at most no more than the fixing of the funerary dress plus one body ornament or offering. Yet modest as this may seem, the very fact of formal burial accorded to children may itself be significant, perhaps reflecting the status of their families or attitudes to descent and inheritance, although clearly it is impossible to determine how widespread was this practice. Late Protogeometric graves are generally less well preserved, but at least one very robust young adult received, in addition to his dress pins, four rings, five spindle whorls and ten vases, including Attic imports and vessel shapes unconnected with dining (such as pyxides and a kalathos) of a kind which were just beginning to appear at the sanctuary at this time [45]. The latter years of the Late Protogeometric period saw the start of a change in the nature of offerings at Isthmia, as will be described presently, and this seems to have been prefigured in the burial record. Clearly it is impossible to generalise from such scant and fragmentary evidence, yet the fact that there are already hints of the kind of relationship between display contexts which was so important in the later phases of the Early Iron Age [46] is itself a powerful reminder that future discoveries of early burials will surely be crucial to our understanding of the social values which structured the first sanctuary community.

The location of early burials is also valuable for the insight it offers into the physical development of Corinth itself, the only site yet to have produced settlement evidence of the period between LH III C Late and Late Protogeometric. Graves, sherd scatters and wells together show how the string of settlement clusters which formed Late Bronze Age Corinth [47], located close to water sources and articulated by the roads which wound round the marine terraces on which the city centre lies [48], contracted onto a core area comprising, from south to north, the areas of the later sanctuary of Demeter and Kore [49], the Panayia field [50], the Lechaion Road valley [51], east of the Roman Theatre [52], and the area of the later North cemetery [53]. Not all the Late Bronze Age settlement loci are reoccupied on exactly the same site (Demeter and Kore being the striking exception), but most Early Iron Age loci are close by [54]. During Late Protogeometric, activity expanded into the area of the Asklepion [55], and perhaps returned to Acrocorinth. In the latter case, a very little Late Bronze and Early Iron Age material has been recovered from a small-scale excavation, and while this shows a post-LH III C gap, the overall extent of investigation is too slight to preclude continuity [56]. Thereafter, the remaining principal areas of Bronze Age activity were steadily re-occupied (again, if not on exactly the same spot, at least close by), a process complete by the mid-eighth century at the latest [57].

The fundamental stability of this structure is perhaps predictable given the constraints of topography and communication. More striking is the radical change in the overall regional context which took place in the decades before the institution of cult at Isthmia. During LH III B, it is possible to identify the broad outlines of localised settlement systems [58], either on the basis of a local big site, such as Korakou on the north coast [59] or Zygouries in the south-west [60], or of a large chamber tomb cemetery, such as those at Perachora Skaloma [61] or Kato Almyri [62] (Fig. 12). These systems gradually disappeared as LH III C progressed, and by LH III C Late, outside Corinth only a very few sherds are known from Isthmia, Korakou, Kato Almyri and Agia Kyriaki Loutrakiou [63] (Fig. 13). The broad outline of this change is plain enough, although assessment of the exact pattern and rate of contraction is complicated by the fact that, by contrast with the richer Elean burial record which provides the broader regional context for the establishment of the sanctuary at Olympia [64], Corinthian evidence mostly consists of surface scatters or worn sherds redeposited in later contexts, making it hard reliably to identify LH III C, let alone to assign it to phase. Furthermore, even the largest Bronze Age centres, Korakou, Gonia and Zygouries, were only partially excavated many decades ago, and considering the impact of recent reappraisal of post-palatial evidence from Bronze Age centres in the Argolid and Messenia [65], it seems likely that there is still much to learn of their later history. This is not to suggest that any Corinthian Late Bronze Age site can on present evidence be classed as palatial. Indeed, the Corinthia (apart, perhaps, from the far south-west, easily reached via the main road system running north from Mycenae and furthest from the Isthmus) has in common with the area of Olympia its marginal relationship to a neighbouring palatial system [66], since the Pylian Linear B record would seem to place Olympia securely beyond the northern border of the Further Province [67]. Overall, however, the general picture of change in the Corinthia is clear and consistent, and bears interesting comparison with the regional context within which the sanctuary at Olympia was founded – Isthmia merely represents a slightly later stage in the same process. What is lost in the Corinthia is not merely the geographical spread of settlement, but categories of site that express particular forms of social relations, namely the top tier of the settlement hierarchy and long-lived cemeteries containing what were probably family tombs.

It is easy to see how a social gap of this kind could have been filled by a shared dining rite. The choice of Isthmia may simply reflect the site's central location

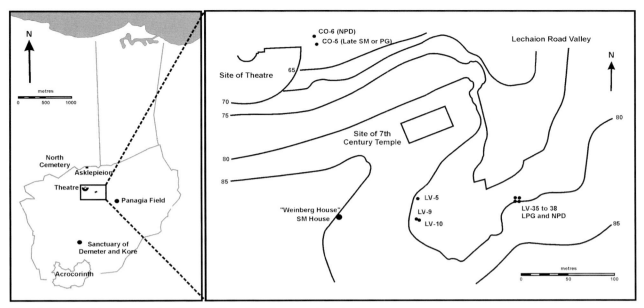

Fig. 11 Principal locations of LHIIIC-PG activity in central Corinth

within the Corinthia, close to a junction of communications, within reach of the Corinthian and Saronic Gulfs and the road south to Kenchreai, and beside the main route between Athens and Corinth (Fig. 14. 15). Indeed, a recent attempt to compare the location of early polis towns against simulations from models of settlement interaction and growth suggests that the location of Corinth itself as the *astu* of the Corinthian *polis* was in some ways counter-intuitive, and that Kromna, just west of Isthmia, might have been a more logical choice[68]. LH III C activity on either side of the Isthmus would make the Isthmian plateau an understandable choice for a meeting place, although the slight delay in the institution of cult makes it impossible to determine whether this reflects a memory of the immediate past, a reaction against a new focus on Corinth, or the reality of continuing settlement around and across the Isthmus which has yet to be traced in the archaeological record. A variety of later evidence highlights the central, ancestral role of the Isthmus, from the myth of Poseidon and Helios' apportionment of the land of Corinth (recorded in an anonymous hexameter for which one possible source is Eumelos' Korinthiaka)[69], to the putative *trittys* divisions of Classical Corinth which, on Stroud's reconstruction, were articulated around the Isthmus[70]. Clearly, however, it is dangerous to retroject. Nothing should be taken for granted in the new world of the eleventh century, and the later role of the Isthmus could as well result from a series of deliberate decisions taken from this time onwards as from any fundamental fact of Corinthian social geography.

By contrast with Olympia, where, as Helmut Kyrieleis has shown in his contribution to this volume, the continuing visibility of the Early Helladic tumulus at the heart of the later Pelopion offers strong evidence for the existence of a physical 'ancestral' cult focus, there is no feature on the Isthmian plateau that could plausibly have served such a purpose. The only structure that might have existed when the shrine was established is the stretch of Cyclopaean masonry built on the lower slope of the Rachi ridge, which lay just outside the southern boundary of the later *temenos*[71]. However, the date of this structure is very hard to establish (Fig. 16). Even though it is the only section of the so-called Mycenaean trans-Isthmian wall to have been stratigraphically excavated beneath the foundation course, only a small trench was opened and the dating evidence is slight and inconclusive. A terminus post quem is provided by just one probable LH II alabastron sherd, the latest of a collection of twelve mostly Neolithic and Early Helladic sherds[72]. While this would allow a Late Bronze Age construction, it does not preclude a later date, noting that at present we have no reasonably securely dated comparative evidence of Early Iron Age architecture earlier than the MG (?) terrace wall B and the possibly Geometric wall A north of the Tavern of Aphrodite at Corinth, followed by the LG Sacred Spring terrace[73]. More pertinently, two adjacent blocks in the wall at Isthmia (Fig. 17a. b) are distinguished by being of oolitic limestone ('oolite') rather than the conglomerate used elsewhere in the section, and having tooled faces (now badly worn, Fig. 17 c) and in one case what might be the end of a chisel slot (Fig. 17 d). Such tool marks are widely attested on quarried oolite used in the Corinthia in historical (i.e. Archaic to Roman) times[74]. Neither block is fully squared and one at least (Fig. 17 b left) appears to have fractured along the bedding plane (and may perhaps have been obtained as quarry waste). Whether these oolite blocks represent a later repair to a Late Bronze or Early Iron Age structure or whether they indicate a later date of initial construction cannot be determined with certainty, although as Fig. 17 b shows, one was wedged in place from the inner face with small, unworked conglomerate and oolite blocks similar to those used elsewhere in this section of wall. But even if one prefers an earlier date, before the establishment of cult at Isthmia, there are powerful arguments against any symbolic association with early ritual both in its chronological proximity (since any Late Bronze Age date would put the construction of the wall closer to the establishment of cult than is the case with, for example, the prehistoric tumulus at Olympia) and in the strong hints locating cult activity some distance away, on the eastern edge of the Isthmian plateau, probably in the area of the Archaic Long Altar. The southern end of East Terrace 1 (which is marginally closer to the wall than the Long Altar) is some thirty-nine metres away, hardly a convincing physical association[75]. Whichever construction date one prefers, however, it is clear that this wall must have been of continuing utility well beyond the Early Iron Age and

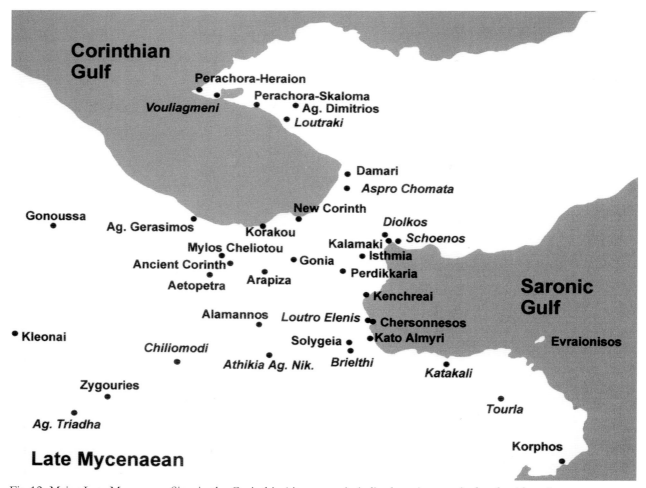

Fig. 12 Major Late Mycenaean Sites in the Corinthia (site names in italics have insecurely dated evidence)

in this respect, the proximity of the Early Stadium is interesting (Fig. 16 shows the position of the wall as seen from the starting line of the Stadium). On the analogy of the system which he has reconstructed at Olympia, Jost Knauss has advanced the interesting hypothesis that this and other local sections of the 'Mycenaean Wall' formed part of a water control system designed to protect a Late Bronze Age sanctuary on the plateau[76]. While I do not believe that the Mycenaean remains found in the area of the *temenos* represent a shrine, extensive local settlement on and around the plateau might have benefited from such a system[77]. It is, though, worth noting that there is no positive evidence that the south and east *temenos* suffered from flood or serious erosion (although the masonry south of the *temenos* is placed close to the likely position of the head of the Northeast Gully), and the sources of water exploited in later Greek and Roman times all lay west of the *temenos*. Whether the wall extended westwards is uncertain: Broneer's suggestion that it did rested on the discovery of unworked blocks in the Large Circular Pit (and on nearby Keremitis property) which he dated to the Late Bronze Age and associated with a hypothetical wall nearby of which nothing survives in situ[78]. Yet it is striking that the securely attested sections of masonry in the area of the sanctuary lie at the head of the Northeast Gully and around the Southeast Valley, the areas occupied by the Early and Later Stadia respectively, and in the latter case probably also the hippodrome[79]. If these sections are post-Mycenaean constructions, or were maintained into historical times, they may reflect a need to protect the tracks and embankments of these installations.

To return to the early history of the Isthmian shrine, for the first century or so of the Early Iron Age, the new sanctuary offers the only evidence of the

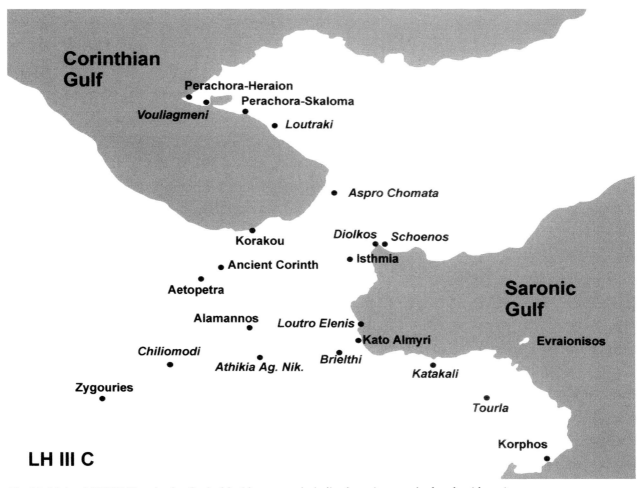

Fig. 13 Major LHIIIC Sites in the Corinthia (site names in italics have insecurely dated evidence)

existence of any forum for the expression of a wider Corinthian identity and the place of individuals within it. If the preference for cult was a positive selection (which is hard to determine given the present state of the burial record), then questions arise concerning the geographical spread of the sanctuary community (covering the entire area of the Late Bronze Age Corinthia or an area closer to post-Mycenaean Corinth), and the closeness of the ties expressed (via occasional gatherings of otherwise separate groups or via major celebrations which were real expressions of dominant regional identity). Here the limitations of the material record are all too plain. The only evidence with any potential to provide answers to the former question at least is the ceramic assemblage, but close examination of its various components offers scant assistance. Over 80% of the surviving Early Iron Age pottery is clearly Corinthian on the grounds of fabric and style[80]. From Late Protogeometric onwards, unmistakably Attic finewares appear in a range of shapes and with a chronological distribution which echo closely the pattern of import at Corinth itself (Fig. 18). This similarity suggests that rather than indicating Athenian presence, these vessels were personal possessions dedicated by Corinthians themselves, in turn raising questions about access to imports which the limited evidence available from Corinth, and also the isolated grave at Vello, is insufficient to answer[81]. By contrast, from Early Protogeometric onwards, very plain vessels, and in particular the basic cup types which dominate the assemblage throughout, appear in a red fabric close in appearance to Attic, but not micaeous and often with the range of inclusions characteristic of the Corinthia[82]. These total a mere 10% of the Early Iron Age assemblage, but they predate securely Attic imports, and in view of the plainness of the shapes (which seem unlikely imports) and the occurrence of similar terra rossa clays within the Corinthia, are likely to be local products. The question of whether different Corinthian fabrics relate to production in different parts of the region is therefore of some interest, but unfortunately the widespread distribution of suitable clay sources suggests that these cups could as well have been made in central Corinth as the east or the Perachora peninsula, making them unreliable geographical indicators[83]. The historical Corinthian *polis* was exceptional for the longevity of its territorial boundaries (or, perhaps more accurately, the lack of reliable evidence for border disputes)[84] and key settlement locations. While retrojection is clearly dangerous, it is certainly worth considering whether the Isthmian sanctuary played a positive role in maintaining this integrity over the centuries. Here the contrast with other early sanctuaries seems particularly marked. In the case of Kalapodi, for example, there is a strong case for suggesting that the role of the shrine shifted markedly as territorial boundaries were reshaped with the emergence of a strong border between Phokis and Lokris[85]. Equally, the process by which the local shrine established at Olympia became a focus of competition between Eleans and Pisatans is perhaps one of the most interesting prospects for further research[86]. Unlike Isthmia, which remained the only shrine in the Corinthia until the mid-eighth century[87], Olympia acquired a neighbour at Kombothekra perhaps as early as the tenth century, creating a potentially complex distinction between the roles of individual sanctuaries or between local or regional cult communities[88].

As this review has highlighted, the earliest post-Bronze Age mainland shrines, Isthmia included, formed a distinctive group in their early years. None as yet securely predates LH III B2 at the very earliest. All have sacrifice and dining as their principal ritual activities, and little or no securely dated evidence for other forms of symbolism or metal dedications[89]. Kalapodi has produced the greatest volume of metalwork of any early mainland sanctuary yet discovered, but the regional context of this sanctuary seems exceptional as it was established during a peak of wealth and aristocratic display among the elites of a series of local communities, as exemplified by offerings in the Elateia cemetery. And even at Kalapodi, the nature and volume of metal dedication shifts in the ninth century[90]. It does seem that after a relatively homogeneous early phase, real differentiation in the physical form of mainland sanctuaries and the range of votives offered developed from the late tenth or early ninth century onwards, in turn raising distinct issues in different parts of the Greek mainland. At Olympia, for example, where close contextual controls are lacking, assessments of the stylistic chronology of monumental bronze tripods and terracotta and bronze figurines put the beginning of these sequences variously in the late tenth or ninth

Fig. 14 Isthmia Rachi, view towards New Corinth

Fig. 15 Isthmia Rachi, view towards the Isthmus

Fig. 16 Cyclopaean masonry south of the *temenos* at Isthmia (north part of section Ge of the 'Mycenaean Wall'). View from the south edge of the Early Stadium embankment, just east of the starting line

Fig. 17a General view from the south east, showing the position of the two worked oolite blocks

Fig. 17c The outer (south-western) face of the block indicated in 17b showing (badly worn) toolmarks: on the detail, the oblique line shows direction of toolmarks (broad chisel cuts ca.0.05–0.06m long) as now visible from the slope above (on the upright block they run from top left to bottom right at a slight angle to verticle)

Fig. 17b Interior of the south-east face of the wall: the marked block is the left hand of the pair indicated in 17a

17a–d Cyclopaean masonry south of the *temenos* at Isthmia (north part of section Ge of the 'Mycenaean Wall')

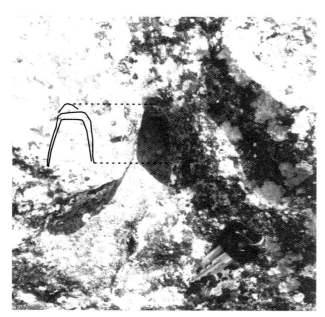

Fig. 17d Flat-topped notch, form of tool (?) cut as indicated

centuries[91]. The volume of metal involved is striking and far greater than anything evident in the eastern mainland, in turn raising interesting questions not only concerning the origins and organisation of craftsmen, but also the role of the sanctuary in the acquisition, control and dispersal of supplies of valuable raw materials, copper, tin and lead[92]. Elsewhere, there is a notable increase in the number of community shrines. The role of rural Attic shrines in articulating local settlement has been much discussed[93], but new evidence from the Peloponnese is equally striking. At Tegea, for example, the presence of Mycenaean and Protogeometric sherds in the lowest level of a large early bothros deposit has re-opened the question of the date of the establishment of the cult of Athena Alea[94]. Even though the earliest cult building so far discovered at Tegea dates to the mid-second half of the eighth century, the fact that it seems to rest on further cultural layers (perhaps up to a metre and a half of unexcavated soil) raises the prospect of even earlier construction[95]. In considering the middle centuries of the Early Iron Age, attention has often focused on the significance of cult activity within large central buildings, as Nichoria Unit IV-1, in terms of the social power embodied in the location and control of cult and also the origins of purpose-built temples[96]. Yet such forms of organisation are not the earliest, and form only part of the total conspexus of strategies for the exercise and re-inforcement of social power via cult. In a number of cases, such localised, house-based organisations developed in the context of existing regional cult systems which, as perhaps in the case of Olympia and Nichoria, may have included shrines frequented by the elites of several such local communities[97].

At Isthmia, the Late Protogeometric or Early Geometric period saw the appearance of securely dated jewellery (mostly modest personal possessions, Fig. 19), plus terracottas which, in addition to bulls, include symbols of social status such as imported Attic and local Corinthian boots[98] (Fig. 20). Considering their Attic contexts in young women's graves, these have plausibly been linked to marriage rites, aspired to if not actually achieved[99]. Isthmian terracotta imagery in particular owes much to neighbouring Attica, where the ninth century saw a concentration of wealthy burials rich in such symbolism (notably those on the north slope of the Areopagus)[100]. In the Corinthia too, individual, comparatively rich graves with metalwork and more unusual vase shapes start to appear from Late Protogeometric onwards, the earliest such being the grave of the young adult west of the Babbius monument in the Lechaion Road Valley noted earlier, and a child grave at Vello in the Sikyonia which is also Late Protogeometric in date[101]. But since terracottas were not included in Corinthian grave assemblages, in partial contrast to Athenian practice, status symbolism in this medium was a matter for sanctuary dedication. The extent to which the symbolism of personal status, perhaps centring on rites of passage, reflects a broadening of sanctuary activity (which certainly now involved women), rather than greater attention to an established function, is unclear. However the change in material practice fits well into broader trends in mainland votive behaviour.

This brief review has highlighted the growing body of evidence for the early creation and sustained importance of ritual structures which allow for the expression of social power (filling gaps left by the demise of long-established Bronze Age settlements and cemeteries), not least in the control and mobilisation of the economic resources whose consumption was a prominent feature of cult practice. One important question, which must surely be a focus for continuing research, is the nature and formation of cult communities, and the way in which they responded to, and in turn shaped, the long term evolution of regional political geography. A further problem, evident by the end of the period considered here, is the way in which different forms of ritual organisation came to co-exist and to complement each other. In conclusion, on the occasion of this anniversary symposium it is a great pleasure to acknowledge my personal debt, accumulated over many years of work at Isthmia, to the generations of German scholars whose publications of Olympia material have provided so many reference points for the study of other sites, and especially to Prof. Kyrieleis and his colleagues, who have once again set Olympia at the heart of continuing debate about the nature and role of the earliest Early Iron Age sanctuaries.

* My warmest thanks to the President of the DAI, Prof. Dr. Helmut Kyrieleis, for his invitation to participate in this Symposium and for the generous hospitality of the Institute. In the six years that have elapsed since Isthmia VIII was completed, new discoveries (notably at Olympia) and my own continuing research in the Corinthia have caused me to develop and revise many of my earlier opinions, and I am grateful to the DAI for the opportunity to present some of this work here. I thank John Bennet, Birgitta Eder, Paul Halstead and Valasia Isaakidou, Jost Knauss and Astrid Lindenlauf for discussion of (and permission to refer to) their continuing research projects, and Chris Hayward for help in the field, discussion of his research on Corinthian palaeotopography, and criticism of earlier drafts. Object photographs are the work of Ino Ioannidou and Lenio Bartzioti, site photographs are by the author, drawings by Roxana Docsan, and maps and graphics were compiled by Chris Hayward.

The following special abbreviations are used:

Corinthian Burial Customs – K. Dickey, Corinthian Burial Customs, ca. 1100 to 550 B.C. (PhD diss. Bryn Mawr College 1992).

Eder, Continuity – B. Eder, Continuity of Bronze Age cult at Olympia? The evidence of the Late Bronze Age and Early Iron Age pottery, in R. Laffineur and R. Hägg (Hrsg.), Potnia. Deities and Religion in the Aegean Bronze Age. Proceedings of the 8th International Aegean Conference, Göteborg 12–15 April 2000 (2001) 201–209.

Isthmia VIII – C. Morgan, Isthmia VIII. The Late Bronze Age Settlement and Early Iron Age Sanctuary (1999).

Περιφέρεια – Η Περιφέρεια του Μυκηναϊκού Κοσμού· Α° Διεθνές Συμπόσιον, Λαμία 25–29 Σεπτεμβρίου 1994 (1999)

RMDP – P.A. Mountjoy, Regional Mycenaean Decorated Pottery (1999).

[1] R.C.S. Felsch – H.J. Kienast – H. Schuler, AA 1980, 38–48; R.C.S. Felsch in: R. Hägg – N. Marinatos (Hrsg.), Sanctuaries and Cults in the Aegean Bronze Age. Proceedings of the 1st International Symposium, Swedish Institute at Athens (1981) 81–89; R.C.S. Felsch in: R. Hägg (Hrsg.), The Greek Renaissance of the 8th Century BC. Tradition and Innovation. Proceedings of the 2nd International Symposium at the Swedish Institute at Athens, 1–5 June 1981 (1983), 123–129.

[2] K. Demakopoulou, Το Μυκηναϊκό Ιερό στο Αμυκλαίο και η ΥΕ ΙΙΙΓ Περίοδος στη Λακωνία (PhD. thesis, University of Athens 1982).

[3] S. Moschonissioti in: M. Bats – B. d'Agostino (Hrsg.), Euboica. L'Eubea e la Presenza Euboica in Calcidica e in Occidente. Atti del Convegno Internazionale di Napoli 13–16 novembre 1996 (1998), 265–267.

[4] Isthmia VIII ch. I.2, noting cats. 1–3 (LH I), 151–161 (151 = LH III C Middle Advanced/Late).

[5] Isthmia VIII 353–354, appendices 1 and 4 (sites 13, 14).

[6] Isthmia VIII appendix 1; C. Blegen, Metropolitan Museum Studies 3, 1930–1931, 55–58, 78; J. Rutter, The Late Helladic III B and III C Periods at Korakou and Gonia in the Corinthia (PhD diss. Bryn Mawr College 1974) 529–535.

Fig. 18 Late Protogeometric Attic pottery from Isthmia

Fig. 18 a skyphos: ht. 0.041

Fig. 18 b amphora, Attic or Euboian?: ht. 0.062

Fig. 19 Early jewellery from Isthmia

Fig. 19 a PG: l. 0.123

Fig. 19 b PG: l. 0.092

Fig. 19 c EG/MGI?: d. 0.021

Fig. 20 Boot figurines from Isthmia

Fig. 20 a–b Attic, EGI: ht. 0.061

Fig. 20 c Corinthian: LPG=EGI: ht. 0.057

7 Isthmia VIII 362–365; T. Gregory, Isthmia V. The Hexamilion and the Fortress (1993) 4–5; N. C. Loader, Building in Cyclopean Masonry with Special Reference to the Mycenean Fortifications on Mainland Greece (1998) 32–34, 37.

8 Isthmia VIII 440 (section Sk Trenches A, B, pithos), 441 (section St Trenches S-1, S-2, S-4), 444 (section Pa?), 446–447 (south of *temenos*, all levels).

9 See BCH 104, 1980, 593, for notice of rescue excavation conducted after graves were revealed by illegal building; CMS V 1a, cats. 374–376 for seals from Tomb 1. The only burials discovered in the course of Blegen's limited investigations at Gonia were Middle Helladic: Blegen a. O. 62–64.

10 Isthmia VIII 441, cats. 142, 164.

11 Isthmia VIII 366, cats. 151. 153. 157–159, appendix 1 site 2. Current evidence from Gonia suggests a terminal date of mid LH III B, with no LH III C yet discovered: RMDP 198; Rutter a. O.

12 Isthmia VIII 315 note 67.

13 Isthmia VIII 305–314.

14 Settlement evidence is summarised in Eder, Continuity see especially notes 11–14 for previous bibliography; B. Eder in: V. Mitsopoulos-Leon (Hrsg.), Forschungen in der Peloponnes. Akten des Symposions anläßlich der Feier 100 Jahre Österreichisches Archäologisches Institut Athen, Athen 5.–7.3.1998 (2001) 233–243. I thank Dr. Eder for sight of her manuscript. E. Papakonstantinou in: W. Coulson and H. Kyrieleis (Hrsg.), Proceedings of an International Symposium on the Olympic Games, 5–9 September 1988 (1992), 53. 59–64; see also Isthmia VIII 379–382. RMDP 368.

15 Isthmia VIII compare chs. I.6 (figs.I.62–65) and I.7, 305. 315–316.

16 Isthmia VIII ch. II.2.

17 S. Weinberg, Corinth VII 1. The Geometric and Orientalising Pottery (1943) 3–5: RMDP 55–56; compare Isthmia VIII cats. 184–186 (noting also the less securely dated cats. 180–183).

18 Kyrieleis, this volume 213 ff.; H. Kyrieleis, AW 21, 1990, 187, Abb.15; Eder, Continuity; Isthmia VIII 380 note 35. The final publication of this pottery by Birgitta Eder will appear in a forthcoming Olympische Forschungen volume devoted to the Pelopion excavations.

19 See also Eder, Continuity who (note 43) emphasises the strength of funerary evidence, noting especially LH III C kylikes from Tomb K2 from Pylos-Pisaskion and the Ag. Triadha cemetery in northern Elis (on the latter see O. Vikatou in: Περιφέρεια, 237–255). Pylos frescoes: M. Lang, The Palace of Nestor at Pylos in Western Messenia II. The Frescoes (1969) 80–81, throne room, fr.44 H6 (banquet), pls.125–126, A. – Banquetting: J. Killen, BICS 39, 1994, 67–81; G. Säflund, OpAth 13, 1980, 237–246. Room 93 (palace shrine): C. Blegen and M. Rawson, The Palace of Nestor at Pylos in Western Messenia I. The Buildings and their Contents (1966) 304–305, see also 351. On ritual drinking, see J. Wright in: P. E. McGovern – S. J. Fleming – S. H. Katz (Hrsg.), The Origins and Ancient History of Wine (1996) 301–306.

20 A preliminary notice of the Pylos bone research (undertaken by Paul Halstead and Valasia Isaakidou) appears in Nestor 28 (4), 2001, 3354: I thank the two authors of this project for further information on their work.

21 Isthmia VIII 302.

22 Isthmia VIII 213–221, see also appendix 2.

23 C. Pfaff, Hesperia 68, 1999, 112–115; Corinthian Burial Customs lists only one terracotta (a hare) in a LC I grave (94), for bronzes see 64–65 (vessels, MG II onwards), 78–90 (personal ornament), 91–92 (weapons, EG onwards); Isthmia VIII 332–333.

24 See e.g. A. Mallwitz in: W. Raschke (Hrsg.), The Archaeology of the Olympics (1988), 81–86; on the Pelopion, see Kyrieleis, this volume 213 ff.

25 R. C. S. Felsch (Hrsg.), Kalapodi. Ergebnisse der Ausgrabungen im Heiligtum der Artemis und des Apollon von Hyampolis in der antiken Phokis (1996) XVI–XVII.

26 Isthmia VIII 261–262, 266–268.

27 Isthmia VIII 152, Taf. 1; Eder, Continuity (citing also, note 23, Catling on Kalapodi); M. Jacob-Felsch in: Felsch a. O. 1–213, esp. 102–105 for comments on pottery and cult; see also M. Jacob-Felsch in: Περιφέρεια, 157–161; R. C. S. Felsch in: Περιφέρεια, 164–165.

28 T. Howe, TransactAmPhilAss 89 (1958) 49–50 note 24; Isthmia VIII 323.

29 Felsch a. O. 166; H. Kroll, AA (1993), 161–182; Jacob-Felsch a. O. 73–80.

30 Isthmia VIII 213–221 (catalogue of deposits), see also 316–318; for a review of bone evidence of this and later periods, see E. Gebhard – D. Reese in: R. Hägg (Hrsg.), Olympian and Chthonian Cult. Proceedings of the Sixth International Seminar on Ancient Greek Cult (forthcoming). On problems of attributing by mass: S. Hillson, Mammal Bones and Teeth. An Introductory Guide to Methods of Identification (1992) 6, 8.

31 Felsch a. O. 166–168; M. Stanzel, Die Tierreste aus dem Artemis-/Apollon-Heiligtum bei Kalapodi in Böotien/Griechenland (PhD thesis, Munich 1991), 153–167, Taf. 48–50.

32 Isthmia VIII 169–170 (figurines), 157 (jewellery), 262, 268–269 (pottery).

33 Isthmia VIII 169–172, 213 (eighth century East Terrace 1 deposit 1.1, cats. F24, F23, IM5955 uncatalogued), cats. F9 and F10 may be Protogeometric. The closest parallel for the Isthmia handmade bulls is a single figurine among a small collection of artefacts (mostly pottery) recovered from the summit of Acrocorinth in 1926, in the area of the later sanctuary of Aphrodite, although this lacks a good, datable context: C. K. Williams II in: M. del Chiaro (Hrsg.), Corinthiaca. Studies in Honor of Darrell A. Amyx (1986) Abb.1.D; C. Blegen - R. Stillwell – A. Bellinger, Corinth III 1. Acrocorinth (1931) 28.

34 Isthmia VIII 173, cat. F32 with bibliography. For a review of 10th–7th century evidence from Attic and Euboian burials, see M. Xagorari, Untersuchungen zu frühgriechischen Grabsitten (1996).

35 Isthmia VIII 333–335 (see 171 cat. F18 for the 'harness'); W.-D. Heilmeyer, Frühe olympische Tonfiguren. OF VII (1972), 10–12, 87–88; M. C. Shaw, The sculpture from the sanctuary, in: J. W. and M. C. Shaw (Hrsg.), Kommos IV. The Greek Sanctuary (2000) 135–209 especially 135–137, 142–143, 145–149, 171–172, 176–177, 182–184. For the popularity of bulls among Archaic and early Classical bronzes at Isthmia, see

I. K. Raubitschek, Isthmia VII. The Metal Objects (1952–1989) (1998) 1, 4–5. Compare the case for specific cult meaning (in addition to sacrificial symbolism) made at the Kabeirion, where the sequence of bronze bulls begins in the tenth century: A. Lebessi, AEphem 1992, 1–19.

36 Among extensive literature, see e. g.: W. Burkert, Homo necans. An Anthropology of Ancient Greek Sacrificial Ritual and Myth (1983); M. Detienne – J.-P. Vernant (Hrsg.), La cuisine du sacrifice en pays grec (1997); O. Murray in: O. Murray (Hrsg.), Sympotica. A Symposium on the Symposium (1990), 3–13.

37 C. Sourvinou-Inwood in: N. Marinatos – R. Hägg (Hrsg.), Greek Sanctuaries: New Approaches (1993) 1–17. The physical location and practical accessibility of sacred places have sometimes been regarded as key criteria in assessing their social role (e.g. in Robin Hägg's distinction between 'official' and 'popular' cult, although he also recognises social access as well as the nature of investment): R. Hägg in: R. Hägg and N. Marinatos (Hrsg.), Sanctuaries and Cults in the Aegean Bronze Age. Proceedings of the 1st International Symposium, Swedish Institute at Athens (1981) 35–39. Clearly, though, the nature of the occasion is at least as important as that of the place in determining access. For Hägg's recent reappraisal of his earlier arguments, see R. Hägg in: R. Laffineur – W.-D. Niemeyer (Hrsg.), Politeia. Society and State in the Aegean Bronze Age (1995) 387–391.

38 For a pioneering study of perceptions of waste in sanctuaries and the practicalities of its disposal and recycling, see A. Lindenlauf, Waste Management in Ancient Greece from the Homeric to the Classical Period: Concepts and Practices of Waste, Dirt, Recycling and Disposal (PhD thesis, University of London 2001), chs. III.2 (waste disposal), and IV (recycling).

39 Isthmia VIII 317. On patterns of bone clearance, see P. Halstead – I. Hodder – G. Jones, Norwegian Archaeological Review 11, 1978, 118–131. – On secondary use: G. Forstenpointner, ÖJh 60, 1990, Grab. 37–47. – Bone on Corinthian pins: Corinthian Burial Customs, 80–81, Grave 1950-2 (LV22), 1936-21 (Grave C, LV33), 1937-1 (Grave F, LV28); I. Kilian-Dirlmeier, Nadeln der frühhelladischen bis archaischer Zeit von der Peloponnes. PBF XIII, 8 (1984), 77.

40 Corinthian Burial Customs, Graves 1982-1 (CO-5), 1981-1 (CO-6)?, 1969-32/33 (LV-9a and b), 1969-34 (LV-10), 1969-42 (CO-20).

41 Corinthian Burial Customs, Graves 1968-1 (LV-5), 1972-4 (LV-35), 1972-5 (LV-36), 1973.4 (LV-37), 1973-5 (LV-38), 1933-204 (CO-10), 1972-8 (CO-21), 1938-13 (GC-1)

42 C. Morgan in: L. Mitchell – P. Rhodes (Hrsg.), The Development of the Polis in Archaic Greece (1997) 176–179. – Preliminary reports of excavations in these cemeteries have appeared annually in ADelt since 1970. – Ελάτεια· Φ. Δακορόνια, Φωκικά Χρονικά 5, 1993, 25–39; S. Deger – Jalkotzy – F. Dakoronia, AnzWien 127, 1990, 77–86.

43 Corinthian Burial Customs, Grave 1969–42 (CO-20); J. Rutter, Hesperia 48, 1979, 371–374.

44 Corinthian Burial Customs, Graves 1969-32/33 (LV-9a and b), 1969-34 (LV-10).

45 Corinthian Burial Customs, Grave 1968-1 (LV-5); as Dickey notes (A-2 – A-3), while the skeletal remains were identified as those of a robust ca. 19 year old male, the goods (especially the spindle whorls and kalathos) are items more usually associated with women. However, recovered remains include the pelvis (C. K. Williams II, Hesperia 39, 1970, 17), thus minimising the scope for error in determining sex (S. May, The Archaeology of Human Bones [1998] 33–36), and as Dickey later notes (98–100) it is generally difficult to identify gender distinctions in Corinthian grave offerings.

46 C. Morgan in: R. Hägg (Hrsg.), Ancient Greek Cult Practice from the Archaeological Evidence (1998) 73–90.

47 Evidence is summarised in Isthmia VIII 354–355, also appendix 4, 470–471, site 11, see also sites 8 (Aetopetra), 10 (Mylos Cheliotou), and 12 (Arapiza Ridge, p. 474); on the Julian Basilica pit, see now RMDP 197, the latest piece being 236 cat. 207 (C48-175, a LH III C Middle stirrup jar). For a review, see C. K. Williams II, ASAtene 60, 1982, 11.

48 On the position of the terraces, see: D. Keraudren – D. Sorel, Marine Geology 77, 1987, 99–107. On the palaeotopography of the city centre: C. Hayward, Geoarchaeology (forthcoming). A stretch of road dated to LH III A2 on ceramic evidence (with associated MH and LH pottery also) has been identified ca. 1 km. north of Cheliotoumylos, on the south side of the modern National Road: ADelt 21 B, 1966, 123, Taf. 122 g.

49 Rutter a. O.; C. Pfaff, Hesperia 68, 1999, 55–134.

50 ARepLond 1998–1999, 22 (LH III and EPG sherds displaced into later levels): G. D. R. Sanders, Hesperia 68, 1999, 443. Later finds include MG vessels which may come from disturbed grave(s): Guy Sanders, personal communication.

51 For burials, see notes 40 and 44 (also 39 and 41 for slightly later graves), graves designated LV in Dickey's catalogue. See Isthmia VIII 471 for references to sherd scatters probably representing settlement in the area of the Weinberg House, the South Stoa, NE of Temple A (part of a PG stratum over the natural bed of the Lechaion Road Valley), under the foundation of a PC house south of the Sacred Spring, and Well 72-7 (SW end of Lechaion Road Valley).

52 Corinthian Burial Customs, Graves 1982-1 (CO-5), 1981-2 (C0-6), noting that the date of the latter, for which there is no independent evidence, is inferred from its proximity to the former.

53 Context pottery from the 1930 season preserved in Corinth Lots 1930-32 to 1930-43: Corinthian Burial Customs, 9; T. L. Shear, AJA 34, 1930, 409.

54 In the case of the South Stoa, O. Broneer, 1950, Hesperia 20, 1951, 293, Taf. 89a, dates the earliest piece as Mycenaean, whereas Rutter and I date it to EPG and MPG respectively (see Isthmia VIII 83, s. v. cat. 199); equally, Broneer's Taf. 89h, described as SM, shows EPG and LPG sherds.

55 Corinthian Burial Customs, Grave 1933-204 (CO-10): Corinth VII 1, 9, see also 10-15 for 32 EG vessels, probably from one or two graves, discovered in the course of well digging in 1928 where the Lechaion Road descends onto the coastal plain.

56 C. K. Williams II in: M. del Chiaro (Hrsg.), Corinthiaca. Studies in Honor of Darrell A. Amyx (1986) 18-19, Abb. 1. I.

57 Aetopetra: the EG Corinth Grave 1961-3 lies immediately west of the Bronze Age site (P. Lawrence, Hesperia 33, 1964, 89-91). – Mylos Cheliotou: EIA burials within a chiefly Roman cemetery (an extension of the North Cemetery); Corinthian Burial Customs, Grave 1930-97 (CO-11), A-132 no. 7.

58 Isthmia VIII ch. III.1.

[59] Isthmia VIII 357-358, 469-470; C. Blegen, Korakou: A Prehistoric Settlement near Corinth (1921) 79-99 (architecture), 116-120 (general conclusions); J. Rutter, The Late Helladic III B and III C Periods at Korakou and Gonia in the Corinthia (PhD diss. Bryn Mawr College 1974) 134-316; RMDP 197-198.

[60] Isthmia VIII 359-360, 469; C. Blegen, Zygouries: A Prehistoric Settlement in the Valley of Cleonae (1928).

[61] Isthmia VIII 355–356, 476–477; a preliminary notice of the cemetery appears in ADelt 35 B, 1980, 109–110.

[62] Isthmia VIII 356–357, 474–476; preliminary notices of the cemetery appear in ADelt 35 B (1980), 102–105; ADelt 46 B, 1991, 106–107. For Early Mycenaean burials at nearby Galataki (Solygeia), see Ρ. Λοράνδου-Παπαντονίου, Σολυγεία. Η Ανασκαφή του 1957–1958 (1999), ch. II.

[63] Isthmia VIII 365–367 (for Ag. Kyriaki, see appendix 4, site 35); RMDP 200–201 (201 notes an LH III C Late deep bowl from Area X at Korakou).

[64] B. Eder in: V. Mitsopoulos-Leon (Hrsg.), Forschungen in der Peloponnes. Akten des Symposions anläßlich der Feier 100 Jahre Österreichisches Archäologisches Institut Athen, Athen 5.–7.3.1998 (2001). – Elis: B. Eder, Die submykenischen und protogeometrischen Gräber von Elis (forthcoming); B. Eder in: Περιφέρεια, 263–268: L. Parlama, ADelt 29 A, 1974, 54–58; RMDP 372.

[65] As e. g. in the case of Tiryns: A. Papadimitriou in: A. Pariente and G. Touchais (Hrsg.), Argos et l'Argolide. Topographie et urbanisme (Actes de la table ronde internationale Athènes-Argos 28/4–1/5 1990) (1998), 117–130; J. Maran, AA 2000, 1–16.

[66] Isthmia VIII 349–353, 358–361.

[67] Homeric 'evidence', notably the implication in the Catalogue of Ships (Iliad II, 591–592) that the Alpheios lay within Pylian territory, is hard to relate to any particular period. J. Chadwick in: J. Bintliff (Hrsg.), Mycenaean Geography (1977) 37–38, uses the Linear B record to place the northern border at the river Neda. For bibliography on the debate, see V. Parker, SMEA 32, 1993, 41–75. On the changing extent of the Pylian state, see J. Bennett in: R. Laffineur – W.-D. Niemeyer (Hrsg.), Politeia. Society and State in the Aegean Bronze Age (1995) 587–601. At present none of those shrines mentioned in the Linear B record for which a location has been even tentatively proposed has been placed in the Further Province: P. del Fidio, I dosmoi pilii a Poseidon: Una terra sacra di eta micenea (1977); E. Stavrianopoulou, Untersuchungen zur Struktur des Reiches von Pylos. Die Stellung des Ortschaften im Lichte der Linear B-Texte (1989) 121–128. As highlighted by J. Bennet – J. Davis in: R. Laffineur (Hrsg.), Polemos. Le contexte guerrier en égée à l'âge du bronze (1999) 107–120, the political expansion of the Pylian kingdom was accompanied by growth in the ideological expression of power (military, religious etc.) at the palace. The combination of inherited aspects of elite ritual behaviour/imagery in a marginal or peripheral area is thus comprehensible in general (albeit largely hypothetical) terms as a product of the breakdown of palace-centred power, although our understanding of LH III C-EPG in the western Peloponnese remains sketchy in key respects.

[68] T. Rihll – A. Wilson in: J. Rich – A. Wallace-Hadrill (Hrsg.), City and Country in the Ancient World (1991) 76–84.

[69] Cited by Phavorinos (Corinthian Oration), see also Dio Chrysostom 37.11–12 (J. de Arnim, Dionis prusaensis quem vocant Chrysostomum quae exstant omnia [1893] 19)

[70] R. S. Stroud, California Studies in Classical Antiquity 1, 1968, 233–242; J. Salmon, Wealthy Corinth (1984) appendix I (esp. 417); on the tribal system see also S. Dow, HarvStClPhil 53, 1942, 113–119; N. Jones, TransactAmPhilAss 110, 1980, 161–193; G. Stanton, ClAnt 5, 1986, 139–153.

[71] Isthmia VIII 446–447 (appendix 1, section 14, being the northern part of Broneer's section Ge).

[72] Isthmia VIII 446–447, section 11, level 3.

[73] C. H. Morgan, Hesperia 22, 1953, 131, 134; C. K. Williams II – J. E. Fisher, Hesperia 41, 1972, 144, note MG sherds in the interstices between blocks of wall B. – Sacred Spring: C. K. Williams II and J. E. Fisher, Hesperia 40, 1971, 3, 23, Taf. I. – LG architectural members: A. Brookes, Hesperia 50, 1981, 285–290. N. C. Loader, Building in Cyclopean Masonry with Special Reference to the Mycenean Fortifications on Mainland Greece (1998) 32–34, 39 dates her Type V masonry to LH III C »and probably much later« on stylistic grounds.

[74] I am grateful to Chris Hayward for these observations which draw on his continuing study of the Corinthian stone industry, and for in situ discussion of this and neighbouring stretches of the so-called 'wall'. I am not aware of tool marks like these on securely dated Corinthian Late Bronze Age masonry.

[75] Isthmia VIII 376–377.

[76] J. Knauss, Späthelladische Wasserbauten. Erkundungen zu wasserwirtschaftlichen Infrastrukturen der mykenischen Welt (2001) 99–112 (Olympia), 113–133 (Isthmia). I am most grateful to Prof. Knauss for sight of his manuscript in advance of publication.

[77] Isthmia VIII 312–314, appendix 1.

[78] O. Broneer, Isthmia II. Topography and Architecture (1973) 7, 23 (masonry in Large Circular Pit; cf. Isthmia VIII 186), 22–31 (water supply). Note also that while the south slope of the Rachi was the more densely settled, the only well in the settlement lies in the north west corner: V. Anderson-Stojanovic, Hesperia 62, 1993, 257–302; V. Anderson-Stojanovic, Hesperia 65, 1996, 61 Abb. 3, 62.

[79] ARepLond 1998–1999, 23.

[80] Isthmia VIII 152–155, Tafel I.1.

[81] Isthmia VIII 268–269, 293–294.

[82] Isthmia VIII 152 (Tafel I.1), 291–292.

[83] I. K. Whitbread, Greek Transport Amphorae. A Petrological and Archaeological Study (1995) 309. 316. 322. 330–333. I thank Guy Sanders for discussion of his work on Corinthian clay sources and access to his unpublished field report (see Isthmia VIII 292; C. Morgan in: J. P. Crielaard – V. Stissi – G. J. van Wijngaarden [Hrsg.], The Complex Past of Pottery [1999] 223–224).

[84] Isthmia VIII 415–421.

[85] C. Morgan in: L. Mitchell – P. Rhodes (Hrsg.), The Development of the Polis in Archaic Greece (1997) 175–184.

[86] S. Link, Landverteilung und sozialer Frieden im archaischen Griechenland (1991) 148–149; for a review of later evidence, see J. Roy in: M. H. Hansen (Hrsg.), The Polis as an Urban Centre and as a Political Community. Acts of the Copenhagen Polis Centre 4 (1997), 282–320.

87 For Perachora, see H. Payne, Perachora I (1940) 27–30, 53-66, 70–73, noting that pottery and metalwork constitute the most reliable dating evidence (very little being securely MG II) and that the date of the supposed first temple is insecure (see B. Menadier, The Sixth Century BC Temple and the Sanctuary and Cult of Hera Akraia, Perachora [PhD diss. University of Cincinnati 1995] 93–100, 116–117; Isthmia VIII 410–414). There is a strong case to be made for mid-late eighth century cult in the settlement within the later sanctuary of Demeter and Kore: C. Pfaff, Hesperia 68, 1999, 118–120. The possibility of mid-eighth century cult in the area of the Sacred Spring at Corinth is harder to substantiate: C. K. Williams II, Pre-Roman Cults in the Area of the Forum of Ancient Corinth (PhD diss. University of Pennsylvania 1978) 8, 93.

88 U. Sinn, AM 96, 1981, 36–43; 67–69 on figurines, noting nos. 9, 10, 35, 36 dated to EG on analogy with the Olympia sequence, and the absence of PG. Bronze figurines are not fully published: W.-D. Heilmeyer, Frühe olympische Bronzefiguren. OF XII (1979) 194–195, note 257.

89 For SM/PG jewellery from Olympia, see H. Philipp, Bronzeschmuck aus Olympia. OF XIII (1981) 23, 34–36, 139–141, 261–263.

90 R. C. S. Felsch in: Περιφέρεια, 165; R. C. S. Felsch in: R. Hägg and N. Marinatos (Hrsg.), Sanctuaries and Cults in the Aegean Bronze Age. Proceedings of the 1st International Symposium, Swedish Institute at Athens (1981) 87; R. C. S. Felsch in: R. Hägg (Hrsg.), The Greek Renaissance of the 8th Century B.C. Tradition and Innovation. Proceedings of the 2nd International Symposium at the Swedish Institute at Athens, 1–5 June 1981 (1983)123–129.

91 M. Maaß, Die geometrischen Dreifüße von Olympia. OF X (1978), 5–6, 115, 228; W.-D. Heilmeyer, Frühe olympische Tonfiguren. OF VII (1972) 3–8, 10–14, 20, 41–42, 65–72; Heilmeyer (note 88 above), 19–28; Heilmeyer's long terracotta chronology has been disputed, notably in reviews of OF VII by R.V. Nicholls (JHS 95 ,1975, 289–290) and H.-V. Herrmann, BJb 182,1982, 613–619; likewise, Maaß' PG date for the earliest tripod has been disputed, e.g. by J.N. Coldstream in his review of OF X in BJb 182, 1982, 611.

92 T. K. Andrews in: C. C. Mattusch – A. Brauer – S. E. Knudsen (Hrsg.), From the Parts to the Whole: Acta of the 13th International Bronze Congress held at Cambridge, Massachusetts, May 28 –June 1 1996 Bd. 1 (2000) 19–23, stressing the role of the sanctuary, as the oikos of a god (and thus, on the Homeric model, self-sufficient), as providing raw resources for itinerant craftsmen (the question of the extent of sanctuary versus local production and its variation through time is controversial but beyond the scope of this paper).

93 M. Langdon in: S. Langdon (Hrsg.), New Light on a Dark Age. Exploring the Culture of Geometric Greece (1997) 113–124; A. M. D'Onofrio, AION N.S. 2, 1995, 57–88 (focused on the eighth and seventh centuries, but with important earlier data).

94 M. Voyatzis in: T. Heine Nielsen – J. Roy (Hrsg.), Defining Ancient Arkadia (1999) 132. 143–144; M. Voyatzis, AJA 101, 1997, 349–350. Compare also J. Forsén – B. Forsén – E. Østby in: Heine Nielsen – Roy a. O. 177–182.

95 E. Østby – J.-M. Luce – G. Nordquist – C. Tarditi – M. Voyatzis, OpAth 20, 1994, 98–107, 117–141; E. Østby, ActaAArtHist 9, 1997, 79–107; A. Mazarakis Ainian, From Rulers' Dwellings to Temples. Architecture, Religion and Society in Early Iron Age Greece (1100–700 B.C.) (1997) 80–82. I am grateful to Erik Østby for discussion of the site and its early architecture.

96 Mazarakis Ainian a. O. 74–80 (Nichoria), see chapters III and IV for the detailed development of ideas presented in previous summary articles.

97 C. Morgan, Athletes and Oracles. The Transformation of Olympia and Delphi in the Eighth Century BC (1990) chapter 3, especially 61–79.

98 Isthmia VIII 330–332 (jewellery), 174–175, 336–338 (boots).

99 C. Weiß, Nikephoros 8, 1995, 35–36; Isthmia VIII 337.

100 J. N. Coldstream, Hesperia 64, 1995, 391–403; M. Xagorari, Untersuchungen zu frühgriechischen Grabsitten (1996). There is one further possibly pre-eighth century Attic figurine at Isthmia (a wheeled horse): Isthmia VIII 172, F28.

101 Corinthian Burial Customs, Grave 1968-1 (LV-5), 1938-13 (GC-1).

Abbildungsnachweis

Roxana Docsan: Fig. 3 (Isthmia VIII cat. 141. 164).

Chris Hayward: Fig. 2, 11, 12, 13, 16, 17.

Catherine Morgan: Fig. 14, 15.

University of Chicago Excavations at Isthmia: Fig. 1 (Isthmia VIII cat. 1. 151), 4 (Isthmia VIII cat. F 1. F 2. F 5), 5 (Isthmia VIII cat. 185. 184), 6 (Isthmia VIII cat. M 14), 7 (Isthmia VIII cat. 201. 218. 236), 8 (Isthmia VIII cat. F 9. F 10), 9 (Isthmia VIII cat. F 32), 10 (Isthmia VIII cat. F 18), 18 (Isthmia VIII cat. 222. 210.), 19 (Isthmia VIII cat. M 1. M 4. M 7), 20 (Isthmia VIII cat. F 36. F 38).

Claude Rolley

Delphes de 1500 à 575 av. J.-C.

Nouvelles données sur le problème »ruptures et continuité«

Le problème de la rupture ou de la continuité, du IIe au Ier millénaire, à Delphes comme dans les autres sanctuaires grecs, est discuté depuis longtemps. Il y a vingt ans, deux opinions s'opposaient[1]. La plupart des historiens des religions, et quelques archéologues, surtout G. Roux pour Delphes, niaient toute interruption entre l'occupation mycénienne et les débuts du sanctuaire du premier millénaire, et affirmaient que les cultes de l'époque géométrique prenaient la suite de ceux du deuxième millénaire. D'autres voyaient à la fois une interruption chronologique et un changement de sens de l'occupation, le sanctuaire s'installant, après une période où aucune occupation n'est attestée, sur un site qui, à l'époque mycénienne, était un habitat ordinaire. Même C. Morgan, en 1990[2], voyait encore une interruption de l'occupation, du début du protogéométrique jusque vers 875/860.

Les fouilles des dix dernières années ont apporté de nouvelles données, qui renouvellent bien des aspects de l'histoire de Delphes, des débuts de l'occupation du site à la première moitié du VIe siècle. Ce ne sont pas seulement les fouilles de Delphes même: celles de Médéon, sur le côte du golfe de Corinthe, celles de Hyampolis-Kalapodi, et les prospections dans toute la Phocide ont permis de replacer Delphes dans l'ensemble de la région; les découvertes de Médéon et de Kalapodi ont beaucoup précisé l'évolution et la datation de la céramique régionale, ce qui a évidemment des conséquences immédiates sur toutes les dates proposées à Delphes même.

Ce que je vais résumer rapidement est soit publié dans le BCH (articles ou 'Chronique des fouilles') soit à l'impression, comme le livre de J.-M. Luce sur ses fouilles dans la zone du pilier des Rhodiens[3].

I. Delphes mycénienne

La 'grande fouille', puis les fouilles de L. Lerat avant et après la seconde guerre mondiale[4] avaient exploré ce qu'on appela le 'village mycénien'. Il faut distinguer strictement, parmi les couches qui ont livré de la céramique mycénienne, celles où elle est en position primaire – les seules évidemment qui prouvent une occupation mycénienne de la zone considérée – et celles où elle est en position secondaire (Fig. 1). L'occupation s'arrête vers l'Ouest au milieu du temple, et va, à l'Est, jusque sous les thermes romains; la surface est de 16000 m². Des fouilles menées jusqu'au sol vierge aux bordures ouest et sud du sanctuaire ont confirmé l'absence de tout vestige du IIe millénaire dans ces zones.

S. Müller a dressé un nouveau tableau de la céramique. Les tessons les plus anciens sont HR I-II. A cette période, dans toute la région, la plus grande part des vases sont encore de technique 'matt-painted' ou minyenne; mais dès l'HR II il y a à Delphes des fragments du style du palais, c'est-à-dire importés des grands centres du Péloponnèse. La séquence est ensuite ininterrompue: la Fig. 2 n'en montre que la première partie. Il y a à l'HR III d'autres importations; mais une grande partie des vases présentent des caractères typologiques ou techniques qui révèlent une fabrication locale ou régionale.

Un point de détail. Cette date haute des débuts du site et des contacts avec le centre du monde mycénien suggère de reconsidérer les deux *rhyta* de pierre, l'un certainement minoen, l'autre pouvant être une imitation continentale. On était tenté de les faire parvenir à Delphes bien plus tard, au moment où les relations avec la Crète sont bien attestées. En fait, leur arrivée peut n'être que très peu postérieure à leur fabrication (MM III-MR I pour celui de marbre, qui est certainement crétois), et il est probable qu'ils sont arrivés non pas directement de Crète, mais via un des palais du Péloponnèse où ces vases de pierre étaient appréciés et imités.

Une autre question, très débattue aussi, est celle d'un éventuel sanctuaire mycénien. Il faut rappeler que les nombreuses terres cuites de Marmaria ont été découvertes là où elles avaient été installées quand on a aménagé la terrasse du sanctuaire d'Athéna[5]. Or ces petites figurines, en Ψ et en Φ, sont surtout des offrandes funéraires. Le plus simple est de supposer que, ici comme ailleurs, les Grecs du haut archaïsme ont découvert accidentellement une tombe, et donné une valeur religieuse aux figurines qu'elle contenait en les déposant dans le nouveau sanctuaire.

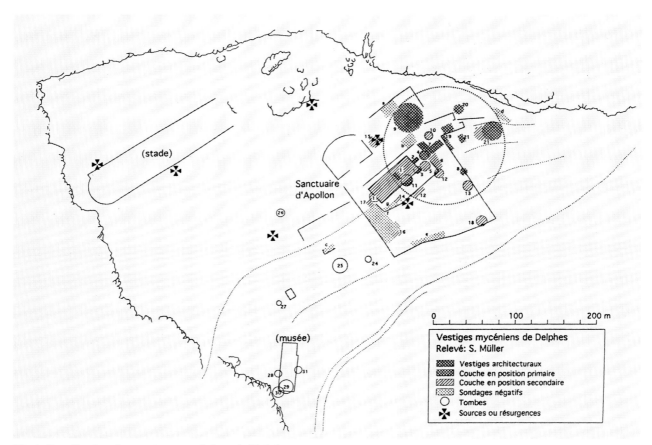

Fig. 1 Localisation des vestiges mycéniens de Delphes

Fig. 2 Les phases d'occupation du site d'après la céramique: 1) HR I-II, céramique à peinture mate. 2) HR II B: coupe éphyréenne et coupe à décor pendant de rocher stylisé. 3) HR III A1: tasse basse décorée de mouchetures. 4) HR III A2: tasse basse avec frise de crochets imbriqués et chope avec fleurs stylisées. 5) HR III B: cratère à fleur stylisée en panneau

Bien entendu, une agglomération comme celle Delphes ne pouvait se passer de lieux de culte. Quelques grandes figurines creuses, faites partiellement au tour, surtout animales[6], doivent en provenir. Cela ne dépasse pas ce qu'on attend dans une agglomération du HR III.

Une fouille dont le but était de compléter l'exploration du centre du temple avant d'en restaurer le dallage du IVe siècle a mis au jour, au centre, un gros mur Nord-Sud, épais de 2,10 m (Fig. 4), qui marque la limite ouest de l'habitat mycénien[7]. Il n'a de parement que sur sa face ouest: c'est le mur de soutènement de la terrasse qui portait l'extrémité occidentale du 'village'. Il est probable que, au Sud, il faisait retour vers l'Est: c'est sans doute la fondation n° 330 de l'*Atlas*[8].

Peut-on faire une hypothèse supplémentaire? Cette terrasse servait aussi à protéger l'agglomération des eaux qui descendaient (voir Fig. 1) des sources Kerna et Kassôtis. Or nous sommes à quelques mètres du futur adyton, où la Pythie buvait l'eau inspiratrice, et nous savons quelle impression faisaient sur les Grecs du haut archaïsme les constructions mycéniennes. On parlait à Delphes, à propos des origines de l'oracle, du χάσμα γῆς, le 'gouffre de la Terre' aux émanations prophétiques, au-dessus duquel on avait installé le premier trépied: ce gouffre, ou ce ravin, n'aurait-il pas donné naissance à la légende de la chèvre qui, après y être tombée, rendait des oracles[9]?

II. La fouille sous le pilier des Rhodiens

Pour l'histoire de Delphes entre l'HR III C et les premières offrandes du Ier millénaire, la fouille conduite par J.-M. Luce sous le pilier des Rhodiens, à l'Est du grand autel, a apporté beaucoup de nouveau. Il s'agissait de reconstruire le pilier après son étude par A. Jacquemin et D. Laroche[10], ce qui était une occasion de fouiller sous le pilier lui-même, ce qui n'avait pas été fait lors de la grande fouille. Il y avait une importante superposition de niveaux en place. Je les décris en commençant par le niveau inférieur, à l'inverse du déroulement de la fouille.

Les premières couches, directement sur le sol vierge, épaisses en un point d'1 mètre, sont mycéniennes (essentiellement HR III c; mais il y a de la céramique HR III b). Les couches immédiatement supérieures ont livré surtout un four circulaire d'argile. La stratigraphie, la céramique et plusieurs datations au ^{14}C assurent qu'une couche du XIIe siècle passe sous le four, et que celui-ci est du XIe siècle ou du début du Xe. Le livre de J.-M. Luce apportera beaucoup sur l'évolution de la céramique locale. Dans l'état actuel de son étude, il écrit que la seule lacune concerne les dernières décennies du XIe siècle, ce qui est nouveau: la longue interruption que voyait C. Morgan n'existe plus. L. Lerat avait, quelques mètres plus au Sud, découvert un four très proche, qu'il a daté de l'époque mycénienne. Les deux fours sont des fours de cuisine, c'est-à-dire qu'ils se trouvaient dans des maisons.

Ensuite, plusieurs couches fines commencent à la fin du Xe siècle ou au début du IXe. Signalons une épée complète, vers 700 ou peu après. Malgré le dégagement d'un mur de terre du IXe siècle, il n'a pas été possible pour cette période de mettre en évidence des plans, même partiels: dans une fouille de ce genre, la surface disponible diminue au fur et à mesure qu'on s'enfonce.

Vers le milieu du VIIIe siècle, on aménagea une succession de terrasses, pour pouvoir y construire des maisons. Trois maisons successives ont été reconnues et étudiées (Fig. 3). La plus ancienne, que J.-M. Luce a appelée la 'maison noire' parce qu'elle porte les traces de deux incendies, a duré pendant le 3e quart du VIIIe siècle. Elle s'appuie sur un mur de terrasse. Le dernier de ces incendies a créé une épaisse couche de destruction, la même qui avait été reconnue dans des fouilles antérieures, près des 'thermes de l'Est', par L. Lerat et déjà par la grande fouille. Dans le Journal de la grande fouille, P. Perdrizet avait vu dans cette épaisse couche de cendres, riche en bois brûlé, avec des tessons mycéniens et géométriques, des restes sacrificiels. Autant qu'il soit possible aujourd'hui d'interpréter les données anciennes, ce sont les traces d'un grand incendie qui, vers 730, a détruit l'ensemble de l'habitat.

Un peu plus tard, vers le début du VIIe siècle, fut construite une deuxième maison, la 'maison jaune', dont quatre pièces ont été reconnues. Un peu avant la fin du VIIe siècle est édifiée la 'maison rouge', nommée ainsi parce que ses murs sont faits d'une argile rouge locale. La céramique qui y correspond est du corinthien ancien et moyen. Ce qui est remarquable dans cette maison rouge est le nombre de bronzes qui ont été

Fig. 3 Zone du pilier des Rhodiens, état successifs, du VIIIe au VIe siècle. De droite à gauche et de bas en haut: 1 (en bas à droite) la maison noire; 2 la maison jaune; 3 la maison rouge; 4 le péribole

Fig. 4 Mur de soutènement mycénien sous le temple (n°1 de la Fig. 1), vu en direction du Nord; le parement ouest est représenté par les deux grosses pierres, sous l'extrémité gauche de la mire

Fig. 5 Maison à l'Ouest du trésor des Athéniens: bronzes en place sur le sol

retrouvés sur le sol: un lébès, deux phiales, une coupe; un casque vient d'un dépotoir déposé dans les ruines de la maison. Mais c'est bien une maison privée: il y a des fours culinaires dans au moins deux des pièces, et il n'y a pas de place pour des lits de banquets. Dans la partie ouest du sanctuaire, sous l'Asklépieion, P. Amandry avait découvert une maison de la même époque, également riche en bronzes[11] (Fig. 5); sa photo montre deux phiales, il y avait aussi des petits bronzes figurés: comme dans la maison rouge, on avait déposé dans une maison, à l'extérieur de la zone qui constituait alors le sanctuaire, des objets à signification religieuse.

La maison rouge a été détruite certainement entre 585 et 575, probablement vers 575. La raison de cette destruction est claire: c'est la construction du premier péribole de pierre (Fig. 3), dont la date était discutée. Les terrasses ont été détruites en même temps que les maisons qu'elles portaient: du côté extérieur du péribole on a rétabli la pente naturelle du terrain.

III. Conclusions

La datation précise du premier péribole est très importante pour l'histoire du sanctuaire. Car cette date, vers 575, la met en rapport avec la première 'guerre sacrée', dont quelques historiens mettent encore en doute la réalité. La construction du péribole n'est pas le seul indice qu'il s'est passé quelque chose d'important peu auparavant. Les premiers Concours datent de 586/582; des offrandes importantes se succèdent en très peu de temps: les jumeaux argiens, qui sont probablement Cléobis et Biton, le sphinx des Naxiens, le trésor qui est sans aucun doute celui de Sicyone. Il faut y ajouter que la deuxième partie de l'Hymne homérique à Apollon, la 'suite pythique', ne peut se comprendre[12] que si elle a été écrite eu lendemain de la création des courses de chars, en 582: la nymphe Thelphousa lui dit que, s'il installe son oracle chez elle, dans la plaine, les hommes, plutôt que son temple, viendraient voir les chars et les juments, mais que, s'il s'installe à Crissa, »là, on ne lancera pas de beaux chars, et tu n'auras pas le bruit du galop des juments aux pieds rapides autour de ton autel« (v. 260–270): l'hippodrome de Delphes, qui n'a pas été retrouvé, se situe, à en juger par les allusions des textes, dans la plaine d'Amphissa, à plusieurs kilomètres du sanctuaire. Le poème est donc un aspect du développement du sanctuaire repris en mains par l'Amphictionie au lendemain de la guerre qui l'a soustrait aux Phocidiens; l'aspect le plus important est évidemment la fondation des Concours pentétériques, dont la course de chars est l'épreuve majeure.

On voit donc comment s'articulent, à la lumière des données nouvelles, la continuité et la rupture. L'habitat de Delphes, assez développé dès l'Helladique Récent, a traversé sans interruption les Âges obscurs. Mais il ne faut pas oublier que les premiers indices de l'existence du sanctuaire d'Apollon, c'est-à-dire les premiers objets qui sont des offrandes, datent de la fin du IXe siècle[13]. Il n'y a rien de comparable aux premières terres cuites d'Olympie, aucun bronze du type des plus anciennes statuettes d'Olympie, mais aussi du Cabirion de Thèbes, ni aucun fragment des types les plus anciens de trépieds, que nous avons à Olympie, à Ithaque, à Aigeira. Le problème de cette apparition du sanctuaire se pose dans les mêmes termes qu'il y a 20 ou 30 ans. Il reste notable que le plus ancien pied de trépied de Delphes est identique au pied le plus ancien de Délos, et aussi de Kalapodi. Il y a bien là, me semble-t-il encore, une 'génération' de sanctuaires, un peu avant 800. Mais nous savons aujourd'hui que, contrairement à d'autres, le sanctuaire de Delphes est né dans une agglomération préexistante.

1 Pour la continuité des cultes, surtout G. Roux, Delphi, Orakel und Kultstätte (1971), chapitre »Gaia Protomantis«, édition française, Delphes, son oracle et ses dieux (1976); positions analogues de H.-V. Herrmann, Olympia, Heiligtum und Wettkampfstätte (1972) 62-71, de H. Gallet de Santerre, Délos primitive et archaïque. BEFAR 192 (1958). Pour une rupture de plusieurs points de vue, P. Amandry, La mantique apollinienne à Delphes. BEFAR 170 (1950) 205–207; Cl. Rolley, Les trépieds à cuve clouée, FdD V 3 (1977) 131–146; et dans R. Hägg (Hrsg.), The Greek Renaissance of the Eighth Century B. C. (1983) 109-114; S. Müller, BCH 1992, 475–489.

2 C. Morgan, Athletes and Oracles. The transformation of Olympia and Delphi in the eighth century B.C. (1990) 107–109.

3 Les titres essentiels sont P. Darcque, BCH 115, 1991, 688-690 (fouille sous le temple); S. Müller, Delphes et sa région à l'époque mycénienne, BCH 116, 1992, 445–496; J.-M. Luce, BCH 115, 1991, 691–697; ders, BCH 116, 1992, 686-704; ders., BCH 117, 1993, 619–631; J.-M. Luce et alii, A la frontière du profane et du sacré. Fouilles de l'aire du pilier des Rhodiens (1990–1992) FdD II, remis à l'éditeur fin 2000 – dont j'ai eu connaissance sous la forme de sa thèse de doctorat, soutenue en janvier 1993.

4 P. Perdrizet, FdD V (1908) 2–7 (tombes de la grande fouille); L. Lerat, RA 1938,2, 194–201; ders., BCH 85, 1961, 357–360.

5 L. Lerat, BCH 81, 1957, 710; cf. S. Müller, BCH 1992, 481-486.

6 S. Müller, BCH 1992, Fig. 16-17.

7 P. Darcque, BCH 115, 1991, 688–690, qui y voyait un rempart; l'interprétation comme mur de soutènement est de S. Müller, BCH 116, 1992, 457–458.

8 Voir J.-Fr. Bommelaer, Guide de Delphes. Le site (1991) pl. III.

9 Sur le χάσμα γῆς et ces légendes, P. Amandry, a. O. 50-53; les textes antiques sont Diodore 16, 26, Pausanias, 10,5,7, et Plutarque, De def.or., 42 et 46.

10 A. Jacquemin, D. Laroche, BCH 110, 1986, 285–307.

11 Il la signale BCH 62, 1938, 463.

12 Ces remarques sont tirées d'une étude inédite de Fr. Salviat, qu'il m'a autorisé à utiliser. Je ne reprends pas la revue des opinions antérieures, qu'il résume et critique.

13 Les fragments découverts récemment (à paraître, BCH 123, 1999, 465–467) ne modifient pas le tableau que j'avais présenté en 1977 et 1983 (titres cités Anm.1).

Abbildungsnachweis:

Fig. 1. S. Müller, BCH 1992, p.456, Fig. 5.
Fig. 2. Figure et légende: S. Müller, BCH 1992, p.459, Fig. 7a.
Fig. 3. Photo P. Darcque, EFA.
Fig. 4. Étude J.-M. Luce, dessin A. Badie.
Fig. 5. Photo P. Amandry, EFA.

Ismene Trianti

Neue technische Beobachtungen an den Skulpturen des Zeustempels von Olympia

Eine der bedeutendsten Entdeckungen während der Grabungen in Olympia war die Auffindung der Skulpturen des Zeus-Tempels. Der wissenschaftlichen Diskussion um diese Skulpturen, die auch nach einhundert Jahren noch andauert, lassen sich immer noch interessante Aspekte hinzufügen[1]. Ich danke dem Präsidenten des Instituts Herrn Helmut Kyrieleis für die Einladung, an diesem Symposion teilzunehmen und Ihnen einige der Beobachtungen vorzutragen, die ich und der Bildhauer Stelios Triantis zusammen gemacht haben, und die in der Folge bei der Neuaufstellung der Giebelskulpturen im Neuen Museum von Olympia mit Nikolaos Yalouris diskutiert wurden.

Die Arbeiten für die Neuaufstellung im Neuen Museum von Olympia wurden 1974 begonnen. Mit diesen Arbeiten waren auf Beschluss des Zentralen Archäologischen Rates Nikolaos Yalouris, der eine Reihe von Jahren Ephoros in Olympia gewesen war, und der Bildhauer Stelios Triantis betraut worden. Ich war damals in Olympia als Epimelitria angestellt und unter anderem damit beauftragt, den Fortgang dieser Arbeiten zu verfolgen[2].

Vor dem Beginn der Arbeiten wurden die folgenden Grundsatzentscheidungen getroffen:

1. Jede Figur oder Gruppe sollte abgeformt und eine Matrize und eine Kopie in Gips angefertigt werden. Die Kopien wurden in der Ausstellung aufgestellt, so dass sich dem Besucher der Gesamteindruck der Statuengruppe nicht entzog. Man war zu dieser Überlegung gekommen, da man schon von vornherein wusste, dass die Arbeiten lange Zeit in Anspruch nehmen würden. Die Kopien, insbesondere die der Mittelfiguren, erwiesen sich bei den Versuchen für die Aufstellung in der neuen Ausstellung als hilfreich.

2. Die Figuren sollten in das neue Museum gebracht und wieder in ihre einzelnen Fragmente zerlegt werden (Abb. 2–3), um die Eisendübel, die Ende des letzten Jahrhunderts zur Zusammensetzung der Fragmente und Aufstellung der Figuren verwendet worden waren, abzunehmen und zu ersetzen.

3. Die Fragmente sollten wieder zusammengesetzt und für die Neuaufstellung vorbereitet werden.

Abb. 1 Westgiebel

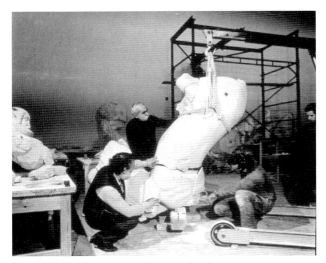

Abb. 2 Restauration und Neuaufstellung

Abb. 3 Restauration und Neuaufstellung

4. Bei der Neuaufstellung der Statuen sollte ein gewisser Abstand zur Wand eingehalten werden, um auch die Statuenrückseiten sichtbar zu lassen.

Im Neuen Museum wurden lediglich die Positionen der Mittelfiguren geändert, deren Anordnung seit der Zeit ihrer Auffindung vor allem in der Forschung diskutiert wurden.

Im Westgiebel (Abb. 1) wurden die Figuren entsprechend dem Rekonstruktionsvorschlag von Treu aufgestellt, die er in seiner Publikation von 1888 vorgelegt hatte, der man aber bei der Aufstellung im Alten Museum nicht gefolgt war[3]. Diesem Vorschlag hatten sich nach den fast ein Jahrhundert währenden Diskussionen alle Forscher angeschlossen[4]. Zu beiden Seiten des Apollon wurden also die Positionen der Gruppen neben dem Gott vertauscht: Theseus und Peirithoos, die mit den Kentauren kämpfen, und die folgenden zweifigurigen Gruppen, auf der rechten Giebelseite der Lapithe und der beißende Kentaur, und auf der linken der Kentaur und der kleine Lapithe. Zudem wurde erstmals Peirithoos mit den Fragmenten aufgestellt, die dieser Figur zugeschrieben werden können, und von denen in der alten Ausstellung nur der Kopf auf der Giebelbasis ausgestellt war[5].

Der Figur des Theseus wurde seine erhobene linke Hand angefügt[6] (Abb. 4). Beide Arme des Theseus waren an den Schultern angestückt. Die geglätteten Anschlussflächen mit umlaufender Anathyrose waren mit dem Spitzeisen bearbeitet. In der Mitte befand sich ein Loch mit ausgewölbten Seitenwänden, wobei der Kanal für den Bleiverguss am hinteren Teil der Schulter ansetzte.

Für die Anpassung des Arms an der richtigen Stelle waren zwei Fragmente hilfreich, die angefügt werden konnten; das eine wurde am Körper im Bereich der glatten Fläche, die für die Anpassung vorbereitet war, angefügt, und das andere am Arm im Bereich der

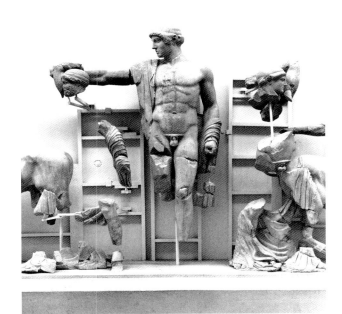

Abb. 4 Westgiebel, Figuren in der Mitte

Abb. 5 Westgiebel, Theseus

Abb. 6 Westgiebel, Oberarm des Theseus

Abb. 7 Westgiebel, Hand des Theseus

Abb. 8 Westgiebel, Theseus

Abb. 9 Westgiebel, Theseus, Rückseite

Achsel (Abb. 5–6). An den Arm konnte außerdem die Hand angefügt werden (Abb. 7), die früher dem Lapithen T von der rechten Giebelseite zugewiesen worden war[7]. Die Handfläche ist geschlossen, scheint nichts gehalten zu haben und weist auch keine Bearbeitungsspuren für eine zusätzlich angebrachte Waffe auf. Eine längliche Bruchfläche am Handgelenk weist darauf hin, dass diese Hand an dieser Stelle vermutlich mit der anderen erhobenen Hand verbunden war, die die Axt gehalten haben dürfte, die Theseus laut Pausanias (V 10, 8) hielt. Da die rechte Schulter auf die gleiche Art und Weise für die Anpassung des rechten Arms bearbeitet war (Abb. 8), und beide Hände tatsächlich, wie es scheint, hinten am Handgelenk miteinander verbunden waren, waren sie vielleicht aus einem Stück Marmor gearbeitet und hätten so höhere Stabilität besessen. Diese war notwendig für ihre leichtere Anpassung und für die Befestigung der Arme, die mit dickem Bleierguss erreicht wurde,. wie die großen Bohrungen zeigen. Die beiden Verbindungsstützen, die eine am rechten Schulterblatt (Abb. 9), die andere am linken Oberarm der Figur (Abb. 6), sind vielleicht Reste einer anfänglichen Phase, als die Statue Monolith war, und dienten dazu, die Arme am Körper zu stützen, oder sie sind vielleicht auch mit der Stützung der Axt in Zusammenhang zu bringen.

Die linke Hand, die dem Arm des Theseus angefügt wurde, war dem Lapithen T von der rechten Giebelseite zugewiesen worden (Abb. 7). Man hatte angenommen, dass sie mit der länglichen gebrochenen Fläche den Kopf des Kentauren berührt hatte. Es war die Hypothese aufgestellt worden, dass diese, wie auch die rechte Hand, aus demselben Marmorstück wie die Gruppe der Lapithin R mit dem Kentaur S gearbeitet war, und so wie jene irgendwo in der Mitte über zwei ebene Flächen angefügt war[8]. Mit der Anfügung der Hand an den Arm des Theseus zeigte sich, dass die Hand des Lapithen eher frei nach außen ausgestreckt war und nicht den Kopf des Kentauren berührte.

Der Lapith C aus der linken Dreifigurengruppe erhob sich leicht, eine Bewegung, die aus einem kleinen Fragment des Knies zu erschließen ist, das den Oberschenkel mit dem Unterschenkel verband[9] (Abb. 10). Ursprünglich waren die Beine der Figur mit einem Himation bedeckt, wie auch die entsprechende Figur des Lapithen in der rechten Dreifigurengruppe; aber aus irgendeinem Grund wurde das Himation abgearbeitet, wobei nur einige Falten am Rand der Plinthe übrigblieben. Die Abarbeitung des Himations ist am linken Bein flüchtig und in Eile ausgeführt worden (Abb. 11). Abgearbeitet wurde auch die linke Seite der Plinthe (Abb. 12). Das ausgestreckte, leicht gesenkte Bein schwebt in der Luft. Wahrscheinlich trat es mit den Fußzehen auf eine gesonderte Plinthe. Mit der Aufrichtung des Lapithentorsos und seiner leichten Versetzung nach links sowie der etwas höheren Anbringung des Kentauren wird seine Beziehung zu dem Kentauren wiederhergestellt, den er mit seinen verschränkten Händen am Kopf zog (Abb. 13); so sind sie jetzt im Giebel aufgestellt. Dieser Kentaur wurde durch ein kleines Fragment ergänzt, das früher dem Himation des Zeus zugewiesen worden war[10]. Das Fragment ist auf der Vorderseite geglättet, hat einen geglätteten Streifen auf der Oberseite, und Spitzeisenspuren auf der Rückseite (Abb. 14–15). Ein ähnlicher geglätteter Strei-

Abb. 10 Westgiebel, der Schenkel des Lapithen C

Abb. 11 Westgiebel, Lapith C, Rückseite

Abb. 12 Westgiebel, Lapith C, die linke Seite der Plinthe

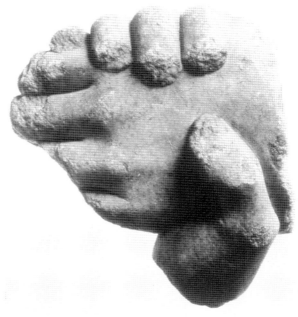

Abb. 13 Westgiebel, Hände des Lapithen C

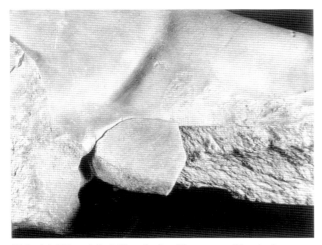

Abb. 14 Westgiebel, Bauch des Kentauren D mit dem neuen Fragment

Abb. 15 Westgiebel, Rückseite des Kentauren D mit dem neuen Fragment

Abb. 16 Ostgiebel

fen befindet sich auf dem unteren Teil des Bauches des Kentauren D, an dessen vorderer Auswölbung er angebracht wurde. Der Bauch des Kentauren erhält so seine normale Dicke.

Im Ostgiebel wurden die Positionen der Protagonistenpaare beiderseits des Zeus aus den Gründen, die ich im Weiteren anführen werde, vertauscht (Abb. 16). Die Figur K wurde durch ein kleines Fragment unten rechts am Peplos ergänzt, an dem auch der untere Teil der Plinthe erhalten ist (Abb. 17), wodurch sich auch die exakte Höhe der Figur (von 2,52 m) ergibt[11]. An diesem kleinen Fragment ist ein Loch erhalten, das die Skulptur am Geisonboden stützte. Ein ähnliches gut gearbeitetes Loch befindet sich an einem weiteren kleinen Fragment mit Himationfalte (Abb. 18), das dem Seher L des linken Giebelzwickels angepasst werden konnte[12]. Derselben Figur wurde ein Teil des Bauches mit Falten des Himation angefügt[13] (Abb. 19–20), die den Gewandfalten des Himation am unteren Teil des Bauches der Zeusstatue gleichen (Abb. 21). Der Dienerin O wurde ein kleines Fragment des Unterarms unter dem Ellenbogen angepasst[14] (Abb. 23), das die Rekonstruktion bestätigt, nach der die Arme nach unten ausgestreckt waren und nicht zum rechtwinklig angezogenen Knie gesenkt waren[15].

Ein längliches Fragment passte hinten am Schenkel des Pelops an und ergänzte das schräge Loch, das Treu gezeichnet hatte[16] (Abb. 24). Zu diesem und einem weiteren, das sich auf dem oberen Teil des Schenkels befindet, hatte er keine befriedigende Erklärung gefunden. Das Zapfenloch verläuft schräg nach unten und kann aus diesem Grunde verständlicherweise nicht zur Stützung der Statue am Giebel gedient haben. Dies, sowie auch ein drittes Loch an dem oberen Fragment des linken Unterschenkels lässt uns vermuten, dass

diese drei Zapfenlöcher mit der Befestigung der Schenkel bei einer Reparatur in Verbindung zu bringen sind.

Die eigentliche Befestigung der Figur des Pelops (Abb. 25) erfolgte, wie auch bei den anderen Giebelfiguren, bekanntermaßen durch Verankerung im Giebel, um ein Kippen zu vermeiden und das Gewicht zu verteilen. In die Zapfen von 10 x 10 cm auf der Rückseite der Statuen (Abb. 22) griffen Eisenklammern ein[17]. Wir haben keine Hinweise für die Annahme, dass sie aus Holz waren wie bei den Giebeln von Eretria, wo die Zapfenlöcher trapezförmig sind und deren Wandungen sich zum Kern des Zapfenloches erweitern[18]. Überdies können sie aufgrund ihrer geringen Größe nicht aus Marmor gewesen sein, wie z. B. die bleivergossene Stütze, die im Rücken des Kuros aus dem Ostgiebel des Alkmaioniden-Tempels von Delphi erhalten ist und eine Höhe von 26 cm und eine Breite von 13 cm aufweist[19].

Das eine Ende der Klammern griff in das Zapfenloch auf der Rückseite der Giebelstatuen, das andere in die Tympanonwand. Ein Bleierguss sicherte die Klammern in den Zapfenlöchern. Nach den erhaltenen Bestandteilen zu urteilen, wies jede Figur ein Zapfenloch auf. Zwei Zapfenlöcher besaßen die Statue des Zeus (Abb. 26) und die Viergespanne (Abb. 28) im Ostgiebel, sowie die Statue des Apollon und die Gruppen der Kentauren und der Lapithinnen im Westgiebel (Abb. 30). Die Zapfenlöcher sind alle nahezu gleich und sind ungefähr in der Mitte der Figuren eingelassen. Andersartig sind die Zapfenlöcher bei den Viergespannen im Ostgiebel (Abb. 28), wo die Löcher von einem erhöhten Viereck umgeben sind. Durch diese größere Wandungsstärke wurde die Verklammerung wahrscheinlich stabiler. Vielleicht hatte man so auch das

Abb. 17 Ostgiebel, Figur K, neues Fragment

Abb. 18 Ostgiebel, Figur L, neues Fragment

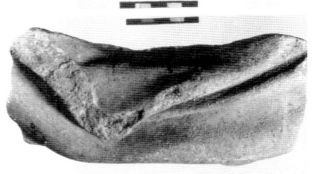

Abb. 19 a. b Ostgiebel, Figur L, neue Fragmente

Abb. 20 Ostgiebel, Figur L

Abb. 21 Ostgiebel, Zeus

Abb. 22   Ostgiebel, Rückseite der Statuen

Abb. 23   Ostgiebel, Figur O

Abb. 24   Ostgiebel, Oberschenkel des Pelops

Zapfenloch am rechten Glutäus des Oinomaos geplant (Abb. 27, 29), an dem eine viereckige Bosse vorhanden ist, die als schlechte Berechnung beim Entwurf der Glutäen gedeutet worden war[20]. Aus uns unbekannten Gründen wurde die Position des Zapfenloches geändert, und eine Abarbeitung der Bosse wurde nicht für erforderlich gehalten. Anders verhält es sich mit dem Zapfenloch auf der Rückseite des Kentauren N (Abb. 30. 31), das ein flaches, breiteres Loch aufweist, das in der Mitte schmaler und tiefer eingelassen ist[21]. Ein solches Zapfenloch zur Befestigung befindet sich auch im Schenkel der Amazone im Eretria-Giebel[22]. Nur bei einem Zapfenloch auf der Rückseite des Kentaurenkörpers J (Abb. 32–33), lässt sich eine Erweiterung des Loches mit dem Spitzeisen beobachten, die gewöhnlich erfolgte, um das Blei rund um die Klammer aus irgendwelchen Gründen zu entfernen. Man könnte also vermuten, dass an diesem Fragment das Blei in jüngerer Zeit entfernt wurde, da sich eine solche Bearbeitung bei den übrigen Statuen nicht beobachten lässt.

Weiterhin wurden die Figuren durch Klammern nach unten befestigt. Diese Sicherung nach unten erfolgte sowohl bei den stehenden Figuren, die eine Plinthe besitzen, wie bei Zeus[23], Oinomaos[24] und den weiblichen Gestalten, als auch bei den anderen, bei denen keine Plinthe existiert und die Einlassungen sich im Himation öffnen, wie z. B. bei der Dienerin O (Abb. 34), dem sitzenden Knaben E[25] im Ostgiebel sowie auch der Lapithin E (Abb. 35) und der Lapithin R im Westgiebel. Die Einlassungen für die Klammern sind mal rechtwinklig, mal keilförmig und mitunter

Skulpturen des Zeustempels von Olympia

Abb. 25 Ostgiebel, Pelops

Abb. 26 Ostgiebel, Zeus

Abb. 27 Ostgiebel, Oinomaos

Abb. 28 Ostgiebel, Pferdegespann D

Abb. 29 Ostgiebel, Oinomaos

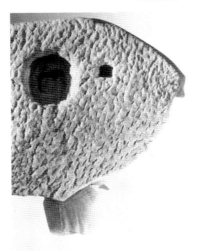

Abb. 30. 31 Westgiebel, Kentaur N, Lapithin O, Rückseite

Abb. 32 Westgiebel, Kentaur J, Lapithin H, Rückseite

Abb. 34 Ostgiebel, Figur O

Abb. 33 Westgiebel, Kentaur J

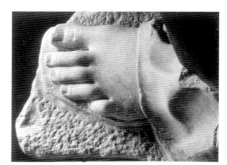

Abb. 35 Westgiebel, linker Fuss der Lapithin E

auch ganz flüchtig ohne eine bestimmte Form angelegt. Die Klammern wurden nicht am Horizontalgeison befestigt, an dem keine Öffnungen gefunden wurden, sondern an einer zusätzlichen Plinthe. Diese Plinthe könnte, wie Dörpfeld annahm[26], unter den Figuren mit einer Höhe von etwa 10 cm vorhanden gewesen sein (Abb. 40) . Wenn wir davon ausgehen, dass sie nicht einfach auf dem Geison verlegt, sondern unter dem unteren Teil der Giebelwand eingefügt war, dann hätte sie auch zur Stützung der Figuren beigetragen, indem sie einen Teil der Statuenlast vom hängenden Teil des Geisons zum dorischen Fries nach innen abgeleitet hätte, d. h. sie hätte eine den eisernen Barren der Parthenon-Giebel entsprechende Funktion gehabt[27].

Die Figuren müssen an der Giebelwand befestigt gewesen sein, denn zum einen hatten sie keinen Spielraum in der Tiefe, um Abstand von der Wand zu lassen, und zum anderen war ihre Aufstellung so besser gesichert. Die Berührung mit der Giebelwand wird durch die Abarbeitung am Rücken des Zeus, am geglätteten Glutäus des Oinomaos, an den ausgehöhlten Figuren der Frauen (man sieht an ihrem Profil [Abb. 36–39], wieviel Volumen am hinteren Teil abgeschlagen worden war), an den flachen Seiten des Viergespanns im Ostgiebel, an den Gruppen der Kentauren und Lapithinnen im Westgiebel bestätigt. Die Art und Weise des Bleivergusses der Klammern ist ein Problem, wenn die Figuren sehr nah an der Giebelwand befestigt waren. Deshalb hatte vor allem Bulle angenommen, dass die

Skulpturen des Zeustempels von Olympia

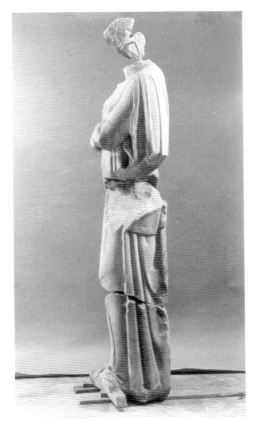

Abb. 36 Ostgiebel, Figur F

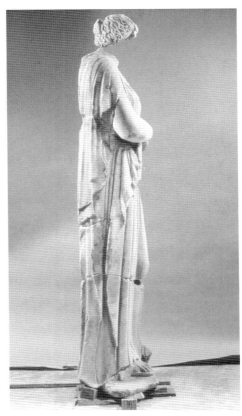

Abb. 37 Ostgiebel, Figur F

Abb. 38 Ostgiebel, Figur K

Abb. 39 Ostgiebel, Figur K

Figuren ein wenig – etwa 10 cm – von der Giebelwand entfernt gewesen seien, weil keine Kanäle für Bleierguss zu den Zapfenlöchern der Statuen angelegt waren[28]. Eine Hypothese ist, dass der Bleierguss schrittweise erfolgte, d. h. zuerst wurde das Blei um die Klammer im Zapfenloch der Statue gegossen, und nach ihrer Aufstellung wurde das Blei in das entsprechende Zapfenloch in der Giebelwand eingegossen. Sollte dies so erfolgt sein, dann wäre die Verbindung nicht ausreichend.

Die Befestigung der Statuen an der Giebelwand ist ein wesentliches Merkmal auch für die Reparatur, die Grunauer aufgrund der Reparaturen an den Horizontalgeisa auf der Ostseite des Tempels erschloss, für deren Durchführung die Abnahme der Statuen von den Giebeln Voraussetzung war[29]. Die Zapfenlöcher auf der Rückseite der Statuen lassen keine Spuren einer solchen Abnahme und Wiederaufstellung erkennen. Man würde erwarten, dass die Zapfenlöcher verbreitert worden wären, um das Blei und die Klammern zu entfernen und die Statuen von der Giebelwand zu lösen, oder dass die Eisenklammern durchtrennt und die ersten Zapfenlöcher unbrauchbar gemacht wurden, um, wahrscheinlich an derselben Stelle, zweite, größere Zapfenlöcher einzulassen. Ein Gedanke, der vielleicht eine Lösung für das Problem des Bleigusses, aber auch der Abnahme und Wiederaufstellung bietet, ist, dass gleichzeitig mit der Aufstellung der Figuren die Rückwand aus Quadern errichtet wurde; die bei der Abnahme aufgrund der Reparaturen abgetragen und dann auf die gleiche Weise wieder errichtet wurde.

Hier stellt sich die Frage, wann die Zapfenlöcher eingelassen wurden: Als die Statuen noch am Boden waren oder als sie sich schon oben im Giebel befanden? Ich nehme an, dass sie der Aufsteller oben auf dem Giebel einließ. Dies steht wahrscheinlich in Zusammenhang mit einigen anderen Eingriffen an den nicht sichtbaren Seiten der Statuen, die durch eilige und unsorgfältige Ausführung gekennzeichnet sind. Ich beziehe mich z. B. auf den Rücken des Kladeos (Abb. 41. 43) und die Rückseite des sitzenden Jünglings (Abb. 44). Die Arbeit mit großen unregelmäßigen Spitzeisenschlägen unterscheidet sich von der ebenmäßigen Arbeit z. B. an den Figuren F und K und sogar an den Rückseiten des Viergespanns (Abb. 28) oder der Rückseite des Sehers L (Abb. 43). Es ist nicht gesichert, ob es sich um ähnliche Eingriffe handelt, die auf den Unterseiten der Statuen, wie z. B. der Plinthe des sitzenden Jünglings oder der Dienerin (Abb. 42) zu sehen sind, wo sich die sorgfältige Arbeit von der flüchtigeren unterscheidet. Dies ist umso wichtiger, als es sehr schwierig ist, die Unterseite zu bearbeiten, wenn die Statue aufgestellt ist und sie umgedreht werden muss; es sei denn, man kombiniert diesen Arbeitsvorgang mit ihrer Entfernung aus dem Giebel und ihrer dortigen Wiederaufstellung. Dass die Arbeit jedenfalls sowohl an den Rückseiten der Statuen als auch an den Unterseiten kennzeichnend ist, geht auch aus dem Vergleich der vier liegenden Gestalten im Westgiebel hervor: Ausgenommen die kleinen Himationteile vorn, bei denen es sich wahrscheinlich um eine Reparatur handelt, ist bei der originalen Lapithin V die Unterseite mit großer Sorgfalt gearbeitet[30] (Abb. 46), während sowohl die Unterseite der Lapithin A (Abb. 47) als auch die der beiden Greisinnen weit gröber mit großen unregelmäßigen Spitzeisenschlägen gearbeitet sind.

Bei der Abnahme der Figuren für die Reparatur der Geisa konnten noch einige andere Arbeiten vorgenommen werden, die als Reparaturen bezeichnet werden können. Als Reparaturen wurden die Zusätze am unteren Teil des Himation des Zeus und die Falten unter seinem linken Arm[31], die Zusammensetzung des Kopfes und des linken Arms des Jünglings B[32] sowie das zusätzliche Himation des rechten Flusses P bezeichnet[33]. Ferner die Falten am rechten Arm der Figur K[34], und dies vor allem, weil die Flächen zur Vorbereitung für diese Anfügung sehr den Flächen ähneln, an die der Arm der Lapithin V angestückt wurde[35], bei dem es sich um eine Anfügung aus pentelischem Marmor handelt. Auch die Schenkel des Pelops könnten repariert worden sein, denn auf ihrer Rückseite sind, wie wir gesehen haben, zwei Zapfenlöcher im rechten Oberschenkel und noch ein weiteres im linken Unterschenkel eingelassen; diese Technik ist bei keiner weiteren Statue erhalten. Die Schenkel könnten bei den Arbeiten zur Wiederaufstellung der Statue gebrochen sein – sie bilden ohnehin den empfindlichsten Bereich der Figur – und wurden als Einzelteile durch Verklammerung mit der Giebelwand verbunden, oder durch eine gesonderte Stütze, die hinter den Beinen eingelassen war.

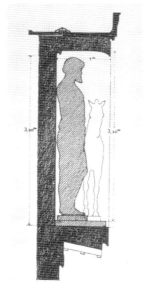
Abb. 40

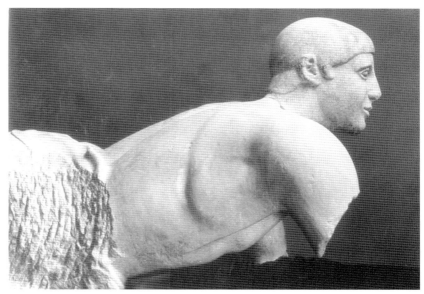
Abb. 41 Ostgiebel, 'Kladeos', Rückseite

Abb. 42 Ostgiebel, Figur O, Unteransicht

Abb. 43 Ostgiebel, 'Kladeos', Rückseite

Abb. 44 Ostgiebel, sitzender Jüngling, Rückseite

Abb. 45 Ostgiebel, Figur L, Rückseite

Abb. 46 Westgiebel, Lapithin V, Unteransicht der Plinthe

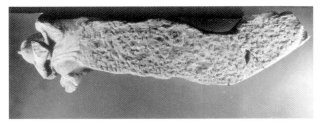

Abb. 47 Westgiebel, Lapithin A, Unteransicht der Plinthe

Im Ostgiebel sind sich die Forscher über die Position der seitlichen Figuren einig, nicht aber über die mittleren, d. h. die beiden Protagonistenpaare, die Zeus rahmen. Ein erstes Problem ist, welcher der beiden Helden rechts in der nördlichen und welcher links in der südlichen Giebelhälfte steht. Ein zweites Problem ist die Identität der beiden weiblichen Figuren und demzufolge auch ihre Position. In der alten Ausstellung war Hippodameia die Figur F mit dem ungegürteten Peplos, Sterope die Figur K mit dem argivischen Peplos. Inzwischen tendieren die Auffassungen umgekehrt dahin, in der Figur K die Hippodameia zu sehen und in der Figur F die Sterope[36]; ihre Position in der nördlichen und in der südlichen Giebelhälfte hängt von der Position der Protagonisten ab. Die Lösung, die in der derzeitigen Ausstellung im Museum von Olympia gefunden wurde, geht davon aus, dass Pelops in der rechten Giebelhälfte zusammen mit der Figur K, der Hippodameia, stand, wohingegen Oinomaos mit der Figur F, Zeus auf der linken Seite einfasste[37] (Abb. 48).

Eines der Argumente für die Platzierung des Pelops auf der rechten Seite des Gottes ist die Kopfwendung des Zeus zu seiner Seite[38]. Normalerweise müsste, wenn sich der Kopf zu seiner rechten Schulter dreht, das Grübchen auf der Seite der Drehung tiefer und der Abstand des Halses von der Schulter geringer sein. Aus der Untersuchung des Schulter-Brustbereichs und der Grübchen ließ sich aber diese Schlussfolgerung nicht ziehen. Beim Zeus, dessen Hals so gebrochen ist, dass Verwirrung entstehen kann, lässt sich auf Abb. 49, die die Statue von oben zeigt, erkennen, dass das Grübchen auf der linken Seite tiefer und die linke Schulter schmaler ist, Indizien, die die Überlegung zulassen, dass der Kopf nach seiner linken Seite gewendet war. Eine Wendung des Körpers nach dieser Seite kann man auch aufgrund des Ausmaßes der Abarbeitungen am Rücken erschliessen (Abb. 50). Auf der linken Seite des Körpers ist die Abarbeitung tiefer und breiter, was auf diese Wendung deutet. Das wahrscheinlichste ist, dass diese Körperdrehung der Kopfwendung entsprach. Wenn der Zeus seinen Kopf aber nun doch nach seiner linken Seite gewendet hatte, entfällt dieses grundsätzliche Argument.

Es ist sinnvoll, ein wenig genauer den Kopf des Pelops zu betrachten, bei dem die Haarmasse unter dem Helm im Nacken rechts nicht dieselbe Länge hat wie links, wie sehr gut auf der Rückseite zu erkennen ist (Abb. 51). Wenn die Statue in der rechten Giebelecke aufgestellt war, waren mit der Neigung und Drehung des Kopfes der längere und gepflegtere Teil der Haarmasse der linken Seite für den Betrachter besser zu sehen[39].

Das Himation des Oinomaos, das von seiner linken Schulter herabfällt, ist an der Verbindung der beiden Enden nur halb ausgearbeitet (Abb. 52). Wäre die Gestalt auf der rechten Seite aufgestellt worden, wäre dies für den Betrachter sichtbar gewesen. Dies hatte auch schon Bulle beobachtet, der aber neben der Figur des Oinomaos als Hippodameia die Figur K platzierte und der der Auffassung war, dass die Bewegung ihres rechten Arms diese Unvollkommenheit verdeckt hätte[40].

Ein gleichermaßen wichtiges Thema ist die Identität der in den Giebelecken gelagerten Gestalten, wahrscheinlich der Flüsse[41]. Laut Pausanias (V 13,1) stand Pelops auf der Seite des Alpheios, und als Alpheios wurde der im linken Giebelzwickel gelagerte kopflose Mann gedeutet. Die Identifizierung stützte sich auf seine Position auf der Südseite im Giebel, da auch der Fluss auf der Südseite des Heiligtums fließt, auf die strenge Wiedergabe seines Körpers, die zu dem großen Fluss passt, und auf den Bart, von dem anfangs angenommen wurde, dass er ihn mit der gesenkten Hand hielt. Mit ihrer linken Hand hält die gelagerte Figur keinen Bart, wie schon zur Zeit Treus festgestellt wurde[42] und auch auf jüngeren Aufnahmen zu erken-

Skulpturen des Zeustempels von Olympia 295

Abb. 48 Ostgiebel, Mittelgruppe

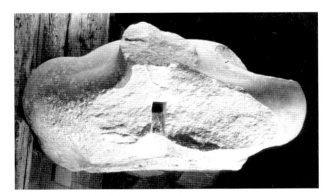

Abb. 49 Ostgiebel, Zeus, von oben

Abb. 50 Ostgiebel, Zeus, Rückseite

Abb. 51 Ostgiebel, Kopf des Pelops, Rückseite

Abb. 52 Ostgiebel, Himation des Oinomaos

Abb. 53 Ostgiebel, 'Alpheios'

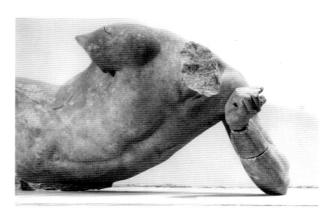

Abb. 54 Ostgiebel, 'Alpheios'

nen ist (Abb. 53. 54). Demzufolge ist er also nicht bärtig und folglich auch nicht alt. Die Wiedergabe seines Körpers, die im Vergleich zu dem anderen Gelagerten, dem sogenannten Kladeos, für strenger gehalten wird, scheint mir für eine Deutung nicht entscheidend zu sein. Dagegen könnte diese Figur aufgrund ihrer Position in der südlichen Giebelhälfte als Alpheios gedeutet werden, wenn auch der andere Fluss eine entsprechende richtige Position im Giebel gehabt hätte. Aber der Kladeos kann diese nicht gehabt haben, da er westlich des Heiligtums fließt, im Giebel aber in der Nordhälfte angebracht war (s Übersichtsplan in diesem Band). Entscheidend ist aber die Position des Pelops, des Protagonisten, und wie die jüngsten Grabungen erwiesen, des wichtigsten und ältesten Heros von Olympia[43]. Sein heiliger Bezirk, das Pelopion, liegt im Norden des Heiligtums und nördlich des Tempels, und so scheint es konsequent, dass der Heros auf dieser, der Nordseite platziert war, d. h. auf der rechten Seite des Giebels. Wenn dies zutreffend ist, lassen sich sehr leicht Argumente anführen, die diese Position stützen, was viele Forscher auch schon getan haben[44]. Ich möchte hinzufügen, dass die beiden Eckfiguren im Ostgiebel des Parthenon, Helios und Selene, sich nicht jeweils entsprechend im Osten und Westen befinden, die Figur D aber als Dionysos gedeutet wird, da sie auf der zum Dionysos-Heiligtum gelegenen Seite steht.

Die Komposition der fünf Mittelfiguren besteht aus einer Zusammenstellung mit symmetrisch-konzentrischer Tendenz, die in der Giebelspitze gipfelt[45]. Auch wenn Zeus für unsichtbar gehalten wird, ist es nicht leicht verständlich, dass Pelops seinen Schild von etwa 1 m Durchmesser auf ihn gerichtet hält und Oinomaos seine rechte Hand in die Hüfte stützt. Dass er im Gegensatz dazu von den Speeren der beiden Gestalten gerahmt wird, bereitet von der Deutung her keine Probleme und erscheint kompositorisch konsequent. Die Haltung der beiden Mittelfiguren ist nicht so, als sprächen sie mit dem Gott, sondern als sprächen sie miteinander, als regelten sie die letzten Vorbereitungen für den Kampf. Zeus als Mittelfigur rahmend, stellen bei dem rechten Paar beide Figuren das rechte Bein vor und haben als Standbein das linke, wohingegen beim linken Paar beide Figuren das linke Bein locker halten. Beide Paare fungieren also als Teile einer Komposition mit antithetischer Bewegung. Dieser symmetrische Bewegungsfluss, zu dem auch das rechte, rechtwinklig geknickte Bein der Dienerin und das linke, rechtwinklig gebeugte Bein des Jünglings B beitragen, steigert die Betonung auf die Mittelfigur, eine Komposition, die auch ästhetisch ein harmonisches Ergebnis liefert.

Die dargelegten Überlegungen bestätigen die Folgerungen, die sich aus den Beobachtungen zur leichten Drehung von Kopf und Körper des Zeus nach seiner linken Seite und der Aufstellung des Pelops auf der Nordseite des Giebels ergaben.

Dieser Beitrag soll nicht ohne ein Wort zur Werkstatt des Bildhauers von Olympia beendet werden. Nach der Publikation von Katerina Kostoglou-Despini über die parische Bildhauerschule wurde[46], wie sie selbst anführt, deutlicher, dass der Aufbau der Giebelfiguren nicht in Beziehung zu den parischen Werken steht, sich Ähnlichkeiten aber in der Ausführung beobachten lassen. Einige Details, hauptsächlich der Falten, wie die auf der Rückseite der Lapithin O (Abb. 55), erinnern an parische Skulpturen, wie z. B. das Fragment von der Brust der Artemis von Delion in Paros (Abb. 56a), oder die Falten an der Knüpfung des Peplosüberfalls der Lapithin R und des Himations der Lapithin O (Abb. 59), die sehr enge Beziehungen zu dem Fragment Abb. 56b derselben Statue aufweisen. Zugleich wird aber auch der Unterschied fassbar, der noch deutlicher wird, wenn man andere Falten betrachtet, wie z. B. bei der Lapithin R an der Stelle, an der der Peplos an der Schulter zusammengeknüpft wird (Abb. 58), oder auch die große wellige Falte, die sich unter ihrem rechten Arm bildet (Abb. 57).

Als ich vor Jahren die Skulpturen des Tempels von Mazi bearbeitete, glaubte ich, an ihrem Aufbau Elemente zu entdecken, die auf die Olympiaskulpturen vom Zeus-Tempel verweisen[47]. Diese Elemente sind vor allem das kubische Volumen der Köpfe, die großen Wangen, die Ausformung des Schambereichs mit den Leisten und schließlich Details, wie die Bildung der Augen mit den leicht erhobenen Brauen, z. B. bei den Augen des Kriegers aus dem Westgiebel von Mazi (Abb. 60), die in ihrer Form an die Augen der Giebelfiguren und besonders an die Augen des Theseus erinnern (Abb. 61). Die Skulpturen von Mazi schrieb ich einer peloponnesischen Werkstatt aus der Zeit um 400 v. Chr. zu. Möglicherweise führte diese Werkstatt die Tradition der peloponnesischen Werkstätten fort, die sie an den Skulpturen des Zeus-Tempels von Olympia herausgebildet hatte.

Abb. 55 Westgiebel, Lapithin O, Rückseite

Abb. 56, a.b Artemis von Delion in Paxos

Abb. 57 Westgiebel, Lapithin R. Die Falten unter dem rechten Arm

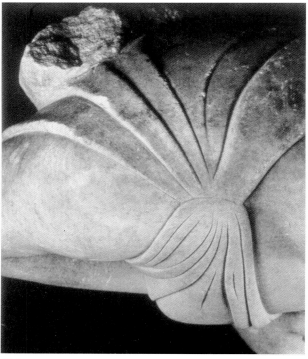

Abb. 58 Westgiebel, Lapithin R, die Knüpfung des Peplos

Abb. 59 Westgiebel, Mittelgruppe

Abb. 60 Krieger aus dem Westgiebel von Mazi

Abb. 61 Westgiebel, Theseus

[1] Zuletzt H. Kyrieleis in: D. Buitron-Oliver (Hrsg.), The Interpretation of Architectural Sculpture in Greece and Rome (1997) 13–27; P. Rehak in: K.J. Hartswick – M. Sturgeon (Hrsg.), ΣΤΕΦΑΝΟΣ Studies in honour of Br. S. Ridgway (1998) 193–208.

[2] N. Yalouris – I. Trianti, ADelt 29, 1974, B2, 339–341, Taf. 212; ADelt 30, 1975, B 1, 97–98, Taf. 50–53.

[3] G. Treu, JdI 3, 1888, 175–188, ders. Olympia III (1897) 130–137.

[4] H.-V. Hermann, Die Olympia Skulpturen (1987) 31–54, Abb. 4a; B. Ashmole – N. Yalouris, Olympia (1967) 18–22, 178–180.

[5] G. Treu, Olympia III (1897) 74–76, Abb. 119 Taf. 24.

[6] G. Treu, Olympia III (1897) 76–77, Abb. 120 Taf. 26.

[7] G. Treu, Olympia III (1897) 87 Abb. 148.

[8] G. Treu, Olympia III (1897) 88 Abb. 150.

[9] G. Treu, Olympia III (1897) 84–85 Abb. 140–142, Taf.. 30; Ashmole – Yalouris a. O. 21. 179 Taf. 71–76.

[10] G. Treu, Olympia III (1897) 44 Abb. 52.

[11] G. Treu, Olympia III (1897) 51–52 Abb. 69. 71 Taf. 10, 2. M.-L. Säflund, The East Pediment of the Temple of Zeus at Olympia. Studies in Mediterranian Archaeology XXVII (1970) 73 (Höhe um 2,60m).

[12] G. Treu, Olympia III (1897) 60–61 Abb. 89–90. 94 Taf. 14, 2.

[13] Aus zwei Fragmenten zusammengesetzt, das eine Inv. Nr. 256.

[14] G. Treu, Olympia III (1897) 63 Abb. 99 Taf. 14, 4.

[15] H. Bulle, JdI 54, 1939, 164–168 Abb. 14–18.

[16] G. Treu, Olympia III (1897) 46–49 Abb. 57 Taf. 9,2. Inv. Nr. des Fragmentes 384a.

[17] G. Treu, Olympia III (1897) 45.

[18] E. Touloupa, Τα εναέτια γλυπτά του Απόλλωνος Δαφνηφόρου στην Ερέτρια (1983) 32. 36. 70 Taf. 2. 10.

[19] Th. Homolle, FdD IV, 44–45, Abb. 15

[20] G. Treu, Olympia III (1897) 49–50 Abb. 62

[21] G. Treu, Olympia III (1897) 78–79 Abb. 121.

[22] Touloupa a. O. 62 Taf. 40 β. Das Zapfenloch beschreibt Petersen RM 4, 1889, 87–88.

[23] E. Kunze, Olympiabericht IV (1944) 144–148 Abb. 104, Taf. 55–56.

[24] G. Treu, Olympia III (1897) 50 Abb. 64

[25] G. Treu, Olympia III (1897) 59–60 Abb. 85–88.

[26] W. Dörpfeld, Olympia II (1892–96) 7; G. Treu, Olympia III (1897) 116–117 Abb. 166; P. Grunauer, JdI 89, 1974, 8 Abb. 7.

[27] A. Orlandos, Τα Υλικά Δομής των Αρχαίων Ελλήνων (1959–60) 22–23, Abb. 11.

[28] H. Bulle, JdI 54, 1939, 141–144 Abb. 2.

[29] P. Grunauer, Olympiabericht X (1981) 275–280.

[30] G. Treu, Olympia III (1897) 93.

[31] G. Treu, Olympia III (1897) 43–46; E. Kunze, Olympiabericht IV (1944) 156–157 Abb. 107.

[32] G. Treu, Olympia III (1897) 62–63.

[33] G. Treu, Olympia III (1897) 6.

[34] G. Treu, Olympia III (1897) 51–52 Abb. 69.

[35] G. Treu, Olympia III (1897) 93 Abb. 159.

[36] M. F. Squarciapino, ASAtene 30–32, 14–16, 1952–54, 131–140.

[37] Diese Ansicht wird von vielen Forschern vertreten; zuletzt s. M.-L. Säflund, The East Pediment of the Temple of Zeus at Olympia. Studies in Mediterranian Archaeology XXVII (1970) 81–96 Abb. 56; P. Grunauer, JdI 89, 1974, 281.

[38] G. Treu, Olympia III (1897); Säflund a. O. 79.

[39] G. Treu, Olympia III (1897) 47; Säflund a. O. 83 Abb. 35–37.

[40] H. Bulle, JdI 54, 1939, 151–152 Abb. 5; Säflund a. O. 83–85 Abb. 38–39.

[41] Säflund a. O. 122–124 und 147–149; C. Weiss, Griechische Flussgottheiten in vorhellenistischer Zeit (1984) 126–141.

[42] G. Treu, Olympia III (1897) 66.

[43] H. Kyrieleis, AW 21, 3; ders. a. O. (Anm. 1) 13–27.

[44] Säflund a. O. 11–49 erwähnt alle bis 1970 geäußerten Ansichten und gibt Tabellen mit den Positionen der Figuren, wie sie die einzelnen Forscher vorgeschlagen haben.

[45] Grunauer a. O. 284–287.

[46] A. Kostoglou-Despini, Προβλήματα της παριανής του 5ου αιώνα (1979) 170–171.

[47] A.-I. Trianti, Ο γλυπτός διάκοσμος του ναού στο Μάζι της Ηλείας (1986) 128 f.

Abbildungsnachweis

Alle Abb. nach Dias Verf.

Aliki Moustaka

Zeus und Hera im Heiligtum von Olympia

und die Kulttopographie von Elis und Triphylien *

Schon seit dem Beginn der wissenschaftlichen Auseinandersetzung mit dem Heiligtum von Olympia gehört die Frage nach der Einführung des Kultes der beiden großen Götter, Zeus und Hera, neben dem des Heros Pelops zu den zentralen Punkten. Was die oberste Gottheit, Zeus[1] anbetrifft, so ist sich die Forschung weitgehend darin einig, dass der Gott aus dem Norden oder Nordwesten gekommen sei und sich in der, wohl wegen ihres Orakels[2], langsam anwachsenden und immer bekannter werdenden Kultstätte in der lieblichen Landschaft am Ufer des Alpheios niedergelassen habe. Ganz anders sieht jedoch die wissenschaftliche Einschätzung des Kultes der Hera aus, die als Gattin des Zeus zunächst einmal als seine selbstverständliche Begleiterin galt. Obwohl das hohe Alter ihres Kultes in Olympia kaum jemals angezweifelt wurde[3], liegt sein Ursprung eher im Ungewissen. Bezeichnend ist die Zusammenfassung des Forschungsstandes durch H.-V. Herrmann[4]: »Über das Alter ihres Kultes (d. h. des Herakultes) ist viel gestritten worden. Manche haben ihn für älter als den Zeuskult erklärt und auf die Hera von Argos und ihre große Bedeutung in mykenischer Zeit verwiesen; andere wieder dachten an eine sekundäre Übertragung des argivischen Herakultes, etwa zur Zeit der Okkupation Olympias durch König Pheidon von Argos im 8. Jh. Beides ist indes unbeweisbar. Wir wissen gar nicht, ob die olympische Hera überhaupt etwas mit der Hera von Argos zu tun hat; weder im Kult noch im Mythos finden sich dafür Anhaltspunkte. So wird man sich lieber mit der Annahme begnügen, dass die Göttin mit Zeus zusammen ihren Einzug in Olympia hielt, angezogen von den weiblichen Kulten, die seit alters her sesshaft waren.«

An anderer Stelle fügt Herrmann noch an[5]: »Die seither mehrfach vertretene Ansicht vom hohen Alter des Herakultes (...) geht letzten Endes von der auffälligen Tatsache aus, dass Hera lange vor Zeus einen Tempel in Olympia hatte. Dieses Argument ist natürlich nicht stichhaltig, denn wenn man das Alter des Herakultes mit dem des Heratempels gleichsetzen würde, so käme das – selbst bei dem höchsten heute vertretbaren Datum für die Erbauung des Heraions – einem relativ späten Ansatz gleich.«

In der Tat ist der große dorische Tempel am Fuße des Kronoshügels nach der schriftlichen Überlieferung und auch nach den Grabungsergebnissen als der älteste Kultbau im Heiligtum von Olympia anzusehen. Pausanias[6] beschreibt den Tempel kurz, nennt Hera als dessen Inhaberin und informiert uns darüber, dass die Skillountier seine Erbauer seien.

Dass lange vor der Erbauung eines dem Zeus geweihten Tempels ein Tempel für Hera existiert haben soll, ist in der Forschung durchaus als ein Problem angesehen worden. Als plausible Erklärung dafür ließ sich jedoch anführen, dass der Kult des Zeus, wohl ohne Kultbild, im Freien stattfand, zentriert um den großen Aschenaltar herum[7]. Bekanntlich hat diese Annahme unsere Vorstellung vom olympischen Heiligtum und den in der Frühzeit dort ausgeübten Kulten – für Hera im Tempel, für Zeus im Freien – bis heute entscheidend mitbestimmt.

Frühe Votive und Herakult

Versucht man sich jedoch einen Überblick über die Hinweise zu verschaffen, die für die Physiognomie und Bedeutung der Hera, die in der Kultszene Olympias eine so außerordentliche Rolle gespielt haben soll, bezeichnend wären, so gelangt man bald zu der Erkenntnis, dass die schriftliche Quellenlage äußerst karg ist, d. h. dass es außer Pausanias kaum antike Quellen gibt, die von dem Kult der Hera in Olympia berichten. Es ist demzufolge von Interesse, ob das durch den Bericht des Pausanias entstandene Bild sich auch im archäologischen Befund des Heiligtums widerspiegelt. Die Befragung des archäologischen Materials, d. h. in erster Linie der Votive führt jedoch bald zu einer gewissen Ratlosigkeit und zu dem eher negativen Eindruck, dass das Kultprofil der Göttin, zumindest was die Frühzeit des Heiligtums angeht, kaum greifbar ist[8]. Dieser Tatbestand hängt gewiss in erster Linie mit der Schwierigkeit zusammen, dass religiöse Konnotationen, die von den Stiftern mit den Votiven verbunden wurden[9], für uns oft nicht nachvollziehbar sind. Wenn man trotzdem eine Übersicht über das Fundbild wagen will, so wäre an erster Stelle die Aussage der folgenden Fundgattungen von besonderem Wert:

1) Die Inschriften: unter den zahlreichen, aus Olympia überlieferten Weihinschriften befindet sich auffallenderweise keine einzige für Hera, der Adressat ist vielmehr immer Zeus. Das gilt für die archaischen Inschriften ebenso wie für die Inschriften aus späterer Zeit[10].

2) Die Statuetten aus geometrischer Zeit[11], d. h. in erster Linie die Funde aus der 'schwarzen Schicht'[12]. Was die Interpretation des Kultabraums aus dieser Schicht angeht, so handelt es sich um ein Thema, das die Forschung bis heute beschäftigt[13]. Vor allem sind es die männlichen Kriegerstatuetten, die in der Olympia-Forschung seit je als deutliche Zeugen des Zeuskultes angesehen worden sind[14]. Unter den zahlreichen frühen Ton- und Bronzestatuetten gibt es allerdings auch Frauenfiguren, wenn auch in geringer Anzahl[15], die teilweise als Herabilder gedeutet worden sind[16]. Die Nacktheit dieser Figuren ist jedoch ein dem Wesen und der Ikonographie der Hera fremder Zug[17], der eher auf Fruchtbarkeitsgöttinnen wie Ge, Rhea, Eileithyia verweist[18], deren Kult am Fuße des Kronoshügels für die Frühzeit des Heiligtums – wohl noch vor Einführung des Zeuskultes – überliefert ist. Darüberhinaus wären auch die geometrischen Reigengruppen zu erwähnen, von denen insgesamt immerhin acht[19] aus Olympia selbst stammen, während eine weitere im arkadischen Petrovouni[20] gefunden worden ist. Aufgrund des arkadischen Fundes wurden sie von B. Schweitzer als Reigen im Dienste der Artemis[21] gedeutet, wofür auch der Fundort eines der olympischen Exemplare in der Umgebung des Artemis-Altars sprechen könnte[22].

3) Auch aus den anderen Weihgeschenken, insbesondere den Waffen[23] und Dreifußkesseln[24], die das Bild des Heiligtums in geometrischer und archaischer Zeit prägen, lässt sich kein direkter Hinweis auf einen Kult der Hera in Olympia gewinnen[25]. Die meisten dieser Votive sind vielmehr durch zahlreiche Weihinschriften ausschließlich mit dem Kult des Zeus verbunden.

Befragt man ferner die drei wichtigsten mutterländischen Kultstätten der Göttin, die Heraia in Argos[26], Perachora[27] und Samos[28], und sucht man nach gemeinsamen Zügen im Kultgeschehen und folglich für Hera typischen Votivgruppen, so lassen sich nur einige wenige Gemeinsamkeiten feststellen, d. h. Weihgeschenktypen, die mit dem Wesen der Hera besonders eng zusammenhängen. So sind gewiss die Hausmodelle aus Ton oder Kalkstein am engsten mit dem Kult der Göttin verbunden[29], da sie als eine Art gemeinsamer Nenner in allen drei Heiligtümern angesehen werden können. Hausmodelle wurden bekanntlich sowohl im Heraion von Argos und in Perachora als auch besonders im Heraion von Samos gefunden. Ihr Bezug auf den Kult der Hera ist offensichtlich: sie verweisen auf Haus und Herd, als deren Schutzgottheit Hera als Gattin des Zeus gilt. Ganz anders ist jedoch die Situation in Olympia, für das ja auch kein ἱερός γάμος[30] überliefert ist: kein einziges Exemplar eines solchen Hausmodells ist bislang gefunden worden. Der Versuch, auch bei anderen Weihgeschenkgattungen eine Verbindung zu Hera herzustellen, gestaltet sich allerdings problematischer als im Falle der Hausmodelle.

Als Paradebeispiel könnte man in diesem Zusammenhang etwa den Schmuck erwähnen, der prima vista der weiblichen Sphäre angehört. Doch in den befragten Hera-Heiligtümern bilden die Schmuckgegenstände keine sonderlich charakteristische Votivgattung. Olympia zählt dagegen zu den Heiligtümern mit einer großen Anzahl von Schmuckweihungen. Von den insgesamt weit über eintausend von H. Philipp[31] publizierten Stücken sind die meisten als Votive zu betrachten. Ein Teil kann wegen der Fundlage am Artemis-Altar mit dieser in Olympia gut bezeugten Göttin verbunden werden, während der Großteil der übrigen Funde, die zwischen Pelopion, der Südseite des Hera-Tempels und dem angenommenen Aschenaltar ausgegraben wurden, von der Bearbeiterin nicht eindeutig einer Gottheit zugewiesen wurde, da »Schmuck nicht ausschließlich weiblichen Gottheiten dargebracht worden ist«[32]. Bezeichnend für die Schwierigkeiten bei der Beschäftigung mit Kultinventaren ist ferner auch die Tatsache, dass z. B. der einzige mit Weihinschrift erhaltene Obelos aus Olympia[33], ein sonst in Heraia oft anzutreffendes Votiv[34], hier eben Zeus geweiht war.

Ähnlich wie mit den mutterländischen verhält es sich mit den Hera-Heiligtümern im Westen[35], unter deren zahlreichen Funden nur vereinzelt ein direkter Bezug auf das Wesen der Göttin erkennbar wird, so etwa im Falle eines bootsförmigen Bronze-Votivs aus Kroton[36] das an das häufige Vorkommen von hölzernen bootsförmigen Votiven im Heraion von Samos[37] erinnert.

Olympia und die Kulttopographie von Elis und Triphylien

Handelte es sich bei dem bisher Gesagten ausschließlich um Argumente *ex silentio*, so wäre nun die Frage nach der kultischen Bestimmung des frühen Monumentaltempels genauer ins Auge zu fassen. In diesem Zusammenhang erscheint es angezeigt, auch die Traditionen der Landschaften in der weiteren Umgebung Olympias zu Rate zu ziehen[38]. Dabei ist die Kulttopographie der historischen Landschaften Elis[39] und Triphylien[40] bis heute in ihrer Gesamtheit nicht ausreichend erforscht[41], obwohl sie für die Entwicklung des großen panhellenischen Heiligtums in vielerlei Hinsicht wichtig ist. Wenn man sich also vom olympischen Heiligtum entfernt und in seiner Umgebung nach Relikten eines frühen Herakultes sucht, so ergibt sich folgendes Bild: sowohl nach dem Zeugnis der antiken Schriftsteller als auch nach archäologischer Kenntnis ist weder ein Heiligtum noch ein Kult für die Göttin in diesen Gegenden überliefert. Das steht aber in einem gewissen Gegensatz zu der Nachricht des Pausanias, dass der Heratempel von den Skillountiern gestiftet sei. Nur die aus der Umgebung von Mazi stammenden Hausmodelle könnten vielleicht, wie I. Trianti anmerkte[42], als indirekter Hinweis auf einen frühen Kult der Hera angesehen werden.

In der unmittelbar benachbarten Landschaft Arkadien[43], die historisch mit dem olympischen Heiligtum verbunden ist, war Hera zwar präsent, nahm jedoch nach M. Jost[44] gegenüber Athena nur eine zweitrangige Stellung ein. Dass Athena auch in Triphylien wohl eine Sonderstellung innehatte, zeigten gerade die Grabungen der letzten Jahrzehnte, die mehrere, teilweise durch Inschriften gesicherte Heiligtümer der Göttin ans Licht brachten, so z. B. dasjenige der Athena Makistia bei Mazi[45], sowie weiter südlich den Tempel bei Prasidaki[46], der in letzter Zeit ausgiebig erforscht wird. Von Pausanias überliefert ist ferner ein Heiligtum der Athena Kydonia in Phrixa[47]. Ein Athena-Tempel wurde ebenfalls am Beginn des arkadischen Berglandes, doch im Einzugsgebiet der triphylischen Ebene, in Phigalia[48] gefunden. Athena wurde dort zusammen mit Zeus Soter verehrt, wie die neuesten Ausgrabungen gezeigt haben. Was die sonstigen weiblichen Gottheiten angeht, so gab es einen wichtigen Demeter-Kult in Lepreon[49] und vor allem Artemis-Heiligtümer: etwas weiter nördlich von Lepreon das Heiligtum der Artemis Limnatis im triphylischen Kombothekra[50], vielleicht Artemis Ephesia in Skillous[51], sowie mehrere Artemis-Heiligtümer in der direkten Umgebung von Olympia, wie das der Artemis Kordaka[52] in Pisa, der Artemis Alpheioneia bei Letrinoi[53] sowie auch Artemisia, Aphrodisia und Nymphaia alpheiosaufwärts, von deren Existenz wir durch Strabo[54] unterrichtet sind, von den zahlreichen Altären für Artemis in Olympia selbst ganz zu schweigen. Bei dieser Fülle von Heiligtümern für weibliche Gottheiten ist es zumindest doch auffallend, dass für Hera gar kein Indiz erhalten ist. Dagegen ist eine eindeutige Vorherrschaft von Artemis und Athena zu erkennen.

Wie steht es aber mit den männlichen Gottheiten und besonders mit Zeus? Neben dem Poseidon-Heiligtum in Samikon[55], eine Art Bundesheiligtum der Triphylier, sowie einem Dionysos-[56] und einem Asklepios-Tempel[57] alpheiosaufwärts sowie sogar einem Hades-Heiligtum im triphylischen Minthe[58] ist in unserem Zusammenhang von besonderem Interesse, dass südlich des Alpheios, unweit von Olympia auf einer Anhöhe namens Arnokatarrachon in Babes[59] bei Makrysia in den 50er Jahren von N. Yalouris[60] ein kleiner Tempel ausgegraben wurde, der aufgrund eines in der Cella gefundenen Steines mit der Weihinschrift ΤΟΔΙΟΣ (Anhang Nr. 1 Abb. 1) als Zeustempel gesichert werden konnte. N. Yalouris datiert den Tempel in den Anfang des 5. Jhs. v. Chr. Die Inschrift könnte durchaus noch in das 6. Jh. v. Chr. gehören. Die Votive, die direkt dort oder in unmittelbarer Nähe gefunden wurden, so etwa Reste von einem Bronzeschild (Anhang Nr. 10 Abb. 11 a. b) und kleine Bronzefigürchen (Anhang Nr. 5–9 Abb. 5–9), sind in spätgeometrische bis archaische Zeit, eine Marmorlampe (Anhang Nr. 2 Abb. 3) ins frühe 5. Jh. v. Chr. zu datieren. Außerdem weist auch ein Gewicht mit der Aufschrift ΔΙΟΣ ΚΑΛ (Anhang Nr. 11 Abb. 10) den hier verehrten Zeus als einen Gott aus, dessen Kult dem des Zeus von Olympia ähnlich war.

Am Nordostabhang unterhalb des Tempels lagen Wohnbauten. Nach Ausweis der von F. Lang[61] untersuchten Keramik reichte die Besiedlungsdauer von mindestens dem 7. bis zum 3. Jh. v. Chr., nach E. Meyer[62] sogar bis in die Kaiserzeit, wobei der Schwerpunkt in spätarchaischer Zeit und im 5. Jh. v. Chr. auszumachen ist. Mit welcher der überlieferten triphylischen Städte diese Siedlung zu identifizieren ist, kann man allerdings noch immer nicht mit Sicherheit sagen. Der bisherige Befund weist die Kultstätte auf dem Berg auf jeden Fall als ein direkt an die Siedlung angeschlossenes Heiligtum lokalen Charakters aus, das den Weihgaben nach zu urteilen in enger, vorerst jedoch nicht näher bestimmbarer Verbindung mit dem benachbarten olympischen Heiligtum gestanden haben muss.

Dass auch das Heiligtum von Olympia anfänglich einen stark lokalen Charakter hatte[63], wobei nach Aussage vor allem der Bronzeurkunden[64] eine gemeinsame Verwaltung[65] durch die umliegenden Kleinstaaten angenommen werden muss, ist zum ersten Mal von U. Kahrstedt[66] herausgestellt worden. Die Vorrangstellung Olympias gegenüber den übrigen Lokalheiligtümern beruhte wohl vornehmlich auf dem Orakel[67], das zu der wachsenden politischen Bedeutung des Heiligtums beitrug. Somit können wir am Beispiel Olympias die Entwicklung einer Volksreligion zu einer offiziellen Religion im Laufe der archaischen Periode verfolgen[68]. Ist es angesichts dessen denkbar, dass Zeus in Olympia selbst erst im 2. Viertel des 5. Jhs. v. Chr. einen Tempel erhielt, während im benachbarten kleinen Lokalheiligtum von Babes schon um 500 v. Chr. die Errichtung eines, wenn auch bescheidenen, Steintempels für Zeus möglich war? Und ginge man zu weit, wenn man darin ein Zeichen für den Wunsch nach Unabhängigkeit von seiten der Triphylier sehen würde gegenüber der zu dieser Zeit, also gegen Ende des 6. Jhs. v. Chr., immer mehr wachsenden Macht der Eleier[69]? Andererseits ließe sich aber auch fragen, ob wir es bei den Ähnlichkeiten im Fundbild nicht mit einem Heiligtum zu tun haben könnten, das in einer gewissen Abhängigkeit von Olympia stand.

Nach diesem Exkurs in die nähere und weitere Umgebung Olympias stellt sich erneut die Frage, ob es bei einer so kargen Quellenlage und bei so wenigen archäologischen Zeugnissen gerechtfertigt ist, an der Vorstellung von einem bedeutenden frühen Kult für Hera in Olympia festzuhalten[70].

Das Heraion – der alte Tempel des Zeus?

Wenn wir uns demzufolge von der traditionellen Vorstellung eines schon in der Frühzeit etablierten, von Zeus unabhängig entwickelten Herakultes freimachen, wie wäre dann der Tempel am Fuße des Kronoshügels zu deuten? Hier erscheint der Rückgriff auf einen alten, weitgehend in Vergessenheit geratenen Vorschlag erwägenswert, dem zufolge das Heraion als der ältere Zeustempel anzusehen ist, der später durch den libonischen Bau ersetzt wurde. Diese Theorie, die ansatzweise schon von W. Dörpfeld erwogen und später von O. W. v. Vacano ausgebaut wurde[71], ist in der Forschung nicht auf Zustimmung gestoßen[72]. Stattdessen setzte sich vorzugsweise die Annahme durch, dass das Heraion nach der Errichtung des libonischen Tempels Zeus und Hera gemeinsam oder aber weiterhin Hera allein geweiht war.

Gleichwohl ist der ältere Vorschlag unerachtet der Fragen, die er in mancherlei Hinsicht hervorrufen mag, nicht ohne weiteres abzuweisen. Denn dass dieser sogenannte Hera-Tempel mit seiner Holz- und Lehmarchitektur jahrhundertelang als eine Art Denkmal[73] ganz bewusst altertümlich erhalten worden ist[74]; dass in ihm zahlreiche Statuenweihungen aufgestellt waren, die aus ihm ein Mouseion[75] machten, und dass hier der Tisch des Kolotes stand, auf den die Kränze für die Sieger bei den olympischen Spielen gelegt wurden, spricht doch wohl eher dafür, dass der Tempel in erster Linie der Hauptgottheit des Heiligtums geweiht gewesen sein muss[76].

Unter dieser Voraussetzung ergeben sich allerdings folgende Fragen: wäre eine Verlegung des Zeustempels innerhalb des Heiligtums vertretbar? Und wie ist die durch Pausanias überlieferte Verbindung des Tempels mit Hera zu erklären?

Zur Beantwortung der ersten Frage ließe sich auf das Heraion von Argos verweisen[77], in dem der archaische Haupttempel in klassischer Zeit durch einen neuen ersetzt wurde, der nicht mehr auf den Fundamenten des Vorgängers, sondern an anderer Stelle stand. Hinsichtlich der zweiten Frage wäre zu überlegen, dass die Verbindung Heras mit dem Tempel kaum durch eine Umwidmung zustande gekommen sein kann, für die mir jedenfalls vor der römischen Kaiserzeit kein Beispiel bekannt ist. Durchaus vorstellbar wäre aber ein späteres Hinzutreten und allmähliches Überwiegen der Hera. Auf den Zeitpunkt, an dem dies stattgefunden haben könnte, soll weiter unten näher eingegangen werden.

Dass man bei dem hier erwogenen Vorschlag mit zwei, nahe beieinander liegenden, Altären für Zeus zu rechnen hätte – außer dem großen Aschenaltar auch mit dem Steinaltar, vor dem frühen dorischen Tempel[78] – verursacht keine Schwierigkeit, da eine Gottheit durchaus mehrere Altäre in einem Heiligtum besitzen konnte, ebensowie ein einziger Altar mehreren Tempeln dienen konnte[79] wenn diese derselben Gottheit galten.

Zum Kultbild des Heraion

Pausanias berichtet, dass im Heraion zwei ἀγάλματα aufgestellt waren: eins in Gestalt der thronenden Hera und neben ihr das des stehenden, bärtigen und behelmten Zeus. Mit der Frage nach dem Kultbild ist bekanntlich eine ganze Reihe von Problemen formaler und technischer Art verbunden, auf die hier nicht ausführlich eingegangen werden kann. Nur kurz sei daran erinnert, dass die von A. Mallwitz erwiesenen zwei Bauphasen der Kultbildbasis[80] es wahrscheinlich gemacht haben, dass man anfänglich wohl mit nur einer Statue – welche von beiden sei dabei zunächst dahingestellt – zu rechnen hat.

Das ikonographische Problem besteht bekanntermaßen darin, dass die Darstellung eines stehenden Zeus neben einer thronenden Hera sonst nicht belegt ist[81], während solche, die beide Götter nebeneinander thronend oder Hera stehend neben dem thronenden Zeus wiedergeben, geläufiger sind. Aus Olympia selbst ist das Götterpaar thronend auf zwei von E. Kunze-Götte[82] vorgelegten lakonischen Schalen überliefert. Diese Schalen bilden die einzigen Funde aus dem Heiligtum, die Zeus und Hera gemeinsam[83] vor Augen führen. Ihre Besonderheit liegt auch darin, dass sie eine geritzte Weihinschrift tragen. Diese gilt jedoch auch hier allein Zeus. Unter dem Aspekt, dass Schalen mit Darstellungen thronender Götter vielleicht ganz gezielt als Votive für verschiedene griechische Heiligtümer hergestellt worden sind[84], gewinnt dieser Fund gewiss an Bedeutung, man sollte jedoch nicht außer Acht lassen, dass diese Vasenbilder nur den ganz allgemein verbreiteten Typus des Götterpaares wiedergeben und daher keinen spezifischen Bezug auf die Gottheiten von Olympia nehmen.

Eine Tempelgemeinschaft beider Götter ist sonst so gut wie unbekannt[85]. Nach E. Simon gab es offenbar keine gemeinsamen Tempel für das Götterpaar Zeus und Hera[86] und außer dem bei Pausanias[87] erwähnten Tempel mit Kultbildern des Kronos, der Hera und des Zeus im böotischen Lebadeia gibt es kaum weitere Belege dafür, dass beide Gottheiten als σύνναοι θεοί auftreten konnten[88]. Mit der Gruppe von Zeus und Hera im Heraion von Olympia muss es demnach eine besondere Bewandtnis haben.

Mit der Kultbildfrage hängt auch die Interpretation des kolossalen Kalksteinkopfes zusammen, der als Kopf der Hera gedeutet wurde. Inzwischen aber neigt man eher der Deutung als Kopf einer Sphinx[89] zu. Sollte diese Deutung tatsächlich stichhaltig sein, würde eine der beiden wichtigsten Stützen für die Annahme eines schon früh etablierten Kultes der Hera im Heiligtum entfallen. Die zweite Stütze ist, wie schon mehrfach betont, der von Pausanias als Heratempel bezeichnete Bau.

Zur Einführung des Herakultes in Olympia

Was die Frage nach dem Zeitpunkt der Einführung des Herakultes angeht, so stehen bei nüchterner Betrachtung als einziger konkreter Anhaltspunkt nach wie vor nur die Münzen Olympias zur Verfügung. Sie sind darüber hinaus ein wertvolles Zeugnis für das Nebeneinander beider Kulte in Olympia, allerdings erst ab dem dritten Viertel des 5. Jhs. v. Chr. Wie bekannt, erscheint etwa ab 420 v. Chr. nach einer langen Laufzeit von Prägungen, die ausschließlich auf den Kult des Zeus (Zeus, Adler, Nike, Blitz) verweisen, ein weiblicher Kopf im Profil mit Diadem, auf dem zuweilen auch der Name HPA zu lesen ist[90]. Der Münztyp weist Ähnlichkeiten mit den Silbermünzen von Argos[91] auf. Die Namensbeischrift kann nicht zufällig sein, zumal nur in seltenen Fällen die auf den Prägungen dargestellten Gottheiten durch Beischrift unverwechselbar gekennzeichnet werden. Es ist demnach anzunehmen, dass man ganz bewusst auf den Kult der Hera hinweisen wollte, der möglicherweise erst jetzt in Erscheinung trat. Bezeichnenderweise deutete Seltman[92] diese Neuerung als Einsatz der Produktion einer neuen Prägestätte, die er Prägestätte der Hera nannte und in der er eine Konkurrenz zu der Prägestätte des Zeus sah, die weiterhin in Betrieb blieb.

Demzufolge wäre die Einführung des Herakultes später als bis jetzt angenommen[93], und zwar nach Ausweis der Münzen im Laufe des 5. Jhs. v. Chr. anzusetzen, vielleicht nach der Einweihung des libonischen Tempels. Sie wäre dann als ein Vorgang im Zuge der Institutionalisierung und Kanonisierung der offiziellen Kulte und Kultaktivitäten nach dem Synoikismos von Elis[94] zu verstehen, in die auch der Bau eines neuen Tempels für Zeus einbezogen war[95]. Man könnte sogar überlegen, ob zu diesen durch die Stadt Elis eingeführten Neuerungen nicht auch vielleicht die Heraia[96], die Wettläufe der jungen Mädchen zu Ehren der Hera gehört haben, deren Alter ohnehin umstritten ist[97]. Nur am Rande sei dabei hinzugefügt, dass die Einlassungen für die vermuteten Weihtafeln der Siegerinnen in den Säulen des Tempels, die bis jetzt als einziges konkretes Zeugnis für die Heraia angesehen wurden, neuerdings von F. Rumscheid[98] überzeugend als Einlassungen für die Stiftertafeln gedeutet werden.

Zu Pausanias' Zeiten war die Erinnerung an diese Entwicklungen längst geschwunden, oder besser gesagt von der elischen 'Lesart' der Geschichte des Heiligtums überlagert. Der Perieget, überzeugt vom hohen Alter des Herakultes in Olympia, überliefert uns die im Laufe der Zeit entstandenen Traditionen und Legenden. Zu diesen späteren Konstruktionen gehört das Weben des Peplos durch die 16 Frauen von Elis[99] – wohl eine Anlehnung an den Peplos der Parthenos – und der Aschenaltar für Zeus und Hera zusammen[100], den der Perieget auf den elischen Urkönig Klymenos[101] zurückführt. Dass der Tempel am Fuße des Kronoshügels seit alters und von Anfang an der Hera gehörte, stand zu seiner Zeit außer Zweifel.

Zusammenfassung

Halten wir dem gegenüber jedoch noch einmal die für uns erkennbaren Fakten fest: Aus den Votiven ist eine frühe Präsenz und damit ein eigener, bodenständiger Kult der Hera nicht hinlänglich sicher ablesbar. Auch möchte man eine bodenständige Kulttradition der Hera vor dem Hintergrund der bisher bekannten Kulttopographie von Elis und Triphylien für wenig wahrscheinlich halten. Nicht gesichert und eher fraglich ist ferner, dass der erste Monumentaltempel des Heiligtums tatsächlich ein Heratempel war. Denn selbst wenn man die verschiedentlich vorgetragene Theorie der Verschmelzung Heras mit den Fruchtbarkeitsgöttinnen der Vorzeit[102] zu akzeptieren bereit ist, bleibt es zumindest befremdlich, dass zu einer Zeit, in der der Kult des Zeus erwiesenermaßen übermächtig und fest etabliert war und das Heiligtum angefüllt mit Weihgaben für Zeus – dass also um 600 v. Chr. ein großer Tempel für eine weibliche Gottheit errichtet worden sein soll, deren Wesen und Wirken in den Schriftquellen und im archäologischen Material kaum greifbar ist. Konkret nachweisbar ist Hera erst im fortgeschrittenen 5. Jh. v. Chr. anhand der Münzprägung. Die offizielle Einführung ihres Kultes würde zu den Neuerungen passen, die von den Eleiern nach der Übernahme des Heiligtums eingeführt wurden.

Der mögliche spätere Zeitpunkt der Einführung des Herakultes würde auch für die von Pausanias beschriebene Gruppe von Zeus und Hera im Inneren des Tempels eine annehmbare Lösung bilden, etwa in dem Sinne, dass das Bild der thronenden Hera erst später neben einem vielleicht älteren Kultbild in Gestalt des stehenden, kriegerischen Zeus aufgestellt worden ist; eine Möglichkeit, die schon von Vacano erwogen hatte[103].

Gewiss ließ auch dieser Versuch einer Rekonstruktion der kultischen Gegebenheiten im frühen Heiligtum von Olympia mancherlei Fragen offen. Er möge jedoch einen Anstoß dafür gegeben haben, eine in der langen Erforschung Olympias feststehende Auffassung vielleicht erneut zu überdenken.

Anhang

Kleinfunde aus Babes

Im Folgenden werden Kleinfunde zusammengestellt, die bei den Grabungen von N. Yalouris am Tempel, seiner unmittelbaren Umgebung und in der Siedlung gefunden wurden (s. o. Anm. 60 und 61) insoweit sie anhand der Museumsinventare identifizierbar waren. Eingeschlossen werden auch Streufunde aus der Umgebung von Babes, die von Bauern dem Museum übergeben worden sind.

Die Inventarnummern sind die des Museums in Olympia. Λ steht für Λίθινα, Π für Πήλινα und BE für Βιβλίον Εισαγωγής.

1) Weihinschrift für Zeus Abb. 1
Inv. Λ 331. – FO: in der Cella des Tempels.
L 19 cm H 12 cm.
Unbearbeiteter harter Kalkstein. Nur ein kleiner Teil der Oberfläche erhalten. Inschrift fast vollständig: ΤΟΔΙΟΣ.
Spätarchaisch
Lit.: N. Yalouris, Praktika 1954, 290 (Umschrift).

2) Lampe Abb. 2
Inv. Λ 2084. – FO: Bau Γ, 22. 10. 56 (Grabungstagebuch).
L 9,6 cm; B 5,9 cm.
Weißer parischer Marmor. Längs gebrochen, etwas mehr als zur Hälfte erhalten.
Spätarchaisch / frühklassisch

3) Perirrhanterion
Inv. Π 140 – FO: Bau Γ
H 0,54 m; Dm des Beckens 0.69 m
Hellrotgelber Ton. Aus mehreren Fragmenten zusammengesetzt und z. T. ergänzt. Auf dem zylindrischen, sich nach unten verbreiternden Fuß sind zwei umlaufende, 5,5 cm hohe Relieffriese mit Reitern angebracht; darunter jeweils umlaufende eingestempelte Rosetten. Das Becken selbst weist keinen Dekor auf.
Ende 7. Jh. v. Chr.
Lit.: Ergon 1955, 86 Abb. 84; BCH 79, 1955, 253 Abb. 6; Ergon 1956, 85 Abb. 4; N. Yalouris, Praktika 1956, 189 Taf. 83 β, γ; A. Moustaka., Πρώϊμη κεραμική

Abb. 1 Weihinschrift für Zeus. Kat. Nr. 1

Abb. 3 Thronende weibliche
Statuette Kat. Nr. 4

Abb. 2 Lampe Kat. Nr. 2

από την Ηλεία, in: A. D. Rizakis (Hrsg.), Achaia und Elis in der Antike, Μελετήματα 13 (1991) 342–344 Abb. 1–2.

4) Thronende weibliche Statuette Abb. 3
Inv. Π 4140. – FO: aus den Wohnbauten
H 7,9 cm.
Braunrötlicher Ton. Aus mehreren Fragmenten zusammengesetzt. Oberkopf und linke Thronwange gebrochen. Die Figur ist aus einer abgenutzten Matrize gezogen. Auf der Brust ist ein frei hinzugefügtes Teil angebracht, das an den Schultern befestigt ist und unten halbrund abschließt. Der Form nach wohl kaum ein Peplosüberfall, sondern eher eine Ägis.
Spätarchaisch
Lit.: N. Yalouris, Ergon 1958, 155.

5) Vierbeiner Abb. 4
Inv. 805 (BE 821). – FO: Streufund, 1953
H 2,1 cm L 3,7 cm.
Bronze. Gegossen. Vollständig erhalten. Kurzbeinig, kaum Angabe des Schwanzes.
Vgl. A. Furtwängler, Olympia IV (1890) 31 Nr. 117 Taf. 10.
Spätgeometrisch (?)

6) Vogel auf quadratischer Standplatte Abb. 5 a. b
Inv. 813 (BE 732). – FO: Streufund, 1953
H: 6 cm; Basis: 2,8 x 2.9 cm.
Bronze. Gegossen. Es fehlt das Hinterteil, sonst gut erhalten. Leicht plastische Angabe des Auges. Basis auf einer Seite dreiecksförmig durchbrochen.
Vgl. A. Furtwängler, Olympia IV (1890) 36 Nr. 210 Taf. 13; W.-D. Heilmeyer, Frühe olympische Bronzefiguren. Die Tiervotive. OF XII (1979) 270 Nr. 936 Taf. 118.
Spätgeometrisch
Lit.: Ergon 1956, 88.

7) Hase Abb. 6
Inv. 438 (BE 1511). – FO: Streufund 1965.
L: 3,6 cm.
Bronze. Gegossen. Basis abgebrochen.
Vgl. A. Furtwängler, Olympia IV (1890) Nr. 208 Taf. 13.
Spätgeometrisch.
Lit.: G. Papathanasopoulos, ADelt 24, 1969, Chron 1, 148 Nr. 21 Taf. 147 β, 148; W. - D. Heilmeyer, Frühe

olympische Bronzefiguren. Die Tiervotive, OF XII (1979) 184 f. Anm. 227.

8) Hase Abb. 7
Inv. 823. – FO: Streufund, b. Makrysia 1956
L 1,8 cm.
Bronze. Gegossen. Waagerecht ausgestreckte Läufe, Hinterläufe teilweise gebrochen.
Spätgeometrisch (?).

9) Fuß eines Paarzehers Abb. 8
Inv. 824. – FO: Streufund, 1963
H 2,7 cm.
Bronze. Gegossen. Nur das untere Fußende mit den Hufen, wohl einer Ziege erhalten.
Spätgeometrisch (?)

10) Fragmente eines Schildes Abb. 9 a. b
Inv. 1397. – FO: Wohnbauten, 1957
L 13,2 cm; B: 5,7 – 6,1 cm (größtes Frgt.).
Bronze. Erhalten sind 6 Fragmente eines Schildarmbügels mit Flechtband an den Rändern. Erhalten ist auch ein kleines Fragment der Volute, wohl vom unteren Abschluss des Bügels, wie auch ein kleiner Teil des Schildrandes mit doppeltem Flechtband.
Vgl. P.C. Bol, Der argivische Schild. OF XVII (1989)106, A 22 Taf. 4.
1. Hälfte 6. Jh. v. Chr.
Lit.: Ergon 1958, 155.

11) Gewicht Abb. 10
Inv. 787 (BE 865). – FO: 800 m östlich des Tempels, 1954
4,6 x 4,5 cm.
Bronze. Pyramidal. Auf der Oberseite: ΔΙΟΣ ΚΑΛ
Vgl. zur Inschrift und Datierung: K. Hitzl, Die Bronzegewichte griechischer Zeit aus Olympia. OF 25 (1996) 81 f. Anders datiert P. Siewert, AM 111, 1996, 143 (4. Jh. v.Chr.).

12) Armreif Abb. 11 a. b
Inv. 474 (BE 822). – FO: Streufund, 1953.
Dm 6,4 cm.
Bronze. Die flachen, ovalen Enden (Schlangenköpfe?) sind mit Punkten verziert. Auf der Außenseite des Reifens unregelmäßig verteilte Querstriche und Punkte.

Abb. 4 Vierbeiner. Kat. Nr. 5

Abb. 5 a. b Vogel auf quadratischer Standplatte Kat. Nr.. 6

Abb. 6 Hase Kat. Nr. 7

Abb. 7 Hase Kat. Nr. 8

Abb. 8 Fuß eines Paarzehers Kat. Nr. 9

Abb. 9 a. b Fragmente eines Schildes Kat. Nr. 10

Abb. 10 Gewicht Kat. Nr. 11

Abb. 11 a. b Armreif Kat. Nr. 12

Vgl. H. Philipp, Bronzeschmuck aus Olympia, OF XIII (1981)
Nr. 855 Taf. 53.
Archaisch - frühklassisch

13) Gewandnadel Abb. 12
Inv. 2. – FO: Streufund, 1956.
L 5,5 cm
Bronze. Gegossen. Abschlussplatte gebrochen. Zwei geriefelte Perlen.
Spitze gebrochen.
Vgl. A. Furtwängler, Olympia IV (1890) 67 Nr. 487 Taf. 25; H. Philipp, Bronzeschmuck aus Olympia, OF XIII (1981) 60 Nr. 116 Taf. 30; I. Kilian-Dirlmeier, Nadeln der frühelladischen bis archaischen Zeit von der Peloponnes, PBF XIII, 8 (1984) 247 Nr. 4325 Taf. 102.
Archaisch.

Abb. 12 Gewandnadel Kat. Nr. 13

14) Ringfuß eines Gefäßes Abb. 13
Inv. 778. – FO: Wohnbauten, 1959.
Dm 12 cm
Bronze. Gegossen. Geriefelt bzw. Blattkranz.
Vgl. H. Payne, Perachora. The Sanctuaries of Hera Akraia and Limenia Bd. I (1940) 160, Taf. 64, 3. Zur Typologie s. W. Gauer, Die Bronzegefäße von Olympia I. OF XX (1991) 93 ff.
Archaisch

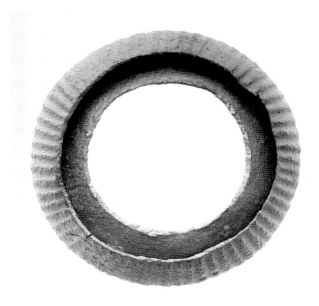

Abb. 13 Ringfuß eines Gefäßes Kat. Nr. 14

* Der vorliegende Beitrag basiert zum Teil auf Überlegungen, die an anderer Stelle näher ausgeführt wurden und hier nur auszugsweise wiederholt werden können, s. A. Moustaka, On the Cult of Hera at Olympia, in: R. Hägg (Hrsg.), Peloponnesian Sanctuaries and Cults, 9th International Symposium at the Swedish Institute at Athens, 11–13 June 1994 (im Druck); auch 1996 an der Universität Würzburg und 1997 in Paris an der Universität Sorbonne I als Vortrag gehalten. Für anregende Gespräche und andere Hilfe habe ich K. Herrmann und U. Sinn zu danken. U. Naumann danke ich für die Durchsicht des Textes sowie für wertvolle Hinweise.

[1] Zu Zeus allgemein s. A. B. Cook, Zeus. A Study in Ancient Religion I–III (1914–1940); E. Simon, Die Götter der Griechen⁴ (1998)16–31; RE X A (1972) 253–376 s. v. Zeus (H. Schwabl); W. Burkert, Griechische Religion der archaischen und klassischen Epoche (1977) 200–207; RE Suppl. XV (1978) 993–1481 s. v. Zeus (H. Schwabl, E. Simon). Zu Zeus in Olympia s. L. Weniger, Klio 4, 1904, 125–151; ders., Klio 5, 1905, 1–38. 184–218; E. Kunze, AuA 2, 1946, 95–113.

[2] Über den Zeuskult und das Orakel des Zeus Olympios zuletzt U. Sinn, Nikephoros 4, 1991, 31–54; ders., Die Entwicklung des Zeuskultes von Olympia bei Strabo (VIII 3, 30p 353 f.) in: Strabone e la Grecia (1994) 147–166.

[3] Schon E. Curtius, Olympia I (1897) 17 ff. nannte die Hera von Olympia eine achäische Göttin, die mit der argivischen Hera zu vergleichen sei, also mykenischen Ursprungs wäre. Zu Hera allgemein s. RE VIII 1 (1912) 370–403 s. v. Hera (Eitrem); Roscher, ML I 2 (1886–1890) 2075–2134 (W. H. Roscher); L. Weniger, Klio 5, 1905, 22 ff.; W. Pötscher, RhM 104, 1961, 302–355; ders., Hera. Eine Strukturanalyse im Vergleich mit Athena (1987) mit neuerer Lit; W. Burkert, Griechische Religion der archaischen und klassischen Epoche (1977) 200–207; E. Simon, Die Götter der Griechen⁴ (1998) 35–65; vgl. auch J. de La Genière (Hrsg.), Héra. Images, espaces, cultes, Actes du Colloque international du Centre de Recherches Archéologiques de l' Université de Lille III et de l' Association P. R. A. C., Lille, 29–30 novembre 1993 (1997), im folgenden abgekürzt: Colloque Lille.

[4] H.-V. Herrmann, Olympia. Heiligtum und Wettkampfstätte (1972) 69.

[5] Ebenda 231 Anm 244.

[6] Paus. V 16, 1.

[7] Vgl. A. Mallwitz, Olympia und seine Bauten (1972) 19.

[8] Auch C. Morgan, Athletes and Oracles (1990) 42 weist auf die enttäuschend geringe Evidenz für den Herakult in vorarchaischer Zeit hin.

[9] Zur diesbezüglichen Problematik vgl. z. B. Ph. Brize, Archaische Bronzevotive aus dem Heraion von Samos in: Anathema, ScAnt 3/4, 1989/90, 317–326 bes. 326.

[10] Eine Gesamtpublikation liegt weiterhin nur für die Inschriften der alten Grabung vor: W. Dittenberger – K. Purgold, Olympia V (1896).

[11] Zu den Bronze- und Tonstatuetten der geometrischen Zeit s. W.-D. Heilmeyer, Frühe olympische Tonfiguren. OF VII (1972); ders., Frühe olympische Bronzefiguren. Die Tiervotive. OF XII (1979); ders., Frühe olympische Bronzefiguren. Die Wagenvotive. Olympiabericht IX (1994) 172–208 Taf. 61–74.

[12] Zu dieser Abraumschicht vgl. A. Furtwängler, Olympia IV (1890) 2 f.; A. Mallwitz, Olympia und seine Bauten (1972) 85; U. Sinn, AM 96, 1981, 41.

[13] Vgl. z. B. den Beitrag von H. Kyrieleis im vorliegenden Band.

[14] E. Kunze, AuA 2, 1946, 100; Mallwitz a. O. 20–24.

[15] Zu den wenigen bei W.-D. Heilmeyer, OF VII (1972) 77 f. Taf. 35 erwähnten weiblichen Terrakotten sind nach Auskunft von H. Kyrieleis durch die neueren Grabungen am Pelopion nur vereinzelte Stücke hinzugekommen. Einen vorläufiger Bericht gibt H. Kyrieleis in: W. Coulson – H. Kyrieleis (Hrsg.), Proceedings of an International Symposium on the Olympic Games, 5–9 September 1988 (1992) 19–24. Zu den weiblichen Bronzestatuetten s. die Liste bei W.-D. Heilmeyer, Olympiabericht IX (1994) 206 f.; anzufügen ist die Statuette Ol. 8118, K. A. Neugebauer, Kat. Berlin, Bronzen I (1931) 21 f. Nr. 31 Taf. 5. Zum Typus und zur zeitlichen Einordnung dieser Statuette vgl. U. Naumann, Subminoische und protogeometrische Bronzeplastik auf Kreta, 6. Beih. AM (1976) 58 f. Taf. 23.

[16] So u. a. W.-D. Heilmeyer, OF VII (1972) 77 f. – Anders U. Sinn, AM 96, 1981, 42. Zu den weiblichen Figuren aus Olympia s. a. B. Alroth, Greek Gods and Figurines. Aspects of the Anthropomorphic Dedication (1989) 35 f.

[17] Hera ist in der Koroplastik zumeist mit reichen Gewändern bekleidet, vgl. etwa die Zusammenstellung von Heratypen LIMC IV 2 (1988) Taf. 406 f. (A. Kossatz-Deißmann), in der die Figur Nr. 41 aus Olympia deutlich aus dem Rahmen fällt.

[18] Zum Verhältnis Heras zu diesen Fruchtbarkeitsgöttinnen s. H.-V. Herrmann, AM 77, 1962, 12–14. Zu Hera und Gaia s. ferner R. Renehan, RhM 117, 1974, 193–201.

[19] W.-D. Heilmeyer, Olympiabericht IX (1994) 207. Allerdings ist nicht immer eindeutig zu erkennen, dass es sich um weibliche Figuren handelt.

[20] B. Schweitzer, Die geometrische Kunst Griechenlands (1969) 164 Abb. 193; 338 Anm. 131.

[21] Ebenda 338 verweist Schweitzer auf den Kordax, einen lasziven Tanz, der im elischen Heiligtum der Artemis Kordaka von Frauen getanzt wurde.

[22] B 5401, Heilmeyer a. O. 207.

[23] Zu den Waffenweihungen allgemein s. A. Mallwitz, Olympia und seine Bauten (1972) 24 ff. Es ist offensichtlich, dass sie in Olympia Zeus in seiner in der Frühzeit ausgesprochen kriegerischen Erscheinungsform gelten. In einem Fall weicht jedoch die Weihinschrift von dieser Regel ab, und hier handelt es sich um Herakles, dem die Weihung gilt, s. den Schild B 5233: E. Kunze, Olympiabericht VIII (1967) 90 Abb. 30.

[24] Zu den Dreifußkesseln der geometrischen und orientalisierenden Zeit in Delphi, Olympia und Kalapodi s. Cl. Rolley, Les trépieds à cuve clouée, FdD V 3 (1977); H.-V. Herrmann, Die Kessel der orientalisierenden Zeit, OF XI (1979); M. Maass, Die geometrischen Dreifüße von Olympia. OF X (1978); ders. in: Delphes. Centénaire de la grande fouille réalisée par l' École française d' Athènes 1892–1903, Actes du Colloque Paul Perdrizet, Strasbourg 6–9 nov. 1991 (1992) 85–93; R. Felsch, Kalapodi und Delphi – Zur Frühzeit des Apollonkultes in Mittelgriechenland in: Veröff. Joachim Jungius-Ges. Wiss. Hamburg 8, 1998, 219–236 bes. 223 betont, dass Dreifußkessel vor allem Zeus geweiht wurden. – Vgl. a. P. Siewert, AM 106, 1991, 81–84.

[25] Die Möglichkeit indirekter Bezüge soll damit nicht ausgeschlossen werden – vgl. etwa die von E. Simon, Die Götter der Griechen[4] (1998) 41 postulierte Verbindung der Greifen mit dem Kult der Hera – lässt sich jedoch aus den oben zu Anm. 9 angeführten Gründen nur schwer erweisen; vgl. auch unten zu Anm. 31–34.

[26] Außer der grundlegenden Publikation der alten Grabung durch Ch. Waldstein, The Argive Heraeum I. II (1902.1905) s. die ausführliche Übersicht über die neueren Forschungsergebnisse von M.-F. Billot, Recherches archéologiques à l'Héraion d'Argos in: Colloque Lille, 11–56.

[27] Außer H. Payne, Perachora I. II (1940.1962) s. zum Kult und Heiligtum der Hera in Perachora U. Sinn, AM 105, 1990, 53–116; Bl. Menadier, The Sixth Century B.C. Temple and the Sanctuary and Cult of Hera Akraia, Perachora (Diss. University of Cincinnati, 1995) bes. 125 ff.

[28] G. Kipp, Zum Hera-Kult auf Samos. Kritische und vergleichende Studien zur alten Geschichte (1974); Ph. Brize, Offrandes de l'époque géométrique et archaïque à l'Héraion de Samos in: Colloque Lille, 124–139; A. E. Furtwängler, L'Héraion de Samos: quelques aspects de l'évolution du sanctuaire du Ve siècle à l'époque hellénistique. Essai de l'interpretation in: Colloque Lille, 141–149.

[29] Hierzu allgemein s. Th. Schattner, Griechische Hausmodelle (1990).

[30] Die mit Olympia verbundene mythische Hochzeit ist bekanntlich die von Pelops und Hippodameia.

[31] H. Philipp, Bronzeschmuck. OF XIII (1981).

[32] Ebenda 21.

[33] H. Weber, Eisengerät, in: E. Kunze – H. Schleif (Hrsg.), OF I (1944) 167.

[34] Hierzu ausführlich A. E. Furtwängler, Zur Deutung der Obeloi im Lichte samischer Neufunde in: Tainia. R. Hampe zum 70. Geburtstag (1980) 81–98 Taf. 18.

[35] Zu den neueren Ergebnissen in Foce del Sele, Kroton, Paestum und Elea vgl. die diesbezüglichen Beiträge von M. Cipriani, M. Dewailly, R. Donnarumma, G. Greco, J. de La Genière, R. Spadea und G. Tocco Sciarelli in: Colloque Lille.

[36] R. Spadea, Santuari di Hera a Crotone in: Colloque Lille, 235–259.

[37] H. Kyrieleis, AM 95, 1980, 89–93 Taf. 18–20.

[38] Auch U. Sinn, AM 96, 1981, 42 wies darauf hin, dass man Olympia in seinem Verhältnis zur umgebenden Landschaft betrachten müsse, um seine Frühzeit besser zu verstehen. Zu diesem Thema s. a. A. Moustaka., Πρώιμη κεραμική από την Ηλεία, in: A. D. Rizakis (Hrsg.), Achaia und Elis in der Antike, Μελετήματα 13 (1991) 341.

[39] RE V (1905) 2368–2433 s. v. Elis (Philippson); G. Papandreou, Η Ηλεία διά μέσον των αιώνων (1924, Nachdruck 1990). Zu den elischen Städten s. neuerdings J. Roy, Les cités d'Élide in: J. Renard (Hrsg.), Le Péloponnèse. Archéologie et histoire, Actes de la rencontre internationale de Lorient, 12–15 mai 1998 (1999) 151–176.

[40] RE VII A1(1939) 186–201 s. v. Triphylia (F. Bölte); P. Siewert, Triphylien und Akroreia. Spartanische Regionalstaaten in der westlichen Peloponnes in: Πρακτικά του Γ΄ Διεθνούς Σψνεδρίου Πιλοποννησιακών Σπουδών 1985 (1987/88) 7 ff.; ders., Tyche 2, 1987, 275–277 Taf. 17; Th. H. Nielsen, Triphylia. An Experiment in Ethnic Construction and Political Organization in: Th. H. Nielsen (Hrsg.), Yet More Studies in the Ancient Greek Polis, Historia Einzelschriften 117 (1997) 129–162 meint, dass Triphylien, das er als eine Verlängerung Arkadiens ansieht, als ethnischer Staat erst im 4. Jh. v. Chr. gebildet wurde und im 5. Jh. v. Chr. noch nicht als Einheit bestand. Dagegen hält Siewert a. O. Triphylien für einen spartanischen Regionalstaat.

[41] Zur Topographie der Landschaft um Olympia s. E. Meyer, Neue peloponnesische Wanderungen (1957); W. K. Pritchett, Studies in Ancient Greek Topography VI, University of California Publications. Classical Studies 33, 1989, 46–78 Taf. 120–155. Zum Verhältnis von Elis zu Triphylien und der Pisatis hinsichtlich der Dialektunterschiede s. E. Kiechle, RhM 103, 1960, 336–366.

[42] I. Trianti, AM 99, 1984, 113 ff. bes. 119.

[43] Zu Arkadien s. neuerdings die Akten des Kongresses Th. H. Nielsen – J. Roy (Hrsg.), Defining Ancient Arcadia, Acts of the Copenhagen Polis Centre 6 (1999).

[44] M. Jost, Sanctuaires et cultes d'Arcadie (1985) 357. Unsicher ist, ob Hera in der arkadischen Stadt Heraia, die in unmittelbarer Nähe der Pisatis lag, einen Kult hatte. Der auf den archaischen Münzen der Stadt dargestellte Kopf einer verschleierten Göttin verweist eher auf Demeter, vgl. Jost a. O. 72. Auch in Lakonien war nach S. Wide, Lakonische Kulte (1893) 24–30 der Herakult nicht so bedeutend. Insofern bleibt die Argolis als einziges wichtiges Zentrum für den Herakult auf dem Peloponnes. Parallelen in der Entstehung des argivischen Heraions und des olympischen Heiligtums meinte P. Siewert, AA 1993, 599–600 feststellen zu können.

[45] Zu den Grabungen am Tempel der Athena in Mazi, die von E. Kastorchis, N. Yalouris und I. Trianti durchgeführt wurden, s. I. Trianti, Ο γλυπτός διάκοσμος του ναού στο Μάζι της Ηλείας (Diss. Thessaloniki 1985) 17–20. Zur Architektur des Tempels s. A. Nakassis, Η αρχιτεκτονική του ναού της Αθηνάς Μακίστου (Diss. Athen 1997).

[46] Th. Karagiorga, ADelt 26, 1971, Chron 1, 146; N. Yalouris, AAA 4, 1971, 245–251; X. Arapojanni, Horos 13, 1999, 167–172.

[47] Paus. VI 21,6; G. Dimitrakopoulos, Ολυμπιακά Χρονικά 1, 1970, 131–132. Zur topographischen Frage s. a. I. Trianti a. O. 26 f.

[48] Ergon 1996, 43 ff.; X. Arapojanni, Praktika 1996, 129 ff.; 1997, 115 ff.; dies., Ergon 1997, 43.

[49] H. Knell, AAA 12, 1979, 53–59; ders., AM 98, 1983, 113–147 Taf. 23–36 Beil. 1. 2; Pritchett a. O. 58–62.

[50] K. Müller, AM 33, 1908, 323–326; U. Sinn, AM 93, 1978, 45–82 Taf. 21–26 (elische Lekythen); ders., AM 96, 1981, 25–71 Taf. 7–16 Beil. 4 (Kult, Tempel); H. Gregarek, AM 113, 1998, 75–102 Taf. 11–16 (Terrakotten).

[51] Paus. V 6,5; Xen. 5, 3, 4–13; E. Meyer, Neue peloponnesische Wanderungen (1957) 63 ff.

[52] Paus. VI 22, 1. Zu diesem Heiligtum s. a. B. Schweitzer, Die geometrische Kunst Griechenlands (1969) 338.

[53] Paus. VI 22, 9; s. a. E. Curtius – F. Adler, Olympia I (1892. 1897) 6.

[54] Strabo 8, 3, 12.

[55] Paus. V 5,3; Strabo 8, 3, 13; RE I A 2 (1920) 2218–2220 s. v. Samikon (v. Geisau); Pritchett a. O. (s. o. Anm. 41) 62–64.

⁵⁶ Paus. VI 21, 5.

⁵⁷ Ebenda.

⁵⁸ Strabo 8, 3, 14; LIMC IV 1 (1988) 388 s. v. Hades in Elis (N. Yalouris).

⁵⁹ Meyer a. O. 46 f. 65 f. 69 f. Der Ort Babes ist auch durch den Schatzfund von 25 archaischen äginetischen Stateren bekannt, vgl. dazu S. Grunauer von Hoerschelmann, Chiron 5, 1975, 13–20.

⁶⁰ N. Yalouris, Praktika 1954, 290–298; ders., Praktika 1955, 243–244; ders., Praktika 1956, 187–192; ders., Praktika 1958, 194–198; ders., Ergon 1958, 154; ders., AJA 73, 1969, 130; ders., ADelt 24, 1969, Chron 148; Pritchett a. O. (Anm. 41) 74 Taf. 151–154. Dem Ausgräber habe ich für die Erlaubnis, die Kleinfunde von Babes zu bearbeiten, herzlich zu danken. Ebenfalls bin ich der 7. Ephorie von Olympia für vielfältige Unterstützung zu Dank verpflichtet, namentlich der Leiterin X. Arapojanni und den Epimeliten G. Chatzi, O. Vikatou sowie R. Leventouri.

⁶¹ F. Lang, AM 107, 1992, 43–105 Taf. 16–20.

⁶² Meyer a. O. (Anm. 51).

⁶³ Zur regionalen Beschränktheit des Heiligtums s. C. Morgan, Athletes and Oracles (1990) 49; P. Siewert, AM 106, 1991, 83; U. Sinn, Olympia. Kult, Sport und Fest in der Antike (1996) 14–21.

⁶⁴ P. Siewert bereitet die Publikation der Bronzeurkunden vor, s. den Beitrag im vorliegenden Band 359 ff.

⁶⁵ Eine nützliche Zusammenstellung der Quellen zu der angenommenen Amphiktyonie gibt J. Taita, Un anfizionia ad Olimpia? Un bilancio sulla questione nell' interpretazione storiografica moderna, in: Storiografia ed erudizione, Quaderni di Acme 39, 1999, 149–186.

⁶⁶ U. Kahrstedt, Zur Geschichte von Elis und Olympia, NachrAkGött 1927, 160–162. 166 f.

⁶⁷ s. o. Anm. 2.

⁶⁸ Zur Entwicklung der überregionalen Kultfeste s. Chr. Ulf, Überlegungen zur Funktion überregionaler Feste im archaischen Griechenland, in: W. Eder – K.-J. Hölleskamp (Hrsg.), Volk und Verfassung im vorhellenistischen Griechenland. Beiträge auf dem Symposium zu Ehren von Karl-Wilhelm Welwei in Bochum, 1. – 2. März 1996 (1997) 37–61.

⁶⁹ Über das Verhältnis zwischen den Eleiern und ihren Periöken s. Ch. Kardara, Επετηρίς των Ηλειακών Μελετών 3, 1984, 172–178; J. Roy, The perioikoi of Elis in: M. H. Hansen (Hrsg.), The Polis as an Urban Centre and as a Political Community, Acts of the Copenhagen Polis Centre 4 (1997) 282–320.

⁷⁰ Es ist vielleicht nicht als Zufall anzusehen, dass im Rahmen des Colloque Lille kein Vortrag über Hera in Olympia vorgesehen wurde.

⁷¹ W. Dörpfeld, Alt-Olympia I (1935) 212–213; O. W. v. Vacano, Das Problem des alten Zeustempels von Olympia (Diss. Köln 1937).

⁷² Ablehnend E. Kunze, AuA 2, 1946, 101 Anm. 11.

⁷³ Eine andere Interpretation für die zeitlich weit auseinanderliegenden Säulen des Tempels schlägt U. Sinn, Die Stellung des Hera-Tempels im Kultbetrieb von Olympia in: M. Bietak (Hrsg.), Archaische griechische Tempel und Altägypten (2001) 63 f. vor.

⁷⁴ Zu den von Dörpfeld a. O. 140 f. mit Abb. 29. 30 in den Fundamenten des Tempels festgestellten Falzplatten, die von A. Mallwitz, JdI 81, 1966, bes. 340 ff.; ders, Olympia und seine Bauten (1972) 138 als Sohle eines Beckens gedeutet wurden, s. den Interpretationsvorschlag als Überrest einer gepflasterten 'Kultwiese': A. Moustaka, On the Cult of Hera at Olympia in: R. Hägg (Hrsg.), Peloponnesian Sanctuaries and Cults, 9th International Symposium at the Swedish Institute at Athens, 11–13 June 1994 (im Druck).

⁷⁵ Zur Funktion des Heraions in Olympia s. K. Arafat, BSA 90, 1995, 461–473. Hier wird zu Recht darauf hingewiesen, dass man durch den Bericht des Pausanias allein keine Sicherheit darüber haben kann, wie der Tempel in der Frühzeit zu deuten ist, sondern nur darüber, als was er zu Pausanias' Zeiten selbst fungierte.

⁷⁶ J. Rambach, dem ich für Auskünfte zu danken habe, ist im Rahmen der Bearbeitung der neuen Grabungsbefunde am Pelopion und den Apsidenhäusern zu dem Ergebnis gekommen, dass die von W. Dörpfeld, Olympia II (1892) 162 Nr. 2, als Bau VII bezeichnenden Fundamentreste nicht prähistorisch, sondern früheisenzeitlich zu datieren sind und erwägt die Möglichkeit, dass es sich wegen der Größe des Baus um einen Tempel handeln könne (Publikation in Vorbereitung für den AA). Sollte sich diese Annahme als stichhaltig erweisen, so wäre dieser Bau als der früheste Tempel Olympias anzusehen. Unser Bild von der Frühzeit des Heiligtums müsste dann neu überdacht werden.

⁷⁷ Zum Heraion von Argos s. o. Anm. 26 — ein ähnlicher Fall von Tempelverlegung liegt möglicherweise bei den Apollontempeln von Delos vor, s. N. M. Kontoleon, Οδηγός της Δήλου (1950) 35 ff.; Ph. Bruneau – J. Ducat, Guide de Délos (1983) 127 ff.

⁷⁸ Die Gleichzeitigkeit von Tempel und Altar ergibt sich aus der Feststellung, dass auch im Altar Reste der oben Anm. 74 erwähnten Falzplatten verbaut sind.

⁷⁹ Vgl. M. Korres, Die Athena-Tempel auf der Akropolis, in: W. Hoepfner (Hrsg.), Kult und Kultbauten auf der Akropolis (1997) 218–241, bes. 235 f.

⁸⁰ Zu den von der älteren Forschung erwogenen Möglichkeiten der Kultbildaufstellung vgl. H. Riemann, JdI 61/62, 1946/47, 51 f. Klärend A. Mallwitz, JdI 81, 1966, 310 ff. passim. Zur Rekonstruktion des Kultbildes zuletzt auch noch einmal, allerdings über die gängige Meinung nicht hinausgehend, C. M. Stibbe, Das andere Sparta (1996) 123–127.

⁸¹ Vgl. I. B. Romano, Early Greek Cult Images (Diss. Pennsylvania 1980) 137–153.

⁸² E. Kunze-Götte, Lakonische und lakonisierende Keramik, in: E. Kunze-Götte – A. Heiden – J. Burow, Archaische Keramik aus Olympia. OF XXVIII (2000) 63 ff. 73 f. Nr. 36. 37 Taf. 17–21.

⁸³ Die kleine Bronzegruppe eines Mannes und einer Frau im Museum of Fine Arts in Boston, M. Comstock – C. Vermeule, Greek, Etruscan and Roman Bronzes in the Museum of Fine Arts, Boston (1971) 4 f. Nr. 2, die von N. Himmelmann-Wildschütz, Bemerkungen zur geometrischen Plastik (1964) 18 Anm. 38 und E. Kunze, Olympiabericht VIII (1967) 224 Anm. 24 mit guten Gründen für nichtgriechisch erklärt worden ist, wird gelegentlich auch heute noch als Zeus und Hera gedeutet, so etwa zuletzt, wenn auch mit Fragezeichen, von J. Vokotopoulou, Αργυρά και χάλκινα έργα τέχνης στην αρχαιότητα (1997) 46 Abb. 1; 215. Ausschlaggebend für diese

84 Deutung ist offenbar die angebliche Herkunft des Stückes aus Olympia, die jedoch keineswegs gesichert ist und unter stilistischem Aspekt auch kaum glaubwürdig erscheint.

84 Dazu s. M. Pipili, Laconian Iconography (1984) 201; Kunze-Götte a. O. 69.

85 Der von E. M. Stern, MededRom 12, 1980, 43 ff. vermutete Doppelkult für Zeus und Hera im alten Heraion von Paestum ist jüngst von D. Mertens, Der alte Heratempel in Paestum und die archaische Baukunst in Unteritalien (1993) 91 f. mit guten Argumenten zurückgewiesen worden.

86 E. Simon, Die Götter der Griechen[4] (1998) 35.

87 Paus. IX 39, 4; A. Schachter, Cults of Boiotia I (1981) 240 f.; LIMC IV 1 (1988) 663 s. v. Hera Nr. 18 (A. Kossatz-Deißmann).

88 Aus der Peloponnes ist mir nur ein gemeinsamer Altar der beiden Gottheiten auf dem Arachnaion in der Argolis bekannt, s. D. Rupp, JFieldA 3, 1976, 261–268; M. K. Langdon, Hesperia Suppl. 16 (1976) 107 f.; R. Hägg, Geometric Sanctuaries in the Argolid, in: M. Piérard (Hrsg.), Polydipsion Argos, BCH Suppl. 22 (1992) 19. Dagegen konnte Hera mit anderen Gottheiten in Tempelgemeinschaft verehrt werden, so etwa mit Apollon im unteritalischen Cumae, vgl. N. Valenza Mele, MEFRA 89, 1977, 504; ders., RIA 14/15, 1991/92, 5–71. Den Hinweis verdanke ich J. Szilagyi.

89 Zum Deutungsvorschlag als Sphinxkopf s. O.-W. v. Vacano, Das Problem des Zeustempels in Olympia (Diss. Köln 1937) 8–20; A. Mallwitz, Olympia und seine Bauten (1972) 146 ff.; U. Sinn, AM 99, 1984, 77–87 Taf. 16; dagegen Simon a. O. 48 mit Anm. 49. Vgl. auch C. M. Stibbe, Das andere Sparta (1996) 111–114.

90 Ch. Seltman, The Temple Coins of Olympia (1921, Nachdruck 1975) 75–105 Taf. 9–12; J. Jongkees, JdI 54, 1939, 219–229, bes. 222 datiert sie sogar nach 420 v. Chr.

91 BMC Peloponnesus Taf. 27, 9–13.

92 Seltman a. O. 83.

93 E. Kunze, AuA 2, 1946, 97 erkannte die Schwierigkeit einer genaueren zeitlichen Festlegung der Einführung des Herakultes und sprach sich gegenüber der älteren Forschung für einen späteren Ansatz im 8. oder 7. Jh. v. Chr. aus.

94 Zur Stadt Elis s. neuerdings N. Yalouris, Ancient Elis. Cradle of the Olympic Games (1996).

95 Zu den auffallendsten Änderungen im Kultgeschehen dieser Zeit gehört z. B. auch das Aufhören der Waffenweihungen, vgl. H.-V. Herrmann, Olympia. Heiligtum und Wettkampfstätte (1972) 112 mit Anm. 431.

96 Zu den Festspielen zu Ehren der Hera s. zuletzt Th. F. Scanlon, Ancient World 9, 1984, 77–90; N. Serwint, AJA 97, 1993, 403–422.

97 Vgl. A. Mallwitz, Olympia und seine Bauten (1972) 92 mit Anm. 66.

98 F. Rumscheid, JdI 114, 1999, 40–42.

99 Paus. V 16, 2.

100 Als weiteren Altar für Hera erwähnt Pausanias V 15, 5 den der Hera Hippia. Überliefert ist ferner ein Altar der Hera und Athena, Schol. Pind. Ol. V 10. Einen Kult für Hera Hoplosmia erwähnt Tzetzes, Lycophr. 858.

101 Paus. V 14, 8. Einen Altar, der älter als das Heraion ist, meinten die Ausgräber W. Dörpfeld und R. Borrmann, Olympia II (1892) 162 Nr. 2 anhand der Reste eines Fundamentes aus Feldsteinen und Flussgeschieben gefunden zu haben. Später aber zählte W. Dörpfeld, Alt-Olympia I (1935) 92–93 diese Baureste zu den prähistorischen Apsidenhäusern und bezeichnete sie als »Bau VII«. Zu der neuesten Interpretation dieser Baureste s. o. Anm. 76.

102 s. o. Anm. 18

103 O.-W. v. Vacano, Das Problem des Zeustempels in Olympia (Diss. Köln 1937) 38. Als weitere Möglichkeit erwägt er, dass beide Bilder erst nachträglich aus ursprünglich anderer Verwendung in das Heraion gebracht worden seien.

Abbildungsnachweis

Alle Abbildungen nach Negativen des DAI Athen:

Abb. 1: Nr. 89/317
Abb. 2: Nr. 89/351
Abb. 3: Nr. 89/349
Abb. 4: Nr. 89/372
Abb. 5: Nr. 89/362. 89/363
Abb. 6: Nr. 89/371
Abb. 7: Nr. 89/373
Abb. 8: Nr. 89/361
Abb. 9: Nr. 89/298. 89/299
Abb. 10: Nr. 89/369
Abb. 11: Nr. 89/376. 89/377
Abb. 12: Nr. 89/370
Abb. 13: Nr. 89/366.

Xeni Arapojanni

Neue archäologische Entdeckungen in der weiteren Umgebung von Olympia

Während der letzten 'Olympiade' (1996 – 2000) gelang der Verfasserin die Freilegung zweier Tempel, die der Göttin Athena geweiht waren: der eine in Phigalia, der andere in Prasidaki[1]. Diese Göttin scheint bei den Einwohnern unserer Gegend besonders verehrungswürdig und beliebt gewesen zu sein. Schließlich waren zwei weitere, die schon länger bekannten Tempel von Skilloundia und Alipheira, derselben Gottheit geweiht.

Ausgrabungen in Phigalia

Phigalia ist ein schwer zugänglicher Ort im Gebirge ohne größere ebene Flächen. Er liegt am Hang eines engen Tales, ringsum abgeschirmt von hohen Bergen, die im Altertum einen natürlichen Schutzwall bildeten. Heutzutage erstreckt sich über den Ruinen der ausgedehnten antiken Stadt das Dörfchen Pavlitsa.

Im Süden des Gebietes der Phigaleer fließt der Fluss Neda, der im Altertum wohl schiffbar war. Dies legen zumindest die Spuren von Schiffs- bzw. Bootsanlegestellen am Nordufer dieses Flusses nahe. Die Gegend um Phigalia befindet sich im Grenzland zwischen Arkadien, Triphylien und Messenien. Geographisch scheint sie, von Arkadien durch höhere Berge getrennt, eher zu Triphylien zu gehören. Historisch gesehen ist sie jedoch arkadisch. Heute ist sie geographisch und verwaltungsmäßig Bestandteil der Provinz Olympia des Nomos Elis.

Das antike Phigalia war eine der bedeutendsten arkadischen Städte, zu deren Staatsgebiet unter anderem auch der Tempel des Apollon Epikourios von Bassai gehörte. Umfasst wurde sie von einer ca. 4,5 km langen Stadtmauer, die z. T. heute noch sehr hoch, mit erkennbaren rechteckigen Türmen, erhalten ist (Abb. 1).

Pausanias (VIII, 39 – 41) führt für Phigalia ein Heiligtum der Eurynome, der Artemis Soteira und des Dionysos Akratophoros an. Im Hinblick auf die bildlichen Wiedergaben von Gottheiten auf Münzen der Stadt Phigalia ist jedoch davon auszugehen, dass es dort noch weitere Heiligtümer gegeben haben muss, die Pausanias entweder nicht sah oder die bei seinem Besuch bereits zerstört und aufgegeben waren.

Abb. 1   Phigalia. Ansicht der antiken Stadtmauer

Die Ausgrabungstätigkeit in Phigalia setzte eigentlich bereits 1994 ein, als in einer kurzfristigen Rettungsgrabung ein Perirrhanterion aus Marmor der mittleren dädalischen Zeit geborgen werden konnte, das die *Potnia Theron* zwischen zwei gelagerten Löwen zeigt[2].

Im Jahre 1995 begann die systematische Erforschung des flachen Hügels von 'Kourdoubouli', der sich am südwestlichen Rand der Agora der antiken Stadt erhebt.

Die an dieser Stelle sichtbaren Überreste wiesen auf einen rechteckigen Bau hin, der quer von einer breiten modernen Trockenmauer aus Feldsteinen geschnitten wurde. Von den Einwohnern des Ortes wurde diese Ruine mit großer Bestimmtheit auf das Massengrab (*Polyandrion*) der Oresthasioi zurückgeführt, die alle im Jahre 659 v. Chr. in einer Schlacht umkamen, mit sie Phigalia, nach einem zuvor ergangenen Spruch des Orakels zu Delphi, von den Eroberern aus Sparta zu befreien trachteten.

Mit der Ausgrabung, die sich die nächsten Jahre hinzog[3], gelang die Freilegung eines Tempels, der aus Pronaos und Cella besteht und Ost-West ausgerichtet ist. Er befindet sich am südlichen Rand einer auffälligen Geländeverflachung, die schon von weitem für den Reisenden sichtbar ist, der sich vom Tempel des Apollon Epikourios auf Phigalia zubewegt (Abb. 2).

An seiner südlichen Langseite berührt der Tempel nahezu den Fels der Hügelkuppe, der an dieser Stelle beinahe senkrecht aufsteigt. Auf der Südseite des Hügels tut sich ein tiefer schroffer Abgrund auf, an dessen Fuß die Neda vorbeifließt. Gegenüber erhebt sich die steile, dicht bewachsene Nordflanke des Elaion-Berges.

Die mit einer Inschrift versehene Statuenbasis eines Weihgeschenkes, die sich in der Cella fand, gestattete eine erste Identifizierung des Heiligtums als Tempel der Athena. Diese Bestimmung wurde später noch durch andere Grabungsfunde bestätigt[4].

Daneben gab freilich auch die Wiedergabe dieser Göttin auf vielen phigalischen Münzen aus der Zeit des Septimius Severus und des Caracalla ein starkes Argument für die Existenz eines Heiligtums der Athena in Phigalia an die Hand. Auf den angeführten Münzen erscheint sie einmal allein, aufgerichtet sowie mit Helm und Lanze und einmal zusammen mit einer anderen Gestalt, die ein langes faltiges Gewand trägt. Möglicherweise handelt es sich dabei um Demeter, Apollon oder Zeus[5].

Zudem bezeugen die Abbildungen anderer Gottheiten auf Münzen von Phigalia wie die der Hygieia, des Asklepios, der Aphrodite, der Neda und der Tyche das Bestehen weiterer Heiligtümer, die Pausanias unerwähnt ließ[6].

Der Tempel ist auf einer Länge vom 15,70 m erhalten. Seine Breite beträgt 7,70 m. Der Pronaos mit seinen Abmessungen von 2,85 m auf 5,80 m steht mit der Cella über einen monolithischen Schwellstein von 4 m Länge und 1,3 m Breite in Verbindung.

Im hinteren Teil der Cella fand sich *in situ* die kubische Steinbasis des Kultbildes mit 1,7 m Länge,

Abb. 2 Phigalia. Luftaufnahme des Tempels der Athena und des Zeus Soter

Abb. 4 Phigalia. Männlicher Marmorkopf

Abb. 3 Phigalia. Basen von Standbildern in Fundlage nördlich der Kultbasis in der Cella das Tempels

Abb. 5 Phigalia. Fibel aus Bein

Abb. 6 Phigalia. Die Überreste älterer Mauerzüge zu beiden Seiten der Kultbildbasis im Inneren der Cella

1,64 m Breite und 0,6 m Höhe. Vor der Basis stand eine *Trapeza Prosforon*, d. h. ein steinerner Tisch für Weihgaben, dessen aus zwei vertikalen Platten bestehende Stützen unten in Löwenfüßen endeten. Viele Teile der horizontalen Tischplatte kamen verstreut an verschiedenen Stellen der Cella zutage.

Auffällig ist die Ähnlichkeit zwischen diesem Athena-Tempel und dem Tempel des Asklepios, der von Orlandos auf der Akropolis der benachbarten Stadt Alipheira freigelegt worden war[7]. Und dies freilich nicht nur im Hinblick auf das Mauerwerk aus großen Steinquadern, sondern auch in Bezug auf die Anlage der Innenräume und vor allem der *Trapezes Prosforon*, die von ein und demselben Meister geschaffen worden sein könnten.

Die westliche, hintere, Cellawand war gänzlich zerstört. An ihrer Stelle wurde viel später, vielleicht schon in postfrühbyzantinischer Zeit, eine 1 m breite Trockenmauer aus Bruchsteinen eingezogen, in der als Baumaterial zahlreiche Splitter von antiken Inschriften und Bruchstücke von Architekturteilen verbaut waren. Diese konnten nach dem Abtragen dieser Mauer eingesammelt werden.

Nördlich vor der Nordseite der großen Kultbildbasis fanden sich wahllos gestreut die Basen dreier Statuen, von denen die eine wohl aus Bronze war.

Auf der Basis dieser Statue war die Inschrift eingraviert, die zuerst die Identifizierung des Heiligtums erlaubte (Abb. 3). Dieser Inschrift zufolge hat ein Euagoras der Athena und dem Zeus Soter das Bronzestandbild des Kallikrates geweiht (ΚΑΛΛΙΚΡΑΤΕΑ / ΑΡΚΙΛΑΥ / ΑΘΑΝΑΙ / ΔΙ ΣΩΤΗΡΙ ΕΥΑΓΟ ... /)[8].

Unter den drei erwähnten Basen fanden sich ein männlicher Marmor-Kopf mit Band im Haar (Λ 1153; Abb. 4) und eine Marmor-Kugel, an der die anhaftenden Finger der rechten Hand eines Kindes oder einer Frau erhalten waren.

In der Füllschicht im Innern des Tempels konnten viele Bruchstücke von Basen zur Aufstellung von Inschriften-Stelen aufgelesen werden. Im Gegensatz dazu war Keramik nur in geringer Zahl und dazu äußerst zerscherbt vertreten. Kleinfunde fehlten nahezu gänzlich. Allein eine achtförmige Fibel aus Bein wurde beobachtet. Sie lag neben dem Kultbildsockel, verkeilt im Fundament der nördlichen Längsmauer des Tempels (Abb. 5).

Die beiden Fundamentmauern aus Bruchstein (Abb. 6), die knapp unter dem Fußbodenniveau in der Cella zu beiden Seiten der Kultbildbasis zum Vorschein kamen, verliefen parallel zu den Längsmauern des Tempels. Ihre Länge betrug 3 m, ihre Breite 0,5 m und der Abstand zwischen den beiden Mauern 2,8 m. Es scheint, dass diese Mauern zu einer älteren Bauphase, vermutlich archaischer Zeitstellung, gehörten.

Aber auch die Architekturteile aus Poros-Stein, die verstreut in der Erdverfüllung im Inneren des Tempels zum Vorschein kamen (so z. B. ein dorisches Kapitell, zwei Teile von kannelierten Säulenschäften und viele Bruchstücke vom Architrav), sowie schließlich die großen, in der Südwest-Ecke des Tempels eingesetzten Quadersteine aus Poros zeugen von der Existenz einer weiteren Bauphase.

Offenbar wurde das ursprüngliche Heiligtum in archaischer Zeit errichtet, danach erweitert, umgebaut und im 4. Jahrhundert seiner endgültigen Ausgestaltung zugeführt. Später, in postfrühbyzantinischer Zeit oder sogar während der Epoche der Frankenherrschaft, diente der Bau allem Anschein nach als Wohnhaus, dem anstelle der antiken, total zerstörten Westmauer die neue aus Bruchstein hinzugefügt wurde.

Vor dem Eingang zum Tempel fanden sich Reste eines Fußbodens aus gesetzten unregelmäßigen Bruchsteinplatten. Die ganze ebene Fläche östlich vor dem Tempeleingang war mit einer dicken Schicht braunschwarzer Erde bedeckt, die offensichtlich der Einwirkung von Feuer ausgesetzt gewesen war.

Die Vielzahl an Votivgaben, die in dieser Aufschüttung gefunden wurde, zeugt davon, dass dieses Material wohl während einer der Bauphasen aus dem Innern des Tempels zur Nivellierung des felsigen Untergrundes vor dem Eingang herausgeschafft worden war.

Die Beseitigung der circa 1,50 m hohen Erdaufschüttung, die sich außen vor der gesamten südlichen Längsmauer des Tempels gebildet hatte, ließ den in diesem Abschnitt außerordentlich felsigen Charakter der Hügelkuppe deutlich werden. Ein sich hier auftuender tiefer Spalt im schiefrigen Gestein verstärkte diesen Eindruck zusätzlich.

Dieser Spalt, eine Art von Kluft, setzte sich unter dem Fundamentmauerwerk des Tempels bis in den Bereich unter dem Cella-Fußboden fort. Am Eingang zur Kluft war der Fels von Menschenhand abgearbeitet und geglättet. Auf der einen Seite des Spaltes hatte man sogar eine schmale Bank aus dem Fels herausgearbeitet. *In situ* lag auf dieser eine große unversehrte Gewandnadel aus Bronze archaischer Zeitstellung, auf deren Kopf eine Weihinschrift an Athena von einer ihrer Priesterinnen eingeritzt worden war (Abb. 7).

Vor der Öffnung der Kluft fand sich eine große Menge kleiner weiblicher Brustbilder aus Terrakotta, die, nach den Löchern an den Hinterköpfen zu schließen, wahrscheinlich an den Zweigen irgendeines Baumes aufgehängt gewesen waren.

Wie bereits erwähnt, waren die Funde aus der Aufschüttung außen vor dem Tempel äußerst zahlreich. Anzuführen wären u. a.: eine große Menge von Bronzeblechen und -bändern mit Punktbuckel- und Flechtbandzier, Gewandnadeln aus Bronze, Ringe, zahlreiche Strahlenkränze aus Blei, Ohrringe, Miniatur-Schilde, Pfeilspitzen, ein Teil eines Löwen vom Henkel eines Bronzegefäßes, ein Blech mit Wiedergabe eines Stieres in Relief (Abb. 8), zwei sehr dünne Schlangen aus Bronze sowie zwei sehr charakteristische ausgeschnittene Bleche mit Darstellung der Athena (Abb. 9).

Beeindruckend war die Menge der Gegenstände aus Eisen, die von Werkzeugen und Gefäßen herrührten (Abb. 10). Andere Eisenteile dürften als Zubehör für verschiedene Gegenstände zu betrachten sein. Überraschend groß war die Menge an unbearbeitetem Eisen, die in der Verfüllschicht direkt südlich des Tempels angetroffen wurde.

In derselben Verfüllschicht, die viele Bruchstücke von der Ziegeldeckung des Daches enthielt, konnten einige Teile gestempelter Ziegel mit der Aufschrift ΔΑΜΟΣΙΟΝ oder ΔΑΜΟΣ ΦΙΑΛΕΩΝ geborgen werden (Abb. 11).

Sehr zahlreich waren zudem die Weihgaben aus Terrakotta, wie Spulen, Webgewichte, ausgeschnittene Plättchen mit Darstellung einer Sphinx, ein Gorgo-Köpfchen aus Ton, Tieridole, Brustbilder von Frauengestalten (Abb. 12) und drei frühe schematisierte Idole mit zu dem bekannten Betgestus erhobenen Armen.

Eindruck machte die große Zahl aus Ton gefertigter Miniaturnachbildungen von Booten, die in diesem Heiligtum als Votive sehr beliebt gewesen zu sein scheinen (Abb. 13). Dies mag vielleicht mit der Nähe zum Fluss Neda zusammenhängen, dessen Wasser am Fuße des Hügels von 'Kourdoubouli' vorbeifloss.

Aufschlussreich ist schließlich eine archaische Inschrift einer Freilassung, die auf einem Bronzeblech eingeritzt war. Sie bezieht sich auf *Athena Koria* als Empfängerin des Strafgeldes, das im Falle der Verhinderung der Freilassung einer freizulassenden Sklavin zu zahlen war[9].

Die Inschriften in Stein

Die Bruchstücke von Inschriften, die im Zuge der Grabungskampagnen der letzten Jahre im Tempel geborgen werden konnten, waren zum Teil in der neuzeitlichen Pferchmauer verbaut, die den Tempel quer durchzog. Zum Teil lagerten sie jedoch auch in Zweitverwendung in der postfrühbyzantinischen Westmauer des Tempels oder aber verstreut in der Füllerde der Cella[10].

Dieses, wenn auch nur bruchstückhaft erhaltene, epigraphische Material verschaffte uns wertvolle Anhaltspunkte für die Identifizierung des Tempels, für seine Stellung in der Polis von Phigalia und für die Beziehungen von Phigalia zu anderen Städten.

Unter den ungefähr 30 Inschriften entfallen elf auf Teile von sogenannten προξενικά ψηφίσματα, d. h. Proxeniedekreten, in denen Vertretern fremder Städte bestimmte Rechte in Phigalia eingeräumt wurden.

Die Inschriften umfassen jedoch auch sieben Listen von *Proxenoi*, so z. B. aus den Nachbarstädten Lepreon und Alipheira, aber auch aus Megalopolis, Alea, Byzanz, Kephallonia, Achaia, Aigion und Ephesos. Dies zeigt, dass das Heiligtum für die Einwohner von Phigalia auch politische Bedeutung hatte und seine Ausstrahlung weit über die Grenzen von Arkadien hinausreichte.

Das bislang vorliegende epigraphische Material kann, mit Ausnahme der archaischen Inschriften, dem Zeitraum zugewiesen werden, der mit der zweiten Bauphase des Heiligtums gleichzusetzen ist und eine Zeitspanne vom 4. Jahrhundert v. Chr. bis in die frühe Römerzeit umfasst.

Menschliches Wirken scheint auf dem Hügel von 'Kourdoubouli' jedoch bereits weit vor den historischen Perioden eingesetzt zu haben. Denn die Ausgrabung, die im Bereich des ausgedehnten ebenen Vorfeldes nördlich vor dem Tempel begonnen wurde, brachte reiche Baureste prähistorischer Epochen ans Licht.

Abb. 7   Phigalia. Bronzenadel mit Weihinschrift

Abb. 10   Phigalia. Geräte und Gefäßteile aus Eisen

Abb. 8   Phigalia. Bronzeblech mit Reliefdarstellung eines Stieres

Abb. 11   Phigalia. Gestempelte Ziegel mit der Aufschrift ΔΑΜΟΣ ΦΙΑΛΕΩΝ

Abb. 12   Phigalia. Weibliche Brustbilder aus Terrakotta

Abb. 9   Phigalia. Zwei ausgeschnittene Bronzebleche mit Darstellung der Göttin Athena

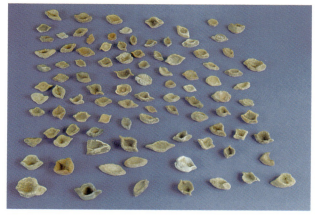

Abb. 13   Phigalia. Miniaturhafte Nachbildungen von Booten in Ton

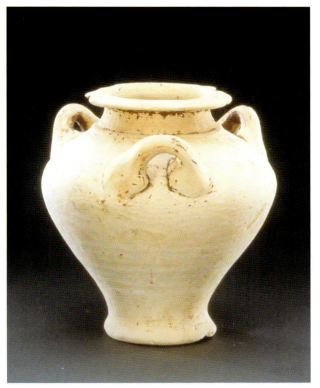

Abb. 14   Phigalia. Mykenischer Pithamphoriskos

Abb. 15   Phigalia. Mittelhelladischer Pithos aus Ton

Abb. 16   Phigalia. Flur von 'Trani Petra'. Ansicht eines hellenistischen Grabes mit tempelartig gestalteter Vorderfront

Konkret wurden sechs Schnitte mit den jeweiligen Abmessungen von 5 mal 7 m geöffnet, in denen wir uns jedoch darauf beschränkten, die Oberflächenschicht in einer Stärke von ungefähr 0,5 m abzutragen. Das dabei aufgedeckte Mauergeflecht scheint sich bis unter die Fundamente des Tempels zu erstrecken. Ja, in einer der Mauern eines rechteckigen Gebäudes, das sich zum Teil unter der Nordmauer des Tempels befindet, wurde eine ungestörte Kleinkindbestattung entdeckt, die nach der Beigabe in Form eines miniaturhaften dreihenkligen Pithamphoriskos (Abb. 14) der frühen bis fortgeschrittenen mykenischen Epoche zuzuweisen ist.

Die ungeheure Menge an Keramik aus der Oberflächenschicht über den prähistorischen Bauresten gestattet schon einmal die Unterscheidung mindestens zweier hauptsächlicher Besiedelungsphasen, und zwar der frühmykenischen sowie der mittleren bis späten mittelhelladischen Epoche. So liegen zum Beispiel hunderte von Scherben 'adriatisch'-ritzverzierter Ware vor. Eine hemisphärische Schale und ein spätmittelhelladischer Pithos (Abb. 15), beide *in situ* gefunden, sind nahezu unbeschädigt. Daneben kamen zahlreiche Spinnwirtel aus Ton oder Stein, Obsidianklingen, Feuersteingeräte sowie eine große Zahl von Steinwerkzeugen zum Vorschein.

Ein während der Zeit unserer Ausgrabung in 'Kourdoubouli' unternommener Versuch einer Raubgrabung brachte uns auf die Spur und zur teilweisen Erforschung eines Friedhofes in der Flur 'Trani Petra'. Diese befindet sich am westlichen Rand der antiken Stadt, außerhalb der Stadtmauer.

Der Friedhof erstreckt sich über den Südhang eines stark bewachsenen felsigen Hügels und zur rechten Seite des schmalen und schwer zu begehenden Pfades, der – wohl identisch mit dem antiken – von der Agora in Phigalia zum tief gelegenen Dorf Stomion am Steilufer des Flusses Neda hinabführt. Südlich des Pfades öffnet sich ein tiefer und steiler Abgrund. Insgesamt wurden fünf Monumental-Gräber aufgedeckt, die, in den natürlichen Fels gehauen, mit ihren Eingängen in Richtung auf den Fußpfad wiesen.

Zwei der Gräber (2a–b und 5a–c) boten eine tempelartige Schaufassade, mit einem schmalen unüberdachten Prothalamos, der an den beiden Rändern von jeweils einem vorspringenden Pfeiler begrenzt wurde (Abb. 16).

Die beiden parallel zueinander in den Berghang hineingeschlagenen rechteckigen Grabkammern waren durch eine mit groben Steinblöcken hochgezogene Zwischenmauer getrennt. Oben auf den Grabkammern lagen als Abdeckung große, grob rechteckige Steinplatten.

Hervorzuheben ist die Ähnlichkeit dieser Gräber zu denen der Nachbarstadt Alipheira, die von Orlandos untersucht wurden und damals als einzigartig auf der Peloponnes galten[11].

Sehr gut sind im Falle des Grabes 2a–b die Firstpalmette und die beiden Eckpalmetten erhalten.

Das zweite Monumental-Grab, Grab 5a–c, wies drei Kammern auf: zwei parallele, in den Berg gerichtete, und eine weitere im hinteren Teil, die quer zu den beiden vorderen verlief. In jeder Grabkammer war ein Toter bestattet. Die verstreut im Bereich des unüberdachten Prothalamos gefundenen Architekturteile der Grabfassade reichen aus, diese in der Zukunft wieder aufzurichten[12]. Vorhanden sind das fünfeckige Zentralstück des Giebels, zwei Teile des Architravs mit Faszien und die Kapitelle der beiden seitlichen Pfeiler.

Alle Gräber hatte man, sowohl vor langer Zeit als auch kürzlich, geplündert. Ihr Inneres war heftig durchwühlt und gestört. Die zerbrochenen Deckplatten hatten die Grabräuber entweder in die Grabkammern oder in den Abgrund außen vor den Gräbern geworfen. In der Regel an einer Seite des Grabes wahllos zu einem Haufen zusammengeschoben waren die Knochen. Grabbeigaben, die der Aufmerksamkeit der Grabräuber entweder entgangen oder von diesen als wertlos erachtet worden waren, fanden sich zerbrochen und nicht mehr *in situ*.

Bezeichnend ist, dass es am Eingang eines jeden Grabmonumentes ein Tonlämpchen gab. Die geborgene Keramik bestand im wesentlichen aus Unguentaria und Lampen. Die meisten Gefäße fallen zeitlich in die Mitte bis Ende des 3. Jhs. v. Chr. Vereinzelte Vasen können jedoch auch an den Beginn des 2. Jhs. v. Chr. gesetzt werden[13].

Der dorische Athena-Tempel von Prasidaki

Der dorische Tempel von Prasidaki wurde in den Jahren 1999 und 2000 in zwei Grabungskampagnen aufgedeckt (Abb. 17).

Prasidaki ist ein kleines Bergdorf an der Grenze zwischen den Nomoi Elis und Messenien. Heute ist es als erdbebengeschädigtes Dorf nahezu verlassen. Seine Einwohner wurden in die neue Ortschaft Prasidaki umgesiedelt, die sich tief unten in der Ebene am Unterlauf der Neda nahe bei der Einmündung dieses Flusses ins Meer bei Jannitsochori befindet. Alt-Prasidaki liegt nördlich der Neda, wie der Athena-Tempel des antiken Phigalia, von dem es in Luftlinie ungefähr 20 km entfernt ist. Den Tempel erreicht man über eine schlechte Staubstraße, die in östlicher Richtung etwa 5 km von der Nationalstraße Pyrgos-Kyparissia wegführt.

Die Stelle, an der sich der Tempel erhebt, wird mit 'Elliniko' oder 'Leniko' bezeichnet. Lokalisiert war der Tempel schon seit 1970. Damals hatte Professor N. Yalouris an der Oberfläche mehrere Architekturteile dieses Bauwerkes bemerkt und sie nachfolgend in einem Aufsatz beschrieben[14].

Schon früh hatten verschiedene Oberflächenfunde aus dem Bereich des Tempels zu der Auffassung geführt, dass es sich bei diesem Bau um einen Tempel der Athena handeln müsse. Diese Oberflächenfunde umfassten Terrakotta-Idole, Bronzegegenstände und vor allem aber eine Bronzestatuette der Athena. Letztere wurde 1988 von Th. Karajorga in einem Beitrag mit dem Titel: »Eine peloponnesische Athena Poliouxos« vorgestellt[15].

Diese ersten Hypothesen bestätigte der 1997 von der Verfasserin beim Tempel gemachte Fund eines Bronzegefäßrandes mit der eingravierten Inschrift: ΑΘΑΝΑΙ ΑΓΟΡΙΟΙ ΑΡΙΟΥΝΤΙΑΣ ΑΝΕΘΕΚΕ[16]. Durch den Beinamen der Göttin wurde ferner deutlich, dass das Heiligtum der Athena auf der Agora der hier befindlichen Stadt gestanden haben muss. Im Umkreis von ungefähr einem Kilometer rings um den Tempel zeugen Überreste einer Stadtmauer sowie anderer monumentaler Bauwerke und Gräber von einer einst hier bestehenden Stadt oder sonstigen Siedlung, die von manchen Forschern mit der kleinen, zum Territorium von Lepreon gehörenden Stadt Pyrgos gleichgesetzt wird.

Der Tempel ist an der höchsten Stelle eines Höhenrückens auf einer flachen Erdkuppe erbaut und in seiner Längsachse Nordost-Südwest orientiert. Vor der Grabung war er so stark mit Bäumen und dichtem Buschwerk überwuchert, dass er völlig unzugänglich war. Zehn Tage intensiver Arbeit waren mit einem Team von fünfzehn Arbeitern erforderlich, um den Hügel von dem Wildwuchs zu befreien. Danach ließen sich an der Oberfläche mehrere Säulentrommeln und die Eckarchitrav-Stücke ausmachen. Ansonsten war die Tempelruine unter Erde begraben.

Vor der Grabung wurde über die gesamte zu erforschende Fläche ein Grabungsraster mit 5 auf 5 m messenden Großquadraten gelegt. Während der ersten Grabungskampagne 1999 kam die Cella ans Tageslicht. Im Jahr 2000 wurde die Peristase freigelegt und damit der Grundriss des Tempels vervollständigt.

Leider war der Tempel großen, äußerst zerstörerischen Eingriffen zum Zwecke der Steingewinnung ausgesetzt gewesen. So wurde vor ungefähr hundert Jahren der größte Teil seiner Bausubstanz auseinandergerissen und zerstückelt, um als Baumaterial für die Häuser des Dorfes Alt-Prasidaki zu dienen. Unzählige Raubgrabungen hatten seitdem das Maß der Zerstörung noch erheblich erweitert.

Der vergleichsweise gute Erhaltungszustand der Krepis an der Nordost- und an der Nordwestseite des Tempels sowie die Aufdeckung von drei *in situ* befindlichen Säulentrommeln der Peristase erlaubten die sichere Rekonstruktion der Abmessungen des Tempels (Abb. 18). Es handelt sich um einen dorischen Peripteral-Tempel mit 6 x 13 Säulen. Seine Länge beträgt 35,30 m, seine Breite 15,90 m. Der gute Erhaltungszustand des Toichobat und der Orthostaten des Tempels – die meisten Orthostaten waren *in situ* – gibt uns zudem mit Genauigkeit die Abmessungen des Tempelinneren an: 24,7 m für die Länge und 8,8 m für die Breite.

Der Tempel besteht aus Pronaos, Cella und Opisthodom. Sein Eingang ist im Südwesten, wo die Peristase allerdings nahezu völlig zerstört ist. Allein die Euthynterie konnte hier noch auf der ganzen Ausdehnung der Schmalseite des Tempels festgestellt werden. Immerhin waren stellenweise Teile des Platten-Fußbodens der Ringhalle erhalten geblieben.

Die im Toichobat noch vorhandenen Zapfenlöcher zeigen, dass es im Eingang zum Pronaos (Maße des

Abb. 17   Prasidaki. Ansicht des dorischen Athena-Tempels von Prasidaki (Opisthodom), von Nordwesten

Abb. 18   Prasidaki. Krepis an der südwestlichen Langseite des Tempels

Abb. 19 Prasidaki. Sima

Abb. 20 Prasidaki. Fragment vom Rumpf einer Korenstatue aus Terrakotta (Π 8162).

Abb. 22 Prasidaki. Weibliches Terrakottaidol (Π 8013)

Abb. 21 Prasidaki. Bronzeidole eines Widders und eines weiteren Vierfüßlers

Pronaos 3,45 m × 6,9 m) zwei Säulen zwischen Anten und höchstwahrscheinlich auch eine Holztür zum Absperren des Tempels gegeben hatte.

Die Gehfläche des Pronaos war mit einem Fußboden aus kleinen weißen und schwarzen Flusskieseln ausgelegt, die ein ringsumlaufendes breites Flecht- und Mäander-Band bildeten, wogegen auf der Innenfläche rhomboide Muster zu beobachten waren.

Der Eingang zur Cella ist bis auf zwei Orthostaten zur rechten Hand des Eintretenden vollkommen zerstört.

Ungefähr in der Mitte der Cella (Abmessungen der Cella: 12,5 × 7,1 m) befindet sich die große rechteckige Kultbildbasis (Maße: 2,8 × 2,7 m und Höhe 0,6 m), die wohl ganz mit rot bemaltem Verputz überzogen war, wie noch einige an der Oberfläche der Basis erhaltene Putzreste nahelegen.

Zu beiden Seiten der Kultbasis gab es in Längsrichtung der Cella jeweils eine Säulenreihe aus fünf Säulen, die in ihren Abmessungen freilich kleiner sind als die Säulen der Peristase (Breite der Cella zwischen den beiden Säulenreihen 3,6 m).

Der Fußboden der Cella war von einer dicken Schicht Verputz bedeckt, wohingegen die Wände und Säulen in der Cella Auftrag von dünnerem Verputz zeigten.

Der Opisthodom (Maße: 3,6 × 6,9 m) hat keinen Zugang von der Cella. Der schlechte Erhaltungszustand seines Mauerwerkes und die großen Architekturteile, die vor allem auf seine Nordwest-Ecke gefallen waren, gestatten uns bis auf weiteres nicht, die Stelle seiner Eingangstür sicher zu bestimmen.

Die Krepis besteht aus dem Stylobat und zwei Stufen, das Tempelfundament aus der Euthynthrie, der Hypeuthynthrie und dem Stereobat. Hervorzuheben ist, dass die Zerstörung des Tempels zum Teil so tiefgreifend ist, dass an vielen Stellen sogar die Fundamentierung fehlt und nur noch der Stereobat übriggeblieben ist. Schließlich waren schon vor Beginn der Grabung die riesigen Gräben aufgefallen, die vor allem an den beiden Längsseiten des Tempels zum Zwecke der Steingewinnung eingetieft worden waren.

Entlang der nordöstlichen Langseite des Tempel kam eine offene Regenrinne aus Ton zum Vorschein, die das Traufwasser zu einem zylindrischen Syphon aus Ton leitete. Von dort wurde das Regenwasser in einer geschlossenen Tonrohrleitung weit vom Tempel weggeführt.

Parallel zu den beiden Langseiten des Tempels war der Zerstörungshorizont fein säuberlich freigelegt worden. Er bestand aus der Ziegeldeckung in Sturzlage, auf welche Architekturteile wie Stücke von Geison und Epistyl sowie Säulentrommeln und Kapitelle gefallen waren.

Es ist sehr wahrscheinlich, dass der Tempel durch ein starkes Erdbeben mit nachfolgendem Brand zerstört wurde. Dies dürfte im ersten bis zweiten Jh. n. Chr. geschehen sein. Dass der Tempel bis in diese Zeit in Benutzung war, belegt die große Menge an Lampen und römerzeitlicher Keramik, die im Bereich der Cella vor der Kultbasis gefunden wurde.

Die Grabungsfunde waren zahlreich und außerordentlich beeindruckend, zeugen sie doch zum Teil von der Nutzung des Heiligtums bereits in archaischer Zeit, in der auch die erste Bauphase des Tempels zu suchen ist.

Hervorzuheben sind unter der großen Menge an Dachterrakotten vor allem Teile der Sima mit aufgemaltem vegetabilischem Dekor (Abb. 19), mit dem Flechtbandmotiv verzierte Traufziegel, Antefixe mit Palmettenzier und zwei Löwenkopfwasserspeier archaischer bzw. klassischer Zeitstellung.

Die Ähnlichkeit zwischen den Dachterrakotten des Tempels von Prasidaki und denen von Schatzhäusern in der Altis von Olympia lässt auf eine gemeinsame Herkunft aus einer großen korinthischen Werkstatt dieser Zeit schließen.

Im gestörten Erdreich auf und um die Kultbasis herum waren der Terrakottakopf einer Kore des beginnenden 5. Jhs. sowie auch ein Teil eines weiteren Korenkopfes aus Ton, jedoch archaischer Zeitstellung, zutage getreten.

Rumpfteile von Tonstatuen wurden an verschiedenen Stellen verstreut in der Erdaufschüttung über dem Tempel gefunden (Abb. 20). Diese Stücke zeugen vom einstigen Vorhandensein großformatiger Werke der Tonplastik, die entweder von Akroteren stammen oder aber Votivgaben Gläubiger an die zu verehrende Gottheit darstellten.

Die Größe des Kultbildpostamentes in der Cella des Tempels führt uns zur Vermutung, dass das wahrscheinlich aus Bronze oder Marmor gefertigte Kultbild ebenfalls von erheblicher Größe war.

Groß war die Zahl der Tonidole, darunter vor allem weibliche Figuren, Sphingen und Gorgoneia (Abb. 22).

Unter den Bronzefunden sind, außer der erstaunlich großen Menge an Bronzeblechen, vor allem der Kopf eines Mannes, ein Widder, ein Löwe, ein kleiner Vierfüßler, ein Astragal in außergewöhnlich gutem Erhaltungszustand und ein Rad erwähnenswert (Abb. 21).

Der bedeutendste Fund kam überraschend am letzten Tag der Grabungskampagne 2000 zum Vorschein, als ein Suchschnitt direkt vor dem östlichen Teil der südlichen Schmalseite des Tempels angelegt wurde. In lockerer Erde fand sich hier eine archaische Inschrift, eingraviert auf der Oberfläche eines nahezu rechteckigen Steines. Die Inschrift: A Θ A N A I war die letzte Bestätigung für die sichere und nun endgültige Identifizierung des Heiligtums.

[1] Dieser Beitrag ist lediglich als eine erste Vorstellung von Funden und Befunden aus Grabungen in den zwei Athena-Tempeln von Phigalia und Prasidaki zu verstehen. Nach einer eingehenden Materialbearbeitung wird eine abschließende Gesamtvorlage der Grabungsergebnisse erfolgen. Übersetzung des hier vorgelegten Textes aus dem Griechischen: J. Rambach.

[2] X. Arapojanni, AM 111, 1996, 65–78, Taf. 7–10.

[3] X. Arapojanni, Ergon 1996, 41–47; dies., Ergon 1997, 43–49; dies., Ergon 1998, 51–53; dies. Prakt. 1996, 129–137; dies., Prakt 1997, 115–120; dies., Prakt 1998, 127 f.

[4] G. J. Te Riele, Inscriptions de Pavlitsa, BCH 90, 1966, 266 Nr. 11 (SEG XXIII, 237): [-- ι]ππου επεσκευ[ασεν--] [--] Aθηνά [-- ι] Der Besitzer des Weinberges V. Jannikopoulos erwähnte gegenüber der Verfasserin, dass es im Areal der Ausgrabung früher eine rechteckige Inschriften-Basis (?) gegeben hätte, auf welcher der Name Athena zu entziffern gewesen sei. Trotz aller Nachforschungen war es nicht mehr möglich, diese Basis ausfindig zu machen. Möglicherweise ist sie den steilen Abhang an der Westseite des Hügels 'Kourdoubouli' hintergerutscht. Vom selben Grundstücksbesitzer war der 7. Ephorie für Altertümer in Olympia ein Fragment einer Inschriftenstele übergeben worden (Λ 1220).

[5] A. P. Tzamalis, Νομίσματα της αρχαίας Φιγαλείας 208 π. Χ – 211 μ. Χ, Athen (1996).

[6] M. Jost, Sanctuaires et cultes d'Arcadie. Phigalie. Études Péloponnésiennes IX (1985) 82–98.

[7] A. K. Orlandos, Η Αρκαδική Αλίφειρα και τα μνημεία της (1967–1968).

[8] Für die Übersetzung und Deutung dieser Inschrift bringen wir gegenüber dem Direktor des Epigraphischen Museums, Ch. Kritzas, unseren herzlichen Dank zum Ausdruck.

[9] Unser Dank für die Übersetzung und Interpretation dieser Inschrift gilt Ch. Kritzas.

[10] Die ersten Identifizierungen und Übersetzungen der Inschriften in Stein wurden von den Archäologen A. Themos und E. Zavou vorgenommen, denen unser herzlicher Dank gebührt.

[11] Orlandos a. O. 203–243.

[12] Die Studien zur Architektur und zur Wiederaufrichtung der Gräber von Phigalia werden von den Architekten S. Alevridis und A. Dibenedetto vorgenommen. In Zusammenarbeit mit der Verfasserin soll in naher Zukunft eine umfassende Veröffentlichung der Grabmonumente erfolgen.

[13] X. Arapojanni, ADelt 1996 und 1997, Chron. (im Druck).

[14] N. Yalouris, AAA 4, 1971, 245–251; ders., Ολυμπιακά Χρονικά IV (1973) 155.

[15] Th. Karajorga, ADelt 26, 1971, Chron. 146; dies. in: Akten des 12. Internationalen Kongresses Klassischer Archäologie III (1988) 132–140, Plan 1 Taf. 27.

[16] X. Arapojanni, Horos 13, 1999, 167–172 Taf. 40–41.

Tonio Hölscher

Rituelle Räume und politische Denkmäler im Heiligtum von Olympia

1. Kulturelle Räume

Die antiken Religionen, so wissen wir es seit langem, waren nicht durch heilige Schriften, religiöse Dogmen und existentiellen 'Glauben' geprägt, sondern wurden vor allem in rituellen Handlungen vollzogen. Das bedeutet, dass konkrete Orte, Situationen und Gegenstände, die Realität der Riten in Raum und Zeit, eine große Rolle spielten. Die Archäologie als Wissenschaft der konkreten Lebensräume und der materiellen Kultur hat hier eine besondere Aufgabe: Sakrale Landschaften, Heiligtümer und Kultplätze sind die Orte, an denen antike Religion Realität wird.

Grundsätzlich sind es drei konkrete Komponenten, in denen Heiligtümer sich als sakrale Orte artikulieren:
- Bauwerke und Anlagen mit religiösen Funktionen: Umgrenzung und Eingang, Altar und Tempel, Tanzplatz und Rennbahn, und so fort. Sie dienen als Orte und Rahmen für den praktischen Vollzug des Kultes.
- Zeichen und Symbole: Votivgaben, besonders Bildwerke. Sie dienen der visuellen Sinngebung des Kultes.
- Rituale und ihre Instrumente: Prozession und Opfer, Hymnus und Gebet, Tanz und Agon, und so fort. Sie dienen dem Kontakt zwischen Menschen und Gottheit und dem ideellen Zusammenhalt der Kultgemeinschaft.

Die archäologische Forschung kann zu allen drei Komponenten einen wesentlichen Zugang eröffnen. Sie wird dieser Aufgabe um so mehr gerecht, als sie Heiligtümer nicht nur als Lieferanten von allgemeinen Beispielen der Architektur, Skulptur, Keramik oder der Münzprägung, sondern explizit als Orte des Kults betrachtet. Dabei wird sich der Blick vor allem auch auf die Zusammenhänge zwischen den Elementen richten: wie die Orte, Symbole und Rituale aufeinander bezogen sind. Es ist letzten Endes die Frage nach dem Lebenskontext, in dem die verschiedenen Elemente der Heiligtümer stehen – aber nicht als einzelne Phänomene, sondern im Sinn eines strukturellen Zusammenhangs. Für diese Frage gewinnt die Kategorie des Raumes eine zentrale Bedeutung[1].

Der Begriff 'Raum' bedarf in diesem Zusammenhang wenigstens einer kurzen, stichwortartigen Klärung. Er ist zunächst abzusetzen von anderen Konzepten, die z.T. in der früheren und gegenwärtigen Forschung eine Rolle spielen:

- Die mathematische Fixierung der Dinge in den drei Dimensionen der Länge, Breite und Höhe. Ein solcher 'objektiver' Raumbegriff ist zur Dokumentation von Befunden unerlässlich, bleibt jedoch kulturgeschichtlich bedeutungsneutral.
- Der Raum von perspektivischen Sichtachsen, nach denen griechische Heiligtümer, darunter auch Olympia, untersucht worden sind[2]. Ein solcher perspektivischer Raumbegriff setzt bereits eine Art des perspektivischen Sehens voraus, die nicht anthropologisch universell, sondern spezifisch für bestimmte Kulturen und Epochen ist. Er kann daher keine Grundkategorie der Analyse, sondern allenfalls ein Ergebnis der historischen Interpretation sein.
- Der essentialistische und holistische Raumbegriff der archäologischen und kunsthistorischen 'Strukturforschung', die von Werken der Bildkunst ausgehend generelle Raumstrukturen etwa der archaisch griechischen oder der römischen Kultur zu erfassen suchte[3]. Mit einem solchen Raumbegriff werden für ganze Kulturen und Epochen uniforme Strukturen des Wahrnehmens und Denkens angenommen, die zwar nicht grundsätzlich ausgeschlossen werden sollen, aber zunächst nicht vorausgesetzt werden können, sondern im einzelnen nachgewiesen werden müssten.
- Der umfassende Begriff des 'espace', der seit dem französischen Strukturalismus als allgemeine Bezeichnung des konzeptuellen kulturellen 'Bereichs' in Mode gekommen ist.

Für die Kulturwissenschaften, insbesondere für die Phänomene der materiellen und visuellen Kultur einschließlich der Werke der Architektur und der Bildkunst, kann dagegen ein präziser Begriff des 'kulturellen Raumes' eingesetzt werden, im Sinn einer 'signifikanten Räumlichkeit'[4]. Also ein semiotischer Begriff des Raumes, der die funktionalen und symbolischen Aspekte von Raum begreift. Ohne an dieser Stelle eine theoretische Begründung einer 'semiotischen Topologie' zu geben, kann gesagt werden, dass 'signifikanter Raum' darin zum Ausdruck kommt:

- wie 'kulturelle Orte' durch Zeichen, Handlungen oder ideelle Sinngebung definiert werden,
- wie sie im Raum einander zugeordnet oder voneinander getrennt werden, das heißt:
- wie sie durch Symbole aufeinander bezogen oder gegeneinander abgesetzt werden,
- wie sie durch Wege verbunden oder durch Grenzen abgesondert werden,
- wie sie durch Handlungen miteinander verknüpft oder gegeneinander in Opposition versetzt werden.

In diesem Sinn soll nach den Strukturierungen des Heiligtums von Olympia gefragt werden: nach dem Verhältnis zwischen den Orten des Kultes, den sinnstiftenden Bildwerken und Denkmälern sowie den Ritualen, mit denen die sakrale Topographie erschlossen wurde. Dabei wird der Blick nicht nach einheitlichen Raumstrukturen suchen, sondern auf verschiedene räumliche Gliederungen, je nach den verschiedenen kulturellen Bereichen stoßen. Natürlich ist nur eine erste Skizze möglich, die weiterer Ausarbeitung bedarf. Sie konzentriert sich im wesentlichen auf die gut bekannte Epoche nach der Neuordnung des Heiligtums seit dem 2. Viertel des 5. Jahrhunderts v. Chr.

2. Monumentale Räume

Als ein rein theoretischer Ausgangspunkt kann zunächst eine Gliederung der Räume des Heiligtums vorgenommen werden, die schematisch von den Vorgaben der Architektur ausgeht. Man kann das den 'monumentalen Raum' nennen. Dieser Raum entfaltet sich auf zweierlei Weise (Abb. 1):

- in Räumen, die den Bauwerken zugehören: sowohl als Innenraum wie als umgebender oder vorgelagerter Außenraum;
- in Wegen, die die wichtigsten Bauwerke miteinander verbinden.

Diese monumentalen Räume werden dadurch gebildet, dass Fronten, Zugänge und Umgebung wichtiger Bauwerke einen 'Schauplatz' definieren, auf dem eine gewisse Konzentration von Aktivitäten und eine Kumulierung von Symbolen zu erwarten ist. Je nach der funktionalen Bedeutung des Bauwerks kann man diesen Raum größer oder kleiner ansetzen: größer vor den Tempeln der Hera und des Zeus, um den zentralen Aschenaltar und vor der Echo-Halle, kleiner vor

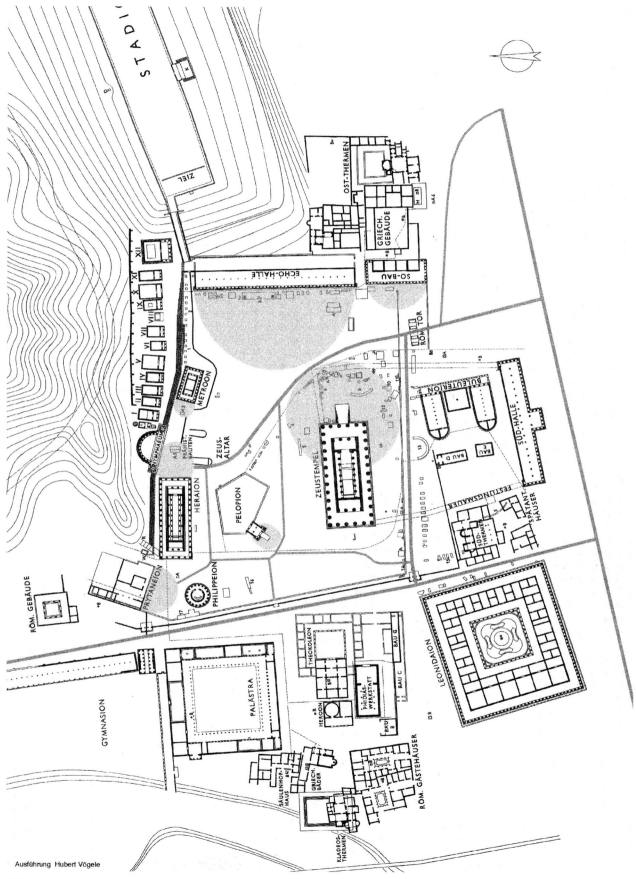

Abb. 1   Das Heiligtum vom Olympia: Monumentale Räume

dem Pelopion, dem Metroon, dem Philippeion, den Prytaneion- und den Bouleuterion-Bauten.

Die Wege stellen das dynamische Netz zwischen den Bauwerken und ihren impliziten Räumen dar. Auch hier gab es Hierarchien. Am wichtigsten war zweifellos die Prozessionsstraße, die aus Südwesten vom Kladeos herankam und nach Norden zum großen Altar führte. Die weiteren Wegverbindungen sind nicht im einzelnen nachzuweisen, aber eine provisorische Einzeichnung kann nicht allzu weit von der Wirklichkeit entfernt sein.

Das Ergebnis dieser Frage nach den impliziten monumentalen Räumen bleibt zunächst bewusst schematisch, im Sinn eines operativen Modells. Es ist noch nicht der Wirklichkeit der Benutzung angepasst. Diese Benutzung geschieht einerseits durch die Kultstätten, die in diesen Räumen eingerichtet sind, und die Rituale, die darin vollzogen werden, andererseits durch die Bildwerke, die in den Räumen aufgestellt sind. Architektur, Bildwerke und Rituale bilden drei räumliche Systeme, und die Frage geht dahin, in welchem Verhältnis diese drei Systeme zueinander stehen.

3. Religiöse Räume

In diesem architektonisch gegliederten, monumentalen Raum war eine außerordentlich große Zahl von Kultstätten für verschiedene Gottheiten und Heroen eingerichtet, die weit über die eigentlichen 'Besitzer' des Heiligtums, Zeus und Hera, sowie ihre vermuteten Vorgängerinnen, Gaia oder andere weibliche Gottheiten, hinausreichten. Über 70 Altäre sind bei Pausanias überliefert, die zusammen eine höchst komplexe religiöse Topographie ergeben, weit vielfältiger, als es die schematische Gliederung durch die großen architektonischen Kristallisationspunkte vorgibt[5]. Ihre genaue Lokalisierung ist nur in wenigen Fällen möglich, eine Verbindung der vielen aufgefundenen Fundamente mit den schriftlichen Nachrichten über Altäre kann nur selten hergestellt werden[6]. Nur die allgemeine topographische Verteilung ist erkennbar.

Die zentrale Kultstätte war der große Aschenaltar des Zeus. Pausanias beschreibt ihn östlich vor dem Pelopion und dem Heraion, offensichtlich auf keines dieser beiden großen Heiligtümer unmittelbar bezogen[7]. Schon früh muss der Altar allerdings aus den kalzinierten Resten der Opfertiere zu beträchtlicher Höhe angewachsen sein; in der Kaiserzeit hatte er ein Format von 22 Fuß erreicht, so dass er auch ohne zugehörige Architektur einen monumentalen räumlichen Akzent setzte. Aber dies war zumindest nicht von Anfang an so geplant, und auch in späterer Zeit war der 'gewachsene' Altar nicht mit der konzeptuell repräsentativen Wirkung der gebauten Fassadenarchitektur zu vergleichen. Der religiöse Raum des wichtigsten Altars unterschied sich also von dem Raum, den die monumentalen Architekturen schufen.

Noch viel stärker gilt dies für die weiteren, über 70 Altäre, die sich in dem Heiligtum befanden. In dieser zunächst sehr heterogenen Vielfalt, die hier nicht im einzelnen dargestellt und in ihren Problemen erörtert werden kann, ergeben sich jedoch einzelne Zentren, um die sich Kultstätten von verwandtem Charakter zusammenschließen.

Der Zeus-Tempel und seine Umgebung, vor allem wohl sein Vorplatz, war ein Raum von Kulten für Gottheiten der politisch-sozialen Ordnung und des damit zusammenhängenden Krieges: Zeus Olympios, Zeus und Poseidon mit dem Beinamen Laoitas, also Führer des Volkes, Artemis und Athena mit dem Beinamen Leitis, also Göttinnen der Kriegsbeute, Athena Ergane, Göttin der kulturellen Arbeit[8]. In der Gegend des Palastes des Oinomaos standen Altäre für Götter, die mit den mythischen Anfängen von Olympia verbunden waren: Zeus Herkeios, der den Herd des Königspalastes geschützt hatte, Zeus Keraunios, der den Palast zerstört hatte, Zeus Areios, bei dessen Altar Oinomaos das Wettrennen mit Pelops aufgenommen hatte, dazu Herakles und seine Brüder, die nachmaligen Gründer des Heiligtums[9]. Um den großen Altar des Zeus befanden sich weitere Kultstätten für den höchsten Gott, hier in verschiedenen religiösen Aspekten: Zeus Katharsios, Zeus Chthonios, Zeus Kataibates, weiter für die ihm unterstellten Gemeinschaften der Pantes Theoi und der Agnostoi Theoi sowie für seine Siegesbotin Nike[10]. Nahe dem Pelopion dagegen waren Kulte für Dionysos und jene Gruppen weiblicher Gottheiten vereinigt, die man die olympische Festgemeinschaft nennen kann: Chariten, Musen, Nymphen[11]. Ähnlich befanden sich im Umkreis des Heiligen Ölbaums und des zugehörigen Haines hinter dem Zeus-Tempel mehrere Kultstätten für Gotthei-

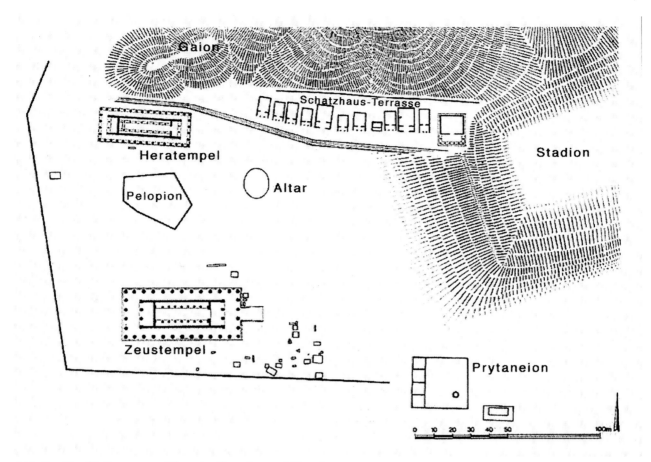

Abb. 2 Das Heiligtum von Olympia: Zeusaltar und Festplatz

ten der Vegetation: Nymphen, Horen und Aphrodite[12]. Dagegen standen vor dem Prytaneion je zwei Altäre für Artemis und Apollon, dieser mit dem Beinamen Thermios, für die religiösen und staatlichen Satzungen zuständig, das heißt passend zu dem Bau[13]. Und am Hippodrom beschreibt Pausanias Altäre für Poseidon, Hera, Ares und Athena mit dem Beinamen Hippios bzw. Hippia, d. h. als Götter der Pferde, sowie weitere Kulte, die mit den Pferderennen zusammenhängen[14].

Solche Konzentrationen von Kultstätten fügen sich also durchaus in die monumentale architektonische Gliederung des Heiligtums ein. Aber sie gehen zugleich darüber hinaus. Zum einen formal: Die Altäre können den großen Bauwerken in der überwiegenden Mehrzahl nicht durch Achsen oder andere Planlinien untergeordnet, sondern allenfalls in lockerer Streuung zugeordnet gewesen sein. Zum zweiten funktional: Die Altäre waren zumeist nicht durch ihren Kult auf das Bauwerk bezogen, sondern stellten autonome Kultplätze dar. Zum dritten inhaltlich: Neben den genannten Altären, die in den religiösen Bereich des betreffenden großen Bauwerks oder Monuments gehörten, gab es überall andere, bei denen kein enger Bezug herzustellen ist. So lag etwa beim Zeus-Tempel zwischen den politischen Kultstätten ein Altar des Alpheios, vor dem Prytaneion einer des Pan[15]. Sehr deutlich wird das beim Heraion, das wohl als ältester Tempel besonders heterogene Kulte in seine Nähe gezogen hatte: Hier lagen neben dem Aschenaltar der Hera weitere Altäre für Apollon und Hermes, wohl als Götter der athletischen Jugend, für Homonoia und für Athena[16].

Hinzu kommen Kultstätten, die die Raumordnung von Olympia im Kontext der umgebenden Natur betreffen. So lagen zwei Altäre für Alpheios im Süden, einer für Kladeos im Nordwesten des Heiligtums, beide vielleicht in der Nähe von Ausgängen zu den Flüssen[17]. Das Heiligtum der Ge auf einem Vorsprung des Kronos-Hügels markierte die erdgebundenen Aspekte des heiligen Ortes[18]. Und Altäre der Artemis, der Göttin des 'Draußen', befanden sich u. a. außerhalb der Altis in dem unbebauten Gelände zwischen Festtor und Hippodrom[19].

Mit diesen Altären wurde demnach der Raum des Heiligtums und seines Umfeldes, weit über die architektonisch-monumentale Gliederung hinaus, kultisch markiert und interpretiert. Im Lauf der Jahrhunderte ist hier ein komplexer religiöser Raum im Sinn eines religiös definierten Kosmos entstanden.

4. Rituelle Räume

Ein ganz anderes Bild ergibt sich, wenn man die Rituale verfolgt, mit denen diese religiösen Räume erschlossen wurden.

Das wichtigste Ritual, das große Opfer am Aschenaltar des Zeus während der olympischen Spiele, fand in einem Raum statt, der von den monumentalen Architekturen relativ unabhängig war: Östlich des Altars bildete das ganze Areal in der Mitte des Heiligtums einen großen Festplatz, der als Theater bezeichnet wurde (Abb. 2)[20]. Seit dem 5. Jahrhundert diente hier der geböschte Westwall des Stadions als gewaltige Tribüne, im 4. Jahrhundert sollte hier das Projekt der Echo-Halle eine moderne überdachte Stätte für die Zuschauer bieten, die dann aber zunächst nicht über eine Plattform hinaus gelangte; im Norden kam die Terrasse der Schatzhäuser als Podest für Betrachter hinzu. Dieser Raum wurde jedes Mal während des Opfers gewissermaßen von den handelnden und teilnehmenden Personen realisiert, das heißt: durch ihre Präsenz zu einem rituellen Raum gemacht. Im Vollzug des Rituals erhielt die Altis ein temporäres Zentrum, das bei diesem Anlass einen großen Teil des Heiligtums als Umraum beanspruchte.

Daneben gab es die spezifischen Räume der anderen, zumeist kleinen Kultstätten, die eine ganz andere Struktur hatten. Der regelmäßige Kult, der von den Priesterschaften von Elis im Heiligtum von Olympia einmal in jedem Monat vollzogen wurde, ist von Pausanias einigermaßen genau beschrieben worden[21]. Es war eine Folge von Opferhandlungen an den mehr als 70 Altären für eine große Zahl von Gottheiten, die über ein weites Gebiet verstreut waren. Trägt man diese Folge von Riten in eine Karte des Heiligtums ein, so ergibt sich, trotz vielen Unsicherheiten der Lokalisierung im einzelnen, ein verwirrendes Bild (Abb. 3): Die Wege, auf denen die Kultbeamten und Kultdiener sich bewegten, waren außerordentlich verschlungen und waren in keiner Weise an der großen architektonischen Gliederung des Heiligtums orientiert. Der Zug begann mit einem Opfer am Herd der Hestia, offenbar im Prytaneion im Nordwesten der Altis[22]. Von dort bewegte er sich durch das Heiligtum über viele Stationen, die zumeist nur durch Pausanias ungefähr lokalisiert und in eine schematische Folge gebracht werden können, in Wirklichkeit aber sicher noch kompliziertere Wegstrecken bedeuteten. Er führte zunächst zum Zeus-Tempel und seinem Vorplatz, danach zum Palast des Oinomaos, zum Umfeld des Großen Altars, zum Vorplatz zwischen den Tempeln der Hera und der Meter, zum Eingang des Stadions, zurück hinauf zum Gaion, dann wieder zum großen Altar und zum Bereich des Pelopion, danach hinaus zur Phidias-Werkstatt, beim Leonidaion kurz zurück in die Altis zum Heiligen Ölbaum hinter dem Zeus-Tempel, dann wieder hinaus zur sog. Agora, eine kurze Strecke über den Prozessionsweg vor der Südhalle, dann weit hinüber zum Hippodrom, und von dort schließlich zurück zum Prytaneion.

Pausanias schildert das Programm seiner eigenen Zeit, doch er sagt selbst, dass es ein Ritual nach altem Brauch sei[23]. Man kann davon ausgehen, dass die Altäre erst im Lauf von Jahrhunderten zu dieser Zahl angewachsen sind; eine chronologische Folge ist jedoch nicht mehr zu ermitteln. Aber auch in früher Zeit, als die Zahl der Stationen kleiner war, kann der Verlauf insgesamt kaum sehr viel anders gewesen sein. Den entscheidenden Punkt für die Raumgliederung aber hat Pausanias deutlich bezeichnet, wenn er ausdrücklich versichert, dass er die Altäre nicht in topographischer Folge, sondern in der Reihenfolge des monatlichen Rituals aufführt[24]. Schon er empfand also eine Diskrepanz zwischen einer Ordnung, die er als topographisch naheliegend angesehen hätte, und der Realität der kultischen Sequenz. Wenn man das rituelle Programm mit den schematisch erschlossenen architektonisch-monumentalen Räumen (Abb. 1) vergleicht, so ergibt sich eine entsprechend deutliche Diskrepanz. Der rituelle Raum der monatlichen Opferprozession ist ein eigenständiges räumliches System.

Ein anderes Ritual wurde von den Siegern der athletischen Agone vollzogen[25]. Sie brachten Opfer an Altären für je zwei Gottheiten dar: für Zeus und Poseidon, offenbar vor dem Zeus-Tempel; für Hera und Athena, an unbekanntem Ort, am ehesten vor dem

Rituelle Räume und politische Denkmäler

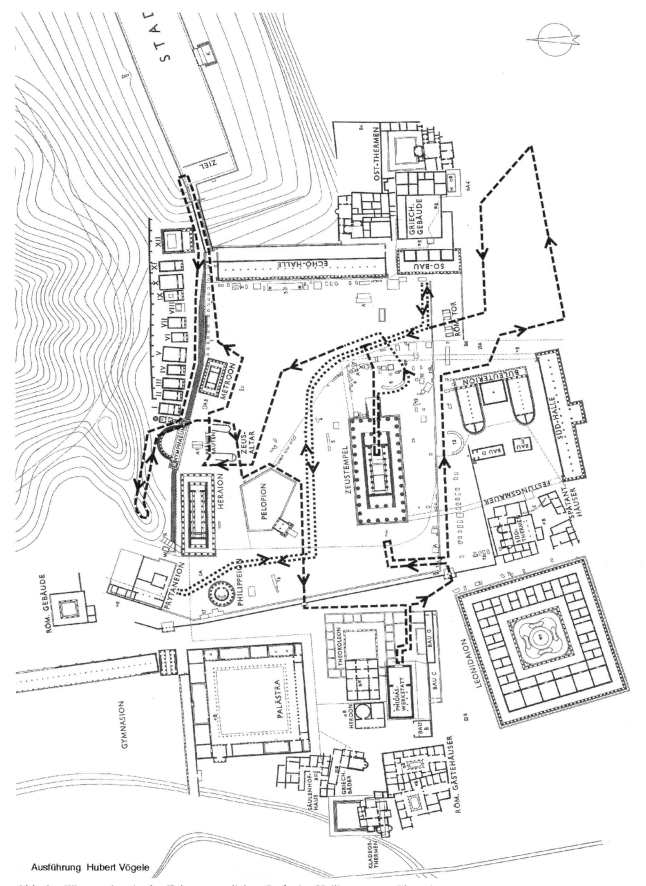

Abb. 3   Wegstrecken in der Folge monatlicher Opfer im Heiligtum von Olympia

Heraion; für Apollon und Hermes, gesichert vor dem Heraion; für Dionysos und die Chariten, beim Pelopion; für Artemis und Alpheios, wieder im Bereich des Zeus-Tempels; und für Kronos und Rhea, an unbekanntem Ort, möglicherweise in einer Lücke des Pausanias-Textes nach dem Altar für Zeus und Poseidon, d.h. ebenfalls nahe dem Zeus-Tempel, zu ergänzen. Es ist eine systematische Folge von Kulten, die zentrale Aspekte von Olympia betreffen: Zeus als Herrn des Heiligtums mit Poseidon, beide mit Beinamen Laoitas, Beschützer des männlichen (Krieger-)Volkes; Hera als Herrin der Altis mit Athena, die weiblichen Pendants der beiden männlichen Götter; Apollon und Hermes als Götter der athletischen männlichen Jugend; Dionysos und Chariten als Gottheiten der Festesfreude; Artemis und Alpheios als Mächte der naturhaften Umwelt; Kronos und Rhea als urtümliche Vorbesitzer des Ortes. Die gesamte Zahl der Kultstätten in Olympia stellte einen Fundus dar, aus dem man solche konzeptuellen Rituale zusammenstellen konnte. Wenn man sich allerdings die räumliche Konstellation der Altäre vor Augen führt, und sie gar hypothetisch im Sinn einer rituellen Folge miteinander verbindet, dann koinzidiert dieser rituelle Raum ebenso wenig mit der monumentalen Gliederung des Heiligtums wie bei der monatlichen Opferprozession.

Schließlich wurden die verschiedenen Kultstätten vor allem auch einzeln besucht. Diese individuellen Kulthandlungen ordneten sich gewiss in keiner Weise in das monumentale Konzept des Heiligtums ein. Besonders deutlich ist das bei dem Heiligtum der Artemis im Osten außerhalb der Altis, das nach Ausweis der vielen dort gefundenen Terrakotta-Votive zu den meistbesuchten Stätten von Olympia gehörte.

Ritualraum und Monumentalraum können somit weit auseinander gehen. Die rituellen Räume entstehen durch den Vollzug der rituellen Handlungen, im räumlichen Bezug der aktiven und passiven Teilnehmer zueinander. Konkrete Elemente des Heiligtums, vor allem Altäre, stellen gewissermaßen potentielle Kristallisationspunkte dar, um die solche Räume sich temporär realisieren – im Gegensatz zu den monumentalen Räumen, die dauerhaft angelegt sind und andere Funktionen haben.

5. Repräsentative Räume

Ganz anders dagegen wurden repräsentative Rituale inszeniert, die die festliche Anteilnahme von Zehntausenden von Besuchern, vor allem bei den großen Spielen, fanden. Hier wurde ein eindeutiger Bezug zwischen den monumentalen Räumen des Heiligtums und den rituellen Handlungen hergestellt. Feststraße und Festplatz waren für diese Aktivitäten von höchster kollektiver Öffentlichkeit als Räume der Repräsentation angelegt. Architektur und Monumente bildeten die Kulisse dafür (Abb. 1)[26].

Es ist bedauerlich, dass die Rituale, die hier vollzogen wurden, sich nicht in wirklicher Anschaulichkeit rekonstruieren lassen. Zum einen war es das große Opfer an dem hohen Aschenaltar, das am mittleren Tag des Festes den *religiösen* Höhepunkt bildete. Hier standen zunächst die kultischen Erfordernisse im Vordergrund[27]. Dabei wird man sich die Gemeinde (etwa halb-)kreisförmig um den Altar versammelt vorstellen, in dem sogenannten Theatron, mit erhöhten Schauplätzen im Osten auf dem Wall des Stadions, später ersetzt durch die Plattform der Echo-Halle, und im Norden auf der Terrasse der Schatzhäuser. Die repräsentativen Fassaden der beiden Tempel waren dafür nicht konzeptionell geplant, sondern ergaben aus schräger Perspektive nur akzidentiell einen Hintergrund.

Zu Beginn des Festes dagegen war der Einzug der Prozession mit den Festgesandtschaften der Poleis ein einzigartiges *repräsentatives* Schauspiel, das sich weitgehend in visueller Wirkung entfaltete[28]. Sie folgte der großen Feststraße, der *hiera hodos*, die von Südwesten auf das Heiligtum zulief, dann nach Norden abknickte und an der Front des Zeus-Tempels vorbei zum Großen Altar und zum Heraion führte. Dieser Weg wurde außerhalb der Altis zunehmend von Säulenhallen gesäumt, aus denen heraus die eintreffende Prozession im Schatten betrachtet werden konnte: Südseite des Leonidaion, Südstoa mit Mittelrisalit für vornehme Zuschauer, Vorhalle des Bouleuterion.

Am Ende des Festes schließlich fand die Ehrung der athletischen Sieger, als *zelebratives* Finale, in der Vorhalle des Zeus-Tempels statt[29]. Hier erhielt der agonale Ruhm der Athleten einen angemessenen architektonischen Rahmen.

Rituale und Orte waren somit in ihrem Charakter genau aufeinander bezogen: Je stärker der repräsentative und zelebrative Charakter der Vorgänge war, desto wirkungsvoller wurden sie in architektonisch gestalteten Räumen monumental inszeniert.

6. Räume der Bildwerke und Denkmäler

In diesem Zusammenhang hatten die Bildwerke eine prägnante Funktion. Bildwerke waren in der Antike durchweg auf die Orte und Räume ihrer Aufstellung bezogen. Sie erhielten ihre Bedeutung an ihren Orten und in ihren Räumen – und umgekehrt vermittelten sie ihren Orten und Räumen eine spezifische Bedeutung[30].

In Olympia ist der Bezug der Bildwerke auf die monumentalen und rituellen Räume des Heiligtums zwar noch in allgemeinen Zügen, jedoch nicht mehr in den zweifellos vielen spezifischen Konstellationen zu erkennen. Nur in wenigen einzelnen Fällen ist es gelungen, die zahlreichen Angaben des Pausanias über die Standbilder der Altis mit den gefundenen Resten von Basen oder Skulpturen zu verbinden. Dennoch lassen sich einige allgemeinere Strukturen der Bezüge von Bildwerken zu Räumen und Ritualen des Heiligtums erkennen.

Zanes-Statuen

Ein starker Bezug auf die Praxis der athletischen Agone liegt bei den so genannten Zanes-Statuen vor, die aus Strafgeldern von Athleten gefertigt waren, welche die Regeln der Wettkämpfe verletzt hatten[31]. Diese Standbilder, die vor der Terrasse der Schatzhäuser aufgereiht standen, wurden von Athleten und Zuschauern unmittelbar vor Betreten des Stadions wahrgenommen. Sie stellten dort eine deutlich warnende Aufforderung zur Achtung der Regeln dar – und bildeten damit eklatante Gegenstücke zu dem Altar des Kairos vor dem Eingang zum Stadion, der zusammen mit einem Kult des Hermes Enagonios das Glück des guten Gelingens im Agon heraufbeschwor[32]. Diese Bildwerke sind auf den religiös-funktionalen Raum des Heiligtums bezogen.

Athleten-Statuen

Ganz anders sind die Standbilder der athletischen Sieger verteilt. Sie werden von Pausanias auf einem eigenen Rundgang beschrieben, der von der Südost-Ecke des Heraions etwa der Feststraße entlang zum Süd-Eingang der Altis führte, dann den Zeus-Tempel umkreiste und bei der Säule vom Palast des Oinomaos endete (Abb. 4)[33].

Aufschlussreich sind zunächst die Standorte der frühen Siegerstatuen. Praxidamas aus Aigina und Rexibios aus dem opuntischen Lokroi, beide aus dem 3. Viertel des 6. Jahrhunderts, standen bei der Säule vom Palast des Oinomaos, das heißt im Bereich des Zieles des archaischen Stadions[34]. Für die Athleten bei den Wettkämpfen verkörperten sie also sehr konkret jenen Ruhm, den sie selbst erreichen wollten.

Die folgenden, sehr zahlreichen Standbilder vom ausgehenden 6. bis zum mittleren 5. Jahrhundert konzentrierten sich stark vor dem Zeus-Tempel[35], das heißt in einem Bereich, in dem vor allem die Zeremonien der Siegerehrungen zwischen dem Südost-Bau, wohl damals dem Prytaneion, und der Front des Tempels ausgerichtet wurden. Für ihre Wirkung ist es von Bedeutung, dass sie in der Regel nicht die Lebensgröße überstiegen[36], also eher für die Wahrnehmung aus der Nähe bestimmt waren: das heißt, nicht so sehr als gewaltige Kulisse für die Zuschauer auf dem Wall, sondern als bronzene und steinerne Mitglieder der Festgemeinschaft. Hier waren die Standbilder der früheren Sieger einerseits gewissermaßen ideale Zuschauer der Rituale, andererseits stellten sie wiederum sehr konkret jene Gruppe von ruhmreichen Athleten dar, in die die aktuellen Sieger nun mit den Siegerehrungen aufgenommen wurden[37].

Als dann seit dem späten 5. und 4. Jahrhundert der Platz vor dem Zeus-Tempel eng wurde, wurde die Aufstellung der Athletenstatuen vor allem in zwei Richtungen ausgeweitet: zum einen entlang dem Festweg bis zum Hera-Tempel, zum anderen an den Seiten des Zeus-Tempels vorbei bis zur rückwärtigen Front, wo der Ölbaum stand, von dem die Siegeskränze geschnitten wurden[38]. Damit wandten die Statuen sich, wiederum gewissermaßen als ideale Zuschauer, vor allem an die Teilnehmer der Prozessionen und der Siegesrituale, denen sie den Glanz früherer Sieger vor Augen stellten und dadurch zugleich einen Ansporn für die Wettkämpfe des aktuellen Festes bedeuteten.

Der zelebrative Charakter der Athletenstatuen hat dazu geführt, dass ihre Aufstellung sich relativ stark an den Gliederungen der monumentalen und

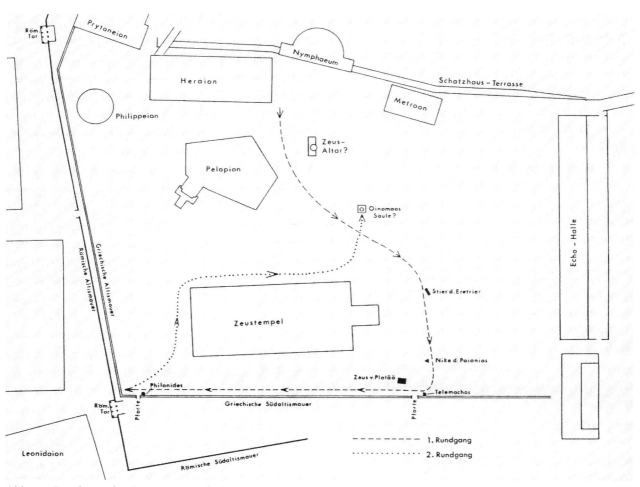

Abb. 4 Rundgang des Pausanias mit Aufzählung der Athletenstatuen

repräsentativen Räume orientierte: Zeus-Tempel, Festweg. Dabei wurden die Standbilder z. T. nach Gesichtspunkten zusammengestellt, die den Ruhm in einer bezeichnenden Weise konzentrierten und steigerten[39]. Zum einen standen die Athleten einzelner *Städte* beieinander: etwa die Sieger von Sparta, mit dem Viergespann der Kyniska als Höhepunkt, im Südosten des Heraions nahe dem großen Altar[40]; und besonders eindrucksvoll das Viergespann des Gelon von Syrakus mit den Standbildern des Philon von Kerkyra und des Glaukos von Karystos, die dem syrakusanischen Herrscher verbunden waren[41]. Zum anderen kumulierten die Statuen von Siegern aus bestimmten *Familien* im Lauf der Zeit zu Gruppenmonumenten großer Athletendynastien: am berühmtesten die Bildnisse der Diagoriden von Rhodos, mit insgesamt fünf, z. T. mehrfachen Siegern aus drei Generationen[42]. Schließlich war es auch beliebt, Sieger in bestimmten *athletischen Disziplinen* nebeneinander aufzustellen: Pausanias lässt Konzentrationen einerseits von berühmten Boxern, Ringern und Pankratiasten, andererseits von gefeierten Läufern erkennen[43]. Auf diese Weise konnten auch Athleten aus Städten, die nur einzelne Sieger aufzuweisen hatten, in einen Verbund eingegliedert werden. Vor allem aber wurden dadurch Ruhmesleistungen gewissermaßen kommensurabel gemacht. Vergleichbarkeit ist die Voraussetzung jeder Konkurrenz und jeden Ruhmes. In den Clustern vergleichbarer athletischer Disziplinen wurde der Ruhm der Athleten zugleich kollektiv gesteigert und individuell differenziert: Der einzelne Sieger demonstrierte einerseits Zugehörigkeit zur Gruppe der Ruhmreichen, und wurde andererseits am Maßstab der Mitkonkurrenten gemessen. Es ist eine kompetitive Raumordnung, in der Konkurrenz und Ruhm von Athleten, Familien und Städten ausgetragen wurden.

Ehrenstatuen

Wieder anders stellt sich die Situation bei der weiteren Gruppe von Standbildern dar, die zur Ehre berühmter Zeitgenossen in Olympia errichtet wurden: für den Staatsmann Lysander, den Redner Gorgias und manchen anderen[44]. Es wäre höchst aufschlussreich, die genauen topographischen Kontexte der Aufstellung solcher Ehrenbildnisse zu kennen: wo sie gestanden haben, neben welchen anderen Denkmälern, in welchen hierarchischen Relationen, zu welchen potentiellen Betrachtern gewendet? An anderen Orten, etwa im Heiligtum von Delphi oder auf der Agora von Athen, ist es deutlich, dass aus solchen Gesichtspunkten ein komplexes System von Kriterien, Usancen und Regeln der Aufstellung von Ehrenbildnissen entstand, das sehr wesentlich deren Bedeutung mitprägte[45].

In Olympia ist die Situation gut an dem monumentalen Anathem zu erkennen, das der Admiral Kallikrates für die Herrscher Ptolemaios II. und Arsinoe II. errichtete. Vor dem Podest für die Echo-Halle wurden die beiden Machthaber auf hohen Säulen über einem Sockel am Rand des Opfer- und Festplatzes ca. 10 m in die Höhe gehoben: als höchst platzierte Betrachter der Festrituale – und zugleich als, ganz wörtlich, höchst angesehene Schutzherren des Heiligtums[46]. Hier wird eine grundsätzliche Ambivalenz deutlich, die aller Repräsentation, im Bildwerk wie in lebender Person, eigen ist: Bedeutende Teilnehmer an Kulthandlungen, etwa Themistokles in Olympia[47] oder die römischen Kaiser auf dem Kapitol, sind immer zugleich aktive Verehrer der Gottheit und passive Gegenstände von Bewunderung und Verehrung. Diese Ambivalenz von religiöser Hinwendung und Einforderung von Anerkennung, von Teilnahme am Kult und Anspruch auf Dominanz kommt im Denkmal der Ptolemaier prägnant zur Anschauung: einerseits der Bezug auf den rituellen Raum des Altars, andererseits auf den monumentalen und repräsentativen Raum der Kulisse von geplanter Echo-Halle und Stadion-Wall.

Die vielen in Olympia aufgefundenen Fundamente für Standbilder lassen meist keine Unterscheidung zwischen Ehrenstatuen und anderen Bildwerken zu. Nur die länglichen Basen von Reiterstandbildern sind eindeutig zu bestimmen[48]. Sie lassen drei wichtige Zonen von Ehrenstatuen erkennen: zum einen auf dem Vorplatz des Zeus-Tempels, der als Ort für politische Ehrungen besonders begehrt war (s. unten); sodann vor dem Podest der Echo-Halle, zu Seiten des Ptolemaier-Denkmals, also ebenfalls in einer Position privilegierter Zuschauer und zugleich dominanter Teilnehmer, die die Blicke der wirklichen Besucher auf sich zogen; schließlich am Zugangsweg südlich der Altis-Grenze, wo eine lange Reihe von Reiterfiguren ein eindrucksvolles Spalier für die Ankommenden bildet. Nur im Raum vor und um den Zeus-Tempel vermischen sich die Standbilder der Athleten und der Staatsmänner. Im übrigen aber scheinen die Bereiche einigermaßen deutlich gegeneinander abgesetzt gewesen zu sein: Die athletischen Sieger standen im zentralen Raum der agonalen Rituale, an der Feststraße und um den Zeus-Tempel, die Männer der Politik dagegen am Rand der repräsentativen Zugänge und des zentralen Platzes.

Politische Denkmäler

Schließlich die großen politischen Monumente, errichtet zur Verherrlichung eigener Leistungen und Ansprüche von Städten wie Elis oder Sparta, politischen Bünden wie den Achaiern oder den Bundesgenossen gegen die Perser, Monarchen wie Philipp und Alexander, ambitionierten Individuen wie Mikythos und Phormis. Auch sie hatten ihre spezifischen Räume: zwar nicht abgegrenzt in einem rein politischen Raum, sondern durchsetzt von anderen Bildwerken und Votiven, aber doch mit eigenen räumlichen Strukturen. Pausanias beschreibt sie auf zwei Umgängen, zunächst die Zeus-Bilder, dann die übrigen, meist mehrfigurigen Anatheme. Die Standbilder des Zeus standen alle, bis auf eine oder zwei relativ späte Ausnahmen, im Raum um den östlichen Teil des Zeus-Tempels: vom Weihgeschenk der Apolloniaten im Süden bis zu den Statuengruppen des Mikythos im Norden und anderen Bildwerken nahe beim Pelopion[49]. Die frühesten wurden bereits seit dem späten 6. Jahrhundert errichtet, früher als der Tempel, am berühmtesten der kolossale Zeus des Hellenen-Bundes nach dem Sieg von Plataiai 479 v. Chr.[50] Ähnliches gilt für die anderen großen Statuenweihungen, die sich in demselben Raum, bis zum Weihgeschenk des Phormis westlich des Pelopion, hinzogen[51]. Hier lag also bereits vor dem Bau des Zeus-Tempels eine Zone der Politik und der Krieges, der Tempel gab diesem Bereich dann einen angemessenen monumentalen Akzent. Daran knüpft sich die alte

Frage an, für die noch keine Lösung in Sicht ist, wie diese Zone vor dem Bau des Tempels kultisch und symbolisch markiert war. Jedenfalls aber waren diese Denkmäler in der Regel auf die großen Wege ausgerichtet, auf denen die Rituale in dieser Zone vollzogen wurden: die Statuengruppe der Apolloniaten auf den Zugang im Süden, die Denkmäler des Phormis und des Mikythos auf den Weg an der Nordseite, und vor allem die Monumente der Achäer, des Praxiteles und so fort auf die parallelen Wege vor der Ostfront des Tempels.

Von großer Bedeutung ist zudem, dass diese politischen Denkmäler, anders als die Siegerstatuen der Athleten, seit früher Zeit monumentales Format erreichen konnten, so nicht nur der 10 Ellen, d. h. ca. 4,40 m hohe Zeus von Plataiai, sondern auch die Nike der Messenier und Naupaktier, die mit ihrer Eigenhöhe von etwa 2,5 m auf einem knapp 9 m hohen Pfeiler schwebte[52]. Solche Monumente waren auf Sicht aus der Distanz, das heißt für die Zuschauer vor dem Südost-Bau und auf dem geböschten Stadionwall berechnet, zunächst freistehend, dann auf die Kulisse des Tempels bezogen.

Wiederum sind nur in den wenigsten Fällen die von Pausanias beschriebenen politischen Monumente mit erhaltenen Fundamenten zu verbinden oder sonstwie genauer zu lokalisieren. Daher bleiben ihre spezifischen Konstellationen weithin unklar. In Delphi ist es besser erkennbar, wie die politischen Denkmäler von Athen, Argos, Sparta und vielen anderen Städten ein dichtes Netz von politischen Bezügen ergaben, in denen Machtkämpfe über Jahrhunderte zu verfolgen sind[53]. Für Olympia kann die Nike der Messenier und Naupaktier zeigen, dass die Verhältnisse kaum sehr viel anders waren[54]: Sie bezog sich auf jenen spektakulären goldenen Siegesschild, den die Spartaner 457 v. Chr. nach dem Sieg über Athen bei Tanagra über dem First des Zeus-Tempels angebracht hatten. Diese Niederlage war von Athen 425 v. Chr. in der Schlacht bei Sphakteria wettgemacht worden, und die messenischen und naupaktischen Verbündeten Athens stachen daraufhin mit ihrem Denkmal den gemeinsamen Feind aus. Die Betrachter sahen diese polemische Konstellation als ein distanziertes politisches Schaubild – und manche mochten sich daran erinnern, dass in Delphi wenig zuvor bzw. gleichzeitig zwei ähnliche Siegespfeiler errichtet worden waren, während die Spartaner die Erinnerung an das olympische Monument so sehr als Stachel mit nach Hause nahmen, dass sie noch zwei Jahrzehnte später den abschließenden Sieg über Athen 405 v. Chr. auf ihrer heimischen Akropolis mit zwei entsprechenden Nike-Denkmälern feierten[55].

Agonale Competition und politische Repräsentation setzen Ordnungen voraus, in denen sie sich entfalten – und schaffen ihrerseits Ordnungen, in denen sie zur Evidenz kommen. Wenn Competition und Repräsentation in den *visuellen* Medien von Bildwerken und Ritualen ausgetragen werden, sind es Ordnungen des konkret erlebten und visuell erfassbaren Raumes.

Competition mit Bildwerken und visuellen Symbolen erfordert räumliche Zuordnung, die den Vergleich möglich macht; Repräsentation setzt eine vorgängige Zuordnung der Denkmäler auf die Betrachter und ihre spezifischen Situationen voraus. Dabei ergeben sich sowohl zwischen den Denkmälern untereinander wie zwischen Denkmälern und Betrachtern hierarchische Bezüge, die als räumliche Ordnung, in Format und Konstellation zur Anschauung gebracht werden.

In diesem Sinn entfalten die Siegerstatuen, Ehrenbildnisse und politischen Denkmäler ihre Wirkung in kompetitiven und repräsentativen Räumen. Es ist verständlich, dass diese Räume z. T. mit den monumentalen Räumen zusammenfallen. Wie die Rituale, so erhalten die Bildwerke und Denkmäler, je höher ihr repräsentativer Anspruch ist, in den architektonisch gestalteten Räumen eine wirkungsvolle Monumentalität.

7. Schluss

Kultureller Raum ist mehr als eine objektiv messbare Vorgabe kulturellen Lebens. Er ist ein Konstrukt menschlicher Kultur: Jede Gesellschaft entwickelt ihre spezifischen Räume für ihre spezifischen Lebensformen und Verhaltensweisen. Die kulturellen Räume sind einerseits die Dimensionen und insofern Ergebnisse kulturellen Handelns, andererseits zugleich die prägenden Voraussetzungen und Determinanten kultureller Handlungen.

Kultureller Raum ist kein einheitliches Konzept, das alle Sektoren des kulturellen Lebens gleichermaßen erfasst, prägt und dominiert. Welche gewaltsamen

Folgen das Postulat eines allumfassenden Raumbegriffs haben kann, hat etwa die archäologische 'Strukturforschung' mit ihrem 'römischen' Raumbegriff demonstriert. Das Beispiel von Olympia zeigt an einem kleinen Ausschnitt, dass sogar im Rahmen eines einzelnen, klar begrenzten topographischen Kontexts sehr verschiedene Raumvorstellungen zur Geltung kommen können, je nachdem, ob es um Bauwerke und Monumente, um Topographie von Kultstätten, um Rituale, um agonale Competition oder um politische Repräsentation geht. Ein differenziertes Bild ergibt sich gerade aus dem Mit- und Gegeneinander der verschiedenen Raumkonzepte. Dabei soll die wissenschaftliche Differenzierung nicht zu diffuser Vielzahl von Phänomenen führen, sondern zur klärenden Unterscheidung der verschiedenen Funktionen und semantischen Bedeutungskomplexe beitragen.

Die größten Diskrepanzen in Olympia zeigen sich zwischen religiösen und rituellen Räumen einerseits und monumentalen, repräsentativen und kompetitiven Räumen andererseits. Darin kommt eine grundsätzliche Ambivalenz griechischer Religion zum Ausdruck: Sie ist einerseits auf die Gottheit ausgerichtet und setzt andererseits die menschliche Gesellschaft bzw. ihre Protagonisten in Szene. Neuerdings wird zu Recht betont, dass dies in der Antike keinen Gegensatz bedeutet[56]: Beides sind zwei Seiten derselben Medaille. Aber eben doch zwei Seiten. Denn die Diskrepanz ist nicht nur aus neuzeitlicher christlicher Perspektive konstruiert, sondern bereits in der Antike zum Ausdruck gebracht und zum Thema gemacht worden. Wenn beim antiken Tieropfer die Götter nur Knochen und Fett erhielten, die guten Fleischteile dagegen unter die menschliche Festgemeinschaft – abgestuft nach religiösem und sozialem Rang – verteilt wurden, so entsteht hier ein Konflikt, der bereits im antiken Mythos von Prometheus zum Thema gemacht wurde[57]. Und wenn zu der spektakulären Weihung einer goldenen Bildnisstatue des Redners Gorgias explizit in einer Inschrift versichert wird, sie solle nicht den Reichtum des Dargestellten rühmen, sondern seine Verehrung des Gottes demonstrieren, so geht es um dieselbe Ambivalenz zwischen der Ehre von Göttern und Menschen[58].

Die griechische Religion spielte sich immer auf einem schmalen Grat zwischen Verehrung der Gottheit und Selbstbestätigung der menschlichen Gemeinschaft ab. Wahrscheinlich gilt das mehr oder minder ausgeprägt für viele oder gar alle Religionen. Ein interkultureller Vergleich würde aber innerhalb dieses allgemeinen Rahmens zweifellos starke Unterschiede zwischen einzelnen Religionen und Epochen ergeben. Die spezifische Ambivalenz der griechischen Religion zwischen Kult und Repräsentation wird in den heterogenen Räumen des Heiligtums von Olympia manifest.

1. Die Anregung zu der Frage nach der Organisation der Räume im Heiligtum von Olympia wurde mir von Helmut Kyrieleis gegeben, dem ich herzlich dafür danke, dass er mich dadurch in den Kreis des Olympia-Symposions einbezogen hat.

2. K. A. Doxiadis, Raumordnung im griechischen Städtebau (1937), zu Olympia 65 ff.

3. G. von Kaschnitz-Weinberg, Mittelmeerische Kunst (1965) 390 ff. 504 ff. B. Schweitzer, Das Problem der Form in der Kunst des Altertums, in: U. Hausmann (Hrsg.), Allgemeine Grundlagen der Archäologie. Handbuch der Archäologie (1969) 187.

4. Die allgemeine Kulturwissenschaft hat in neuerer Zeit vielfältige Ansätze zu anthropologischen und historischen Raumtheorien entwickelt. Für eine kritische Einführung im Rahmen der Klassischen Archäologie s. demnächst A. Haug in einer Dissertation über Städte in Norditalien zwischen Spätantike und frühem Mittelalter. – Die Überlegungen von A. Papageorgiou-Venetas, Der Heilige Bezirk des Apollo auf Delos. Versuch einer stadtgestalterischen Betrachtung, Thetis 5/5, 1999, 153 ff., führen trotz ähnlicher Ziele wie die hier vorgelegte Skizze in andere Richtung.

5. Pausanias 5,14,1–5,15,12. Dazu ist durchweg der sorgfältige und ergiebige Kommentar von G. Maddoli und V. Saladino, Pausania. Guida alla Grecia V: L'Elide e Olimpia (1995) heranzuziehen (im Folgenden nur in besonders strittigen Fällen zitiert).

6. Dazu E. Curtius, Die Altäre von Olympia. AbhBerlin 1881 (1882). K. Wernicke, JdI 9, 1894, 88 ff. W. Dörpfeld, Olympia I (1897) 83 ff. L. Weniger, Klio 9, 1909, 291 ff.; ders., Klio 14, 1915, 398 ff.; ders., Klio 16, 1920, 1 ff.

7. Pausanias V 13,8–11.

8. Pausanias V 14,4–5. mit Kommentar von Maddoli und Saladino. Zum Altar für Zeus Laoitas und Poseidon Laoitas s. den (unsicheren) Versuch der Lokalisierung bei Weniger, a. O. (1909) 302 und (1915) 402 ff.

9. Pausanias V 14,6–7.

10. Pausanias V 14,8 und 10.

11. Pausanias V 15,10.

12. Pausanias V 15,3.

13. Pausanias V 15,7–8. Apollon Thermios nach Weniger a. O. (1915) 443 vor allem auch für den olympischen Gottesfrieden zuständig..

14. Pausanias V 15,5–6.

15. Alpheios: Pausanias 5,14,6. Pan: Pausanias V 15,8–9.

16. Pausanias V 14,8–9.

17. Alpheios: Pausanias V 14,6. Kladeos: Pausanias V 15,7. Ein Ausgang nach Westen in Richtung zum Kladeos befand sich wohl schon früh in der Nähe des Prytaneions.

18. Pausanias V 14,10.

19. Pausanias V 15,6. Zwei Altäre für Artemis wurden aufgefunden: H. Gropengiesser, Two Altars of Artemis at Olympia, in: R. Hägg – N. Marinatos – G. C. Nordquist (Hrsg.), Early Greek Cult Practice (1988) 125 f.

20. A. Mallwitz, Gymnasium 88, 1981, 97 ff.; U. Sinn, Olympia. Kult, Sport und Fest in der Antike (1996) 54 ff.

21. Pausanias V 14,4–V 15,12. Dazu die Lit. in Anm. 6.– Die Forschung hat zumeist die These von Wernicke a. O. (Anm. 6) 97 übernommen, dass das Ritual in zwei getrennten Umgängen, vormittags und nachmittags mit einer Mittagspause, jeweils mit Beginn und Ende am Prytaneion vollzogen worden sei. Die Beweisführung dafür ist schwächer, als die Einmütigkeit der Akzeptanz erwarten lässt: Nach dem Opfer auf dem Gaion (Pausanias V 14,10) hätte man im Anschluss an die Pause wieder beim großen Zeus-Altar begonnen, was einen viel komplizierteren und unwahrscheinlicheren Weg zur Folge hätte, als wenn man direkt vom Gaion aus dorthin zog. Selbstverständlich mag man annehmen, dass das Kultpersonal irgendwann um die Mittagszeit eine Tiropita zu sich genommen hat – aber das hat keine Zäsur in zwei getrennte Prozessionen ausgemacht. Auch eine systematische Trennung in ältere Kulte innerhalb der Altis am Vormittag und andere Kulte außerhalb derselben am Nachmittag (Wernicke a. O. 100 f. Weniger a. O. [1909] 292 f.) lässt sich nicht sinnvoll durchführen (Wernicke a. O. 100 f. und Weniger a. O. 300 räumen selbst Ausnahmen ein). Für Hilfe bei den Fragen des Prozessionsweges danke ich Ulrich Sinn.

22. Zu dem Problem der (wechselnden?) Lokalisierung s. I. D. Kontis, Το ιερον της Ολυμπιας κατα τον αιωνα Δʳ π. Χ. (1958) 25 f. Mallwitz a. O. 97 ff., bes. 120 ff.; Sinn a. O. 79 f. Anders St. G. Miller, The Prytaneion (1978) 235–239.

23. Pausanias V 15,10.

24. Pausanias V 14,4 und 10.

25. Scholion zu Pindar Ol. 5,10. Apollodoros II 7,2. Herodoros, FGrHist I 222, fr. 34. Weniger a. O. (Anm. 6 [1915]) 401 ff. Die religiöse Systematik dieses Rituals kann hier nicht näher ausgeführt werden; die folgende Charakterisierung der Gottheiten soll nur grundsätzlich sichtbar machen, dass hier ein 'theologisches' Konzept vorliegt.

26. In letzter Zeit vor allem von Sinn a. O. passim hervorgehoben.

27. RE 18,1 (1939) 10–29 s. v. Olympia (L. Ziehen).

28. RE a. O. 18.

29. RE a. O. 27–229.

30. Wichtiger Vorstoß in diese Richtung: K. Stemmer, Standorte – Kontexte und Funktionen antiker Skulptur (1995).

31. Pausanias V 21,2–18. Aufgefundene Basen: Dörpfeld a. O. (Anm. 6) 85.

32. Pausanias V 14,9.

33. Pausanias VI 1–18. Dazu H.-V. Herrmann, Nikephoros 1, 1988, 119 ff.; F. Rausa, L'immagine del vincitore (1994) 39 ff.

34. Pausanias VI 18,7. Wenn St. Millers Rekonstruktion zutrifft (s. in diesem Band 239 ff.), lagen auch Start und Ziel des archaischen Hippodroms in dieser Gegend. Praxidamas und Rexibios waren allerdings Boxer bzw. Pankratiast, stellten also nicht spezielle Vorbilder für die Läufer im Stadion – und gegebenenfalls die Reiter und Wagenfahrer im Hippodrom –, sondern allgemeine Exempel agonalen Ruhmes dar.

35. s. die Daten der Sieger in der Liste bei Herrmann a. O. 151 ff.

36. Die bei Lukian, Pro imaginibus 11 überlieferte Regel, dass Statuen athletischer Sieger in Olympia nicht überlebensgroß sein durften, trifft vielleicht nicht strikt zu: R. Krumeich, Bildnisse griechischer Herrscher und Staatsmänner im 5. Jh. v. Chr. (1997) 204 f. mit Verweis auf die Basis des Kallias, auf der die Fußspuren eine Höhe von ca. 2,50 m erschließen lassen. Für den Hinweis danke ich N. Himmelmann.

37   Ehrenstatuen als 'ideale Zuschauer': H. Siedentopf, Das hellenistische Reiterdenkmal (1968) 36.
38   Pausanias VI 1 ff.
39   Zum Folgenden s. die weiterführende Untersuchung bei Rausa a. O. 39 ff.
40   Pausanias VI 1,6 – VI 2,1; Rausa a. O. 43 f.
41   Pausanias VI 9,4 – VI 10,1; Rausa a. O. 46 f.
42   Pausanias VI 7,1 – 2 ; Rausa a. O. 44 ff.
43   Rausa a. O. 48 ff.
44   Lysander: Pausanias VI 3,14 – 15; Krumeich a. O. 160 f. 254 Kat. S 1. – Gorgias: IvOl Nr. 293; Pausanias VI 17,7; Krumeich a. O. 215; Chr. Löhr, Griechische Familienweihungen (2000) 83 – 85.
45   Zu Athen s. die Quellen bei R. E. Wycherley, The Athenian Agora III. Literary and Epigraphical Testimonia (1957) 207 ff.
46   W. Hoepfner, Zwei Ptolemäerbauten. 1. Beih. AM (1971) 11 ff.; M. Jordan-Ruwe, Das Säulenmonument (1995) 15 ff.
47   Plutarch, Themistokles 17.
48   Siedentopf a. O. (Anm. 37) 34 ff. 89 ff. Nr. 1 – 64.
49   Pausanias V 22,1 – V 24,8. Der Zeus der Kynaithäer beim Eingang zum Stadion (V 22,1) bezog sich auf das Podest für die Wettkämpfe der Herolde und Trompeter, die erst 396 v. Chr. eingeführt wurden, war also relativ spät und aus einem spezifischen Grund dort aufgestellt worden, vgl. Maddoli – Saladino a. O. (Anm. 5) 320 f. Der noch spätere Zeus des Mummius (5,24,8) »an der Altis-Mauer« ist nicht genau zu lokalisieren.
50   Herodot 9,81. Pausanias V 23,1 – 3; W. Gauer, Weihgeschenke aus den Perserkriegen. 2. Beih. IstMitt (1968) 96 f.; F. Eckstein, Anathemata (1969) 23 ff.
51   Pausanias V 25,1 – 10; Eckstein a. O. 15 ff.; Chr. Ioakimidou, Die Statuenreihen griechischer Poleis und Bünde aus spätarchaischer und klassischer Zeit (1997) Nr. 10. 13. 16. 18.
52   Olympia II (1892) 153 ff. (K. Purgold); III (1897) 183 ff. (G. Treu); K. Herrmann, JdI 87, 1972, 232 ff.; T. Hölscher, JdI 89, 1974, 70 ff.
53   F. Bommelaer – D. Laroche, Guide de Delphes. Le site (1991) 103 ff. Nr. 105. 108 – 114 ; Ioakimidou a. O. Nr. 1 – 3. 5 – 9. 11 – 12. 14. 21 – 23.
54   Zum Folgenden Hölscher a. O. 72 ff.
55   Pfeiler Delphi: Bommelaer – Laroche a. O. 233 f. Nr. 348 – 349. Niken Sparta: Pausanias 3,17,4.
56   s. N. Himmelmann, in diesem Band 91 ff.
57   W. Burkert, Griechische Religion der archaischen und klassischen Epoche (1977) 103 f.
58   IvOl Nr. 293.

Abbildungsnachweis:

Abb. 1 und 3: nach Plan von A. Mallwitz, AA 1971, 151ff., Abb. 3. Überarbeitung von H. Vögele.

Abb. 2: Plan von U. Sinn, Zeichnung J. Denkinger. Ich danke U. Sinn für die Überlassung der Vorlage.

Abb. 4: Plan nach H.-V. Herrmann, Nikephoros 1, 1988, 132.

Nikolaos Yalouris

Elis, die Wiege der Olympischen Spiele, im Lichte neuer Ausgrabungsergebnisse

Der Stadtstaat Elis hat bis heute die Forschung nur am Rande beschäftigt, weil die Ausstrahlung von Olympia, des wichtigsten Heiligtums von Elis, nahezu alles Interesse absorbiert hat.

Die antike Stadt Elis lag rund 60 km nördlich von Olympia und breitete sich aus in einer weiten und fruchtbaren Ebene in der Nordwest-Peloponnes, in der Gegend, wo zwischen dem Peneios-Fluss und dem Kaloskopi-Hügel – heute Ajannis und ehemals die Akropolis – die Dörfer Paliopoli, Buchioti und Kalywia liegen. Schon früh vermischten sich zahlreiche griechische Stämme mit der älteren vorhellenischen Bevölkerung in der Umgebung von Elis und der Pisatis. Abkömmlinge aus Achaia, Arkadien, Aitolien, Phokis, Böotien, Attika, Kreta und Kleinasien brachten die Gepflogenheiten ihrer Vorfahren in die neue Heimat, ihre Kulte und Traditionen, so dass bereits in den Anfängen der historischen Zeit die Voraussetzungen geschaffen waren für das Entstehen einer panhellenischen Geisteshaltung.

So nimmt es nicht Wunder, dass sich in Elis, Heimat uralter Kulte – der Götter Kronos, Zeus, Hera, Demeter, Plouton, Dionysos sowie der Heroen Prometheus, Deukalion, Herakles – und Stätte mit panhellenischem und multikulturellem Charakter, das Heiligtum von Olympia unter dem weisen Wirken von Priestern und Wahrsagern zum Mittelpunkt des panhellenischen Athletentums schlechthin entwickeln konnte[1].

Ich übergehe die verwaltungstechnischen Eigenheiten des Stadtstaates Elis – sie sind andernorts vor kurzem dargestellt worden – möchte aber betonen, dass sein primäres Anliegen während der über tausendjährigen Olympiade – abgesehen von ganz wenigen Unterbrechungen – die Organisation, die Vorbereitung und die Beaufsichtigung der olympischen Spiele war. Wir müssen uns in Erinnerung rufen, dass die Athleten, die in Olympia antreten wollten, sich obligatorisch zunächst für einen Monat in Elis aufhalten mussten. Dort wurde geprüft, ob sie die Teilnahmebedingungen erfüllen, dort wurden sie nach Alter und Sportart in Mannschaften aufgeteilt. Im übrigen trainierten sie während dieser Zeit, bis sie dann im Festzug nach

Olympia zogen. Die Wettkämpfe dauerten in der klassischen Zeit ungefähr fünf Tage. Alle anderen Aktivitäten des staatlichen Apparates, die politischen, verwaltungstechnischen, gerichtlichen und kommunalen wurden den Gemeinden anheimgestellt, die damals ein hohes Maß an Autonomie besaßen. Erst nach dem zweiten Synoikismos von Elis im Jahre 471 v. Chr.[2] scheint die Unabhängigkeit der Gemeinden von der Hauptstadt beschnitten worden zu sein. Doch wie uns Polybios IV 73, 6-10 bestätigt, wurde die alte Dezentralisierung, mit der man der Landflucht begegnen wollte, dabei aber nicht aufgegeben.

Die absolute Priorität, die Elis der tadellosen Durchführung der Spiele beimaß, spiegelt sich im Bild der Agora und des angrenzenden Bereiches, wo die Gebäude standen, die ausschließlich mit den Wettkämpfen verbunden waren, wie das Hellanodikaion, die Stoa der Hellanodiken und – westlich der Agora – die beiden Gymnasien und die Palaistra. Sogar die Agora selbst wurde Hippodrom genannt, weil dort, wie uns Pausanias VI 24, 2 mitteilt, die Eleer ihre Pferde trainierten.

Auffallend ist das völlige Fehlen von Verwaltungs- und Staatsbauten in der Agora, selbst das Bouleuterion war untergebracht in einem der Gymnasien, dem Lalichmion (Paus. VI 23, 7). Die Gymnasien sowie die Palästra waren im übrigen wenigstens drei Jahrhunderte älter als die von Olympia, die aus dem 3. bzw. aus dem 2. Jh. stammen. Sie waren seit dem 5. Jh. in Betrieb und wurden von Xenophon (Hell. C 2, 27) als καλά (gut, monumental) charakterisiert. Die zukünftige Aufdeckung wird zeigen, wann sie genau entstanden sind und welchen Einfluss sie hatten auf die Gestaltung dieses Gebäudetyps, in dem sowohl das Ideal des Athletentums entwickelt wurde als auch der edle Wettstreit auf allen Ebenen des menschlichen Tuns.

Die Lebensgrundlage der Eleer, die nahezu ausschließlich in der Landwirtschaft und der Viehzucht lag, die Ordnung und der Friede, die herrschten, weil das Land als heilig und unantastbar galt, bescherten den Einwohnern über manches Jahrhundert einen äußerst hohen Lebensstandard.

Gerade aber wegen des Eifers, mit dem sich die Eleer der Landwirtschaft widmeten, verbreitete sich in der jüngeren Forschung die Meinung, dass in diesem Land weder die Wissenschaft noch die Kunst besondere Leistungen hervorgebracht hätten. Die zunehmende Kultivierung des elischen Bodens, die wachsende Bautätigkeit und die großen Infrastrukturprojekte haben aber in den letzten Jahrzehnten, vor allem seit 1950, zahlreiche Ausgrabungen erforderlich gemacht.

Gemeint sind hier natürlich nicht die systematischen und beispielhaften Ausgrabungen des DAI in Olympia. Die jüngsten Untersuchungen in Elis, wenn auch durchgeführt nur im Rahmen von Notgrabungen, bieten jedoch neue Hinweise auf die kulturellen Gegebenheiten in der Antike und offenbaren uns ein völlig anderes Bild. Ich beschränke mich auf eine kurze Darstellung der Forschungen in der Stadt Elis selbst. Die Ausgrabung, die ich dort im Auftrag des Kultusministeriums und der Archäologischen Gesellschaft seit 1960 vornehme – mit kleinen Unterbrechungen wegen der dürftigen finanziellen Ausstattung – konzentrierte sich anfangs auf die weitere Aufdeckung der bereits vom Österreichischen Archäologischen Institut unter Otto Walter festgestellten Denkmäler der Agora sowie des anschließenden Theaters.

Aus dem Bereich der Agora und des Theaters hatten wir bedeutende Kleinfunde, vor allem die aus den submykenischen Gräbern, aber auch aus früheren und späteren Epochen (Abb. 1-4. 6). Die Agora beherrschte die Stadt (Abb. 8. 9), und da sie sich auf deutlich höherem Niveau ausbreitet, wurde sie auch nicht beizeiten von Erdreich überdeckt, mit dem Resultat, dass ihre Bauten über Jahrhunderte dem Steinraub der Bewohner der umliegenden Siedlungen preisgegeben waren – in einer Gegend, die als ἠμαθόεις, »sandig« bekannt ist und kaum Stein bietet.

Aus diesem Grunde ist von den Bauten der Agora in der Hauptsache nur mehr die unterste Fundamentschicht erhalten und auch die in zerstörtem Zustand. Im Gegensatz dazu hatte die Stadt Elis das Glück, dass sie – wie das Heiligtum von Olympia – schon früh bis auf eine Höhe von 4 bis 7 m überdeckt wurde mit Erdreich, das von dem Hügel der Akropolis herabgeschwemmt wurde. Es sind vor allem diese Ablagerungen, die zur Rettung von vielen Bauten beigetragen haben.

In der Stadt selbst wurden Ausgrabungen notwendig – großzügig finanziert vom Ministerium für öffentliche Bauten und beaufsichtigt vom Antikendienst – vor allem wegen des Bewässerungssystems, das

Abb. 1   Zweihenkeliges Gefäß. Frühhelladisch II-III. (Π 2371)

Abb. 2   Submykenische Gefäße aus dem Koilon des Theaters in Elis.

Abb. 3   Mittelhelladische Scherben aus der Stadt und von der Akropolis von Elis

Abb. 4   Das Theater von Elis mit den umliegenden Anlagen

am Peneiosdamm seinen Ausgang hat, die antike Stadt durchquert und in den Anbauflächen der Gastounis-Lechaina-Ebene endet. Mit dem Graben, der auf eine Länge von rund 3,5 km und mit einer Breite von 40 m bis sogar 80 m ausgehoben und über sieben aufeinanderfolgende Jahre systematisch erforscht wurde, konnte die Ausdehnung der Stadt weitgehend erfasst werden. Die Ergebnisse dieser Ausgrabung – obwohl auf diesen Streifen beschränkt – sind von großer Bedeutung, nicht nur, weil sie bereits jetzt, also vor Abschluss der Ausgrabungen des gesamten Geländes, weitreichende Rückschlüsse erlauben auf Lebensstandard und Kunstschaffen der Einwohner, sondern weil sie auch aufzeigen, was von künftigen Forschungen zu erwarten ist.

Die Wohnhäuser aus klassischer, hellenistischer und römischer Zeit sind in rechtwinkeligen Quartieren geordnet und begrenzt von Straßen (Abb. 10). Sie sind großräumig, versehen mit einem Innenhof und vielen Zimmern und Vorratsräumen. Die Fußböden sind mit Stein- oder Tonplatten ausgelegt oder auch mit Mosaiken z. T. mit mehrfarbigen Darstellungen (Abb. 11). Unter den meisten Häusern verläuft ein Kanalisationsnetz, das mit dem zentralen Entsorgungskanal verbunden ist (Abb. 5). Aber auch entlang der Straßen, die mit Platten oder einem sandigen Kies bedeckt waren, verlief ein Entwässerungskanal, der mit Ausmaßen von 60 cm Breite und 1 m Höhe sorgfältig aus zugerichteten Steinen gebaut ist.

Auch im Bereich der Monumentalarchitektur scheinen Elis und das dazugehörende Land den Monumenten von Olympia in nichts nachzustehen. Das ergibt sich einerseits aus der Fülle von Bauten und Tempeln, die entweder in den Quellen genannt oder bereits aufgedeckt sind und andererseits aus den Architekturgliedern – Kapitellen, Wasserspeiern und Simen – aus archaischer, klassischer, hellenistischer und römischer Zeit, die trotz des beschränkten Ausmaßes der Grabungen in großer Zahl schon freigelegt wurden (Abb. 7. 12–19).

Abgesehen von der äußerst qualitätvollen Bearbeitung beeindruckt die Vielfalt der Typen, für die es oft auch in Olympia keine Parallele gibt.

Der elische Architekt Libon (Paus. V 10, 3), Schöpfer des bedeutendsten griechischen Tempels der Mitte des 5. Jhs. und somit auch Schöpfer der Idealform des dorischen Tempelbaues schlechthin, darf folglich nicht als isolierte Erscheinung missverstanden werden. Lybon hatte sicherlich Lehrer und natürlich auch Schüler, die aber in den überkommenen Quellen leider nicht genannt werden.

Zweifelsohne gab es auch lokale Bildhauerwerkstätten und Bronzegießereien zur Deckung des beträchtlichen Bedarfs an Statuen und Denkmälern sowie zur Ausschmückung der Tempel, nicht nur in Elis und Olympia sondern auch für die Siedlungen und Heiligtümer im ganzen Land (Strabon 8, 3, 12). Das bestätigen auch die Bildwerke, die in den letzten Jahrzehnten im gesamten elischen Gebiet gefunden wurden (Abb. 20. 21).

Die antiken Quellen und vor allem Pausanias berichten uns von vielen Denkmälern in Olympia, oft allerdings ohne die Namen der Schöpfer anzugeben. Eine Bestimmung der besonderen Charakteristika der einheimischen Produktion ist aber bislang nicht möglich. Wir kennen nur einen elischen Bildhauer, Kallon, der im ausgehenden 5. Jh. gewirkt hat und nicht nur in Elis bekannt war sondern auch im übrigen Griechenland (Paus. V 25, 2–4)[3].

Generell zur elischen Plastik möchte ich nur an die Stellungnahme weniger Forscher erinnern – beginnend von Overbeck[4] bis heute –, die den Giebelschmuck des Zeustempels von Olympia elischen Bildhauern zuschreiben, während Buschor von einer »unattischen peloponnesischen Werkstatt« spricht[5].

Die Funde aus den Ausgrabungen in Elis sind aufschlussreich auch für andere künstlerische Aktivitäten der Bewohner. Die Brennöfen und die zahlreichen daraus stammenden Erzeugnisse, Metallwaffen und Gerätschaften, aber auch Bronzeidole geometrischer, archaischer und klassischer Zeit, die in Elis selbst und auch im umgebenden Land gefunden wurden, setzen selbstverständlich lokale Werkstätten voraus.

Das Gleiche gilt auch für die Menge von kunstvollen Gold- und Silberschmuckstücken (Ringe, Ohrringe und Halsbänder), die in den klassischen und hellenistischen Gräbern gefunden wurden.

Glasbläseröfen zeigen darüber hinaus, dass auch die Kunst der Glasproduktion seit der klassischen Zeit heimisch war.

Ebenso wurden zahlreiche Keramiköfen aufgedeckt. Die Herstellung lokaler Keramik lässt sich schon in der proto- und mittelhelladischen Epoche belegen[6]

Abb. 5 Gebäude D mit Entwässerungskanal

Abb. 7 Altitalische bemalte Sima aus der Agora von Elis

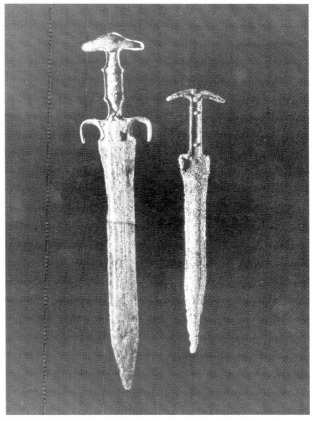

Abb. 6 Zwei mykenische Schwerter aus dem Theater von Elis (M 2385, M 2375)

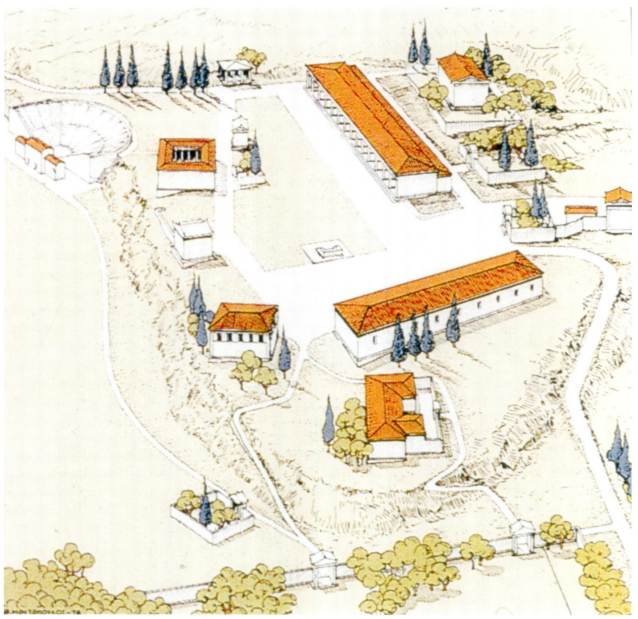

Abb. 8   Modell der Agora von Elis

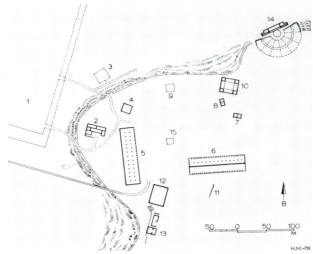

Abb. 9   Plan der Agora

Elis, die Wiege der Olympischen Spiele 353

Abb. 10 Baureste der Stadt Elis

Abb. 11 Mosaik mit Rankenfigur aus einer größeren Komposition in einer römischen Villa des 3. Jhs.

Abb. 12 Matrize eines Löwenkopfwasserspeiers aus Ton mit Abguss. 4. Jh v. Chr.

Abb. 13 Rotfigurige Simen aus Elis (A1)

Abb. 14 Wasserspeier

Abb. 15 Wasserspeier aus Ton mit der Darstellung von Rindern. Klassisch

Abb. 16 Fragmente einer Rankensima aus klassischer Zeit

Abb. 17 Antefix aus Ton mit Gorgokopf. Römisch

Abb. 18 Antefix aus Ton mit Gorgokopf und der Inschrift **KOIPANOY**. Römisch

Abb. 19 Antefix aus Ton mit Gorgokopf. Römisch

Abb. 21 Marmorstatue des Hermes aus Elis. Gute Kopie eines Originals der praxitelischen Schule. 1. Jh. v. Chr. (Λ 2469)

Abb. 20 Marmorrelief eines Kriegers im Kampf

Abb. 22 'Elische' Lekythen. Spätklassisch

und setzt sich dann fort in mykenischer, submykenischer und geometrischer Zeit mit charakterischer Ausbildung in den Formen und im Dekor.

Elische Keramik wird auch in klassischer Zeit hergestellt, mit vielfältigen aber charakteristischen Formen, erkennbar am rotgelben körnigen Ton, oft bedeckt mit matter schwarzer Schlämme (Abb. 22).

Bemerkenswert ist das Vorkommen attischer schwarzfiguriger Lekythen in Gräbern sowie anderer Gefäße des 5. Jhs. wie die Scherbe mit der Darstellung des Perseus und der Danae in der Lade (Abb. 23). Die rotfigurige Keramik aus den Notgrabungen zeigen in Form und Herstellungstechnik deutliche Verwandtschaft mit gleichzeitigen attischen Exemplaren (Abb. 24)[7]. Erstaunlich ist eine Reihe von Tonfiguren und Idolen aus der archaischen, klassischen und hellenistischen Zeit (Abb. 25. 26).

Die Zahl der Münzen, die gefunden wurden, geht in die Tausende. Es ist bekannt, dass sich die Eleer gerade in der Münzprägekunst besonders hervorgetan haben – vor allem im 5. und 4. Jh. – und wie sehr sie die Münzprägung anderer griechischer Städte und Kolonien beeinflusst haben. Die meisterhaften elischen Münzen, die Silberstatere und die Drachmen mit ihrer Bildanordnung, entzücken mit ihren kunstreichen vielfältigen Variationen und mit der Wiedergabe der Erhabenheit der Götterfiguren von Zeus und Hera[8].

Sie werden zustimmen, dass unser bisheriges Bild von Elis mit den neuen Grabungsergebnissen, die ich hier zusammenfassend vorgeführt habe, korrigiert werden muss. Es hat den Anschein, als ob Elis nach dem zweiten Synoikismos von 471 v. Chr. eine bedeutende Aktivität in Kunst und Wissenschaft entwickelt hätte, eine Entfaltung, die der im Heiligtum von Olympia gleichzusetzen ist. Die Fortführung der Ausgrabungen werden mit Sicherheit neues Licht werfen auf die vielfältigen Errungenschaften dieser eigentümlichen Stadt und zugleich unsere Kenntnis ergänzen über ihre eigene Geschichte sowie über die des Heiligtums von Olympia, für das Elis die Vormundschaft hatte[9].

---

[1] N. Yalouris, Ancient Elis, the cradle of the Olympic Games (Athen 1996) 76 ff.

[2] Zum Problem der ersten Siedlung des Oxylos und seiner Historizität s. Yalouris ebenda 23 ff. 32 ff. und 103 ff.

[3] Olympia V (1896) Inschr. 271.

[4] J. Overbeck, Geschichte der griechischen Plastik, 1873 I, 330 ff.; Poulsen, Acta Archaeologica 1973, 46.

[5] E. Buschor, Die Skulpturen des Zeustempels zu Olympia (1924) 39.

[6] M. Koumouzeli, The early and middlehelladic periods in Elis (Diss. 1980) 216 ff.

[7] W. Schiering, OF V (1964) 143 ff. und 248-8. W.-D. Heilmeyer, OF VII (1972) 1 ff. B. R. MacDonald, The emigration of potters from Athens in the late 5th cent. B. C. and its effect on the attic pottery, AJA 85, 1981, 161 ff.

[8] C. Kray - M. Hirmer, Greek coins 1966 342 ff.; K. Jenkins, Monnaies Grecques (1972) 52-57.356.

[9] Yalouris a. O. 144 ff.

Abb. 23 Rotfigurige Scherbe mit Darstellung der Danae und des Perseus in der Lade. Klassisch (Π 704 γ)

Abb. 24 Scherbe eines rotfig. Kraters elischer Werkstatt mit Darstellung der Dexiosis der Athena und des Herakles. Rechts Iolaos. Spätes 5. Jh.

Abb. 25 Terrakotta-Akroter mit Darstellung einer weiblichen Figur. Mitte 4. Jh. v. Chr. (Π 2739)

Abb. 26 Terrakotta-Statuette. Späteres 4. Jh. v. Chr (Π 289)

Peter Siewert

Die wissenschaftsgeschichtliche Bedeutung der Bronze-Urkunden aus Olympia

mit der Erstedition einer frühen Theorodokie-Verleihung als Beispiel

Da in Olympia und Umgebung geeignetes Steinmaterial fehlt, wurden längere Texte von vermeintlich dauernder Gültigkeit (Gesetze, Verträge, Privilegien u. ä.) auf Bronzeblech geschrieben.

Bis heute sind 51 derartige, überwiegend fragmentarische, Bronze-Urkunden Olympias publiziert: 44 durch W. Dittenberger und K. Purgold im großen Band Olympia V (1896)[1], danach durch verschiedene Autoren weitere sieben[2]; schließlich wird unten ein besonders gut erhaltener neuer Text vorgelegt.

Die Wissenschaftsgeschichte der olympischen Bronze-Urkunden beginnt mit dem Jahr 1813, in dem die berühmte Tafel mit dem Symmachievertrag zwischen den Eleern und der Polis Heraia (oder nach neuester Lesung: Eua) gefunden und von W. Gell nach England gebracht wurde, wo sie bald im Classical Journal 11, 348 ff. ihre Veröffentlichung erfuhr[3]. Am Beginn der deutschen Grabungen steht der kapitale Fund des vollständig erhaltenen, 40 Zeilen umfassenden Ehrendekrets der Eleer für Damokrates von Tenedos, das umgehend in der Archäologischen Zeitung veröffentlicht wurde[4]. Auch die von 1877-1881 gefundenen Urkunden erschienen größtenteils am gleichen Ort in erstaunlicher Kürze nach ihrer Auffindung und erfuhren 1896 ihre abschließende schon genannte meisterhafte Corpus-Publikation durch Dittenberger und Purgold.

Auch die neueren Grabungen ab 1936 erbrachten Bronze-Urkunden, die jedoch überwiegend der archaischen und klassischen Epoche entstammen. E. Kunze selbst veröffentlichte ein Proxenie-Dekret[5] und den sensationellen Freundschaftsvertrag zwischen Sybaris und den Serdaiern[6]. Elische Urteile über vier Staaten, die wohl in die Perserkriege verwickelt waren, edierte der Verf.[7] Ähnlich unerwartet waren die Regeln für den olympischen Ringkampf, die J. Ebert und der Verf. veröffentlichten[8]. Noch mehr überraschte eine von U. Sinn aufgedeckte und von J. Ebert vorgelegte Bronzetafel, die Olympioniken vom 1. vorchristlichen bis ins späte 4. nachchristliche Jahrhundert nennt[9].

Herkunft und Thematik der Bronze-Urkunden

Eine kleine und vorläufige Statistik nach Thematik bzw. inhaltlicher Herkunft der Bronze-Urkunden unter Einbeziehung der mir bekannten unpublizierten Texte enthüllt folgende Proportionen: der größte Teil (26 Urkunden) betrifft das Heiligtum (Kultgesetze) und dürfte aus der unmittelbaren Verwaltungstätigkeit der Kultfunktionäre stammen; neun weitere Urkunden ergeben die politische Gemeinschaft der Eleer als ihre Urheber und betreffen religiöse und profane Angelegenheiten; die Eleer verwendeten das Heiligtum teils als Publikations- oder Aufbewahrungsort ihrer Dokumente, teils sind sie als Schutzherren und Leiter des Heiligtums in kultische Dinge involviert[10]. Fünf Urkunden aus vermutlichen Nachbargemeinden Olympias stützen die schon von U. Kahrstedt erschlossene Annahme einer amphiktyonischen Verwaltung des Heiligtums in archaischer Zeit[11]. Je vier Bronze-Urkunden

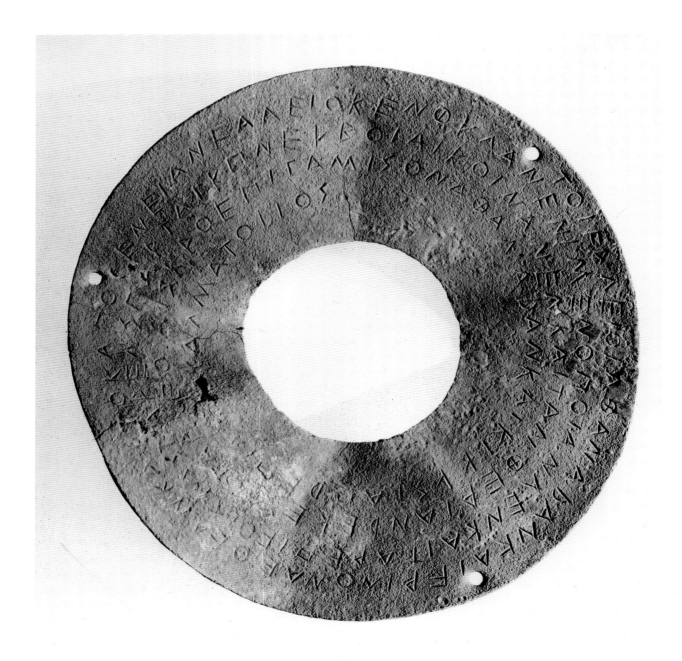

Abb. 1 Ringscheibe mit elischer Verleihung des Bürgerrechts und der Theorodokie

stammen von Staaten der Peloponnes und der Westgriechen Siziliens und Unteritaliens, nur zwei aus Mittelgriechenland. Zahlreiche kleine Bruchstücke lassen sich nicht zuordnen.

Die ältesten Urkunden, in lokaler elisch-pisatischer Schrift, setzen im mittleren Drittel des 6. Jh. ein und zeigen die enge Verwandtschaft der Buchstabenformen mit denen Arkadiens und Lakoniens[12]. Dagegen verrät der verwendete nordwestgriechische Dialekt Olympias, der auch auf dem südlichen Alpheios-Ufer[13] und im nördlichen Elis[14] gesprochen wurde, eine weitgehende sprachliche Homogenität, die kaum Spuren eines Substrats der arkadischen Vorbewohner zeigt. Zudem stammen die frühen Bezeichnungen θεοκόλος ('Priester') und διαιτατήρ ('Wettkampfrichter')[15] für Kultfunktionäre Olympias aus dem Nordwestgriechischen, sodass man die Frühgeschichte des Heiligtums und des Zeus-Orakels nicht nur aus peloponnesischen Traditionen erklären muss.

Dass die relativ zahlreichen Kultgesetze insbesondere über den religiösen Alltag in Olympia informieren, versteht sich fast von selbst. Aber auch über die olympischen Agone erbrachten die Ringerregeln vom späten 6. Jh. v. Chr. und die spätantike Siegerliste überraschende Erkenntnisse[16]. Die Bedeutung der Bronze-Urkunden für die Geschichte und Staatskunde der Griechenwelt ergibt sich vor allem aus den Staatsverträgen, die im Heiligtum für das panhellenische Publikum veröffentlicht wurden[17].

Olympias sakrale Beziehungen zur griechischen Staatenwelt

Noch wenig erforscht sind die religiösen und rechtlichen Beziehungen panhellenischer Heiligtümer zu griechischen Staaten, die nicht politisch von den Befugnissen der für die Heiligtümer maßgebenden Staaten, sondern sakral von der Autorität des maßgebenden Gottes, also des Zeus von Olympia oder des Apollon von Delphi, abgeleitet und dadurch legitimiert wurden. Man könnte von einem »internationalen Sakralrecht der Griechen« sprechen, zu dem z. B. der Gottesfrieden für die Festbesucher und Strafurteile gegen ihn verletzende Staaten gehören[18]. Zu demselben Bereich zählen die Festgesandtschaften (θεωρίαι), welche die Organisatoren panhellenischer Feste im Namen und Schutz ihres Gottes aussenden, um die griechischen Poleis dazu einzuladen und den Gottesfrieden zu verkünden, und ebenso genannt werden die Gesandtschaften, welche dann die zustimmenden Staaten selbst zum Fest senden[19]. Die folgende, bisher unpublizierte Bronze-Urkunde stellt das früheste epigraphische Zeugnis für die olympischen Festgesandtschaften dar und liefert neue Erkenntnisse über das internationale Sakralrecht der Griechen.

Ringscheibe mit elischer Verleihung des Bürgerrechts und der Theorodokie (Abb. 1)

Breite Ringscheibe aus Bronzeblech, vollständig erhalten mit glatter Rückseite, hell- bis dunkelgrüne Patina mit braunen und grauen Korrosionsflecken; vereinzelt schimmert die goldgelb glänzende Originalfarbe der Bronze durch. Das Blech ist verbogen und mehrfach gebrochen, die Oberfläche stark korrodiert in dem Bereich der Schriftfläche, der dem Textbeginn gegenüber liegt. Drei Nagellöcher in Abständen eines ungefähren gleichseitigen Dreiecks (18,2; 19,2; 17,1 cm) wurden, da der Text weder ihnen ausweicht noch durch sie beschädigt wird, nach der Beschriftung angebracht. Das Loch unmittelbar links neben dem Textbeginn war bei der Befestigung wohl das oberste, die beiden anderen lagen dann waagrecht. Spiralförmig eingemeißelter Text in vier Windungen.

Maße in cm: Durchmesser der Scheibe außen 22,9–23,3; der Öffnung in der Mitte 8,4–9,0; Dicke von außen (0,19–0,27), abnehmend nach innen (0,10–0,12); Buchstabenhöhe 0,7; Höhe der Rundbuchstaben 0,6.

Gefunden am 4. 11. 1965 im Südostbezirk, östlich von O 34 »tief an der Mauer«.

Olympia-Museum Inv. B. 6970; Fotos DAI Ol. 6506 (Abb. 1) und Ol. 6507.

Die vier Windungen der Spiralschrift gelten als Zeilen, wobei als deren Beginn der erste Buchstabe (T) des Textes und die darunter liegenden Buchstaben betrachtet werden.

1 Τοὶ Ϝαλεῖοι Ἀθανάδαν καὶ Ϝρίνονα ἔθεαν κ' αὐτὸ κ' ἀπογένειαν Ϝαλείō κ'ἐν φυλὰν
2 ἐνίμεν, ὁποίαν λε͂ν, καὶ τᾶρ ἐπιϜοικίας τᾶρ ἐν Σπάρται κ' <ἐ>ν Εὐβοίαι κοιν-
3 ανε͂ν καὶ τὰν θε<α>ρίαν δέκεσαι ΤΑΡΑΕΟΙ.ΙΣΚΡΟΕΠΙΤΑΜΙΣΟΝ Ἀθ-
4 ανάδαν καὶ Κικυσια. ὁ δὲ πίναξ ἄγαλμα το͂ Διός. *vacat*

»Die Eleer machten Athanadas und Rhinon, sie und ihre Nachkommenschaft, zu Eleern; und sie sollen in eine Phyle eintreten, (in) welche sie wollen; und sie sollen an der Epoikie (=Gemeinschaft auswärtiger Eleer) in Sparta und jener auf Euboia teilhaben; und sie sollen die Festgesandtschaft aufnehmen .... (unverständlich) Athanadas (soll ....) Gebiet (?) von Kikysion; diese Tafel ist ein Weihgeschenk an Zeus«.

Textkritische Bemerkungen

Z. 2 ΚΠΝ Εὐβοίαι: eindeutige Verschreibung des notwendigen Ε zu Π

Z. 3 τὰν ΘΕΡΙΑΝ δέκεσαι : statt θεαρίαν; das vor dem Ρ notwendige Α dürfte der Schreiber wegen der großen formalen Ähnlichkeit der beiden Buchstaben in einer Art von Haplographie vergessen haben; der schräggestellte Langstrich des Ρ, der sonst senkrecht steht, zeigt, dass ein Α zunächst geplant war.

Z. 3 ΔΕΚΕΣΑΙ : Σ und Α sind auffällig hochgestellt, das Α schwach, aber eindeutig erkennbar. Von Ι oberer Teil der Senkrechthaste erhalten.

Z. 3 ΤΑΡΑΕΟΙ.ΙΣΚΡΟ: nach ΕΟΙ. erscheinen schattenhaft und unverbindlich Reste zweier Schräghasten, also Α, Λ, Ν möglich.

Z. 3 ΙΣΚΡΟΕΠΙΤΑΜΙΣΟΝ: ist eindeutig zu lesen.

Z. 4 πίναξ ἄγαλμα: Von Ι unterer Teil der Haste erhalten; korrodiertes aber eindeutiges Ν erkennbar; vom ersten Α zwei dachartig sich berührende Außenhasten deutlich; vom kreuzförmigen elischen Xi (vgl. LSAG[2] 206) unten Senkrechthaste erhalten; vom zweiten Α Außenhasten z. T. in den Bruchkanten kenntlich; korrodiert, aber insgesamt eindeutig.

Datierung der Schrift

Trotz gewisser Altertümlichkeiten wie Α mit geneigtem Querstrich, Υ mit langer Senkrechthaste und seitlich auf halber Höhe angesetztem Schrägstrich gehört die typisch elische Schrift nicht mehr in die archaische Periode; sie ist großzügig, nicht dicht gedrängt, auf der Schreibfläche verteilt; Breite und Höhe der Buchstaben nähern sich an, sodass sie nahezu einen quadratischen Raum beanspruchen. Α, Λ, Μ, Ν 'stehen' mit ihren gleichlangen Schräghasten 'fest' auf der unteren Zeilenlinie. Die 'modernsten' Buchstabenformen zeigen das Ε (Z. 1; 3) mit rechtwinkligen Querstrichen, das Μ (Z. 2) mit verkürzten Mittelstrichen und das Λ mit gleichlangen Hasten. Aber gerade das gleichzeitige Vorkommen der älteren Form des Ε (mit geneigten Querhasten oder unten verlängerter Senkrechthaste, Z. 1, 2) bzw. des Μ (mit gleichlangen Mittel- und Außenhasten, Z. 4) offenbart eine gewisse Nähe zu archaischen Schreibweisen. Diese Schrift ist demnach etwas jünger als IvO 2. 12. 13. 14. und etwas älter als IvO 16. 18. 271., sodass sich auf der Grundlage von Jeffery eine Entstehung im mittleren Drittel des 5. Jh. v. Chr. ergibt[20].

Scheiben (Diskoi) als Schriftträger

Runde Schriftflächen erlauben die spiralförmige Aufnahme eines fortlaufenden Textes, dessen Zusammenhang wie beim Sprechen nicht durch das Ende einer Schriftzeile unterbrochen wird[21]. Diese Spiralschrift zeigt schon der minoische *Diskos* von Phaistos. Inschriften archaischer Zeit suchen eine optische Unterbrechung des Textes durch ein Zeilenende zu vermeiden, indem die Buchstabenfolge ohne räumliche Lücke, entweder als Spiralschrift oder als Schlangenschrift oder als Bustrophedon, dargestellt wird[22]. Zu den ältesten beschriebenen Bronze-*Diskoi* gehört eine sehr kleine gelochte Scheibe aus Lakonien, die ein siegreicher Melas für einen agonalen Sieg in der ersten Hälfte des 6. Jh. v. Chr. dem Apollon weihte[23]. In Olympia und in der westlichen Peloponnes ist die beschriebene Bronzescheibe zu einem Textträger für zwischenstaatlich relevante Vereinbarungen geworden; hier in dieser Urkunde, die nicht δίσκος, sondern πίναξ (Z. 4) genannt ist, erhalten zwei Ausländer das Bürgerrecht und andere Privilegien der Eleer. Die benachbarten Triphylier verliehen drei Fremden das Bürgerrecht und ließen dies auf eine in der Mitte gelochte Ringscheibe schreiben[24]. Ein ungelochter Bronze-Diskos von Lusoi wurde etwa zur gleichen Zeit wie die hier vorzulegende Ringscheibe mit den Namen von sechs Proxenoi jener Stadt beschriftet[25]. Im Heraion von Olympia befand sich der sog. *Diskos* des Iphitos aus Bronze, auf dem spiralförmig (ἑλιγμῷ) ein Vertrag des elischen Königs Iphitos mit dem spartanischen Gesetzgeber Lykurg über die olympische Waffenruhe (*Ekecheiria*) zur Abhaltung des Zeusfestes aufgezeichnet gewesen sei[26]. Diese anachronistische Urkunde[27] könnte als Modell für die genannten, vorwiegend westpeloponnesischen Dokumente internationalen Charakters auf Bronzescheiben gedient haben[28].

Typus der Inschrift

In der vorliegenden Inschrift verleihen die Eleer zwei Personen unbekannter Herkunft das Bürgerrecht, die Theorodokie und andere Privilegien, was in den vielgestaltigen Bereich der Ehrenbeschlüsse fällt[29]. Von besonderem Interesse sind das Privileg der Teilhabe an einer »Epoikie in Sparta und Euboia« (Z. 2 f.), die frühe Bezeugung der Festgesandtschaft (zur Verkündung der Olympischen Spiele und des Gottesfriedens) (Z. 3) und die Erwähnung eines Ortsnamens »Kikysia« (Z. 4), der sich auf die pisatische Polis »Kikysion« beziehen dürfte (s. u. Einzelkommentar).

In Form und Inhalt erscheint der Text in mehreren Elementen singulär, doch bieten vor allem drei Urkunden, die ebenfalls eine Verleihung von Bürgerrecht und Theorodokie enthalten, hilfreiche Anhaltspunkte: Die Eleer selbst ernannten im späten 3. oder frühen 2. Jh. v. Chr. den Olympioniken Damokrates von Tenedos zum Proxenos und Euergetes, nachdem sie seinen Vater und ihn selbst schon früher mit der Theorodokie und dem elischen Bürgerrecht ausgezeichnet hatten, und nun die früheren Privilegien bei dieser Gelegenheit wiederholten; der Text ist nicht auf eine Ringscheibe, sondern auf eine 55 cm hohe Bronzetafel in Form einer Giebelstele geschrieben; sie ist eingangs als erster bedeutender Inschriftenfund der alten Grabungen erwähnt worden[30].

Auf der Agora von Argos kam eine Kalksteinstele mit einem Ehrenbeschluss der Argiver aus dem 3. Jh. v. Chr. zu Tage, die einen Alexandros von Sikyon und seine Nachkommen zum Bürger von Argos und »Theorodokos des Zeus von Nemea und der Hera Argeia« machen, d. h. dass er in Sikyon die Festgesandtschaften aufnimmt, die die Nemeen und Heräen ankündigen[31]. Eine Bronzetafel von Lusoi trägt den Beschluss dieser Stadt aus der Zeit um 200 v. Chr., einen Mnasilaos von Amphissa zum *Proxenos*, *Euergetes* und *Theorodokos* (sc. für die Ankündigung von Fest und Agone der Artemis Hemera) zu ernennen und ihm und seinen Nachkommen die *Isopoliteia* in Lusoi mit dem Recht des Grundstückerwerbs und der Steuerfreiheit zu gewähren[32]. *Isopoliteia* ist hier eine hellenistische Bezeichnung für die Vergabe des Bürgerrechts (*Politeia*) durch einen Staat an eine Einzelperson[33].

Einzelkommentar

Z. 1: Ἀθανάδαν καὶ Ϝρίνονα

Im Unterschied zu dem weit verbreiteten Personennamen »Athanadas« ist Ϝρίνον mit Digamma wohl singulär, Ῥίνων selten, z. B. in Argos[34], Megara[35], Attika[36] und Eretria[37] belegt. Sachlich ist eine Bildung aus ῥίς, ῥινός 'Nase' naheliegend; doch ist dessen Etymologie unklar und eine Form mit Digamma anscheinend nicht bezeugt[38], sodass man eine Ableitung von (Ϝ)ρινός 'Haut' nicht ausschließen möchte[39].

Z. 1 ἔθεαν

Zu erwarten wäre im Elischen das alte ἔθεν (vgl. IvO 250 aus Argos) oder (ἀν)έθεκαν IvO 258 (Umgebung von Olympia). Falls kein Schreibfehler für ἔθε<κ>αν vorliegt, kommt arkadischer Sub- oder Adstrat-Einfluss in Frage[40].

Z. 1 αὐτὸ ... ϝαλείō
sind reguläre Dualformen.

Z. 1 κ' αὐτὸ κ' ἀπογένειαν ... κ' ἐν φυλὰν
extreme Elisionen des Elischen bei καί[41].

Z. 1 ἀπογένειαν
ein bisher wohl nicht bezeugter[42] Kollektivbegriff für ἀπόγονοι 'die Nachkommenschaft'; IvO 39, 20 verwendet im gleichen Zusammenhang αὐτὸν καὶ γένορ (= γένος).

Z. 1–2 ἐν φυλὰν ἐνίμεν, ὁποίαν λῆν
attisch etwa: εἰς φυλὴν εἰσιέναι ὁποίαν ἂν βούλωνται[43]. Sehr ähnlich formuliert ist eine Freilassungsinschrift des 4 Jh. im illyrischen Apollonia, einer korinthischen Apoikie[44]:

ἀφῆκε Γλαυκίας Κλεοπ-
άτραν, ἴμεν ὅπα λῆν
ἐλευθέραν.

In beiden Fällen handelt es sich um einen Relativsatz, der von einem Infinitiv abhängig ist, und dessen Verbum ebenfalls im Infinitiv steht, während das Attische dafür ἂν und Konjunktiv gebraucht. Damit ist die Infinitivform λῆν des nordwestgriechisch-dorischen λέω 'ich will' gesichert[45]. Zugleich bestätigt wird die Konjektur Ahrens' αἰ μὲν λῆν für die korrupt bei Thukydides 5, 77, 4 überlieferte Stelle eines spartanischen Staatsvertrages, die ebenfalls von einem übergeordneten Infinitiv (δόμεν) abhängig ist[46]. Damit offenbart sich die Konstruktion des Infinitivs im Nebensatz bei übergeordnetem Infinitiv als eine Eigentümlichkeit des nordwestgriechisch-dorischen Dialektbereiches[47].

Der zeitliche Unterschied zwischen dem Präteritum ἔθεαν, was vielleicht doch mehr bedeutet als »sie beschlossen«, und dem futurischen Sinn von ἐνίμεν scheint auszudrücken, dass die Eleer das Bürgerrecht zwar verliehen haben, aber die Geehrten vor der Formulierung dieses Textes noch keine Gelegenheit gefunden hatten, sich für eine Phyle zu entscheiden; d.h. zwischen Beschluss und Abfassung des Textes scheint wenig Zeit verstrichen zu sein bzw. die beiden Neubürger hatten sich noch gar nicht in Elis zu einer solchen Entscheidung eingefunden. Ihre Rolle als Empfänger der elischen Festgesandtschaft (Z. 3) ergibt, dass sie in ihrer ursprünglichen Heimat verblieben waren und die Gelegenheit zur Wahl einer elischen Phyle wohl noch bevorstand.

Z. 2 τᾶρ ἐπιϝοικίας τᾶρ ἐν Σπάρται
Der typisch elische Auslautrhotazismus tritt hier wie in anderen frühen Inschriften im Artikel[48] (τᾶρ statt τᾶς = τῆς), nicht jedoch in der Endung von ἐπιϝοικίας auf.

Der mehrdeutige Begriff ἐπιϝοικία = ἐποικία, etwa : 'Gesamtheit der ἔποικοι' beruht auf der Grundbedeutung von ἔποικος 'zusätzlicher' oder 'nachträglich hinzukommender Siedler' (»Zu-Siedler«)[49]. Da die Eleer über die »Zusiedlerschaft in Sparta« hier verfügen, muss es sich um eine elische »Epoikie« in Sparta handeln.

Herodot berichtet, dass der Eleer Teisamenos aus dem olympischen Sehergeschlecht der Iamiden und sein Bruder vor dem Xerxes-Zug als einzige Ausländer das spartanische Bürgerrecht erhalten haben, damit Teisamenos vor und während Spartas entscheidenden Schlachten aus den Opfern die göttlichen Vorzeichen sachkundig deute[50]. Diese Familie der Iamiden lässt sich in Sparta durch das Zeugnis des Pausanias und von Inschriften bis in die Kaiserzeit hinein verfolgen[51]. Elische Seher aus Olympia dienten in ähnlicher Weise auch anderen griechischen Staaten, von denen Stymphalos, Phokis, Sybaris, Kroton und Syrakus bezeugt sind[52]. Dass sie in Stymphalos, Kroton und Syrakus zur Ausübung ihrer kriegswichtigen Dienste wie in Sparta das Bürgerrecht ihrer dienstgebenden Polis erhielten, ist bezeugt oder im Fall von Kroton wahrscheinlich[53]. Dass diese Seher aus Olympia ihre elische Staatsbürgerschaft aufgegeben hätten, ist in keinem Fall überliefert. Angesichts der elischen »Epoikie in Sparta« lässt sich annehmen, dass die in der Regel ausdrücklich als Eleer bezeugten Seher aus Olympia bei ihrem Eintritt in den Dienst und in die Bürgerschaft einer fremden Gemeinde ihre elische Staatsbürgerschaft beibehielten; sie sicherte ihnen den privilegierten Zugang zur eigenen Heimat und zur Quelle ihrer begehrten Seherkunst, zum Zeus-Orakel von Olympia[54]. Pindar (Ol. 6) berichtet von einem olympischen Seher Hagesias und seinem in Olympia siegreichen Maultiergespann; der Gefeierte gehörte dem stymphalischen Iamidenzweig an und hatte – wohl durch Gelon um 485 – die syrakusanische Staatsbürgerschaft erworben[55]. Ob er sein elisches und/oder sein stymphalisches Bürgerrecht beibehalten hatte, muss angesichts der spartanisch-elischen Doppelstaatsbürgerschaft des Athanadas und wohl auch des Teisamenos als Möglichkeit offen bleiben.

Z. 2 τᾶρ ἐπιϝοικίας τᾶρ ... κ' <ἐ>ν Εὐβοίαι

Strabo behauptet, die Eleer hätten ἐποίκους nach Eretria geschickt, weshalb dort der Buchstabe 'Rho' statt 'Sigma' im Auslaut wie Inlaut gebraucht würde. Diese *epoikoi* aus Elis dienen also dazu, den (in Wirklichkeit verschiedenen) Rhotazismus im elischen und im eretrischen Dialekt zu erklären[56]. Ein Bezug auf historische Umstände oder Personen fehlt völlig.

Wie »Sparta«, so gilt »Euboia« primär als geographischer, nicht als politischer Begriff. Da es jedoch auf der Insel mehrere *poleis* gab, stellt sich die Frage, in welcher Stadt sich die elische Epoikie befunden haben könnte. Da Hekataios »Euboia« als ursprünglichen Namen von Chalkis bezeugt[57] und sich dort im 5. Jh. v. Chr. ein wichtiger Zeus Olympios-Tempel befand[58], könnten die Eleer mit einer archaischen Bezeichnung Chalkis gemeint haben. Aber auch Eretria, das vielleicht wie Olympia Spiele zu Ehren des Zeus veranstaltete[59] und in dem ein Geschlecht angeblich von den Eleern zu Hütern des Schulterblatts des Pelops ernannt worden war[60], lässt sich nicht ausschließen. Ebenso muss offen bleiben, ob die elische »Epoikie in Euboia« die olympischen *manteis* einer einzigen Stadt (etwa von Chalkis) oder aller *poleis* der Insel umfasste.

Da Zeus Olympios-Kulte auch in Sparta[61] und Syrakus[62] bekannt sind, liegt eine enge Zusammenarbeit der von den jeweiligen Staaten engagierten Sehern aus Olympia mit den lokalen Zeus Olympios-Kulten und ihren Funktionären nahe.

Somit lässt sich unter einer elischen »Epoikie« in Sparta, »Euboia« und vielleicht auch in Syrakus ein Verband der dort wohnhaften olympischen Seher annehmen, die mit ihrem Eintritt in die Dienste ihres neuen Heimatstaates ihr elisches Bürgerrecht nicht verloren hatten, sodass die Eleer, wie die Inschrift zeigt, über diese elische 'Auslandskolonie' befinden konnten. Die Grundlage dieser Epoikien dürfte der Zeus-Olympios-Kult sowohl in der alten wie in der neuen Heimat gebildet haben.

Z. 2–3 τᾶρ ἐπιϝοικίας ... κοινανῆν

Κοινανῆν ist die reguläre dorische und – wie sich hier ergibt – nordwestgriechische Form für das attische κοινωνεῖν und bedeutet 'Anteil haben' oder 'nehmen', konkret z. B. 'von Speise und Trank' oder abstrakt 'an Gefahren' oder 'am Bürgerrecht' (πολιτείας)[63] oder 'an Ämtern' (ἀρχείων)[64] oder 'an Opfer, Agon und Gottesfriede' (τε θυσίας κοινανῆν καὶ τῶ ἀγῶνος καὶ τᾶς ἐκεχηρίας)[65]. Das inhaltlich z. T. ähnliche Ehren-Dekret der Eleer für den Theorodoken Damokrates gebrauchte dafür das synonyme μετέχειν, er solle »Anteil haben an den Opfern und allen Ehren« (τᾶν τε θυσιᾶν καὶ τιμᾶν πασᾶν μετέχειν) wie die übrigen Theorodoken der Eleer[66].

Dementsprechend lässt sich vermuten, zumal Athanadas und Rhinon ebenfalls mit der elischen Theorodokie geehrt werden (Z. 3 s. u.), dass sie an Opfer und Ehren teilhaben sollten, die sich in der elischen Epoikie in Sparta und »Euboia« im wahrscheinlichen Zusammenhang des Zeus Olympios-Kultes ergaben.

Z. 3 τὰν θε<α>ρίαν δέκεσαι

In der dem attischen δέχεσθαι entsprechenden Form ist die einfache Schreibung von -σ-, statt -σσ- wie in späteren elischen Infintiven ἀποδόσσαι[67], [ἀπόλ(?)]λυσσαι (IvO 38, 4) ποιήσσαι (IvO 29, 33), nur eine graphische, überwiegend archaische Variante in der Entwicklung von -σθ- > -σσ- > σ [68]. Die verbale Wendung ist in Mantineia etwa um die Mitte des 4. Jh. v. Chr. als τὰς θεαρίας δέκεσθαι bezeugt[69], während die nominale Form θεαροδόκοι erstmals um 365–363 v. Chr. in Olympia auftritt[70]. Da »die Eleer« (Z. 1) das Bürgerrecht und die Ehre, »die Festgesandtschaft aufzunehmen« vergeben, handelt es sich um die Aufnahme der elischen Festgesandtschaft. Dies wird bestätigt durch spätere Urkunden, in denen Theorodokie und Bürgerrecht an dieselben Personen verliehen wurden. Diese Dokumente stammen alle von Staaten, die für überregionale oder panhellenische Feste in Heiligtümern ihres Territoriums zuständig waren[71]: Elis selbst für die Olympien[72], Argos für die Nemeen und Heräen[73], Delphi für die Pythien und Soterien[74], und Lusoi für die Hemerasia[75]. Sie wurden auch alle im jeweiligen Heiligtum gefunden (was die religiöse Ehre als Theorodoke betont), außer der Urkunde von Argos;

sie stammt aus der Agora, in der auch eine Statue des Geehrten aufgestellt wurde[76]; dies scheint die 'politische' Ehrung durch das Bürgerrecht hervorzuheben.

Daraus ergibt sich, das Athanadas und Rhinon die elische Festgesandtschaft aufnehmen, die in der griechischen Staatenwelt die Einladung, Zeitpunkt und Waffenruhe für die Olympien verkündet[77]. Demnach haben die beiden trotz ihres elischen Bürgerrechts ihren Hauptwohnsitz außerhalb von Elis und gemäß anderen Theorodokie- und Bürgerrechtsverleihungen ihr ursprüngliches Bürgerrecht beibehalten. Da sie an der elischen »Epoikie in Sparta und in Euboia teilhaben sollen«, liegt nahe, dass Athanadas in oder bei Sparta wohnt und das lakedaimonische Bürgerrecht besitzt und Rhinon in einer Polis auf Euboia wohnt und deren Bürgerrecht innehat; dazu passt, dass der seltene Name »Rhinon« in Eretria bezeugt ist[78].

Die Existenz elischer 'Ankündigungs'-Gesandtschaften zur Entstehungszeit der Urkunde bezeugt uns gleichsam zufällig Pindar in seinem Siegeslied für Xenokrates aus Akragas von 470 (?) v. Chr. (Isthm. 2, 23–24) ὅν τε καὶ κάρυκες ὡ|ρᾶν ἀνέγνον, σπονδοφόροι Κρονίδα | Ζηνὸς Ἀλεῖοι, παθόντες πού τι φιλόξενον ἔργον »Ihn (den erfolgreichen Xenokrates) erkannten auch die Herolde der Festeszeit, die Männer aus Elis, die den Frieden des Kroniden Zeus verkündeten; sie hatten von ihm wohl eine Geste der Gastlichkeit erfahren.« (Übersetzt von E. Dönt).

Die Bezeichnung σπονδοφόροι statt θεωροί ist die übliche und konstante technische Bezeichnung für Ankündigungsgesandte der attischen Panathenäen, Eleusinien und Mysterien[79]. Die olympische Waffenruhe konnte statt ἐκεχειρία auch σπονδαὶ Ὀλυμπιακαί genannt werden[80]. Dillon vermutet in σπονδοφόροι ('truce-bearers') der Olympien und Eleusinien archaische und damit die ältesten Bezeichnungen der Ankündigungsgesandtschaften[81], doch liegt die Annahme näher, dass die Terminologie des panhellenischen 'Sakralverkehrs' nicht einheitlich war. In der Sache enthält Pindars Zeugnis alle wesentlichen Elemente der Epangelie-Gesandtschaft: ihre elische Herkunft (Ἀλεῖοι, ihre Ankündigung (κάρυκες) der Festzeit (ὡρᾶν) des Zeus (Ζηνός) und der Waffenruhe (σπονδαί in σπονδοφόροι); ja sogar eine Form der Theorodokie könnte hinter der »gastfreundlichen Handlung« (φιλόξενον ἔργον) des gepriesenen Akra-

gantiners stehen[82]. Dementsprechend dürften Athanadas und Rhinon die elische Epangelie-Gesandtschaft in ihren Heimatorten empfangen haben.

Nach Ankunft einer Ankündigungsgesandtschaft pflegte ein gemeinsames Opfer der Gesandten mit den Vertretern der gastgebenden Polis am Staatsherd oder im lokalen Heiligtum des gleichen Gottes stattzufinden, dessen panhellenisches Fest angekündigt werden sollte[83]. Aus der Zeit unserer Urkunde ist die in dem Kultgesetz von Selinus von etwa 460–450 v. Chr. erkennbar (SEG 43, 630; 45, 1413 Z. 7–8):

τὸν hιαρὸν hα θυσία πρὸ ϙοτυτίον καὶ τᾶς ἐκεχερίας πένπ[τοι] Ϝέτει hόιπερ hόκα hα Ὀλυμπιὰς ποτείε· τõι Διὶ: τõι Εὐμενεῖ θύ[ε]ν …

»Das Opfer der Tiere (?) soll stattfinden vor den Kotytia; und vor (dem Beginn) der Ekecheirie in (jedem) fünften Jahr, in welchem das Zeusfest in Olympia da ist; man soll dem Zeus Eumenes opfern...« Die Gesandten des Zeus aus Olympia und die Opferfunktionäre des lokalen Zeus-Kultes vereinigten sich zur gemeinsamen Zeremonie im Zusammenhang mit der Verkündigung der Ekecheirie; die für diese Feier vom Gast-Staat zu stiftenden Opfertiere oder Gelder dafür heißen vermutlich deshalb häufig (ἐν)εκέχειρον[84]. Mehrfach lässt sich sogar nachweisen, dass Theorodoken von Epangelie-Gesandtschaften panhellenischer Gottheiten lokale Priester derselben Gottheit sind. Chr. Habicht stellte in einer Liste von 14 lokalen Apollon-Priestern in Kyrene fest, dass zwei von ihnen zugleich als Theorodoken des delphischen Apollon in dessen Heiligtum aufgezeichnet sind[85]. Ein Apollon-Priester Athens ist Theorodokos in Delphi,[86] ein Asklepios-Priester in Pergamon Theorodokos des Asklepios von Epidauros; möglicherweise hatte einer seiner Vorfahren den Asklepios-Kult von Epidauros nach Pergamon geholt[87]. Daraus ergibt sich die Hypothese, dass Athanadas und Rhinon lokale Zeuspriester waren, die nach Ankunft der elischen Ankündigungsgesandten mit ihnen das gemeinsame Ekecheirie-Opfer für das Olympische Zeusfest zu vollziehen hatten, und aufgrund verwandter Kultaufgaben zu ihren Theorodoken wurden. Damit verbindet die Theorodokie der Zeuspriester den lokalen Zeus-Kult mit dem panhellenischen von Olympia. Vor allem aber wird dadurch verständlich, dass die beiden Geehrten Anteil an der wohl aus elischen *manteis* bestehenden Epoikie in ihrer Heimat erhielten: als Vertreter des örtlichen Zeus arbeiteten sie mit den elischen Vertretern des olympischen Zeus zusammen, die ihr Staat wegen ihrer Kompetenzen in der militärischen Opferdeutung eingebürgert hatte. Der Iamide Teisamenos hatte die spartanische Staatsbürgerschaft erhalten, ohne – wie die elische Epoikie in Sparta zeigt – sein elisches Bürgerrecht zu verlieren. Der Spartaner Athanadas erhält gemäß der Urkunde die elische Staatsbürgerschaft, bleibt aber Lakedämonier in seiner Heimat, um die elische Gesandtschaft zu betreuen und an der dortigen elischen Auslandsgemeinde teilzunehmen. Die Reziprozität des doppelten Bürgerrechts von Elis und Sparta, das Teisamenos und Athanadas um die Mitte des 5. Jhs. innehaben, erscheint nicht als Zufall, sondern im Zusammenhang mit den internationalen sakralen Beziehungen des Zeus von Olympia, die sich als Einbürgerungen elischer *manteis* in griechischen Staaten, als elische Ankündigungs-Gesandtschaften der Olympien und in der Ernennung von lokalen Theorodoken durch Elis hier greifen lassen. Auch wenn unter späteren Theorodoken Könige, Träger politischer und militärischer Ämter, Proxenoi, Gesandte und andere Funktionäre erscheinen[88], so hat doch der lokale Priester der Gottheit, dessen panhellenisches Fest die Gesandtschaft ankündigt, sachlich und kultisch den konkretesten Anlass, diese Gesandtschaft als Theorodoke zu betreuen. Der Kontext der Inschrift und die genannten Parallelen anderer Theorodokien machen es wahrscheinlich, dass Athanadas und Rhinon einheimische Zeus-Priester waren.

Z. 3 ΤΑΡΑΕΟΙ . ΙΣΚΡΟΕΠΙΤΑΜΙΣΟΝ

Leider ist nicht geglückt, dieser Buchstabenfolge einen eindeutigen Sinn zu entnehmen. *Videant peritiores.*

Z. 3–4 Ἀθανάδαν καὶ Κικυσια.

Die Unverständlichkeit der vorhergehenden Worte verhindert, die syntaktische Struktur zu erkennen. Ἀθανάδαν lässt einen Subjektsakkusativ vermuten und einen Infinitiv fordern, der sich jedoch nicht finden lässt. Das καί vor dem Ortsnamen Κικυσια dürfte einen zuvorgenannten Ortsnamen voraussetzen, der in der ungedeuteten Buchstabenfolge steckt. Dass Rhinon hier nicht genannt ist, lässt eine Sonderbestimmung für den vermutlichen Spartaner Athanadas annehmen. Kikysion war laut Strabo die größte der sog. acht pisatischen *poleis*[89]. Hier könnte die pluralische Variante des Ortsnamens (τὰ) Κικύσια (analog zu τὰ Μέγαρα) anstelle des strabonischen τὸ Κικύσιον oder eine andere von diesem Ortsnamen abgeleitete Form vorliegen.

Was den von den Eleern geehrten Athanadas mit der pisatischen *polis* verbindet, ist wegen der Unverständlichkeit der vorangehenden Worte unklar. Gemäß anderen Bürgerrechtsverleihungen[90] wäre es möglich, dass er Grundbesitz zugewiesen erhält. Jedenfalls bezeugt die Inschrift, dass das pisatische Kikysion oder sein Gebiet sich um die Mitte des 5. Jh. v. Chr. in der Verfügungsgewalt der Eleer befand. Dies wirft neues Licht auf die elische Herrschaft in der Pisatis. Herodot (4, 148, 4) berichtet, die Eleer hätten die meisten Städte der Minyer (die etwas weiter im Süden im späteren Triphylien liegen) zu seiner Lebenszeit (ἐπ' ἐμέο) zerstört. Dazu passt Pausanias' Nachricht (5, 10, 2), dass die Eleer den Zeus-Tempel (dessen Bau in den späten 470er Jahren begann[91]) aus der Beute aufständischer Pisaten und Periöken finanzierten, die von den Eleern vernichtet worden seien. Somit scheint das elische Verfügungsrecht über pisatischen Besitz die Nachricht von der wohl kurz vorher zu datierenden Unterwerfung pisatischer Orte zu bestätigen[92].

Z. 4: ὁ δὲ πίναξ ἄγαλμα τῶ Διός

Ἄγαλμα Διός steht auf einer Bronzetafel Olympias mit den elischen Strafurteilen über propersische Staaten[93] und auf einer anderen: ὁ δὲ πίναξ ἰαρὸς Ὀλυμπίαι[94]. Beide Inschriften entstanden im zweiten Viertel des 5. Jh. v. Chr.[95]. Sowohl für die rechteckige Tafel IvO 2 wie hier für die Ringscheibe wird dieselbe Bezeichnung πίναξ gebraucht, was gegen eine besondere Bedeutung der Scheiben- oder Diskos-Form zu sprechen scheint.

Ergebnisse und ihr historischer Hintergrund

Über die politische Geschichte der Eleer fehlen uns über den Zeitraum nach der Perserabwehr bis zum Vorabend des Peloponnesischen Krieges weitgehend

Nachrichten[96]. Die Inschrift und ihre Interpretation enthüllte ein nahezu unbekanntes panhellenisches 'Zeuskult-Netzwerk' der Eleer. Elische *manteis* des olympischen Zeus, insbesondere Iamiden, dienten in einer größeren Zahl von griechischen Staaten als militärische Opferdeuter und bildeten wahrscheinlich – ob eingebürgert wie in Sparta, Stymphalos, Syrakus oder nicht – die in der Inschrift erstmals bezeugten elischen Auslandsgemeinden (»Epoikien«). Elische Festgesandtschaften (»Theoriai«) kündigten im mittleren 5. Jh. v. Chr., wie Pindar, ein Kultgesetz aus Selinunt und diese Inschrift zeigen, das Zeusfest und die Ekecheiria an und wurden von Einheimischen (vermutlich lokalen Zeuspriestern) betreut, die von den Eleern in der Sache (noch nicht im Ausdruck) als Theorodoken anerkannt und mit dem elischen Bürgerrecht geehrt werden konnten. Die Inschrift stammt etwa aus der Zeit, in der die Eleer den gewaltigen Zeus-Tempel in Olympia errichteten. Als der 373. v. Chr. von Erdbeben zerstörte Apollon-Tempel von Delphi wieder aufgebaut werden sollte, wurden in der griechischen Welt Spenden gesammelt[97]. Da die zum olympischen Zeusfest eingeladenen Staaten Opfergaben leisten mussten, ist zu erwägen, ob die elischen Ankündigungsgesandten Beiträge nicht nur für das Fest, sondern auch für den Tempel des Zeus erbaten[98], zumal in Delphi die Beiträge für das Opferfest und für den Tempelbau die gleiche Bezeichnung ἐπαρχαί trugen[99]. In jedem Fall geht von dem Text der Ringscheibe ein Anreiz an vornehme Besucher Olympias aus, sich durch Betreuung der elischen Festgesandtschaften in der Heimat das elische Bürgerrecht der Eleer und Teilnahme an ihrer dortigen Auslandsgemeinschaft zu erwerben. Umgekehrt konnten die Eleer von einem einflussreichen Theorodoken, insbesondere wenn er Zeus-Priester war, eine ideelle und materielle Förderung der Opfergaben und Spenden für das Fest, vielleicht auch für den Tempel des Olympischen Zeus erwarten.

Naheliegende Fragen erfordern eigene Untersuchungen: Dient das elische 'Netzwerk' des panhellenischen Zeus-Olympios-Kultes als Konkurrenz zum delphischen Apollon? Oder den Großmachtinteressen des zu jener Zeit eng mit Elis kooperierenden Sparta, während Delphi athenischen Interessen diente[100]? Wie verhalten sich die (sakrale) Theorodokie und das (eher profane) elische Bürgerrecht des Athanadas zu den elischen (eher profanen) Proxenien der Spartaner Gorgos und Euvanios, die beide durch Steinsitz im (sakralen) Olympia geehrt wurden[101]? Und schließlich: Wann beginnen und wann enden die bisher unbekannten elischen Epoikien, die aus militärischen Sehern im Dienst fremder Staaten zu bestehen scheinen? Wie fast jede der umfangreicheren Bronze-Urkunden Olympias bietet die Ringscheibe eine Fülle neuer Erkenntnisse, aber auch neuer Probleme.

Abkürzungen

Neben den Abkürzungen des DAI (AA 1997) 611–628 werden hier folgende verwendet:

Buck   C. D. Buck, The Greek Dialects (1955, Nachdruck 1973).

IPArk   G. Thür – H. Taeuber, Prozessrechtliche Inschriften der griechischen Poleis: Arkadien (1994)

IvO   W. Dittenberger – K. Purgold, Die Inschriften von Olympia, Olympia V (1896).

LSAG²   L. H. Jeffery, The Local Scripts of Archaic Greece, revised edition with supplement by A W Johnston (1990).

ML   R. Meiggs – D. Lewis, Greek Historical Inscriptions² (1988).

Perlman   P. Perlman, City and Sanctuary in Ancient Greece. The Theorodokia in the Peloponnese. Hypomnemata 121 (2000).

[1] IvO 1–43; 947.

[2] a) ÖJh 1 (1898) 197–212 [SEG 11, 187; 38, 365 jeweils ohne Text].

b) AEphem 1905, 55–78; AEphem 1910, 147–152; [SEG 15, 358; 38, 1968];

in den Olympiaberichten:

c) 5, 157–160 [SEG 15, 241; 31, 557].

d) 7, 207–210 [SEG 22, 336; 42, 374].

e) 10, 228–248 [SEG 31, 358; 37, 1782 bis].

f) 11, 391–412 [SEG 42, 375].

g) Nikephoros 10, 1997, 217–233 [SEG 45, 412].

[3] In Wien nicht zugänglich, zitiert nach Dittenberger zu IvO 9, der als Ersteditor einen 'J. M.' angibt; B. F. Cook, Greek Inscriptions (1987) 60 f; Zur neuen Lesung und der sonst unbekannten Gemeinde Eua J. Roy – D. Schofield, Horos 13, 1999, 155–165.

[4] IvO 39; gefunden am 21. 1. 1876, ediert von A. Kirchhoff, AZ 33, 1876, 183–186 Nr. 4 (Zitat in IvO 39 ist falsch).

[5] s. o. Anm. 2, c).

[6] s. o. Anm. 2, d).

[7] s. o. Anm. 2, e).

[8] s. o. Anm. 2, f).

[9] s. o. Anm. 2, g).

[10] Über die schwierige Trennung von staatlicher und sakraler Administration des Heiligtums wird in Wien eine Dissertation vorbereitet.

[11] GGA 1927, 157–176.

[12] Inv. Nr. B 7962, B 6076, B 6901, noch unediert; zur Schrift LSAG² 217.

[13] SEG 35, 389 aus Mási, dem antiken Makistos.

[14] Vgl. die inhaltlich eindeutigen Urkunden der Eleer IvO 2; IvO 9; IvO 39.

[15] Diese Bezeichnung wird bald nach 480 durch *hellanodikas* abgelöst, J. Ebert–P. Siewert, Olympiabericht 11 (1981) 399 f.

[16] s. o. Anm. 2, f) und g).

[17] H. Bengtson (Hrsg.), Die Staatsverträge des Altertums II² (1975) Nr. 110. 111. 120; H. H. Schmitt (Hrsg.), Die Staatsverträge des Altertums III (1969) Nr. 480 (= IvO 9. 10; oben Anm. 2, d, oben Anm. 2, b + IvO 40).

[18] Thuk. 5, 49 f.; P. Siewert, Olympiabericht 10 (1981) 228–248, bes. 243 f.

[19] Dazu jetzt grundlegend P. Perlman, City and Sanctuary in Ancient Greece. The Theorodokia in the Peloponnese (2000). Viel Material bei M. Dillon, Pilgrims and Pilgrimage in Ancient Greece, 1997, 1–26; R. Schlesier in: T. Hölscher (Hrsg.), Gegenwelten zu den Kulturen Griechenlands und Roms in der Antike (2000) 140–143; P. Weiß, Stadion 24, 1, 1998, 59–70.

[20] LSAG² 216–221; 450 Taf. 43. Nahe kommen der neuen Inschrift einerseits: IvO 2 (datiert von Jeffery a. O. auf 475–450 v. Chr.: Elis Nr. 15 S. 218. 220 Taf. 43), andererseits IvO 15 u. 16 (beide auf 450–425 datiert von Jeffery a. O.: Elis Nr. 18 u. 17, S. 218 f. u. 220 f. Taf. 43).

[21] Zu beschrifteten Scheiben LSAG² Index IV S. 391 s. v. disks; grundlegende Sammlung: P. Jacobsthal, Diskoi, BWPr (1933).

[22] Vgl. LSAG² 43–50; 374; 429. Vorzüglich E. Zinn, Schlangenschrift, AA 1950, 1–36. Abwegig ist die Nachricht des späten Aristodemos (FGrHist 104, 9): die Lakedaimonier hätten die kreisförmige (κυκλοτερῶς) Beschriftung eines Diskos mit dem Namen der über die Perser siegreichen Griechenstaaten ausgedacht, damit kein Staat als erster oder als letzter erscheine.

[23] SEG 11, 890; LSAG² Lakonia Nr. 14 S. 190. 199. Durchmesser der Ringscheibe 4 cm.

[24] SEG 40.392; Jacobsthal a. O. 29 f. Abb. 21.

[25] Schrift nicht spiralförmig, sondern auf geradlinigen Zeilen. SEG 11, 1114; Jacobsthal a O. 29 Abb. 20; LSAG² Arkadia Nr. 31, S. 214. 216, datiert »ca. 450–430(?)«.

[26] Paus. 5, 20, 1; vgl. 5, 26, 2; Phlegon FGrHist 257 F1; Plut. Lyk. 1, 2; A. Hönle, Olympia in der Politik der griechischen Staatenwelt (1972) 7–13; U. Bultrighini, Pausania e le tradizioni democratiche, Argo ed Elide (1990) 211–229. G. Máddoli–V. Saladino, Pausania, Guida della Grecia, Libro V (1995) 199 f.; 305.

[27] Vgl. z. B. die Argumente für eine Entstehung im 6. oder 5. Jh. bei Máddoli–Saladino a O. 199 f.

[28] War der Diskos des Iphitos Vorbild für die angeführten Beispiele ab dem mittleren 5. Jh., dann muss er früher entstanden sein. Die Zusammenarbeit des elischen Königs Iphitos mit dem spartanischen Gesetzgeber Lykurg präfiguriert die elisch-spartanische Kooperation gegen Pisa zur Gewinnung Olympias um ca. 580–570 v. Chr. und ist früher kaum wahrscheinlich. Somit wäre der Iphitos-Diskos nach 580 und vor dieser neuen Ringscheibeninschrift entstanden, also in der archaischen Epoche.

[29] Über Theorodokieverleihungen jetzt Perlman, Index s. v. honorary decrees for theorodokoi, 325; Texte der Peloponnes gesammelt: S. 175–177; 184–188; 196–204; 208–236; 240–243.

[30] IvO 39, Text auch von Buck 263–264 Nr. 66 und Perlman 175–177 Nr. O. 2 wiedergegeben, s. o. Anm. 4.

[31] Erstedition W. Vollgraff, Mnemosyne 44, 1916, 64–71, Text und Literatur bei Perlman 230–232 Nr. A. 24.

[32] IG V 2, 394; Text auch bei Perlman 243 Nr. L. 5. Zum Heiligtum und Fest von Lusoi, Perlman 157–160.

[33] Vgl. P. J. Rhodes, DNP 5 (1998) 1143 f. s. v. Isopoliteia.

[34] SEG 13, 239 = LSAG² Argos Nr. 22 (ca. 475 v. Chr.) 162. 169.

[35] IG IV 926, 36 (ca. 242–223 v. Chr.).

[36] M. J. Osborne–S. G. Byrne (Hrsg.), A Lexicon of Greek Personal Names II (1994) s. v. Ῥίνων. 4 Belege vom 5.–2. Jh. v. Chr.

[37] Scherbe des späten 8. oder frühen 7. Jh., Sprache 37, 2 (1995) 193] Ρ/ηνον [; vgl. LSAG² Nr. Euboia A S. 434, Taf. 73, 6.

[38] Vgl. H. Frisk, Griech. etymol. Wörterbuch II (1970) 659 s. v. ῥίς.

[39] Vgl. H. Frisk a. O. 657 f. s. v. ῥινός. Vgl. mykenisches wi-ri-ne-jo, wi-ri-no u. ä. F. Aura Jorro, Diccionario Griego–Español, Anecho II: Diccionario Micenico, 1993, 434 f. (Freundlicher Hinweis M. Peters, Wien).

[40] Vgl. Buck § 138, 5 (S. 112 f.) Arkadisch ἀνέθεαν IGV 2 278, Z. 13. σύνθεαν IPArk 14 Z. 27f. 30; J. L. Garcia–Ramón, Eleo ἀνταποδιδῶσσα (*⁰ dido-at⁵-a) y 3. pl. ἔθεαν, in: Palaeograeca et Mycenaea. A. Bartonek quinque et sexagenario oblata (1991) 113–129.

[41] Vgl. Buck § 94, 3. 8. 9.

[42] Fehlt in Liddell–Scott.

[43] Den Sachverhalt formulieren attische Inschriften anders, z B. IG I³ 102, 15–17: ἔιναι δὲ ... ['Αθεναῖον, καὶ φυλῆς τε κ]αὶ φρατρίας, hο[ν ἂν βόλεται γράφσασθαι αὐτό]ν.

[44] P. Cabanes–N. Ceka (Hrsg.), Corpus des inscriptions grecques d'Illyrie méridionale et d'Épire I 2 (1997) Nr. 385, Z. 3–5.

[45] Buck § 162, 11; Liddell–Scott s.v. λῶ

[46] Vgl. zur Stelle A. W. Gomme–A. Andrewes–K. J. Dover, A Historical Commentary on Thucydides III (1970) 137.

[47] Vgl. die im Deutschen (und im Attischen?) formal nicht mögliche Infinitivkonstruktion »I don't know what to say«, oder »non so cosa dire.«

[48] Buck § 60, 1 und 1a.

[49] Vgl. Pi. O. 9, 69; Hdt. 8, 75; Thuk. 5, 5, 1; ML 13, 18; 20, 1. 5. 11; 66.

[50] Hdt. 9, 33–36. Zu dieser »military mantiké« W. K. Pritchett, The Greek State at War III (1979) 47–90.

[51] Paus. 3, 11, 3 7; 12, 8; P. Kett, Prosopographie der historischen griechischen Manteis (Diss. Erlangen–Nürnberg 1966) 91 f.; P. Poralla, Prosographie der Lakedaimonier bis auf die Zeit Alexanders des Großen (1913) 10 f. 119.

[52] Kett 103. 105–107; 84–98; 31 f; 102 mit Stellenangaben.

[53] Kett 93. 107.

[54] Vgl. H. W. Parke, The Oracles of Zeus, Dodona, Olympia, Ammon (1967) 164–193.

55 N. Luraghi, Klio 79, 1997, 69–86; vgl. Kett 18–20; 90 f.
56 Strabo 10,1,10 C 448; Zum elischen Auslautrhotazismus Buck § 60,1 zum eretrischen Inlautrhotazismus Buck § 60,3–4.
57 FGrHist 1 F 129; vgl. Eurip. Ion 294.
58 ML 52,61 f. (446/445 v. Chr.).
59 W. Luppe, ZPE 49, 1982, 22, zu SEG 31,806.
60 Paus. 5,13,4–6.
61 Paus. 5,9,2. 12,11. 14,5. Vgl. A. Kaloyeropoulou, AAA 14,1981,145–147 = SEG 31,344.
62 Großer Tempel der 1. Hälfte des 6. Jh. H.-P. Drögemüller, KlP 4 (1972) 289 s. v. Olympieion. Das Schatzhaus der Syrakusaner in Olympia könnte ein Indiz dieser Kooperation sein.
63 Liddell–Scott s. v. κοινωνέω. z. B. SEG 13,273,2 f. (Dyme, 3. Jh. v. Chr.).
64 SEG 40,394,17. 32 f. (Dyme, 3. Jh. v. Chr.).
65 SEG 12,371,26 f.
66 IvO 39,26 f.
67 Buck Nr. 65,9 (S. 262).
68 Buck § 89,6; vgl. auch S. Minon in: A. C. Cassio (Hrsg.) ΚΑΤΑ ΔΙΑΛΕΚΤΟΝ, Atti del III Colloquio Internazionale di Dialettologia Greca (AION Sez. filol. 19, 1997) 462.
69 IPArk 9,10; der Text handelt jedoch nicht von einer Theorodokie-Vergabe, sondern von dem Recht Helissons, einen Festgesandten zu entsenden (Z. 8 θεαρὸν ἦναι) und Festgesandtschaften empfangen zu dürfen, dazu IPArk, S. 103 Anm. 9 und 11.
70 IvO 36,1; Perlman 18 f.; 175 Nr. O. 1. Nach Olympia gereiste »Festgesandte« (θεαροί) sind schon aus dem späten 6. Jh. dokumentiert, Olympiabericht 11 (1999) 393 Z. 8; vgl. dazu S. 408–410 und S. 395 (Datierung); IvO 7,2, dazu LSAG² Elis Nr. 5 S. 218 219 220 (Datierung).
71 Grundlegend Perlman bes. Fig. 6 S. 58 f. Column XIII (honors) Nr. 15: ἰσοπολιτεία, jedoch ohne die Verbindung zwischen Bürgerrecht und Theorodokie näher zu untersuchen s. o. Text zu Anm. 29–33.
72 IvO 39 s. o. Text zu Anm. 30.
73 Perlman Nr. A. 24 S. 230–232.
74 SEG 18, 187; FD III 1,152 jeweils *isopoliteia*.
75 IG V 2,394 = Perlman 245 Nr. L. 5.
76 Perlman Nr. A. 24 (S. 230 f): die Statue soll in der Agora aufgestellt (Z. 15 f.), die Ehrungen sollen im Apollon-Lykios-Heiligtum aufgezeichnet werden, wo auch die übrigen Bürger eingetragen sind (Z. 11 f.).
77 Zu diesen Ankündigungsgesandtschaften (ἐπαγγελίαι) jetzt Perlman 14–16.
78 s. o. Anm. 37.
79 Vgl. Perlman 15 Anm. 11; materialreich Dillon (s. o. Anm. 19) 1–4; 7–11.
80 Dillon a. O. 2; 229 Anm. 11 mit Belegen.
81 Dillon a. O. 5; doch seine Gleichsetzung (S. 6) der elischen Epangelie-Gesandten Pindars mit den kaiserzeitlichen »Spondophoren« des nur im Heiligtum tätigen Kultpersonals (IvO 59 ff.) erweckt schwere sachliche Bedenken.
82 Perlman in ihrem Theorodokie-Buch behandelt diese Stelle nicht. Dillon a. O. S. 6 nimmt keinen Bezug auf die »Feste der Gastlichkeit«.
83 Perlman 46 f. mit Anm. 37 u. 39.
84 Perlman 47 f.
85 SEG 46,2201.
86 FdD III 2,55; Perlman 58 Nr. 4.
87 Perlman 252 f. Nr. 57.
88 Zusammengestellt von Perlman 40.
89 8, 3, 31. 32 C 356, 357, E. Meyer, RE 20 (1950) 1737. 1745 s. v. Pisa.
90 Aus Olympia z. B. IvO 11,4 f.: τὰν δὲ γᾶ[ν] ἔχεν τὰν ἐν Πίσαι. Bürgerrecht für Theorodoken: IvO 39 = Perlman Nr O. 2 S. 176 Z. 24:, γᾶρ καὶ βοικίαρ ἔγκτησιν. IG V 2,394 = Perlman Nr. L. 5 S. 240, Z. 13–15: εἶναι δ[ὲ Λου]σοῖ καὶ γᾶς ἴμπασιν [κ]αὶ οἰκίας.
91 H.-V. Herrmann, Olympia, Heiligtum und Wettkampfstätte (1972) 128 f.
92 Zur Möglichkeit, dass aufgrund der angeführten Pausaniasstelle (V 10,2) die Stadt Pisa erst nach den Perserkriegen zerstört wurde, E. Meyer, RE 20 (1950) 1751 f. s. v. Pisa.
93 s. o. Anm. 2, e) Z. 1.
94 IvO 2,9.
95 LSAG² Elis Nr. E S. 450. 451: Elis Nr. 15 S. 218. 220.
96 Vgl. H. Swoboda, RE 5 (1905) 2392–2395 s. v. Elis; D. M. Lewis in: CAH V² (1992) 105 Anm. 31.
97 Xen. Hell. 6,4,2; G. Roux, L'Amphictionie, Delphes et le temple d'Apollon au IVᵉ siècle (1979) 137–164.
98 Zu den staatlichen Beiträgen für das Fest (ἀπαρχαί, in Delphi ἐπαρχαί) Perlman 46–50.
99 Perlman 48. 51; Roux a. O. 139. 161.
100 Vgl. Themistokles' Schutz der delphischen Amphiktyonie vor spartanischen Strafmaßnahmen wegen ihrer propersischen Haltung. Plut. Them. 20,3 f. dazu D. M. Lewis in: CAH V² (1992) 99 f.
101 SEG 11,1180a (S. 235) 39,1822; SEG 26,476.

Addendum

Zu den Eleern in Sparta (S. 368) jetzt: J. Taita, Indovini stranieri al servizio dello stato spartano. Un 'epoikia' elea a Sparta in una nuova iscrizione da Olimpia, Dike 4, 2001, 39–85.

Zur Ekecheiria in Selinus (S. 370): M. Rausch, Die 'Verstaatlichung' des öffentlichen Lebens westgriechischer Poleis im 6. und 5. Jh. v. Chr., Hesperìa 14, 2001, 86–89.

Abbildungsnachweis

Abb. 1: Foto DAI Athen Ol. 6506.

Ulrich Sinn

Olympias Spätgeschichte im Spiegel des Demeterkults

Nirgend sonst in der antiken Welt kamen bei einem Kultfest Menschen in so großer Zahl und aus so weiter Ferne zusammen wie in Olympia. Aber auch die Empfänger kultischer Verehrung – Götter und Heroen – sind im Sakralgelände zu Füßen des Kronoshügels in einer wohl einzigartigen Vielzahl versammelt. Allein die von Pausanias dokumentierte Altarperiegese bezeugt an den etwa 70 Stationen insgesamt 41 Namen[1]. Nahezu der vollständige Kanon der Olympischen Gottheiten ist vertreten. Riten vollzog man zudem unter anderem für die Nymphen und Kureten, die Musen und Chariten, die Horen und Moiren, Pan und die Dioskuren und natürlich für die lokalen Heroen Pelops und Hippodameia, für Alpheios und Kladeos.

Nach 125-jähriger Grabungstätigkeit müssen wir konstatieren, dass sich dieser Facettenreichtum innerhalb des Kultbetriebs weder durch topographische Befunde noch durch eindeutig zuzuordnende Votivgaben im Einzelnen nachzeichnen lässt. Freilich ist es unwahrscheinlich, dass alle von Pausanias erwähnten Altäre über die einmal monatlich vollzogenen Riten hinaus Stätten des praktizierten Kults waren und somit archäologisch fassbare Spuren hinterlassen haben[2].

Um so mehr gewinnen jene Kulte an Bedeutung, die durch signifikante Funde und Befunde aus der nebulösen Überlieferung markant herausstechen. Natürlich ist hier mit weitem Abstand an erster Stelle Zeus zu nennen. In vielen Abhandlungen wurde aufgezeigt, welches Maß der Annäherung an den Kultcharakter aus dem Grabungsbefund heraus möglich ist[3]. Für die wichtige Frage nach den Anfängen des Kultes lassen sich – wie Helmut Kyrieleis dargelegt hat – aussagekräftige Zeugnisse der Verehrung des Pelops heranziehen[4]. Für Apollon sind mögliche Beweggründe seiner gewichtigen Präsenz im Erscheinungsbild des Heiligtums benannt worden[5]. In einer Momentaufnahme tritt uns durch die Studie von Aliki Moustaka der Anteil der Hera am olympischen Kultgeschehen vor Augen – dies freilich weitgehend auf die klassische Epoche beschränkt[6]. Auch Artemis nimmt mit Befunden am archaischen Altar und am kaiserzeitlichen Naiskos im Südosten des Grabungsareals ausschnitthaft Gestalt an[7].

Thomas Völling und Joachim Ebert zum Gedächtnis

Zu der kleinen Gruppe von Gottheiten mit einem zumindest andeutungsweise erkennbaren Profil innerhalb des olympischen Sakralgeländes gehört auch Demeter. Die aus der antiken Literatur abzuleitenden Hinweise auf das hohe Alter des Demeterkultes an den südöstlichen Ausläufern des Kronoshügels hat Hans-Volkmar Herrmann zusammengetragen und ausgewertet[8]. Eine etymologische Erklärung des Kultnamens 'Chamyne' hat Ana Vegas-Sansalvador geliefert[9]. Im archäologischen Befund, d. h. am Ehrenplatz ihrer Priesterin im Stadion, der Weihung des Nymphäum und bei den epigraphischen Belegen über einige Inhaberinnen des Priesterin-Amtes tritt uns Demeter allein in Zeugnissen aus der frühen und mittleren römischen Kaiserzeit entgegen. Ist das ein Hinweis auf eine ungewöhnliche Kontinuität in der Kultgeschichte Olympias, oder haben wir es mit einer späten, vorübergehenden Renaissance zu tun?

Die uns zur Verfügung stehenden Zeugnisse lassen darauf keine eindeutige Antwort zu[10]. Meine Überlegungen gehen von einer anderen Beobachtung aus. Von den beiden mit dem Demeterkult in Verbindung stehenden Monumenten, der Steinkonstruktion im Stadion und dem Nymphäum wurden bei den Ausgrabungen bemerkenswert viele Überreste *in situ* bzw. in Falllage angetroffen. Diese Monumente haben demnach bei der Auflösung des Heiligtums ein anderes Schicksal genommen, als die Vielzahl der Statuen und Gebäude, deren Material in die Häuser und übrigen Einrichtungen der frühbyzantinischen Siedlung gewandert ist[10a].

Rufen wir die entsprechenden Befundsituationen kurz in Erinnerung. Ich beginne mit der Marmorkonstruktion im Stadion. Der sogenannte Altar diente laut Pausanias VI 20, 9 als Ehrenplatz der Demeterpriesterin: ἔστι ... βωμὸς λίθου λευκοῦ. ἐπὶ τούτου καθεζομένη τοῦ βωμοῦ θεᾶται γυνὴ τὰ Ὀλύμπια, ἱέρεια Δήμητρος Χαμύνης· τιμὴν ταύτην ἄλλοτε ἄλλην λαμβάνουσα παρὰ Ἠλείων. Von dieser Konstruktion ist bei den Ausgrabungen nur ein Stein des Fundaments *in situ* angetroffen worden, sechs zum Postament gehörende Blöcke wurden unterhalb ihres ursprünglichen Standorts in offenkundiger Falllage dicht beieinander angetroffen[11]. Den Befund erklärt Alfred Mallwitz einleuchtend so: »Den Altar hatte man in spät- oder nachantiker Zeit seiner Klammern und Bleibettungen wegen auseinandergerissen; Winterregen haben die herumliegenden Stücke hinabgeschwemmt, bis sie in dem Morast der früheren Laufbahn fast bis zur Höhe des Oberkante des Wallfußes versanken.«[12]

In der Forschung wird der marmorne Ehrenplatz mit der Vergabe des Titels der Demeterpriesterin an Regilla und ihrem Aufenthalt in Olympia im Jahr 153 n. Chr. in Verbindung gebracht; die aus Spolien einer hellenistischen Statuenbasis zusammengefügte Konstruktion sei eigens für die prominente Amtsinhaberin errichtet worden[13]. Dabei beruft man sich auf eine freilich nur sehr allgemein umrissene Stratigraphie[14]. Letztlich beruht diese chronologische Einordnung jedoch auf der Annahme, dass es im kaiserzeitlichen Olympia außerordentlicher Ereignisse bedurfte, wenn überhaupt noch etwas bewegt wurde.

Aus dem Text des Pausanias VI 20 9 lässt sich freilich ableiten, dass eine solche Einschätzung irrig ist. Seine Formulierung τιμὴν ταύτην ἄλλοτε ἄλλην λαμβάνουσα παρὰ Ἠλείων weist auf eine völlig unabhängig von Regilla gepflegte Form der Ehrerweisung. Und genau dies schlägt sich auch im epigraphischen Befund nieder. Inschriften, in denen Demeterpriesterinnen genannt werden, sind sowohl für die Zeit vor Regilla wie auch noch Jahrzehnte danach bezeugt[15]. Die tatsächliche Bedeutung des Ehrenplatzes der Demeterpriesterin zeigt sich m. E. vor allem darin, dass die Marmorkonstruktion offensichtlich bis in die Spätantike hinein aufrechtstehend geblieben ist, was ohne eine entsprechende Pflege nicht möglich gewesen wäre. Der marmorne Ehrenplatz illustriert mithin nicht einen ephemeren Augenblick der Heiligtumsgeschichte sondern beleuchtet eine Institution, die in der Kaiserzeit bis zur Auflösung des Heiligtums offensichtlich für wesentlich erachtet worden ist.

Eine genaue zeitliche Festsetzung der Aufgabe des Kultbetriebs ist kaum vorzunehmen. In einem bemerkenswerten Gleichklang stimmen alle, die sich in unserem Forschungsprojekt zur Geschichte Olympias in der römischen Kaiserzeit und Spätantike mit dem Ende des Heiligtums befassen, darin überein, dass der Kultbetrieb Olympias bis in die Zeit Theodosius II. ungebrochen fortgeführt worden ist[16]. Das Stadion hat diese Zäsur möglicherweise sogar noch länger überdauert. Bei der systematischen Sichtung aller architektonischen Spuren und beweglichen Zeugnisse aus der frühbyzantinischen Siedlung, die sich vom späteren 5. Jahrhundert bis in das frühe 7. Jahrhundert über dem vormaligen Heiligtum ausbreitete, machte Thomas Völling die Beobachtung, dass das Stadion von der Überbauung durch Häuser ausgenommen blieb. In den jüngsten Schichten des Stadions wurden Münzen und Kleinfunde des 5. Jahrhunderts geborgen. Daraus zieht Völling den Schluss, »dass hier die Wettspiele nach Beendigung des Kultes noch eine geraume Zeit weitergeführt worden sein könnten.« Ruft man sich zudem in Erinnerung, dass manche der in elischer 'Lizenz' an kleinasiatische Orte vergebenen Olympien und Isolympien noch im 6. Jahrhundert veranstaltet wurden – in Antiochia bis 520/21 n. Chr.[17] –, ist eine Fortführung von athletischen Wettkämpfen in frühbyzantinischer Zeit auch in Olympia selbst nicht auszuschließen.

Wie fügt sich der nicht entfernte Ehrenplatz der Priesterin einer alten olympischen Gottheit in ein solches Ambiente? An dieser Stelle ist es hilfreich, sich noch einmal die Ausführungen des Pausanias zu der Marmorkonstruktion zu vergegenwärtigen. In der bereits zitierten Formulierung τιμὴν ταύτην ἄλλοτε ἄλλην λαμβάνουσα παρὰ Ἠλείων klingt an, dass der Sitz im Nordwall des Stadions den Charakter einer Prohedrie für eine jeweils von den Eleern auserkorene weibliche Persönlichkeit hatte. Ich gehe davon aus, dass sich das Demeterpriestertum im kaiserzeitlichen Olympia in erster Linie in der Verleihung des Ehrentitels erschöpfte. Dabei dürfte die Erinnerung an den alten Kult der Demeter Chamyne den willkommenen Anknüpfungspunkt für die von den frühen römischen Kaiserinnen begründete Konvention der Identifizierung vornehmer Frauen mit Demeter/Ceres geboten haben.

Durch die bei den Grabungen geborgenen Inschriften sind vier Frauen bezeugt, denen die Eleer den Titel einer Demeterpriesterin übertragen und somit das Privileg des Ehrenplatzes im Stadion eingeräumt haben. Unter den inschriftlich bezeugten Titelträgerinnen ist Regilla zweifellos die bekannteste. Ihr Auftritt in Olympia wird in der Forschung als eine spektakuläre Ausnahmesituation betrachtet. Durch den Blick auf die zufällig erhaltenen drei weiteren Namen wird diese Einschätzung freilich relativiert. Auch bei den übrigen Inhaberinnen des Ehrenamtes einer Demeterpriesterin handelt es sich um außerordentliche Prominenz.

Antonia Baebia[18], Tochter des Marcus Antonius Samippus, führt sich mit ihrer Familie auf den elischen Urkönig Oxylos zurück. Mitglieder dieser Familie sind in Olympia durch mehrere Inschriften über viele Jahrhunderte hinweg als Inhaber von Ämtern bezeugt. Antonia Baebia trug den Titel einer Demeterpriesterin während der 234. Olympiade, das heißt in den Jahren von 145 bis 149 n. Chr. Klaudia Tyche[19] ist während der 247. Olympiade von der Olympischen Boule im Jahr 212/13 n. Chr. gleich mit zwei Statuen als Demeterpriesterin geehrt worden. Sie muss eine außerordentlich bedeutende Frau gewesen sein, denn man hat ihr auch im Kaiserkult sowie im Achäischen Bund und im Arkadischen Bund die Priesterschaft angetragen. Die dritte Inschrift[20] ist nur bruchstückhaft erhalten. Doch führt uns der auch anderweitig bezeugte Name des Ehemanns der Demeterpriesterin, Titus Flavius Archelaos, erneut in eine jener elischen Familien, die sich durch Übernahme von Ämtern aktiv für das Wohlergehen Olympias engagierten. In der Mitte des 3. Jhs., also in einer ökonomisch schwierigen Phase, hatte Titus Flavius Archelaos in Olympia viermal in Folge das höchste Priesteramt inne. Für Regilla schließlich hat R. Bol aus dem Statuenprogramm des Nymphäums ermittelt, dass sie den Titel der Demeterpriesterin während der 235. Olympiade getragen hat[21].

Die damit verbundene Anwesenheit in Olympia fiel in das Jahr 153 n. Chr. In die Geschichte ist diese Panegyris vor allem wegen des lästerlichen Auftritts des Peregrinus am gerade in Funktion genommenen Nymphäum eingegangen. In seiner provozierenden Rede schleuderte er wüste Beschimpfungen gegen Herodes Attikus, weil dieser mit seiner Frischwasserleitung Olympia seines Charakters einer von Staub, Hitze und Wassernot geprägten 'Todesfalle' beraubt habe[22]. Vor allem dieser Text hat dazu beigetragen, dass die gesamte Brunnenanlage unter der Bezeichnung 'Nymphäum des Herodes Attikus' in die Forschung eingegangen ist[23].

Trotz der einst so dominierend plazierten Dedikationsinschrift der Regilla wird deren Anteil an dem Weihgeschenk zumeist weitgehend unterdrückt. Doch nicht nur Regilla steht im Schatten der übermächtigen Prominenz des Herodes Attikus. Weiteren an dem Monument beteiligten Dedikanten geht es ebenso. Der wahre Charakter des Nymphäums erschließt sich erst bei einer genauen Betrachtung aller an diesem Bau bzw. seinem Skulpturenschmuck angebrachten Weihinschriften. Es ergibt sich dann folgendes Bild: Die mehrfach gestufte Brunnenanlage ist durch die Inschrift auf dem Stier als eine Weihung der Regilla in ihrer Eigenschaft als Demeterpriesterin ausgewiesen[24]. Als Stifter der unteren Statuengalerie ist Herodes Attikus bezeugt. Sein Name steht auf allen Basen dieser Statuengruppe. Er huldigt dem römischen Kaiserhaus[25]. In der oberen Statuengalerie erweisen die Eleer ihren Wohltätern – den Familien des Herodes und der Regilla – ihre Reverenz[26].

Die verbreitete Klassifizierung des Nymphäums als geradezu unmäßige Prachtentfaltung eines nach eigenem Gutdünken agierenden Milliadärs[27] ist allein aus diesem Grund absolut verfehlt. Das ganze Raffinement dieses Monuments, besonders auch seiner augenscheinlich gezielten Platzierung innerhalb des Heiligtums, gibt sich bei einem Blick in die unmittelbare Umgebung zu erkennen. Die obere Statuengalerie mit der elischen Ehrung von Wohltätern fügt sich nahtlos zu den zahlreichen Ehrenstatuen, die die Eleer vor der Front bzw. im Pronaos des Heraion errichtet haben[28]. Die Konzentration solcher von den Eleern vorgenommenen Ehrungen weiblicher Wohltäter ist auffallend. Gleichfalls bemerkenswert ist die Tatsache, dass auch diese Denkmälergruppe durch viele in situ verbliebene Basen hervorsticht. Das trifft unter anderem auf alle noch heute im Pronaos stehenden Basen zu[29]. Auch die untere, dem römischen Kaiserhaus gewidmete Statuengalerie könnte nicht sinnfälliger platziert sein: Sie steht optisch und räumlich in einer unmittelbaren Beziehung zum nahegelegenen Kaiserkulttempel im vormaligen Metroon[30].

In einem Heiligtum, das zu allen Zeiten immer auch die gesellschaftlichen und politischen Strömungen seiner Träger, hier also der Stadt Elis, spiegelt, ist ein Monument wie das Nymphäum alles andere als ein Fremdkörper. Es ist ein Denkmal des hohen Ansehens, das die Stadt Elis in der mittleren Kaiserzeit dank des auf ihrem Territorium gelegenen Zeusheiligtums besaß: Unübersehbar verfügt die Stadt über einflussreiche Förderer und befindet sich im besten Einvernehmen mit dem Kaiserhaus. Vor allem aber führen die Eleer jedermann vor Augen, dass sie über die Ressourcen verfügen, ihr Wohlergehen eindrucksvoll zur Schau zu stellen: ideell durch die Vergabe des Ehrenamtes einer Demeterpriesterin an die angesehensten Frauen ihrer Zeit, materiell durch die figurenreiche Galerie der Ehrenstatuen für die Familien zweier Wohltäter.

In diesem Monument spiegelt sich nicht allein der Zustand des Heiligtums zum Zeitpunkt der Errichtung in der Mitte des 2. Jhs. n. Chr. Der Grabungsbefund wirft auch hier wieder ein bezeichnendes Licht auf die Phase des Übergangs vom sakralen Ort in eine profane Siedlung. Noch deutlicher als beim Ehrensitz im Stadion fällt der vergleichsweise große Umfang der in situ bzw. in Falllage vor Ort verbliebenen Ausstattungselemente auf: 18 der ursprünglich 24 Statuen, freilich nur 2 oder 3 der ursprünglich 22 Basen sind bei den Ausgrabungen innerhalb der Ruine in Falllage oder in unmittelbarer Nähe angetroffen worden[31]. Sie blieben mithin von der Zweckentfremdung als Baumaterial in der frühbyzantinischen Siedlung ausgenommen.

Im Gegensatz zum reichen Bestand erhalten gebliebener Skulpturen ist die umgebende Fassadenarchitektur nahezu vollständig abhanden gekommen. Die Wiederverwendung mehrerer Statuenbasen im Plattenboden der christlichen Kirche lässt auf eine Demontage in der Mitte des 5. Jhs. schließen[32]. Wie erklärt sich dann aber die offenkundige Schonung so vieler Statuen und deren Bewahrung vor einer Zerschlagung in Baumaterial?

Die Frage, ob aus dieser Konstellation im Grabungsbefund möglicherweise Rückschlüsse auf die Spätgeschichte Olympias zu ziehen seien, wurde bisher deshalb nicht mit letzter Konsequenz gestellt, weil es lange Zeit als gesichert galt, dass der Abriss der meisten Bauten im Heiligtum unter dem Eindruck heranrückender Heruler voller Hektik und in Panik erfolgt sei[33]. Ein systematischer Umgang mit den Hinterlassenschaften des Kultplatzes schien demnach ausgeschlossen zu sein.

Es ist hier nicht der Ort, einmal mehr alle in den letzten Jahren gesammelten Befunde und Argumente auszubreiten, die zu der Erkenntnis geführt haben, dass Olympia ohne Herulersturm bis in das frühe 5. Jh. hinein ein intakter Kultplatz geblieben und die Überleitung der sakralen Strukturen in ein profanes Gemeinwesen in geordneten Bahnen vonstatten gegangen ist³⁴. Wenn wir vor diesem Hintergrund nun beobachten können, dass die mit Demeter in Verbindung zu bringenden Monumente bei der Auflösung des Heiligtums eine aus dem üblichen Rahmen herausfallende Behandlung erfahren haben, ist es legitim, dahinter eine bestimmte Motivation zu vermuten.

Fassen wir die bisherigen Beobachtungen deshalb noch einmal kurz zusammen. Die mit Demeter in Verbindung stehenden Inschriften und Monumente in Olympia liefern uns keinerlei Informationen über den praktizierten Kult im Dienst dieser Gottheit. Sie geben uns nicht einmal Gewissheit, ob in Olympia in der römischen Kaiserzeit überhaupt noch Riten zu Ehren der Demeter vollzogen wurden. In seiner Altarperiegese führt Pausanias keine Station bei einem Altar der Demeter auf. Das durch Pausanias und vier Inschriften für die mittlere römische Kaiserzeit bezeugte Amt einer Demeterpriesterin hatte vermutlich in erster Linie einen repräsentativen Charakter.

Nun beinhaltet das arg strapazierte Schlagwort 'Repräsentation' ja mehr als nur eine eindrucksvolle Selbstdarstellung. Die Verleihung des Ehrentitels ἱέρεια Δήμητρος setzte ein entsprechendes Engagement zugunsten des Heiligtums voraus. Dieser Aspekt ist mir wichtig. In der Forschung wird das Schicksal Olympias gern von so allgemeinen Tendenzen wie dem Niedergang des Athletentums, dem wirtschaftlichen Verfall des Imperium Romanum oder dem unaufhaltsamen Vordringen des Christentums abhängig gemacht. Doch die Vorstellung von allgemein wirkenden 'Zeitläuften' hält der historischen Realität nicht stand.

In Olympia gilt wie andernorts auch, dass die lokalen Gegebenheit zu berücksichtigen sind. Die kaiserzeitliche Institution des Demeterpriestertums in Olympia lenkt den Blick auf eine örtliche Trägerschaft des Heiligtums, die das Wohlergehen Olympias noch in jenen Jahrhunderten zu garantieren vermochte. Die Frauen, die für ihr Engagement mit dem Titel einer Demeterpriesterin geehrt wurden, gehören weitgehend den gleichen Familien an, die auch die männlichen Amtsträger im Zeuskult stellten. Den Zeugnissen zu dem ehrenhalber verliehenen Demeter-Priesteramt wohnt jedoch ein zusätzlicher Informationswert inne. Bei der Auflösung des Kultplatzes ging man offenbar differenziert vor. Man unterschied zwischen rein sakralen Institutionen und Monumenten und den Denkmälern der örtlichen Prominenz, die sich für das Heiligtum einsetzten und damit der Ökonomie und dem Renommee ihrer elischen Heimat dienten. Das Amt einer Demeterpriesterin scheint der letzteren Kategorie zugeordnet gewesen zu sein. Eine solche Zuordnung würde die eingangs konstatierte vergleichsweise späte Auflösung der entsprechenden Denkmäler erklären.

Das Areal des vormaligen Zeusheiligtums mit all seiner Bausubstanz und seiner aufwendigen Wasserversorgung wurde bei der Einstellung des Kultbetriebs ja nicht herrenloses Niemandsland. Unsere Grabungen, vor allem die von Thomas Völling betriebenen Studien, haben das Bild einer blühenden Ansiedlung mit einer Vielzahl von Werkstätten und landwirtschaftlichen Betrieben erbracht³⁵. Im keramischen Fundgut zeichnet sich die Einbindung in weitgespannte mediterrane Handelswege ab³⁶. Der reibungslose Übergang in das neue Zeitalter und das Aufblühen der kleinen 'Landstadt' im Areal des vormaligen Zeusheiligtums wären ohne eine ordnende Administration nicht möglich gewesen. Leider fehlen für den fraglichen Zeitraum entsprechende Quellen zur politischen Entwicklung der nordwestlichen Peloponnes, die es erlauben würden, die Verwaltung Olympias weiterhin in Elis anzusetzen. Die hier konstatierte Sonderbehandlung der Denkmäler elischer Familien scheint mir dafür zu sprechen, dass Olympia auch nach Schließung des Heiligtums der Administration von Elis anvertraut blieb. So ist nicht auszuschließen, dass die vor der Verschleppung bewahrten Statuen des Nymphäums zumindest in der Anfangsphase der frühbyzantinischen Siedlung noch einmal am nunmehr flachen Beckenrand der Brunnenanlage aufgestellt worden sind.

---

¹ Paus. V 14, 4–15, 9; L. Weniger, Klio 9, 1909, 291 ff.; ders., Klio 16, 1920, 1 ff.; A. Trendelenburg, Pausanias in Olympia (1914) 39 ff. Zur Schwierigkeit, die Zahl der Stationen des Opferrundgangs exakt zu benennen, s. Trendelenburg a. O. 45: »ich halte ein Zählen der Altäre für misslich, weil sein Ergebnis erstens durch verschiedene Lücken im Text und dann durch den Umstand beeinträchtigt wird, dass an *einem* Altar mehrfach zweien Göttern geopfert wird.«

² Es fällt schwer, sich vorzustellen, welche spezifischen Votivgaben etwa für die vier Brüder des Herakles (V 14, 7) dargebracht worden sein könnten.

³ Es wäre müßig, in unserem Zusammenhang den Versuch zu unternehmen, die umfangreiche Literatur zum religiösen 'Profil' des Zeus von Olympia und zur ikonographischen Interpretation der ihm zugewiesenen Votivgaben auch nur ausschnitthaft anführen zu wollen. Verwiesen sei auf die jüngste Abhandlung: N. Himmelmann in: A. Pasquier (Hrsg.), Olympie, cycle de conférences, musée du Louvre 1999 (2001)153ff.

⁴ H. Kyrieleis in: D. Buitron-Oliver (Hrsg.), The Interpretation of Architectural Sculpture in Greece and Rome, Symposium Washington 1996 (1997) 13 ff.; hier 213 ff.

⁵ U. Sinn, Nikephoros 4, 1991, 31 ff.; ders., AA 1994, 585 ff.

⁶ A. Moustaka hier 301 ff.

⁷ Vorläufig zu dem Befund: E. Kunze, ADelt 18, 1963, Chron 107 f. Taf. 142; A. Mallwitz, Olympia und seine Bauten (1972) 200 mit Abb. 160. Das Desiderat der Publikation ist jetzt in die Hände von A. Heiden gelegt.

⁸ H.-V. Herrmann, AM 77, 1962, 18 mit Anm. 68. 69; ders., Olympia. Heiligtum und Wettkampfstätte (1972) 12 mit Anm. 12; 165 mit Anm. 647. – Das von L. Drees, Olympia. Götter, Künstler und Athleten (1967) 16 f.; 27 f.; 31–33 gezeichnete Bild einer dominierenden Rolle der Demeter in der – im 2. Jt. angesetzten – Frühphase des Heiligtums findet im archäologischen Befund keinen Rückhalt.

⁹ A. Vegas-Sansalvador in: A. D. Rizakis (Hrsg.), Achaia und Elis in der Antike. Kolloquium Athen 1989, ΜΕΛΕΤΗΜΑΤΑ 13 (1991) 145 ff.

¹⁰ Die Nachricht des Pausanias VI 21, 1, die beiden von Herodes Attikus an der Nordseite des Stadions ἐπὶ τῷ πέρατι τοῦ ὄρους gestifteten Marmorstatuen der Demeter und der Kore seien anstelle älterer Statuen (ἀγάλματα δὲ ἀντὶ τῶν ἀρχαίων) aufgestellt worden, sagt nichts über eine ununterbrochene Verehrung der Göttin aus; nichts weist zudem auf den Vollzug ritueller Handlungen hin.

¹⁰ᵃ Zur Spolisierung in Olympia jetzt umfassend: A. Gutsfeld – St. Lehmann, DDas Fest geht zu Ende in: OF XXXI (im Druck).

¹¹ A. Mallwitz, Altar der Demeter Chamyne, Olympiabericht VIII (1967) 69 ff. Abb. 24. 25 Taf. 12. 13. 25 – 29.

¹² Mallwitz a. O. 69.

¹³ Mallwitz a. O. 74; ders. AW 19, 1988, 39; H.-V. Herrmann, Olympia. Heiligtum und Wettkampfstätte (1972) 256 Anm. 647 datiert den Altar »in seiner jetzigen Form« ohne weitere Begründung in das 2. Jh. n. Chr.

¹⁴ Mallwitz a. O. (siehe Anm. 11) 74.

¹⁵ Siehe unten S. 377.

¹⁶ Th. Völling, Nikephoros 8, 1995, 171 (s. auch dessen unten in Anm. 35 angegebenen Abhandlungen); U. Sinn, Olympia. Kult, Sport und Fest in der Antike (1996) 104 ff.; ders. in: Proceedings of the XVᵗʰ International Congress of Classical Archaeology Amsterdam 1998 (2000) 32 ff.; ders. in: A. Pasquier (Hrsg.), Olympie, cycle de conférences, musée du Louvre 1999 (2001) 215 ff.; ders., Olympia. Cult, Sport and Ancient Festival (2000) 119 ff.; F. A. Bauer – A. Oepen, Die Kirche in der Phidiaswerkstatt zu Olympia, in: OF XXXI (im Druck).

¹⁷ K. Lennartz, Kenntnisse und Vorstellungen von Olympia und den Olympischen Spielen in der Zeit von 393–1896 (1974) 15 f.; I. Weiler, Der Sport bei den Völkern der Alten Welt (1988) 137 ff.; W. Leschhorn, Die Verbreitung von Agonen in den östlichen Provinzen des römischen Reiches, in: Agonistik in der römischen Kaiserzeit, Kolloquium Münster 1995, Stadion XXIV, 1 (1998) 31 ff.

¹⁸ Olympia V (1896) Nr. 456.

¹⁹ Olympia V (1896) Nr. 473.

²⁰ Olympia V (1896) Nr. 485.

²¹ R. Bol, Das Statuenprogramm des Herodes-Atticus-Nymphäums, OF XV (1984) 98 ff.

²² Lukian, Peregrinus 19; I. Weiler, Nikephoros 10, 1997, 194 f. 211 f.

²³ Wie bei Lukian findet sich auch bei Philostrat, Vitae Sophistarum II 1, 5 allein die namentliche Nennung des Herodes; s. dazu S. Settis, AnnPisa Ser. II, 37, 1968, 1 ff.

²⁴ Bol a. O. 109 f. Kat. Nr. 1 Abb. 44 Taf. 2. 3.

²⁵ Ebenda 113 ff. Kat. Nr. 4–9 Abb. 47–51 Taf. 5–7.

²⁶ Ebenda 120 ff. Kat. Nr. 10–17 Abb. 52–60 Taf. 7–11.

²⁷ Chr. Habicht, Pausanias und seine »Beschreibung Griechenlands« (1985) 137 f. Anm. 74 mit Nennung weiterer Vertreter dieser Auffassung.

²⁸ Olympia III, 252 ff. mit Abb. 288–290 Taf. 62,6; 63,4. 5; 64,4; E. N. Gardiner, Olympia. Its History and Remains (1925) 214; R. Bol, Nikephoros 8, 1995, 179 ff.

²⁹ A. Mallwitz, JdI 81, 1966, 310 ff. Abb. 3 bei S. 312.

³⁰ K. Hitzl, Die kaiserzeitliche Ausstattung des Metroon, OF XIX (1991).

³¹ Bol. a. O. (Anm. 21) 4 ff.

³² Zur Datierung der Kirche: s. Bauer – Oepen a. O. (Anm. 16).

³³ Grundlegend für die in der Folgezeit zur feststehenden Lehrmeinung avancierte Interpretation: E. Kunze, Gnomon 27, 1955, 221; ders., Olympiabericht VI (1958) 5. Erste Zweifel an dieser These: U. Sinn in: A. D. Rizakis (Hrsg.), Achaia und Elis in der Antike. Kolloquium Athen 1989, ΜΕΛΕΤΗΜΑΤΑ 13 (1991) 365 ff.; dagegen nochmals W. Fuchs in: Dem Gedenken an Lothar Zelz. Schriften der Gesellschaft zur Förderung der Westfälischen Wilhelms-Universität zu Münster Heft 74 (1993) 27 ff.

³⁴ s. hier Anm. 16. 35.

³⁵ Th. Völling, Byzantinische Kleinfunde aus Olympia, in: O. Brehm – S. Klie (Hrsg.), ΜΟΥΣΙΚΟΣ ΑΝΗΡ, Festschrift für Max Wegner zum 90. Geburtstag (1992) 491 ff.; ders., Nikephoros 8, 1995, 171 ff.; ders., AM 110, 1995, 425 ff.; ders., AA 1996, 145 ff.; ders., AM 111, 1996, 391 ff.; ders., Early Byzantine Agricultural Implements from Olympia, in: P. Themelis – N. Oikonomides (Hrsg.), ΠΡΩΤΟΒΥΖΑΝΤΙΝΗ ΜΕΣΣΗΝΗ ΚΑΙ ΟΛΥΜΠΙΑ, Internationales Symposion Athen 1998 (im Druck); ders., Olympia in Late Antiquity, in: J. Bintliff (Hrsg.), New Approaches to Medieval and Post-Medieval Greece, Kolloquium Kerkyra 1999 (im Druck); ders., The last Christian Greeks and the first pagan Slavs in Olympia, in: N. Oikonomides – S. Vryonis (Hrsg.), The Dark Centuries of Byzantium, Internationales Symposion Athen 1999 (im Druck); ders., Olympia in der Spätantike, in: OF XXXI (im Druck); Chr. Schauer in: A. D. Rizakis (Hrsg.), Achaia und Elis in der Antike. Kolloquium Athen 1989, ΜΕΛΕΤΗΜΑΤΑ 13 (1991) 373 ff.

³⁶ A. Martin, Nikephoros 8, 1995, 178; ders., Roman and Late Antique Fine Wares at Olympia, in: Rei Cretariae Romanae Fautorum Acta 35, 1997, 211 ff.

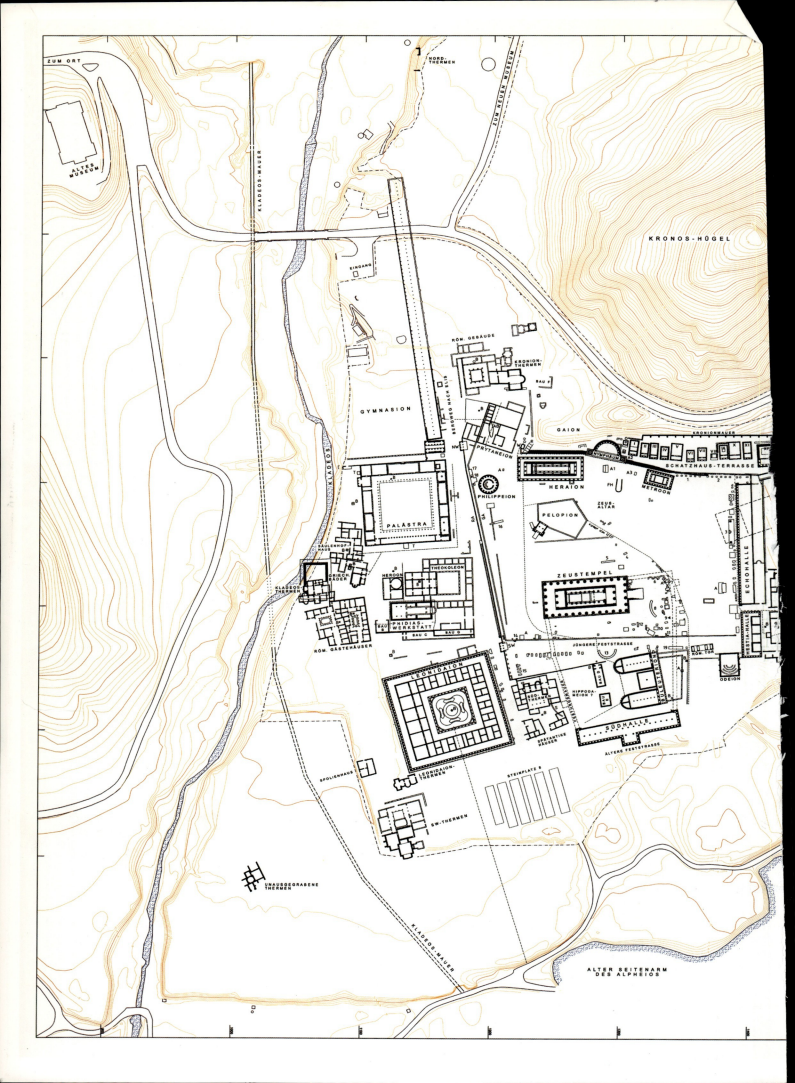